Das Deutschbuch

Berufliches Gymnasium / Fachgymnasium

Herausgegeben von
Thomas Rahner und Christoph Scheele

Erarbeitet von
Ralf Dettinger, Lars Dietershagen, Gabriele Harff-König, Daniela Matkovic, Carolin Werner, Thomas Rahner, Petra Schappert, Christoph Scheele, Ortrud Scherer, Martina Schulz-Hamann

in Zusammenarbeit mit der Verlagsredaktion

Cornelsen

Vorwort

Liebe Schülerinnen, liebe Schüler,

Sie möchten die allgemeine Hochschulreife erwerben. Das Fach Deutsch bildet dafür eine wichtige Grundlage: In Schule, Studium und Beruf wird es immer wichtiger, kommunikative Situationen richtig zu deuten und sie angemessen zu gestalten. Das erfordert Kompetenzen im Sprechen, im Schreiben und im Umgang mit Texten aller Medien.
Dieses Buch bietet Ihnen dafür Hilfestellungen.

„Das Deutschbuch" ist nach folgenden Bausteinen gegliedert:

Basisbaustein
Die Kapitel im Basisbaustein bilden das Fundament. Hier finden Sie Grundlagenwissen zum Üben und Festigen, je nach Ihrem Leistungsstand.

Epochenbaustein
In den literaturgeschichtlichen Kapiteln werden Sie in die wichtigsten Epochen der deutschen Literatur eingeführt. Dabei werden Sie vor allem erkennen, wie einerseits historische Veränderungen, seien sie nun politischer, geistesgeschichtlicher oder sozialer Natur, Einfluss nehmen auf die Literatur und wie andererseits Literatur die Welt verändert. Vor allem, wenn Sie in der Abiturprüfung Ganzschriften oder Gedichte aus vergangenen Epochen interpretieren, hilft Ihnen dieses Wissen, Texte auch als Dokumente ihrer Zeitgeschichte zu verstehen.

Lernbaustein 1 und **Lernbaustein 2**
Die Kapitel in diesen Bausteinen bauen aufeinander auf und führen Sie gezielt zu den notwendigen Qualifikationen für die Hochschulreife.

Alle vier Bausteine sind Kompetenzbereichen zugeordnet. Innerhalb der Bausteine fügen sich Informationen, Materialien und Methoden auch diesem Schema. Sie erkennen an der Farbe, in welchem Kompetenzbereich Sie sich befinden:

- Sprechen und zuhören
- Sachtexte lesen, analysieren und schreiben
- Literarische Texte lesen und interpretieren
- Grundlagenwissen wie Lerntechniken und Methoden

Je nach Aufgabenstellung arbeiten Sie allein, mit Partnern oder in Gruppen.

Viel Freude und Erfolg im Unterricht sowie auf Ihrem weiteren Ausbildungsweg wünschen Ihnen die Herausgeber, Autorinnen und Autoren sowie die Verlagsredaktion.

Inhaltsübersicht

Basisbaustein

Inhaltsübersicht

Inhaltsübersicht

Inhaltsübersicht

Lernbaustein 2

Kapitel 1

In unterschiedlichen Gesprächssituationen kommunizieren

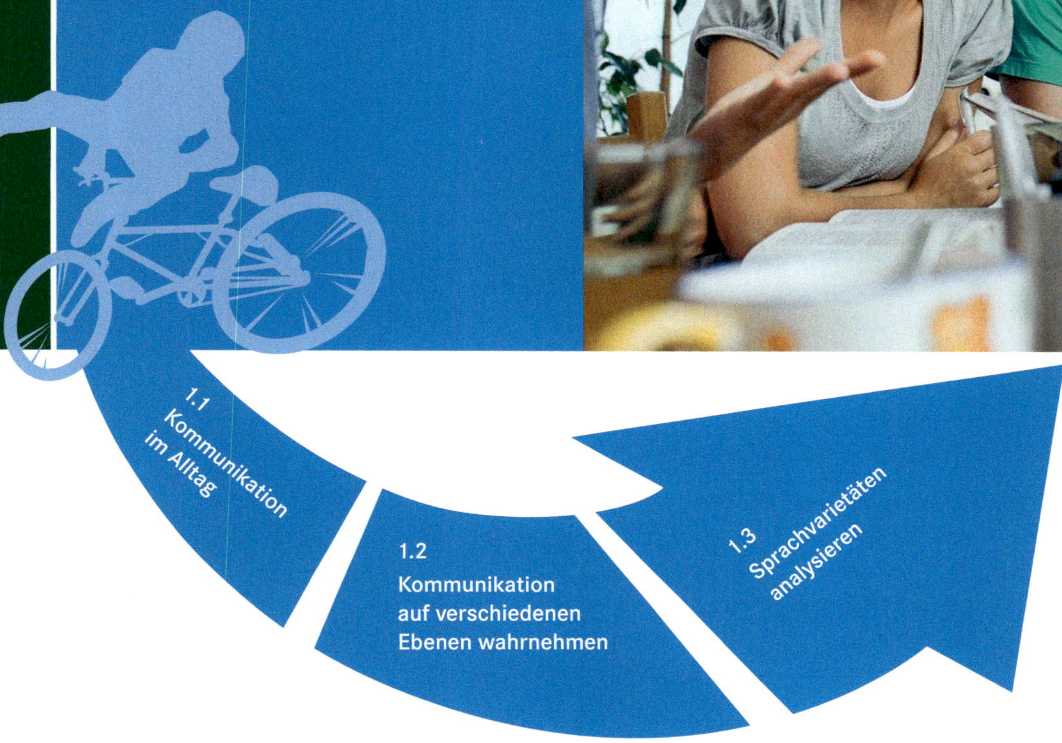

Kommunikation bezeichnet den Austausch von Informationen zwischen zwei oder mehreren Personen. Sie ist als wichtigstes soziales Bindemittel elementar notwendig für die menschliche Existenz. Da Menschen, die sprachlich gewandt sind und sich auf unterschiedliche Kommunikationssituationen entsprechend einstellen können, klare Vorteile haben, lernen Sie in diesem Kapitel unterschiedliche Kommunikations- und Gesprächssituationen kennen sowie in diesen angemessen zu agieren und zu reagieren.

Was Sie bereits wissen

- ✔ Kommunikation ist weit mehr als mit anderen Menschen zu sprechen.
- ✔ Kommunikation ist auch davon abhängig, wer mit wem in welcher Situation spricht.

Kommunikation im Alltag

Die Sprache des Körpers

1 ***Analysieren Sie die in den Abbildungen zum Ausdruck kommende nonverbale Kommunikation.***

a) Beschreiben Sie den spontanen Eindruck, den Sie von den abgebildeten Personen haben.

b) Erläutern Sie alle in den Abbildungen erkennbaren nonverbalen Kommunikationssignale.

c) Deuten Sie die Signale im Hinblick auf die Gefühle, die damit möglicherweise zum Ausdruck kommen.

2 ***Untersuchen Sie nonverbales Kommunikationsverhalten in Ihrem Alltag.***

a) Stellen Sie folgende Aussagen durch nonverbales Verhalten dar:
„Ich hoffe, Sie verstehen meine Entscheidung."
„Ich kann Ihnen leider nicht weiterhelfen."

b) Erläutern Sie folgende Aussage des berühmten Pantomimen Samy Molcho: „Der Körper ist der Handschuh der Seele, seine Sprache das Wort des Herzens."

Basiswissen **Körpersprache**

Unser Körper drückt in seiner eigenen Sprache das aus, was unser Denken beherrscht oder welche Gefühle und Stimmungen wir haben. Unsere Sprache ist nur ein **Teil der Kommunikation**. Mehr als 50 Prozent der Kommunikation werden durch den Körper und seine Verhaltensweisen bestimmt.

Körpersprache „sprechen" wir immer und überall, allerdings weitgehend unbewusst. Wer mit seinem gesamten Potenzial sprechen und handeln will, muss um seine Körpersprache wissen und sich ihrer bewusst sein. Denn wenn man **die nonverbalen Signale verstehen** kann, dann versteht man auch seine Mitmenschen besser.

Da die Körpersprache eine komplexe Einheit aus **Haltung, Gang, Mimik und Gestik** darstellt, muss immer das Gesamtbild gedeutet werden, niemals einzelne Signale.

Beispiele:

Sitzen:	aufrecht, zurückgelehnt, nach vorne gebeugt, Beine übereinandergeschlagen
Körperhaltung:	aufrecht, gebeugt, dem Partner zugewandt
Kopfhaltung:	nach hinten, nach vorne, geneigt, vorgeschoben
Mimik:	Lachen, Lippen zusammengepresst, Augen zusammengekniffen, Augen aufgerissen

(Sabine Mühlisch: Fragen der KörperSprache. Antworten zur non-verbalen Kommunikation. Jungfermann'sche Verlagsbuchhandlung, Paderborn 2007)

Die Sprache des Körpers

Bedeutung der nonverbalen (nichtsprachlichen) Kommunikation

	Körpersprache	Stimme	Inhalt
Bedeutung für die Sympathie des Sprechers	55%	38%	7%
Bedeutung für das Behalten der Informationen	40%	30%	30%

(Nach: Universität Rostock)

3 ***Schreiben Sie zur Statistik eine kurze schriftliche Erläuterung.***

4 ***Nennen Sie jeweils drei Adjektive, mit denen Körpersprache und Stimme positiv beschrieben werden können.***

5 ***Beobachten Sie die Körpersprache und die Stimme bei den Menschen in Ihrer Umgebung.***

a) Beschreiben Sie, was Sie auf Anhieb sympathisch bzw. unsympathisch finden.

b) Beurteilen Sie die Bedeutung der nonverbalen Kommunikation für Ihre Einschätzung der Person. Stimmen Sie den Werten aus der Tabelle zu?

Bei Anruf: Lächeln! (Auszug)

von Almut F. Kaspar

Körpersprache ist tatsächlich für das Telefon „übersetzbar“. Erste Regel aller Telefontrainer: Lächeln Sie, zeigen Sie Zähne, wenn Sie in die Muschel sprechen. Der Gesprächspartner wird es merken. Er wird auch merken, ob Sie ihn als wichtigen Partner schätzen oder nicht. Wenn Sie nämlich beim Telefonieren stehen und Ihre Argumente – für ihn unsichtbar, aber zu spüren – mit entsprechenden Hand- und Armbewegungen unterstreichen.

Ihr wichtigster Emotionsträger beim Telefonieren ist Ihre Stimme. Sie sollte fest sein, Ihre Aussprache deutlich. Seien Sie sicher: Ihre Stimme verrät, ob Sie schlaff, verspannt oder gelangweilt am Apparat sitzen. Wenn Ihre Stimme sicher klingen soll, müssen Sie selbst es auch sein. Dazu gehört, dass Sie sich auf ein Telefongespräch vorbereiten. Machen Sie sich notfalls Notizen, damit Sie nicht aus dem Konzept kommen – oder gebracht werden.

Wie ein Händedruck ist Ihre Vorstellung am Telefon. Und Sie, souverän und sicher, wenn sich am anderen Ende ein Sachbearbeiter namens Schuster gemeldet hat: „Guten Tag, Herr Schuster. Mein Name ist Arne Feldhaus und ich habe folgendes Anliegen …“ Dabei haben Sie Ihre Stimme eine Nuance tiefer geschraubt, weil das die Gesprächseröffnung angenehmer macht.

(Stern online, bearb. u. gekürzt, 06.12.2010)

6 ***Fassen Sie die beim Telefonieren wesentlichen Verhaltensweisen zusammen.***

7 ***Üben Sie mithilfe dieser Regeln in Kleingruppen zu viert (ein Anrufer, ein Gesprächspartner, zwei Beobachter) das „körpersprachliche“ Telefonieren.***

8 ***Erarbeiten Sie Gründe, weshalb Telefonmarketing eine extrem schwierige Komunikationssituation darstellt.***

Das private Gespräch

Wenn Menschen verbal kommunizieren, tauschen sie mithilfe der Sprache vor allem Informationen, Meinungen, Wertungen und Urteile aus. In Gesprächen entstehen allerdings oft Verständnisprobleme, weil der Empfänger die Absicht des Senders nicht oder nicht richtig einordnen kann. Um Konflikte zu lösen und Auseinandersetzungen in der Kommunikation zu vermeiden, ist es daher wichtig, die Absicht des Kommunikationspartners zu erkennen.

Martin Suter: Eigenbild/Fremdbild

„Schläfst du schon?"

„Natürlich nicht, es ist ja erst halb zwei."

„Tut mir leid. Ich dachte, du könntest mir bei etwas helfen."

„Kann das eventuell auch morgen sein?"

„Klar." Leimgruber legt den Fragebogen, den er mit ins Bett gebracht hat, auf den Nachttisch und löscht das Licht. Er tut das mit einem so enttäuschten Gesichtsausdruck, dass Barbara ihr Leselicht einschaltet und sagt: „Dann gib halt her."

Er reicht ihr das Blatt. Es trägt den Titel „Selbsteinschätzung/Fremdeinschätzung".

„Und was soll ich jetzt tun?"

„Die Spalte ausfüllen. Unter ‚Fremdeinschätzung'. Einfach Kreuze machen unter den Zahlen eins bis fünf."

„Und was bedeuten die Zahlen?"

„Eins heißt: trifft außerordentlich zu. Zwei sehr, drei ziemlich, vier weniger. Und fünf heißt: trifft nicht zu."

„Und wozu soll das gut sein?"

„Für die Standortanalyse. Wie sehe ich mich, wie sehen mich andere. Das braucht man für das Bewerbungsmanagement. Nachher vergleichen wir."

Barbara macht sich an die Arbeit. Schon beim ersten Stichwort überlegt sie lange. „Und es ist egal, wenn es nicht mit deiner Bewertung übereinstimmt?"

„Klar."

Barbara macht ihr erstes Kreuz.

Sofort beugt sich Leimgruber zu ihr herüber. „Vier?", fragt er. „Bei ‚Planer'? Das heißt ‚trifft weniger zu'."

„Ich weiß. Du hast gesagt, es sei egal, wenn es nicht mit deiner Bewertung übereinstimmt."

„Gewisse Abweichungen, habe ich gemeint. Aber nicht so krass. Ich habe dort eine Eins. Du könntest wenigstens eine Drei geben, für ‚trifft ziemlich zu'."

„Finde ich aber nicht."

„Ach ja? Du findest also, ich sei planerisch schwach?"

„Ich finde, du bist ein Chaot."

„Interessant. Und wie belegst du das, wenn ich fragen darf?"

„Zum Beispiel dadurch, dass du nachts um halb zwei Fragebogen ausfüllst."

„Warum gibst du mir dann für ‚Planung' nicht gleich eine Fünf?"

„Stimmt. Warum eigentlich nicht?" Sie radiert das Kreuz unter der Vier aus und setzt eines unter die Fünf.

„Herzlichen Dank!", zischt Leimgruber.

„Dann füll's doch selber aus, und lass mich schlafen."

„Okay, okay. Nächstes Stichwort."

Barbara überlegt. „Darf ich fragen, was du dort hast?"

Er schaut auf seinen Bogen. „Wenn ich bei ‚Planer' eine Eins habe, kann ich bei Organisator wohl schlecht davon abweichen."

„Eben", sagt Barbara und macht ein Kreuz unter die Fünf.

„Vergiss es, es hat keinen Sinn. In dieser Stimmung kannst du keine objektiven Resultate liefern."

„Und wie! Oder soll ich einen, der um halb zwei seine

Das private Gespräch

Frau weckt, damit sie ihm einen idiotischen Fragebogen ausfüllt, als Organisationsgenie bezeichnen?" „Weißt du, warum ich das in der Nacht machen muss? Weil ich den ganzen Abend durch mein Scheißfamilienleben von der Arbeit abgehalten werde!"

„Ach ja? Vor dem Scheißfernseher hocken und Scheißfußballspiele schauen bezeichnest du also als deinen Beitrag zum Scheißfamilienleben? Willst du einmal die Scheißfremdeinschätzung davon hören?" Damit endet fürs Erste die gemeinsame Arbeit an der Eigen-/Fremdbildanalyse in der Familie Leimgruber.

1 ***Analysieren Sie die Gesprächssituation.***

a) Klären Sie, welchen Anlass das Gespräch hat und zu welchem Zweck es geführt wird.

b) Beschreiben Sie das Gesprächsverhalten der Partner.

c) Untersuchen Sie, welche nonverbalen Kommunikationsformen Suter in seine Satire einbaut.

d) Erläutern Sie anhand von Textbeispielen die Gesprächsentwicklung und untersuchen Sie, woran die Kommunikation zwischen den Partnern scheitert.

2 ***Spielen Sie eine typische Kommunikationssituation mit folgenden Sprecherpaaren, bei der einmal Kommunikation gelingt und das andere Mal Kommunikation fehlschlägt.***

- Verkaufsgespräch: Kunde/Kundin – Verkäufer/-in
- Rückgabe der Klassenarbeit: Lehrer/-in – Schüler/-in
- Gespräch über die Freizeitplanung: Freundin – Freund

Klären Sie jeweils die Gründe für das Gelingen bzw. Scheitern der Kommunikation.

3 ***Definieren Sie den Begriff „Kommunikation".***

a) Führen Sie ein Brainstorming durch und notieren Sie die Ergebnisse.

b) Formulieren Sie auf der Basis Ihrer Notizen eine eigene Definition.

c) Vergleichen Sie Ihre Definition mit den Definitionen Ihrer Mitschüler/-innen.

d) Ziehen Sie ein Lexikon zurate und ergänzen Sie gegebenenfalls Ihre Definition.

e) Verfassen Sie abschließend eine gemeinsame Begriffsdefinition.

Zwischenfazit

- Köpersprache
- Verhalten beim Telefonieren
- privates Gespräch

Kommunikation auf verschiedenen Ebenen wahrnehmen

Das Kommunikationsmodell Schulz von Thuns

„Manches kann schiefgehen, wenn wir miteinander reden", sagt der Kommunikationspsychologe Friedemann Schulz von Thun. Diesen Sachverhalt führt er auf die Tatsache zurück, dass mit jeder Mitteilung mehrere Botschaften zur gleichen Zeit übermittelt werden.

Friedemann Schulz von Thun: Die vier Seiten einer Nachricht

Schauen wir uns eine „Nachricht" genauer an. Für mich selbst war es eine faszinierende „Entdeckung", die ich in ihrer Tragweite erst nach und nach erkannt habe, dass ein und dieselbe Nachricht stets viele Botschaften gleichzeitig enthält. Dies ist eine Grundtatsache des Lebens, um die wir als Sender und Empfänger nicht herumkommen. Dass jede Nachricht ein ganzes Paket mit vielen Botschaften ist, macht den Vorgang der zwischenmenschlichen Kommunikation so kompliziert und störanfällig, aber auch so aufregend und spannend.

Um die Vielfalt der Botschaften, die in einer Nachricht stecken, ordnen zu können, möchte ich vier seelisch bedeutsame Seiten an ihr unterscheiden. Ein Alltagsbeispiel: Der Mann (= Sender) sagt zu seiner am Steuer sitzenden Frau (= Empfänger): „Du, da vorne ist Grün!" – Was steckt alles drin in dieser Nachricht, was hat der Sender (bewusst oder unbewusst) hineingesteckt, und was kann der Empfänger ihr entnehmen?

1. Sachinhalt
(oder: Worüber ich informiere)

Zunächst enthält die Nachricht eine Sachinformation. Im Beispiel erfahren wir etwas über den Zustand der Ampel – sie steht auf Grün. Immer wenn es „um die Sache" geht, steht diese Seite der Nachricht im Vordergrund – oder sollte es zumindest. [...]

2. Selbstoffenbarung
(oder: Was ich von mir selbst kundgebe)

In jeder Nachricht stecken nicht nur Informationen über die mitgeteilten Sachinhalte, sondern auch Informationen über die Person des Senders. Dem Beispiel können wir entnehmen, dass der Sender offenbar deutschsprachig und vermutlich farbtüchtig ist, überhaupt, dass er wach und innerlich dabei ist. Ferner: dass er es vielleicht eilig hat usw. Allgemein gesagt: In jeder Nachricht steckt ein Stück Selbstoffenbarung des Senders. Ich wähle den Begriff der Selbstoffenbarung, um damit sowohl die gewollte Selbstdarstellung als auch die unfreiwillige Selbstenthüllung einzuschließen. [...]

3. Beziehung
(oder: Was ich von dir halte und wie wir zueinander stehen)

Aus der Nachricht geht ferner hervor, wie der Sender zum Empfänger steht, was er von ihm hält. [...] Allgemein gesprochen: Eine Nachricht senden heißt auch immer, zu dem Angesprochenen eine bestimmte Art von Beziehung auszudrücken. Streng genommen ist dies natürlich ein spezieller Teil der Selbstoffenbarung. [...]

Genau genommen sind auf der Beziehungsseite der Nachricht zwei Arten von Botschaften versammelt. Zum einen solche, aus denen hervorgeht, was der Sender vom Empfänger hält, wie er ihn sieht. In dem Beispiel gibt der Mann zu erkennen, dass er seine Frau für hilfebedürftig hält. – Zum anderen enthält die Beziehungsseite aber auch eine Botschaft darüber, wie der Sender die Beziehung zwischen sich und dem Empfänger sieht („so stehen wir zueinander") [...]

4. Appell
(oder: Wozu ich dich veranlassen möchte)

Kaum etwas wird „nur so" gesagt – fast alle Nachrichten haben die Funktion, auf den Empfänger Einfluss zu nehmen. In unserem Beispiel lautet der Appell vielleicht: „Gib ein bisschen Gas, dann schaffen wir es noch bei Grün!"

Die Nachricht dient also (auch) dazu, den Empfänger zu veranlassen, bestimmte Dinge zu tun oder zu unterlassen, zu denken oder zu fühlen. Dieser Versuch, Einfluss zu nehmen, kann mehr oder minder offen oder versteckt sein – im letzteren Falle sprechen wir von Manipulation.

Das Kommunikationsmodell Schulz von Thuns

1 ***Erschließen Sie den Text mithilfe folgender Fragestellungen.***

a) Nennen Sie Beispiele für Kommunikationssituationen, in denen eindeutig der Sachinhalt zum Ausdruck kommt.

b) Erklären Sie, aus welchen Gründen es zu einer unfreiwilligen Selbstenthüllung kommen kann. Beziehen Sie dabei auch das Vorwissen aus dem übrigen Kapitel in Ihre Überlegungen ein.

2 ***Einem Angestellten wird folgender Sachinhalt mitgeteilt: „Wir sind mit Ihren Leistungen nicht zufrieden.“ Formulieren Sie drei unterschiedliche Sätze, die ein Vorgesetzter dabei wählen könnte. Legen Sie den Schwerpunkt der Aussage jeweils auf die Selbstoffenbarungs-, Beziehungs- oder Appellebene.***

3 ***Formulieren Sie Sätze zu unterschiedlichen Sachverhalten. Ihr Partner oder Ihre Partnerin interpretiert die Sätze auf den vier Ebenen. Tauschen Sie danach die Rollen.***

Basiswissen — Die vier Seiten einer Nachricht

Jede Nachricht enthält vier Botschaften. Eine Botschaft dominiert und stellt das eigentliche Ziel der Sprechabsicht dar. Für den Empfänger der Mitteilung ist es allerdings oft schwierig, diese Seite zu erkennen, sodass es häufig zu Fehlinterpretationen kommen kann.

Kommunikationsquadrat

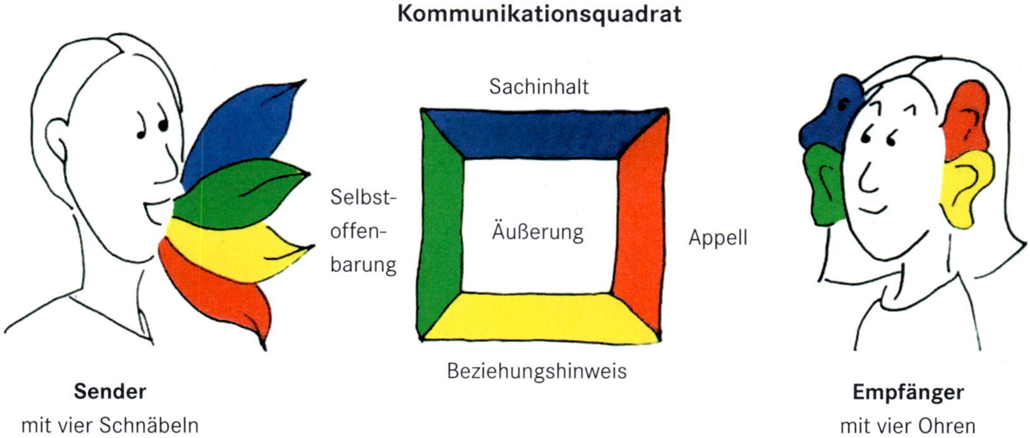

Die **Sachebene**
→ Welche sachlichen Inhalte werden übermittelt?

Die **Selbstoffenbarungsebene**
→ Was teile ich über mich selbst mit?

Die **Beziehungsebene**
→ Wie stehe ich zu meinem Kommunikationspartner?

Die **Appellebene**
→ Wozu möchte ich meinen Gesprächspartner veranlassen?

Axiome der Kommunikation

Um Probleme des alltäglichen Lebens im zwischenmenschlichen Bereich besser erkennen, beurteilen und lösen zu können, formulierten die Kommunikationswissenschaftler Watzlawick, Beavin und Jackson im Jahre 1967 Grundsätze (Axiome) der Kommunikation. Im Folgenden werden zwei dieser Axiome vorgestellt.

Paul Watzlawik, Janet Beavin, Don Jackson: Menschliche Kommunikation

2. Kapitel: Pragmatische[1] Axiome – ein Definitionsversuch

2.2 Die Unmöglichkeit, nicht zu kommunizieren

[...]

Man kann sich nicht *nicht* verhalten. Wenn man also akzeptiert, dass alles Verhalten in einer zwischenpersönlichen Situation Mitteilungscharakter hat, d.h. Kommunikation ist, so folgt daraus, dass man, wie immer man es auch versuchen mag, nicht *nicht* kommunizieren kann. Handeln oder Nichthandeln, Worte oder Schweigen haben alle Mitteilungscharakter: Sie beeinflussen andere, und diese anderen können ihrerseits nicht *nicht* auf diese Kommunikation reagieren und kommunizieren selbst. [...]

2.24 Aus dem oben Gesagten ergibt sich ein metakommunikatives[2] Axiom: *Man kann nicht nicht kommunizieren.*

[...]

2.5 Digitale und analoge Kommunikation

[...]

Es gibt zwei grundsätzlich verschiedene Weisen, in denen Objekte dargestellt und damit zum Gegenstand von Kommunikation werden können. Sie lassen sich entweder durch eine Analogie[3] (z.B. eine Zeichnung) ausdrücken oder durch einen Namen. [...] Der Unterschied zwischen digitaler und analoger Kommunikation wird vielleicht etwas klarer, wenn man sich vor Augen hält, dass bloßes Hören einer unbekannten Sprache, z.B. im Radio, niemals zum Verstehen dieser Sprache führen kann, während sich oft recht weitgehende Informationen relativ leicht aus der Beobachtung von Zeichensprachen und allgemeinen Ausdrucksgebärden ableiten lassen, selbst wenn die sie verwendende Person einer fremden Kultur angehört. Analoge Kommunikation hat ihre Wurzeln offensichtlich in viel archaischeren Entwicklungsperioden und besitzt daher eine weitaus allgemeinere Gültigkeit als die viel jüngere und abstraktere digitale Kommunikation. [...]

2.55 Zusammenfassend ergibt sich als viertes metakommunikatives Axiom: *Menschliche Kommunikation bedient sich digitaler und analoger Modalitäten.* [...]

1 pragmatisch: anwendungs- bzw. handlungsbezogen
2 Metakommunikation: Kommunikation über die Kommunikation selbst
3 Analogie: Entsprechung, Ähnlichkeit

1 ***Untersuchen Sie die dargestellten Axiome hinsichtlich ihrer Bedeutung für Ihr Kommunikationsverhalten.***

a) Erklären Sie den Satz „*Man kann sich nicht* nicht *verhalten*".
b) Erläutern Sie, welche Konsequenzen die Feststellung „*Man kann nicht* nicht *kommunizieren*" für Ihr Kommunikationsverhalten hat.
c) Nennen Sie Situationen aus Ihrem Alltag, in denen die analogen Anteile in der Kommunikation überwiegen.
d) Welche Probleme können sich aus der Tatsache ergeben, dass der Mensch sowohl auf analoger als auch auf digitaler Ebene kommuniziert?
e) Beschreiben Sie solche Kommunikationsprobleme anhand konkreter Beispiele aus Ihrem Alltag.

Analoge Kommunikation

Menschen vertrauen den Augen mehr als den Ohren. Deshalb sind analoge Signale oft viel bedeutsamer als das gesprochene Wort.

Wie ein bildender Künstler

Bundestrainer Löw arbeitet unaufgeregt, weiß trotzdem, was er will: keine teutonischen Eisenfüße, sondern intelligente Spieler.

Wo Joachim Löw ist, herrscht Stillstand – auf dem Trainingsplatz. Dort verharrt der Bundestrainer inmitten des lauten Übungsbetriebes manchmal wie ein Standbild. Leicht vornübergebeugt im Halbfeld postiert, beobachtet Löw regungslos das Perpetuum mobile um ihn herum. […] Und wenn der sportliche Leiter des Unternehmens „Bergtour 2008" einmal aus seiner Pose ausbricht, dann niemals in der Art eines Aktionisten. Was der Bundestrainer anzuordnen hat, tut er unaufgeregt und mit Bedacht. Welch ein Unterschied zu einigen seiner Vorgänger, etwa dem im Profifußball sozialisierten Kumpeltyp Rudi Völler oder dem feldwebelartig die Arme verschränkenden und im Kommisston seine Befehle herunterratternden Berti Vogts oder dem lauernd inspizierenden Fußball-Souverän Franz Beckenbauer. Joachim Löw versucht dem deutschen Spiel eine Art von genuiner[1] Eleganz zu geben. Die lebt er in seinem Habitus[2] und seiner Kleidung mühelos vor: Löw, eine Autorität ohne autoritären Gestus. […]

(Frankfurter Allgemeine Sonntagszeitung, 01.06.2008)

1 genuin: echt
2 Habitus: Erscheinung, Haltung

1 ***Analysieren Sie das analoge Kommunikationsverhalten Joachim Löws.***

a) Erarbeiten Sie, wie der Verfasser das analoge Kommunikationsverhalten des Bundestrainers beschreibt und weshalb er dieses für so erfolgreich hält.

b) Suchen Sie Beispiele für das im Text als „Autorität ohne autoritären Gestus" beschriebene Kommunikationsverhalten.

c) Beschreiben Sie Formen von autoritäter Kommunikation in Mimik, Gestik und Sprachverhalten.

2 ***Stellen Sie Vermutungen darüber an, wie das Verhalten der anderen Trainer auf die Spieler gewirkt haben mag.***

3 ***Untersuchen Sie analoges Kommunikationsverhalten in Ihrem Alltag.***

a) Sammeln Sie Beispiele für analoge Kommunikationssignale, die Sie den in der Tabelle aufgeführten Verhaltensweisen zuordnen.

Verhaltensweise	analoge Kommunikationssignale
aufdringlich	...
freundschaftlich	...

b) Ordnen Sie den genannten Verhaltensweisen typische Kommunikationssituationen zu.

c) *„‚Ich liebe dich', sagte sie und verschränkte die Arme."* Stellen Sie Vermutungen darüber an, wie sich der Angesprochene verhalten wird.

d) Stellen Sie in einem Rollenspiel ähnliche Kommunikationssituationen dar, in denen sich analoge und digitale Mitteilungen widersprechen.

Wahrnehmungen einordnen

Jedes menschliche Individuum verfügt über subjektive Wahrnehmungsfilter. Diese erschweren die Einordnung einer wahrgenommenen Situation.

Wahrnehmung: Das unsichere Fundament unseres Handelns (Auszug)

von Winfried Berner

[...] Jede noch so banale Alltagssituation überschwemmt uns mit einer unglaublichen Flut an optischen, akustischen und sonstigen Reizen, die wir unmöglich vollständig aufnehmen, verarbeiten und speichern können. In einer unglaublichen Leistung konstruiert unser Gehirn daraus im Prozess der Wahrnehmung einfache, praktisch verwertbare Erkenntnisse. [...] Schon hier ist deutlich zu erkennen, dass unsere **Wahrnehmung** keine passive Abbildung der Realität ist, sondern ein aktives, gefiltertes Exzerpt aus der angebotenen Datenflut. Gut möglich, dass ein anderer Mensch die gleichen Reize völlig anders gefiltert hätte [...]. Mit anderen Worten, wir nehmen die Realität nicht passiv auf, sondern erzeugen aus dem Rohmaterial, das die Realität uns anbietet, aktiv unsere eigene Welt.

Die **Bewertung** des Wahrgenommenen ist stark von unserer Persönlichkeit und unserer momentanen Verfassung geprägt. Klar, dass ein Mensch auf den Bekannten auf der anderen Straßenseite völlig unterschiedlich reagiert, je nachdem, ob er ein bisschen Zeit hat oder unter massivem Zeitdruck steht. Ebenso wichtig aber ist, ob er ihn selbstsicher wahrnimmt („Wie schön!"), defensiv („Und wenn er/sie mich gar nicht mehr erkennt?") oder skeptisch („Vielleicht verliere ich nur meine Zeit"). Aus unterschiedlichen Bewertungen resultieren zwangsläufig unterschiedliche **Gefühle**: mal Freude, mal Angst vor Ablehnung, mal Vorbehalte. Das ist eine extrem wichtige Feststellung, die große praktische Tragweite hat: Unsere **Emotionen** *sind keine direkte Reaktion* auf unsere Wahrnehmungen, sondern die Folge der Gedanken (= Bewertungen), die wir uns hierzu machen. Das heißt in der Konsequenz: Wenn wir die gleiche Situation anders bewerten würden, entwickeln wir zwangsläufig auch andere Gefühle. Oder, noch anders: Wenn wir eine Situation falsch bewerten, entwickeln wir zwangsläufig auch „falsche" Gefühle, das heißt, Gefühle, die uns in die falsche Richtung lenken.

Denn unterschiedliche Gefühle lösen ganz unterschiedliche „innere Reaktionen" und **Handlungsimpulse** aus.

[...]

Das **Handeln** wiederum, gleich wie mutig oder halbherzig es war, schafft eine **neue Realität**. Durch die eigene Aktion hat sich die Situation verändert – vielleicht nur geringfügig, vielleicht grundlegend. Diese neue Realität wird zum Ausgangspunkt sowohl für die Wahrnehmung, die Bewertungen und Gefühle unseres Gegenübers als auch für die eigenen. [...]

(www.umsetzungsberatung.de)

1 ***Erarbeiten Sie die folgenden Fragestellungen mithilfe des Textes.***

a) Wie wird der Begriff der Wahrnehmung definiert?

b) Warum nennt der Autor die Wahrnehmung „das unsichere Fundament unseres Handelns"?

c) In welchem Wechselverhältnis stehen Wahrnehmung und eigenes Handeln?

2 ***Beurteilen Sie, welche besondere Bedeutung dem analogen Verhalten bei der Wahrnehmung zukommt. Berücksichtigen Sie dabei die Aussagen des Textes und die Erkenntnis, dass Menschen in der Regel digitales und analoges Verhalten gleichzeitig wahrnehmen.***

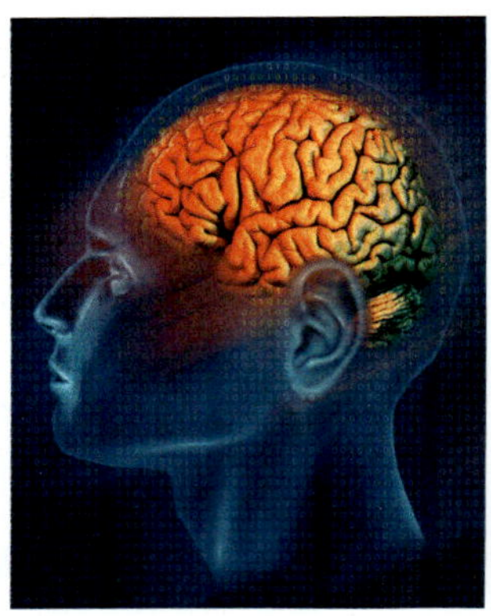

Wahrnehmungen einordnen

Basiswissen | Eisbergtheorie

Kommunikationssituationen werden immer von Wahrnehmungen bestimmt. Die Wahrnehmungen unterliegen Interpretationen des Gesehenen und Gehörten, die wiederum die Reaktionen beeinflussen. Die Interpretation des Wahrgenommenen ist auch von zahlreichen Faktoren abhängig, die nicht unmittelbar mit der aktuellen Situation in Verbindung stehen.

Die Eisbergtheorie besagt, dass die Bewertung einer Kommunikationssituation nur zu einem sehr geringen Teil von den Faktoren abhängig ist, die oberflächlich bemerkbar sind und die aktuelle kommunikative Handlung beeinflussen.

Nicht wahrnehmbare Faktoren sind beispielsweise:

- **Stimmungen und Befindlichkeiten**
- **die persönlichen Erfahrungen** der Gesprächsteilnehmer, welche in diese Situation hineingetragen werden
- **das Weltwissen**, über das die Beteiligten verfügen
- **die Vorgeschichte** dieser Kommunikationssituation
- **das Selbstkonzept** der Kommunikationspartner

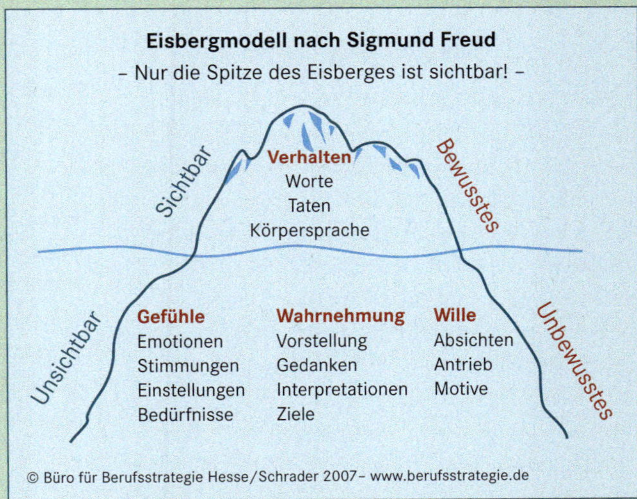

3 *Stellen Sie Vermutungen darüber an, welche Faktoren bekannt sein müssen, damit die Reaktion der Sekretärin verständlich wird.*

Sprachvarietäten analysieren

Jugendsprache

Sprecher in unterschiedlichen Kommunikationssituationen verwenden unterschiedliche Sprachvarietäten.

Red isch Deutsch oda was?

In Großstädten unterhalten sich Jugendliche oft in „Kiezdeutsch", einer Mischung aus Deutsch, Türkisch und Arabisch. Ob darunter ihre Deutschkenntnisse leiden, ist unter Experten umstritten.

von FOCUS-SCHULE-Autor Sven Trojanowski

[...] „Wenn du nisch abhaust, Lan, machisch disch Messa, Alta! Ischwör!" – Ein 13-jähriger Junge auf dem Berliner U-Bahnhof Kottbusser Tor unterbricht sein Telefonat und baut sich drohend vor einem viel größeren auf. Der zögert, zieht es dann aber doch vor, schnell zu verschwinden. Zeit für den 13-Jährigen, sich wieder seinem Gespräch zu widmen. „Sie so: ‚Lassma treffen.' Isch so: ‚Hastu Handy bei?' Ischwör, Alta, war so."

[...]

Für den Soziolinguisten Norbert Dittmar, Professor an der Freien Universität Berlin, ist das nichts Besonderes. Für ihn ist klar: In den multi-ethnischen Bezirken deutscher Großstädte entwickelt sich eine neue Sprache, ein „Kiezdeutsch". „Immer mehr deutsche Jugendliche neigen dazu, die deutsche Sprache zu vereinfachen", sagt er. Das Neue an der Kiezsprache ist, „dass fremde Wörter aus dem Türkischen und Arabischen ins Deutsche übernommen werden", sagt Sprachforscher Norbert Dittmar. So sei das türkische „Lan" für „Ey, Mann" oder das arabische „Yalla" für „Auf gehts!" unter deutschen Jugendlichen schon weit verbreitet. Im Gegenzug bleibe der Bildungswortschatz der Schüler klein und undifferenziert. „‚Ich' wird phonetisch zu ‚isch', Artikel werden weggelassen, hier und da auch lokale Präpositionen wie ‚in', ‚nach' oder ‚zu'", erklärt er. „Isch geh Schule" oder „Kann isch mal Saft" halten Einzug in die Umgangssprache. Dittmar hält das für problematisch, „denn einige dieser Jugendlichen werden Teile dieser Sprache auch als Erwachsene weiterbenutzen".

Das sieht Eva Neuland, Professorin und Soziolinguistin an der Universität Wuppertal, anders. In einer Studie, die im Herbst 2007 erscheinen soll, hat sie bei 1200 Jugendlichen die deutsche Schülersprache der „Normalos" untersucht. Sie fand heraus, dass 14- bis 17-Jährige die Jugendsprache am häufigsten benutzen. [...]

Soziolinguist Norbert Dittmar sieht ein Problem darin, dass viele Jugendliche den Unterschied zwischen Hochdeutsch und Kiezdeutsch nicht kennen. „Sie sind einfach nicht mehr in der Lage, zwischen Standarddeutsch und ihrer Kiezsprache zu unterscheiden. Ihnen ist nicht mehr klar, dass es in einem Vorstellungsgespräch anders zugehen muss als im Gespräch untereinander." [...]

(Focus, 24.03.2008)

1 ***Geben Sie die unterschiedlichen Ansichten über den Gebrauch der „Kiezsprache" im Text wieder.***

2 ***Untersuchen Sie die Kiezsprache anhand der Beispiele im Text.***

a) Was bedeutet der Ausdruck „*Isch mach disch Messa*" (Z. 1–2)? Stellen Sie Vermutungen über den Ursprung dieser Formulierung an.

b) Übertragen Sie die Sätze „*Sie so: ‚Lassma treffen.' Isch so: ‚Hastu Handy bei?' Ischwör, Alta, war so.*" (Z. 7–9) in die Standardsprache und vergleichen Sie die beiden Versionen. Welche Wörter fallen weg? Welche Wörter werden verändert?

3 ***Warum gelingt es vielen Jugendlichen nicht mehr, zwischen Standardsprache und Jugendsprache zu unterscheiden? Erläutern Sie.***

4 ***In welchen Situationen fällt es Ihnen schwer, zwischen Jugendsprache und Standardsprache zu unterscheiden? Sammeln Sie Beispiele an der Tafel und diskutieren Sie Lösungsstrategien.***

Jugendsprache

Die Jugendsprache weist viele Neubildungen und Wörter aus dem Englischen auf. So beschreibt der Satz „Völlig zugetextet machte sich die Posse auf in die Aula, um zehn Minuten zu chillen" nichts anderes als den Pausenbeginn nach dem Unterricht.

Ja nicht abkatzen!

von Hans Schuh

Wenn Sie die Jugend nicht mehr verstehen, dann sind Sie eben kein Checker (kluger Kopf), sondern eher eine Raufaser (Spießer), ein Honk (Idiot) oder gar Vollastronaut (Vollidiot). Und wenn Ihr Jüngster vom Waldapotheker (Drogendealer) kommt, blubbert und shisht (Wasserpfeife raucht), verrafft (seltsam) wirkt und Bogenhusten hat (kotzt), dann nur ja nicht abkatzen (Beherrschung verlieren) und ihn wuschig bashen (erregt fertigmachen) oder ihm gar Dong geben (verhauen)! Lieber den Vertreterschal (Krawatte) ausziehen und erst einmal mit ihm chillig chatten (entspannt plaudern), bis das Clearasil-Testgelände mit Blitzableiter (Pickelgesicht mit Zahnspange) sagt: „Johnson, alles clisso, komm 'ne Mafiatorte jammern." (Ja, alles klar, gehen wir Pizza essen).

(Die Zeit, 25.10.2007)

5 ***Untersuchen Sie den Text im Hinblick auf sprachliche Merkmale der Jugendsprache.***

a) Legen Sie eine Tabelle an. Ordnen Sie den Wortbildungskriterien Beispiele aus dem Text zu.

Wortneubildungen (Durch Zusammensetzungen wird ein neues Wort gebildet.)	*Vollastronaut, ...*
Anglizismen (Lehnwörter aus dem Englischen)	*Checker, ...*
Bedeutungsverschiebungen (Übertragung eines Wortes von einem Bedeutungsbereich in einen anderen)	*Raufaser, ...*

b) Ergänzen Sie die Tabelle mit Beispielen aus Ihrem jugendsprachlichen Wortschatz.

6 ***Untersuchen Sie die heutige Jugendsprache.***

a) Nennen Sie Begriffe, die jugendsprachlich für folgende Wörter verwendet werden: kluger Kopf, Spießer, Krawatte, Frisur. Berücksichtigen Sie auch die Wortbildungskriterien in Aufgabe 5 a.

b) Sammeln Sie Ihre Arbeitsergebnisse aus Aufgabe 6 a) an der Tafel und überlegen Sie, welcher Begriff am ehesten von einer größeren sozialen Gruppe akzeptiert werden könnte.

c) Erläutern Sie, wie diese Begriffe Eingang in die Jugendsprache finden könnten.

7 ***Diskutieren Sie Vor- und Nachteile, die die Verwendung der Jugendsprache haben könnte. Bedenken Sie dabei auch unterschiedliche Situationen.***

Alltagssprache – Standardsprache

In der offiziellen Kommunikation – wie hier bei einem Bewerbungsverfahren – ist die Verwendung der Standardsprache ein Muss.

Dialog im Chat

Kati: Ich brüte gerade über einer Initiativbewerbung. Kann ich so formulieren? „Meine Ausbildung zur Bürokauffrau schloss ich im Jahre 2010 erfolgreich ab. Nach meiner Ausbildung bekam ich zusätzliche Qualifikationen im …“ Das klingt doch so gequält! Warum kann ich nicht einfach schreiben, dass bislang alles ganz gut lief und ich einfach voll Lust habe, mich noch in meinem Beruf zu verbessern?

Haselnussratte: Du hast übrigens auch keine zusätzlichen Qualifikationen „bekommen“, sondern „erworben“.

Kati: Das ist doch nun wirklich egal. Bekommen – erwerben! Das macht doch keinen Unterschied.

Haselnussratte: Doch, das ist so! Auch die Aussagen, alles sei bislang beruflich gut gelaufen und du habest voll Lust, dich zu verbessern, finde ich nicht angemessen. Diese Formulierungen musst du verändern.

1 ***Begründen Sie, warum auf die Formulierungen „gut gelaufen“ und „voll Lust haben“ in einem Bewerbungsschreiben verzichtet werden sollte.***

2 ***Üben Sie den korrekten Gebrauch der Standardsprache.***

a) Verfassen Sie ein eigenes Anschreiben für eine Initiativbewerbung.

b) Tauschen Sie Ihr Anschreiben mit einem Partner oder einer Partnerin aus. Korrigieren Sie dessen/deren Anschreiben und achten Sie dabei besonders auf umgangssprachliche Wendungen.

c) Sammeln Sie diese umgangssprachlichen Wendungen an der Tafel. Suchen Sie nach Entsprechungen aus der Standardsprache.

3 ***Vervollständigen Sie die folgende Liste mit Ausdrücken aus der Alltagssprache und der Standardsprache.***

Alltagssprache	Standardsprache
schlecht laufen	
	sehr motiviert sein
	benötigen
gucken	
	weinen
ausrasten	
	erhalten
auf etwas abfahren	
	weglaufen

Alltagssprache – Standardsprache

Formulierungshilfe

Klassenarbeiten sind Bestandteil des Unterrichts, einer sozialen Situation, in der auf jeden Fall Standardsprache verwendet wird. Umgangssprachliche Wendungen entsprechen in der schriftlichen Kommunikation im Unterricht nicht der Regel. Sollten sie trotzdem benutzt werden, handelt es sich in den meisten Fällen um sprachliche Mängel, die entsprechend zu Fehlern und zwangsläufig zu Punktabzügen führen. Die folgenden Beispiele sind Klassenarbeiten zum Thema „Sprache und Kommunikation" entnommen.

Originalversion

1. „Die digitale und somit auch die verbale Kommunikation **läuft** auf der Inhaltsebene **ab.**"
2. „Am Schluss, nachdem der Mann in dem viel zu langen Kostüm die Treppe heruntergestürzt war und sie ihm deutlich machte, dass er nichts **auf die Reihe bekomme, rastet er aus.**"
3. „Es wird also nach einer Erklärung des Begriffs gesucht, um diesen zuordnen zu können. Wird dazu keine Vorstellung gefunden, bleibt dieser im **Schrank hängen.**"

Korrigierte Version

1. „Die digitale und somit die verbale Kommunikation **vollzieht** sich auf der Inhaltsebene."
2. „Am Schluss, nachdem der Mann in dem viel zu langen Kostüm die Treppe heruntergestürzt war und sie ihm deutlich machte, **dass ihm nie etwas gelinge, verliert er die Fassung.**"
3. „Es wird also nach einer Erklärung des Begriffs gesucht, um diesen zuordnen zu können. Wird dazu keine Vorstellung gefunden, entsteht keine **Entsprechung von Begriff und Bild, also kein Verstehen.**"

4 ***Formulieren Sie die folgenden Sätze so um, dass diese den Anforderungen der Standardsprache in einer schriftlichen Arbeit entsprechen:***

Volkswirtschaft / Thema: Finanzpolitik

a) *Durch einen anhaltenden Euro-Höhenflug kann die deutsche Exportwirtschaft einen gewaltigen Knacks bekommen.*

Projektbeschreibung / Thema: Marketing

b) *Wer Kapital hat und es anlegen will, macht es dort, wo er die höchsten Zinsen kriegt.*

Deutsch / Thema: B. Schlink – „Der Vorleser"

c) *Als Michael erzählt, dass er auf die Schule keinen Bock habe, schmeißt Hanna ihn raus.*

d) *Sie rastete total aus, weil er zu spät nach Hause kam.*

Deutsch/Thema: D. Kehlmann – „Die Vermessung der Welt"

e) Entsetzt darüber, welchen Unsinn sein Sohn las, öffnete Gauß das Fenster und schmiss die „Deutsche Turnkunst" einfach hinaus.

Deutsch/Thema: A. Tabucchi – „Erklärt Pereira"

f) Pereira lud Frau Delgado zum Essen ein und schlich ihr in den Speisewagen nach.

Deutsch/Thema: G. Wohmann – „Der ganz normale Wahnsinn"

g) Als es klingelte und Billa hörte, dass sie Herr Winterberg abholen wollte, verdrückte sie sich.

Fachsprache

„Fachsprache – das ist die Gesamtheit aller sprachlichen Mittel, die in einem fachlich begrenzbaren Kommunikationsbereich verwendet werden, um die Verständigung zwischen den in diesem Bereich tätigen Menschen (und die [Verbreitung] der fachlichen Inhalte sowie den Kontakt zu bestimmten Nicht-Fachleuten) zu gewährleisten." (Lothar Hoffmann: Kommunikationsmittel Fachsprache. Akademie-Verlag, Berlin 1984, S. 53)

1 *Untersuchen Sie diese Definition.*

a) Listen Sie die wesentlichen Kennzeichen von Fachsprache auf.

b) Überprüfen Sie, ob diese Definition mit Ihren Erfahrungen mit Fachsprache übereinstimmt.

Wider die Allüre der Fachsprache

Der Göttinger Politikwissenschaftler und Leiter des Göttinger Instituts für Demokratieforschung, Franz Walter, schreibt zur Verwendung der Fachsprache:

Statt Erkenntnis zu demokratisieren und in gesellschaftliche Debatten einzugreifen, schottet sich die Sozialwissenschaft[1] mit einem elitären Geheimcode ab.

Für die „Gebildeten" in Deutschland ist Abgrenzung traditionell elementar – nicht zuletzt durch Sprache. Das Wissenschaftsbürgertum hierzulande pflegt den elitären Dünkel, kultiviert eine Sprache, die wie ein Geheimcode nur den Eingeweihten verständlich ist, Außenstehende auf Abstand hält, den geringer Gebildeten demonstrativ das Gefühl von Nichtzugehörigkeit vermittelt. Dabei: Die akademische Sprache ist keineswegs jederzeit fachlich zwingend, sie ist vielmehr überwiegend ein kulturelles Instrument, um eine Aura des Besonderen und Erhabenen herzustellen, um Distanz nach unten durch die Pose auserwählter Exklusivität zu schaffen. [...] In solchen geisteselitären-geheimbündlerischen Traditionen steht ein Großteil ausgerechnet der akademischen Sozialwissenschaft in Deutschland merkwürdigerweise noch heute, obwohl sie sich doch eigentlich auf die Gesellschaft beziehen sollte.

In Frankreich [...] ebenso wie in Italien oder auch England gab und gibt es hingegen andere Bestrebungen. Der große englische Historiker Eric Hobsbawm hat stets darauf gepocht, dass man als Sozialwissenschaftler und Historiker nicht nur für

Fachkollegen schreiben dürfe. Der französische Philosoph und Nobelpreisträger Henri-Louis Bergson hat sehr eindringlich darauf bestanden, dass es keine noch so subtile philosophische Idee gebe, „die man nicht in einer jedermann verständlichen Sprache ausdrücken" könne – und müsse.

Lediglich in Deutschland haben sich der Inzest und die hermetische Abschottung des sozialwissenschaftlichen Juste Milieus weitgehend gehalten. Kaum jemand macht sich hierzulande Gedanken darüber, wie man die Ergebnisse sozialwissenschaftlicher Projekte in gewiss anspruchsvolle Alltagskommunikation übersetzen kann. [...] Nur wenige halten es für nötig und zweckmäßig, sich in die Lage, Mentalitäten, Erwartungen von möglichen Adressaten jenseits des Fachs hineinzufühlen, um so die eigenen Überlegungen zu verbreiten [...].

Fachsprache

Dabei verstecken sich alle hinter den vermeintlichen Sachzwängen einer vermeintlichen Fachlogik und der analytischen Schärfe ihrer vermeintlichen Fachsprache. Dabei ist gerade der Jargon des sozialwissenschaftlichen Fachsuahelis unendlich karg und anschauungsarm. […]

Und so verharrt die akademische Sozialwissenschaft in Deutschland zu großen Teilen in Bedeutungslosigkeit. Die gesellschaftlichen Kontroversen der Republik finden ohne die gerankten „Exzellenzen" der Sozialwissenschaft statt. Das immergleiche Argument für die passive Beobachterrolle oben auf dem Mont Ventoux weltabgewandter Esoterik: Man sei doch kein Politikberater oder gar ein Volksaufklärer.

Indes: Warum eigentlich nicht?

Schließlich spricht einiges für mehr Courage zur öffentlichen Intervention: Das Zusammenspiel mit der Öffentlichkeit wirkt als Motor auf die Reflexionen in der Sozialwissenschaft zurück. Wer sich als Wissenschaftler auf das Tempo und den Bedarf der nun einmal weithin medial vermittelten Öffentlichkeit einlässt, muss ziemlich rasch neue Fragen und Themen aufnehmen und in den wissenschaftlichen Diskurs rückführen, wird dabei oft genug und bedauerlicherweise die Grenzen sozialwissenschaftlicher Interpretationsfähigkeit erleben, muss infolgedessen unverzüglich Positionen und Zugriffe korrigieren oder erweitern. Die Beziehung zwischen Wissenschaft, Medien und Politik könnte in diesem Prozess enger, die Praxissensibilität auch der akademischen Wissenschaft größer, der intellektuelle Hintergrund des Feuilletons anspruchsvoller, die wissenschaftlich fundierte Politikberatung in den Parteien intensiver werden.

(Göttinger Institut für Demokratieforschung online, 22.06.2010)

1 Der Begriff Sozialwissenschaften (auch Gesellschaftswissenschaften) ist eine Sammelbezeichnung für all jene wissenschaftlichen Disziplinen, die sich mit den Phänomenen des gesellschaftlichen Zusammenlebens der Menschen auseinandersetzen, wie z. B. Soziologie, Pädagogik, Sozialpädagogik, Erziehungswissenschaft, Rechtswissenschaft, Politikwissenschaft, Sprachwissenschaft, Wirtschaftswissenschaften.

2 ***Erschließen Sie den Text „Wider die Allüre der Fachsprache" mithilfe folgender Aufgabenstellungen.***

a) Erklären Sie, warum es nach Franz Walter zur Herausbildung von Fachsprache kommt.

b) Geben Sie die im Text angeführte Kritik an der Fachsprache wieder.

c) Diskutieren Sie: Ist es sinnvoll, Fachsprache zu vereinfachen?

Basiswissen – Standardsprache, Alltagssprache

Standardsprache (Hoch-, Schriftsprache)
Um sich über Dialektgrenzen hinweg verständigen zu können, benötigt man eine Sprachvariante, die im deutschen Sprachraum gesprochen und verstanden wird. Die Standardsprache wird in Grammatiken und Wörterbüchern festgelegt, in der Schule gelernt und in der **offiziellen Kommunikation** verwendet. Sie ist bestimmt durch **feste Regeln** zur Grammatik, Aussprache und Rechtschreibung und ist in ihrer reinsten Ausprägung meist nur in der **Schriftsprache** zu finden.

Alltagssprache (Umgangs-, Gebrauchssprache)
Als Alltagssprache bezeichnet man eine Sprachvarietät, die im **täglichen mündlichen Sprachgebrauch** mit anderen Menschen angewendet wird. Sie wird besonders von sozialen (Bildungsstand, soziale Umwelt des Sprechers) und regionalen Gegebenheiten geprägt. Die Alltagssprache ist oftmals grammatisch und lautlich nicht korrekt, Sätze sind häufig kurz, einfach und teils unvollständig.

Fachsprache

Basiswissen — Dialekt, Jugendsprache, Fachsprache

Dialekt
Der Dialekt ist eine **rein mündliche Sprachvarietät** (Ausnahme: Mundartdichtung). Seine Konventionen haben sich über einen sehr langen Zeitraum in einem geografisch abgegrenzten Raum gebildet. Die Sprache ist von einer hohen Bildlichkeit geprägt, und Unterschiede zur Standardsprache sind besonders im Wortschatz und in der Aussprache zu finden.

Jugendsprache
Jugendliche sprechen mit Gleichaltrigen anders als mit Erwachsenen, um sich abzugrenzen. Die Sprache wird benutzt, um eine **bestimmte Lebenseinstellung** widerzuspiegeln. Auch die Zugehörigkeit zu einer bestimmten Gruppe lässt sich an der verwendeten Jugendsprache erkennen.

Fachsprache
Die besondere Eigenschaft einer Fachsprache ist es, Wörter und Wendungen zu pflegen, die nur von einer bestimmten Sprechergruppe, meist Berufsgruppe, verstanden und in **einem bestimmten Fachgebiet** verwendet werden. Ziel ist die genauere und schnellere Bezeichnung bestimmter Gegenstände, Tätigkeiten oder Vorgänge für eine effektive Kommunikation, weshalb diese Sprachebene vor allem durch die Verwendung von Fachbegriffen und Fremdwörtern gekennzeichnet ist. (Der **Fachjargon** ist die umgangssprachlich geprägte Sondersprache einer Berufsgruppe.)

3 *Nennen Sie Beispiele für Kommunikationssituationen, in denen die genannten Sprachvarietäten sinnvoll eingesetzt werden können.*

Fazit

Kapitel 2

Diskutieren, debattieren, referieren

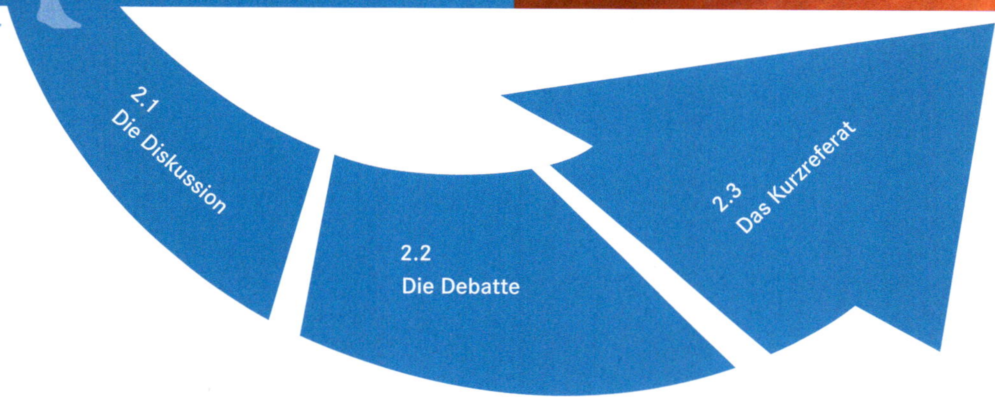

Im folgenden Kapitel lernen Sie, in bestimmten Gesprächssituationen angemessen und damit erfolgreich zu kommunizieren.

Die Diskussion ist eine sehr lebensnahe Kommunikationsform, in ihr geht es darum, Ihren Standpunkt überzeugend zu vertreten und sich dabei gleichzeitig mit den Meinungen anderer Teilnehmer auseinanderzusetzen.

Die Debatte soll einen Entscheidungsfindungsprozess in Gang setzen, sie ist stärker inszeniert und durch Regeln eingeschränkt. Die Zuhörer sollen überzeugt werden mithilfe von Argumenten, Rhetorik, nicht selten auch mit unsachlichen Angriffen auf die Gegenposition. Während in der Diskussion und der Debatte ein gegenseitiger Austausch von relativ kurzen Redebeiträgen zwischen Teilnehmern gefordert wird, ist das Referat eher ein einseitiger Kommunikationsakt. Ziel des Referats ist es, die Zuhörer zu informieren und dabei ihre Aufmerksamkeit aufrechtzuerhalten. Hierzu gilt es, sich optimal vorzubereiten.

Was Sie bereits wissen

- ✔ Körpersprache ist ein Bestandteil der Kommunikation.
- ✔ Jede Nachricht enthält vier Botschaften.
- ✔ Sprachvarietäten sind von der jeweiligen Situation abhängig.

Die Diskussion

In einer Diskussion überzeugend argumentieren

Die Diskussion ist eine Sonderform des Gesprächs zwischen zwei oder mehreren Personen, in dem in geordneter Form verschiedene Auffassungen zu einem Thema erörtert werden. Die Teilnehmer vertreten ihre Standpunkte, üben Kritik und versuchen, andere von ihrer Position zu überzeugen.

Die folgenden drei Texte beinhalten umstrittene Themen, die Ihnen als Diskussionsanlässe dienen sollen: „Verschärfung des Waffengesetzes“, „Sicherheit deutscher Atomkraftwerke“ und „Einkommensgrenzen für Manager und Vorstände“.

Amoklauf in Lörrach: Brauchen wir schärfere Waffengesetze?

Eine Rechtsanwältin ermordet ihren Ehemann und den eigenen Sohn. Dann erschießt die ehemalige Sportschützin in einer Klinik einen Pfleger. Die blutige Tragödie von Lörrach macht fassungslos – und wieder ist da die Frage: Hätte die Tat verhindert werden können?

(Stern online, 21.09.2010)

Gegen den Strom

An Deutschlands Küsten droht kein Tsunami. In Deutschland gibt es keine nennenswerten Erdbeben. [...] Nur mit Fassungslosigkeit lässt sich beobachten, dass eine Naturkatastrophe, die im fernen Japan ein Kernkraftwerk zerstörte, in Deutschland Wahlen entscheidet und einer Regierung, die eben noch an der Atomkraft festhalten wollte, den Ausstieg nahelegt. Wo wäre der Zusammenhang zu suchen? Die Kraftwerke hierzulande sind durch das japanische Unglück um nichts unsicherer oder gefährdeter geworden. [...]

(Jens Jessen, Zeit online, 31.03.2011)

Platz 1: Carlos Slim, 74 Mrd. Dollar

Mit einem Zuwachs von mehr als 20 Mrd. Dollar in einem Jahr ist der Telekommunikations-Tycoon der größte Verdiener unter den insgesamt 1210 Milliardären. Slim kaufte 1990 den mexikanischen Festnetzanbieter Teléfonos de México (Telmex) für 1,8 Mrd. Dollar. Mittlerweile hat Telmex eine Monopolstellung in Mexiko und riesige Anteile am gesamten südamerikanischen Festnetz. Slims Beteiligung am Mobilfunkanbieter América Móvil macht ihn quasi zum Alleinherrscher über den gesamten südamerikanischen Telefonmarkt. Alleine aufgrund seiner Zinseinkünfte würde der 71-Jährige es in die Top Ten schaffen.

(Financial Times Deutschland online, 10.03.2011)

1 *Nehmen Sie zu den angegebenen Themen spontan Stellung.*

2 *Formulieren Sie Pro- und Kontra-Argumente und sortieren Sie diese nach Wichtigkeit. Achten Sie darauf, Unwesentliches wegzulassen und Doppelungen zu vermeiden.*

3 *Begründen Sie Ihre anfängliche Position mit den gewonnenen Argumenten und belegen Sie diese durch Beispiele (**➪ Arbeitstechnik, S. 27**).*

In einer Diskussion überzeugend argumentieren

Um beim Argumentieren wirklich zu überzeugen, kommt es nicht nur darauf an, was man sagt, sondern auch auf die Art und Weise, wie man es sagt und ob man seine Argumente durch einleuchtende Beispiele belegen kann.

Arbeitstechnik These – Argument – Beleg/Beispiel

These: In der These wird eine Behauptung, eine Meinungsäußerung oder ein Werturteil formuliert, durch sie wird eine bestimmte Position zum Ausdruck gebracht.

Argument: Durch das Argument erfährt die These seine Begründung.

Beleg/Beispiel: Gestützt wird das Argument durch Beispiele oder Belege. Dies kann auf unterschiedliche Weise geschehen, z. B. durch die Angabe von **Fakten**, durch das Verwenden von **Zitaten**, durch den Bezug auf allgemein anerkannte **Werte und Normen**, durch den Bezug auf **Geschichte und Tradition** oder **verallgemeinerbare Alltagserfahrungen**. Es ist dabei jedoch wichtig zu beachten, wie das Argument und wie die Beispiele und Belege eingesetzt werden, d. h., ob sie seriös oder unseriös sind.

Beispiel für ein seriöses Argument:
„Meiner Meinung nach sollte der private Besitz von Waffen generell verboten werden, weil nur dann gewährleistet werden kann, dass ein unkontrollierter Zugang zu Waffen verhindert wird."

Beispiel für ein unseriöses Argument:
„Schärfere Waffengesetze lehne ich ab, weil wir im Schützenverein dann immer alles abschließen müssten, und das wäre ein großer Arbeitsaufwand. Überhaupt ist bei uns noch keiner Amok gelaufen."

Weitere Beispiele

- Eine Begrenzung von Manager- und Vorstandsgehältern kann man nicht gutheißen, weil jeder nach Leistung bezahlt wird. Wer viel leistet, soll auch viel verdienen.
- Auf die Nutzung von Kernkraftwerken sollte verzichtet werden, weil sie nicht sicher genug gebaut werden können und damit eine permanente Gefahrenquelle für Menschen darstellen.

1 *Ordnen Sie die Beispiele den beiden Argumenttypen des seriösen und unseriösen Arguments zu.*

2 *Analysieren Sie, weshalb diese Argumente überzeugen bzw. nicht überzeugen.*

3 *Suchen Sie sich in Partnerarbeit ein Thema, das Sie diskutieren wollen. Formulieren Sie jeweils überzeugende Pro- und Kontra-Argumente und stellen Sie die Argumente vor. Nutzen Sie dazu die Arbeitstechnik der Fünfsatzmethode.*

Arbeitstechnik Fünfsatzmethode

1. An den Vorredner anknüpfen („Sie haben gerade angeführt, dass ...")
2. Den eigenen Standpunkt formulieren („Ich aber bin der Auffassung, dass ...")
3. Argument der Gegenseite schwächen und eigene Position stärken („Hiergegen ist einzuwenden, dass ...")
4. Schussfolgerung („Deshalb liegt es auf der Hand, dass ..." / „Daraus ergibt sich eindeutig ...")
5. Formulierung eines Appells / einer Forderung („Ich denke, wir sollten deshalb ..." / „Sie müssen einsehen ...")

Diskussionen analysieren

Im Folgenden wird Ihnen ein Mitschnitt aus der Diskussionsrunde zum Thema „Mangelnde Ausbildungsreife der Jugendlichen“ mit Schülersprechern, Lehrern, Politikern und Ausbildern präsentiert:

Ausbilder: Das größte Problem bei der Besetzung von Lehrstellen ist die zunehmende mangelnde Ausbildungsreife der Schulabgänger. Besonders im mündlichen und schriftlichen Ausdrucksvermögen bestehen große Defizite, aber auch bei den elementaren Rechenfertigkeiten und der Leistungsbereitschaft gibt es Mängel.

Ausbildungsberater der Handwerkskammer: Also meiner Meinung nach hat sich großartig nichts geändert, denn die Aussage, die Auszubildenden werden immer schlechter und verhalten sich den Erwachsenen gegenüber nicht so, wie sie sollen, die ist dreitausend Jahre alt. Das ist eigentlich nichts Neues. Meiner Meinung nach müssen sich die Betriebe viel mehr darum kümmern, diese Defizite aufzuarbeiten, denn diese müssen über Motivation ihre Mitarbeiter und Azubis dazu bringen, dass sie die Arbeit gerne machen. Je höher die Motivation, desto höher ist auch das Engagement.

Ausbilder: Ich denke doch, dass Ihnen, um das beurteilen zu können, das Fachwissen und die Erfahrung fehlt.

Eltern: Ich kann dem aber durchaus zustimmen. Ich habe eine Tochter, mittlerer Bildungsabschluss, die sich zurzeit sehr intensiv bewirbt, aber dennoch keinen Ausbildungsplatz findet. Eine Haupt- oder Realschülerin hat einfach keine Chance auf dem Ausbildungsmarkt.

Ausbilder: Das ist grundsätzlich richtig, aber für die vorliegende Situation nicht umsetzbar. Es ist natürlich schon so, dass wir als „Kunden“ immer stärkere Anforderungen an unsere Unternehmen stellen. Es gibt also einen großen Druck auf die Unternehmen und somit auch auf die Mitarbeiter. Und daher ist es selbstverständlich, dass die Unternehmen sich nach Auszubildenden umsehen, die möglichst gut sind und möglichst großem Druck standhalten – getrieben vom Druck der Kunden. Das können aber nicht alleine die Betriebe kompensieren.

Schülersprecher: Ein wichtiger Punkt ist doch, dass den Jugendlichen oftmals dieses Verhalten von Erwachsenen vorgelebt wird. Viele Eltern geben ihre Kinder in der Schule ab und kümmern sich aber nicht mehr um das Lernen nach der Schule.

1 ***Analysieren Sie die Stichhaltigkeit der dargebotenen Argumente.***

a) Notieren Sie die in der Diskussion enthaltenen Scheinargumente.

b) Bewerten Sie die jeweiligen Aussagen und analysieren Sie, welche Ziele die Diskussionsteilnehmer mit diesen verfolgen.

2 ***Überlegen Sie sich zu den folgenden Scheinargumenten Gegenfragen oder Antworten, mit denen angemessen auf die Einwände reagiert werden kann, sodass eine konstruktive Fortführung der Diskussion möglich wird.***

„Das haben wir noch nie so gemacht.“ – „Das ist zu teuer.“ – „Das ist falsch.“ – „Das hat man vor zehn Jahren vielleicht so gemacht.“ – „Das ist doch allgemein bekannt.“ – „Trau keiner Statistik, die du nicht selbst gefälscht hast.“

3 ***Reagieren Sie auf folgende Thesen mit einem seriösen Argument.***

a) Jeder Schüler sollte einen Laptop gestellt bekommen.

b) Das Rauchverbot auf dem Schulgelände ist sinnvoll.

c) Ampeln sollten abgeschafft werden.

Diskussionen analysieren

Die folgende Diskussion bietet Ihnen die Möglichkeit, eine bestimmte Diskussionsform kennenzulernen und Argumentationstechniken zu verstehen.

Diskussionsrunde zum Thema: Nach dem Amoklauf – Wie gefährlich sind „Killerspiele“?

Diskussionsleitung: Anke Plättner

Jugendliche verbringen immer mehr Zeit mit Computerspielen. Darunter besonders beliebt: brutale Shooterspiele. Nach dem Amoklauf von Winnenden wird der Ruf nach einem Verbot lauter.

Plättner: Ich begrüße Sie zur Diskussionsrunde. Immer wenn schreckliche Taten wie in Winnenden geschehen, dann hätte man gerne eine schnelle Antwort auf die Frage nach dem Warum und dann am liebsten noch eine Maßnahme, die einen ähnlichen Schrecken in Zukunft verhindern kann. Außer dem Waffengesetz stehen dann immer wieder die Computerspiele zur Debatte. Egoshooter, Ballerspiele, damit haben alle Amokläufer der letzten Jahre viel Zeit verbracht. Aber das tun inzwischen fast alle Jugendlichen.

Welchen Einfluss haben die Spiele wirklich und was würde sich ändern, wenn man sie verbieten würde? Über Computerspiele, Jugend und Gewalt sprechen wir heute in dieser Runde mit Armin Laschet, CDU-Minister für Generationen, Familien, Frauen und Integration des Landes Nordrhein-Westfalen. Herzlich willkommen.

Ich begrüße Christian Pfeiffer, Leiter des Kriminologischen Instituts Niedersachsen, der heute in Berlin eine sehr umfassende Jugendstudie vorgestellt hat. Über 44 000 Neuntklässler wurden zum Thema Gewalt befragt.

Malte Behrmann ist bei uns von GAME e.V., das ist der Bundesverband der Entwickler von Computerspielen.

Und bei uns ist Michael Wallies, Medizinstudent.

Er wurde als Jugendlicher süchtig nach den Spielen am Computer und hat viele Stunden in der Woche damit verbracht, bis er dann den Ausstieg schaffte.

Herr Wallies, als Sie das mitbekommen haben von dem Amoklauf in Winnenden und auch klar wurde, der Amokläufer hat am Computer gespielt, da wurde ja direkt ein Zusammenhang hergestellt. Können Sie sich das vorstellen, sehen Sie das auch so, dass Sie sagen, ja da kann es einen Zusammenhang geben, wenn man viel Computerspiele und diese Egoshooter-Spiele spielt. Kann das die Phantasie beflügeln?

Wallies: Ähm, es ist auf jeden Fall so, das hat es auch schon eben ja bei Erfurt gegeben und was ich auf jeden Fall sehe ist schon auch der Zusammenhang zu diesen Spielen. Sogar fast weniger, dass es die Phantasie beflügelt, sondern dass einfach auch bei diesen Spielen so ein Reiz-Reaktionsschema abläuft. Ich konditioniere eben wirklich das Töten in diesen Spielen. […] Es geht mir nicht darum, jetzt irgendwie hier zu sagen, Gewaltspiele alleine wären hier irgendwie die Verursacher. Es müssen sicherlich mehrere Faktoren hier hinzukommen. […]

Plättner: Haben Sie das bei sich gemerkt? Hat sich bei Ihnen da was verändert, in der Wahrnehmung von Mitmenschen zum Beispiel?

Wallies: Ja, es ist auf jeden Fall so, man wird auf jeden Fall aggressiver durch das Spielen. Ich bin auch oft hingegangen und habe gedacht, ich baue Aggressionen mit dem Spielen ab. Es funktioniert nicht. Man wird aggressiv durchs Spielen. Gewalt wird immer mehr ein praktikables Lösungsmuster.

Plättner: Was ist denn der Reiz, diese Spiele zu spielen?

Diskussionen analysieren

Relativierungstechnik

Wallies: Die Faszination ist letztendlich, dass ich aktiv sein kann. Ich habe Macht über Leben und Tod und kann alle Tötungsfantasien ausleben. Beim Fernsehen bin ich ja immer zu Passivität verdammt.

Plättner: Herr Behrmann, wenn Sie das so hören, beunruhigt Sie das? Sagen Sie, das ist eigentlich nicht das, was wir wollen, wenn wir Computerspiele entwickeln?

Behrmann: Also Computerspiele sind sicherlich ein sehr weites Feld. Und es gibt sehr viele unterschiedliche Computerspiele. Und eines der Hauptprobleme ist, dass die Debatte vor allem in Deutschland immer sehr stark fokussiert wird. Das ist sicherlich aus unserer Sicht problematisch, weil Computerspiele sind auch kulturell bedeutsam heutzutage. Sie sind technologisch wichtig für Deutschland. […] Und sie sind auch ökonomisch bedeutsam. […]

Plättner: Bleiben wir mal dabei. Herr Pfeiffer, das, was Herr Wallies gerade beschrieben hat […], ist das was, was Sie in der Befragung der vielen Neuntklässler auch bestätigt sehen?

Pfeiffer: Wir haben alle Faktoren, die überhaupt denkbar sind, bei der Entstehung von Gewalt in einer Pfadanalyse getestet. […] Computerspielen, gewaltorientierte Computerspiele, bleibt als ein massiver Einflussfaktor auf die Entstehung von Gewalt. Warum? […] Es ist die Tatsache, dass der Jugendliche, hasserfüllt wie er war, beim Computerspielen Methoden gesehen hat, wie er diesen Hass umsetzen könnte. […] Und wir kommen zu dem Befund, Computerspiele sind ein Risikoerhöhungsfaktor. […]

Plättner: Herr Laschet, wenn man das so hört von Herrn Wallies und Herrn Pfeiffer, muss da die Politik nicht, wie beim Alkoholschutz ja auch, sagen, das verbieten wir jetzt, davor schützen wir Jugendliche?

Laschet: Es sind zwei Sachen: Das Verbieten und das Schützen. Das sind zwei unterschiedliche Sachen. Natürlich muss man Jugendliche schützen, dafür gibt es Jugendschutzgesetze, aber einem über 18-Jährigen ist es schwer, etwas zu verbieten. Sie können Pornografie auch nicht verbieten. Das gehört zur Meinungsfreiheit des Grundgesetzes, die nur unter ganz bestimmten Voraussetzungen eingeschränkt werden darf, nämlich wenn es um den Jugendschutz geht oder wenn es um Gewaltverherrlichung geht. Das ist strafbar, Paragraph 131 des StGB: Niemand darf ein Spiel auf den Markt bringen, das gewaltverherrlichend ist.

Plättner: Aber da frage ich mich doch, ist ein Spiel wie Counterstrike nicht gewaltverherrlichend?

Laschet: Ja, aber das entscheiden Staatsanwälte. Dafür haben wir in Deutschland Gerichte und die sind der Auffassung, es ist nicht gewaltverherrlichend. Aber ich glaube, die Debatte wird oftmals von Menschen, die sich nicht mit Computerspielen beschäftigen, zu leichtfertig geführt. Eine Million Menschen spielen tagtäglich Computerspiele, die ich selbst so nicht spielen würde, aber die werden nicht alle zu Amokläufern. Und ich finde … […]

Plättner: Herr Pfeiffer.

Pfeiffer: Herr Laschet hat […] behauptet, dass die Staatsanwälte ja ein Spiel selbstverständlich bekämpfen würden, wenn es gewaltverherrlichend ist. Das stimmt nicht. Faktisch haben wir dazu in Deutschland die Möglichkeit nicht. Denn die Reihenfolge läuft wie folgt: Als Erstes ist die unabhängige Selbstkontrolle, die USK, tätig, die bekommt die Spiele von der Industrie zur Prüfung und wenn die – ohne dass ein Staatsanwalt jemals den Paragraphen 131 angelegt hätte – zum Ergebnis kommen, das Spiel ist nicht gewaltverherrlichend, dann kriegt es sein Label „ab 16“, „ab 18“ und kein Staatsanwalt hat noch eine Chance, etwas zu prüfen. Ich will ein Beispiel nennen …

Plättner: Moment, bleiben wir einmal dabei. Also es gibt diese freiwillige Selbstkontrolle, vielleicht um das einmal aufzuklären. Herr Laschet, reicht diese aus und gibt es da eine Möglichkeit einzugreifen?

Laschet: Erstens, ich glaube, es reicht aus. Da wird sorgsam geprüft. Aber alle Spiele, über die wir uns so aufregen, gibt es übers Internet. Aber das, was wir als Staat kontrollieren können, ist das, was über die Ladentheke geht. Der zweite Teil ist, ab 18 gilt Meinungsfreiheit des Grundgesetzes. Und da können Sie nicht so leicht ein Spiel verbieten. Und da greift dann der Straftatbestand, Herr Pfeiffer. Selbst

Diskussionen analysieren

wenn die Jugendschutzstelle gesagt hat, ein Spiel ist ab 16 oder 18 zulässig, ein Staatsanwalt kann danach, wenn er sagt, dieses Spiel ist gewaltverherrlichend, einem 18-Jährigen, einem 20-Jährigen, selbst einem 80-Jährigen verbieten, dieses Spiel zu spielen.

Plättner: Heißt das, wenn wir auf das, was im Internet ist, keinen Zugriff haben, dass wir damit leben müssen und wir den Jugendlichen helfen müssen, damit umzugehen.

Laschet: Das ist der nächste Schritt, über den wir viel mehr diskutieren sollten.

Wallies: Es ist auf jeden Fall wichtig, ein Zeichen zu setzen. Auch die Tabakindustrie will uns bis heute weismachen, dass Tabakkonsum nicht abhängig macht. Genauso sehe ich das Problem bei den Computerspielen, dass eben hier quasi gesagt wird, diese Spiele werden öfter für unbedenklich gefunden, als sie es sind. [...]

Behrmann: Das ist nicht wahr. Das ist einfach nicht wahr. Das ist sachlich falsch.

Laschet: Die Ministerien sitzen mit am Tisch und entscheiden, nicht die Industrie.

Behrmann: Abgesehen davon werden die Computerspiele in Deutschland von der USK alle durchgespielt, von neutralen und unabhängigen Prüfern.

Wallies: Haben Sie sich einmal die Plakate angeschaut, die die USK selbst macht? Es stand doch tatsächlich drunter: „Liebe Väter, wenn Sie Ihre Kinder beim stundenlangen Computerspielen erwischen, denken Sie an Ihre eigene Jugend und spielen Sie mal wieder mit." Neutral finde ich die USK definitiv nicht.

Polemik

Plättner: Ok, dass es da verschiedene Interessen gibt, ist auch klar.

Pfeiffer: Wir haben 72 Spiele überprüft. Wir haben sie von vorn bis hinten durchgespielt, haben die Maßstäbe der USK angelegt. In nur 35 Prozent der Spiele konnten wird die Einstufung durch die USK nachvollziehen. Bei etwa 30 Prozent sind wir zum Ergebnis gekommen, die Spiele hätten indiziert werden müssen. Wir behaupten, dass die USK viel zu sehr auf der Seite der Industrie steht.

Laschet: Wer ist „wir"? Wer ist „wir"?

Pfeiffer: Das Kriminologische Institut Niedersachsen hat diese Untersuchung gemacht.

Laschet: Gut, dann sind Sie schlauer, als alle Jugendminister und alle, die das da machen. Dass Ihr Institut das schlaueste ist, kann man natürlich, wenn man interessengeleiteter Institutsleiter ist, natürlich vertreten. Wir vertreten die 16 deutschen Länder und unsere angestellten Mitarbeiter, die darauf achten, ist die Alterseinstufung richtig, machen einen Job, der nicht von der Industrie bestimmt wird. [...]

(Videostream: PHOENIX Runde vom 17.03.2009)

1 ***Analysieren Sie das Diskussionsverhalten der Teilnehmer.***

a) Bestimmen Sie mithilfe des Basiswissens (➪ S. 32) die vorliegende Diskussionsform.

b) Informieren Sie sich unter Zuhilfenahme der Arbeitstechnik (➪ S. 32) über die Argumentationstechniken und nennen Sie neben den angeführten Beispielen noch weitere Stellen aus dem Text.

c) Begründen Sie, welcher der Diskussionsteilnehmer am überzeugendsten ist.

2 ***Analysieren Sie das Verhalten der Diskussionsleiterin.***

a) Klären Sie die Aufgabe eines Diskussionsleiters.

b) Finden Sie Beispiele, in denen die Diskussionsleiterin ihrer Aufgabe gerecht wird; gibt es Beispiele, in denen sie ihrer Aufgabe nicht gerecht wird?

c) Beurteilen Sie das Verhalten der Diskussionsleiterin abschließend.

3 ***Erstellen Sie unter Einbezug Ihrer Ergebnisse eine Zusammenfassung wichtiger Verhaltensregeln für Diskussionsleitung und Diskussionsteilnehmer und tauschen Sie sich im Plenum aus.***

Argumentationstechniken anwenden

Basiswissen | **Diskussionsformen**

Bei der **Plenumsdiskussion** haben alle Anwesenden Rederecht (z. B. Unterrichtsdiskussionen). Ein Moderator lenkt dabei die Beiträge.

In einer **Podiumsdiskussion** hingegen diskutiert nur eine bestimmte Personengruppe (z. B. Experten). Während des von einem Moderator/einer Moderatorin geleiteten Gesprächs werden Gegensätze herausgearbeitet und Möglichkeiten der Annäherung gesucht. Die Zuhörer/-innen erhalten im Verlauf der Diskussion Gelegenheit, sich mit ihren Fragen und Gegenargumenten in das Gespräch einzuschalten.

Die **Fishbowl-Diskussion** ist eine alternative Methode der Diskussionsführung, bei der eine kleinere Gruppe in einem Innenkreis diskutiert, während die übrigen Teilnehmer in einem Außenkreis sitzen und die Diskussion beobachten, ohne sich einzumischen. Ein Teilnehmer kann als Moderator fungieren, nachfragen und sicherstellen, dass alle die Möglichkeit bekommen, ihre Meinung zu äußern.

Arbeitstechnik | **Techniken für eine gezielte Gegenargumentation**

Es ist nicht nur wichtig, seinen eigenen Diskussionsbeitrag gegliedert und einprägsam zu formulieren, sondern auch angemessen auf Gegenargumente der Gesprächspartner zu reagieren:

Bumerangtechnik: Ein Argument des Diskussionspartners wird an diesen zurückgegeben und dabei gleichzeitig infrage gestellt: *„Sind Sie wirklich davon überzeugt, dass …?"*

Entwaffnungstechnik: Dem Diskussionspartner wird durch Zugeständnisse der Wind aus den Segeln genommen: *„Vielen Dank für diesen Hinweis."*

Ja-Aber-Technik: Dem Diskussionspartner wird zunächst zugestimmt. Nach dem Wendewort „aber" wird die eigene abweichende Auffassung dargelegt: *„Was Sie da vorbringen, mag zwar richtig sein, aber …"*

Relativierungstechnik: Der Einwand des Diskussionspartners wird eingeschränkt oder zergliedert: *„Es kommt immer auf die jeweiligen Umstände an …"*; *„Das ist von Fall zu Fall unterschiedlich."*

Verallgemeinerungstechnik: Das eigene Argument ist eingängig, da es auf Verallgemeinerungen oder Selbstverständlichkeiten zurückgeht: *„Jeder mit gesundem Menschenverstand …"*

Vorwegnahmetechnik: Der mögliche Einwand oder die Beweisführung des Diskussionspartners wird selbst aufgegriffen und im Voraus schon entkräftet: *„Sie werden sicherlich noch einwenden, dass …"*

Wendetechnik: Eine Aussage des Diskussionspartners wird umgedreht und für die eigene Argumentation genutzt: *„Es stimmt, dass die Kosten steigen. Gerade deshalb ist es wichtig, mit Maßnahmen nicht länger zu warten."*

1 ***Notieren Sie weitere Formulierungsmöglichkeiten für eine der angegebenen Argumentationstechniken und lassen Sie sie von Ihrem Partner oder Ihrer Partnerin zuordnen.***

2 ***Analysieren Sie die Diskussion auf Seite 29 ff. im Hinblick auf rhetorische Figuren (→ Kapitel 6.4, S. 128 f.).***
Beispiel: Wir diskutieren hier über die Ärmsten der Armen (Wortspiel, Superlativ) und müssen uns dazu durchringen (Imperativ), sie als nicht schlecht (Litotes), sondern hilfesuchend – nein hilfsbedürftig (Correctio) zu betrachten.

Diskussionen führen und bewerten

Die Schülervertretung eines Berufsgymnasiums wird zu einer Diskussionsrunde eingeladen, die sich mit dem Thema der mangelnden Ausbildungsreife der Jugendlichen – wie im Text unten dargestellt – befasst. Auch Lehrer sowie Vertreter aus Wirtschaft und Politik nehmen teil.

Wirtschaft: Jeder Fünfte nicht ausbildungsreif

Berlin (dpa) – Die Wirtschaft hält jeden fünften Schulabgänger für nicht ausbildungsreif. Neben schlechten Kenntnissen in Deutsch und Mathematik kritisieren immer mehr Betriebe fehlende Disziplin und Belastbarkeit. Dies ist das Ergebnis einer Umfrage des Deutschen Industrie- und Handelskammertages (DIHK) bei 15 000 Unternehmen.

(Süddeutsche Zeitung, 08.04.2010)

Situation 1

Die Schülersprecher wollen die Jugendlichen verteidigen und diesen Vorwurf entkräften. Bei einer Vorbesprechung tauschen sich die beiden Schülersprecher Katja und Peter aus.

Katja: *Mich nervt, dass immer auf den Jugendlichen herumgehackt wird. Klar gibt's bestimmt einige, die eben nicht so gut in Mathe oder Deutsch sind, aber deshalb gleich alle Auszubildenden schlecht zu machen, das ist doch Quatsch. Es gibt auch viele andere, die sich wirklich bemühen und die Ausbildungsbetriebe da vielleicht einfach übertriebene Vorstellungen haben.*

Peter: *Da hast du Recht. Ich finde auch, dass nicht alle Auszubildenden disziplinlos und nicht belastbar sind. Solche Anschuldigungen demotivieren uns doch nur.*

Situation 2

Während der Diskussionsrunde äußert sich Katja jedoch folgendermaßen:

Ich bin als Schülersprecherin über die neuen Umfrageergebnisse genauso besorgt wie Sie. Mir liegt aber viel daran, dieses Ergebnis nicht zu stark zu verallgemeinern und hochzuspielen, da dieses Verhalten ja keinesfalls für alle Schüler zutreffend ist. Gerade die Schüler des Beruflichen Gymnasiums lernen schnell, gut und diszipliniert zu lernen. Mit einer Hysterie trifft man gerade aber auch die vernünftigen Schüler. Ich denke, wir sollten daher vor allem darüber reden, wie den 20 Prozent der Jugendlichen, die nicht ausbildungsreif sind, geholfen werden kann.

1 ***Analysieren Sie Katjas Diskussionsbeitrag in Situation 1 und 2.***

a) Arbeiten Sie heraus, welche Argumente jeweils vorgetragen werden.

b) Bestimmen Sie die angewendeten Argumentationstechniken mithilfe der Arbeitstechnik (➪ S. 32).

2 ***Diskutieren Sie zum Thema „Ausbildungsreife von Jugendlichen".***

a) Sammeln Sie Argumente zur Themenfrage: Sind Jugendliche schlecht auf eine Ausbildung vorbereitet?

b) Tragen Sie in Kleingruppen Ihre Argumente mündlich nach der Fünfsatzmethode vor (➪ Arbeitstechnik, S. 27).

c) Führen Sie eine Plenumsdiskussion mit vier Personen durch. Bestimmen Sie mehrere Schüler, die ein Verlaufsprotokoll (➪ S. 50 f.) über die Diskussion erstellen und werten Sie die Verlaufsprotokolle aus.

Diskussionen führen und bewerten

Um das Diskussionsverhalten einzelner Teilnehmer bewerten zu können, muss man sich auf beobachtbare Kriterien einigen.

Muster: Bewertung von Diskussionen

A Vorgabe durch den Lehrer

Sprecher ...	-1	-2	1	2
Sachliche Kompetenz				
argumentiert schlüssig				
führt geeignete Beispiele an				
reagiert angemessen auf Diskussionsbeiträge				
...				
Sprachlich-rhetorische Kompetenz				
treffende Wortwahl				
spricht angemessen laut				
spricht grammatikalisch richtig				
...				
Sozial-kommunikative Kompetenz				
geht auf Vorredner ein				
lässt andere ausreden				
hat angemessene Gesprächsanteile				

1 *Untersuchen Sie, ob das Muster angemessen ist, um Diskussionsbeiträge zu bewerten.*

2 *Sammeln Sie weitere Kriterien und ergänzen Sie den Beobachtungsbogen.*

3 *Veranstalten Sie in der Klasse eine Podiumsdiskussion.*

a) Sammeln Sie Diskussionsthemen und wählen Sie gemeinsam ein Thema aus, das Sie in der Klasse diskutieren möchten.

b) Sammeln Sie Argumente für Ihre Meinung bezüglich des gewählten Themas. Machen Sie sich Stichpunkte über Ihr Vorgehen bei der Diskussion und die Reihenfolge, in der Sie die Argumente einbringen wollen.

c) Losen Sie sechs Mitschüler als Experten sowie einen Moderator aus, die vor der Klasse das Thema diskutieren.

d) Machen Sie sich als Zuhörer Notizen anhand des Bewertungsbogens und beurteilen Sie auf dieser Grundlage die Diskutierenden. Übertragen Sie den Bewertungsbogen hierzu in Ihre Unterlagen.

Die Debatte

Eine Debatte führen

Die Debatte ist eine sehr stark geregelte Gesprächsform. Hierbei werden die Pro- und Kontra-Argumente zu einer genau umrissenen Streitfrage von meist zwei Parteien in kurzen Reden abwechselnd einem Plenum vorgetragen. Ziel des Debattenredners ist es, die Zuhörer von den eigenen Argumenten zu überzeugen und somit einen gegebenen Zustand zu verändern. In Parlamenten dienen Debatten der Entscheidungsfindung für Gesetze. Der Unterschied zur Diskussion besteht darin, dass die Debatte festen Regeln folgt. – Im Folgenden finden Sie einige Streitfragen aufgelistet, die sich zur Durchführung einer Debatte eignen.

Themenvorschläge für ein Debattierthema

- Soll der Nahverkehr für Schülerinnen und Schüler kostenlos sein?
- Sollen Studienfahrten, weil sie als Bildungsfahrten gelten, Aufenthalte in Amerika, China oder Südamerika einschließen?
- Sollen Schulen an Schulwettkämpfen teilnehmen?
- Soll Unterricht bilingual durchgeführt werden?

1 ***Bereiten Sie eine Debatte zu einem der genannten Themen vor.***

a) Formulieren Sie Pro- und Kontra-Argumente und tragen Sie diese gemeinsam in einer Tabelle zusammen.

b) Tragen Sie mit einem Debattierpartner abwechselnd die zusammengetragenen Argumente vor. Einer der Partner übernimmt die Pro-Position, der andere die Kontra-Position. Die Pro-Position beginnt mit dem Vortragen des ersten Arguments. Der Partner wiederholt zunächst den gehörten Inhalt und führt danach ein Argument der Gegenposition aus. Jeder hat zum Vortragen eine bestimmte Redezeit. Informieren Sie sich hierzu über die „Eröffnungsrunde" einer Debatte (➪ Arbeitstechnik, S. 36).
Mögliche Formulierungen:
„Ich kann nachvollziehen, wenn du sagst … (Wiederholung), aber ich finde, dass … (eigenes Argument)."
„Du behauptest also, dass …, ich muss allerdings einwenden, dass …"
„Sicherlich ist es richtig, wenn du erklärst, dass …, ich muss aber einwenden, dass …"

c) Tauschen Sie die Positionen, sodass derjenige, der bisher die Kontra-Position vertreten hat, die Pro-Position einnimmt und umgekehrt.

d) Führen Sie, nachdem jeder von Ihnen weitere drei Argumente vorgetragen hat, eine Schlussrede aus (➪ Arbeitstechnik, S. 36).

2 ***Informieren Sie sich über den Ablauf einer Debatte (➪ Arbeitstechnik, S. 36) und führen Sie zu viert eine vollständige Debatte durch.***

Die Regeln des Debattierens

Arbeitstechnik **Debatte**

Es gibt verschiedene Regeln, die Ablauf und Form einer Debatte bestimmen. Im Folgenden werden die Regeln von „Jugend debattiert“ vorgestellt. Hier geht es darum, das Debattieren zu lernen, weshalb die Regeln vereinfacht sind.

Was wird debattiert? Debattiert werden aktuelle politische Streitfragen, die mit Ja (Pro-Position) oder Nein (Kontra-Position) beantwortet werden können.

Wer debattiert? Debattiert wird zu jeweils vier Personen. Zwei sprechen sich für (zwei Pro-Positionen), zwei gegen das Gefragte aus (zwei Kontra-Positionen). Einen Gesprächsleiter gibt es nicht.

Wie wird debattiert? Die Debatte gliedert sich in drei Teile: In der **Eröffnungsrunde** beantwortet jeder Teilnehmer die Streitfrage aus seiner Sicht. Derjenige, der die Änderung des bestehenden Zustands wünscht, beginnt. Rede und Gegenrede wechseln einander ab. In der Eröffnungsrunde darf jeder Teilnehmer ohne Unterbrechung zwei Minuten sprechen. Je nach Position sollte die Eröffnungsrede folgende Inhalte beinhalten:

Pro 1: Begriffsdefinition, Erklärung der Relevanz der Themenfrage, Erläuterung der Maßnahme, Gründe

Kontra 1: Anknüpfen an Pro 1, Schwachstellen der von Pro 1 genannten Maßnahmen aufzeigen, Gegenargumente und Gründe für Gegenposition

Pro 2: Anknüpfen an Kontra 1, Widerlegen des Kontra-Arguments, eigene Position stärken, wichtige Pro-Argumente ergänzen

Kontra 2: Anknüpfen an Pro 2, Zusammenfassung der bisher genannten Argumente, weiteres Kontra-Argument ergänzen

Dann wird die Aussprache in freiem Wechsel fortgesetzt. Diese **Freie Aussprache** dauert insgesamt zwölf Minuten. In dieser Phase werden die Argumente dargelegt und ausgeführt.

Nach Ende der Freien Aussprache beantwortet jeder Teilnehmer in der **Schlussrunde** die Streitfrage im Lichte der geführten Debatte ein zweites Mal. Die Redezeit jedes Teilnehmers ist auf eine Minute begrenzt. Die Teilnehmer sprechen in gleicher Reihenfolge wie in der Eröffnungsrunde. Dabei steht es jedem frei, seine Position gegenüber der Eröffnungsrunde zu verändern. In der Schlussrunde sollen keine neuen Argumente vorgetragen werden, sondern nur Gründe, die bereits in der Eröffnungsrunde oder in der Freien Aussprache genannt worden sind. Am Ende muss ein Zielsatz formuliert werden, in dem die eigene Position entweder bestätigt oder begründet verändert wird.

Mögliche Gliederung der **Schlussrede**: Anknüpfen an Debatte bzw. Schlussredner, Aufgreifen genannter Argumente / Bilanz der Debatte / Gemeinsamkeiten oder Unterschiede hervorheben, Positionierung / Schlusssatz

(nach www.jugend-debattiert.de)

1 *Suchen Sie im Internet nach einer Debatte von „Jugend debattiert“ und identifizieren Sie die einzelnen Phasen und Positionen der Debatte mithilfe der Arbeitstechnik.*

2 *Bereiten Sie eine Debatte zum Thema „Brauchen wir ein Verbot aller Telekommunikationsmittel an unserer Schule?“ vor.*

a) Überlegen Sie, wen Sie zu diesem Thema einladen könnten.

b) Erstellen Sie eine Einladungsliste und begründen Sie, weshalb gerade diese Personen eingeladen werden.

c) Verfassen Sie eine Eröffnungsrede (➪ Arbeitstechnik).

Das Kurzreferat

Den Ablauf planen

Nicht nur in der Schule, auch in Studium oder Beruf sind Referate und Präsentationen eine geeignete und übliche Form, um Informationen zu einem speziellen Thema in einer begrenzten Zeit einem Publikum zu vermitteln. Um die Zuhörer auch wirklich erreichen zu können, sollte der Vortrag gut vorbereitet sein, was – wie im folgenden Blogbeitrag zu erkennen ist – nicht immer leicht fällt.

Thommy87 Anmeldungsdatum: 18.05.2007 Beiträge: 32	Verfasst am: 08.10.2007 21:22 Titel: Angst vor Referat Hallo ich bin 19 und gehe zurzeit in die 11. Klasse. In zwei Wochen soll ich in Deutsch ein Referat über den Autor Franz Kafka halten. Mein Problem ist, dass ich riesengroße Angst davor habe, Referate zu halten. Immer wenn ich in der Schule ein Referat halten muss, bekomme ich sofort Panik. Das fängt schon bei der Vorbereitung an. Ich weiß gar nicht, wo und wie ich anfangen oder wie ich so ein Referat überhaupt aufbauen soll. Und wenn ich dann vor der Klasse stehe, werde ich so nervös, dass ich keinen Ton mehr herausbekomme. Was kann man da dagegen machen??? Bitte helft mir!!

1 *Sammeln Sie Tipps, wie der Ratsuchende sicherer werden kann.*

2 *Erstellen Sie einen Arbeitsplan, indem Sie*

a) alle Arbeitsschritte, die für die Vorbereitung und Ausarbeitung eines Referats nötig sind, auf Karteikarten notieren. Nutzen Sie hierzu die Informationen aus dem Basiswissen.

b) dabei auch die Zeit notieren, die Sie für die einzelnen Schritte benötigen.

Basiswissen – Arbeitsschritte organisieren

Thema festlegen: Mit einem präzise angegebenen Thema legen Sie Gegenstand und Ziel Ihres Referats fest. Durch die Mitteilung Ihres Referatsthemas wecken Sie zugleich eine bestimmte Erwartungshaltung bei Ihrer Zuhörerschaft.

Zielgruppe bestimmen: Bei Ihren Überlegungen zu Ihren Zuhörern machen Sie sich bewusst, zu wem Sie sprechen werden. Es macht einen Unterschied, ob Sie z. B. zu Experten mit großem Vorwissen zum Thema sprechen oder ob Sie ein Publikum vor sich haben, das erstmalig in das Thema eingeführt wird. Der Zielgruppe gemäß bereiten Sie Ihre Information für die Präsentation auf.

Informationen einholen: Zentral ist, wie und wo Sie sich Informationen z. B. durch Internet-, Bibliotheks- oder Archivrecherchen verschaffen können. Wichtige Informationsquellen sind Lexika, Primär- sowie Sekundärliteratur (Fachartikel, Fachzeitschriften, Fachbücher). Prüfen Sie die zu verwendenden Quellen auf ihre Zuverlässigkeit!

Informationen ordnen und auswerten: Die gefundenen Informationen werden dem Thema oder einzelnen Aspekten des Themas zugeordnet und in eine sinnvolle Reihenfolge gebracht. Um die Informationen, die das gefundene Material enthält, verarbeiten zu können, müssen sie schriftlich festgehalten und geordnet werden. Am Ende steht eine erste Grobgliederung, die Grundlage für die spätere Erarbeitung eines Stichwortzettels.

Vortragsart und Medien planen: Überlegen Sie im Vorfeld, wie Sie Ihr Referat vortragen wollen. Welche verbalen oder nonverbalen Mittel wollen Sie einsetzen? Mit welchem Präsentationsmedium können Sie Ihr Referatsthema am besten präsentieren?

Den Ablauf planen

Je klarer die gesammelten Informationen an Gegenstand und Ziel des Vortrags ausgerichtet sind, umso besser lässt sich das Referat strukturieren. Für die Zuhörer bedeutet eine klar erkennbare inhaltliche Struktur eine Art Leitfaden, dem Vortrag besser folgen zu können. Aber nicht nur die Inhaltsebene, auch die Beziehungsebene zur Zuhörerschaft spielt beim Referieren eine Rolle und sollte in Ihre Planung einbezogen werden.

3 *Verfassen Sie mithilfe des Basiswissens eine Gliederung für ein Kurzreferat über den Autor Franz Kafka.*

4 *Formulieren Sie in Gruppen jeweils einen ansprechenden Einstieg für das Kurzreferat über Franz Kafka.*

5 *Wählen Sie einen Sprecher oder eine Sprecherin, tragen Sie Ihre Ergebnisse im Plenum vor und diskutieren Sie die jeweilige Wirkung.*

Basiswissen – Aufbau eines Referats

Obwohl der Einstieg und der Schluss nur etwa ein Fünftel der gesamten Vortragszeit beanspruchen sollten, sind sie wichtige Teile, da sich sowohl der erste als auch der letzte Eindruck besonders gut beim Zuhörer einprägt.

Während des **Einstiegs** sollte Folgendes erreicht werden:

- Sympathie bei den Zuhörern wecken (Begrüßung, Vorstellung, persönlichen Bezug zu den Zuhören herstellen)
- Interesse und Aufmerksamkeit gewinnen (z. B. durch ein Zitat, Bild oder Video etc.)
- Einführung in das Thema oder Auswahl des Themas begründen
- Gliederung ankündigen und vorstellen; den „Roten Faden“ erklären
- Klären, wann Fragen gestellt werden können

Im **Hauptteil** soll den Zuhörern das Thema (Fakten, Daten, Definitionen) strukturiert und verständlich dargelegt werden. Folgendes sollte beachtet werden:

- klar erkennbare und nachvollziehbare Struktur
- sachliche Richtigkeit
- verständliche Sprache

Um einen effektiven abrundenden **Schluss** zu erreichen, eignet sich Folgendes:

- wesentliche Inhalte zusammenfassen
- Schlussfolgerungen ziehen und Konsequenzen aufzeigen
- einen Ausblick in die Zukunft geben
- einen Bogen zum Anfang spannen

Einen Stichwortzettel erstellen

Vom Referattyp und den Fähigkeiten des Referenten oder der Referentin, frei zu sprechen, hängt es ab, inwieweit der Vortrag ausformuliert werden muss. Allgemein gilt: Je mehr Erfahrung man mit dem Referieren gesammelt hat, desto freier sollte man sprechen und nur noch einen Stichwortzettel nutzen. Der folgende Stichwortzettel wurde für ein Kurzreferat über den Autor Franz Kafka erstellt.

Muster

- *Gliederung: Wer war Franz Kafka? – Lebenslauf Kafka – Kafkas Werke und deren Interpretation – Der Prozess: Kurzinformation*
- *[Bild von Kafka zeigen → Overhead-Projektor → Licht aus]*
  - *deutschsprachiger Schriftsteller*
  - *geboren am 3. Juli 1883 in Prag*
  - *gestorben am 3. Juni 1924 in Kierling/Österreich (Tuberkulose)*
- *[Overhead-Projektor aus → Licht an]*
- *Lebenslauf*
  - *Eltern: Herrmann Kafka (1852–1931), Julia Kafka geborene Löwy (1856–1934)*
  - *Geschwister: Georg + Heinrich → verstorben im Kindesalter; und drei Schwestern: Gabriele, Valerie, Ottilie*
  - *Er besuchte das Altstädter Deutsche Gymnasium → Abitur*
  - *Danach studierte er Jura und arbeitete nach seiner Promotion als Jurist und als Angestellter einer Versicherungsgesellschaft.*
  - *Er schrieb drei Romane/Romanfragmente und zahlreiche Erzählungen.*
  - *Die Veröffentlichung erfolgte aber erst nach seinem Tod.*
- *Interpretationsansätze*
  - *psychologisch, biografisch, soziologisch [→ wird anhand von „Der Prozess“ erläutert]*
  - *[Begriff „kafkaesk“ erklären]*
- *Der Prozess (1914–1915, postum erschienen)*
  - *[Inhalt kurz wiedergeben]*
  - *Form und Sprache: distanziert, ruhig, sachlich, in 3. Person erzählt*
  - *Interpretation: biografisch → Auflösung Verlobung (Schuldgefühle), Arbeitswelt Gericht*
    soziologisch → Kritik an undurchschaubarer Bürokratie
    psychologisch → Text als Ergebnis innerer Vorgänge, von Schuldgefühlen und Straffantasien

1 ***Analysieren Sie das Muster (*** ***➪ Arbeitstechnik, S. 40******).***

a) Bewerten Sie die Struktur und Übersichtlichkeit des Stichwortzettels.
b) Erläutern Sie, welche Themen in dem Kurzreferat erwähnt werden.
c) Bewerten Sie den Inhalt des Stichwortzettels.

2 ***Überarbeiten Sie den Stichwortzettel unter Berücksichtigung der Hinweise in der Arbeitstechnik (*** ***➪ S. 40******).***

3 ***Halten Sie mithilfe Ihres überarbeiteten Stichwortzettels einen Kurzvortrag über den Autor Franz Kafka. Achten Sie dabei auch auf Ihre Körperhaltung, Gestik und Mimik sowie eine deutliche Sprache.***

Einen Stichwortzettel erstellen

Arbeitstechnik | **Stichwortzettel erstellen**

Der Stichwortzettel oder auch eine Mindmap dient beim freien oder halbfreien Vortrag eines Referates als Wegweiser und Gedächtnisstütze. Er soll sowohl die wesentlichen Aussagen und Inhalte als auch den Ablauf des Kurzreferates sicherstellen. Oftmals bietet sich ein dreispaltiger Stichwortzettel an, in dessen Spalten je nach Relevanz die Inhalte notiert werden.

Hauptstichwörter	Nebenstichwörter	Formaler Ablauf
Einleitung	Evtl. ausformulierter Einstieg	Regieanweisungen
Hauptteil		
1. Oberpunkt **2. Oberpunkt** ...	Stichwörter zum 1. Oberpunkt Stichwörter zum 2. Oberpunkt	Zeitplan
Schluss		Zusätzliche Aktivierungen

Ein verbindliches Muster kann für einen Stichwortzettel nicht festgelegt werden, aber ein paar Tipps können hilfreich sein:

- starkes Papier beziehungsweise Karton verwenden
- Größe der Stichwortzettel maximal DIN A5
- Kärtchen durchnummerieren
- Blätter nur einseitig beschreiben
- Stichpunkte formulieren
- nicht zu viele Inhalte/Informationen auf eine Karte schreiben
- groß schreiben
- farbige Markierungen zur Strukturierung und zur Hervorhebung wichtiger Aspekte einsetzen
- Symbole, Pfeile oder Bilder als Gedankenstütze verwenden
- kein reines Ablesen des Ausformulierten, das Referat trotz Stichwortzettel frei vortragen
- Referat mithilfe der Kärtchen vorher durchsprechen und üben

4 ***Begründen Sie, warum ein freier Vortrag mit Stichwortzettel in der Regel dem Vortrag eines ausformulierten Textes vorgezogen wird. Versetzen Sie sich zur Beantwortung dieser Frage in die Position der Zuhörer.***

5 ***Formulieren Sie Sätze, die im freien Vortrag eingebaut werden könnten, um das Publikum direkt anzusprechen.***

Beispiel: Und wenn Sie, liebe Zuhörer, in Biografien zu Franz Kafka lesen, dass er über seine Einfälle häufig im Freundeskreis gelacht hat, werden Sie vielleicht ihr Bild vom düsteren, von Komplexen zerrütteten Kafka sehr rasch revidieren.

Das Referat medienunterstützt vortragen

PowerPoint ist das zurzeit am weitesten verbreitete Präsentationsprogramm. Die folgenden Folien wurden bei einer Präsentation über Franz Kafka verwendet.

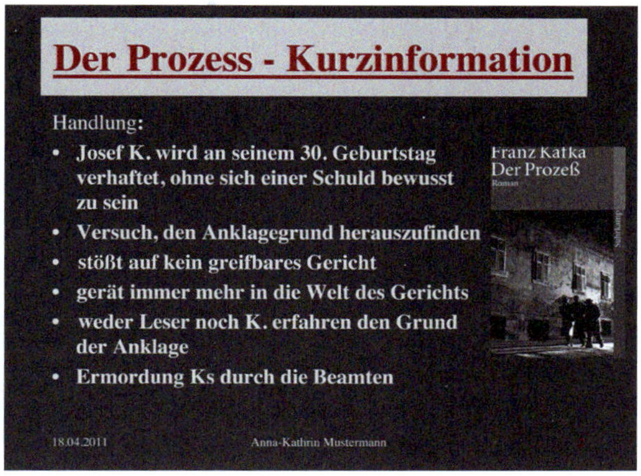

1 *Beurteilen Sie die PowerPoint-Folien. Das Basiswissen (➪ S. 42) kann Ihnen dabei wichtige Informationen liefern.*

2 *Sammeln Sie weitere Kriterien für eine gute PowerPoint-Präsentation.*

Powerpoint macht nicht dumm – aber auch nicht klug

von Hans-Jürgen Bucher

Nachdem die kurz nach der Jahrtausendwende aufgekommenen Parolen wie „Powerpoint is evil" und „Powerpoint makes you dumb" von einer umfassenden und seriösen Powerpoint-Forschung abgelöst wurden, hat nun der Feuilleton-Chef der Süddeutschen Zeitung, Thomas Steinfeld, die alte Kulturkritik an der Präsentationssoftware wieder aufgewärmt. Das Programm teile, kürze und verflache jeden Gedanken so lange, „bis er sich in eine überschaubare Zahl sofort löslicher Brühwürfel verwandelt". Das Ergebnis davon: „die Powerpoint-Kultur hat die Kunst der Rede zerstört". […] Aber: Nicht Programme verflachen Gedanken und zerstören die Kunst der Rede, sondern allerhöchstens Menschen, die diese Programme anwenden. Im Rahmen eines von der VW-Stiftung geförderten Projektes „Interactive Science" forschen Wissenschaftler der Universitäten Trier und Gießen seit fast zwei Jahren über Powerpoint-gestützte wissenschaftliche Vorträge. […] Die Befunde lassen in keinster Weise auf eine Zerstörung der Kunst der Rede durch Powerpoint schließen. Was die Befunde sehr wohl zeigen: Schlechte Redner halten schlechte Vorträge mit schlechten Powerpoint-Folien.

Die Befunde zeigen aber auch, dass die Parallelität von visuellem Angebot über Powerpointfolien und gesprochenem Vortrag erhebliche Anforderungen an die Aufmerksamkeitsverteilung der Zuhörer stellt. Das Problem besteht darin, sinnvolle Zusammenhänge zwischen dem Gesprochenen und dem Gezeigten herzustellen. […] Die kohärente[1] Integration von Rede und Projektion gelingt nur dann, wenn der Vortragende selbst ein gekonntes Kohärenzmanagement praktiziert. Neben angemessen gestalteten Folien gehört dazu auch ein synchronisiertes[2] Zeigen und Sprechen […]. Interessanterweise gelingt das eher den Naturwissenschaftlern als den Kultur- und Sozialwissenschaftlern. Offensichtlich sind sie im Umgang mit dem Visuellen aus ihrer Wissenschaftstradition heraus geübter. Das Problem in der Verwendung von Powerpoint ist […] die fehlende multimodale Rhetorik. Es ist natürlich

Das Referat medienunterstützt vortragen

einfacher, einen Text vorzutragen als verschiedene mediale Modi zu orchestrieren. Bei einem geo-, natur- oder medienwissenschaftlichem Thema wird die Qualität des Vortrags aber gerade dadurch gesteigert, dass er mit sinnvollen Visualisierungen begleitet wird, die das zeigen, was nur mit erheblichem Aufwand zu formulieren ist. Präsentation und Vortrag bilden keinen Gegensatz, sondern sind jeweils unterschiedliche Strategien der unmittelbaren Wissensvermittlung – die man gut oder schlecht ausführen kann.

(http://trier.wissenschaftskommunikation.info, 07.12.2009)

1 von lat. cohaerere „zusammenhängen“
2 griech. „gleichzeitig, zeitgleich, gleichlaufend“

1 ***Geben Sie die Hauptaussagen des Textes wieder.***

a) Exzerpieren (➪ Arbeitstechnik, Kapitel 3.4, S. 62) Sie aus dem Text wesentliche Aussagen und fertigen Sie einen Stichwortzettel an.

b) Tragen Sie die Hauptaussagen des Textes strukturiert vor.

Basiswissen – Regeln zur Erstellung einer PowerPoint-Präsentation

PowerPoint (PP) ist für viele das Programm schlechthin, um Vorträge zu halten. Es hat sich inzwischen so sehr durchgesetzt, dass man dazu neigt, andere Formen eines Vortrags (z. B. mittels Folien, Tafel oder Flipchart) überhaupt nicht mehr in Betracht zu ziehen, obwohl dieser durch den Einsatz von PowerPoint nicht automatisch besser ist. Die Folien dienen lediglich dazu, visuell den mit Worten beschriebenen Sachverhalt zu unterstützen und dem Zuhörer das Erinnern zu erleichtern. Das bedeutet auch, dass die Folien nicht selbsterklärend sein müssen. Sie werden erst durch die mündliche Erklärung sinnvoll. Bevor man beginnt, eine PP-Präsentation vorzubereiten, sollte man sich daher überlegen, ob PP für den eigenen Vortrag wirklich das beste „Werkzeug“ ist, denn ein gutes Referat mittels einer PowerPoint-Präsentation zu halten, ist nicht einfach, da vieles beachtet werden muss.

- Bevor Sie sich an den Rechner setzen, müssen Sie – ebenso wie bei einem Referat ohne PowerPoint – intensiv **recherchieren**, Material sammeln und dann gründlich planen, welche Inhalte Ihre Präsentation enthalten soll und welche Ziele Sie verfolgen.
- Gliedern Sie Ihre Präsentation in **logische Teilschritte** (Gliederung auch dem Publikum erläutern). Passen Sie Ihre Präsentation an das Vorwissen und die Erwartungshaltung des Zielpublikums an.
- Die präsentierten Inhalte müssen **sachlich stimmen**; ein Rechtschreibfehler oder Ähnliches kann Ihre Präsentation unglaubwürdig machen und Ihre Kompetenz untergraben.
- Beschränken Sie sich inhaltlich und gestalterisch auf **das Wichtigste**. Wählen Sie deshalb möglichst große Schriftgrade (mind. 20 Punkt). Erzeugen Sie weder Textwüsten noch übertriebene Animationsshows.
- Formulieren Sie **Stichpunkte** statt vollständige Sätze.
- Die Inhalte müssen gut lesbar und **übersichtlich** dargestellt sein.
- Achten Sie auf **Einheitlichkeit** (des Folienlayouts, der Schriftart, der Schriftgröße), gute **Lesbarkeit**, eine bewusste **Farbgestaltung** und **aussagekräftige Visualisierungen**.
- Geben Sie die **Quellen**, die Ihrer Präsentation zugrunde liegen, genau an. Falls Sie Material von anderen Autoren verwenden, wie Statistiken oder Zitate, sind Sie verpflichtet, die Quellen genau anzugeben.

Das Referat medienunterstützt vortragen

2 ***Stellen Sie in Kleingruppen ein Kurzreferat zu einem literarischen Thema vor.***

a) Erarbeiten Sie für alle Sprecher in der Kleingruppe etwa gleichlange Redeanteile.

b) Halten Sie das Kurzreferat in Form einer PowerPoint-Präsentation vor der Klasse.

3 ***Bewerten Sie als Zuhörer die Kurzreferate.***

a) Machen Sie sich mithilfe des folgenden Bewertungsschemas Notizen
- zur Körperhaltung des Referenten/der Referentin,
- zu Gestik und Mimik des Referenten/der Referentin,
- zur Sprache des Referenten/der Referentin,
- zum Informationsgehalt des Referats.

b) Geben Sie im Anschluss ein Feedback. Übertragen Sie dazu die Tabelle in Ihre Unterlagen.

	+++	++	+	–	– –	– – –
Sprache	- deutlich - moduliert - verständlich - Sprachrichtigkeit					- monoton - zu leise / zu laut - zu schnell - zu starker Dialekt - falsche Wortwahl
Körperhaltung	- locker - sicher - natürlich					- angespannt - unsicher - starr, unbeweglich - zu locker
Gestik und Mimik	- unterstreichen die Aussagen - natürlich - freundlich - Blickkontakt					- steif - keine Gesten - übertrieben, unnatürlich - unbewegliches Gesicht - angespannt - unfreundlich - unnatürlich - verschlossen
Informations-gehalt	- informativ - prägnant - interessant					- überfrachtet - zu detailliert - zu viele Jahreszahlen - langweilig

Das Referat medienunterstützt vortragen

Im Folgenden finden Sie eine Übersicht über weitere Präsentationsmedien. Jedes von ihnen hat den anderen gegenüber bestimmte Vorzüge, aber auch Nachteile.

Medium	Vorteile	Nachteile
Overhead-Projektor	- schrittweise Erarbeitung des Themas - in Schule immer vorhanden	- wenig Platz auf der Folie - Folien nicht/schwer veränderbar
Pinnwand	- Überblick für Zuhörer durch Karten - bewegliches Medium	- Schrift nur in der Nähe lesbar - für Kurzvortrag ungeeignet
Flipchart	- ermöglicht, Thema interaktiv mit Teilnehmern zu entwickeln	- Inhalte nicht veränderlich - Reihenfolge schwer änderbar
Tafel	- wichtige Stichpunkte festhaltbar - Fehler schnell korrigierbar	- kein Blickkontakt zur Klasse - Lesbarkeit der Schrift
Video, CD	- Abwechslung - Ansprechen mehrerer Sinne beim Zuhörer	- aufwendig - Technik funktioniert ggf. nicht
Anschauungsmaterial	- weckt Interesse der Zuhörer - ermöglicht, Abstraktes zu visualisieren	- Ablenkung vom Vortrag

4 *Vervollständigen Sie die Tabelle, indem Sie weitere Vor- und Nachteile für die angegebenen Medien formulieren.*

Fazit

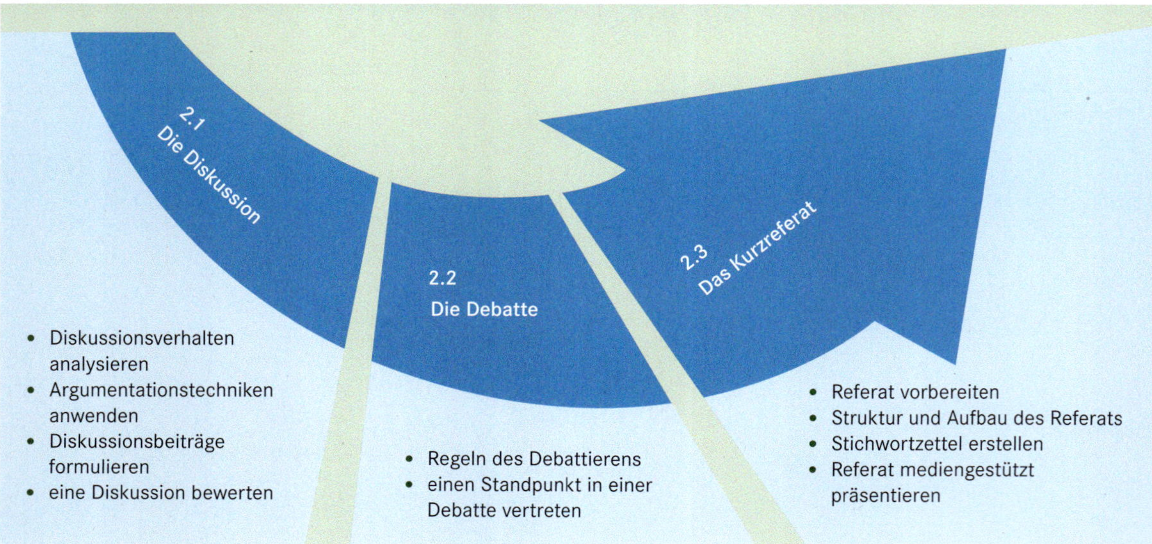

- Diskussionsverhalten analysieren
- Argumentationstechniken anwenden
- Diskussionsbeiträge formulieren
- eine Diskussion bewerten

- Regeln des Debattierens
- einen Standpunkt in einer Debatte vertreten

- Referat vorbereiten
- Struktur und Aufbau des Referats
- Stichwortzettel erstellen
- Referat mediengestützt präsentieren

Kapitel 3

Schriftlich kommunizieren

In diesem Kapitel lernen Sie vier weitere Sachtexte mit ihren formalen Besonderheiten kennen. Sie üben diese Texte zu planen, zu verfassen und zu überarbeiten:

- Pressemitteilungen: Um Informationen von Institutionen oder Unternehmen einer größeren Öffentlichkeit bekannt zu machen, sollte die Presse informiert werden.
- Protokolle: Protokolle, die als Beleg für Absprachen dienen, müssen gewisse formale Ansprüche erfüllen, damit sie nicht anfechtbar sind.
- Geschäftsbriefe: Auch im Brief- und Mailverkehr müssen formale Ansprüche erfüllt sein. So sorgt die DIN 5008 beim kaufmännischen Schriftverkehr dafür, dass der Empfänger Ihren Brief schnell und effizient bearbeiten kann.
- Facharbeit/Seminararbeit: Am Anfang steht die Suche nach Informationen, die dann ausgewertet und geordnet werden müssen. Danach folgt das Schreiben, das man sich als einen Prozess vorstellen muss, bei dem Texte entworfen, überarbeitet, verändert und layoutet werden.

Was Sie bereits wissen

- ✔ Sie können Informationen aus Texten erfassen und strukturieren.
- ✔ Sie kennen verschiedene Formen der Textwiedergabe.
- ✔ Eine Mindmap ist geeignet, um Informationen zu strukturieren.

Eine Pressemitteilung schreiben und überarbeiten

Eine Pressemitteilung schreiben

Presse- und Öffentlichkeitsarbeit ist auch für Schulen wichtig. Interessant sind für die Medien beispielsweise wichtige Projekte und Veranstaltungen, Protestaktionen, Reformen, Feste und Jubiläen sowie Aktionen mit anderen Partnern. Ist die Mitteilung stilistisch gut formuliert und sind bestimmte Richtlinien eingehalten, steigt die Chance, dass die Aufmerksamkeit der Redakteure geweckt wird und sie einen Artikel veröffentlichen.

Muster

August-Müller-Berufskolleg

PRESSEMITTEILUNG

Wegschauen schwer gemacht

Aktion des Düsseldorfer „Theater TILL" zum Thema Gewalt am August-Müller-Berufskolleg

Freiburg. Natürlich wurde das Thema Gewalt auch früher schon an Freiburger Schulen behandelt. Auch eine Talkshow zum Thema hat es vermutlich irgendwo schon einmal gegeben. Doch die Talkshow, die auf Initiative der Sozialpädagogin Klara Bertram am 30. Mai am August-Müller-Berufskolleg in Freiburg zu sehen ist, funktioniert ganz anders.

Täter und Opfer, die sich auf der Bühne eine hitzige Diskussion liefern, sind Mitglieder der Düsseldorfer „Agentur für humanistische Bildung", die sich kurz **Theater Till** nennt. Ganz in der Tradition des „Living Theatre" ziehen die Schauspieler als ehemalige Täter und Opfer mit allerdings realen Biografien ihr Publikum in den Bann. Dabei kommen Themen wie Rassismus, sexuelle Gewalt, Mobbing oder Gewalt in der Familie oder an Schulen zur Sprache. Das alles hinterlässt Fragen – Fragen, die anschließend in kleineren Gruppen, moderiert jeweils von einem Schauspieler, mit den Schülern diskutiert werden. Und die Auflösung – alles „nur Theater" – erfolgt am Schluss der Veranstaltung.

Das August-Müller-Berufskolleg ist ein kaufmännisches Berufskolleg mit den Schwerpunkten Wirtschaft und Verwaltung sowie Informations- und Telekommunikationstechnik. Ein engagiertes Team von rund 100 Lehrern betreut etwa 2000 Auszubildende. Auch eine Handelsschule und eine Höhere Handelschule mit etwa 500 Schülern finden sich unter dem Dach des AMB.

Freiburg, im Mai 2012

Termin:	**30. Mai 2012**	**Tel:**	0761 – 330345
Uhrzeit:	8:15 – 10:15 und 11:15 – 13:15 Uhr	**E-Mail :**	info@amb-freiburg.de
Pressetermin:	**10:00 Uhr**	**Im Netz:**	www.amb-freiburg.de
Ort:	August-Müller-Berufskolleg Oberländer Str. 48 79106 Freiburg	**Schulleiter :**	Erwin List, OSTD
		Pressekontakt:	Klaus Beuth, priv.: 0157-6687103

1 *Erläutern Sie, wer eine Pressemitteilung zuerst liest und welches Interesse diese Zielgruppe verfolgt.*

2 *Untersuchen Sie das Muster und stellen Sie fest, welche Informationen aktuell und welche allgemeiner Natur sind.*

Eine Pressemitteilung schreiben

3 *Überprüfen Sie, ob alle Anforderungen an eine gute Pressemitteilung (→ Arbeitstechnik) erfüllt sind.*

4 *Informieren Sie sich, welche regionalen Zeitungen, kostenlose Anzeigenblätter mit redaktionellem Teil, lokale Radio- und Fernsehsender im Einzugsgebiet Ihrer Schule aktiv sind. Erstellen Sie einen Presseverteiler mit folgenden Informationen: Name, Straße, Ort, Ansprechpartner mit Telefon- (Durchwahl) und Faxnummer, E-Mail-Adresse, Redaktionsschluss (bei Wochenzeitungen).*

5 *Nennen Sie Gründe, die für eine regelmäßige Pressearbeit von Schulen sprechen.*

Arbeitstechnik – Eine Pressemitteilung schreiben

- Informationen, die von „allgemeinem“ Interesse sind, auswählen
- sich kurz fassen
- sechs W-Fragen beantworten (wer?, was?, wann?, wo?, warum?, mit welchen Folgen?)
- Fakten und Zahlen nennen
- lokalen Bezug herstellen
- alle Namen korrekt und vollständig mit Titel angeben
- Ansprechpartner und Kontaktdaten nennen
- Veranstaltungen frühzeitig ankündigen und telefonisch nachhaken

6 *Entwerfen Sie entsprechend dem Muster auf Seite 48 eine Vorlage für Pressemitteilungen Ihrer Schule, in der sämtliche allgemeinen Informationen enthalten sind. Hinweis: Als Pressetext sollten Sie in der Vorlage Blindtext (sinnentleerten Text) verwenden.*

7 *Welche der Abbildungen wäre als Foto für eine Presseveröffentlichung geeignet? Begründen Sie Ihre Entscheidung.*

8 *Formulieren Sie Tipps für die Auswahl von Fotos.*

Texte überarbeiten

Bei der Überarbeitung eines Textes kontrollieren, reflektieren und optimieren Sie das Geschriebene, indem Sie Änderungen vornehmen, bis Sie das bestmögliche Schreibergebnis erzielt haben. Das folgende Muster ist ein Artikel, den zwei Schüler gemeinsam verfasst haben. Eine Besonderheit am August-Müller-Berufskolleg ist die Kooperation mit einer Fachhochschule in Haslach. Über diese Kooperation soll in der örtlichen Tageszeitung berichtet werden. Anlass ist die Übergabe der ersten „Scheine" an zwei Schüler des AMB.

Muster

Die Zukunft: Fachhochschule für Schüler

Seit 2007 bietet das August-Müller-Berufskolleg in Freiburg für Schüler/-innen einen Bachelor-Lehrgang an. Darunter versteht man den Unterricht der zweijährigen Höheren Berufsfachschule, der am AMB selbst stattfindet inklusive Vorlesungsteilnahme an der Fachhochschule in Haslach. So wird Schüler/-innen, die in der Bachelorklasse sind, die Möglichkeit gegeben, erste Einblicke über ein Studium zu sammeln. Diese Maßnahme trägt zur Entscheidung des weiteren Werdegangs von Schüler/-innen nach Erreichen der Fachhochschulreife bei, denn die meisten wissen nicht, ob nun ein Studium oder eine Ausbildung die richtige Entscheidung ist. Außerdem können durch die Teilnahme und bestandene Prüfung Creditpoints gesammelt werden, die dann bei einem späteren Studienbeginn angerechnet werden können.

2012 wurde das Projekt nun erweitert. Das AMB schloss mit der Fachhochschule einen Kooperationsvertrag ab. Hier soll Schülerinnen und Schülern aus allen Oberstufenklassen die Möglichkeit gegeben werden, an einem Schnupperkurs in Wirtschafts- und Computermathematik teilzunehmen. Da die Teilnehmeranzahl begrenzt ist, müssen Schüler/-innen mindestens ein „gut" in Mathematik auf dem Zeugnis erreichen. Zwei Schüler/-innen berichten von ihren Erfahrungen:

Das Projekt startete im Wintersemester 2011/2012 mit ca. acht Schüler/-innen vom AMB. Frau Krause hielt die Vorlesung in Wirtschafts- und Computermathematik. Die Fachhochschule Haslach stellte den Schüler/-innen sowie allen Studierenden das Arbeitsmaterial wie Computer und ein Skript zur Verfügung. Damit eine Mitarbeit gewährleistet war, erhielt jede/-r Schüler/-in einen eigenen Computeraccount. Es wurde sichergestellt, dass wir Schüler/-innen keinerlei Benachteiligungen erhielten. Mit Frau Krause vereinbarten wir, dass wir uns außerhalb der Vorlesung über E-Mail verständigen. Wir fühlten uns demnach von Frau Krause sehr gut aufgenommen. Auch die Studierenden nahmen uns freundlich auf. Wir fühlten uns quasi dazugehörig. Die Vorlesung beinhaltete das Arbeiten mit den Programmen Excel und Matlab. Leider beendeten einige Schüler/-innen bis auf zwei das Projekt, nachdem wir anfingen mit dem Programm Matlab zu arbeiten. Anfangs schreckte uns das Programm alle etwas ab. Denn wir besaßen nicht alle notwendigen Mathematikkenntnisse wie die Studierenden. Außerdem war das Programm neu für uns. Doch Frau Krause bemühte sich sehr und ging diesbezüglich immer auf uns ein, so dass wir uns der Herausforderung stellen wollten. Nachdem wir im Januar die Prüfung geschrieben hatten, erhielten wir schon kurz darauf die positive Nachricht, bestanden zu haben. Der Direktor Prof. Dr. Klaus Schneider überreichte uns dann gestern zusammen mit Herrn Mohn (Schulleiter) die beiden Scheine.

1 ***Beantworten Sie anhand des Textes die sechs W-Fragen (wer?, was?, wann?, wo?, warum?, mit welchen Folgen?).***

2 ***Notieren Sie offene Fragen.***

3 ***Erfassen Sie den Aufbau des Textes in einem Strukturbild (➪ Kapitel 3.4, S. 61 f.).***

Texte überarbeiten

Arbeitstechnik | Einen Text überarbeiten

Sie prüfen immer **Inhalt** (Vollständigkeit, Logik), **Stil** (angepasst an Schreibanlass und Adressat), **Form** (formale Kriterien wie DIN-Vorgaben) und **Sprache** (Rechtschreibung, Zeichensetzung, Grammatik).

1. Textarbeit einzeln, meist am eigenen Text

- Haben Sie die richtige Textsorte gewählt? (Bericht, Kommentar ...)
- Verwenden Sie für einzelne Elemente die richtige Zeitstufe?
- Ist eine Gliederung erkennbar und für Außenstehende nachvollziehbar?
- Ist Ihre Sprache dem Thema angemessen, abwechslungsreich und präzise?
- Haben Sie bei den Satzanfängen Wiederholungen vermieden und sinnvolle Verknüpfungen gewählt?
- Entspricht Ihr Text den Regeln der Rechtschreibung und Zeichensetzung? Besonders häufig sind Fehler beim *s/ß, das/dass* und bei der Groß- und Kleinschreibung.

2. Überarbeitung eines Textes in Kleingruppen

Schreibkonferenz

In einer Schreibkonferenz wird ein Text zunächst vorgelesen. So findet man heraus, ob ein Text „flüssig" geschrieben ist. Anschließend äußern sich die Gruppenmitglieder, der Vorleser notiert, was unklar ist oder verbessert werden soll. In einem nächsten Schritt werden Verbesserungen am Detail vorgenommen, bis die Gruppe zufrieden ist.

Placemat

Sie arbeiten in Viererteams. Legen Sie ein Blatt von der Größe DIN A1 oder A2 so auf einen Tisch, dass jedes Gruppenmitglied an einer der vier Seiten des Blattes sitzen kann. Teilen Sie das Blatt mit einem Lineal wie folgt auf:

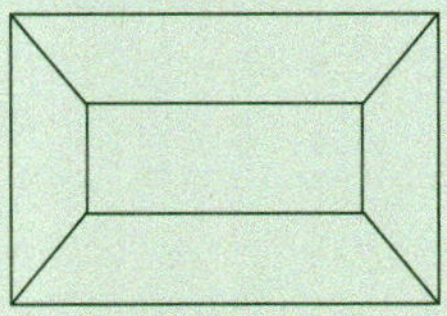

Jedes Teammitglied unterteilt das vor ihm liegende Trapez in drei gleiche Teile und bearbeitet den Text entsprechend für sich: gefällt mir / würde ich ändern / Vorschlag

Anschließend drehen Sie das Blatt und schreiben Kommentare und Ergänzungen zu den Beiträgen der anderen. Drehen Sie das Blatt so lange, bis Ihr Feld wieder vor Ihnen liegt. Notieren Sie in der Mitte des Blattes das Ergebnis, auf das Sie sich einigen konnten. Wenn Sie sich nicht einigen konnten, dokumentieren Sie dies.

Formulierungen von Schülern

A Damit eine Mitarbeit gewährleistet war, erhielt jede/-r Schüler/-in einen eigenen Account.

B Außerdem können durch die Teilnahme und vorausgesetzt bestandene Prüfung Creditpoints gesammelt werden, die dann bei einem späteren Studienbeginn angerechnet werden können.

C Es wurde sichergestellt, dass wir Schüler/-innen keinerlei Benachteiligungen erhielten.

D Wir fühlten uns demnach von Frau Krause sehr gut aufgenommen. Auch die Studierenden namen uns freundlich auf. Wir fühlten uns quasi dazugehörig.

4 *Sprache und Stil: Verbessern Sie die farbig gekennzeichneten Passagen aus dem Entwurf.*

5 *Überarbeiten Sie die Pressemitteilung auf Seite 48 zuerst in Einzelarbeit und dann in Kleingruppen. Beziehen Sie auch die Überschrift in Ihre Überlegungen mit ein.*

6 *Schreiben Sie eine Pressemitteilung zu einem aktuellen Ereignis an Ihrer Schule und überarbeiten Sie diese nach einem der vorgestellten Verfahren.*

Protokolle erstellen

Protokolle sind ein unverzichtbares Instrument, um Ergebnisse von Besprechungen oder Abstimmungen verbindlich festzuhalten und darüber zu informieren. Die Verbindlichkeit wird dadurch erzielt, dass ein Protokoll auf einer Folgekonferenz von einer beschlussfähigen Mehrheit genehmigt wird. Protokolle gibt es beispielsweise von Schulkonferenzen, Elternabenden, Mitgliederversammlungen, SV-Sitzungen oder einzelnen Schulstunden.

Muster Verlaufsprotokoll

Protokoll der SV-Sitzung vom 03. April 2012
Beginn: 11:30 Uhr Ende: 13:00 Uhr
Teilnehmer: Vergleiche Anwesenheitsliste.
Ort, Zeit und Tagesordnung sind den Mitgliedern und Teilnahmeberechtigten ordnungsgemäß bekannt gegeben worden.
Tagesordnung: 1. Sauberkeit auf dem Schulgelände
2. Kostenpflichtige Nutzung der Schultoiletten

TOP 1

Frau Wölfel (Verbindungslehrerin) führt aus, dass die Sauberkeit auf dem Schulgelände seit Schuljahresbeginn stetig abnehme. Die Schulleitung erwarte Vorschläge vonseiten der Schüler, wie sich das ändern könne. Gregor erklärt, dass besonders die Schüler der Berufsschulklassen den Schulhof zumüllen. Justine findet, dass die Situation im Vergleich zu ihrer vorherigen Schule völlig harmlos sei. Mesut versteht die Schulleitung und spricht sich dafür aus, dass das Schulgelände täglich abwechselnd von Schülern gereinigt werden soll. Ludmilla sagt, sie wolle den Müll nicht mit ihren Händen anfassen. Frau Wölfel meint, dass der Förderverein geeignetes Reinigungsgerät anschaffen könne, und stellt den Antrag, darüber abzustimmen, ob ein regelmäßiger Reinigungsdienst organisiert werden soll. Der Antrag wird mit 20 Ja-Stimmen, fünf Nein-Stimmen und sechs Enthaltungen angenommen. Die SV wird einen Reinigungsplan vorbereiten und den Klassensprechern übergeben.

TOP 2

Der Hausmeister zeigt Fotos von verschmutzten Toiletten. Alle sind erschrocken über das Ausmaß der Verschmutzung und den Grad der Zerstörungen in den Toiletten. Der Hausmeister berichtet über Erfahrungen an anderen Schulen mit der Einführung eines Entgelds für die Nutzung der Schultoiletten. Mit dem Geld könne eine zusätzliche Reinigungskraft eingestellt werden. Als Entgeld könnten 30 Cent reichen. Justine empört sich über diesen Vorschlag. So müssten alle für das Fehlverhalten einiger weniger Chaoten geradestehen. Klaus findet, dass man bei einem Preis von 30 Cent Probleme mit dem Wechselgeld bekommen würde. Kasu meint, dass für einige Schüler 30 Cent schon eine erhebliche finanzielle Belastung darstellen würden – im Monat sind das etwa 6 Euro zusätzlich. Frau Wölfel schlägt vor, dass das Thema in den einzelnen Klassen abgestimmt werden solle. Das finden alle in Ordnung. Frau Wölfel wird zusammen mit dem Hausmeister und der SV innerhalb der nächsten 14 Tage einen Fragebogen für die Schülerbefragung erstellen. Über den Vorschlag wird abgestimmt, alle stimmen zu.

1 ***Formulieren Sie das Verlaufsprotokoll in ein Ergebnisprotokoll um (➪ Basiswissen, S. 51).***

Basiswissen | **Ergebnisprotokoll und Verlaufsprotokoll**

Das **Ergebnisprotokoll** hält Resultate fest. Es dient der knappen Wiedergabe von Anträgen, Abstimmungsergebnissen oder Absprachen, etwa über die Verteilung von Aufgaben, und enthält daher keine Informationen über den Verlauf von Diskussionen oder Beratungen. Eine chronologische Reihenfolge ist nicht zwingend.

- Protokollkopf mit Anlass, Termin, Ort, Beginn, Ende, Teilnehmern, evtl. Tagesordnung
- Orientierung an der Tagesordnung
- genaue Wiedergabe der Anträge, Abstimmungen und Ergebnisse
- am Ende zeichnet der Protokollführer

Das **Verlaufsprotokoll** gibt Abläufe wieder. Es ist umfangreicher als ein Ergebnisprotokoll und orientiert sich am chronologischen Ablauf. Redebeiträge werden entweder in indirekter Rede („Herr Muster führt aus, er sei enttäuscht über ...") oder in der Form des Redeberichts („Herr Muster äußert sich enttäuscht über ...") wiedergegeben. Anträge werden wörtlich festgehalten.

- Protokollkopf mit Anlass, Termin, Ort, Beginn, Ende, Teilnehmern, evtl. Tagesordnung
- möglichst vollständige Wiedergabe des Verlaufs der Versammlung und der wesentlichen Redebeiträge
- Anträge wörtlich zitieren, das Abstimmungsergebnis detailliert aufführen
- am Ende zeichnet der Protokollführer

Protokolle werden im Präsens formuliert.

2 *Erstellen Sie je ein Ergebnis- und ein Verlaufsprotokoll einer Unterrichtsstunde.*

Sprache und Stil: Paraphrasen

Unter einer Paraphrase versteht man die sinngemäße Übernahme von Ausschnitten aus einem anderen Text oder einer Rede. Während Zitate Ausschnitte aus einer wörtlichen Rede wiedergeben, kann man Paraphrasen als Zusammenfassungen der indirekten Rede auffassen.

3 ***Geben Sie die folgenden Zitate zunächst als indirekte Rede und danach in Form einer Paraphrase wieder.***

Beispiel: Herr Schulz: „Ich habe einen Fehler gemacht." → Herr Schulz räumte ein, dass er einen Fehler gemacht habe. (indirekte Rede) → Herr Schulz räumte seinen Fehler ein. (Paraphrase)

a) Herr Schulz: *„Ich habe Ihnen jetzt schon zum wiederholten Mal gesagt, dass ich Ihren Vorschlag rundherum ablehne."*

b) Herr Schulz: *„Vielleicht wäre es – auch angesichts der späten Stunde – möglich, dass Sie mir noch einmal Ihre geschätzte Aufmerksamkeit schenken."*

c) Herr Schulz: *„Ich bin wirklich erstaunt darüber, dass Sie den Sinn unserer Arbeit immer noch nicht begriffen haben."*

4 ***Bilden Sie in Anlehnung an Aufgabe 3 weitere Beispiele.***

5 ***Überarbeiten Sie Ihre Protokolle aus Aufgabe 2 für sich (→ Arbeitstechnik, S. 49): Inhalt, Stil, Form, Sprache.***

Einen Geschäftsbrief schreiben

Aufbau einer Anfrage

Geschäftsbriefe werden nüchtern und sachlich gehalten, auf Ausschmückungen wird verzichtet. Sie müssen klar formuliert und höflich geschrieben sein.

Situation

Sie sind zusammen mit einigen anderen Mitschülern dafür verantwortlich, die Abiturfeier an Ihrer Schule vorzubereiten. Das Fest soll nicht in Ihrer Schule, sondern in anderen Räumlichkeiten stattfinden. Sie müssen also Kontakt mit einem Veranstalter oder Gastronomen aufnehmen, der einen Raum vermietet. Um Informationen und Preise zu erhalten, formulieren Sie eine Anfrage. Von der anderen Seite erhalten Sie dann ein Angebot. Dieses ist für den Anbieter bindend.

1 *Notieren Sie, welche speziellen Erwartungen Sie an den Veranstaltungsort haben.*

2 *Erläutern Sie, warum es besser ist, schriftlich anzufragen als telefonisch.*

Basiswissen **Aufbau einer Anfrage**

- Wie sind Sie auf den Adressaten aufmerksam geworden? Ihr Gegenüber interessiert sich dafür, ob es eine Empfehlung gab, ob Sie durch eine Werbemaßnahme aufmerksam geworden oder evtl. Altkunde sind.
- Wer sind Sie? Ihr Gegenüber möchte Sie einschätzen und einordnen können.
- Was ist Ihr Anliegen? Sie formulieren Ihre Wünsche oder beschreiben die gewünschte Ware möglichst genau.
- Gibt es Dinge, die Ihnen besonders wichtig sind, oder Sonderwünsche, die berücksichtigt werden sollen?
- Bis wann benötigen Sie ein Angebot? Wenn Sie Angebote von verschiedenen Unternehmen einholen, erreichen Sie durch eine Fristsetzung, dass zu einem Zeitpunkt x alle Angebote eingetroffen sind.
- Grußformel

Die Aufgabe des Deutschen Instituts für Normung e. V. (DIN) ist es, in Zusammenarbeit mit Herstellern, Verbrauchern und Behörden allgemeingültige Normen zu erarbeiten.

3 *Listen Sie alle Produkte auf, für die Sie eine DIN-Norm kennen, und notieren Sie zu jedem Produkt, welche Vorteile der Verbraucher durch die DIN-Norm hat.*

4 *Formulieren Sie in zwei oder mehr Sätzen, welche Gründe es geben könnte, eine DIN-Norm für den kaufmännischen Briefverkehr zu entwickeln.*

5 *Informieren Sie sich über die neueste Version der DIN 5008 und stellen Sie fest, ob und welche Veränderungen gegenüber dem Muster auf Seite 53 vorgenommen wurden.*

6 *Formulieren Sie Ihre Anfrage mithilfe des Basiswissens.*

7 *Untersuchen Sie das Muster auf Seite 53.*

a) Beurteilen Sie es unter formalen Gesichtspunkten (DIN 5008).

b) Versetzen Sie sich in die Rolle der Firma „Alles Klar“ und listen Sie auf, welche weiteren Informationen Sie benötigen, um ein Angebot zu erstellen.

DIN 5008

Für Geschäftsbriefe gilt die DIN-Norm.

Muster DIN 5008

27 – 45 mm

5 mm

Claus Meyer, Dürener Str. 325, 50013 Köln — Anschrift des Absenders in einem Fensterbriefumschlag sichtbar

•
•
•

Zeile 1 – 3 Zusatz und Vermerkzone

Alles Klar	*(Name bzw. Firma)*
Mietservice	*(Namenszusatz oder Straße, Hausnummer/Postfach)*
Postfach 5008	*(Straße und Hausnummer/Postfach oder PLZ/Ort)*
51427 Bergisch Gladbach	*(PLZ/Ort oder Länderangabe)*
	(Länderangabe bzw. leer)
	(leer)

Zeile 4 – 9 Anschriftenzone

Ihr Zeichen,	*Unser Zeichen,*	*Telefon, Name*	*Datum*
Ihre Nachricht vom	*unsere Nachricht vom*	*0221 - 45 767 021*	*17. Februar 2011*
ch-Se 2011-02-10	*ba-kr 2011-01-15*	*(Herr Meyer)*	

Bezugszeichenzeile

•
•

Anfrage — Betreff

•
•

Sehr geehrte Damen und Herren, — Anrede

•

in den Gelben Seiten sind wir auf Ihre Firma aufmerksam geworden.

•

Wir sind Schülerinnen und Schüler der 12. Klasse des Humboldt Gymnasiums und planen unsere Abiturfeier im April nächsten Jahres. Da wir aus Kostengründen die Feier eventuell selber organisieren müssen, sind wir auf der Suche nach preiswertem Mietgeschirr.
Bitte machen Sie uns ein Angebot.

Brieftext

•

Wir danken Ihnen für die zuverlässige Zusammenarbeit.

•

Mit freundlichen Grüßen — Grußformel

•

Claus Meyer

•

Anlage — Anlagevermerk

Brieffuß

Dürener Str. 35	*Humboldt Gymnasium,*	*Telefax*	*E-Mail*	*Sparkasse Köln*
50013 Köln	*Roonstr. 48–50,*	*0221 45 767 200*	*meyerc@Koeln.de*	*147920 141*
	50112 Köln			*(BLZ 38650000)*

1 *Schreiben Sie einen verbesserten Anfragebrief.*

2 *Häufig ist es sinnvoller, einen Veranstalter zu suchen, der die komplette Durchführung einer Veranstaltung übernimmt. Listen Sie auf, welche Vorteile eine „Lösung aus einer Hand“ für Sie als Kunden hat.*

DIN 5008

Basiswissen | **Einen Geschäftsbrief schreiben**

Zusatz und Vermerkzone: In die Zusatz- und Vermerkzone dürfen Vorausverfügungen, Produktbezeichnungen oder elektronische Freimachungsvermerke aufgeführt werden.	**Vorausverfügungen** sind Regelungen wie: „Wenn unzustellbar, zurück!" oder „Nicht nachsenden". **Produktbezeichnungen** sind z. B. „Einschreiben" oder „Büchersendung".
Anschriftenzone: Die Anschriftenzone hat sechs Zeilen. Auf die Bezeichnung „Firma" wird verzichtet, wenn dies aufgrund des Namens zu erkennen ist. Eine Berufs- oder Amtsbezeichnung (Notar, Direktor) steht neben „Frau" oder „Herrn", ein akademischer Titel (Prof. oder Dr.) dagegen vor dem Namen.	**Beispiel:** Nicht nachsenden! Einschreiben Herrn Dr. Michael Büsch Auf der Höhe 5 53340 Meckenheim
Bezugszeichenzeile: Hier unterscheidet man die numerische und die alphanumerische Schreibweise.	**numerisch:** 2011 – 02 – 17 oder 17.02.2011 **alphanumerisch:** 17. Februar 2011
Betreffzeile: Hier geben Sie stichwortartig den Anlass oder den Inhalt des Briefes wieder.	**Beispiel:** Anfrage, 2. Mahnung, Einladung zur Geschäftseröffnung, Beanstandung der gelieferten Kugelschreiber, Ihr Schreiben vom ...
Anrede: Haben Sie keinen Ansprechpartner, heißt es: „Sehr geehrte Damen und Herren,". Sonst reden Sie Ihren Ansprechpartner mit Namen an: „Sehr geehrte Frau Müller,".	**Besonderheiten:** Der Vorname entfällt. Die Berufs- oder Amtsbezeichnung entfällt. Der akademische Titel wird genannt.
Briefschluss: Ein Gruß ist üblich, allerdings gibt es auch hier Unterschiede.	**Beispiele:** Mit freundlichen Grüßen, Mit freundlichem Gruß, ...
Anlagen: Es ist nicht mehr üblich, die Anlagen einzeln aufzuführen. Hinweise auf Anlagen sollten sonst in den Brieftext eingebaut werden.	
Brieffuß: Feld für Geschäftsangaben.	

3 ***Formulieren Sie eine Anfrage und gestalten Sie einen vollständigen Brief nach DIN 5008.***

a) Sammeln Sie mithilfe einer Kartenabfrage, welche Informationen Sie von einem Veranstalter benötigen.
b) Recherchieren Sie, welche Veranstaltungsorte für Sie infrage kommen.
c) Formulieren Sie den Brief.
d) Überarbeiten Sie Ihren Brief.
e) Speichern Sie einen gestalteten Brief als Muster für Ihre zukünftige Korrespondenz.

4 ***Recherchieren Sie DIN-Anforderungen an eine E-Mail, und gestalten Sie die Anfrage aus Aufgabe 3 als E-Mail.***

Eine Facharbeit/Seminararbeit schreiben

Themen eingrenzen und Arbeitsschritte planen

Eine Facharbeit ist eine Hausarbeit, in der Sie in sachlich gegliederter Form ein Thema selbstständig erarbeiten. Dazu werden Informationen aus verschiedenen Quellen gesammelt und gebündelt. Mit dem Erstellen einer Facharbeit sammeln Sie erste Erfahrungen mit dem wissenschaftlichen Arbeiten. Prinzipiell sind Facharbeiten in allen Schulfächern möglich, auch fächerübergreifende Bearbeitungen sind denkbar. Im Rahmen eines wissenschaftlichen Hochschulstudiums werden solche Ausarbeitungen Seminararbeiten genannt.

Die Themensuche

Bereits bei der Themenwahl gilt es, bestimmte Kriterien zu berücksichtigen, um den Anforderungen an eine Facharbeit gerecht zu werden. Bei der Themensuche geht es darum, ein Thema zu formulieren und es so einzugrenzen, dass es den Rahmen einer etwa zwölfseitigen Arbeit nicht sprengt. Wichtig ist auch, dass genügend Material für die Bearbeitung zu finden ist. Mögliche Themenbereiche einer Facharbeit können beispielsweise sein:

- Leben und Werk zeitgenössischer Autorinnen und Autoren
- Entstehung und Rezeption eines Theaterstücks, Romans etc.
- Untersuchungen zur Sprache
- Romanverfilmungen

Dazu haben Schüler folgende Facharbeitsvorschläge entwickelt:

A Die Parabel „Der Nachbar“ von Franz Kafka
B Leben und Werk Wolfgang Borcherts
C Frauenfiguren in den Kurzgeschichten Gabriele Wohmanns
D Kommunikation in Kurzgeschichten
E Bertolt Brechts Kalendergeschichte „Der Augsburger Kreidekreis“ im Vergleich zur Vorlage

1 *Tauschen Sie sich zu zweit darüber aus, welche der Themenvorschläge A bis E sinnvoll eingegrenzt sind und ob Sie ausreichend Material dazu finden können.*

2 *Formulieren Sie zu jedem der folgenden Themenbereiche ein konkretes Facharbeitsthema, das den Kritieren „überschaubar“ und „Material vorhanden“ genügt:*
a) Kafta, b) Dürrenmatt, c) Sturm und Drang

3 *Formulieren Sie zu einem Themenbereich, der Sie persönlich interessiert, ein konkretes Facharbeitsthema.*

Basiswissen — Facharbeit/Seminararbeit

Auch wenn die Themen für eine Facharbeit unterschiedlich sind, lassen sich beim Erstellen einer Facharbeit **allgemeine Arbeitsphasen** unterscheiden:

1. Themensuche und -reflexion (Eingrenzen des Themas)
2. Arbeitsplanung und Vorbereitung (Zeitmanagement)
3. Materialsuche (unterschiedliche Materialien und Quellen aussuchen)
4. Ordnen und Durcharbeiten des Materials
5. Entwurf einer Gliederung
6. Textentwurf
7. Überarbeitungen des Entwurfs
8. Reinschrift und Gestaltung der Arbeit
9. Korrektur der Reinschrift und Abgabe der Endfassung

Themen eingrenzen und Arbeitsschritte planen

4 ***Entwerfen Sie ein Meilensteindiagramm (➪ Kapitel 24.1, S. 401), in das Sie zunächst – in der Nähe der Pfeilspitze – Ihr Abgabedatum und die Überschrift „Abgabe" eintragen. Schon hier sollten Sie einen „Puffer" von zwei Tagen einplanen.***

5 ***Fassen Sie die neun Arbeitsphasen (➪ Basiswissen, S. 55) in vier große Blöcke zusammen und benennen Sie jeden Block mit einer Überschrift.***

6 ***Überlegen Sie – ausgehend von Ihrem Abgabetermin – bis zu welchem Zeitpunkt Sie jeden Block aus Aufgabe 5 abgeschlossen haben wollen. Markieren Sie das entsprechende Datum auf dem Zeitstrahl Ihres Diagramms aus Aufgabe 4. Diese Termine sind die Meilensteine für Ihre Facharbeit.***

Die konkrete Zeitplanung entwickelt sich sicherlich Schritt für Schritt. Eine Konkretisierung von Phase 4 könnte z. B. so aussehen:

4. Ordnen und Durcharbeiten des Materials

- *Lesen des Originaltextes*
- *Internetrecherche zur Biografie des Autors*
- *Sichten der Sekundärliteratur*

a) …
b) …

- *Recherche des historischen Hintergrundes, Quelle: …*
- *Bildrecherche*

7 ***Überlegen Sie, wie viel Zeit Sie für die einzelnen Phasen (➪ Basiswissen, S. 55) benötigen und erstellen Sie einen Ablaufplan nach folgendem Beispiel:***

Ablaufplan	Kalenderwochen												Bemerkungen	erledigt
	1	2	3	4	5	6	7	8	9	10	11	12		
Phase 4														
Lesen des Originaltextes														
Sichten der Sekundärliteratur														
Recherche hist. Hintergrund														

8 ***Tragen Sie alle Aufgaben in den Plan ein und markieren Sie die entsprechenden Zeitfenster.***

Informationen recherchieren

Bei der Recherche zu Ihrer Facharbeit sollten Sie sich nicht alleine auf das Internet verlassen, sondern ein möglichst breites Spektrum zuverlässiger Quellen nutzen. Bedenken Sie dabei bereits in der Planungsphase den zu erwartenden Zeitaufwand.

1 *Erstellen Sie eine Liste mit Informationsquellen, die Sie für die Informationsrecherche nutzen können.*

2 *Ordnen Sie Ihre Informationsquellen nach folgenden Gesichtspunkten.*

a) Welche Quellen stehen Ihnen ständig zur Verfügung, welche sind an Zeiten gebunden?

b) Welche Informationsquellen lassen sich ohne großen Aufwand (Anfahrtswege, Anmeldung, Kosten) nutzen?

c) Über welche Informationsquellen können Sie sich einen Überblick über das Thema verschaffen?

d) Gibt es Zeitzeugen, die man kontaktieren könnte?

Informationen im Internet suchen

Gerade für eine erste Orientierung zum Thema eignet sich das Internet. Da die Qualität der Beiträge nicht gesichert ist, sollte man bei der Auswahl der Informationen kritisch vorgehen.

Arbeitstechnik – Die Qualität einer Internetseite bewerten

Zur Beurteilung einer Internetseite oder eines Dokuments sollten Sie sich folgende Fragen beantworten:

- Wie **aktuell** ist die Seite?
- Wer hat die Informationen veröffentlicht (private Anbieter oder öffentliche Herausgeber)?
  Sind die Herausgeber **glaubwürdig**? Haben die Herausgeber politische, kommerzielle oder andere Interessen?
  Hinweise dazu können die URL oder das Impressum, das gesetzlich nicht fehlen darf (Name, Postanschrift, E-Mail-Adresse), geben.
  Tipp: Recherchieren Sie noch einmal gesondert, mit welchem Autor Sie es zu tun haben. Welchen Beruf übt dieser aus? Kann man davon ausgehen, dass der Autor über Fachwissen verfügt?
- Sind die Informationen **seriös** aufbereitet? Wie ist die Seite aufgemacht?
  Seriös: sachlich, informativ, ohne schmückendes Beiwerk (z. B. ohne viele Animationen), Gütesiegel sind vorhanden
  Unseriös: reißerisch, Pop-ups, (viel) Werbung
- Werden die Informationen auf anderen Seiten oder in (Schul-)Büchern **bestätigt**?

Für eine Facharbeit mit dem Thema „Die Vaterfigur in ausgewählten Werken Kafkas" wollen Sie sich einen ersten Überblick über den Autor verschaffen.

3 *Informieren Sie sich über den Begriff „Top-Level-Domains": Was bedeutet die Endung „org" ?*

4 *Geben Sie „Kafka" in eine Suchmaschine ein und untersuchen Sie die ersten acht Ergebnisse.*

5 *Beurteilen Sie, welche der Websites seriös sind und sich für Ihr Thema eignen könnten.*

Informationen recherchieren

Arbeitstechnik | **Recherche im Internet**

Das Internet bietet eine unerschöpfliche Quelle an Informationen. Leider wissen wir nicht immer, wer die Informationen ins Netz gestellt hat. Onlinerecherche erfordert deshalb sorgfältiges Arbeiten.
Für eine erste Orientierung eignen sich Lexika. Einige **Online-Lexika** werden von Experten betreut, z. B. die Seite „Wortschatz" der Universität Leibzig (www.wortschatz.uni-leipzig.de). Die Informationen, die man dort findet, sind geprüft. Andere Lexika sind so angelegt, dass jeder etwas beitragen kann (z. B. www.wikipedia.de). Angaben, die in diesen Quellen gemacht werden, sollten überprüft werden.

Eine weitere Informationsquelle sind **Suchmaschinen**. Tipps zur Internetrecherche mit Suchmaschinen:

- Geben Sie möglichst präzise Begriffe ein.
- Über die „erweiterte" Suchfunktion können Sie die Auswahl weiter einschränken.
- Über die Suchfunktionen „Bilder" oder „News" können Sie entsprechende Ergebnisse zu einem Stichwort direkt erhalten.
- Über die Eingabe von (+) verknüpfen Sie Begriffe miteinander, durch (–) schließen Sie bestimmte Begriffe aus.
- Falls Sie gezielt nach Definitionen suchen, geben Sie „define" ein (z. B. define: parabel).
- Unterschiedliche Ergebnisse erhalten Sie auch, wenn Sie verschiedene Suchmaschinen nutzen.

1 *Sammeln Sie möglichst viele Stichwörter, die Ihnen zu Ihrem Thema einfallen.*

2 *Überprüfen Sie, welche der genannten Such-Möglichkeiten die besten Ergebnisse für Ihr Thema liefert.*

Bei Eingabe der Suchbegriffe Kafka+Vater+Sohn+Verhältnis werden folgende Einträge angezeigt:

1. Franz **Kafka** & Prag: Das **Verhältnis Vater-Sohn**
   Jeder, der sich mit dem **Verhältnis** Franz **Kafkas** zu seinem **Vater** beschäftigt, wird zwangsläufig zum Interpreten eines überragenden Dokuments, das der ...
   www.**kafka**esk.de/...**kafka**/**kafka**...**kafka**/**verhaeltnis-kafka-vater**.html -
2. Planet Wissen - **Vater-Sohn**-Konflikte
   Um die Kontrolle über den **Sohn** nicht zu verlieren, legt der **Vater** den Tagesablauf ... In vielen seiner Werke verarbeitet **Kafka** die Beziehung zu seinem **Vater**. ...
   www.planet-wissen.de/.../**vater_sohn**_konflikte.jsp -
3. Selbstsicht, **Verhältnis** zum **Vater**/Frauen - **Kafka** - Die Verwandlung ...
   Selbstsicht, **Verhältnis** zum **Vater**/Frauen - Hilfe zum Thema **Kafka** - Die ... Das **Vater-Sohn-Verhältnis** lässt sich ebenfalls aus seinen Erzählungen erschließen, ...
   www.schoolwork.de/**kafka**.../selbstsicht.php -
4. Hausarbeit auf Zur **Vater-Sohn**-Beziehung in **Kafkas** Werk ...
   Hausarbeit auf Zur **Vater-Sohn**-Beziehung in **Kafkas** Werk - Exklusive Bibliothek von akademischen Werken, Dissertationen, Hausarbeiten, Referaten und ...
   www.academon.de/...**Vater-Sohn**-Beziehung...**Kafka**s.../32 -
5. Jolifanto: Interpretationsansätze bei **Kafka**
   Das Motiv der **Vater-Sohn**-Beziehung zieht sich durch zahlreiche Werke **Kafka**s und wird im „Brief an den **Vater**" ganz ausdrücklich behandelt. Auch andere ...
   www.jolifanto.de/wissenschaft/**Kafka**/**kafka**.htm -
6. Vater-Sohn-Beziehung und Vater-Sohn-Konflikt
   Vater-Sohn-Beziehung und **Vater-Sohn**-Konflikt.
   www.lesekost.de/themen/HHLTH15.htm -

Informationen recherchieren

3 *Beurteilen Sie die gefundenen Einträge und entscheiden Sie, in welcher Reihenfolge Sie die Einträge öffnen würden. Begründen Sie Ihre Auswahl.*

4 *Welche der Einträge verweisen vermutlich auf kostenpflichtige Webangebote?*

5 *Überprüfen Sie Ihre Entscheidung, indem Sie einige Dokumente öffnen. Fassen Sie die Ergebnisse schriftlich zusammen.*

Informationen in Bibliotheken beschaffen

Manchmal führt die Internetrecherche zu Buchempfehlungen, die bei der Informationsbeschaffung nützlicher sein können als so mancher Internet-Artikel. Aber nicht jedes Buch muss man kaufen. Viele lassen sich in öffentlichen Bibliotheken ausleihen. Die Kataloge der Bibliotheken sind auch über das Internet einzusehen. Der öffentliche Online-Katalog heißt OPAC (vom Englischen Open Public Access Catalogue). Man kann also auch von zu Hause aus recherchieren. Bei der Suche in diesem Katalog gelten die gleichen Grundregeln wie für die Suche mithilfe einer Suchmaschine: je konkreter die Stichworte, desto erfolgreicher ist das Ergebnis. Auch hier sollten Sie die „erweiterte Suchfunktion“ nutzen.

Auszug aus der Trefferliste bei der Eingabe des Suchbegriffs „Kafka“: Es werden 172 Treffer angezeigt. Dabei dürften nicht alle Ergebnisse relevant sein.

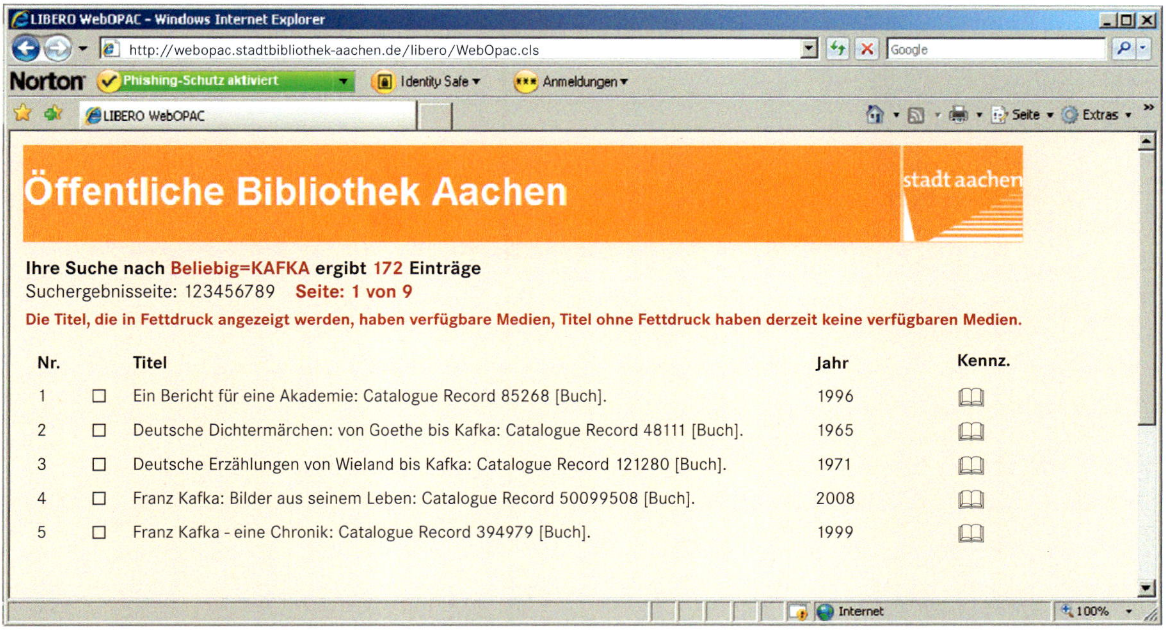

6 *Sammeln Sie Informationen über die nächstgelegene öffentliche Bibliothek im Internet.*

a) Wo befindet sich in Ihrer Umgebung eine öffentliche Bibliothek?

b) Wann hat Ihre Bibliothek geöffnet? Welche Kosten entstehen bei der Buchausleihe?

7 *Recherchieren Sie mithilfe des Online-Katalogs Ihrer Bibliothek nach geeigneten Materialien für Ihre Facharbeit.*

Informationen verarbeiten und zusammenfassen

Das Sichten von Informationsmaterial gehört zu den wichtigsten vorbereitenden Arbeiten. Hierbei geht es zum einen darum, dass Sie sich einen Überblick über das vorhandene Material verschaffen, zum anderen werden hierbei die Informationen so aufbereitet, dass sie für den späteren Schreibprozess schnell verfügbar gemacht werden. Neben der Mindmap gehören das Exzerpt und das Strukturbild zu den gängigen Verfahren.

Auszug aus der Biografie Kafkas

Ein halbes Jahr nachdem Kafka mit dem Schreiben der Briefe an Felice Bauer begann, fand Ostern 1913 das erste private Treffen der beiden statt. Im September des Jahres verreiste Kafka mit seinem Chef, Direktor Marschner, nach Wien, um dem Kongress für Rettungswesen und Unfallverhütung sowie dem XI. Zionistenkongress beizuwohnen.
Außerdem veröffentlichte Kafka „Der Heizer" in der neuen, expressionistischen Literatur fördernden Buchreihe „Der Jüngste Tag". „Das Urteil" hingegen wurde in dem von Max Brod herausgegebenen literarischen Jahrbuch „Arkadia" veröffentlicht. Am 30. Mai 1914 begab sich Kafka, begleitet von seinem Vater, auf die Reise zur Verlobungsfeier mit Felice Bauer in Berlin. Am 12. Juli schon wurde das Verlöbnis nach einer Aussprache zwischen den beiden im Berliner Hotel „Askanischer Hof" vor Zeugen gelöst. Nach diesem Ereignis verließ Kafka zum ersten Mal sein Elternhaus und bezog ein eigenes Zimmer. Zuerst in der Wohnung seiner Schwester Valli in der Prager Bilek-Gasse, dann in der Wohnung seiner Schwester Elli in der Nerudagasse. Diesen Freiraum nutzte er, um die Arbeit an seinem Roman „Der Prozess" zu beginnen. Im Oktober schrieb er seine Erzählung „In der Strafkolonie" nieder und begann mit der Wiederaufnahme des Briefverkehrs zu Felice Bauer.
Mitte Januar 1915 war Kafka damit beschäftigt, an mehreren Werken gleichzeitig zu schreiben, gab aber gleichzeitig die Arbeit an „Der Prozess" auf. Ein halbes Jahr nach der Trennung gab es ein erstes Wiedersehen mit Felice Bauer. Im darauf folgenden März bezog Kafka erneut ein eigenes Zimmer. Diesmal in der Langen Gasse. Weitere zwei Monate später kam es erneut zu Zusammentreffen zwischen ihm und Felice Bauer. Im gleichen Monat wurde „Die Verwandlung" veröffentlicht und Kafka bekam von Carl Sternheim den Fontane-Preis für das 1913 erschienene Romanfragment „Der Heizer" überreicht. Im darauf folgenden Jahr verbrachten Kafka und Felice Bauer wieder mehr Zeit miteinander. So besuchten sie im Juli gemeinsam das Marienbad und im November reisten sie nach München, wo Kafka „In der Strafkolonie" öffentlich vorlas.
Danach bezog er wieder ein anderes Zimmer, eines in einem von Ottla hergerichteten Häuschen in der Prager Alchimistengasse. Hier entstand bis April 1917 eine Reihe parabolischer Erzählungen des Bandes „Ein Landarzt", unter anderem „Auf der Galerie", „Das nächste Dorf" und „Eine kaiserliche Botschaft". In diesem Jahr begann Kafka außerdem Hebräisch zu lernen und verlobte sich ein weiteres Mal mit Felice Bauer. Am 9. und 10. Juli erlitt er zwei Blutstürze und bezog wieder sein altes Zimmer im Hause seiner Eltern. Beinahe einen Monat später wurde bei ihm eine Lungentuberkulose diagnostiziert. Um sich zu erholen, besuchte er seine Schwester Ottla in Zürau in Nordböhmen, die dort ein kleines Gut bewirtschaftete. Hier nutzte er die Zeit, um die „Aphorismen" niederzuschreiben. Während eines Heimaturlaubs Weihnachten 1917 lösten er und Felice Bauer nach einem weiteren Treffen in Prag endgültig ihr Verlöbnis.

Informationen verarbeiten und zusammenfassen

Nach der Rückkehr aus Zürau im April/Mai des nächsten Jahres nahm Kafka seine Tätigkeit im Büro wieder auf, machte Dienstreisen, Gartenarbeit und Erholungsurlaub, bis er im Oktober/November schwer an der Spanischen Grippe erkrankte. Daraufhin folgte ein Erholungsurlaub in Schelesen in Nordböhmen. Hier lernte er 1920 auch die aus einer tschechisch-jüdischen Handwerkerfamilie stammende Julie Wohryzeck kennen und verlobte sich mit ihr. Seine Erzählungen „In der Strafkolonie" und „Brief an den Vater" wurden ebenfalls in diesem Jahr veröffentlicht. Kafka trat erneut seinen Dienst an, wurde aber bald darauf wegen seiner Krankheit wieder dienstunfähig. Es wurde außerdem der Band „Ein Landarzt" veröffentlicht. Während eines Kuraufenthalts Anfang des Jahres 1920 in Meran schrieb er die „Aphorismenreihe" und begann den Briefwechsel mit der tschechischen Journalistin Milena Jesenská, die seine Dichtungen ins Tschechische übersetzte. Bald darauf besuchte er sie auch in Wien. Kafka schaffte es, ein Vierteljahr seinen Bürodienst zu verrichten, bis er erneut beurlaubt wurde. Es folgte ein Kuraufenthalt in der Hohen Tatra, wo er kürzere parabolische Erzählungen wie „Heimkehr" und „Kleine Fabel" niederschreibt.
Nach dieser Kur nahm er 1921 seine Arbeit im Büro erneut auf. Zwei Monate sollte es dauern, bis er, diesmal endgültig, vom Dienst beurlaubt wurde. Danach gab Kafka seine „Tagebücher der Jahre 1910 bis 1920" an Milena, die inzwischen auch nach Prag gezogen war, und begann mit neuen Tagebuchaufzeichnungen.

(http://www.franz-kafka.net/)

Muster: Strukturbild zum Leben Kafkas

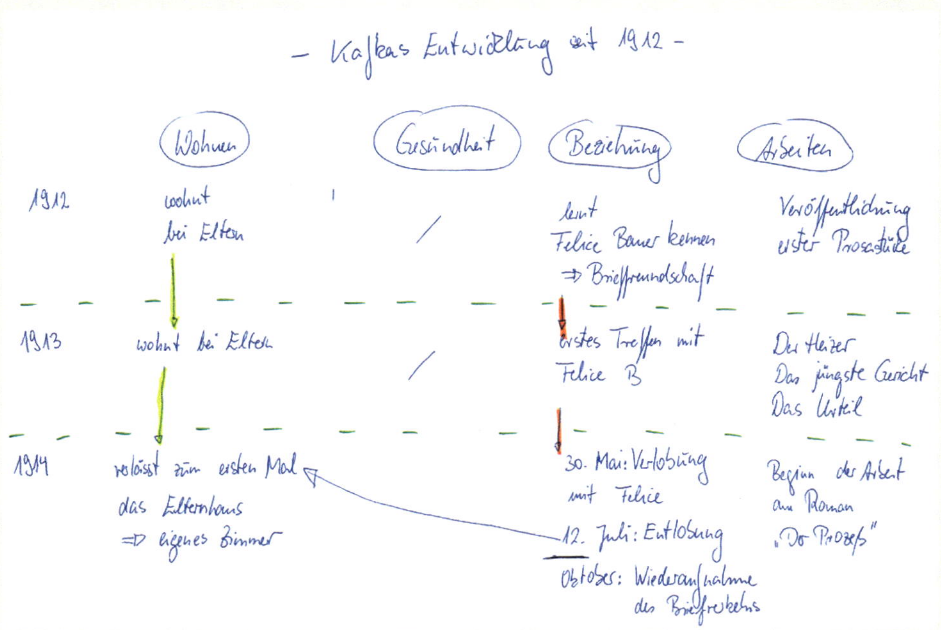

Informationen verarbeiten und zusammenfassen

1 *Untersuchen Sie, welche Informationen aus dem Text auf Seite 60 f. in das Strukturbild auf Seite 61 eingeflossen sind.*

2 *Übertragen Sie das Strukturbild in Ihr Heft und ergänzen Sie fehlende Angaben.*

3 *Benennen Sie die Vorteile und Nachteile eines Strukturbildes gegenüber dem geschriebenen Text und verdeutlichen Sie diese an dem Muster.*

Eine andere Methode, um Texte zu verarbeiten, ist das Exzerpieren.

4 *Erstellen Sie anhand des Textes auf einer Karteikarte ein Exzerpt zum Thema „Kafkas Beziehungen zu Frauen". Gehen Sie vor, wie in der Arbeitstechnik beschrieben.*

5 *Suchen Sie im Internet eine weitere Informationsquelle und überprüfen Sie die Informationen, die Sie exzerpiert haben, anhand einer weiteren Quelle.*

Arbeitstechnik – **Exzerpieren**

Das Exzerpieren ermöglicht es, Informationen aus längeren Texten zielgerichtet verfügbar zu machen. Sie schreiben wichtige Gedanken oder Textpassagen **sinngemäß zusammenfassend** heraus oder **zitieren** aus dem Text, indem Sie alles Unwichtige weglassen. Die Arbeitstechnik bietet sich an, wenn Sie Texte unter bestimmten Fragestellungen lesen, z. B. für das Thema der eigenen Facharbeit. Sie halten nur die Dinge fest, die für Ihre Fragestellung von Bedeutung sind. Die Textauszüge können wörtlich zitiert oder sinngemäß wiedergegeben werden. Auch ist es hilfreich, Überschriften und/oder Seitenzahlen festzuhalten, denn das erleichtert später die Suche nach bestimmten Textstellen.

Vorgehensweise:

Tipp: Ein Exzerpt verfassen Sie am besten auf Karteikarten, die in drei Teile unterteilt werden:

1. In das erste Drittel schreiben Sie die **genauen bibliografischen Angaben** des Originaltextes.
2. In den mittleren Teil schreiben Sie **Textstellen**, die Ihnen wichtig erscheinen, entweder als Zitat oder Zusammenfassung. Achten Sie darauf, dass Sie Zitate als solche kenntlich machen.
3. Das letzte Drittel lässt Platz für **Bemerkungen** oder Querverweise.

Nach der Materialsuche und -auswertung stehen Sie vor der Aufgabe, die unterschiedlichen Informationen zu einem sinnvollen Ganzen zu verbinden. Grundsätzlich wird der Textteil einer Facharbeit (Referat, Präsentation, Vortrag) nach einem einfachen Schema aufgebaut, das Ihnen schon aus der Mittelstufe (zum Beispiel in Aufsätzen) bekannt ist: Einleitung – Hauptteil – Schluss.

6 *Sichten Sie alle von Ihnen zusammengetragenen Informationen zu Ihrer Facharbeit – Ihre Mindmaps, Exzerpte, Strukturbilder – und stellen Sie inhaltliche Beziehungen zwischen den Texten her.*

7 *Gestalten Sie eine Mindmap mit Überschriften und Zwischenüberschriften zu Ihrem Material. Sie erhalten so eine erste Grobgliederung.*

Informationen verarbeiten und zusammenfassen

Für eine Facharbeit zum Thema „Die Vaterfigur in ausgewählten Werken Kafkas“ wurden durch die Recherche folgende Punkte gefunden:

1 *Ordnen Sie diese Themen im Muster nach Überschriften und Unterüberschriften.*

2 *Erklären Sie, welche Abschnitte für Einleitung, Hauptteil und Schluss im Textteil sinnvoll wären.*

Muster

Die Vaterfigur in „Die Verwandlung“
Beziehung zwischen Kafka und seinem Vater
Gefangenschaft in der Familie
Kurzbiografie
Die Vaterfigur in „Das Urteil“
Jugend und frühe Erfahrungen

3 *Erstellen Sie aus Ihrem Ergebnis aus Aufgabe 7 ein sinnvolles Inhaltsverzeichnis für den Textteil der Facharbeit.*

4 *Erstellen Sie aus den Angaben der Mindmap ein sinnvolles Inhaltsverzeichnis für eine Facharbeit.*

5 *In allen neueren Textverabeitungsprogrammen lässt sich die Erstellung eines Inhaltsverzeichnisses automatisieren. Finden Sie die Vorgehensweise für das von Ihnen benutzte Textverarbeitungsprogramm heraus und stellen Sie es vor.*

Einen Abstract erstellen

Einem wissenschaftlichen Text wird oft ein Abstract vorangestellt. Es liefert eine knappe, aussagekräftige Zusammenfassung der Facharbeit und gibt den inhaltlichen Aufbau wieder sowie die Argumentationsweise.

Unter einem **Abstract zu Fachliteratur** versteht man eine sehr kurze Form der Inhaltswiedergabe; sein Umfang sollte zwischen fünfzig und einhundert Wörtern liegen. Neben der Kürze ist die Vollständigkeit ein wichtiges Bewertungskriterium; außerdem ist bei der inhaltlichen Zusammenfassung von meinungsbildenden Texten (z. B. Kommentare, Interviews) die Fremdmeinung korrekt zu kennzeichnen, z. B. mithilfe des Konjunktivs. Beinhaltet das Material Faktenwissen (z. B. Statistiken), wird der Abstract im Indikativ formuliert. Eigene Stellungnahmen sind nicht gestattet.

Schritt 1: Herausschreiben der wichtigsten Informationen / Schritt 2: Die Umformulierung und Kürzung / Schritt 3: Ausformulierung (Gebrauch des Konjuntivs I bzw. II)

Einen Abstract erstellen

Arbeitstechnik | **Einen Abstract für eine Facharbeit verfassen**

Bei der Vorbereitung des Abstracts sollten Sie sich an folgenden grundlegenden Punkten orientieren:

- *Motivation des Textes*:
  Worin liegt die **Bedeutung der entsprechenden Facharbeit**, warum sollte der längere Text gelesen werden?
- *Fragestellung*:
  Welche Fragestellung(en) versucht der Text zu beantworten, welchen **Umfang** hat die Facharbeit, was sind die zentralen Argumente und Behauptungen?
- *Methodologie*:
  Welche **Methoden/Informationsquellen** nutzt der Autor oder die Autorin, auf welche **Basis** stützt sich der Text?
- *Ergebnisse*:
  Zu welchen **Ergebnissen** kam die **Forschungsarbeit**, was sind die zentralen Schlussfolgerungen der Facharbeit?
- *Implikationen*:
  Welche **Schlussfolgerungen** ergeben sich aus dem Text für die Forschung, was fügt der Text unserem Wissen über das Thema hinzu?

Beispiel für einen Abstract:

Kafkas „Urteil" ist häufig und schon auf vielerlei Weise interpretiert worden. Das mag einerseits daran liegen, dass die Geschichte als Durchbruch zu Kafkas unverwechselbarem Stil betrachtet wird, der gerade zu verschiedenen Deutungsansätzen einlädt. Andererseits wirkt die Geschichte bis zu dem Gespräch zwischen Vater und Sohn sehr klar und deutlich. Sie entzieht sich dem Leser abrupt, wodurch man überrascht wird und anfängt, sich Gedanken über den dahinterstehenden Sinn oder die Aussage dieser Geschichte zu machen. Diese Arbeit beabsichtigt, zwei verschiedene Herangehensweisen der Interpretation, die hermeneutische und die werkimmanente, anhand der Arbeiten von Jürgen Demmer „Franz Kafka – Dichter der Selbstreflexion" und Helmut Richter „Das Urteil" darzustellen und miteinander zu vergleichen.

(Angelina Kalden)

1 ***Untersuchen Sie den Text, indem Sie prüfen, ob alle im Informationstext (➪ S. 63 unten) genannten Kriterien für das Verfassen eines Abstracts beachtet wurden.***

2 ***Bestimmen Sie die Krieterien, die Sie für einen Abstract unerlässlich halten.***

3 ***Verfassen Sie selbst einen Abstract zu einem selbst gewähltem Fachtext.***

Korrekt bibliografieren

Fremdes Gedankengut, das Sie in Ihrer Facharbeit verwenden, muss als Zitat korrekt gekennzeichnet sein. Die Quellen, aus denen Sie die Zitate übernehmen, müssen vollständig und nach einer bestimmten Konvention im Literaturverzeichnis angegeben werden. Auch Quellen, die Sie für Ihre Facharbeit verwenden und aus denen Sie nicht zitieren, müssen Sie angeben.

1 *„Unbewiesene Behauptungen sind nicht Zeichen kritischen Denkens, sondern ungenauen Arbeitens.“ (Matthias Karmasin/Rainer Ribing: Die Gestaltung wissenschaftlicher Arbeiten. UTB, 4. Aufl. Wien 2009, S. 73)*
Klären Sie in Partnerarbeit die Bedeutung dieser Aussage.

Basiswissen Bibliografieren

Sie lernen hier eine mögliche Konvention für bibliografische Angaben kennen. Entscheidend ist, dass Sie innerhalb einer Arbeit einheitlich bibliografieren. I. d. R. legt Ihre Schule und später die Universität fest, an welche Konvention Sie sich halten müssen.

Quellen von Büchern angeben
Name, Vorname des Verfassers / Titel und ggf. Untertitel / Erscheinungsort / nach Doppelpunkt: Verlag / Erscheinungsjahr
Murakami, Haruki: Gefährliche Geliebte, Köln: Dumont 2000.

Quellen aus Aufsätzen/Auszügen in Sammelbänden angeben
Name, Vorname des Verfassers / Titel / (unter Voransetzung von In:) Titel des Sammelwerkes / (unter Voransetzung von Hg. v.) Vorname, Name des Herausgebers / Erscheinungsort / (nach Doppelpunkt:) Verlag / Erscheinungsjahr / Seiten des Aufsatzes
Trakl, Georg: Ein Frühlingsabend. In: Georg Trakl, Gesammelte Werke. Hg. v. Wolfgang Schneditz. Salzburg: Müller 1979. S. 16 - 19.

Quellen aus Aufsätzen in Zeitungen angeben
Name, Vorname des Verfassers / Titel / Name der Zeitung (unter Voransetzung von In:) / Erscheinungsdatum / Nummer des Heftes / Seiten des Aufsatzes
Uhtenwoldt, Deike: Erste Prüfung im Netz. In: Frankfurter Allgemeine Zeitung, 29.03.2008, Nr. 74, S. C4.

Quellenangaben innerhalb eines Textes als Fußnote
Die vollständigen Quellenangaben stehen am Ende Ihrer Facharbeit alphabetisch im Literaturverzeichnis, der Bibliografie. Innerhalb Ihres Textes verweisen Sie auf die Quellenangabe mit einer hochgestellten Ziffer. Diese Ziffer wiederholen Sie am Ende der Seite mit einer verkürzten Quellenangabe, die eine eindeutige Zuordnung zur vollständigen Quelle im Literaturverzeichnis ermöglicht.
[1] Kästner, Erich: Sachliche Romanze, S. 1.
[2] Ebd., S. 7 f.

2 *Untersuchen Sie im Quellenverzeichnis in diesem Buch eine beliebige Internetquelle. Wie werden Internetquellen ausgewiesen?*

3 *Vergleichen Sie die Quellenangaben aus dem Basiswissen mit zehn beliebigen Quellen aus dem Quellenverzeichnis in diesem Buch. Tauschen Sie sich mit einem Partner darüber aus, welche Unterschiede und weiteren Quellenarten Sie gefunden haben.*

4 *Informieren Sie sich, nach welcher Konvention Sie an Ihrer Schule bibliografieren müssen.*

Tipp
Zum korrekten Zitieren innerhalb von Texten siehe Basiswissen auf S. 133.

Überarbeiten und Korrekturlesen eines Textes

Schreiben ist ein Prozess, der nicht nur das Produzieren von Texten, sondern auch die Reflexion über das Geschriebene und das Überarbeiten einschließt. Bei der Überarbeitung eines Textes kontrollieren, reflektieren und optimieren Sie das Geschriebene, indem Sie den Schreibprozess fortsetzen, bis Sie ein bestmögliches Schreibergebnis erzielt haben.

Checkliste zur Überarbeitung

- ☑ Ist die sachliche Richtigkeit aller Aussagen gewährleistet?
- ☑ Sind alle Gedankengänge logisch und schlüssig?
- ☑ Sind alle Thesen und Erkenntnisse begründet und erläutert?
- ☑ Haben Sie Wiederholungen, Leerformeln und stilistische Unebenheiten vermieden?
- ☑ Ist Ihr Satzbau übersichtlich und variationsreich?
- ☑ Verwenden Sie Fachbegriffe und Fremdwörter richtig, werden diese erklärt?
- ☑ Haben Sie Rechtschreibung und Zeichensetzung überprüft?
- ☑ Ist die Einbindung von Zitaten einheitlich und grammatikalisch korrekt?

Zur Beurteilung von Facharbeiten

Bei der Bewertung der sprachlichen Darstellungsleistung führen gehäufte Verstöße gegen die sprachliche Richtigkeit in der deutschen Sprache zur Absenkung bis zu einer Notenstufe (vgl. APO-GOSt § 13 (6) des Landes NRW), und zwar in allen Fächern (also auch in Mathematik). Insbesondere vermeide man

- stetige Wiederholungen,
- ewig gleichen Satzbau („und dann ... und dann ... und dann"),
- Beamtendeutsch („meines Erachtens", „diesbezüglich"),
- Nullwörter („Gefühl", „irgendwie", „recht gut", „man" ...),
- Plastikwörter („Effizienzsteigerung", „Qualitätssicherung"),
- übermäßig viele Substantivierungen und Substantivreihen („das Betrachten des Beines des Mannes beim Gehen ..."),
- Modesprache („Event", „Action", „Evaluation" ...) und achte auf korrekte Pronomenbezüge (ein Pronomen bezieht sich immer auf das letztgenannte passende Substantiv).
- Bewertungspunkt jeder Klausur, Prüfung und Facharbeit ist auch die korrekte Verwendung der Fachterminologie (Fachbegriffe, Symbolik).

Dennoch wird es wohl manchmal Kompromisse zwischen

- der korrekten Fachterminologie einerseits und
- einer anschaulichen Sprache andererseits geben müssen.

Fachterminologie allein macht noch keine Facharbeit gut, sondern oftmals bleiben anspruchsvoll-hochtrabende Begriffe nur unverstanden und unerklärt (und genau daran kann man oftmals erkennen, ob jemand nur irgendwo abgeschrieben hat). Der Text hört sich dann ungeheuer intelligent an – und bleibt doch hohl („hoffentlich fragt keiner genauer nach").

Zum Beispiel sollte man, wenn man im Fach Deutsch oder Kunst den Begriff „Expressionismus" verwendet, auch halbwegs wissen, was kulturgeschichtlich dahintersteckt, und einige Beispiele näher kennen. Ja, gerade das Erklären von Fachbegriffen ist ein wesentlicher Teil von Facharbeiten.

Überhaupt sollten (je nach Adressat und dessen Vorverständnis) Fachbegriffe immer erklärt bzw. definiert werden, und das am besten vorweg, sodass darauf folgende Ausführungen, in denen die Fachbegriffe schon eingesetzt werden, verständlich sind. [...]

(nach Heiner Stauff)

Überarbeiten und Korrekturlesen eines Textes

1 *Vergleichen Sie die Checkliste mit dem Sachtext.*

a) Prüfen Sie, ob in jeder Textart alle Punkte, die Sie beim Verfassen Ihrer Facharbeit berücksichtigen müssen, beachtet wurden.

b) Ergänzen Sie ggf. die Checkliste.

2 *Ordnen Sie die Punkte Ihrer Checkliste inhaltlichen und sprachlichen Aspekten zu.*

Auch bei einer Facharbeit müssen formale Aspekte eingehalten werden. Die Vollständigkeit der Arbeit wird bei der Benotung berücksichtigt.

Basiswissen – Aufbau einer Facharbeit und formale Vorgaben

Formale Vorgaben: Eine Facharbeit umfasst in der Regel acht bis zwölf DIN-A-4-Seiten mit einem Schriftgrad von 12 Punkt und einem Abstand von 1,5 Zeilen. Die äußere Form muss optisch ansprechend sein. Man sollte daher auf die Einhaltung der formalen Vorgaben und auf Sauberkeit achten.

Aufbau

1. **Deckblatt** (Thema der Facharbeit, Name, Klasse, Schuljahr)
2. **Inhaltsverzeichnis**
3. **Textteil:**
   - Einleitung als Entwicklung der Fragestellung
   - Hauptteil mit untergliedernden Zwischenüberschriften
   - Schlussteil als Zusammenfassung der Ergebnisse, spannt den Bogen zur einleitend formulierten Ausgangsfrage
4. **Literaturverzeichnis**
5. ggf. Anhang mit themenspezifischen Dokumentationen (Tabellen, Skizzen etc.) – auf Sauberkeit und Übersichtlichkeit achten
6. ggf. Erklärung über die selbstständige Erarbeitung

3 *Prüfen Sie Ihre Facharbeit auf Vollständigkeit und formale Richtigkeit. Achten Sie auf die Einhaltung aller genannten Punkte im Basiswissen.*

4 *Beurteilen Sie einen fremden Facharbeits-Entwurf.*

a) Tauschen Sie Ihre Facharbeits-Entwürfe mit einem Partner.

b) Stellen Sie fest, ob alle formalen Kriterien eingehalten wurden: Vollständigkeit, Aufbau/Gliederung, Zitiertechnik, Übersichtlichkeit, vereinbartes Schreibformat, sinnvolles Literaturverzeichnis, sprachliche Richtigkeit.

c) Prüfen Sie die inhaltliche Darstellungsweise: themengerechte und logische Gliederung, nachvollziehbare Begründung von Thesen, schlüssig aufeinander bezogene Textabschnitte, durchgängiger Themenbezug.

d) Prüfen Sie die wissenschaftliche Arbeitsweise: Verwendung notwendiger fachlicher Begriffe, korrekte Verwendung der Fachbegriffe, klare Definition von Begriffen, Einsatz fachlicher Methoden, ausreichende Informationen aus Sekundärliteratur, Wertlegung auf kritischen Umgang mit Sekundärliteratur, klare Unterscheidung von Fakten, eigener Meinung und der Meinung anderer.

e) Schätzen Sie ein, ob das Verhältnis von Fragestellung, Material und Ergebnissen ausgewogen ist.

f) Beurteilen Sie, ob die Arbeit zu gedanklich vertieften, selbstständigen und kritischen Einsichten gelangt.

g) Tauschen Sie sich mündlich über Ihre Ergebnisse aus.

Überarbeiten und Korrekturlesen eines Textes

5 ***Fassen Sie zum Abschluss Ihr Wissen zum Thema Facharbeit zusammen, indem Sie eine der drei Aufgaben bearbeiten.***

a) Erstellen Sie eine Mindmap zum Thema Facharbeit als Plakat für Ihre Klasse.

b) Fertigen Sie eine Präsentation zum Thema an, die Sie im Plenum vorstellen.

c) Verfassen Sie eine Rede (➪ Kapitel 20.1, S. 328 f.) mit dem Titel „Wie ich eine Facharbeit so richtig vermassele“. Halten Sie diese im Plenum.

Fazit

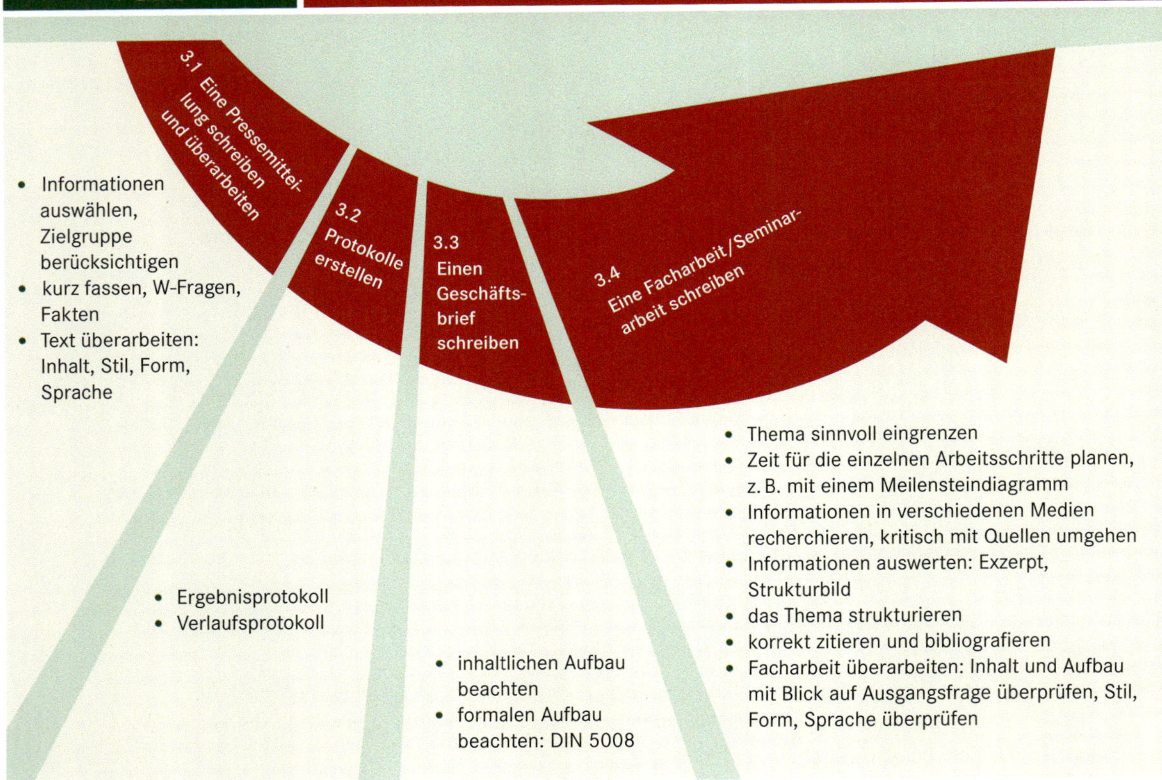

Kapitel 4

Sachtexte analysieren: Formen journalistischen Schreibens

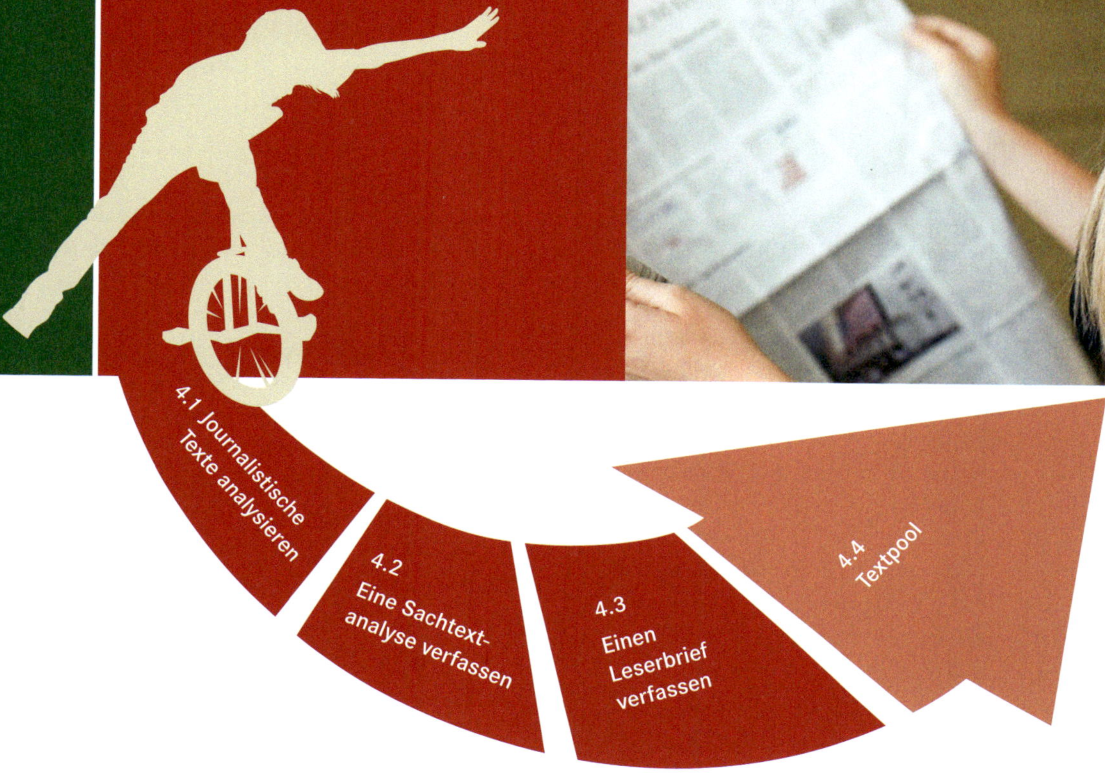

Texte werden von unterschiedlichen Autoren mit unterschiedlichen Absichten geschrieben. Einige Texte sollen uns informieren, andere sollen uns überzeugen und wieder andere uns zu einer Handlung auffordern. Da der Leser in der Regel den Autor nicht nach dessen Aussageabsicht befragen kann, muss er diese durch die inhaltliche, strukturelle und sprachliche Untersuchung des Textes erschließen.

In diesem Kapitel begegnen Ihnen besonders wichtige Sachtextsorten: die journalistischen Textsorten. Dabei untersuchen Sie nicht nur deren Inhalt, sondern auch die Frage, mit welchen Mitteln diese Texte ihre Wirkung erzielen. Außerdem erarbeiten Sie, wie Sie Ihre Analyseergebnisse in schriftlicher Form darlegen und auf einen Artikel schriftlich reagieren können, beispielsweise in einem Blog oder einem Leserbrief.

Was Sie bereits wissen

- ✔ Exzerpte fassen die wesentlichen Informationen zusammen.
- ✔ Sprachliche Mittel erzielen beim Leser eine bestimmte Wirkung.

Journalistische Texte analysieren

Den Inhalt des Textes erfassen

Für die spätere Analyse ist es wichtig, das Textverständnis zu sichern. In dem folgenden Text hat ein Schüler begonnen, ihm unbekannte Begriffe grün zu markieren.

Erst die Bildung macht uns wirklich reich

von Hans D. Barbier

04. Januar 2010 Kapital, Arbeit, technischer Fortschritt. Das sind die drei Faktoren, mit denen Ökonomen traditionell zu erklären versuchten, was ein Land oder eine Region wirtschaftlich leisten kann – und welche Güter und Dienstleistungen es herstellen kann. Theoretiker errechneten daraus, wie ergiebig diese Faktoren sind, und nannten das „Produktivität“. Die Empiriker wiederum schrieben auf, wie viel eine Gesellschaft zusätzlich produzieren kann, wenn mehr Arbeit oder mehr Kapital eingesetzt wird – oder wenn die Technik sich verbessert.

Wo aber bleibt nun der Mensch? Er hat eine Funktion als Lieferant von Arbeitsstunden, die aber auf den ersten Blick etwas trist anmutet. Warum werden Sachkapital und Arbeit immer produktiver und bringen immer mehr Produkte? Was bestimmt den technischen Fortschritt und dadurch den Reichtum der Nationen? Genau das leistet erst der Mensch.

In den fünfziger Jahren begannen Ökonomen und Statistiker wie auf ein geheimes Kommando nach den Ursachen für die steigende Ergiebigkeit und Qualität der Produktionsfaktoren zu suchen. Die Erkenntnis war einfach: Maschinen trainieren sich nicht selbst. Produktivere Fertigungsmethoden entstehen nur sehr selten durch Zufall. Wenn Arbeit durch neue Verfahren produktiver werden soll, muss irgendwie die Leistungsfähigkeit steigen. Die Leistungsfähigkeit im Erfinden und Nachahmen.

Diese Kraft der Innovation stammt von einem vierten Faktor – einem, der die Produktivität der drei ursprünglichen Faktoren erhöht. Es ist die Ausbildung – das Wissen, das in der Arbeit der Menschen steckt. Wissenschaftstheoretiker, Philosophen, Philologen, Ökonomen, Physiker, Chemiker, Ingenieure, Tansportsachverständige, Tüftler aller Art: Das sind die Produktionsfaktoren des Fortschritts, der sich dann als „technischer Fortschritt“ im Sachkapital und als „kostensenkender Fortschritt“ in den Vertriebsmethoden bemerkbar machen kann, indem er die Kosten senkt und den Ertrag steigert.

Von der Bildung profitieren sogar Leute, die selbst nicht gebildet sind.

Dass zusätzliches Wissen die Arbeit leistungsfähiger macht, wurde in den fünfziger und sechziger Jahren des vorigen Jahrhunderts zuerst in den Vereinigten Staaten erkannt. Später fiel auf, dass auch die Entwicklung von Produktivkapital wie Maschinen davon profitierte. Und schließlich setzte sich – in einem weiteren Schritt – die Erkenntnis durch, dass die Ausbildung für den technischen Fortschritt und den Wohlstand der ganzen Gesellschaft zentral ist. Wenn die Bildung besser wird, verbessert sich die Produktivität, das Sozialprodukt wächst, und schließlich bekommen alle Arbeitnehmer mehr Lohn. Sogar die, die nicht so viel Wissen haben. Wo aber werden die Methoden vermittelt, mit denen man neue Erkenntnisse gewinnt und das sogenannte „Humankapital“ steigert? In einer guten Ausbildung.

Dass diese Idee ausgerechnet in den fünfziger Jahren und ausgerechnet in den Vereinigten Staaten aufkam, hat möglicherweise einiges mit der Vertreibung von Wissenschaftlern aus Europa durch die Nationalsozialisten zu tun. In Amerika entstand eine „Economics of Education“, eine Ausbildungsökonomie, die von Wissenschaftlern wie Fritz Machlup vorangetrieben wurde, der 1933 von Österreich nach Amerika emigriert war.

Bald entstand eine regelrechte Bildungslobby und schließlich eine Bildungsindustrie, die Ausbildung als treibendes Element dessen sah, was eine Volkswirtschaft produzieren kann. Die Ausbildung, so war klar, ist auch Karrierechance für jeden Einzelnen und ein Vehikel, mit dem sich Herkunftsunterschiede einebnen lassen. Diese Welle schwappte von den Vereinigten Staaten nach Europa. Die Bundesrepublik Deutschland war vorn mit dabei.

Die Forschung rund um das Humankapital kam

Den Inhalt des Textes erfassen

in Mode. In den sechziger Jahren entstand eine wahre Flut von Veröffentlichungen über den Produktionsfaktor „Ausbildung" und über das Wirtschaftswachstum.

Die Ausbildungsgänge müssen differenziert werden.

Weite Teile der ökonomischen Theorie wurden darauf untersucht, ob sie den Fortschritt durch Ausbildung erklären können. Die Sorge um die Bildungschancen des Arbeiterkindes, das damals oft bemüht wurde, bekam eine neue Basis durch die Bildungsökonomie. Die machte die Sorge methodisch plausibel und unter Verteilungsgesichtspunkten verständlich: Wenn die Ausbildung über die Chancen einer ganzen Volkswirtschaft entschied, dann war es politisch geradezu geboten, die Bildung nicht an den Einkommens- oder Vermögensverhältnissen des Elternhauses scheitern zu lassen.

Damals litt die Qualität von Forschung und Lehre noch nicht daran, dass möglichst viele möglichst gut ausgebildet werden sollten, wie es heute der Fall ist. In den sechziger Jahren, der Blütezeit der „Ausbildungsökonomie" in Deutschland, fasste die Bildungsökonomie an den Fakultäten Fuß. Damals wurden die Studentenzahlen nicht dadurch in die Höhe getrieben, dass das Studium einfacher wurde – das war nicht das Mittel der Wahl, um mehr Bildungsgerechtigkeit zu schaffen.

Diese Entwicklung setzte erst ein, als sich die Gesellschaft einen neuen Blick auf das Studium zulegte: Sie sah die Universitäts-Ausbildung nicht mehr in erster Linie als Chance zur Verbesserung des Humankapitals und damit der gesamtwirtschaftlichen Produktionsfunktion. Sondern sie sah Bildung als Vehikel, um Herkunftsunterschiede einzuebnen.

Heute heißt es, die Studentenzahlen müssten abermals steigen. Dieses Bemühen hat ohne Zweifel mit dazu geführt, dass das Niveau der Hochschulabschlüsse nicht mehr zu halten ist – und dass die Unterscheidung zwischen Bachelor- und Masterabschluss notwendig wurde, die heute als „Bologna"-Prozess bekannt ist. Denn wenn die Anforderungen im Studium nicht allzu sehr sinken sollen, müssen Ausbildungsgänge und Ausbildungsziele differenziert werden.

Um das Konzept der „Produktionsfunktion" noch einmal aufzunehmen: Dem Produktionsprozess Universitätsausbildung hat man damit keinen Gefallen getan. Auch wenn die Bildungsökonomie in der Tat zum Teil technisch und gelegentlich auch sozialreformerisch anmutet, darf sich „Bologna" auf die „Economics of Education" gerade nicht berufen.

Der Autor ist Vorsitzender des Vorstands der Ludwig-Erhard-Stiftung.

(Frankfurter Allgemeine Zeitung, 04.01.2010)

1 ***Schlagen Sie die grün markierten Begriffe nach und erstellen Sie Karteikarten mit den entsprechenden Begriffen und den Erläuterungen dazu.***

2 ***Fassen Sie die wichtigsten Aussagen des Textes mit eigenen Worten zusammen.***

Arbeitstechnik | **Die Fünf-Schritt-Lesemethode**

Vorwissen aktivieren – Erwartungen an den Inhalt klären
1. Schritt: Einen ersten Überblick gewinnen
2. Schritt: Fragen an den Text stellen
3. Schritt: Den Text gründlich und aktiv lesen
4. Schritt: Den Inhalt abschnittsweise rekapitulieren
5. Schritt: Den Inhalt des ganzen Textes rekapitulieren
Den Inhalt des Textes mit dem Vorwissen vernetzen

Aufbau und Aussageabsicht untersuchen

Für das Erschließen eines Textes ist es wesentlich, seinen Aufbau zu erkennen. Hierbei können z. B. Teilschritte der Fünf-Schritt-Lesemethode (➪ S. 71) hilfreich sein: Abschnitte und ihre Funktion erkennen, Zwischenüberschriften analysieren oder selbst welche formulieren.

Wie uns Pisa klüger machte

von Friedemann Sittig

In diesem Jahrzehnt wurde das deutsche Schulsystem radikal umgebaut. Zu verdanken haben wir das den anfangs schlechten Ergebnissen der Pisa-Studie.

Eine Stadt in Italien. Wahrzeichen ist die Kathedrale mit ihrem schiefen Turm. Das war die Antwort, die man Ende der neunziger Jahre erhielt, wenn man die Deutschen danach fragte, was ihnen zu dem Wort Pisa einfällt.

Heute, am Ende der Nullerjahre, hat Pisa im kollektiven Bewusstsein eine zusätzliche und völlig neue Bedeutung erhalten. Vordergründig als Abkürzung für das „Programme for International Student Assessment", eine Reihe internationaler Schulleistungsuntersuchungen, die von der Organisation für wirtschaftliche Zusammenarbeit und Entwicklung (OECD) seit dem Jahr 2000 in dreijährigem Turnus in den meisten OECD-Mitgliedstaaten sowie einer zunehmenden Anzahl von Partnerstaaten durchgeführt werden. Tiefgründiger jedoch als Synonym für eine dramatische Niederlage des deutschen Bildungswesens.

Als am Abend des 4. Dezember 2001 die Ergebnisse der ersten Pisa-Studie in den Fernsehnachrichten verkündet wurden, wirkte es fast so, als sei das Schulsystem im einstigen Land der Dichter und Denker in die Insolvenz gegangen. Erhebliche Wissenslücken bei Deutschlands 15-Jährigen im Lesen, Schreiben und Rechnen, eine große „Risikogruppe" mit niedrigsten Kompetenzen und ein beschämend enger Zusammenhang von sozialer Herkunft und Lernerfolg, waren nur einige der vernichtenden Urteile.

Deutschland hatte seit den 60er-Jahren an keinem größeren internationalen Schulvergleich mehr teilgenommen. Man wusste zwar von regionalen Unterschieden, etwa dass das Abitur in Bremen leichter zu schaffen sei als an einem Elitegymnasium in Bayern. Aber wie es um den Bildungsstand und die Lernfähigkeiten eines deutschen Jugendlichen im Vergleich mit einem jungen Franzosen oder Finnen bestellt war, darüber wusste man bis zu jenem nasskalten Abend kurz vor Weihnachten 2001 so gut wie nichts.

Nun jedoch mussten Bildungspolitiker, Lehrer und Eltern schwarz auf weiß lesen, dass Deutschland in einem Ranking von 32 Ländern einen blamablen 21. Platz belegt hatte. Die Folge war ein Schock, der so gravierend war, dass das Wort „Pisa-Schock" nicht nur längst als feststehender Begriff Eingang in den Duden gefunden hat.

Aufbau und Aussageabsicht untersuchen

Die Stimmung in jenen Dezembertagen 2001 lässt sich noch am ehesten mit dem Sputnik-Schock von 1957 vergleichen, als die Russen einen Satelliten ins All schossen und den Menschen im Westen damit schlagartig bewusst machten, dass die Sowjetunion den USA in Bezug auf die Raumfahrttechnologie nicht unter-, sondern überlegen war.

Aber so wie in jedem Ruin immer auch ein Anfang steckt, schaffte der Pisa-Schock nun den Raum für eine völlige Neuausrichtung des deutschen Bildungswesens. Nicht nur die Wucht der öffentlichen Diskussion, auch schulpolitische Ambitionen des Bundes zwangen die Bundesländer zum Handeln und zu einer ungekannten Einigkeit.

„Wir brauchen einen neuen Bildungshunger in Deutschland“, sagte die damalige CDU-Vorsitzende und heutige Bundeskanzlerin Angela Merkel im Dezember 2001. Und: „Die Begriffe Leistung und Anstrengung müssen in unserem Bildungswesen wieder positiv belegt sein, das hat Pisa uns klar vor Augen geführt.“ Tatsächlich wurde das deutsche Schulsystem schon in den folgenden fünf Jahren stärker umgebaut als in den 50 Jahren zuvor. Einer der Kernpunkte war dabei eine frühere und individuellere Förderung. Mit Sprachstandserhebungen schon im Kindergarten, Förderkursen in der Grundschule und deutlich mehr Ganztagesangeboten wird seither versucht, Defizite früher zu erkennen und einzelne Schüler besser zu fördern.

Die Länder führten außerdem bundesweite Bildungsstandards ein, die seither festlegen, was Schüler am Ende der vierten, neunten und zehnten Klasse wissen sollen, und die so das Leistungsniveau heben sollen. In die gleiche Richtung zielte auch die Einführung von Zentralabitur und landesweiten Tests in den meisten Bundesländern.

Während die Lerninhalte standardisiert wurden, wurde ihre Umsetzung dagegen zunehmend den Schulen selbst überlassen. Dass die Schulen nun einerseits mehr Freiräume bei der Unterrichtsgestaltung, bei Schwerpunktsetzung und Personalauswahl haben, sollte auf der anderen Seite durch verstärkte pädagogische Kontrollen aufgefangen werden. Schließlich wurde auch die Bildungsforschung mit neuen Professuren und Projekten ausgebaut. Und das Versprechen, in die Bildung zu investieren, löste die Zusage von Steuererleichterungen als Topthema in den Wahlkampfreden vieler Politiker ab.

Schon bei der Pisa-Studie von 2006 zeigten sich Verbesserungen in Naturwissenschaft und Mathematik. Deutschland kletterte im Nationenranking von Platz 21 auf Platz 13, obwohl die Zahl der teilnehmenden Länder mittlerweile auf 57 angestiegen war.

Dafür tauchte nun ein neues Problem auf. Ein endloser Streit der Bildungspolitiker um die Bewertung dieser Zahlen. Denn Bildung wird im 21. Jahrhundert zum wichtigsten Rohstoff. In seinem „Achtzehnten Brumaire des Louis Bonaparte“ bemerkte Karl Marx bereits 1852, dass sich „alle großen weltgeschichtlichen Tatsachen“ sozusagen zweimal ereignen: „das eine Mal als Tragödie, das andere Mal als Farce“. Insoweit ist es vielleicht nur folgerichtig, dass auch das große bildungspolitische Streitthema der ausgehenden Nullerjahre mit dem Namen einer italienischen Stadt verbunden ist: Die im Bologna-Prozess geregelte europäische Vereinheitlichung des Hochschulwesens mit einer Umstellung auf Bachelor- und Masterabschlüsse.

Die Kinder, die 2001 an ihren Schulen miterlebten, wie Lehrer und Eltern vom Pisa-Schock getroffen wurden, sind heute an den Universitäten eingeschrieben. Sie besetzen Hörsäle und demonstrieren mit einer Leidenschaft auf den Straßen, dass manchem Altachtundsechziger die Freudentränen in die Augen schießen müssten. Vielleicht ist das sogar die nachhaltigste Folge des Pisa-Schocks: dass die heutige Schüler- und Studentengeneration trotz aller Anstrengungen wesentlich stärker als ihre Vorgänger von der Sorge umgetrieben wird, Objekt einer verfehlten Bildungspolitik zu sein.

(Welt online, 27.12.2009)

Aufbau und Aussageabsicht untersuchen

1 ***Analysieren Sie den Aufbau des Textes „Wie uns Pisa klüger machte“.***

a) Gliedern Sie den Text in sinnvolle Abschnitte und geben Sie den Abschnitten Zwischenüberschriften.

b) Übertragen Sie die unten stehende Tabelle in Ihr Heft und stellen Sie den Aufbau des Textes dar. Folgende Begriffe können Ihnen dabei behilflich sein: *aktuelles Beispiel, Analogie, Thesen, Begründung, Hintergründe, Schlussfolgerung, Rückblick, Vorausschau, Schlussfolgerung, Exkurs*

	Aufbau	Funktion
Abschnitt 1 *Zeile 1 bis 3*	*Unmittelbarer Einstieg/These*	*Bestimmter Leserkreis (bildungsaffin) wird angesprochen; Frage nach den Hintergründen wird aufgeworfen*
Abschnitt 2 *Zeile ... bis ...*		

2 ***Schreiben Sie mithilfe der Ergebnisse aus Aufgabe 1 die Analyse des Aufbaus.***

3 ***Nennen Sie den möglichen Adressatenkreis dieses Textes.***

4 ***Analysieren Sie mithilfe des Basiswissens die Aussageabsicht des Textes, indem Sie***

a) die informativen Passagen in eigenen Worten knapp zusammenfassen.

b) die Position des Verfassers deutlich machen und an geeigneten Textstellen belegen.

c) zuordnen, ob der Text eher argumentativ-informativ oder eher expressiv gestaltet ist.

Basiswissen – Sachtexte und ihre Aussageabsicht

Beim Verfassen eines Sachtextes verfolgt der Autor eine bestimmte Absicht: Er möchte beispielsweise informieren, belehren, dokumentieren, überzeugen, beeinflussen oder auffordern. In den meisten Fällen kommt es zur Vermischung dieser Absichten, jedoch bleibt in der Regel ein Schwerpunkt erkennbar. Dementsprechend bewegen sich Sachtexte je nach ihrem Aussagegehalt zwischen den folgenden Hauptintentionen:

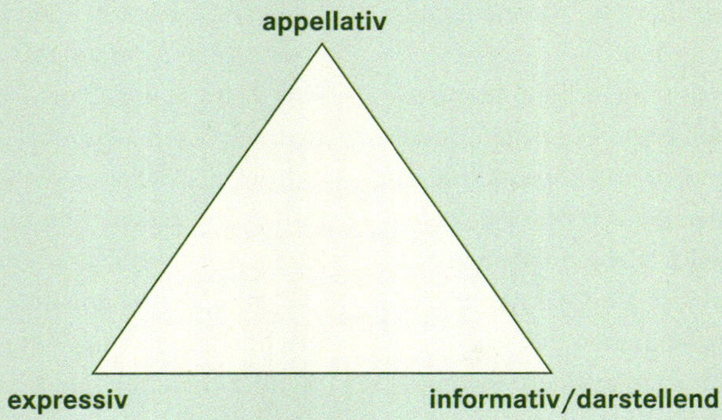

Die jeweils vorherrschende Aussageabsicht wird durch den Inhalt der Aussagen, aber auch durch die Wahl der sprachlichen Mittel erkennbar.

Da mit ihnen ein bestimmter Zweck verbunden wird, nennt man diese Texte auch „Gebrauchstexte“ oder „pragmatische Texte“.

Aufbau und Aussageabsicht untersuchen

Basiswissen – Wichtige journalistische Textsorten

Eine **Meldung** ist eine Mitteilung über ein aktuelles, öffentlichkeitsrelevantes Ereignis, die in knappster Form Antworten auf die Fragen *Wer?*, *Was?*, *Wann?*, *Wo?* gibt. Oft reicht ein Aussagesatz, um diese zentralen Informationen zu übermitteln.

Häufig entspricht der erste Satz einer **Nachricht** (Lead) der Meldung. Diese zentrale Aussage der Nachricht wird dann durch Mitteilungen zu den näheren Umständen eines Geschehens erweitert.

Beim journalistischen **Bericht** werden den Grundinformationen einer Nachricht weitere Hintergründe, interessante Einzelheiten, Meinungen von Beteiligten, Erklärungen und Ursachen beigefügt, ohne dass explizit eine Stellungnahme vorgenommen wird. Es ist die redaktionelle Bearbeitung der Nachricht, gleichsam ihre Langform.

Auch die **Reportage** übermittelt Tatsachen und Beobachtungen, sie lässt jedoch Spielräume für subjektive Beobachtungen. Zumeist wird hier Persönliches in den Vordergrund gestellt, um das Geschehen anschaulicher zu gestalten und den Leser unmittelbarer teilhaben zu lassen. Hier ist der Stil abwechslungsreich: Erlebnisbericht, Schilderung, Dialog, Tempuswechsel, Montage, Konkretisierung und Verallgemeinerung kennzeichnen ihn. Dennoch hat eine Reportage vornehmlich informierenden Charakter.

Im **Interview** wird ein Gespräch mit einem Prominenten oder Experten aufgezeichnet und wiedergegeben. Es ist damit sowohl eine Methode der Recherche als auch eine eigene journalistische Textsorte.

Der **Kommentar** stellt zwar auch einen Sachverhalt dar, aber das Hauptgewicht liegt auf dessen Problematisierung und Bewertung und den daraus folgenden Lösungsangeboten und Handlungsaufforderungen des Kommentators.

Ebenso wie beim Kommentar wird auch in der **Glosse** die Meinung des Autors einbezogen. Allerdings unterscheidet sie sich durch den ironischen und satirischen Stil von diesem. Der Aufbau ist offener, die Argumentation weniger streng. Oft weist die Glosse eine Pointe auf. In thematischer Hinsicht hat sie einen großen Spielraum, häufig werden Nebenaspekte des politischen, gesellschaftlichen oder kulturellen Lebens thematisiert.

5 *Erklären Sie mithilfe des Basiswissens, um welche journalistische Textsorte es sich bei dem Text „Wie uns Pisa klüger machte“ handelt.*

6 *Übertragen Sie das Dreieck in Ihr Heft und ordnen Sie die oben genannten Textsorten den drei Hauptaussageabschnitten zu.*

Beispiel:

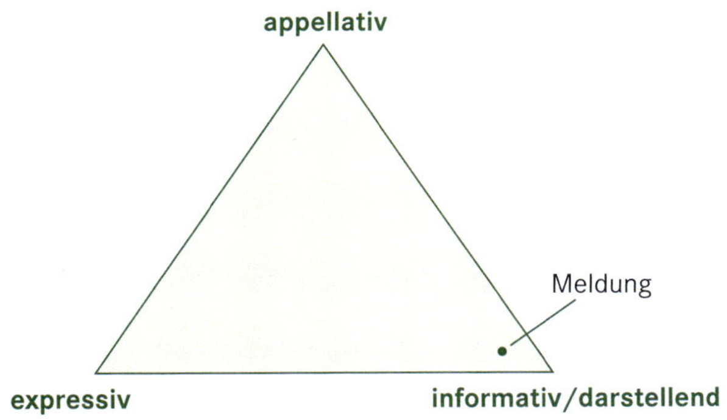

Die sprachlichen Mittel untersuchen

Um die jeweils vorherrschende Aussageabsicht eines Textes, also seine expressive, appellative oder informative Ausrichtung zu erfassen, eignet sich neben der Untersuchung des Inhalts und des Aufbaus auch die Analyse der verwendeten sprachlichen Mittel. Bei dem folgenden Text hat eine Schülerin ihre Sprachanalyse wie folgt vorbereitet:

„Bei der Lektüre der Bewerbung kam ich mir durchschnittlich, faul und überbezahlt vor“

Überschrift reizt zum Weiterlesen

Harald Martenstein hat Angst vor zu guten Azubis. Denn überehrgeizige Leute sind Stimmungskiller und bringen nur Unruhe und Missgunst.

Übertreibung / Pauschalaussage

Ich war Dieter Bohlen. Ein paar Jahre lang bin ich, zusammen mit einem Kollegen, für die Auswahl der einzustellenden Auszubildenden zuständig gewesen.

Überraschender Einstieg

Da gab es zum Beispiel die Bewerbung eines jungen Menschen, der in Oxford und Harvard studiert hatte. Oxford alleine ist ihm offenbar zu popelig gewesen. Er war zweifach promoviert, außerdem hatte er Praktika bei der *New York Times* und bei *Le Monde* hinter sich, beherrschte angeblich fünf Fremdsprachen fließend und verwies auf mehrere Hochbegabtenstipendien, in seiner Freizeit hatte er die deutsche Vizemeisterschaft im Kitesurfen gewonnen *(Name der Sportart von der Redaktion geändert!)*. Dies alles im Alter von 27 Jahren.

Umgangssprache

Bei der Lektüre der Bewerbung bin ich mir durchschnittlich, faul, überbezahlt, dumm, dumpf und ehrgeizlos vorgekommen. Mein Kollege sagte: „Warum bewirbt dieser Typ sich nicht gleich als Chefredakteur?“ Ich sagte: „Falls wir ihn einstellen, wird er in spätestens zehn Jahren Chefredakteur sein. Dumme, dumpfe Leute wie uns wird er dann zweifellos entlassen. Falls er aber in zehn Jahren nicht Chefredakteur ist, wird er im ganzen Haus schlechte Laune verbreiten, Leuten wie uns wird es dann hier nicht mehr gefallen.“

Selbstironie

Wir sortierten die Bewerbung aus, mit sehr gutem Gewissen. So ein Typ wird überall genommen, dachten wir, nur halt bei uns nicht. Ein Jahr später bewarb er sich noch einmal.

Ich unterhielt mich mit einem Freund, der in einem anderen Betrieb und einer anderen Branche für die Einstellungen zuständig ist. Er ging genauso vor. „Überehrgeizige Leute sind Stimmungskiller und bringen nur Unruhe“, sagte er. Streber, die eine makellose oder übertrieben aufgemotzte Bewerbung abgeben, ließen auf einen irgendwie schwierigen Charakter schließen und würden niemals auch nur zu Gesprächen eingeladen.

Noch aussichtsloser allerdings seien bemüht launige Bewerbungen. Wer ein „witziges“ Bewerbungsfoto einreichen will, sollte sich das Porto sparen und stattdessen in der Spätvorstellung einen traurigen Film anschauen.

Der Freund sagte, dass er lange über die Bewerbung einer Frau nachgedacht habe, die schrieb, sie sei nichts Besonderes, sie habe auch keine Ahnung, ob sie für den Job wirklich geeignet sei, aber sie suche halt dringend eine Stelle und deshalb probiere sie es mal. Das fand er extrem gut.

Außerdem stand aber in dem Bewerbungsbrief, dass sie oft traurig sei, wenn sie an die verpassten Chancen in ihrer Vergangenheit denke. „Ehrlich, aber zu intim“, sagte der Freund. Dieser eine Satz in der ansonsten perfekt unperfekten Bewerbung wecke den

Die sprachlichen Mittel untersuchen

Verdacht, dass diese Person distanzlos und neurotisch sei und 20 Prozent ihrer Arbeitszeit weinend in seinem Büro verbringen werde, dazu habe er, bei aller Sympathie, weder Lust noch Zeit.

Wir stellten fest, dass es bei Bewerbungen nicht anders zugeht als bei den Castingshows im Fernsehen. Die idealen Bewerbungen wirken auf den ersten Blick ein bisschen graumäusig, besitzen aber eine genau dosierte Prise Individualität. Solche Leute gewinnen bei den Shows und kriegen die Jobs. „Im Grunde", sagte der Freund, „suchen wir Leute, die so sind, wie wir selbst damals gewesen sind. Ein bisschen unsicher, bestenfalls mittelmäßig kompetent, ein Mängelexemplar, aber, Gott sei mein Zeuge, verdammt talentiert." In dieser Beschreibung erkannte ich ihn überhaupt nicht wieder. Er war immer superehrgeizig und perfektionistisch. Man sucht offenbar ein Idealbild seiner selbst, aber das Ideal sieht anders aus, als die Bewerber glauben.

(ZEITmagazin, 30.12.2009)

1 *Beschreiben Sie Ihren ersten Leseeindruck.*

2 *Geben Sie den Inhalt des Textes mit eigenen Worten wieder.*

3 *Übertragen Sie die Tabelle in Ihr Heft und notieren Sie weitere sprachliche Mittel (➪ Kapitel 6.4, S. 128 f.), die Intention des Autors und die Wirkung auf den Leser.*

Textstelle	Sprachliche Mittel	Intention	Wirkung

4 *Erklären Sie die Aussageabsicht des Textes aufgrund des Ergebnisses aus Aufgabe 3 (➪ Basiswissen, S. 74).*

5 *Erläutern Sie, um welche journalistische Textsorte es sich bei diesem Text handelt (➪ Basiswissen, S. 75).*

Zwischenfazit

- den Inhalt eines Textes erfassen
- Aufbau und Aussageabsicht untersuchen
- sprachliche Mittel untersuchen

Eine Sachtextanalyse verfassen

Im Folgenden gibt eine Schülerin Einblicke in ihre Vorstellungen von einer beruflichen Zukunft.

„Ich bin ein Krisenkind“

von Nora Fritzsche

Nora Fritzsche, 18, hat keine Lust auf Kiffen oder Chillen. Stattdessen kämpft sie sich durch Wirtschaftsplanspiele der Unternehmensberatung Boston Consulting und paukt für ein Einser-Abitur.

Meine Eltern halten mich für übergeschnappt. Seit Wochen haben sich meine Gedanken um Gewerbesteuern und Kredite, um Businesspläne und Geschäftsideen gedreht. An meinen freien Nachmittagen hatte ich Dates mit Steuerberatern und präsentierte meine Ergebnisse Mitarbeitern der Deutschen Bank. Ich bin Schülerin, 18 Jahre alt. Der Grund für meinen eigenartigen Terminkalender: Ich hatte mich bei einem Wirtschaftsplanspiel von Boston Consulting, der Unternehmensberatung, angemeldet – um zu gewinnen.

Schülerinnen anderer Generationen haben Tee getrunken, Gitarre gespielt und endlos diskutiert. Ich habe die Chemiefirma Bayer genauer untersucht. Für dieses Planspiel habe ich ihren Umsatz, ihre Konkurrenz und ihre Zukunftsfähigkeit überprüft. Meine Teammitglieder und ich sind zu dem Ergebnis gekommen, dass sich Bayer von seiner Pflanzenschutzsparte trennen sollte. Nicht, weil wir etwas gegen Umweltgifte hätten. Sondern weil diese Sparte einfach nichts einbringt.

Die Treffen wegen des Wirtschaftsspiels sind nicht alles: Ich jobbe außerdem beim Radio und bin Stufensprecherin im Schülerrat. Die Schule nehme ich natürlich auch sehr ernst. Früher hieß es: Du musst begreifen, dass der Ernst des Lebens begonnen hat. Mir muss das keiner mehr sagen. Ich weiß, dass meine guten Noten nicht mehr ausreichen werden, damit ich einmal den Job bekomme, den ich mir wünsche. Ich weiß, dass mich selbst ein sehr gutes Abitur nicht weit tragen wird. Ich habe mich nach Stipendien von politischen Stiftungen erkundigt, und ich habe erfahren, dass ich das Porto für den Bewerbungsbrief verschwende, wenn mein Abitur schlechter ist als 1,3. Zurzeit stehe ich bei 1,2. Ich rechne das aus, nach jeder wichtigen Klausur.

Im Grunde will ich in drei Dingen gut sein: in der Schule, in meinen Nebenjobs und außerdem in dem, was Arbeitgeber Soft Skills, weiche Fähigkeiten, nennen. Darum lerne ich Sprachen, leite eine Mädchengruppe in meiner evangelischen Gemeinde und habe acht Monate in Irland verbracht. Dort habe ich auch angefangen, Rugby zu spielen. Auch wenn es bloß ein Sport ist, ein Hobby, will ich so gut wie möglich sein.

Rugby ist ein gutes Beispiel. Ich spiele Rugby nicht, weil ich glaube, dadurch etwas für meine Durchsetzungskraft zu tun. Ich mag diesen Sport, er fordert mich heraus. Yoga wäre nichts für mich. Das würde mich schrecklich langweilen, genauso wie Frisbee im Park nichts für mich wäre oder Gitarrespielen am Lagerfeuer. Bei allem, was ich neben der Schule bereits für meine Karriere mache, habe ich großen Spaß. Gut, es stimmt: Das Boston-Consulting-Spiel ist mir an manchen Tagen auf die Nerven gegangen, Themen wie die Einkommensteuer bringen meine Hormone wirklich nicht in Wallung.

Aber ist das nicht immer so: dass man sich auch einmal zu etwas überwinden muss, um letztlich zufrieden zu sein?

Meine Eltern – mein Vater ist Lehrer, meine Mutter arbeitet in einem Leasing-Unternehmen – witzeln manchmal über meinen Ehrgeiz. Sie sagen: „Ach, du lernst mal wieder?", und tun dabei überrascht. Meine Mutter schlägt mir vor, ich solle doch ab und an auch mal „chillen". Früher hatten Schüler Ärger mit ihren Eltern, weil sie zu wenig für die Schule machten. Ich habe Ärger, weil ich zu viel mache. 40-Jährige belächeln mich. Sie schlagen mir vor, ich solle lieber mal rebellieren oder wenigstens kiffen.
Wäre ich heute schon 40, hätte ich einen festen Job und eine wenigstens halbwegs akzeptable Rente in Aussicht, würde ich vielleicht auch über diese seltsame, karrierebewusste Jugend lächeln. Aber ich bin erst 18. Ich habe alles noch vor mir. Das Einzige, was sicher zu sein scheint, ist, dass meine Zukunft nicht sicher ist. Ich versuche, sie ein klein wenig sicherer zu machen. Nennt es von mir aus naiv. Kann auch sein, dass es nicht klappt. Aber ich habe es dann wenigstens versucht.

Als die New Economy zusammenbrach, war ich elf. Am 11. September 2001 war ich 12. Seitdem ich mitbekomme, was draußen in der Welt los ist, herrscht dort Krise. Ich bin ein Krisenkind. Nicht alle meine Freunde sind so ehrgeizig wie ich, aber ich habe das Gefühl, dass es immer mehr werden. Zum Wirtschaftsspiel haben sich 25 Schüler aus meiner Klassenstufe angemeldet. Auf die Krise gibt es zwei Reaktionen der Jugend: Entweder sie resigniert und wird vielleicht sogar gewalttätig – oder sie strengt sich noch mehr an.

Ich habe mich fürs Anstrengen entschieden. Ich kann nicht chillen. Den Gedanken, unproduktiv zu sein, finde ich furchtbar. Jeder versteht sofort, dass man im Sport gewinnen will. Ich freue mich auch über gute Noten. Ich weiß dann, dass die Stunden, in denen ich gelernt habe, nicht umsonst waren. Ja, ich gestehe: Ich will gerne gewinnen, nicht nur im Sport.

Ich will Erfolg. Ist das denn schlimm? Ist Konkurrenz immer böse? Bin ich ein schlechter Mensch, weil ich später einen Job will?

Oder könnte es sein, dass ich damit sogar der Allgemeinheit helfe? Mir würde es schwerfallen, ein Studienfach zu wählen, nur weil es mir „gefällt". Oder „meinen Neigungen entspricht". Ich fände es egoistisch, nur daran zu denken. Wenn ich mehrere Dinge gleich gut kann, dann muss ich doch zumindest einmal daran denken, mit welcher Berufswahl ich eher nicht arbeitslos werde. Theaterwissenschaften würden mir „gefallen", ich gehe gerne ins Theater. Aber auch Jura stelle ich mir interessant vor, dieses analytische Denken, das ist ein bisschen wie Mathe – und Mathe liegt mir.

Jura wäre auch eine gute Grundlage für eine Karriere in der Politik. Da möchte ich hin, nicht nur, weil es dort interessante Führungspositionen gibt, sondern auch, weil ich so in der Gesellschaft etwas verändern könnte. Es ist also doch logisch, dass ich mich für Jura entscheide. Anpassung ist das für mich nicht. Anpassung wäre, wenn ich Wirtschaftsinformatik studieren würde, weil das die meisten Chancen hat, ohne dass ich mich für Computer interessiere.

Das Wirtschaftsplanspiel haben wir übrigens nicht gewonnen. Wir sind schon in der ersten Runde ausgeschieden. Was soll's. Vielleicht lerne ich dadurch, wie es ist zu verlieren. Vielleicht macht mich das sogar zu einem sozialeren Wesen, als wenn ich mit der Gitarre im Park sitzen würde.

(ZEITmagazin, 05.07.2007)

1 *Erschließen Sie den Text nach der Fünf-Schritt-Lesemethode (→ Kapitel 4.1, S. 71).*

2 *Untersuchen Sie die sprachlichen Auffälligkeiten und deren Wirkung auf den Leser.*

3 *Nehmen Sie kurz Stellung zu den Aussagen der Autorin.*

Zu dem Text „Ich bin ein Krisenkind“ hat eine Schülerin folgende Sachtextanalyse geschrieben:

Muster

In dem Text „Ich bin ein Krisenkind“, entnommen dem Zeitmagazin LEBEN Nr. 28 vom 5. Juli 2007, beschreibt die 18-jährige Schülerin Nora Fritzsche, wie sie sich durch besonderes Engagement im schulischen und außerschulischen Bereich trotz wirtschaftlicher Krisen die Chance auf eine erfolgreiche berufliche Zukunft bewahren möchte. Ihre Eltern hingegen reagierten auf diese konsequente und zielgerichtete Lebensplanung mit Unverständnis.

Während Jugendliche früherer Generationen weniger Ehrgeiz und Engagement gezeigt und sich in der Freizeit eher vergnügt hätten, jobbe sie regelmäßig, engagiere sich ehrenamtlich und sei mit einem sehr guten Schnitt auch schulisch erfolgreich. Den Folgen der weltweiten Krisen begegnet die Autorin mit umso stärkerem Einsatz und stellt fest, dass sie die Herausforderungen und der Erfolg sogar zufriedener machen. Und die Überzeugung, dass sie dadurch gleichzeitig der Allgemeinheit helfe, legitimiere ihr Vorgehen zusätzlich.

Von der Richtigkeit dieser Lebenskonzeption möchte sie offenbar auch den Leser überzeugen. So spricht sie ihn direkt an; um mit einer rhetorischen Frage seine Zustimmung zu gewinnen: „Bin ich ein schlechter Mensch?“ (Z. 102). Auch an anderer Stelle wird das Mittel der Suggestivfrage eingesetzt: „Aber ist das nicht immer so: ...“ (Z. 58). Des Weiteren werden mögliche Einwände vorweg genommen und widerlegt (vgl. Z. 54–60 „Gut, es stimmt, ...“), um den Leser zu überzeugen.

Die Autorin scheut auch nicht vor Übertreibungen zurück, um ihre Position zu verdeutlichen: „Seitdem ich mitbekomme, was draußen in der Welt los ist, herrscht dort Krise.“ (Z. 83). Komplexe Geschehnisse werden vereinfacht, um den eigenen Standpunkt eindringlicher hervorzuheben: „Entweder sie resigniert und wird vielleicht sogar gewalttätig – oder sie strengt sich noch mehr an.“ (Z. 91 ff.). Auch die Verwendung eines Paradoxons („Das Einzige, was sicher zu sein scheint, ist, dass meine Zukunft nicht sicher ist“ Z. 76 ff.) verdeutlicht, dass die Autorin ihre Haltung durch Übertreibungen und Zuspitzungen zum Ausdruck bringt und sich dem Problem eher emotional als differenziert und reflektierend nähert.

Nora Fritzsche verstärkt die Wirkung ihrer Argumentation durch den Einsatz weiterer rhetorischer Mittel. Die gezielte Verwendung von Ausdrücken der Jugendsprache („kiffen, chillen“) deutet an, dass sie ein ganz normales Kind ihrer Generation ist. Durch rhetorische Fragen („Ist das denn schlimm? Ist Konkurrenz immer böse?“, Z. 101 f.) leitet die Autorin die Gedanken der Leser zu weiteren Aspekten der Argumentation. Um zu betonen, wie intensiv sie sich mit den Problemen auseinandergesetzt hat, verwendet sie einen Parallelismus: „Ich weiß, dass meine guten Noten nicht mehr ausreichen werden, damit ich einmal den Job bekomme, den ich mir wünsche. Ich weiß, dass mich selbst ein sehr gutes Abitur nicht weit tragen wird.“ (Z. 27 ff.) Auffällig sind außerdem der parataktische Aufbau der Sätze, der das Lesen und Verständnis erleichtert sowie die häufige Verwendung des Personalpronomens „ich“, das ihre entschieden subjektive Perspektive zum Ausdruck bringt.

Auch wenn man die Lebensphilosophie der Autorin nicht teilen will, muss man ihr doch zubilligen, dass sie sich kritisch mit den Problemen ihrer Zeit auseinandersetzt und diese aktiv angeht. Wenn dieser Weg sie gleichzeitig zufrieden macht, hat sie mit achtzehn Jahren schon eine Menge erreicht. Das verdient Anerkennung.

1 ***Setzen Sie sich mit dem Muster auseinander.***

a) Ordnen Sie die Elemente der Textanalyse den jeweiligen Abschnitten des Musters zu. Verwenden Sie dabei Zeilenangaben.

b) Überprüfen Sie, ob die Fragen aus der Arbeitstechnik (➪ S. 81) beantwortet wurden.

c) Teilen Sie die abschließende Bewertung der Autorin? Nennen Sie Gründe.

Arbeitstechnik	Eine Textanalyse verfassen	
	Fragestellungen/Beobachtungsaspekte	**Worauf ist zu achten**
Einleitung	Autor, Titel, Erscheinungsort, Erscheinungsdatum, Anlass, Textart, Thema, Intention des Verfassers	Titel kann Hinweise geben, wo der Text erschienen ist, welche Rückschlüsse auf die mögliche Adressatengruppe gezogen werden können
Hauptteil 1. Inhalt und Aufbau	Wie ist der Text gegliedert, gibt es Zwischenüberschriften? Wie ist der gedankliche (logische) Aufbau des Textes? Welche Quellen und Belege werden genannt?	Absätze Zwischenüberschriften Übergänge zwischen Abschnitten
2. Sprache und formale Aspekte	Welche sprachlichen Mittel werden verwendet? In welcher Sprachebene ist der Text verfasst? Werden Textaussagen durch Bilder, Zeichnungen etc. ergänzt?	wiederkehrende sprachliche Mittel Fremdwörter/Fachsprache Wirkung von Bildern etc.
3. Absicht und Wirkung	Was soll mit dem Text erreicht werden?	Aufforderungen Gebote/Verbote
Schluss	Wertung/Fazit	eigener Nutzwert

2 ***Schreiben Sie eine Textanalyse zum Text „Bei der Lektüre der Bewerbung ...“ auf Seite 76 f. Verwenden Sie auch die oben stehende Arbeitstechnik.***

Sprache und Stil

3 ***Sammeln Sie zu jedem der fünf Gliederungspunkte (Einleitung, Hauptteil 1, 2 und 3 und Schluss) alternative Formulierungen.***
Beispiel: Einleitung: In dem Text ... geht es um ... / Der Text ... handelt von, der Text ... befasst sich mit ...

Zwischenfazit

- eine vollständige Textanalyse verfassen: Einleitung, Hauptteil (Inhalt, Aufbau/Sprache, Form/Absicht, Wirkung), Schluss

Einen Leserbrief verfassen

Leserbriefe vergleichen

Leserbriefe sind in allen Zeitungsredaktionen sehr willkommen, denn sie sind eine Möglichkeit der Kommunikation zwischen Zeitung und Leser. Besonders kontroverse Meinungen sind in Leserbriefen gerne gesehen. Große Tageszeitungen haben in der Regel auch eine Online-Ausgabe, in der Artikel veröffentlicht werden. Oft werden Artikel für die Online-Ausgabe bearbeitet. Das hat damit zu tun, dass der User im Netz weniger Zeit aufwendet als der Zeitungsleser. Eine besondere Form der Veröffentlichung im Netz ist ein Weblog, kurz Blog genannt. Der Herausgeber (Blogger) stellt einen Text ins Netz, Leser veröffentlichen ihre Meinung dazu. Zu dem Artikel „Ich bin ein Krisenkind" von Nora Fritzsche finden sich im Netz folgende Kommentare:

Text 1

WilhelmineTell
30. Erstens kommt es anders, und zweitens als man denkt.
Bisher habe ich nur erlebt, dass junge Leute ihren eigenen Weg gehen, indem sie etwas anderes machen, als das in der Gesellschaft als „gut" Bezeichnete. Nora geht ihren eigenen Weg, indem sie anstrebt den von den Alten als gut bezeichneten Weg perfekt zu gehen. Eine interessante Version. Lass dich nicht beirren, liebe Nora, gehe deinen Weg. Wer hat mehr, als du selbst das Recht, deinen Weg zu bestimmen? Kalkuliere aber ein bisschen ein, dass du manchmal mit dem Weg, den du gehst, doch nicht das Ziel erreichst, das du mit diesem Weg geplant hast. Kalkuliere ein, dass manch ein Ziel doch nicht das bringt, was du dir darunter vorgestellt hast. Die Unsicherheit wirst du nie ganz ausschalten können. Kalkuliere sie ein, sie ist die Würze des Lebens. Gut bist du erst dann, wenn du auch Unsicheres, Unvorhergesehenes bewältigen kannst.
08.07.2007 um 23:35 Uhr

Text 2

Anonym
20. Dass wir übrigens ein
Dass wir übrigens ein schwereres Leben haben als „ihr" – damit mein ich die Altlinken – ist auch so. Den LUXUS (ja so nenn' ich das), die Zeit zu „vertun" mit Sit-ins, Diskussionen, Ehrenrunden auf der Uni ... die haben wir nicht mehr. Ihr wart schlicht Wohlstandskinder, denen es „zu gut" ging, was ihr aber nicht gemerkt habt in dem Moment. Auch die Welt war simpler, mit klaren „Feindbildern". Für die, die ihr „reaktionär" genannt habt, wars der Ostblock, für euch warens die „Reaktionären". Anarchismus gegen Kapitalismus, Ost gegen West. Und von Globalisierung hat man auch nix gehört. Ferne Länder waren arm und Empfänger unserer Almosen – dass die mal Konkurrenz werden, alle hätten gelacht. Klimaschutz bestand aus dem ominösen „Waldsterben" und dem Ozonloch. Nun schaut euch mal die Welt im Jahre 2007 an, in die wir kommen – die ihr uns hinterlassen habt. Auch ich muss abwägen, wie viel Zeit ich in „Zukunft" investiere und wie viel Zeit in „Leben" jetzt. Ich habe dabei trotzdem immer das Gefühl, ich tu trotzdem zu wenig. Insofern verstehe ich Nora.
08.07.2007 um 17:10 Uhr

Leserbriefe vergleichen

Text 3

Deviam

Politiker von morgen

Hallo Nora,

Du willst in die Politik? Das macht mir ein bisschen Angst. Wenn du wirklich in die Politik willst und dort Verantwortung für unsere Gesellschaft tragen willst, solltest du schnellstmöglich lernen, das Leben zu genießen und dein Leben nicht nur nach Geld und Karriere auszurichten. Wie kann man eine bessere Gesellschaft schaffen wollen, wenn man selber nicht weiß, wie es ist, glücklich zu sein, und stattdessen lieber virtuell Pflanzenschutzsparten von Bayer abstößt. Von solchen Politikern haben wir schon bei Weitem genug. Wenn du wirklich in die Politik willst, solltest du dich nicht von Angst leiten lassen, sondern von Überzeugungen. Und Überzeugungen lernt man nicht bei Planspielen von Boston Consulting oder in irgendwelchen Büchern. Wenn du für unsere Generation eine bessere, glücklichere Zukunft schaffen willst, dann fang bei dir selber an. Ich wünsche dir viel Erfolg dabei.

07.07.2007 um 16:18 Uhr

Text 4

LebeLang

6. Auf ganz gutem Weg

Liebe Nora,

ich denke, Du befindest Dich schon auf ganz gutem Weg, ein glücklicher Mensch zu werden. Jedoch gibt es eine Sache an Deinem Weltbild, die so wohl ein bisschen kurz gedacht ist. Du investierst Deine gesamte kostbare Zeit (und das ist wohl die einzige begrenzte Ressource, die Du bei Deinem Ehrgeiz und unserer Bevölkerungsentwicklung langfristig haben wirst) in das Lösen der folgenden Frage: „Mache ich die Dinge (für meine Karriere) richtig?“. Leider sehr oberflächlich befasst Du Dich dagegen mit der Frage „Mache ich die richtigen Dinge (Ist eine Karriere alles)?“. Wie schon Deine Altersgenossin in einem anderen Kommentar geschrieben hat, solltest Du Dir erst ausführlich darüber Gedanken machen, was die (letzten) Ziele in Deinem Leben sind, bevor Du Dich mit deren Erreichung beschäftigst. DAFÜR solltest Du Deine Jugend verschwenden (ein wenig spätnachts im Freundeskreis philosophieren bewirkt Wunder). Soll die Welt nach Dir besser sein als vorher? Was ist das richtige Verhältnis von Selbstlosigkeit und Egoismus? Hättest Du manchmal nicht lieber etwas anderes gemacht als Deine Karriere vorbereitet? An Deinem Lebensende gefragt, würdest Du Dich nochmal für das gleiche Leben entscheiden? Ich hoffe, ich konnte ein paar Anregungen liefern. „War das – das Leben?“ will ich zum Tode sprechen. „Wohlan! Noch einmal!“

07.07.2007 um 15:55 Uhr

1 ***Vergleichen Sie die vier Leserbriefe.***

a) Auf welche Aussagen des Artikels nehmen die Autoren Bezug?

b) Welche Absicht verfolgen die Kommentatoren mit ihren Beiträgen?

c) Schließen sich die Kommentatoren den Schlussfolgerungen des Artikels an, modifizieren sie diese oder grenzen sie sich von ihnen ab?

Einen Leserbrief verfassen

Arbeitstechnik | **Verfassen von Leserbriefen**

Schreiben Sie den Leserbrief möglichst **zeitnah** zum Erscheinen des Artikels.

- Nennen Sie den Artikel, auf den sich Ihr Beitrag bezieht.
- Fassen Sie sich **kurz**. Beschränken Sie sich auf zwei bis drei Punkte, zu denen Sie Stellung nehmen wollen.
- Bringen Sie Ihre Aussage **„auf den Punkt"**, vermeiden Sie Abschweifungen.
- Formulieren Sie Ihre **Argumente verständlich**, vermeiden Sie Schachtelsätze.
- Nennen Sie immer Namen, Anschrift und Telefonnummer.

1 ***Schreiben Sie zwei Leserbriefe aus unterschiedlichen Perspektiven zum Text „Bei der Lektüre der Bewerbung kann ich mir ..." (➪ S. 76 f.).***

a) Perspektive 1
Stellen Sie sich vor, Sie sind fleißig, zielstrebig, haben Aussichten auf ein sehr gutes Abitur und würden sich gerne dort bewerben, wo Herr Martenstein Bewerbungen sichtet. Schreiben Sie einen Leserbrief und gehen Sie vor allem auf die Punkte ein, die Sie unmittelbar betreffen.

b) Perspektive 2
Sie haben in der Schule immer wieder Probleme, sich auf Klausuren systematisch vorzubereiten, lassen sich gerne ablenken, während Sie eigentlich lernen sollten, und pflegen einen großen Freundeskreis, in dem nichts unwichtiger ist als gute Noten in der Schule. Aber Sie haben Spaß am Leben, sind neugierig und auch motiviert, wenn Sie etwas interessant finden. Schreiben Sie einen Leserbrief und gehen Sie vor allem auf die Punkte ein, die Sie an dem Artikel überrascht haben.

Fazit

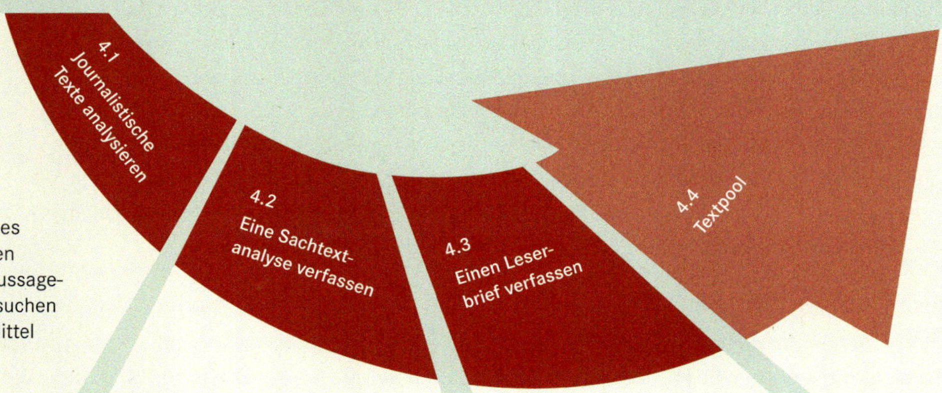

- den Inhalt eines Textes erfassen
- Aufbau und Aussageabsicht untersuchen
- sprachliche Mittel untersuchen

- eine vollständige Textanalyse verfassen: Einleitung, Hauptteil (Inhalt, Aufbau / Sprache, Form / Absicht, Wirkung), Schluss

- Leserbriefe vergleichen
- einen Leserbrief verfassen

Textpool

Auf Grundlage der folgenden Texte können Sie weitere Sachtextanalysen erstellen.

Text 1

Hoppla, da steht einer im Weg

Die Schriftstellerin Sibylle Berg über ihre Begegnung mit Mountainbikern

Mountainbiker und Wanderer haben nicht unbedingt ein unkompliziertes Verhältnis miteinander.

Sicher kennen Sie auch diese schwierigen Momente, da man es verflucht, einer Rasse anzugehören, die einen mit Ekel erfüllt. Der Blick so geschärft ist, dass man sich umschaut und nur noch eines sieht: das Elend.

Der Mensch, wie er kaut und schwitzt, wie er Blödsinn redet, in Würste beisst, Haufen unnützen Fleisches, und in hysterisches Gelächter fällt man, wenn man diese Männer sieht, aufgezogen von einem Schlüssel im Rücken, und dann hat sie wer in einen Anzug gesteckt, und so ziehen sie los, um die Welt zu versauen. Und alle denken, sie seien unsterblich. An solchen Tagen ist es gut, dass nicht zufällig Gott vorbeikommt, als Elfe verkleidet, und fragt: „Hast du einen Wunsch?" Und ohne nachzudenken würde man antworten: „Mach die weg. Alle."

Das passiert natürlich nie. Solche Fragen stellt Gott, verkleidet als Elfe, nicht, er kommt nur vorbei und sagt: „Hau schnell ab, geh in die Natur, da hat es keine Menschen, und wenn, dann sind sie leise." Gesagt, getan, ich fahre also ins Grüne. Eine niedliche Pension. Eine Käseplatte. Ich werde behände wie eine junge Gemse über Pässe hüpfen, in Bächen baden, und ich werde niemanden sehen.

Der Morgen kommt mit goldenem Licht, ein paar Hubschrauber fliegen herum, aber sonst: Ruhe. Die erste Stunde Wandern ist immer ein wenig befremdlich. Der Atem rasselt, der Blick streift den Bergschuh, schämt sich, zuckt zurück, anstrengend ist es und völlig sinnlos. Danach greift allerdings die meditative Beruhigung, die das Wandern erzeugt.

Auf einmal ist der Atem vergessen, das Elend, die Hubschrauber und der Gedanke, dass mich an ihren speziellen Tagen andere Menschen so hasserfüllt beobachten wie ich sie. Nur noch Grün ist und Ruhe, die Beine machen ihren Job, ohne dass ich darüber nachdenken muss, und fast habe ich schon wieder Freude daran, am Leben zu sein, als laut klingelnd ein Mountainbiker naht.

Natürlich erwartet die in Neopren gewickelte Fleischwurst, dass ich ausweiche. Normal. Ich bin ja eine Frau, die ist gemacht zum Ausweichen, zum Verstehen, und, na klar, das ist unser aller Natur – der Weg ist nicht meiner, er ist das Ziel –, fahrt nur ein wenig spazieren, ihr drolligen Helmträger.

Zack, da kommt schon der Nächste. [...]

Immer wenn ich wieder in Ruhe versinken will, kommen sie: Klingelnd, schwitzend, stöhnend rasen sie durch den Wald, wir sind ja nicht zum Spaß auf der Welt. Das ist Freizeit, und die will gestaltet sein. Aber warum nur muss man so grauenhaft aussehen? Warum muss man, um ein wenig Rad zu fahren, solche Wurstpellen von Trikots tragen und Helme und Schuhe und alles extra und teuer und – zack, schon kommen wieder welche.

Während einer Stunde Wandern lassen mich an die fünfzig Fahrräder zur Seite springen. Ab und an begegnet mir ein anderer Wanderer mit gehetztem Blick. Sportler machen mich unruhig. Ich verstehe nie, was die wollen. Ewig leben? Noch ewiger? Es sind doch meist die langweiligsten Leute, die Sport treiben.

Wozu länger leben, ihr grauen Mäuse? In einer Welt, die mit Menschen überfüllt ist? In der am Wochenende das Mountainbike geschultert wird, um einmal so richtig durch die Natur zu brettern und Wanderer zu erschrecken.

Ja, ich verstehe, ihr lieben Mountainbiker, ihr wollt Adrenalin, ihr wollt außer Atem sein, pfeilschnell, Abhänge runter und euer Limit und danach das Gefühl, taff zu sein und es allen gezeigt zu haben. Ihr seid plötzlich keine kleinen Bankwürste mehr, sondern Helden. Ich habe Verständnis. Doch ich verzeihe keinem! Ich hasse euch. [...]

(NZZ, 05. August 2007)

Textpool

Text 2

„Lebt in vollen Zügen. Feiert. Lasst es krachen. Ignoriert alle Vorsorge- und Anlage-Angebote!"

Harald Martenstein zur Frage der besten Altersvorsorge

[…] Als ich selber jung war, schrieben die Zeitungen das Gleiche wie heute, die Politiker sagten auch schon das Gleiche: „Man muss vorsorgen! Die staatliche Rente reicht nicht!" Ich schloss also eine Zusatzversicherung ab. Jeden Monat floss Geld in die Versicherung. Ich habe getan, was die Politiker verlangten. Ich dachte: „Wenn ich gaga werde und nicht mehr schreiben kann – kein Problem." In jedem Jahr schickte die Versicherung einen Brief, in dem stand, wie viel Geld ich eines Tages bekommen würde. Das war ein total schöner Brief jedes Jahr.

Auf einer Party traf ich unlängst einen Herrn, der gerade in den Ruhestand gegangen war. Er hatte die gleiche Versicherung. Er sagte: „Die Summe, die in dem Brief steht, können Sie vergessen." Es würde ein Haufen Krankenkassenbeiträge von der Summe abgezogen werden. Ich fragte, wieso, ich zahle doch jeden Monat für die Krankenkasse, von dem Rest, der übrig ist, spare ich was fürs Alter – wo ist da die Logik? Der Herr sagte, es sei nicht logisch, es hänge damit zusammen, dass der Staat Geld brauche. Bei seiner Suche nach Geld habe der Staat festgestellt, dass einige Menschen, auf Anraten des Staates, für ihr Alter etwas gespart hätten. Davon würde er sich jetzt ein Stück abschneiden. Ich sagte: „Als ich den Vertrag abgeschlossen habe, hat keiner was davon erzählt." Der Herr sagte: „Klar. Das haben die ja erst kürzlich eingeführt." Ich sagte, man kann doch in einem laufenden Vertrag während der Laufzeit nicht die Spielregeln ändern, das ist sittenwidrig. Der Staat aber ist in seiner Geldnot so verzweifelt, dass er auf Sitten keine Rücksicht nehmen kann.

Wenn ich die Summe verjubelt oder versteckt hätte, statt vorzusorgen, wäre nichts abgezogen worden. Versteht ihr? Es ist Betrug. Hinter dem ganzen Vorsorge-Gerede steckt ein gigantischer Betrug. Sie wollen, dass wir unser Geld irgendwohin bringen, wo sie es unter Kontrolle haben, dort nehmen sie es uns dann ab. Riester, Rürup, Lebensversicherung, daran verdienen die Versicherungen und der Staat, für dich selbst, mein Freund, bleibt fast nichts übrig. Hier mein Rat an die Jugend.

Lebt in vollen Zügen. Feiert. Lasst es krachen. Ignoriert – das ist das Wichtigste! – alle Vorsorge- und Anlage-Angebote. Eine überdurchschnittliche Rente wird euch sowieso weggenommen, in 30 Jahren wird der Staat noch viel klammer sein als heute. Verlasst euch auf die staatliche Grundsicherung. Wenn ihr im Alter nichts habt, radikal nichts, seid endlich mal ihr auf der Gewinnerseite – der Staat gibt euch was! Kauft rechtzeitig alle Sachen, die ihr im Alter brauchen könnt und die haltbar sind, Kleidung, Möbel, Weinkeller, Cognac, Bücher, Musikanlage, das werden sie euch nicht wegnehmen, weil der Verwaltungsaufwand zu groß ist. Besorgt euch zum Obst- und Gemüseanbau einen Garten, und zwar über einen Strohmann, sonst wird das Obst von der Grundsicherung abgezogen. Spart heimlich Geld, tut es ins Kopfkissen. Dort kriegt ihr zwar keine Zinsen, aber es wird nicht versteuert, keinerlei Abzüge, glaubt mir, at the end of the day fahrt ihr mit einem Kopfkissen besser als mit Banken und Versicherungen. Ich habe gelesen, dass allein im letzten Jahr 20 Prozent der Berufstätigen ihre Vorsorge reduziert oder gekündigt haben, es werden immer mehr. Es ist eine Massenbewegung.

(ZEITmagazin, 21.10.2010)

Kapitel 5

Texterörterung

In den Medien begegnen Ihnen immer wieder Texte, die Sie zu einer Auseinandersetzung mit der Meinung des Autors oder der Autorin anregen oder gar dazu auffordern. Auch im folgenden Kapitel beschäftigen Sie sich mit solchen Texten: Sie analysieren Aufbau, Inhalt sowie sprachliche Mittel und beziehen Stellung zu der Meinung des Autors.

Dabei gehen Sie schrittweise vor: Zunächst einmal werden die wesentlichen Aussagen des vorliegenden Textes erschlossen und als strukturierte Textwiedergabe in einem Thesenreferat dargelegt. Dann analysieren Sie die Argumentationsstruktur und -strategie sowie die sprachliche Gestaltung, mit deren Hilfe die vorgebrachten Argumente gestützt und veranschaulicht werden.

Im Anschluss werden Sie aufgefordert, die Argumentation und die Position des Autors kritisch zu beleuchten und Ihre eigene Haltung zum Ausdruck zu bringen. In einigen Fällen wird zusätzlich die Erörterung weitergehender Aspekte gefordert.

Was Sie bereits wissen

- ✔ Ich kann Informationen aus Texten erfassen und strukturieren.
- ✔ Es gibt informierende und meinungsbildende Texte.
- ✔ Sprachliche und stilistische Mittel werden verwendet, um eine bestimmte Wirkung beim Leser zu erzielen.

Einen Text erschließen und ein Thesenreferat erstellen

Verhältnis Autor – Leser

Bei der Beschäftigung mit meinungsbildenden Texten ist es wichtig, die Position des Verfassers zu erkennen. Anhand der folgenden Textauszüge können Sie beispielsweise die jeweilige Haltung der beiden Autoren zum journalistischen Schreiben untersuchen.

Das muss jetzt mal gesagt werden

von Ursula Ott

Wer sich in die Öffentlichkeit begibt, der muss was aushalten. Das gilt für Politiker, für Journalisten und für einige andere – das ist gut so. Drum genießt die Sonntag-aktuell-Kolumnistin es sehr, dass die Leserinnen und Leser so meinungsfreudig, so witzig und schlagfertig sind. Und auch mal böse und sauer. Denn ein Leserbrief, eine E-Mail heißt ja, da hat sich jemand die Zeit genommen, meine Gedanken zu verfolgen, sich damit auseinanderzusetzen und sich eine eigene Meinung zu bilden. Und dann auch noch sonntags früh den Computer anzuwerfen und zu schreiben. Toll! Meistens genießt die Kolumnistin still, doch jetzt muss sie einmal – ausnahmsweise – laut werden und ein Missverständnis ausräumen.

Ich hasse niemanden! Nein, ich hasse keine Lehrer. Keine Ärzte. Auch keine Männer – die gar schon nicht, ich lebe mit dreien zusammen, im Alter zwischen neun und 52. [...]

Wer sich mit einer Personengruppe oder Institution befasst, sagt doch nicht – ich hasse euch. Sondern: Ihr seid es mir wert, mich mit euch auseinanderzusetzen. [...]

Und jetzt sage ich Ihnen noch, wer mir so egal ist, dass ich nie darüber schreiben würde. Der 1. FC Bayern. Dieter Bohlen. Die neue „Brigitte"-Diät. Die Hochzeit von Boris Becker. Der billigste Telefontarif. „Germany's next Topmodel". Horoskope. Ich habe nichts gegen sie. Aber ich finde sie einfach nicht relevant genug, um darüber zu schreiben. Klar, so bleiben sie auch verschont von Kritik. Liebe Lehrer, liebe Pfarrer, liebe Ärzte – wäre Ihnen das vielleicht lieber?

(Sonntag aktuell, 21.06.2009)

His Master's Voice

von Klaus Kocks

[...] Wenn ein Publizist irgendetwas zu respektieren hat, so ist es sein Publikum. Der Leser ist die „ultima ratio", die höchste Begründung seines Tuns. Nicht nur, weil er Käufer oder Abonnent ist: sprich für die Zeitung zahlt.

Geld hat Journalisten nie viel bedeutet. Außer als Objekt neidvoller Häme. Nein, der schreibenden Seele ist der Leser wichtig. Was sie tut, macht sie für ihn. Es geht dem Künstler um den Applaus.

Man kann auch gegen sein Publikum schreiben, um es zu ärgern. Oder sich von pädagogischen Neigungen tragen lassen und dem allgemeinen Unverstand die Stirn bieten. Oder man kann sich an die niederen Instinkte des Publikums wenden, gemeinhin Boulevard genannt. Ob man vergnügen will oder belehren, im Zentrum allen Bemühens bleibt der Leser. Wie in der Demokratie, wo er Souverän ist, sprich Wahlbürger, hebt die schreibende Zunft den Leser auf einen symbolischen Thron. Soweit die Theorie. [...]

(Frankfurter Rundschau, 19.03.2009)

1 *Nennen Sie die jeweiligen Gründe, die für das Schreiben angeführt werden, und die Rolle, die den Lesern zugesprochen wird.*

2 *Notieren Sie die sprachlichen Mittel (⇨ Kapitel 6.4, S. 128 f.), mit denen die Autoren ihre jeweilige Aussage stützen.*

3 *Erläutern Sie, mit welcher Absicht die beiden Texte verfasst wurden.*

Die Aussagen eines Textes erschließen

In der Texterörterung setzen Sie sich mit der Position des Autors oder der Autorin Ihrer Textvorlage auseinander. In einem ersten Schritt erschließen Sie die wesentlichen Aussagen des Textes und erstellen ein Thesenreferat. Bei dem folgenden Textbeispiel handelt es sich um eine Polemik, eine Textart, die den Leser durch den gezielten Einsatz von Übertreibungen provozieren möchte. Die Polemik kommt meistens in politischen, literarischen oder wissenschaftlichen Diskussionen zum Einsatz.

1 ***Lesen Sie zunächst die Überschriften des Textes und stellen Sie dar, welche Erwartungen Sie davon ausgehend mit***

a) dem Thema des Textes,

b) dem Untertitel „Eine Polemik“ verknüpfen.

GENERATIONENWANDEL

Die traurigen Streber

Wo sind Kritik und Protest der Jugend geblieben? Die Angst vor der Zukunft hat eine ganze Generation entmutigt.

Eine Polemik von Jens Jessen

Soll man staunen über die Studenten, deren Berufswünsche Geld und Sicherheit heißen? Über ihren Zulauf zu skrupellosen Unternehmensberatungen, über das jugendliche Alter der Börsenspekulanten, der Hedgefondsmanager? Über angehende Künstler, die keinen Charakter, sondern nur Erfolg auf dem Markt suchen? Kaum geschlüpfte Küken mit feuchtem Federkleid und großem Schnabel, „hungrig“ nennt man wohl diesen enthemmten Appetit in der Sprache der Personalberater. Die Blase der New Economy, ihr Aufblubbern und Platzen, die Vernichtung von Arbeitsplätzen an der Börse, alles das Werk einer neu eingestiegenen Generation, in der Morgenröte ihres Lebens geleistet. Die Verblödung der Künste, die primitiven Scherze der Fernsehunterhalter, die verächtlichsten und zynischen Werbesprüche, sie wurden nicht von verdorbenen Greisen, sondern von den Jungen und Jüngsten vollbracht.

Nun gut. Leichtfertigkeit und Bedenkenlosigkeit, hätte man noch vor Jahrhunderten gesagt, sind ein Zug der Jugend, sie werden vergehen. Aber wir waren es lange auch anders gewohnt. Auch Idealismus galt einmal als Zug der Jugend, das Nein zu Kompromiss, Anpassung und Geschäftemacherei. Die Generationen des Sturm und Drang, des Jungen Deutschland, lebten vom Aufbegehren gegen die Ständegesellschaft, die Herrschaft der Kirche, die ungerechten Verhältnisse.

Jugend hat Revolutionen gemacht. Ihr Gerechtigkeitsempfinden konnte von Herkunft und Klasseninteressen absehen, Bürgerkinder haben für Proletarier gekämpft, Aristokraten in den französischen und russischen Aufständen des 19. Jahrhunderts. [...]

Aber heute? Manches wird von Hochschulen und Unternehmen der Jugend vorgeworfen, mangelnde Bildung, Disziplin, Durchhaltevermögen, aber niemals: Aufsässigkeit. Und wie auch? Die Praktikanten und Berufsanfänger akzeptieren bis zur Charakterlosigkeit jede Bedingung, jede eingespielte Dummheit, jede ethisch bedenkliche Praxis. Sie blicken aus Rehaugen, die sich nur manchmal melancholisch verschleiern, auf die raue Welt der Wirtschaft und Politik und scheinen den Schwur

Die Aussagen eines Textes erschließen

getan zu haben, so schnell wie möglich zum Haifisch zu werden, um auch dort zu überleben, wo es von Feinden wimmelt. Denn dass die Welt böse ist, die Berufswelt zumal, das halten sie für gewiss; man hat es ihnen oft genug gesagt. Die gesellschaftliche Großdebatte um Globalisierung und verschärfte Konkurrenz, um Standort und Wettbewerbsfähigkeit ist tief bis in die Psyche vorgedrungen, man könnte auch sagen, sie ist dort eingeschlagen wie ein Meteor und hat einen Krater hinterlassen, in dem alles Leichte und Hoffnungsvolle, alle Fantasie und alles Aufbegehren verschwunden sind. [...]

Man kann in dumpfes Brüten verfallen über die eingereichten Lebensläufe von Hochschulabsolventen, die tatsächlich alles enthalten, was heute gerne verlangt wird, Auslandsaufenthalte, soziale Hilfsdienste, Berufspraktika ohne Zahl, EDV- und Sprachkenntnisse. Sie enthalten nur eines nicht, können es auch gar nicht enthalten: persönliche Wege und Umwege zum Glück, denn für Selbstfindungen ist keine Zeit, nicht einmal für die winzigste in einem solch früh gestylten Lebensplan. Nur nicht bummeln! Nicht träumen, keine falschen Hoffnungen hegen. Es ist, als ob die Eltern ihre Abstiegsangst gnadenlos an die Kinder weitergereicht hätten. Schon die Berufswünsche sind von einem ernüchterten Realismus und komisch-kindlich nur dort, wo sie als Endziel plötzlich, inhaltlich seltsam unbestimmt, „Geschäftsführer“ sagen. Früher, gewiss noch vor zwanzig Jahren, hätte ein Jugendlicher schon das Ältliche gescheut, das dem Begriff anhaftet, das Magenkranke, von Konkursen und verzweifelten Bilanzfälschungen Bedrohte, aber heute leuchtet daraus wohl die letzte verbliebene Utopie: auch einmal selbst Chef sein, an der Spitze jener Hackordnung stehen, die für das Leben gehalten wird. [...]

Eine düstere Verschwörungstheorie besagt, es gebe ein Interesse des Kapitals an der Entmutigung der Jugend und ihrer Zurichtung zu willigen Vollstreckern der Wirtschaft. Aber in Wirklichkeit ist nur schwer denkbar, dass Arbeitgeber an fantasiearmem, eingeschüchtertem und blind angepasstem Nachwuchs Vergnügen finden. Jede Unternehmung braucht ein dynamisches Prinzip; und wer sollte den Weg aus den hergebrachten Üblichkeiten finden als die Jugend, die noch gar nicht weiß, was üblich ist? Von spontaner Verwunderung, intuitivem Missfallen lässt sich mehr profitieren als von der sachkundegesättigten Bedenkenträgerei der alten Hasen.

Natürlich wird jeder, der sich noch an die siebziger Jahre erinnert, sich auch an die rituelle Aufsässigkeit, eine öde und mechanische Kultur des Infragestellens erinnern. Das Bestehende hatte, allein weil es bestand, immer schon unrecht. Andererseits ist es für das Fortkommen einer Gesellschaft im Großen oder einer Firma im Kleinen nicht unerheblich, dass es überhaupt ein Potenzial an Unruhe, an Unzufriedenheit und Auflehnung gibt. [...]

Es ist leicht, zu sagen, dass eine Gesellschaft, wenn sie Zukunft haben will, sich eine solche Entmutigung der Jugend nicht leisten kann. Schwerer ist zu sagen, wen man dafür verantwortlich machen soll. Einiges deutet sogar darauf hin, dass die Möglichkeiten zu Protest und Auflehnung von der Jugend pessimistischer eingeschätzt werden als nötig. Der Erfolg von Attac, den international tätigen und gut vernetzten Globalisierungskritikern, zeigt ein anderes Bild der Jugend. Aber die Umfragen, die erst kürzlich unter Studenten oder in der Generation unter dreißig angestellt wurden, belegen doch das rapide geschwundene Interesse an Politik und Gesellschaft, überhaupt auch nur an Informationen, die sich nicht unmittelbar für den eigenen Alltag nutzen lassen. An persönlichem Erfolg, sei es im Beruf oder in der Liebe, sind alle interessiert, an Fragen der sozialen Gerechtigkeit eine schwindende Anzahl. Mit dem Vorwurf von Egoismus und Wegduckerei ist das Phänomen nicht erklärt, denn auch der Rückzug aufs Private und das „Ich zuerst“ sind nur der Ausdruck einer Depression, die von der Zukunft nichts erwartet. Rette sich, wer kann! Manches spricht dafür, dass die Jugend unsere Gesellschaft zerfallen sieht und nur noch das eigene Überleben sichern will.

(Die Zeit, 28.08.2008)

Die Aussagen eines Textes erschließen

2 *Schreiben Sie die zentralen Thesen (Behauptungen) des Autors heraus. Gehen Sie abschnittsweise vor. Die erste These ist gelb unterlegt.*

3 *Beschreiben Sie die vom Autor charakterisierte Jugend, indem Sie*
a) Adjektive notieren, mit denen „die Jugend" beschrieben wird.
b) wiedergeben, welches Weltbild der Autor den Jugendlichen zuschreibt.
c) darlegen, welche Aussagen der Autor über das politische Interesse der Jugend macht.

4 *Nennen Sie die Gründe, die der Autor für die angepasste Haltung der Jugend anführt.*

5 *Erläutern Sie, welche Bedeutung der Autor der Jugend prinzipiell zumisst.*

6 *Untersuchen Sie mithilfe des Basiswissens (➪ S. 92), welche der folgenden Versionen die Hauptthese am treffendsten wiedergibt:*
- Die Jugend von heute ist schlimmer als jede Jugendgeneration vor ihr.
- Die Jugend unserer Zeit ist unpolitisch.
- Globalisierung und Konkurrenz haben die Jugendlichen so verändert, dass die meisten nur noch an sich denken.
- Die Jugend von heute ist entmutigt.
- Die Jugend von heute hat keine Zukunft mehr.

7 *Formulieren Sie selbst die Themenfrage des Textes in wenigen Sätzen.*

8 *Notieren Sie in Stichworten, wie Sie das Thema des Textes „Die traurigen Streber" für Ihre Einleitung mit einer aktuellen Diskussion verbinden können.*

Arbeitstechnik | Einleitung: Themenfrage formulieren

Sie leiten Ihren Aufsatz zunächst mit **Angaben zum Text** (Titel, Textart, Autor/Autorin, Publikationsorgan, Zeitpunkt der Veröffentlichung) ein. Dann formulieren Sie die **Themenfrage**. Sie benennt das zentrale Problem, über das diskutiert wird. Häufig ergibt sich aus der Themenfrage auch die Hauptthese des Autors / der Autorin.

Am besten stellen Sie Bezüge vom Aufsatzthema zu einer aktuellen Diskussion her, um die Leser zu motivieren, Ihren Aufsatz zu lesen.

Ein Thesenreferat erstellen

Mithilfe der folgenden drei Seiten erstellen Sie nun Ihr Thesenreferat.

Muster

Jens Jessen wirft den Jugendlichen und jungen Erwachsenen vor, angepasst, passiv und materialistisch zu sein. Er macht gleich am Anfang seines Artikels deutlich, dass die meisten Jugendlichen nur Erfolg und Geld im Sinn haben und dabei keine Grenzen kennen. In vielen Bereichen – besonders im beruflichen Umfeld – würden sie sich skrupellos verhalten. Zu früheren Jugendkulturen bestehe ein großer Unterschied, da heute Idealismus und Kompromisslosigkeit fehle. Aufgrund der Ausweg- und Alternativlosigkeit, die Globalisierung und Konkurrenzkampf mit sich brächten, akzeptiere die Jugend jede Bedingung im beruflichen Alltag. Jessen beklagt weiter, dass sich die Jungendlichen nie aufsässig zeigen und nur das eine Ziel hätten, so schnell wie möglich auf der Gewinnerseite zu stehen. Einzig der Erfolg zähle. Lebensentwürfe für persönliche Zufriedenheit und Glück enthalte eine solche Lebensplanung nicht. Zügig und angepasst würden die beruflichen Ziele verfolgt. Arbeitgeber könnten nicht an einer solchen Jugend interessiert sein …

1 ***Verfassen Sie das Thesenreferat, indem Sie das Muster zu Ende schreiben. Berücksichtigen Sie dabei auch die Ergebnisse der vorherigen Aufgaben und die Arbeitstechnik.***

Basiswissen **Thesenreferat**

Das Thesenreferat stellt eine knapp gehaltene inhaltliche Zusammenfassung des Textes dar (strukturierte Textwiedergabe) und bildet neben der Hauptthese weitere aussagekräftige Thesen ab. Sie führen die einzelnen **Thesen** auf und stellen die **Position des Autors / der Autorin** heraus. Wiederholungen sollten vermieden werden. Beachten Sie, dass die Meinung der Autoren im Konjunktiv (s. *Sprache und Stil*) wiedergegeben wird. Diese inhaltliche und sprachliche Paraphrase ist neutral und objektiv zu halten, also ohne Angabe der eigenen Meinung.

Sprache und Stil

Um fremde Meinungen kenntlich zu machen, wird in der Regel der Konjunktiv I verwendet.

2 ***Geben Sie mithilfe des Basiswissens (→ S. 93) die folgenden Aussagen im Konjunktiv wieder. Leiten Sie die Aussagen mit Sätzen wie „Der Autor meint, …", „Der Autor führt aus, …" oder „Er klagt an, …" ein.***

a) *Leichtfertigkeit und Bedenkenlosigkeit sind ein Zug der Jugend.*
b) *Berufsanfänger akzeptieren jede Bedingung bis zur Charakterlosigkeit.*
c) *Praktikanten und Berufsanfänger blicken aus Rehaugen auf die raue Welt der Wirtschaft und Politik.*
d) *Auch Idealismus galt einmal als Zug der Jugend.*
e) *Manches wird der Jugend vonseiten der Hochschulen und Unternehmen vorgeworfen.*
f) *Umfragen belegen ein rapide geschwundenes Interesse an Politik und Gesellschaft.*
g) *Man kann in dumpfes Brüten verfallen über die eingereichten Lebensläufe von Hochschulabsolventen.*
h) *Manches spricht dafür, dass die Jugend nur noch das eigene Überleben sichern will.*

Ein Thesenreferat erstellen

Sprache und Stil

Basiswissen | **Indirekte Rede**

Wenn Sie die Meinung des Autors oder der Autorin wiedergeben, zitieren Sie üblicherweise in der indirekten Rede. Oft verändern sich Personal- und Possessivpronomen bei der Wiedergabe in der indirekten Rede und damit verbunden die Personalform des Verbs.

Beispiele:

Ich bin nicht mehr bereit, die Disziplinlosigkeit meiner Praktikanten hinzunehmen.

Der Autor sagt, er sei nicht mehr bereit, die Disziplinlosigkeit seiner Praktikanten hinzunehmen.

Das Verb, das Sie in der indirekten Rede verwenden, steht in der Regel im **Konjunktiv I**. Dieser wird mit dem Verbstamm, dem Vokal „e“ sowie der entsprechenden Endung gebildet.

Verbstamm	Konjunktiv I
schreib*(en)*	*er/sie/es* ***schreibe***

Wenn Sie den Satz mit der Konjunktion „dass“ einleiten, darf das Verb im Indikativ stehen.

Wenn die Form des Konjunktivs I mit der des Präsens Indikativ übereinstimmt, nutzt man den Konjunktiv II.

Der **Konjunktiv II** wird vom Präteritum Indikativ gebildet. Dabei wird oft ein Umlaut eingefügt, z. B. von „a“ zu „ä“ gewechselt.

Infinitiv	Präteritum	Konjunktiv II
n**e**hmen	_er/sie/es n**a**hm_	_er/sie/es n**ä**hme_

Wenn Sie einen Satz wiedergeben, dessen Prädikat im Präteritum steht, gehen Sie folgendermaßen vor: Sie bilden zunächst in Gedanken das Perfekt und setzen dann das Hilfsverb in den Konjunktiv I.

Beispiele:
Er las leidenschaftlich gerne. (Perfekt: *Er hat leidenschaftlich gerne gelesen.*)
Konjunktiv I: *Er habe leidenschaftlich gerne gelesen.*

Er ging nicht auf diese Diskussion ein. (Perfekt: *Er ist nicht auf diese Diskussion eingegangen.*)
Konjunktiv I: *Er sei nicht auf diese Diskussion eingegangen.*

Falls der Konjunktiv II mit der Form des Präteritums Indikativ identisch ist, umschreibt man mit einer Form von „würden“.

Die Umschreibung empfiehlt sich ebenfalls, wenn die Form des Konjunktivs II ungebräuchlich oder veraltet wirkt. Auch wird diese Form häufig im mündlichen Sprachgebrauch verwendet.

- Übereinstimmung:
  Die Autoren betonen, sie (nehmen) die Ergebnisse der aktuellen Umfragen als Grundlage für ihre Berichte.
- Konjunktiv II:
  Die Autoren betonen, sie nähmen die Ergebnisse der aktuellen Umfragen als Grundlage für ihre Berichte.
- Umschreibung mit „würden“:
  Die Autoren betonen, sie würden die Ergebnisse der aktuellen Umfragen als Grundlage für ihre Berichte nehmen.

Ein Thesenreferat erstellen

Bastian Sick: Der Dativ ist dem Genitiv sein Tod.

Der Konjunktiv ist tot? Das söllte man nicht denken! Mancher meint, man könnte auf ihn verzichten, aber wer dürfte dann noch etwas möchten? Nein, der Konjunktiv ist quicklebendig. Und ist seine Form nicht eindeutig, dann biegen wir sie so, wie wir sie bräuchten.

3 ***Untersuchen Sie, mit welchen sprachlichen Mitteln sich der Autor über die Verwendung des Konjunktivs lustig macht.***

4 ***Setzen Sie sich mit dem folgenden Text auseinander, der Aussagen in der direkten sowie in der indirekten Rede enthält.***

a) Schreiben Sie die Konjunktivformen des folgenden Zeitungsartikels heraus.
b) Setzen Sie die Aussagen der direkten Rede in die indirekte Rede um.

Kleinster Mann der Welt ist erwachsen

Der vermutlich kleinste Mann der Welt, der Nepalese Khagendra Thapa Magar, ist seit Mittwoch erwachsen und damit alt genug für einen Eintrag ins Guinness-Buch der Rekorde. „Jetzt ist er 18, und wir werden den Verantwortlichen bei Guinness alle notwendigen Dokumente zuschicken", sagte der Vater des 56 Zentimeter großen Nepalesen, Rup Bahadur Thapa Magar, am Mittwoch. Bei seiner Geburt wog der Sohn nur 600 Gramm. „Als er auf die Welt kam, passte er gerade in eine Hand", so der Vater. Er sei stolz auf ihn, er habe sich und sein Land berühmt werden lassen. Diese Berühmtheit solle ihm später ein unabhängiges Leben sichern. Vor vier Jahren hatte die Familie schon einmal einen Antrag fürs Guinness-Buch gestellt, doch wurde er damals abgewiesen, weil der Junge noch nicht erwachsen war. Bisheriger Rekordhalter ist mit einer Größe von 73 Zentimetern der Chinese He Pingping. Als bisher kleinster Mann aller Zeiten gilt der inzwischen verstorbene Inder Gul Mohammed. Er war genauso groß wie Thapa.

(Frankfurter Allgemeine Zeitung, 15.10.2009)

Zwischenfazit

- Thesen exzerpieren und Themenfrage wiedergeben
- Thesenreferat erstellen
- indirekte Rede als Form der Wiedergabe anwenden

Die Textanalyse durchführen

Die Argumentationsstruktur und -strategie untersuchen

Eine Argumentation besteht in der Regel aus Thesen, die durch Argumente begründet werden. Um deren Wirkung zu verstärken, werden sie durch weitere Ausführungen gestützt. Die Art dieser Argumentationsstütze, auch Argumentationsbeleg genannt, gibt Aufschluss über die Strategie, die der Verfasser des Textes wählt, um seine Leserschaft zu überzeugen. Im Folgenden finden Sie ein Beispiel, das die Argumentationsstruktur erläutert.

Muster

These: Jugendliche interessieren sich wenig für Politik und Gesellschaft.
Argument: Sie sehen wenig Möglichkeiten, etwas zu verändern.
Beleg: Das belegen Umfragen unter Studenten oder der Generation unter dreißig.

1 *Setzen Sie sich mit dem Aufbau der Argumentation des Textes „Generationenwandel" (➪ S. 89) auseinander, indem Sie Thesen und – soweit vorhanden – Argumente sowie Argumentationsbelege ausfindig machen.*

Basiswissen – Aufbau einer Argumentation

Bei einer **These** handelt es sich um eine Behauptung in Form einer Meinungsäußerung oder eines Werturteils. Das dann folgende **Argument** begründet die These. Das Argument wiederum wird durch so genannte **Argumentationsbelege** gestützt. Diese können aus Beispielen, Erläuterungen oder Zitaten bestehen; auch das Aufzeigen von Konsequenzen ist als Argumentationsbeleg denkbar.

2 *Untersuchen Sie mithilfe des folgenden Basiswissens (➪ S. 96) die Entfaltung der Argumente. Welche Argumenttypen verwendet Jens Jessen?*

3 *Werten Sie Ihre Untersuchungen aus, indem Sie*
a) zeigen, inwiefern der Autor seine Behauptungen überzeugend belegt.
b) untersuchen, ob der Autor einen bestimmten Argumenttyp bevorzugt.
c) beurteilen, wie überzeugend der bevorzugte Argumenttyp ist.
d) feststellen, ob der Autor auf Gegenpositionen eingeht.

Sprache und Stil

Folgende Formulierungen können hilfreich sein, wenn Sie die Argumentationsstrategie des Autors erläutern:

- Mögliche Einwände nimmt der Autor vorweg, um seine Sichtweise zu untermauern.
- Der Autor sucht die Zustimmung des Lesers, indem er ihn direkt anspricht.
- Über die Argumentation hinaus lässt der Autor den Leser in reflektierenden Passagen an seiner Gedankenwelt teilhaben.
- Durch viele nachvollziehbare Beispiele und Belege gelingt es dem Autor, seine Position überaus überzeugend darzustellen.

4 *Verfassen Sie je eine alternative Version zu den einzelnen Formulierungsbeispielen.*

Die Argumentationsstruktur und -strategie untersuchen

Basiswissen – Entfaltung eines Arguments – Argumenttypen

Das Gewicht einer These hängt von der Qualität der Argumente ab. Folgende Argumenttypen kommen vor:

- **Faktenargument:** Angabe von Fakten (Zahlen, Statistiken, wissenschaftliche Untersuchungen etc.): *Das Ergebnis der Forsa-Umfrage zeigt, dass sich immer weniger Menschen ehrenamtlich engagieren.*
- **Normatives Argument:** Verweise auf allgemein anerkannte Werte (Verfassung, Menschenrechte etc.): *Im Grundgesetz ist das Recht auf freie Meinungsäußerung fest verankert.*
- **Erfahrungsargument:** Rückgriff auf Erfahrungen (basieren auf allgemeingültigen oder eigenen Erfahrungen): *Es ist bekannt, dass Geld allein nicht glücklich macht.*
- **Autoritätsargument:** Berufung auf Autoritäten (Zitate von Experten oder Persönlichkeiten): *So hat schon der griechische Philosoph Aristoteles gesagt, die Jugend sei unerträglich und unverantwortlich.*
- **Analogisierendes Argument:** Bildung von Analogien (Rückschlüsse aus erwiesenen Tatsachen, die auf andere Bereiche übertragen werden): *Das Kaufen und Besitzen von Dingen macht das Glück vieler Menschen in unserer Zeit aus. So ist es nicht verwunderlich, dass man auch seine Mitmenschen unter diesen Aspekten betrachtet. Zwischenmenschliche Beziehungen vollziehen sich mehr denn je nach den Prinzipien des Marktes.*
- **Indirektes Argument:** Gegenposition wird aufgegriffen und entkräftet: *Die Gegner des Projektes behaupten, dass die Lärmbelästigung sehr hoch sei. Bei ähnlichen Projekten ergibt sich jedoch ein anderes Bild.*

5 ***Analysieren Sie, welcher Argumenttyp in dem Muster auf Seite 95 vorliegt.***

6 ***Stützen Sie die folgenden Thesen durch sinnvolle Argumenttypen.***
- Die Lebensläufe von Jugendlichen enthalten keine Entwürfe zur persönlichen Zufriedenheit.
- Unternehmen sind nicht an solch einer Jugend interessiert.
- In den siebziger Jahren war die Aufsässigkeit der Jugend oft vorprogrammiert.

Muster

Dass die Jugend egoistisch sei, behauptet Jessen vollmundig. Er bedient sich eines polemischen Schreibstils, indem er seine nicht immer nachvollziehbaren Argumente darlegt. Mit seiner recht einseitigen Sichtweise fordert er die Leser geradezu auf, Position zu beziehen. Über die Hintergründe für seine Behauptungen schweigt Jessen. So bleibt etwa die Tatsache, dass die Jugendlichen egoistisch sein müssen, da sie eines Tages wohl einem überforderten Sozialsystem gegenüberstehen, unerwähnt.

7 ***Untersuchen Sie den Mustertext: Welche Argumentationsstrategien werden erwähnt?***

8 ***Verfassen Sie einen analytischen Text zu der Argumentationsstrategie von Jens Jessen.***

Arbeitstechnik – Die Argumentationsstrategie erläutern

Überprüfen Sie, wie die Argumentation des Textes aufgebaut ist, ob sie durch den Gebrauch bestimmter Argumenttypen in sich schlüssig ist, Lücken oder eventuell Fehler aufweist. Sie sollten hinterfragen, ob der Autor auf Gegenpositionen eingeht oder ein einseitiges Bild zeichnet. Auch sprachliche und stilistische Mittel lassen Rückschlüsse auf die Position eines Autors zu. Machen Sie sich klar, welche Intention der Autor verfolgt.

Die sprachliche Darstellung analysieren

Der Verfasser eines Textes unterstützt seine Position nicht nur durch seine Argumentation, sondern auch durch den bewussten Einsatz sprachlicher Mittel.

1 ***Setzen Sie sich mit dem Satzbau des Textes „Generationenwandel“ auf Seite 89 f. auseinander.***

a) Analysieren Sie den ersten Abschnitt des Textes, indem Sie darlegen, welche Satzvarianten hauptsächlich vorliegen. Orientieren Sie sich an den folgenden Begriffen:
Parataxe – Hypotaxe – Ellipse – Fragesatz – Aussagesatz (➪ Kapitel 6.4, S. 128 f.)

b) Erläutern Sie, welche Wirkung mit den verwendeten Varianten jeweils verbunden ist.

c) Untersuchen Sie, ob diese Satzvarianten auch im Fortlauf des Textes zu finden sind und welche Wirkung sie auf den Leser haben.

2 ***Untersuchen Sie auch die rhetorischen Figuren (➪ Kapitel 6.4, S. 128 f.).***

a) Übertragen Sie die Tabelle in Ihr Heft und ordnen Sie den folgenden Auszügen aus dem ersten Abschnitt die jeweiligen passenden rhetorischen Figuren und deren Wirkung auf den Leser zu. Beachten Sie, dass bisweilen mehrere rhetorische Figuren zugeordnet werden können:
Metapher – Klimax – Anapher – Alliteration – Trias – rhetorische Frage

Textstelle	rhetorische Figur	Wirkung
Soll man staunen über die Studenten, deren Berufswünsche Geld und Sicherheit heißen? (Z. 1–2)	rhetorische Frage	Leser wird aufgefordert, dem Autor beizupflichten
Über ihren Zulauf […]? Über angehende Künstler […]? (Z. 2 ff.)		
Die Verblödung der Künste, die primitiven Scherze der Fernsehunterhalter, die verächtlichsten und zynischen Werbesprüche, sie wurden […]. (Z. 14 ff.)		
Kaum geschlüpfte Küken mit feuchtem Federkleid und großem Schnabel […]. (Z. 7 ff.)		
[…] in der Morgenröte ihres Lebens […]. (Z. 14)		
[…] von den Jungen und Jüngsten […]. (Z. 18–19)		

b) Setzen Sie die Tabelle fort, indem Sie für den gesamten Text die rhetorischen Figuren notieren, die am häufigsten vorkommen.

Zwischenfazit

- den Argumentationsaufbau analysieren
- die Argumenttypen unterscheiden
- die Argumentationsstrategie erläutern
- rhetorische Figuren erkennen und deren Wirkung deuten

Zu den Aussagen eines Textes Stellung nehmen

Nachdem Sie die Position des Autors zunächst im Thesenreferat neutral dargelegt haben, dann die Textanalyse durchgeführt haben, können Sie nun dazu kritisch Stellung beziehen, wie es die folgenden Leser des Artikels getan haben.

Kommentar A

Was ist bloß los mit uns?

Mir spricht der Artikel von Jens Jessen aus der Seele. Wann immer ich im Bus zur Uni sitze, sprechen alle Studenten nur von Stress und Prüfungsangst. Interesse und eine eigene Meinung haben keinen Platz mehr im überfüllten Lehrplan. Das ist Luxus, den man sich zeitlich nicht leisten kann. Alle wissen es und jeder nimmt es so hin. Denn um kritisch zu sein, braucht es Zeit für die eigenen Gedanken. Und wenn erst einmal die Kritikfähigkeit wächst, ist die Gefahr, dass man nicht mehr so funktioniert wie bisher in der Mühle des Auswendiglernens von Unmengen an Prüfungsstoff, zu groß. Was ist das für eine Angst, die uns so passiv hält? Ich glaube, es ist die Angst vor der Zukunft, die verhindert, dass wir unser Leben im Hier und Jetzt leben. Die Idee, wir müssten unsere Energien für später aufsparen, und die Angst vorm Alleinsein.

(Zeit online, Kommentar 138 von Minibergi, 02.09.2008 zu Jugend-ohne-Charakter?)

Kommentar B

Jede Gesellschaft hat die Jugend, die sie verdient!

Also dann, liebe „Zeit“: Herzlichen Glückwunsch. Offensichtlich gelingt es der Jugend von heute gerade dadurch, ihre „alten Herren“ zu provozieren, dass sie eben nicht protestiert und sich gegen „das System“ auflehnt. Wogegen sollten wir auch protestieren? Dagegen, dass wir heute kein Tabu mehr brechen können? Oder sollen wir die letzen paar Tabus, die es noch gibt, suchen? Das schafft die Jugend doch nebenbei, wenn sich bereits 12-Jährige Hardcore-Pornos ansehen und sich danach entsprechend verhalten. Die logische Konsequenz solcher

Entwicklungen liegt doch gerade darin, sich wieder auf alte Werte zu besinnen. Darunter das, was früher einmal protestantische Arbeitsethik und Treue war. Aber ein reiner Rückschritt ist das längst nicht. Wir hoffen auf eine glückliche lebenslange Beziehung, die durch Treue und Vertrauen gekennzeichnet ist. Jedoch sind wir realistisch genug zu wissen, dass die nicht die Realität ist, wir verurteilen niemanden, dem die nicht vergönnt ist. Wir sind flexibel genug, nach dem Scheitern einen Neuanfang zu wagen, und gönnen diesen auch anderen. Außerdem wage ich es zu bezweifeln, dass wir so viel mehr arbeiten als andere Generationen vor uns. Viele machen ein Jahr Pause nach dem Abitur, um um die Welt zu reisen. Dabei würde ich nicht davon sprechen, dass diese Generation nur ihren Lebenslauf streamlined! Die Jugend nutzt ihre Möglichkeiten und gibt sich dem von der Gesellschaft vorgelebten Trend zur Individualisierung hin. Ich bin sicher, dass unsere Kinder wieder eher zur Rebellion gegen ihre Eltern tendieren werden. Wir bieten ihnen dazu vielleicht auch wieder Möglichkeiten. Und zu guter Letzt darf ich Sie, lieber Herr Jessen, fragen, warum rebellieren Sie nicht selbst gegen das, was Sie an der Gesellschaft stört? Die Antwort lautet vermutlich, weil Sie es sich bequem gemacht haben.

Mit freundlichen Grüßen
einer der Streber

(Zeit online, Kommentar 139 von fluokautz, 02.09.2008 zu Jugend-ohne-Charakter?)

Kommentar C

Warum reden alle noch von DER Generation? Nach meiner Meinung gibt es die gar nicht. Mittlerweile ist die Gesellschaft mehr und mehr zersplittert, und von einer einheitlichen Generation kann doch keine Rede mehr sein. Es gibt immer noch Menschen, die sich engagieren, und welche, die es eben nicht tun. Verlangen kann man es von niemandem, jeder muss seinen eigenen Weg finden. Das nennt man Freiheit. Jeder hat die Freiheit, sich nicht zu engagieren oder eben doch. Keiner ist besser. Ich kann das unsägliche Kritisieren einer Generation, wenn es denn eine gibt, nicht mehr hören. Es nervt. Es ist doch immer dasselbe. Schon Platon, Socrates etc. haben sich über die jüngere Generation beklagt. Die Alt-Klugen scheinen nichts dazuzulernen. DAS ist traurig. Und was sollen Aussagen wie, DIE wollen alle Karriere machen? Wer sind denn DIE? Alle Studenten? Lächerlich. Ich selbst habe Forstwirtschaft studiert. Ein Studium, in dem man keine Karriere machen kann, trotzdem stiegen die Bewerberzahlen in den letzten ca. zehn Jahren um das Dreifache. Es würde mich interessieren, wie die Bewerberzahlen in anderen, „nicht-karriere-tauglichen“ Studiengängen aussehen. Mit solchen polemischen Thesen und Aussagen wird man der Vielfalt der heutigen Menschen zwischen 20 und 60 Jahren mit ihren ganz unterschiedlichen Interessen doch gar nicht gerecht.

(Zeit online, Kommentar 118 von HD, 30.08.2008 zu Jugend-ohne-Charakter?)

1 ***Setzen Sie sich mit diesen Stellungnahmen auseinander. Verwenden Sie dazu auch die Arbeitstechnik unten.***

a) Notieren Sie, welche Position jeweils vertreten wird.

b) Erörtern Sie, welche Position Sie am meisten überzeugt. Begründen Sie Ihre Meinung.

Arbeitstechnik – Darlegung der eigenen Position

Sie haben verschiedene Möglichkeiten, sich zu positionieren. Sie können

- der Autorin/dem Autor **ganz zustimmen**. In diesem Fall müssen Sie weitere Argumente formulieren und ausführen, um die These des Verfassers zu untermauern. Auch können Sie Analogien bilden oder ähnliche Argumente nennen, die die Überzeugungskraft des ursprünglichen Arguments verdeutlichen.
- der Autorin/dem Autor **eingeschränkt zustimmen**. Es ist möglich, dass Sie dem Autor in seiner Hauptthese zustimmen, jedoch bestimmte Aspekte bzw. Argumentationen nicht vertreten können, da sie z. B. nur eine bestimmte gesellschaftliche Gruppe betreffen, andere aber unberücksichtigt lassen. Auch ist denkbar, dass die Argumentationsstrategie Sie nicht überzeugt, der Autor polemisiert, statt zu argumentieren oder verallgemeinert zu stark. Dann sollten Sie überzeugender argumentieren.
- eine andere, **gegensätzliche Position vertreten**.

Grundsätzlich gilt für den Aufbau Ihres Aufsatzes, dass der Höhe- und Endpunkt der kritischen Stellungnahme Ihre eigene begründete Meinung darstellt. Stimmen Sie dem Autor also zu, dann sollten Sie mit der Ausführung einer Gegenposition beginnen. Wollen Sie ihm widersprechen, dann gehen Sie vom Text aus und entwickeln daran Ihre eigene, entgegengesetzte Position.

2 ***Formulieren Sie Ihre eigene Position (➪ vgl. Sprache und Stil) indem Sie deutlich machen, welches Bild Sie von der Jugend haben.***

Sprache und Stil

Folgende Formulierungen können Sie bei der Darlegung Ihrer Position verwenden:

aus meiner Sicht/Erfahrung ...; man sollte beachten/bedenken, dass ...; es darf nicht vergessen werden, dass ...; des Weiteren sollte man berücksichtigen, dass ...; schließlich ...; abschließend/zusammenfassend ...

3 ***Verfassen Sie je eine alternative Version zu den einzelnen Formulierungen.***

Aspekte über den Text hinaus erörtern

In manchen Bundesländern werden Sie aufgefordert, in einem weiteren Teil des Aufsatzes über den Text hinausgehende Aspekte der Thematik zu erörtern.

1 *Erörtern Sie, welcher Voraussetzungen es bedarf, damit Jugendliche aktiv am gesellschaftlichen Leben teilnehmen können. Sammeln Sie Ihre Assoziationen und ordnen Sie diese mithilfe einer Mindmap. Übertragen Sie dazu die vorliegende Mindmap in Ihr Heft und ergänzen Sie diese um weitere Aspekte.*

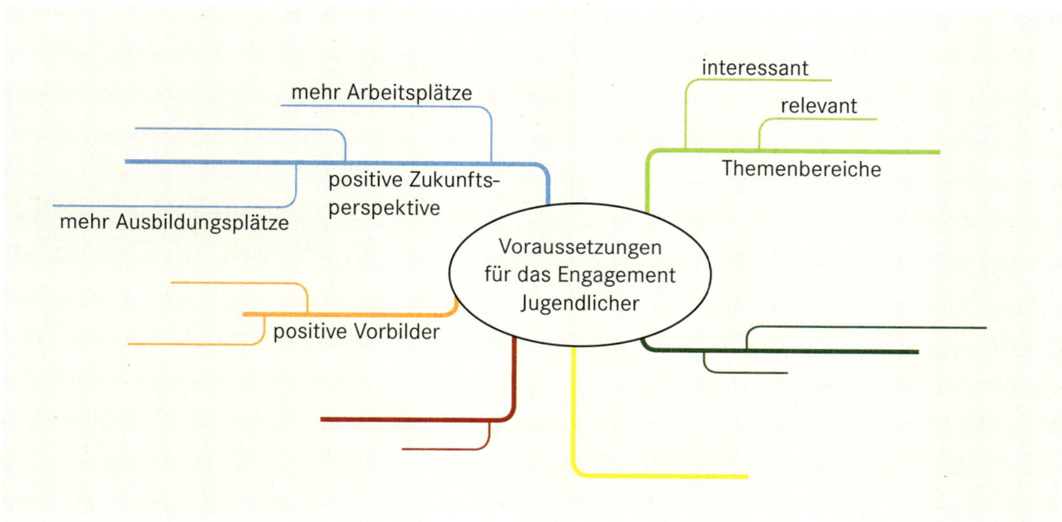

Zwischenfazit

- der Position der Autorin/des Autors ganz oder eingeschränkt zustimmen
- eine andere, gegensätzliche Position einnehmen
- weitere Aspekte erörtern

Die Gliederung erstellen

Während Sie den Text lesen, sollten Sie sich Gedanken über die Gliederung Ihres Aufsatzes machen.

Krise heißt losziehen. Aber wohin? Gut, wenn die Berater mit den Beratenen unterwegs sind

von Arnd Brummer

Krisenzeiten sind besonders fette Jahre. Für Berater, Coachs und andere risikoscheue Existenzen. In Zeiten der allgemeinen Verunsicherung, der Wirrnis und der Zukunftsangst hört man erst recht gerne auf die Einflüsterer, die einem narrensichere Rezepte, neueste Methoden und hundertprozentige Erfolgsformeln versprechen. Die verzweifelte Kundschaft, mit dem eigenen Latein am Ende, getrieben von dem einen Wunsch, einigermaßen heil aus dem Schlamassel zu kommen, zahlt und büffelt.

Es sei allen gesagt, die jetzt Projekte aufsetzen, Prozesse beginnen, Strukturen auf den Prüfstand stellen, Innovationen beschließen, eisenharten Veränderungswillen demonstrieren, den Kurswechsel einleiten: Was ihr da treibt, ist das ganz alte Spiel der Menschheit. Es ist ein archaischer Reflex aus unserer Vorgeschichte, aus der Zeit, als wir in Herden auf Nahrungssuche durch Wald und Flur streiften.

Krisenzeiten sind Aufbruchzeiten. Wo es uns gut geht, da bleiben wir. Wenn Gefahr droht, flüchten wir. Wenn die Weidegründe leer gefressen sind, müssen wir neue suchen. Der alte Nomaden-Adam lässt grüßen. Und er wird jenem Weisen dankbar die Hand schütteln, der ihm den Geheimtipp zuraunt: Immer der Nase nach!

Solange die Ratgeber mit den Beratenen unterwegs sind, besteht Anlass zur Hoffnung. Sie teilen das Risiko; und wenn sie etwas Falsches erzählt haben, werden sie schlimmstenfalls zur Verantwortung gezogen. Misstrauen gilt jedoch zu Recht von alters her jenen vermeintlich Wissenden, jenen Sterndeutern, Hellsehern und Wahrsagern, die an Weggabelungen und auf Marktplätzen saßen und wohlfeile Ratschläge verkauften, ohne die Kunden auf ihrem Weg zu begleiten. Neuerdings betreiben

sie „Institute", die oft nicht mehr sind als eine glitzernde Homepage im Internet. Die Hoffnung dieser Händler der Optionen und Glücksrezepte liegt in der Erfahrung, dass Geschädigte selten zurückkommen und noch seltener öffentlich protestieren. Und wenn, dann muss man diesen Tölpeln nur nachweisen, dass sie es waren, die den Fehler gemacht haben. Entweder haben sie nicht richtig zugehört, den entscheidenden Satz missverstanden oder sie sind einfach zu früh umgekehrt.

Die besten Geschäfte versprechen die Tipps, nach denen sich Erfolg und Belohnung im Jenseits einstellen. So funktionierte vor 500 Jahren die Methode der Ablassverkäufer: „Wenn der Taler im Kasten klingt, die Seele in den Himmel springt." Wer will das Gegenteil beweisen? Das hat schon Martin Luther auf die Palme gebracht. Das Prinzip funktioniert noch immer. Wenn es auch unter aufgeklärten Menschen nichts mehr mit Religion zu tun haben darf, sondern nur noch der Qualifikation des autonomen Ichs zu dienen scheint.

Es ist das Spiel mit der menschlichen Erlösungsbedürftigkeit. Eingeladen werden jene, die zu bequem sind, sich selbst auf die Suche zu machen. Wer des Umherirrens müde ist oder meint, sich den langen Weg sparen zu können, zahlt gerne für das kleine Geheimnis der Abkürzung.

Eine andere Zielgruppe sind die, denen das Selbst- und/oder das Gottvertrauen abhanden gekommen ist. Letztere unterscheiden sich von den Bequemen, weil sie neben dem Geld auch keine Mühe scheuen, einen Fortschritt bestätigt zu bekommen. Am Ende aller Trainings und Maßnahmen, die sie durchlaufen haben, zeigen sie stolz den Fetisch, den sie erworben haben. Das Zertifikat ihrer Zusatzqualifikation – „... hat erfolgreich an unserem Seminar für Projektmanagement teilgenommen“ – ziert die Ladentheke oder die Wand hinter dem Schreibtisch. Wofür es nicht alles Kurse und Fortbildungen gibt! Mit immer neuen Tools, Workshops und Strategien. Den meisten dieser Angebote ist auf dem ersten Blick zu entnehmen, welch Geistes Kind sie sind.

Erinnert sich noch jemand an Loriots vielleicht schönsten Sketch, das Jodeldiplom? „Da habe ich dann was Eigenes“, sagt Frau Hoppenstedt. Jawoll. Und man kann darauf aufbauen!

(chrismon, April 2009)

1 ***Erstellen Sie unter Berücksichtigung der Arbeitstechnik eine Gliederung für folgende Aufgaben.***

a) Fassen Sie die Aussagen zusammen.

b) Setzen Sie sich mit den Argumenten kritisch auseinander. Untersuchen Sie in diesem Zusammenhang den Einsatz sprachlicher Mittel (➪ Basiswissen, Kapitel 6.4, S. 128 f.).

c) Erörtern Sie die Frage, inwieweit Krisen auch Chancen bieten können.

Arbeitstechnik – Strukturierung des erörternden Teils der Aufgabe

In diesem Teil der Aufgabe haben Sie mehrere Möglichkeiten:

Linearer Aufbau:
Sie ordnen die Argumente, durch die Sie Ihre Position untermauern, so an, dass sich eine Steigerung ergibt. Dies kann so gestaltet sein, dass sich das wichtigste Argument am Schluss befindet.

Reißverschlussprinzip:
Im fortlaufenden Wechsel setzen Sie einem Argument des Autors Ihr eigenes gegenüber. Beachten Sie dabei, dass das Verhältnis ausgewogen ist und Sie genügend Argumente entgegensetzen können.

Zwischenfazit

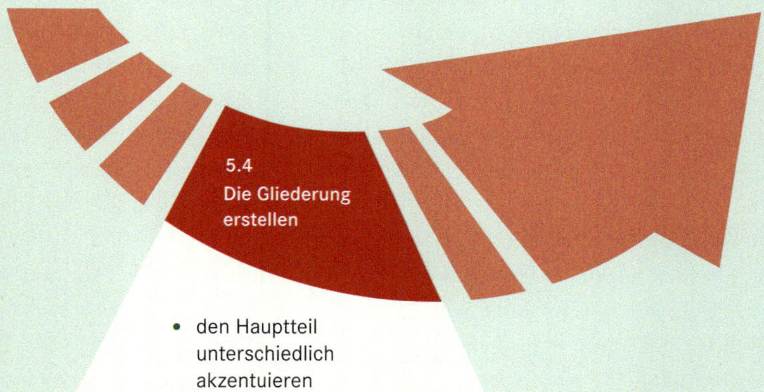

Die Texterörterung schreiben

Die mangelnde Flexibilität deutscher Arbeitnehmer ist Thema des folgenden Artikels.

Hin und weg

von Susanne Offenbach

Es könnte einem Goethe einfallen: „Grundgesetze lösen sich auf der festesten Staaten, Und es löst der Besitz sich los vom alten Besitzer, Freund sich los von Freund; so löst sich Liebe von Liebe.“

Der Geheimrat hat beobachtet, was uns heute als neues Problem erscheint – als wär's vor 200 Jahren. Unser Thema sind die Arbeitsnomaden in der globalisierten Welt. Was sind die Folgen der Lebensweise auf Abruf? Auflösungstendenzen in der Gesellschaft, sagen Skeptiker. Freundschaften gingen zu Bruch und Familien – ein hoher Preis. In Zeiten weltweiten Wirtschaftens müssen alle erkennen, dass heute hier und morgen fort ist. Nicht nur die Arbeit kommt zu den Menschen, umgekehrt geht es genauso.

Der erste Quantensprung der zivilisierten Menschheit war, als die Umherziehenden sesshaft wurden. Die jetzige Herausforderung heißt mobil sein. Also nichts wie auf Achse, worauf warten wir? Die Deutschen sind Weltmeister im Reisen. Wenn sie wollen. Doch wenn sie sollen, gehören sie eher zu den Stubenhockern, die sich über den Lauf der Welt beklagen. Das gilt sogar für Studenten. Zu wenige wählten ein Auslandssemester. Viele wechselten nicht einmal die Uni, bemängeln Unternehmen mit internationalem Auftritt.

Sitzfleisch ist also nicht der beste Proviant für eine Arbeitswelt, die Mobilität erwartet. Fusionen oder Sanierungen von Firmen erzeugen Mobilitätsdruck. Eines der großen Freilandexperimente erleben wir seit 17 Jahren in Ostdeutschland. Da geht, wer kann oder muss. Deutlich über eine Million Menschen zogen seither gen Westen. Beileibe nicht alle freiwillig.

Aber „Führungskräfte, die Mobilität von vornherein ausschließen, würden wir nicht einstellen“, sagt Günter Fleig, Personalvorstand von Daimler. Beweglichkeit ist hier keine Frage, sondern Selbstverständlichkeit. Bei BASF unterschreibt jede Führungskraft mit dem Arbeitsvertrag, dass sie überall einsetzbar ist – weltweit.

Unzumutbar? Oder einzigartige Karrierechance? Sicher ist, wer einmal Nein sagt, wird nicht mehr so schnell gefragt. Aber das Angebot bleibt hinter dem Bedarf zurück. Und die Bremsklötze sind auch schon ausgemacht: die Frauen, die Familie.

Folgten die früher fügsam den Karriereschritten des „Haushaltungsvorstands“, gibt es nun Familienrat samt Abstimmung. Oft gegen den Umzug. Aber nicht aus Sturheit, sondern aus nachvollziehbaren Gründen: Die exzellente Frau hat eine anspruchsvolle Arbeit oder eine eigene Firma, die Kinder wollen weder Schule noch Freunde verlassen. Fast zwei Drittel der Ablehnungen werden damit begründet, dass ein Auslandseinsatz der Karriere des Lebenspartners im Wege stehe.

Im Ausland erhalten Frauen nämlich selten eine Arbeitserlaubnis. Sowieso kümmert sich nur eine kleine Zahl von deutschen Unternehmen ernsthaft um die beruflichen Perspektiven des Partners. Aber selbst wenn, geht der Erfolg gegen null. Frauen sind die klassischen Migrationsverliererinnen mit den größten Einkommensverlusten, während sich der Partner üppiger Busch- oder Steppenzulage erfreuen darf. Bildungsministerin Annette Schavan versucht den umgekehrten Weg: ins Ausland abgewanderte Spitzenkräfte sollen nach Deutschland zurückgeholt werden – mit Arbeitsangeboten für den Partner.

Was häufiges Umziehen bedeutet, wissen die am besten, die sich von vornherein darauf einlassen: Diplomaten etwa, Seeleute oder Soldaten. Bei ihnen rücken die Möbelpacker jedes zweite bis vierte Jahr an. Soldatenkinder gehören selten zu den Besten in der Klasse. Oft rutschen sie vom Primus stetig nach unten, weil sie die dialektgefärbten Lehrer oder deren aktuellen Stoff nicht einmal verstehen. Die Narben in den kleinen Seelen sieht man nicht.

Aber das muss nicht alles sein. Mobilität befreit auch vom Mief des ewig Gleichen. Besonders Heranwachsende wissen das zu schätzen. Und manches Familienleben, das zum Einklang mehrerer Unbeteiligter geworden war, erhält eine neue Aufgabe.

Und wie viele Väter – obwohl in der Nähe – sind wochentags verfügbar? Dann lieber richtig weg, und am Wochenende richtig da. Statt eines Lebens im Stand-by-Modus gibt es die Freude der Wiederannäherung, die Spannung des Wartens aufeinander.

Natürlich lässt sich Wohnlicheres denken als die moderne Campinggesellschaft der Pendler. Aber nur die wenigsten der 1,3 Millionen Wochenendpendler bezahlen ihre Lebensform mit Scheidung oder anderem sozialen Elend. Ihre Lage ist wie das Wetter: Du kannst nicht dagegen sein, du musst dich vor allem richtig anziehen. Insofern sind uns die erfolgreichen Nomaden sogar Vorbild: Sie haben das Notwendige zur Neigung gemacht.

(Sonntag aktuell, 16.09.2007)

1 ***Fassen Sie die Aussagen zusammen.***

2 ***Analysieren Sie die Argumentation der Autorin und untersuchen Sie in diesem Zusammenhang den Einsatz sprachlicher Mittel (➪ Basiswissen, Kapitel 6.4, S. 128 f.).***

3 ***Nehmen Sie kritisch Stellung zur Meinung der Autorin.***

Das folgende Muster ist ein Auszug einer Schülerarbeit zum Text „Hin und weg“.

Muster

Susanne Offenbach setzt sich in ihrem Artikel „Hin und weg“, der am 16.09.2007 in „Sonntag aktuell“ veröffentlicht wurde, mit der mangelnden Flexibilität deutscher Arbeitskräfte und deren Folgen auseinander. In einer Welt, die immer näher zusammenrücke, werde Mobilität erwartet und gefordert, so die Autorin. Mit einem Goethe-Zitat führt sie in die Thematik ein und kritisiert die geringe Bereitschaft der Deutschen, seien es Studenten oder Familienväter, ihren Studien- oder Arbeitsplatz in andere Regionen zu verlegen. Bei Reisen hingegen würden sich die Deutschen sehr flexibel zeigen.

Dass Mobilität im beruflichen Bereich notwendig sei, belegt Frau Offenbach am Beispiel vieler Ostdeutscher, die im Westen arbeiten und leben. Sie legt dar, dass viele Betriebe von ihren Mitarbeitern Mobilität erwarten, wenn diese Führungspositionen anstreben. Vielen Frauen und Kindern aber falle es schwer, die eigenen Interessen der Karriere des Familienoberhauptes zu opfern. Dies begründet sie damit, dass berufstätige Ehefrauen und Schulkinder oft Nachteile in Kauf nehmen müssen und unter den Folgen des Umzuges leiden. Die Bildungsministerin habe dies bereits erkannt und biete inzwischen abgewanderten Führungskräften ein Arbeitsangebot für den Partner in Deutschland, um so eine Rückkehr attraktiv zu machen. Alles in allem sieht Susanne Offenbach in der Mobilität viel positives Potenzial. So könnten Familien oder Beziehungen durch den Reiz des Neuen gewinnen und sich letztendlich näherkommen.

Mit ihrem Artikel stimmt Susanne Offenbach denen zu, die über die mangelnde Aktivität vieler Arbeitnehmer klagen. Ihre Argumentation schwankt zwischen Ironie und ernsthaften Überlegungen, die sie begründet darlegt. Allen Bedenken zum Trotz tritt sie dafür ein, mobil zu werden oder zu bleiben und die damit verbundenen Vorteile zu nutzen. Ihre Argumentation spitzt sie pointiert zu und verstärkt sie mit ironischen Anmerkungen und eindringlichen Bildern. Mit der Überschrift „Hin und weg“ bringt sie die potenzielle Doppeldeutigkeit der Situation zum Ausdruck.

4 *Veranschaulichen Sie in einer Kopie des Textes die Gliederung anhand von Randbemerkungen.*

5 *Schreiben Sie den Aufsatz mithilfe der Arbeitstechnik zu Ende.*

Arbeitstechnik – Eine Textanalyse/Texterörterung schreiben

Sie leiten Ihren Aufsatz mit näheren **Angaben zum Text** (Titel, Textsorte, Autor/-in, Publikationsorgan, Zeitpunkt der Veröffentlichung) und der Themenfrage ein. Stellen Sie Bezüge zu aktuell relevanten Diskussionen her.
Das **Thesenreferat** nimmt den ersten Teil Ihres Hauptteils ein. Es gibt die zentralen Aussagen des Textes und die Position des Autors / der Autorin wieder.

Danach folgt in einem zweiten Teil die **Analyse der Argumentationsstruktur**. Sie ist je nach der Akzentuierung der Aufgabenstellung Grundlage für die Erläuterung der Argumentationsstrategie und später auch für die kritische Auseinandersetzung mit den Thesen. Darüber hinaus analysieren Sie die **sprachlichen Mittel und deren Wirkung** auf den Leser.

Die **Darstellung Ihrer Position**[1] ist dann im dritten Teil des Hauptteils zu finden.

Im Schlussteil können Sie beispielsweise Anregungen zum Umgang mit dem aufgeführten Problem geben. Sie können auch den Gedankengang der Einleitung wieder aufgreifen.

1 und in manchen Bundesländern die Erörterung der Aspekte, die über den Text hinausgehen

Fazit

- Thesen exzerpieren und Themenfrage wiedergeben
- den Inhalt strukturiert zusammenfassen
- Thesenreferat erstellen
- indirekte Rede als Form der Wiedergabe anwenden

- den Argumentationsaufbau analysieren
- Argumenttypen unterscheiden
- die Argumentationsstrategie erkennen
- rhetorische Figuren erkennen und deren Wirkung deuten

- der Position des Autors ganz oder eingeschränkt zustimmen
  - eine andere, gegensätzliche Position einnehmen
    - weitere Apekte erörtern

- den Hauptteil unterschiedlich akzentuieren

- eine Texterörterung schreiben

Textpool

Auf den folgenden Seiten werden Ihnen drei Texte bereitgestellt, auf deren Grundlage Sie weitere Erörterungen verfassen können.

Nicht Fisch! Nicht Fleisch!

Welthunger, Massentierhaltung, Kohlendioxid-Problem, überfischte Meere – warum wir unsere Ernährung endlich umstellen müssen.

von Petra Steinberger

Essen ist Privatsache. Ist unsere persönliche Angelegenheit. Nie waren wir so frei in der Wahl unserer Nahrung. Und damit in der Wahllosigkeit. Wir können essen, was, wie und wie viel wir wollen. Wer an keiner Religion hängt, muss sich nicht einmal mehr an Speisegebote halten. Mit der Entdeckung des Garens von Nahrung, mit Ackerbau und Viehzucht haben wir uns aus unserer Machtlosigkeit gegenüber der Natur befreit. Die Erkenntnisse und Technologie der Neuzeit haben uns schließlich von der ständigen Bedrohung durch Hungersnöte erlöst. Zumindest den Teil der Menschheit, der in den reichen Staaten der Erde lebt.

Menschen sind Omnivoren. Allesfresser. Aber weil wir in den ersten hunderttausend Jahren der menschlichen Evolution und der Nahrungsknappheit gelernt haben, uns so viel und so schnell wie möglich Energie zu holen, sobald sie zu haben ist, lieben wir: Fleisch. Fleisch ist eine grandiose Energiequelle, flüstern uralte Instinkte, und Energie ist gut. Macht uns schnell. Stark. Klüger als die Tiere. Macht uns zum Homo sapiens. Inzwischen brauchen wir kein Fleisch mehr, um zu überleben. Aber tief in unserem Innersten wollen wir es bis heute, um die Löwen zu überlisten. Wir grillen und rösten und braten es. Wir räuchern und pökeln es. Wir nehmen es bleu oder medium oder well done. Der Rest ist Beilage. Den Ärmeren ließen wir Reis und Hirse und Sorghum. Wir wollten Fleisch. Das bekamen wir. Weit sind wir gekommen und fett geworden. Nur ist es inzwischen keine Privatsache mehr, was und wie viel wir essen.

Es wird Zeit, sich vom Konsum von Tieren zu verabschieden. Oder, allerwenigstens, von den unglaublichen Mengen und Massen, in denen wir sie verschlingen.

Wir riskieren das Leben auf diesem Planeten, das ökologische Gleichgewicht, und ganz oben bei den Schuldigen steht unser Fleischverzehr. Der Konsum getöteter Land- und Wassertiere. Wir werden ihn einschränken müssen, drastisch. Ihn vielleicht ganz aufgeben. [...]

Seitdem es richtig begann mit der totalen Industrialisierung tierischer Nahrung, mit Massenproduktion, Massenfang und Massenschlachtung von Vieh und Geflügel und Fisch, wächst der weltweite Fleischverbrauch. Allein in den letzten dreißig Jahren hat er sich verdreifacht. Ein Deutscher verzehrt heute pro Jahr und Kopf 88,7 Kilo Fleisch und Fisch, ein Amerikaner 123 Kilo. Ein Inder hingegen nimmt jährlich 5,2 Kilo zu sich. Noch. Das ändert sich rasch.

Je schneller wir handeln, desto besser. Falls das nach einem Aufruf zum Vegetarismus klingt, ist das beabsichtigt. Doch auf die Gefahr hin, dass echte Vegetarier jetzt aufschreien: Wir wären auch mit Pescetariern zufrieden. Oder Flexitariern, Wochenendvegetariern also, die hauptsächlich fleischlos leben oder immer wieder und dann manchmal eben doch nicht anders können, als rückfällig zu werden.

Alles ist besser, als so weiterzumachen. Wie ein Tsunami ertränken die Folgen der Fleischeslust uns selbst, die Menschen, die Tieren, die gesamte Erde.

Wiewohl in den letzten Jahren immer mehr Menschen ihren Fleischverbrauch vor allem aus Gründen der eigenen Gesundheit reduziert haben, kann die Befindlichkeit unseres Körpers nur als privates Argument für den Fleischverzicht gelten – abgesehen vielleicht von manch nicht unerheblichen Kosten für das Gesundheitssystem. Unser Körper ist zwar für den Fleischgenuss ausgelegt – aber nicht in diesen Mengen.

Textpool

Nicht mehr ganz so privat ist, mit welchen Mitteln und mit welchen Folgekriterien wir die ungeheuren Mengen an Fleisch und Fisch erzeugen, um unsere Gier danach zu befriedigen – Hunger kann man das nicht mehr nennen. Für diese Gier werden weltweit jährlich 53 Millionen Landtiere geschlachtet, oft nach Lebensumständen, die wir unseren Haustieren niemals zumuten würden. Den Skrupel, den die ersten Zivilisationen bei der Tötung von Tieren empfanden und den sie durch Rituale aufzufangen suchten, haben wir längst verdrängt. Vielleicht weil wir einen neuen Namen für diese biologische Lebensform gefunden haben: Vieh. Das klingt weniger nach Tier. Weniger nach Lebewesen. [...]

Das Präfix „Bio" ist zwar wünschenswert, bleibt aber auf die Masse gerechnet bisher nur ein Detail. Um jede Verbesserung in der Viehhaltung muss gerungen werden, denn in der Massenproduktion von Fleisch und Fisch geht es um Profit, und wenn wir es nicht machen, dann macht es ein anderer. Immer billiger. BSE und Gammelfleisch waren schnell vergessen. Und so kommt es, dass einerseits auf jeden von uns in der entwickelten Welt inzwischen rund 80 Kilo Fleisch und Fisch pro Jahr entfallen, dass andererseits hinter jedem Kilo Billigfleisch und Billigfisch ein meist unnatürlich kurzes und schmerzvolles Tierleben steht, das in Todesangst endet.

Das kann heute jeder wissen. Und tatsächlich wird immer öfter gefragt, ob das Tier vor seiner Schlachtung auch ein einigermaßen gutes Leben hatte. Ein „artgerechtes", „humanes" Leben. „Ohne unnötige Schmerzen und Leiden", wie es im deutschen Tierschutzgesetz steht. Die Betonung liegt auf unnötig. Das impliziert allerdings, dass Schmerzen und Leiden offenbar nicht ganz zu vermeiden sind. Hier hören die meisten Menschen mit dem Fragen auf. Denn die Antworten auf die letzten Fragen: Wie es um die Tötung an sich steht? Ob sie überhaupt zu rechtfertigen ist? – Diese Antworten würden von uns Konsequenzen einfordern. [...]

Es gibt sie, die nicht wegsehen konnten. „Auschwitz fängt da an, wo einer im Schlachthof steht und sagt, es sind ja nur Tiere", meinte Theodor W. Adorno. Und Franz Kafka sagte, als er schließlich zum reinen Vegetarier geworden war, beim Anblick von Fischen in einem Aquarium: „Nun kann ich euch in Frieden betrachten, ich esse euch nicht mehr." Es ist vielleicht auch dieses unterdrückte, aber stets latent lauernde Wissen, dass wir nur zum Töten produzieren, welches so viele Diskussionen zwischen Fleischessern und Vegetariern aggressiv werden lässt. Irgendwo spüren wir, dass da etwas nicht ganz richtig ist in unserer Art, Tiere allein als Nahrungsquelle zu produzieren. Wir sind eben doch etwas mehr als Tiere, die andere um des eigenen Überlebens willen fressen. Wir kennen Schuld, wenn wir sie spüren. [...]

Wer nun das Wohlergehen von Tieren zwar bejaht, aber dennoch der Meinung ist, dass sie bioethisch gesehen weiter dem menschlichen Verzehr dienen können, vorausgesetzt, ihnen wird möglichst wenig Leid zugefügt – der muss sich zumindest mit dem menschlichen Elend befassen, das die ständig wachsende Fleischproduktion auslöst. [...]

Wissenschaftler forschen nach Wegen, Fleisch in-vitro zu züchten. Ohne Lebensgeist und ohne Methan. Das wäre die richtige Lösung für Wissenschaftsgläubige, am Ekeleffekt müsste man wohl noch arbeiten. Wir könnten auch Abolitionisten, Suffragetten, Apartheid-Gegner fragen, wie sie begannen, die Gesellschaft zu verändern. Wir könnten nach Indien schauen, wo Kühe bis heute heilig sind. Eine der großen anthropologischen Theorien erklärt das damit, dass das Land schon vor dreitausend Jahren mit Hungersnöten kämpfen musste. Nur Bauern, die ihre Kühe in solchen Zeiten nicht schlachteten, hatten später Milch und Pflugochsen. Nur sie überlebten. Die Priester kodifizierten diese Überlebensstrategie zum Tabu. Es hält bis heute.

Gelüste bleiben. Aber ihre Akzeptanz kann verändert werden. Wir brauchen neue Tabus.

(Süddeutsche Zeitung, 09./10.01.2010)

Textpool

Generation Suff?

von Michael Weier

Die heutige Jugend ist schlimm! Diese Erkenntnis begleitet die Menschheit seit der Antike, und auch jetzt gibt es eine volle Breitseite: Die Jugend ist wieder einmal besonders schlimm. Flatratesaufen, Komasaufen, Prügeleien in der Innenstadt – die Boulevardpresse gibt den Protagonisten des exzessiven Alkoholkonsums den plakativen Namen „Generation Suff". Und wenn an diesem Wochenende auf dem Cannstatter Wasen das Frühlingsfest beginnt, sind die Ordner in Alarmstimmung: Die Wirte der Festzelte haben sogar eine gemeinsame Resolution verabschiedet, um „dem übermäßigen Ausschank Alkohols an Jugendliche Einhalt zu gewähren".

Die Entwicklung ist besorgniserregend, das steht fest. Gleichwohl verdient das Geheul um die „versoffene Jugend" eine nüchterne Betrachtung. Es gibt nicht die Jugend, sondern nur Jugendliche, von denen ein – allerdings wachsender – Teil über die Stränge schlägt. Nach Zahlen der Bundeszentrale für gesundheitliche Aufklärung ist der Alkoholkonsum unter Jugendlichen dagegen in den vergangenen 30 Jahren zurückgegangen. Eindeutig ist aber auch der Trend zum exzessiven Saufen. Unrühmlicher Höhepunkt war der schlagzeilenträchtige Fall in Berlin, wo sich ein 16-Jähriger mit 54 Schnäpsen zu Tode trank. Auch in Stuttgart stieg die Zahl der mit einer Alkoholvergiftung ins Krankenhaus eingelieferten Jugendlichen in der jüngeren Vergangenheit erheblich.

Was hat sich verändert? Zunächst: nicht weniger als die ganze Gesellschaft. Vor 30 Jahren gehörte es zum guten Ton, Handwerkern auf der Baustelle einen Kasten Bier hinzustellen. Früher bekamen kleine Kinder den ersten Schluck aus der Bierflasche, wenn sie dem Vater eine aus dem Keller holten. Heute leben wir in einer Leistungsgesellschaft, die auch auf der Baustelle keinen leistungshemmenden Alkohol mehr zulässt. Heute wissen Eltern zudem über die Gefahren des Alkohols besser Bescheid. Heute existiert in solchen Fällen auch eine soziale Kontrolle.

Denn die Gesellschaft ist öffentlicher geworden, die Jugend mithin auch. Früher trank die Kleingruppe auf dem Waldspielplatz, heute in der Innenstadt oder bereits auf dem Weg dorthin in der S-Bahn. Wir leben in Zeiten, in denen Menschen im Internet ihr Privatleben ebenso zur Schau stellen wie in seltsamen TV-Talk-Shows. In dieser Welt zählt nicht mehr das Private des Einzelnen. Was heute zählt, ist das Event. Natürlich auch bei den Jugendlichen. Und dieser Hang zur Öffentlichkeit ist gefährlich, weil selbst das private Saufgelage eventgerecht inszeniert wird. Die Eskalation hat Methode.

Dies alles ist aber nur aus einem Grund möglich: Nach wie vor ist Alkohol die legale Droge unserer Zeit, und Vorbilder sind immer noch die Erwachsenen. Auf dem Frühlingsfest achten jetzt die Wirte auch deshalb auf den Jugendschutz, damit die zahlungskräftige Kundschaft nicht gestört wird. Das Geld bringen nämlich die Erwachsenen, die sich die teuren Bierkrüge leisten können. Während der Fußballweltmeisterschaft herrschte zwar eine traumhafte Stimmung – doch was sich die Fans während der vier Wochen hinter die Binde kippten, müsste einem Suchtberater einen üblen Kater bereiten. Mittendrin: Jugendliche. Was im fußballberauschten Land niemanden besonders störte.

Darüber besteht dennoch die Pflicht, den Jugendschutz vernünftig umzusetzen. Gefährlichen Blödsinn wie das Flatratesaufen soll der Staat ruhig verbieten. Damit geht der Menschheit nichts verloren. Auch Kontrollen auf dem Frühlingsfest sind unverzichtbar. Neue Verbote und Regeln bringen allerdings wenig. Die Jugend fände einen Weg, um an Alkohol zu gelangen. Im einfachsten Fall findet sie ihn in der heimischen Wohnung. Genau dort muss auch das Umdenken einsetzen: entscheidend sind nur Erziehung und Bildung. Wer eine Perspektive sieht und selbstbewusst durchs Leben geht, der kommt auch leichter mit dem Alkohol klar. Ob er deshalb ohne Vollrausch durchs Leben kommt? Wer weiß. Aber den wird er unter Lebenserfahrung verbuchen.

(Stuttgarter Nachrichten, 20.04.2007)

Textpool

Kolumne

Dünne Luft

von Ricarda Junge

In einem Punkt sind sich Raucher wie Nichtraucher einig: Ein entscheidender Schritt zum Klimaschutz ist getan. Seit fast nirgendwo mehr geraucht werden kann, darf das Land endlich wieder frei atmen. Was viele Raucher anfangs für die kleinkarierte Attacke einiger fanatischer Gesundheitsapostel hielten, war in Wirklichkeit ein groß angelegter Schlag, der in vielen kleinen Schritten vollzogen wurde. Dass diese zum Ziel führen konnten, lag vor allem an der damit einhergehenden Heilslehre, die ein ewiges Leben in einer lichten, duftenden Welt versprach. Sobald sich der Rauch verzogen hätte, würden wir einander endlich wieder riechen (also lieben) können. Wer glaubte, dass die Tabakkonzerne dies verhindern würden, hatte die Macht der Pharmaindustrie unterschätzt. Die Kippe von gestern ist das Nikotinpflaster von heute. Und das trägt man wie ein Statussymbol: jung, erfolgreich, gesund, nikotinfrei.

Aber nicht nur das Selbstbild vieler ehemaliger Raucher hat sich in diesem Jahr verändert. Auch die ehemalige DDR und die alte Bundesrepublik erfanden sich 2009 noch einmal neu. Zwanzig Jahre nach dem Mauerfall war man zu dem Ergebnis gekommen, dass man zwar ein Volk sei. Allerdings atme man hüben immer noch eine andere Luft als drüben. Dass diese Einschätzung widerlegt werden und eine erneute Spaltung des Landes verhindert werden konnte, haben wir maßgeblich einem ganz speziellen Jubiläum zu verdanken. Im Januar 2010 können wir es zum zweiten Mal feiern: Das Ende der dicken Luft. Und zwar hüben wie drüben.

Das Rauchverbot, das am 1. Januar 2008 in fast allen Bundesländern in Kraft trat, hat nicht nur von Ost bis West für glückliche Bronchien, hüpfende Kehlköpfe und krebsfreie Zungen gesorgt. Es hat auch eindeutig zu einem besseren Klima beigetragen. Was, wie wir nach Oslo wissen, nicht nur wettertechnisch, sondern auch sozial verstanden werden will. Seit man einander kein Feuer mehr gibt, schmilzt das Eis deutlich langsamer. Wir werden nicht mehr so schnell miteinander warm. Weil auf die Zigarette danach verzichtet wird, trennen sich immer mehr One-Night-Stands, bevor es zu einer festen Beziehung kommt. Außerdem kommen weniger Kinder zur Welt, seit man – anstatt sich auf die fruchtbarkeitseinschränkende Wirkung des Glimmstängels zu verlassen – wieder vermehrt zur Pille und zu Kondomen (siehe Pharmaindustrie) greift.

Aber die Freude über diese Erfolge ist nicht ganz ungetrübt, wie folgende Meldung aus den schon lange rauchfreien USA zeigt. Dort soll eine 98-jährige Frau (Nichtraucherin) ihre 100-jährige Zimmergenossin (ebenfalls NR) nach einem Streit über das richtige Plätzchen für ein Beistelltischchen erdrosselt haben. Früher hätte man so etwas souverän mit dem Rauchen einer Friedenspfeife beigelegt, heute kommt es stattdessen zu Mord und Totschlag.

Wer das alles weit weg und sich in Sicherheit wähnt, sollte nicht vergessen: Was in den USA zieht, wird auch bei uns Einzug halten. Soll heißen: Wir mögen alt werden, sterben müssen wir aber auch weiterhin. [...] Heute retten wir unsere Lungen und morgen die ganze Welt! Wie das gehen soll? Das zu überlegen haben wir ja jetzt noch ein paar besinnliche und natürlich rauchfreie Tage Zeit! [...]

(Frankfurter Rundschau, 17.12.2009)

Kapitel 6

Kurzepik interpretieren

Die Interpretation literarischer Texte gehört zu den zentralen Schwerpunkten des Deutschunterrichts; ob Klein- oder Großformen der Epik, Lyrik oder des Dramas – die Auseinandersetzung mit Literatur fordert Leserinnen und Leser heraus, über den Inhalt hinaus das eigene Textverständnis zu formulieren. Im Vergleich zu Texten, die Sie schon aus früheren Schuljahren kennen, ist die Literatur nun sowohl inhaltlich und sprachlich als auch thematisch anspruchsvoller.

In diesem Kapitel lernen Sie, wie man schrittweise eine Textinterpretation erarbeitet und verfasst. Im Mittelpunkt der Textbetrachtungen stehen der Aufbau eines Textes, die Figuren, die sprachliche Gestaltung sowie Erzähltechniken. Darüber hinaus lernen Sie, die Interpretation eines Textes durch Übertragung seiner Bedeutung auf Ihre Lebensverhältnisse (Transfer) zu vervollständigen und den Text zu beurteilen.

Was Sie bereits wissen

- ✔ Zur Analyse und Interpretation eines literarischen Textes gehört die Inhaltsangabe. Dabei gilt es, die Unterschiede zwischen Inhaltsangabe und Inhaltsparaphrase zu beachten.
- ✔ Literarische Texte können den Gattungen Epik, Lyrik oder Dramatik zugeordnet werden.
- ✔ Literarische Texte zu interpretieren heißt zum Beispiel, Figuren zu charakterisieren, sprachliche Mittel und ihre Funktion zu bestimmen.
- ✔ Aussagen zu einem literarischen Text belegt man mit Zitaten.

Den Aufbau beschreiben

Die Interpretation eines literarischen Textes erfordert zunächst eine Auseinandersetzung mit seinem Inhalt und seinem Aufbau. Die fiktive Geschichte kann chronologisch, mit Zeitsprüngen oder vom Ende her erzählt werden, sie hat vielleicht Höhepunkte und Wendepunkte.

Willi Achten: Unter Geiern

In einer stürmischen Oktobernacht, seine Frau war zu einem Kongress der Kunstvereine nach Duisburg gefahren und über Nacht außer Haus, träumte Ferdinand von zwei milchweißen Cocker Spaniels, junge, wilde Tiere, die zu seinen Füßen herumsprangen und einander beinahe vollkommen glichen.

Ferdinand hatte die Aufgabe, die Tiere anhand eines einzigen, winzigen Details – ihre unterschiedlich langen Zehennägel – zu unterscheiden. Er versuchte mit allen möglichen Tricks und am Ende auch mit Gewalt, die Nägel der Tiere zu ertasten – umsonst. Kaum hatte er die Pfote eines Hundes in der Hand, sprang auch der andere schon herbei und zerrte an Ferdinand. Die Pfote entglitt. Und hatte er auch jemals die Länge der Zehennägel ermittelt, so stob der Hund davon, rannte im Verein mit seinem Kompagnon wie wild im Kreis um Ferdinand herum, so dass es am Ende unmöglich war zu entscheiden, wessen Pfote er vorhin noch in der Hand gehalten hatte. Und es kam schlimmer: Ferdinand schaute erschöpft zum Fenster hinaus. Eine Karawane zerschlissener Gestalten mit leeren Blicken wankte die Straße hinunter. Passanten steckten den Leuten Brot zu und wurden von bewaffneten Schergen geprügelt. Ferdinand blickte ihnen kopfschüttelnd hinterher. In diesem Augenblick biss ihn einer der Hunde in den rechten Fuß. Er erwachte. Ein Stechen und Reißen lief von der Achillessehne über den Außenknöchel zur kleinen Zehe.

Noch am späten Morgen am Frühstückstisch meinte Ferdinand, eine gewisse Empfindlichkeit in seinem Fuß zu spüren. Vor dem Fenster kroch ein schmalbrüstiger Herbstnebel durch den Vorgarten. Es war still. Ferdinand hörte das Rauschen der Heizung und vereinzelt das Krächzen einer Krähe. Erstmals hatte er den Abschied der Schwalben und anderer Zugvögel verpasst. Eine Tatsache, die er nicht zu deuten wusste. Ferdinand rührte in der Tasse. Sein Blick verlor sich in der Schwärze des Kaffees.

Langsam dämmerte ein Gedanke auf. Schuhe musste er kaufen. Mein Gott, genau das wollte er heute erledigen. Herbstschuhe, die sich auch noch bei leichtem Frost tragen ließen. Es war Viertel vor elf. Er musste sich sputen. Den Wagen hatte Thea. Ihm blieb der Bus.

Laut Fahrplan musste er zehn Minuten warten, bis die gewünschte Linie eintraf, die ihn direkt ins Zentrum brachte. Ferdinand ging hinüber zum Kiosk und kaufte eine Schachtel Zigaretten. Für gewöhnlich rauchte er um diese Uhrzeit nicht, aber gewöhnlich wartete er auch nicht an einer Bushaltestelle. Ferdinand fingerte in seinen Taschen nach Streichhölzern. Ein junger Mensch, schwarz wie die Nacht, half ihm aus.

„Thank you“, sagte Ferdinand.

„Bitte“, antwortete der Mann.

Das sind auch nur Menschen, dachte Ferdinand, der den Afrikaner unsicher anlächelte.

Er tat sich schwer mit Ausländern. Erst recht, wenn sie farbig waren oder exotisch aussahen. Farbigen Frauen näherte er sich nie, um erst gar nicht in den Geruch zu kommen, er habe irgendwelche Absichten, obwohl er zugeben müsste, reizen tät es ihn schon einmal, allein

wegen des Kontrasts, dunkle Haut – das prickelte, kannte er ja nur aus Filmen, und dann nur aus solchen, die er sich anschaute, wenn er sicher war, dass Thea längst im Bett war.
Stumm blies Ferdinand den Rauch in die Luft und blickte von Zeit zu Zeit auf seinen Nachbarn.
„How are you?" Ferdinand nahm sich ein Herz. So allein und kleinlaut konnte man den Mann hier nicht stehen lassen. Wenn er, Ferdinand, allein in Afrika, an einer Bushaltestelle, nicht auszudenken ...
„Gut, danke", sagte der Mann in einem kehligen Akzent. „Ich fahre in die Stadt. Einkaufen."
Ferdinand ließ die Zigarette fallen und trat sie aus.
Der Bus war bereits fast voll. Der Afrikaner folgte ihm auf den Fuß. Ferdinand erwischte im Mittelteil eine freie Bank. Der Mann blieb neben ihm stehen und hielt sich am Gestänge fest.
„Bitte", sagte Ferdinand. „Ich brauche keine zwei Plätze. Setzen Sie sich doch."
Der Mann dankte und nahm Platz.
Einige Haltestellen weiter stiegen Fahrkartenkontrolleure zu. Ferdinand kümmerte das wenig und er schaute zum Fenster hinaus. Am Horizont zog eine Schafherde die Hügel hinab. Über ihren Köpfen kreisten Vögel, große Vögel, die er aus der Entfernung nicht identifizieren konnte.
Man hatte jemanden erwischt. Ferdinand schreckte auf. Einen Moment hatte er gedacht ... aber nein ... solche Vögel gab es hier nicht.
Man orderte Polizei. Funkgeräte. Offenbar wollte man die Personalien des Schwarzfahrers durch die Polizei feststellen lassen. An der nächsten Haltestelle geleiteten zwei in Zivil gekleidete Herren den Mann nach draußen.
„Man sollte sie rausschmeißen, das ganze Pack!"
Plötzlich im Stimmengewirr, dem Tuckern des Dieselmotors, den Geräuschen vorbeifahrender Autos, plärrende Kinder auf dem Trottoir, diese Stimme: laut, kräftig, klar.
„Warum Polizei? Eine Packung braucht der. Fährt auf unsere Kosten, die schwarze Sau."
Ferdinand drehte sich um, jeder drehte sich um in Richtung der Stimme. Gejohle aus den hinteren Reihen des Busses.
„Jawohl, endlich macht mal einer den Mund auf. Raus mit den Kanaken!"
Nun waren es zwei, drei, vier Stimmen.
„Sie sollten sich schämen", schrie eine Frau, die weit vorne im Bus saß. Ihr rotes Gesicht strahlte weit in den Bus hinein. Die Stimmen standen auf. Der Bus fuhr weiter. Hinter sich spürte Ferdinand ihren heißen Atem.
„Sie fühlen sich belästigt von dem da?", fragte die erste Stimme und wies auf Ferdinands Nachbarn. Die Augen der Stimme funkelten.
„Nein, weshalb denn?", antwortete Ferdinand.
„So? Uns schien schon, dass der Neger Sie blöd anquatscht", schob sich eine zweite Stimme vor und streckte ihren Kopf ganz nah an Ferdinand heran.
Sein Nachbar schaute starr geradeaus. Er drückte sich tief in den Sitz.
„Oh, Verzeihung. Der Bus, bin ausgerutscht", sagte eine Stimme fidel, während sie dem Mann ein Knie in den Magen stieß. Er stöhnte auf und sank in sich zusammen.
Viele im Bus hatten die Szene beobachtet. Man schwieg. Auch die Frau mit dem roten Gesicht schwieg. Ferdinand spürte die Augen fast aller auf sich gerichtet. Erwartungsvolle, ängstliche Blicke. Nie zuvor hatte man so auf ihn geblickt, als sei er ... als erwarteten die

Menschen hier im Bus eine Antwort, eine Antwort von ihm, allein von ihm, als sei er ein Held ...

„Hören Sie", sagte Ferdinand. Seine Stimme klang fremd, wie aus großer Wassertiefe aufsteigend. Seine Augen brannten. Sein Gesicht war leer. Er spürte, wie das Blut hinauswich und in die Arme, die Hände rann.

Ein Rauschen erfasste Ferdinands Ohren. Das Rauschen des Meers, eine feine, stetige Brandung von jenseits der Klippen. Ferdinand nickte. Eine winzige, stumme Regung des Kopfes, eine senkrechte Bewegung von oben nach unten. Dann etwas wie ein Windblitz, ein eisiger Zug, als fiele eine Tür mit großer Geschwindigkeit ins Schloss: Der Bus ... Auf den Stehplätzen schoss man ineinander. Die Stimmen fielen kopfüber in die Menge, und Ferdinands Kopf sauste gegen eine Haltestange, und über ihm ging das Licht aus.

Das Fell der Hunde war nun blau, und es flackerte und leuchtete in die Nacht, und die Hunde kreisten wie doll um ihn herum, schnelle, immer schneller wirbelnde Kreise, er streckte die Hand aus, wollte ihre Pfoten schnappen, dann ein Schmerz, sein Bein in ihren Fängen, sie rissen, zerrten, er schrie.

Über ihm dämmerte Theas Gesicht auf. Zornig, bleich, stammelnd.

„... Dich da einmischen? Musstest du? Kein Mensch verlangt von dir, also, was war in dich gefahren?"

Das Wort Ruhe fiel. Etwas Weißes ... eine Gestalt ... jemand nahm Thea zur Seite. Er spürte, dass seine Hände ganz kalt waren und der Kopf, die Stirn schmerzte. Nur im Bauch, in den Spitzkehren seiner Därme flackerte etwas wie Glut.

1 ***Untersuchen Sie den Aufbau der Kurzgeschichte. Ordnen Sie die folgenden Funktionen den entsprechenden Textteilen zu:***
Hinführung zum Thema – Entfaltung des Konflikts – Zuspitzung des Konflikts – Lösung

2 ***Analysieren Sie die Funktion des Traums für den weiteren Handlungsgang.***

3 ***Untersuchen Sie,***

a) in welchen Passagen die Innensicht des Erzählers und in welchen die äußere Handlung erzählerisch gestaltet wird.

b) wie mit Leerstellen gearbeitet wird, wenn es um Gewalt geht.

Basiswissen – Aufbau eines literarischen Textes

Mit dem Aufbau eines literarischen Textes beschreiben Sie seine **Gliederung**, d. h. **die Abfolge der äußeren und inneren Handlung.** So kann es Hinführungen zur zentralen Thematik, Rückblenden, Höhepunkte, überraschende Wendepunkte oder auch retardierende (verzögernde) Bauteile innerhalb eines literarischen Textes geben. Die formale Beschreibung des Aufbaus ist vor allem dann sinnvoll, wenn die Struktur eines komplexen Handlungsverlaufs sichtbar gemacht werden kann oder wenn Sie ein besonderes Bauprinzip erkennen können, das für die Bestimmung der Gattung und die Interpretation des Textes wichtig sein kann.

Figuren charakterisieren

Die Charakterisierung der Figuren und die Beschreibung der Beziehungskonstellationen sind wesentlicher Bestandteil der Textinterpretation, denn häufig offenbaren die entworfenen Figuren gesellschaftliche, politische oder individuelle Missstände und führen damit direkt zur Intention des Verfassers und zur Aussage des Textes.

Thomas Hürlimann: Flug durch Zürich

Zürich, hinterm Bahnhof, ein Morgen im Februar. Die junge Frau zeigt in die Luft, weinend, sie haben ihr, sagt sie, die Füße ausgerissen. Ihr? die Füße? Ja, sagt sie schniefend, dort, dort oben, dort fliegt sie, wo, was, ich verstehe kein Wort, bin verkatert, will weiter, bloß weg hier, aber die Frau, mich einholend, packt mich am Ärmel. Sie ist bleich, schmal, fast noch ein Kind. Hilf mir, sagt sie, so hilf mir doch, siehst du, dort stirbt sie, hoch in der Luft. Ich riskiere ein Grinsen. Du Arsch, schreit sie, meiner Taube fehlen die Füße, ohne Füße kann sie nicht landen, kapiert. Ein Reflex: Meine Hand greift zum Gesäß, kontrolliert das Portemonnaie. Oder will ich ihr Geld geben, mich loskaufen? Die Frau sieht plötzlich alt aus, ein keifendes Weib, trotzdem tut sie mir leid in ihren abgewetzten, löchrig dünnen Jeansklamotten, das T-Shirt voller Rotz, am Hals ein paar Stiche, Schwären, sie ist alt, ein altes Kind. Hilfst du mir? betteln die großen, nassen Augen.

Auf der Tramhaltestelle stehen die Jemands in einer Reihe. Jemand beißt die Zähne zusammen, jemand hört hin, jemand sieht weg, jemand trägt Schlaf im Gesicht, und jemand blickt in den Abgrund seiner Zeitung, jetzt eine Klingel, schrill naht das Tram, pass doch auf, Idiot, meine Nerven. Meine Nerven!

Die Jemands drängen sich zum Pulk, und der Mann, der die Zeitung gelesen hat, klemmt sich den Abgrund unter den Arm, sauber gefaltet.

Die Kindfrau glotzt vor sich hin, dann zeigt sie ein scheues Lächeln, und dann, als wolle sie mir eine verbotene Ware verkaufen, tut sich ihre Hand langsam auf. Stoff? Nein, auf ihrem Handteller liegen zwei Vogelfüße, graudünne Läufe mit vier Zehen. Begreifst du jetzt, fragt sie leise, fast flüsternd, glaubst du mir?

Verkehr, es ist kalt, bitterkalt, aber dort oben erscheint nun die Sonne, ein Teich aus Licht, aus Eis, auch der Himmel friert zu. Vielleicht, denke ich, hat sie tatsächlich Recht, verschatte die Augen, suche den Himmel ab, aber meiner ist leer. Ich lüpfe die Achseln. Nichts, sage ich. Aber die Füße, sagt sie, hier sind die Füße! So viel hätte ich verstanden, sage ich, die Taube habe ihre Füße verloren, so dass sie nun fliegen müsse, immerzu fliegen, kreisen und steigen, ja! schreit sie, ja, und wieder starrt sie nach oben, verzweifelt, entsetzt, nur sie, die Ermattete, hat die Augen, um den sterbenden Vogel zu sehen und das Grauen um ihn herum, Himmelsfetzen, Häuserzeilen, Kamine, Antennen. Verschwunden, sagt sie plötzlich, fort, und schließt, als möchte sie den Vogel liebkosen, ihre Hand.

Wieder haben die Jemands unsere Insel erobert. Wieder blickt jemand in die Zeitung, riecht jemand nach Unglück, drängen sich alle zum Pulk, lautlos, und jemand, der seine Mappe umklammert, hat seinen Gummischuh als Erster auf dem Trittgitter. Was soll ich ihr sagen? Sie wird sich, sobald es geht, in die nächste Spritze stürzen, aber den zum Fliegen verdammten Vogel lässt sie nicht aus den Augen, heute nicht, morgen nicht, sie gehören zusammen, die sterbende Taube und das Mädchen, ein Flug, ein Tanz durch die Stadt.

Als das nächste Tram naht, trete ich unter meinesgleichen, die Türen flappen zu, wir rollen davon. Jemand hört hin, jemand sieht weg. Hin und wieder flackert die Sonne durch die Scheiben, und irgendwo da oben fliegt dieser Vogel, der sich ein Mädchen hinterherzieht, von Wolke zu Wolke, durch den Nebel, in die Sonne.
Zürich, hinterm Bahnhof, ein Morgen im Februar.

1 ***Bereiten Sie eine Figurencharakteristik vor und kennzeichnen Sie den Ich-Erzähler näher.***

a) Notieren Sie, welche Gedanken sich der Ich-Erzähler macht.

b) Erläutern Sie, worin sich die von ihm wahrgenommenen Jemands unterscheiden.

c) Beschreiben Sie die junge Frau und untersuchen Sie, wie sich das Verhältnis des Ich-Erzählers zu ihr verändert.

Basiswissen | **Literarische Figuren**

Literarische Figuren sind die Handlungsträger in einem Text. Sie weisen Eigenheiten in ihren Verhaltensweisen und ihrer biografischen Entwicklung auf. Darüber hinaus zeigen sie aber auch Typisches, das verallgemeinerbar ist und sich auf reale Personen übertragen lässt. Erkenntnisse zum Wesen einer Figur gewinnen Sie aus der Untersuchung der Art und Weise, wie die Figur mit anderen kommuniziert (Figurenrede), wie sie handelt (Handlungsschritte) und wie sie durch andere Figuren charakterisiert wird. Auch die Einblicke in das innere Geschehen der Figur (erlebte Rede, innerer Monolog) sind von zentraler Bedeutung (➪ Basiswissen, S. 123).

Sprache und Stil: Bilder und Vergleiche

Von entscheidender Bedeutung für eine gute Interpretation ist die Analyse der sprachlichen Gestaltung. Untersuchen lässt sich beispielsweise, wie eine Figur spricht (➪ Basiswissen, Kapitel 1.3, S. 23 f.). Auch bildhafte Ausdrücke sind aufschlussreich für die Deutung des Geschehens und der Figurendarstellung. So wird die Denkweise und Gefühlslage der Protagonisten häufig mit Metaphern und Vergleichen zum Ausdruck gebracht (➪ Kapitel 6.4, S. 128 f.).

Beispiel: Metapher: *im Sumpf der Korruption*; Vergleich: *weiß wie die Wand*

2 ***Untersuchen Sie die Kurzgeschichte „Flug durch Zürich" hinsichtlich der Verwendung von Metaphern.***

a) Nennen Sie Metaphern, die der Autor einsetzt.

b) Beschreiben Sie, wie diese bildhaft vergleichenden Ausdrücke auf Sie wirken.

c) Interpretieren Sie die Metaphern im Hinblick auf die Situation des Protagonisten.

3 ***Untersuchen Sie den Text im Hinblick auf weitere bildhafte Ausdrücke (Vergleiche und Metaphern).***

4 ***Finden Sie zum Themenfeld „Sucht und Drogenabhängigkeit" andere Bilder und Vergleiche, die die Tragik der Situation zum Ausdruck bringen.***

5 ***Charakterisieren Sie mithilfe des Basiswissens den Ich-Erzähler. Gehen Sie dabei sowohl auf die Besonderheiten als auch auf Typisches im Verhalten des Protagonisten ein. Belegen Sie Ihre Aussagen auch anhand sprachlich-stilistischer Merkmale.***

Die Bedeutung erschließen

Aktualität untersuchen

Literatur thematisiert häufig das Zusammenleben von Menschen. Die Interpretation geht auch der Frage nach, inwieweit die dargestellten Verhältnisse für die Leser relevant sind.

Sibylle Berg: Nora hat Hunger

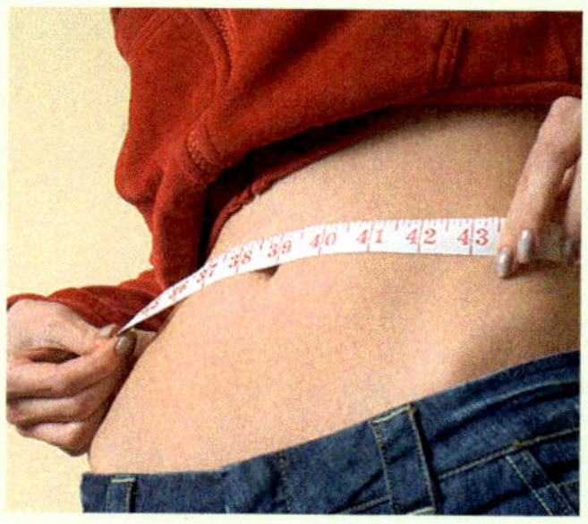

Ich wiege mich jeden Morgen. Morgens ist es immer ein bisschen weniger. Seit einem halben Jahr esse ich nur noch Gurken, Äpfel und Salat. Alles ohne Zusätze, versteht sich. Zuerst war mir übel. Ich hatte Bauchkrämpfe. Aber jetzt geht alles einfach. Wenn ich Essen rieche, habe ich keinen Hunger mehr. Mir wird direkt schlecht, wenn ich Essen rieche. Gestern waren es 40 Kilo. Ich bin 1,75 groß. Vielleicht wachse ich noch. Dünner werde ich auf jeden Fall. Ich habe es mir geschworen. Seit ich nicht mehr esse, brauche ich niemanden mehr. Meine Eltern sind fremde Personen geworden. Es ist mir egal, ob sie mich beachten oder nicht. Ich bin sehr stark. Meine Mutter hat geweint, neulich. Ich habe zugesehen, wie das Wasser ihr Make-up verschmiert hat. Ich bin rausgegangen. Es sah hässlich aus. Ich habe auch gesehen, wie dick sie ist. Sie sollte etwas dagegen tun. Ich verstecke mich in der Schule nicht mehr. Als ich noch dick war, bin ich in der Pause immer aufs Klo gegangen, damit sie mich nicht ignorieren können. Jetzt stehe ich offen da und denke mal, dass sie mich beneiden. Ich sehe noch immer nicht ganz schön aus. Ich bin immer noch zu dick. Die Arme sind gut, da ist kaum noch Fleisch dran. Ich finde Fleisch hässlich. Und die Rippen sieht man auch schon gut. Aber die Beine sind zu dick. Als ich noch richtig dick war, hatte ich irgendwie keine Persönlichkeit. Jetzt ist das anders. Ich bin innen so wie außen. Ganz fest. Mit einem Ziel ist keiner alleine, weil ja dann neben dem Menschen immer noch das Ziel ist. Ich kann mich noch erinnern, wie es war, dick zu sein. Mal ging es mir gut, und im nächsten Moment musste ich heulen und wusste nicht, warum. Ich meine, das kam mir alles so sinnlos vor. Dass ich bald mit der Schule fertig bin und dann irgendeinen Beruf lernen muss. Und dann würde ich heiraten und würde in einer kleinen Wohnung wohnen und so. Das ist doch zum Kotzen. Mit so einer kleinen Wohnung, meine ich. Das kann doch nicht Leben sein. Aber eben, wie das Leben sein soll, das weiß ich nicht. Ich denke mir, dass ich das weiß, wenn ich schön bin. Ich werde so schön wie Kate Moss oder so jemand. Vielleicht werde ich Model. Meine Mutter war mit mir bei einem Psychologen. Ein dicker, alter Mann. Mutter ließ uns allein, und er versuchte mich zu verarschen. Mich verarscht keiner so leicht. Ich hab so einiges gelesen, ich meine, ich kenne ihre blöden Tricks. Und der Typ war mal speziell blöd. „Bedrückt dich was“, hat er gefragt. Und so ein Scheiß halt, und ich habe ihn die ganze Zeit nur angesehen. Der Mann war echt fett, und unter seinem Hemd waren so Schwitzränder. Ich habe nicht über seine Fragen nachgedacht. Ich meine, was soll ich einem fremden, dicken Mann irgendwas erzählen. Einem Mann, der sich selbst nicht unter Kontrolle hat. Der frisst. Ich bin weggegangen und habe den Psychologen sofort vergessen. Ich habe ein Ziel. Ich habe vor nichts mehr Angst. Ich denke nicht mehr nach. Das ist das Beste.

1 *Untersuchen Sie die Verwendung von Personalpronomen im Text und interpretieren Sie diese.*

2 *Beurteilen Sie die Aktualität des Themas.*

Textaussage übertragen

Roland Topor: Miss-Wahl

Dieses Jahr findet die Wahl der Miss World in Mexiko statt. Bewerberinnen aus 32 Nationen landen am Flughafen und drängeln sich in dem Bus, der sie zum Palace Excelsior bringen soll, dem Ort der Veranstaltung. Unglücklicherweise kommt der Bus unterwegs von der kurvigen Bergstraße ab und stürzt in eine Schlucht. Zwölf Konkurrentinnen sind sofort tot, fünfzehn mehr oder weniger schwer verletzt.

Allgemeine Ratlosigkeit.

Soll man ein so bedeutendes Ereignis absagen, wo doch Fernsehsender aus aller Welt vor Ort schon ihre Kameras aufgebaut haben?

Die Veranstalter beschließen, so zu tun, als ob nichts wäre, und beschränken sich darauf, die Modalitäten der Zeremonie zu verändern: Das Defilee soll horizontal erfolgen, die Bewerberinnen, ob tot oder lebendig, werden, sorgfältig geschminkt und mit dem Namen ihres Herkunftslandes auf einer Banderole schräg über dem entzückenden Badeanzug versehen, von Herren im Abendanzug auf einer Liege getragen.

Und alles geht sehr gut, von den Gewissensproblemen der Jurymitglieder einmal abgesehen: Gibt es einen Punktabzug für ein fehlendes Bein? Kann man auf ein Gesicht verzichten? Müssen es unbedingt zwei Brüste sein?

Um nicht die einen auf Kosten der anderen zu bevorzugen, wurden die Lebenden vorsichtshalber betäubt und so den Toten gleichgestellt, außerdem konnte man auf diese Weise den zweifellos unerfreulichen Eindruck vermeiden, der durch Röcheln und Stöhnen hervorgerufen wird.

Die Entscheidung ist allerdings durch den Umstand erschwert, dass die liegende Stellung, in der die superben Anatomien der Jury präsentiert werden, die Anschauung nicht gerade begünstigt. Auf Bitten der Herren wird also manchmal ein Kopf gedreht, ein Bein angehoben oder eine Wunde geschlossen. Zudem erscheint es unumgänglich, die Körper umzudrehen, um nach der Vorder- auch die Rückseite in Augenschein zu nehmen.

Schließlich wird die Leiche einer 19-jährigen Blondine mit den Maßen 90-90-0, früher Wirtschaftsstudentin an der Universität von Princeton mit den Hobbys Yoga und Reiten, zur Miss Tod gekrönt.

Ein atemberaubendes Finale voller Spannung und unerwarteter Wendungen.

Einziger Makel: Böse Zungen behaupten, der Juryvorsitzende habe vor der Ausscheidung ihre Gunst genossen.

1 *Interpretieren Sie die Satire.*

a) Beurteilen Sie, welche Ereignisse in den Medien den Autor veranlasst haben könnten, eine solche Satire zu schreiben, und welche Intention er wahrscheinlich verfolgt.

b) Untersuchen Sie das Problem hinsichtlich seiner Aktualität und gesellschaftlichen Relevanz.

Basiswissen | **Textrelevanz durch Transfer erschließen**

Wenn Sie einen Text interpretieren, übertragen Sie im Transfer die Bedeutung des Textes auf unsere Wirklichkeit. Da aber jede und jeder Interpretierende eine individuelle Sichtweise auf den Text hat, gibt es nicht die einzig richtige Interpretation. Wichtig ist, dass Sie Ihre **Transferleistung durch Textbelege absichern**.

Das Verhältnis des Erzählers zum Erzählstoff

Sprache und Stil: Mittel der Distanzierung

Die sprachlich-stilistische Gestaltung eines Textes lässt sich auch im Hinblick auf die Einstellung des Erzählers (Kapitel 6.4, S. 121) zum Erzählten interpretieren.
Mit dem Stilmittel der **Ironie** bringt der Erzähler kritische Distanz zum Ausdruck. Allerdings lassen sich ironische Äußerungen oft nur aus dem Kontext erschließen. Beispiel: Du bist ja wieder sehr zuvorkommend. (Kontext: Schüler schließt die Tür zum Klassenzimmer, obwohl der Lehrer noch draußen steht.)
Auch die **Satire** übt mit Mitteln der Übertreibung, mit Ironie, Spott und scharfem Witz Kritik an Personen und Ereignissen.

2 *Untersuchen Sie, mit welchen sprachlichen Mitteln der Verfasser arbeitet, um seine satirische Intention deutlich zu machen.*

Basiswissen **Groteske**

Die groteske Darstellung verlässt die Wirklichkeit und schildert eine Welt des Paradox-Widersprüchlichen.

Das Wesen des Grotesken

Carl Pietzcker definiert das Groteske als „die Struktur, in der die Erwartung, ein Sachverhalt werde in einer bereits bekannten Weise gedeutet, enttäuscht wird, ohne dass eine weitere, angemessene Deutungsweise bereitsteht.“[1] Eine solche Struktur bewirkt, dass der, der sie erfährt, einer Wirklichkeit ausgesetzt ist, die er nicht versteht, d. h., die seinem Erwartungshorizont nicht entspricht und folglich seine Weltorientierung erschüttert. Die Welt erscheint ihm fremd oder gar unheimlich. Dazu tritt das Grauen, das entsteht, weil man der fremden Realität nicht mit speziellen Erfahrungswerten, d. h. mit Autorität, entgegentreten kann. Das Ich steht dem Neuen praktisch schutzlos gegenüber. Die Intensität des Grauens hängt von der Stärke seiner Bedrohung ab. Zum Grauen gehört immer das Lachen, welches eine Form von Selbstschutz darstellt. Es macht das Grauen erträglich, indem es eine gewisse Distanz zu der Bedrohung des Grauens schafft. [...]

Um den Verlust der Weltorientierung hervorrufen zu können, bedarf es seitens des Verfassers der Kenntnis über den Erwartungshorizont in der Gesellschaft, so dass das Groteske zwingend auf die Gesellschaft bezogen ist. Das Groteske ist also als etwas Gesellschaftskritisches anzusehen. Es verleitet, sein eigenes, von der Gesellschaft geprägtes Verhalten, kritisch zu überdenken.[2]

Bei einer bildlichen Darstellung eines grotesken Körpers bzw. Leibes sind all die Körperteile von Bedeutung, die hervor- oder offenstehen. Die hervorstehenden Teile des Körpers lassen den Leib über sich in einen anderen Leib hinauswachsen. Er überschreitet seine eigenen Grenzen. Die offen stehenden Körperteile, vorrangig der Mund, verschlingen die Welt, überwinden also die Grenze zwischen Leib und Welt und stehen mit ihr im Austausch (z. B. Essen – Ausscheidungen). [...]

1 Pietzcker, Carl, Das Groteske. In: Best, Otto: Das Groteske in der Dichtung, Darmstadt 1980, S. 87
2 Vgl. Pietzcker, C.: a. a. O., S. 93

3 *Fassen Sie die im Text genannten Merkmale des Grotesken zusammen.*

4 *Untersuchen Sie den Text „Miss-Wahl“ hinsichtlich grotesker Elemente und ihrer Wirkung.*

Erzähltechnik und Sprache analysieren

Der Erzähler

Nicht selten wird der Autor eines literarischen Textes mit dem Erzähler im Text verwechselt. Der Erzähler ist aber Fiktion und erfüllt innerhalb des Erzählvorganges die wichtige Funktion, den Erzählstoff zu präsentieren. Das kann auf unterschiedliche Weise geschehen.

Text 1:

[...] Er schüttelte sich, schluckte. Er trat sich auf den Fuß. Dann nahm er einen Anlauf und saß in der Elektrischen. Mitten unter den Leuten. Los. Das war zuerst, als wenn man beim Zahnarzt sitzt, der eine Wurzel mit der Zange gepackt hat und zieht, der Schmerz wächst, der Kopf will platzen. Er drehte den Kopf zurück nach der roten Mauer, aber die Elektrische sauste mit ihm auf den Schienen weg, dann stand nur noch sein Kopf in der Richtung des Gefängnisses. Der Wagen machte eine Biegung, Bäume, Häuser traten dazwischen. Lebhafte Straßen tauchten auf, die Seestraße, Leute stiegen ein und aus. In ihm schrie es entsetzt: Achtung, Achtung, es geht los. Seine Nasenspitze vereiste, über seine Backe schwirrte es. [...]

(Alfred Döblin „Berlin Alexanderplatz")

Text 2:

[...] Meine zwei Hände begannen einen Kampf. Das Buch, in dem ich gelesen hatte, klappten sie zu und schoben es beiseite, damit es nicht störe. Mir salutierten sie und ernannten mich zum Schiedsrichter. Und schon hatten sie die Finger ineinander verschränkt und schon jagten sie am Tischrand hin, bald nach rechts, bald nach links, je nach dem Überdruck der einen oder der andern. Ich ließ keinen Blick von ihnen. Sind es meine Hände, muss ich ein gerechter Richter sein, sonst halse ich mir selbst die Leiden eines falschen Schiedsspruchs auf. [...]

(Franz Kafka „Oxforder Oktavheft 2")

Text 3:

In einem Hafen an einer westlichen Küste Europas liegt ein ärmlich gekleideter Mann in seinem Fischerboot und döst. Ein schick angezogener Tourist legt eben einen neuen Farbfilm in seinen Fotoapparat, um das idyllische Bild zu fotografieren: blauer Himmel, grüne See mit friedlichen schneeweißen Wellenkämmen, schwarzes Boot, rote Fischermütze. Klick. Noch einmal: klick. Und da aller guten Dinge drei sind und sicher sicher ist, ein drittes Mal: klick. Das spröde, fast feindselige Geräusch weckt den dösenden Fischer, der sich schläfrig aufrichtet, schläfrig nach einer Zigarettenschachtel angelt; aber bevor er das Gesuchte gefunden, hat ihm der eifrige Tourist schon eine Schachtel vor die Nase gehalten, ihm die Zigarette nicht gerade in den Mund gesteckt, aber in die Hand gelegt, und ein viertes Klick, das des Feuerzeuges, schließt die eilfertige Höflichkeit ab. Durch jenes kaum messbare, nie nachweisbare Zuviel an flinker Höflichkeit ist eine gereizte Verlegenheit entstanden, die der Tourist – der Landessprache mächtig – durch ein Gespräch zu überbrücken versucht. [...]

(Heinrich Böll „Anekdote zur Senkung der Arbeitsmoral")

1 ***Untersuchen Sie, ob und wie sich der Erzähler in den jeweiligen Textauszügen zu erkennen gibt. Beschreiben Sie, wo möglich, sein Verhältnis zu dem, was er erzählt.***

Der Erzähler

Basiswissen | **Erzählperspektive**

Das wesentliche Merkmal eines epischen (erzählenden) Textes ist der Erzähler, der die Geschichte erzählt. Er ist streng von der Autorin oder dem Autor zu trennen. Mit der Entscheidung für einen bestimmten Erzähler oder eine Erzählperspektive sind auch weitere Merkmale des Erzählens (Erzähltechnik) verbunden.

Erzählperspektive	Erläuterung	Beispiele
auktorial	Dieser Erzähler steht über dem Handlungsverlauf, weil er ihn rückblickend erzählt und über alle Ereignisse informiert zu sein scheint. Es ist möglich, dass er sich dem Leser zu erkennen gibt und die Motive für den Erzählvorgang darlegt. Er vermag das Innenleben seiner Figuren transparent zu machen. Er lenkt den Leser z. B. mit Kommentaren zum Geschehen, mit Urteilen über Figuren und Vorausdeutungen von Ereignissen.	Patrick Süskind: Das Parfüm *[...] Da wir Madame Gaillard an dieser Stelle der Geschichte verlassen und ihr auch später nicht mehr begegnen werden, wollen wir in ein paar Sätzen das Ende ihrer Tage schildern [...]. Gottseidank ahnte Madame Gaillard nichts von diesem ihr bevorstehenden Schicksal, als sie [...]*
personal	Der Erzähler bildet mit einer oder abwechselnd mit verschiedenen Figuren jeweils eine Einheit, d. h., er betrachtet das Geschehen aus deren Sicht und nicht aus einer allwissenden Perspektive. Da diese Erzählhaltung die Unmittelbarkeit des Erlebens und Fühlens von Figuren besonders intensiv zum Ausdruck bringen kann, wird dieses Erzählverhalten dort bevorzugt, wo die Identifikation von Figur und Leser angestrebt wird.	Peter Grosz: Unerlaubter Weitschuss *[...] Sie sind da. Pille kann das sehen. Was draußen ist, sieht er sowieso besser als das, was hier drin geschieht. Auch wenn die Rollläden fast heruntergelassen sind. Alles nur wegen dieser öden Dias. Wen juckt's, was vor mehr als fünfzig Jahren in einem Hinterhaus in der Prinsengracht in Amsterdam abgegangen ist, wenn draußen ein Auto vorfährt. Lass ihn die Dias zeigen; lass ihn reden, den Grönaz [...].*
Ich-Erzählperspektive	Der Erzähler tritt als Teil der erzählten Welt auf und ist die Figur, die das Erzählte zugleich unmittelbar erlebt und erzählt oder rückblickend präsentiert. Der zeitliche Abstand zwischen Erleben und Erzählen kann dabei sehr groß sein. Das eigene Fühlen und Denken wird in Form von Monologen oder inneren Monologen transparent gemacht, während das Innenleben der anderen Figuren weitgehend verschlossen bleibt.	Thomas Hürlimann: Der Liebhaber der Mutter *[...] Die Jahre vergingen. Ich trieb mich herum. Mein Studium scheiterte. Eines Abends kehrte ich in meine Heimatstadt zurück, müde und kaputt, ohne Geld. Ich setzte mich in eine Bar. Neben mir saß ein Herr, wir kamen ins Gespräch [...] Eine Sekunde stutzte ich. Dann war mir alles klar. Unsere Mutter hatte gewusst, dass sie ihre Verliebtheit vor der Familie nicht verbergen konnte [...].*

2 *Schreiben Sie einen der Texte um, indem Sie eine andere Erzählperspektive wählen. Untersuchen Sie die Unterschiede.*

Darbietungsformen des Erzählens

Für die Interpretation eines Textes ist nicht nur die Beantwortung der Frage nach dem Erzähler von Bedeutung, sondern auch, wie das Erzählte präsentiert wird. Der Erzähler kann – je nach Erzählperspektive – das Geschehen selbst präsentieren oder die Figuren sprechen lassen. Die folgenden Sätze stammen aus der Kurzgeschichte „Der letzte Auftritt" von Thomas Hürlimann:

Außer diesem Schminkkoffer hatte sie nichts mehr, und sie hatte Hunger, und sie war müde, zum Sterben müde. Sie schleppte ihren Schminkkoffer vom Bahnhof durch die Stadt in den Biergarten. „Ich habe nicht gelogen", sagte sie leise, „ich habe noch einmal gespielt."

1 ***Untersuchen Sie die drei Sätze hinsichtlich der Vorgehensweisen des Erzählers.***

a) Ermitteln Sie zunächst, wer erzählt (Erzähler, Figuren).

b) Welche Informationen lassen sich einer äußeren Handlung zuordnen, welche einer inneren?

Zu dem folgenden Auszug aus dem Band „Ostwestberlin" von Hans Joachim Schädlich wurden noch zwei Erzählvarianten verfasst.

Am frühen Abend des achtundzwangzigsten Februar betrat der junge Handelsreisende Saller die kleine Halle des Bahnhofs von Schwäbisch-Hall, einem Ort in der Nähe Stuttgarts. [...] Er betrachtete den Fahrplan, suchte die Abfahrtszeit des Zuges, mit welchem er in das nahe Stuttgart fahren wollte, sah auf die Uhr über der Tür und warf einen schnellen Blick auf den Mann.

Variante 1: *Saller war froh, endlich das Bahnhofsgebäude in Schwäbisch-Hall erreicht zu haben. Er hoffte, nicht allzu lange auf den Zug nach Stuttgart warten zu müssen, und vergewisserte sich, dass der Zug, den ihm die nette Sekretärin seines Chefs herausgesucht hat, tatsächlich auch fahren würde. Ein Blick auf den Fahrplan und Saller war erleichtert. Er freute sich auf den Feierabend.*

Variante 2: *Was bin ich froh, endlich hier am Bahnhof zu sein. Hoffentlich muss ich nicht lange auf den Zug warten. Ich hasse es, am Bahnhof zu stehen. Mal schauen, was der Fahrplan sagt. Wie spät ist es eigentlich?*

2 ***Entscheiden Sie, welche Darbietungsform des Erzählens jeweils verwendet wurde.***

Markus Orths: Kruft und Schill (Auszug)

Als Florian Kruft vom Manuskript aufblickte und aus dem Fenster sah, erschrak er, da nicht sein eigenes Spiegelbild erschien, sondern hinterm Glas der Kopf eines Mannes, der ihm fremd war. Der Mann musste ums Haus herum in den Garten gekommen sein. Er schaute zu Kruft herein und hob grüßend die Hand. Kruft öffnete das Fenster.

„Was wollen Sie hier?", rief er.

„Entschuldigen Sie, mein Name ist Sebastian Schill."

„Ja und?"

„Ich läute schon seit fünf Minuten!", sagte Schill.

Darbietungsformen des Erzählens

„Ich hab die Klingel abgestellt!", sagte Kruft.
„Es geht um die Wohnung in der ersten Etage. Die leer stehende Wohnung. Sie wissen schon!"
„Was?"
„Der Vermieter hatte Ihnen doch den Schlüssel gegeben, damit ich mir die Wohnung mal anschauen kann."
„Ach so!", sagte Kruft. „Richtig. Hatte ich vergessen. Kommen Sie zur Tür!" [...]

3 ***Vergleichen Sie anhand des Textauszuges aus „Kruft und Schill" die verschiedenen erzähltechnischen Mittel und beschreiben Sie deren Wirkung.***

a) Bestimmen Sie in dem Textauszug alle verwendeten Darbietungsformen des Erzählens.

b) Schreiben Sie den Textauszug ausschließlich als Erzählbericht. Vergleichen Sie Ihr Ergebnis hinsichtlich der Wirkung mit dem Original.

Basiswissen — **Darbietungsformen des Erzählens**

Formen der Darbietung	Erläuterung	Beispiel
Erzählbericht	Der Erzähler vermittelt den Handlungsverlauf, d. h. das miterlebte, beobachtete oder in Erfahrung gebrachte Geschehen. Dieser Bericht kann Beschreibungen z. B. von Figuren, Orten, Ereignissen enthalten. Je nach Erzählhaltung präsentiert er das Geschehen als objektiver Betrachter (personal) oder er streut Kommentare und Beurteilungen ein (auktorial, Ich-Erzähler).	(siehe Beispiele zu den Erzählhaltungen)
Figurenrede	Der Erzähler lässt die Figuren zu Wort kommen. Dazu hat er verschiedene Möglichkeiten:	
• **szenisches Erzählen**	Der Erzähler tritt weitgehend in den Hintergrund. In der Textinterpretation spielen szenische Passagen häufig eine zentrale Rolle, weil durch die Art und Weise der Kommunikation die Figuren ihr Inneres sowie ihr Verhältnis zueinander transparent werden lassen.	Markus Orths: „Kruft und Schill" *[...] „Was wollen Sie hier?", rief er. „Entschuldigen Sie, mein Name ist Sebastian Schill." „Ja und?" „Ich läute schon seit fünf Minuten!", sagte Schill. [...]*
• **erlebte Rede**	Wiedergabe von Gedanken und Gefühlen in der 3. Person	Franz Kafka: „Der Prozess" *[...] „War noch Hilfe? Gab es Einwände, die man vergessen hatte? [...] Wo war der Richter, den er nie gesehen hatte?"*
• **innerer Monolog**	Hier gibt die Figur in der Ich-Form wieder, was sie denkt und fühlt.	Gabriele Wohmann: „Flitterwochen, dritter Tag" *[...] ich fühlte nun doch ziemlich genau, daß es mir zusagte, das Ganze, [...]*

Die Sprachanalyse

Beim Interpretieren kommt es nicht nur darauf an zu deuten, was Figuren sagen und welche erzähltechnischen Mittel verwendet werden, sondern auch, wie etwas gesagt wird.

Gabriele Wohmann: Der Antrag

– Ohne Zweifel bin ich in einem halben Jahr aus dem Gröbsten heraus, sagte er, und aus selbstbewußt gekräuselten Lippen, doppeldeutig, setzte er hinzu: Sie wissen ja, was „das Gröbste" bei mir heißt.

– Nein.

Sie unterdrückte ein Gähnen, blinzelte in die schwitzende Luft: schwere, feuchte, flimmernde Decke auf ihren Körpern, die im Sand lagen.

Etwas beleidigt sagte er:

– Andere Leute würden meine Situation nämlich nicht so bezeichnen. Es geht mir nicht schlecht, wie Sie wissen, bald wirds mir noch besser gehen. Andere Leute würden sagen: hervorragend.

Grob und hervorragend. Kann er lachen außer über seine Anspielungen? Wird immer zufrieden sein in und mit sich selbst. Sie wälzte sich auf die Seite, machte die Augen ganz auf, betrachtete ihn mit genießerischem Unbehagen: weich, gelblich-weiß, Kinderhaut.

Er saß im Sand, in kurzer Hose und weißem Hemd, feingliedrig und klein. Sein Kopf, schlecht behaart und empfindlich, zartviolett unter dem kärglichen Bewuchs, war zu groß für den schmächtigen Leib, der Mund formte feuchte bedächtige Worte, die Augen, listig und verwundbar, sahen nach innen, durchstreiften die Gänge, Treppen und Säle seiner zweistöckigen Privatschule. In der rechten Hand drehte er einen Kugelschreiber.

Sie sah weg, aufs Meer, fand es beleidigend in seiner prätentiösen Färbung, so tiefes Blau, so weiße Schaumkronen. Ein Mann umarmte ein Mädchen, küßte es nachdenklich.

Neben ihr, dicht an ihrem Auge, drehte sich der blaue Kugelschreiber, meerfarben, ohne Hast, in bleichgelben glatten Fingern. Ihr Scheidungsgrund? Sein spitzzulaufender Zeigefinger.

– Alles in allem steht es so, daß ich allmählich an eine gewisse Veränderung meiner Lebensumstände denken könnte, sagte er behutsam, selbstgefällig.

– Sind Sie Säufer?

Seine verständnislose Antwort drang an ihr Ohr.

– Sie wissen doch, was ich meine, liebes Fräulein Mack, zelebrierte er. Ich denke an etwas ganz Bestimmtes. Seine Stimme schwebte zwischen zwei Gedankenstrichen. Ich denke an eine grundlegende Umstellung. Natürlich bin ich gehalten, schon wegen der staatlichen Anerkennung, auch in diesem Fall auf das Solide zu sehen...

Immer noch kein Punkt. Der Mann am Wasser zog sein kreischendes Mädchen hinter sich her in die Wellen, beklatschte lustig das buntgemusterte Hinterteil, tauchte das Mädchen ins Wasser und ließ nicht ab, es zu umarmen, lächelnd kühles Salz von den warmen Lippen zu küssen. Kleine Zauberin paß auf, ich werd dich noch mal heiraten. Eine grundlegende Umstellung, auch für ihn.

– So? sagte sie beklommen.

Solide, solide, er ist gehalten, will mich halten. Nein. Nein.

– Eine Frau könnte mit mir sorglos leben, gesichert. Der Kugelschreiber notierte imaginäre Zahlen in die leise flimmernde Luft.

400 für den Haushalt, 50 Taschengeld, wenn sie zäh ist, geh ich auf 70 bis 75: so denkt er jetzt. Ohne Sorgen, ohne Freuden. Ehen ohne Liebe sollen am haltbarsten sein. Vernunft kittet den Bund der Vernünftigen. Sein spitzzulaufender Zeigefinger.

– Das ist schön, sagte sie steif.

– Es ist außerordentlich viel wert heutzutage, verbesserte er mit leisem Unwillen, ernsthaft.

– Ja ja.

Tut mir unendlich leid, bedaure sehr, aufrichtig, nein wirklich, sie müssen mir glauben: ein anderer Träger, weich-weißer Othello mordet mit dem schweißklebrigen Kugelschreiber, bohrt eine imposante Zahl in den begehrten Busen. Tüchtiges Fräulein Mack, gute Lehrerin und trotzdem repräsentativ, genau das Richtige. Nein wirklich, tut mir von Herzen leid. Gute Freunde bleiben.

Der Mann und das Mädchen kamen aus dem Wasser, spritzten, lachten ohne Bedenken, sorglos, ungesichert.

Liebe. Er wird sie verlassen nach den Tagen der Sonne. Ein emphatischer Kuß zur Erinnerung.

– Sie müssen verzeihen, wenn ich ein wenig unbeholfen bin bei derartigen Erklärungen. Aber ich könnte mir denken, daß eine Frau, eine vernünftige Frau, mehr Wert auf Geradlinigkeit und Rechtschaffenheit legt als auf Verführungskünste.

Der Mann und das Mädchen legten sich platt in den Sand, er halb über sie, sein Kopf auf ihren Kopf, ernst war er, streng sein Mund, heftig, sie gluckste leise lockendes Lachen in kurzen Stößen aus dem Zwerchfell.

Alter Casanova, du! Hasts doch gern, was? Ja ja ja, ich glaub, ich habs gern.

Sie stand auf.

– Es wird zu heiß, sagte sie aus trockenem Gaumen.

Er folgte, einverstanden tappten die gewissenhaften Beine – Zwiespalt, Paradoxon im Sand, sorglos besorgt – hinter ihr her über die Holztreppe auf die Strandpromenade. Der glühende Sand brannte ihre Fußsohlen, sie hob sie schnell, setzte sie vorsichtig wieder auf. Im Schatten eines Sonnenschirms auf der Terrasse des Strandcafés nahmen sie Platz. Viele germanische Beine, nackte Oberschenkel, die auf den Rillen der Gartenstühle breit ruhten, schwitzende Bäuche füllten sich mit Eis.

– Auch das könnte meine Frau haben, mehrwöchige Ferien jedes Jahr am Meer, wenn sie das wünscht, oder in den Bergen, die mir persönlich mehr liegen.

– Ein schönes Leben, sagte sie.

Tut mir leid, wirklich, ganz von Herzen. Ja, ja, ein anderer. Sie kennen ihn nicht, ich auch nicht, einer, auf den ich warte. Nein, bestimmt, es geht nicht.

– Sie wissen, warum ich Ihnen das alles erzähle. Gewiß nicht, um Sie an Ihrem freien Wochenende zu langweilen, mit irgendwelchen Problemen, die Ihnen gleichgültig sind.

Sie sah weg.

Sorglos. Sein spitzzulaufender Zeigefinger. Der boshafte Schrei einer Möwe, wütender Alarm; heiße Luft, bläulicher, zitternder Dunst unten am Strand, träge warme Glieder geben sich sorglos gefährdet kaltklatschenden Wellen hin.

Sie zwängte ihr Eis durch die verklemmte Kehle, zugeschnürt, trocken.

Viele solcher Sommer. Schwitzen uns sorglos besorgt durch die Urlaubstage. Nein, nein, ich

Die Sprachanalyse

bedauere, es ist unmöglich.

Seine warme feuchte Hand legte sich auf ihre, spitzzulaufende Finger mit achtsam gefeilten, zu langen Nägeln umschlossen ihre ängstliche, abweisende Faust.

– Wollen Sie meine Frau werden?

Kreischender Alarm aus der Möwenkehle flog zurück, hungrige runde Augen bohrten sich höhnisch in ihren Blick, Flügel zerfetzten die dürre Luft, ein bißchen Wind. Fern am Strand zwei bunte Punkte, ein Mann und ein Mädchen, fast nicht zwei Personen.

– Ja, sagte sie und senkte den kühlen Alpakalöffel ins Eis. R

1 ***Fassen Sie kurz zusammen, worum es in dem Text von Gabriele Wohmann geht.***

2 ***Vergleichen Sie den inneren Monolog der Frau mit ihrem Sprachverhalten dem Mann gegenüber. Welche Wirkung hat diese sprachliche Gestaltung auf Sie?***

3 ***Verfassen Sie eine Sprachanalyse, indem Sie sprachliche Auffälligkeiten (→ S. 128 f.) herausarbeiten und ihre Wirkung untersuchen, zum Beispiel:***
Trias: schwere, feuchte, flimmernde Decke – versteckter Superlativ: hervorragend – Antithese: grob und hervorragend – Ellipse: Sein spitz zulaufender Zeigefinger

Das folgende Muster zeigt, wie die Ergebnisse einer Sprachanalyse in die Textinterpretation einfließen.

Muster

Die Art und Weise, wie die Figuren miteinander sprechen, steht in krassem Widerspruch zu den Gefühlen und Gedanken der Protagonistin, die als innerer Monolog formuliert sind. Während der Heiratsantrag seinen formal richtigen Gang geht und dabei eher an eine Werbeveranstaltung für nur schwer zu verkaufende Ramschartikel erinnert, wird der innere Protest gegen eine Annahme des Antrags immer lauter: „Tut mir leid, wirklich, ganz von Herzen. Ja, ja, ein anderer. Sie kennen ihn nicht, ich auch nicht, einer, auf den ich warte. Nein, bestimmt, es geht nicht.“
So entsteht eine extreme Spannung zwischen dem recht einseitigen Dialog, den die beiden führen, und dem, was als innere Stimme formuliert wird. Dabei fallen vor allem die immer wieder eingesetzten Formulierungen im Konjunktiv II und in der Umschreibung mit „würde“ auf, in die der männliche Protagonist seine Vision von einer gemeinsamen Zukunft kleidet: „Alles in allem steht es so, daß ich allmählich an eine gewisse Veränderung meiner Lebensumstände denken könnte, sagte er behutsam, selbstgefällig.“ (Z. 26 f.)
Wohmann gelingt es, den Leser in die Irre zu führen – die Annahme des Antrags am Ende der Kurzgeschichte dokumentiert die Käuflichkeit der Frau, die bereit ist, auf Liebe, Lust und Ekstase zugunsten finanzieller Sicherheit zu verzichten.

Tipp

Arbeiten Sie immer wieder Zitate in Ihren Interpretationsaufsatz ein. Sie verhindern dadurch, dass Sie sich zu weit vom Text entfernen und in eine Fehlinterpretation geraten. Hinweise zum Zitieren finden Sie auf S. 133.

Einen Text beurteilen

Im Schlussteil einer Textinterpretation ist es Ihnen erlaubt, zum Inhalt und zur sprachlichen Gestaltung des literarischen Textes wertend Stellung zu nehmen.

Hier ein Beispiel für eine Schlussformulierung zur Kurzgeschichte „Der Antrag“.

Muster

Gabriele Wohmann gelingt mit ihrer Kurzgeschichte ein äußerst kritischer Blick auf die Institution Ehe, die sie als Zweckgemeinschaft jenseits von Liebe und Romantik darstellt. Diese enthüllende Schilderung spricht den Leser an, reizt aber auch zum Widerspruch, denn die von ihr geschaffenen Protagonisten sind so voller Defizite, dass man ihnen eigentlich jede Reife, eine dauerhafte Beziehung einzugehen, absprechen muss.
Ein Gegengewicht zu der ernsten Thematik erfährt die Darstellung durch die raffinierte Erzähltechnik und die sprachliche Gestaltung. Denn sowohl der innere Monolog wie auch die szenischen Einschübe, in denen von dem Liebespaar am Strand erzählt wird, schaffen eine Gegenwelt: Hier der Antragsteller, der seine Pläne offenbart wie ein Bauprojekt, das zu einem Abschluss kommen soll; auf der anderen Seite eine Welt voller Erotik, Glück und Spaß. Allerdings ist dem Leser auch klar, dass die weibliche Protagonistin diese Welt nicht erlebt, sondern sie sozusagen aus der Perspektive des Voyeurs zu betrachten gezwungen ist. Wohmann hält so dem Leser einen Spiegel vor Augen, ohne dabei aufdringlich zu werden; und vielleicht fragt sich der eine oder andere nach der Lektüre der Kurzgeschichte, wie wohl er an der Stelle des Fräulein Mack gehandelt hätte. Denn auch wenn es eine unangenehme Erkenntnis sein dürfte: Immer noch gibt es zu viele Eheschließungen, in denen der finanzielle Aspekt der sozialen Absicherung eine zu große Rolle spielt – deshalb ist Wohmanns kleine, aber gemeine Kurzgeschichte nach wie vor aktuell.

Beurteilung der literarischen Bewältigung des Themas und der Figurendarstellung

Beurteilung von Erzähltechnik und Sprache

mögliche Reaktionen des Lesers
Schlussbeurteilung

1 ***Beurteilen Sie den Mustertext. An welchen Stellen wird deutlich, dass es sich um eine subjektive Einschätzung der Kurzgeschichte handelt?***

2 ***Schreiben Sie eine Schlussformulierung zum Text „Miss-Wahl“ auf Seite 118.***

Tipp

Formulieren Sie Ihre Beurteilung durchaus kritisch, aber angemessen, d. h., begegnen Sie der kreativen Leistung der Autorin oder des Autors mit Respekt. Unterscheiden Sie zwischen einer Qualitätsbeurteilung, die an Kriterien gebunden ist und durchaus allgemeingültige Aussagekraft besitzen kann, und einer Meinungsäußerung, in der Sie Ihren subjektiven Geschmack zum Ausdruck bringen.

Basiswissen – Die Beurteilung eines literarischen Textes

Der Schlussteil eines Interpretationsaufsatzes ist der subjektivste Teil Ihrer Textinterpretation. Hier können Sie zur Aktualität und Relevanz des Erzählstoffs (Transfer) sowie zur Qualität seiner erzähltechnischen und sprachlichen Gestaltung Stellung nehmen. Auch die Beschreibung Ihrer persönlichen Leseerfahrung kann hier Eingang finden. Die Beurteilung der Qualität des Textes sowie die Darstellung Ihres subjektiven Bezugs dazu gelingen umso überzeugender, je nachvollziehbarer Ihre Begründungen sind.

Sprachliche Mittel

Basiswissen | **Sprachliche Mittel und ihre Wirkung**

Wenn Sie einen Text in Bezug auf seine sprachliche Gestaltung untersuchen, dann achten Sie auf sprachliche Besonderheiten und Auffälligkeiten. Das können sein:

- die **Sprachvarietäten**, z. B. Umgangssprache, Standardsprache, Fachsprache, Jugendsprache, Dialekt
- die **Wortwahl:** besondere Häufungen von Adjektiven (auch Superlativen), Nomen (Nominalstil), Verben (auch in Form von Imperativen oder Konjunktiven); seltene Wörter, Zusammensetzungen, Wortspiele, Aufzählungen, Wiederholungen, Redensarten; sprachliche Bilder, wie z. B. Metaphern, Vergleiche, Personifikationen; laut- bzw. klangmalerische Wörter, Wortgruppen zur Veranschaulichung von Geräuschen, z. B. knattern, quiecken, Kuckuck, Matsch
- der **Satzbau:** kurze, lange oder unvollständige Sätze

Als **rhetorische Figuren** bezeichnet man Stilmittel, bei denen bestimmte Satzformen, Wiederholungen, Aufzählungen, Gegensätze, Verkürzungen meist schon seit der Antike bekannt und festgelegt sind und die eine besondere Wirkung hervorrufen sollen. Solche Wirkungen können z. B. sein: mehr Anschaulichkeit, Eindringlichkeit, Betonung, Aufforderung, Einbeziehung des Adressaten, Spannung und Distanz.

Rhetorische Figuren werden besonders in der Lyrik, in öffentlichen Reden und in der Werbung eingesetzt.

Wenn Sie die für einen Text charakteristischen sprachlichen Auffälligkeiten herausgefunden haben, deuten Sie deren Wirkung in Verbindung mit den inhaltlichen Aussagen; oft werden auch literarische Figuren durch den Gebrauch einer bestimmten Sprachebene oder sprachlicher Besonderheiten charakterisiert.

Im Folgenden erhalten Sie eine Übersicht über die wichtigsten **rhetorischen Figuren.**

Rhetorische Figur	Definition	Beispiel
Alliteration	Mehrere Wörter beginnen mit dem gleichen Buchstaben.	*Lachen, Lust und Liebe*
Anapher	Mehrere Sätze oder Satzteile beginnen mit dem gleichen Wort.	*Man sagt es, man tut es, man schweigt.*
Antithese	Gegensatzpaare	*Der Starke weiß um seine Schwäche.*
Chiasmus (➪ vgl. S. 258)	Überkreuzstellung von syntaktisch (Satzbau) oder semantisch (Bedeutung) entsprechenden Satzteilen	*Rot ist die Liebe, der Hass aber schwarz.*
Correctio	Korrektur eines Ausdrucks	*Ich glaube, nein, ich weiß, was du fühlst.*
Ellipse	Satzfragment (unvollständiger Satz: Auslassung eines Satzteils/Wortes)	*Endlich Feierabend!*
Epipher	Wiederholung eines Wortes oder einer Wortgruppe am Ende mehrerer Sätze oder Satzteile (Gegensatz: Anapher)	*Ihm fehlt der Mut, ihr fehlt der Mut, aber wir brauchen ihn – den Mut.*
Euphemismus	beschönigende Umschreibung	*Die Mode für Vollschlanke.*

Sprachliche Mittel

Rhetorische Figur	Definition	Beispiel
Hyperbel	(starke) Übertreibung	*unbeschreibliche Gewinnchancen*
Inversion	Umstellung von Satzgliedern oder gewöhnlichen Wortfolgen, um sie hervorzuheben	*Zu deinem Glück zwingen muss man dich.*
Ironie	Das Gesagte hat die entgegengesetzte Bedeutung des Gemeinten.	*Wenn man Freunde wie dich hat, braucht man keine Feinde.*
Klimax	Steigerung	*Er geht, er läuft, er rennt.*
Litotes	Bejahung durch doppelte Verneinung oder durch Verneinung des Gegenteils	*Nicht schlecht, wie er das gemeistert hat.*
Metapher	verkürzter Vergleich, der ohne das Vergleichswort „wie“ gebraucht wird	*Meer der Begeisterung*
Oxymoron (➪vgl. S. 258)	direkte Verbindung von zwei Wörtern, deren Bedeutung gegensätzlich ist	*wohliger Schmerz*
Parallelismus	Wiederholung gleicher syntaktischer Fügungen	*Sie frühstückten spät, sie schwammen viel, sie erholten sich gut.*
Parenthese	Einschub eines Wortes, Satzes, einer Wortgruppe in einen Satz zur Unterbrechung des Gedankenablaufs	*Jetzt wird er – aber das wissen wir – wieder klagen.*
Personifikation	einem Gegenstand werden menschliche Eigenschaften zugeordnet	*Mütterchen Russland*
Pleonasmus	überflüssige Wiederholung eines Bedeutungsmerkmals des Bezugswortes	*Wald voller Bäume*
Rhetorische Frage	Scheinfrage, auf die keine Antwort erwartet wird	*Glauben Sie, wir hätten nicht daran gedacht?*
Synekdoche	Statt eines Teils wird das Ganze oder statt des Ganzen ein Teil bezeichnet.	*Wir brauchen jede Hand.*
Trias	Dreierfigur	*Jeder eilt und drängt und flüchtet.*
Vergleich	Verknüpfung zweier Bedeutungsbereiche durch Hervorhebung des Gemeinsamen	*wie eine Erdbeere so rot*
Wiederholung	mehrfache Nennung eines Wortes	*Brot schmeckt, Brot stärkt, Brot ist auch gesund.*

Die Interpretation schreiben

Peter Bichsel: Die Löwen

Auch der Großvater wollte Dompteur werden, um all die zu ärgern, die ihm nichts zutrauten, um alle zu ärgern. Davon erzählte er nie. Er hielt sich auf einem kleinen Weiher Enten. Nun ist er tot, er trank zu viel. Einmal in seinem Leben muss er erkannt haben, dass er kein Dompteur wird. Seit jener Stunde fand er den Eintritt in den Zirkus zu teuer.
Er heiratete ein schönes Mädchen und machte sich in einem Kalender Notizen über das Wetter, Temperatur und Windstärke. Nach seinem Tode wurde sein Geld geteilt. Nun haben alle ein Stück Großvater.
Ein Leser des Tagblattes fragte kürzlich bei der Redaktion an, ob es wohl möglich sei, mit 43 Jahren und ohne Vorkenntnisse das Flötenspiel zu erlernen. Zufälligerweise, antwortete man ihm, kenne man jemanden, der es noch mit 64 lernte, allerdings: Ausdauer, Liebe, Geduld.
Als er starb, war er niemand mehr. Er wurde kleiner, verlor die Eitelkeit, mehr und mehr den Verstand, die Kraft, das Wasser zu halten, die Fähigkeit, die Schuhe zu binden, und als er starb, war er niemand mehr. Er war tot geworden.
Im Alter besuchte er viele Beerdigungen, saß gerührt und unbeteiligt in der Kirchenbank und drehte den Hut in der Hand.
Sein Schlaf war unregelmäßig, er schlief viel und überall ein und erwachte kurz darauf wieder. Die Löwen waren aus seinen Träumen verschwunden und mit ihnen die Träume selbst. Er wusste nicht mehr, wie die schönen Mädchen sind, und gab der Kellnerin zu viel Trinkgeld. Nun ist sein Geld geteilt. Die Enkel haben die Löwen mitgenommen und sie sorgfältig unter ihren Betten versteckt. Es war gut für ihn und für uns.
Man fragte den Großvater nie etwas, er war nicht weise geworden. Aber alt war er geworden. Das ist sehr wichtig, dass man alt wird. Es würde weh tun, die Löwen verlassen zu müssen. Die Löwen waren leise gegangen, der Großvater bemerkte es nicht. Er ist tot, weil er zu viel trank.

1 ***Bereiten Sie die Interpretation der Parabel „Die Löwen" mit einer kreativen Schreibaufgabe vor.***

a) Notieren Sie, was Ihnen zu den Begriffen *Zirkus, Löwen, Dompteur* spontan einfällt.
b) Überlegen Sie, welche Bedeutung der Zirkus für den Großvater gehabt haben könnte.
c) Schreiben Sie eine fiktive Artisten-Biografie.
d) Schreiben Sie nun eine Biografie des Großvaters und vergleichen Sie beide Texte.

2 ***Interpretieren Sie den Text „Die Löwen".***

a) Arbeiten Sie heraus, weshalb der Großvater sich entscheidet, ein solches Leben zu führen.
b) Erläutern Sie, welche Rolle die Löwen spielen.
c) Beschreiben Sie die Erzählperspektive.
d) Untersuchen Sie sprachliche Auffälligkeiten und beschreiben Sie ihre Wirkung.

Muster

Die von Peter Bichsel verfasste Parabel „Die Löwen“ ist in seinem Buch „Eigentlich möchte Frau Blum den Milchmann kennenlernen“ 1964 in Olten erschienen und thematisiert das existenzielle Problem des Scheiterns an der Selbstverwirklichung.

inhaltliche Zusammenfassung mit Informationen zu Verfasser, Textsorte, Titel, Quelle und Thema

Im Mittelpunkt der Parabel steht der verstorbene Großvater, dessen Leben rückblickend beschrieben wird. Dieser Großvater habe als Kind zum Zirkus gehen und Dompteur werden wollen; im weiteren Verlauf seines Lebens, so die knappe Zusammenfassung des Erzählers, verwirklicht er diesen Traum jedoch nicht, sondern heiratet, hat zwei Hobbys, wird zum Alkoholiker und stirbt in hohem Alter. Zunächst ohne erkennbaren Zusammenhang wird noch von der Anfrage eines Lesers an eine Zeitung berichtet, in welcher es darum geht, ob es eine Altersobergrenze für das Erlernen eines Musikinstrumentes gebe.

Der Aufbau der Geschichte ist durch die Anlage des Textes als Kurzbiografie bestimmt, dabei bilden der vierte Satz (Z. 5 f.) und der fast identische letzte Satz die formale Klammer. Dennoch scheint es Bichsel wichtig, den Leser in seiner Rezeption zu stören; so fügt er die Leseranfrage in den Lebenslauf collagenhaft ein und schafft dadurch Irritation; denn die Frage, in welchem inhaltlichen Zusammenhang die Anfrage und die Lebensbeschreibung stehen, bleibt zunächst ungeklärt.

kurze Informationen zum Aufbau des Textes

Bereits der erste Satz der Parabel zeigt die Tragödie, die Bichsel dem Leser mit der Lebensgeschichte des Großvaters vor Augen führt: Offensichtlich in einer Familie aufgewachsen, in der es an Zuwendung und Liebe fehlt, entsteht in dem Jungen der Wunsch, zum Zirkus zu fliehen und dort Dompteur zu werden. Dieser typische Kindheitstraum wird aber damit begründet, dass der Junge seine Familie ärgern möchte:

„[...] um all die zu ärgern, die ihm nichts zutrauten, um alle zu ärgern.“ (Z. 2 f.)

Die Erkenntnis, dass sich diese Hoffnung nicht realisieren lässt, führt zu einem Abwehrmechanismus, der sich in einer Scheinrationalisierung manifestiert: Er findet den Eintritt zu teuer (vgl. Z. 10 f.). Auch die weitere Biografie verläuft ähnlich frustrierend wie die Kindheit; statt sich den Gefahren der Löwenbändigung auszusetzen, beschäftigt sich der Mann mit Enten. Selbst die Heirat bringt keine Wende im Leben des Mannes, sie wird vom Erzähler nur beiläufig erwähnt:

Interpretation als Figurencharakteristik

„Er heiratete ein schönes Mädchen und machte sich in einem Kalender Notizen über das Wetter [...].“ (Z. 12 f.)

Auch im weiteren Leben des Großvaters scheint es nicht zu intensiven Beziehungen der Liebe und Freundschaft gekommen zu sein. Dies lässt sich daran erkennen, dass die Rede davon ist, man habe nach seinem Tod sein Erbe aufgeteilt (vgl. Z. 13), aber kein Wort darüber verloren wird, dass jemand um ihn trauert.

Die Synekdoche „ein Stück Großvater“ (Z. 13 f.) verschärft diesen Aspekt gescheiterter Beziehungen und zeigt die Reduktion des Menschen auf seinen materiellen Wert. Der daraus resultierende psychosoziale Tod, der dem eigentlichen Sterben vorausgeht und Folge der zunehmenden Vereinsamung ist, wird in dem „falschen“ Vorgangspassiv „Er war tot geworden.“ (Z. 20) sinnfällig. Die Löwen, die auch den Titel zu dieser Geschichte liefern, stehen in diesem Zusammenhang für die Chance, ein sinnerfülltes Leben zu gestalten, Träume zuzulassen und sie wenigstens zum Teil zu verwirklichen.

Sprachanalyse und erzähltechnische Gestaltung

Der Großvater, der im Alter körperlich und mental immer mehr abbaut, hat diese Lebensträume zu früh aus den Augen verloren: „Die Löwen waren aus seinen Träumen verschwunden und mit ihnen die Träume selbst.“ (Z. 24 f.)
Auch erzähltechnisch ist die Parabel interessant, weil sie aus der Perspektive eines Erzählers präsentiert wird, der der Familie wohl sehr nahesteht. Ihm ist es offensichtlich möglich, weit mehr über den Großvater auszusagen als alle anderen Verwandten. Die retrospektiv angelegte Kurzbiografie wird dabei aber sehr zurückhaltend, nüchtern, ja fast desillusionierend erzählt; auf bewertende oder urteilende Kommentare verzichtet der Erzähler vollkommen.
Der Protagonist scheitert im Leben, ohne dies wahrscheinlich selbst wahrzunehmen; die Frage, wer die Schuld trägt an diesem Scheitern, bleibt ungeklärt. Und dennoch ist die Parabel nicht ohne Optimismus: Der collagenhaft eingebaute Absatz (vgl. Z. 15–18) stellt einen positiven Gegenentwurf dar; es geht um die Frage, wie lange ein Mensch im kreativen Bereich, für den das Flötenspiel exemplarisch steht, Neues erlernen könne. Bichsels Appell, der sich in diesem kurzen Abschnitt erschließt, geht in die Richtung, offenzubleiben für Unbekanntes, bereit zu sein, sich in neue Tätigkeitsbereiche einzulernen, seine Vitalität mit „Ausdauer, Liebe, Geduld.“ (Z. 17 f.) zu leben.

Transfer

1 ***Beurteilen Sie den Musteraufsatz.***
a) Entspricht die Interpretation Ihrer Deutung des Textes? Notieren Sie Unterschiede.
b) Bewerten Sie den Aufbau des Aufsatzes mithilfe der Arbeitstechnik. Welcher Aspekt wurde nicht bearbeitet?
c) Formulieren Sie die fehlende Passage mithilfe des Basiswissens.

Arbeitstechnik – Eine Textinterpretation schreiben

Beim Schreiben einer Textinterpretation sollten Sie folgende Aspekte berücksichtigen:

Im **einleitenden Satz** nennen Sie Verfasser, Textsorte, Titel, Quelle und die behandelte Thematik.

Danach fassen Sie den Inhalt des Textes kurz in eigenen Worten zusammen. Hier vermeiden Sie Zitate oder wörtliche Übernahmen aus der Textvorlage.

Im **Hauptteil** beschreiben Sie die Ergebnisse Ihrer Textanalyse und Interpretation. Wichtige Aspekte sind:

- eine kurze Beschreibung des Textaufbaus;
- die Charakterisierung der zentralen Figur des Textes;
- die Beschreibung der erzähltechnischen und sprachlichen Gestaltung. Hier bestimmen Sie vor allem die Erzählhaltung sowie Darbietungsformen des Erzählens. Sie benennen sprachliche Besonderheiten und deuten deren Wirkung. Für eine aussagekräftige Figurencharakteristik kann es auch sinnvoll sein, zuerst die Sprachanalyse durchzuführen, da Figuren sich oft durch ihre sprachlichen Äußerungen und die Wahl der Sprachvarietät (z. B. Umgangssprache, Dialekt) unterscheiden;
- die Deutung des Textes hinsichtlich seiner Bedeutung für Sie, für Ihre Lebenswirklichkeit, für unsere Zeit (Transfer) – diesen Teil können Sie auch an die Figurencharakteristik anschließen.

Die Ergebnisse Ihrer Textbetrachtung belegen Sie mit **Zitaten** oder Textverweisen (Zeilenangaben).

Im **Schlussteil** formulieren Sie Ihre positive oder auch negative Kritik bzw. Ihre persönliche Leseerfahrung.

Zitiertechnik

Basiswissen | **Zitate als Textbelege**

Um Ihre Interpretationsergebnisse abzusichern, sind Zitate als Textbelege von besonderer Bedeutung. Sie zeigen damit, dass Sie mit dem Text arbeiten und inhaltliche wie sprachliche Besonderheiten erkennen und deuten können. Folgende Regeln sind zu beachten:

- Ein Zitat muss bezüglich Ihrer Interpretationsaussage aussagekräftig sein.
- Ein Zitat darf von Ihnen niemals inhaltlich verändert werden.
- Zitate werden durch Anführungszeichen („ “) gekennzeichnet.
- Zitate oder direkte Rede innerhalb von Zitaten werden mit einfachen (halben) Anführungszeichen (‚ ‘) gekennzeichnet.
- Auslassungen werden durch eckige Klammern mit drei Punkten [...] dokumentiert.
- Nach Abschluss des Zitats steht in runder Klammer die Seiten- und Zeilenangabe (S. 2, Z. 1). Bei Texten, die nur auf einer Seite stehen, genügt die Zeilenangabe.
- Erstreckt sich das Zitat über zwei Zeilen, wird die zweite Zeile mit „f.“ angegeben (Z. 2 f.).
- Bei längeren Zitaten über mehrere Zeilen hinweg steht nach der Zahl der ersten Zeile „ff.“ (2 ff.).

Franz Kafka: Kleine Fabel

„Ach“, sagte die Maus, „die Welt wird enger mit jedem Tag. Zuerst war sie so breit, dass ich Angst hatte, ich lief weiter und war glücklich, dass ich endlich rechts und links in der Ferne Mauern sah, aber diese langen Mauern eilen so schnell aufeinander zu, dass ich schon im letzten Zimmer bin, und dort im Winkel steht die Falle, in die ich laufe.“ – „Du musst nur die Laufrichtung ändern“, sagte die Katze und fraß sie.

In einer Textinterpretation werden folgende Zitate eingebaut. Entscheiden Sie, ob richtig oder falsch zitiert worden ist. Begründen Sie Ihre Entscheidung, beschreiben Sie den Regelverstoß.

Der Rat der Katze „Du musst nur die Laufrichtung ändern“ (Z. 4 f.) veranschaulicht die Ausweglosigkeit des menschlichen Lebens. Der Angst, in einer richtungslosen Weite unterzugehen, z. B. im Hinblick auf den beruflichen Weg, auf Partnerbeziehungen, folgt die Angst, dann aus der vorgeschriebenen Bahn nicht mehr ausbrechen zu können. Dies veranschaulicht die Klage der Maus: […] aber die langen Mauern eilen so schnell aufeinander zu, dass ich schon im letzten Zimmer bin. (Z. 3) Die Katze rät ihr, die Richtung zu ändern: „’Du musst nur die Laufrichtung ändern’, sagte die Katze und fraß sie.“ In Analogie zum Scheitern oder sogar zum Tod: „[…] steht dort im Winkel die Falle, in die ich laufe.“ (Z. 4)

1 *Korrigieren Sie die Fehler, indem Sie*

a) die direkte Rede innerhalb eines Zitats mit einfachen (halben) Anführungszeichen kennzeichnen,
b) das Auslassungszeichen ergänzen,
c) das falsche Zitat korrigieren,
d) die Inhaltsaussage durch eine Interpretationsaussage ersetzen,
e) den Satzbau innerhalb des Zitats korrigieren.

Zitiertechnik

Weitere Regeln und Tipps

- **Anstelle eines Zitats reicht mitunter auch die Paraphrase mit Textverweis.**
  Beispiel: *Die Maus kann nur wählen zwischen zwei Todesarten (vgl. Z. 4 f.), was ja nicht unbedingt als echte Alternative zu bezeichnen ist.*

- **Achten Sie darauf, dass das Verhältnis zwischen Interpretationstext und Zitaten stimmt. Zu viele Zitate stören den Lesefluss.**

- **Wenn Sie Zitate in Ihren Fließtext einbauen, müssen Sie notwendige grammatikalische Veränderungen im Text, den Sie zitieren, kenntlich machen.**
  Beispiel: *„Du bist ein Idiot." – Seine Geringschätzung wird deutlich, wenn er ihn als „ein[en] Idiot[en]" bezeichnet.*

- **Achten Sie darauf, dass bei Satzkürzungen der Sinn des zitierten Satzes erhalten bleibt.**
  Beispiel: *„Ich bin es nicht, der dich verabscheut."*
  Falsch: *Dass die Beziehung gestört ist, wird auch daran deutlich, dass er sie „verabscheut".*
  Richtig: *Dass die Beziehung aus seiner Sicht noch Chancen hat, sieht man in seiner Beteuerung: „Ich bin es nicht, der dich verabscheut."*

Fazit

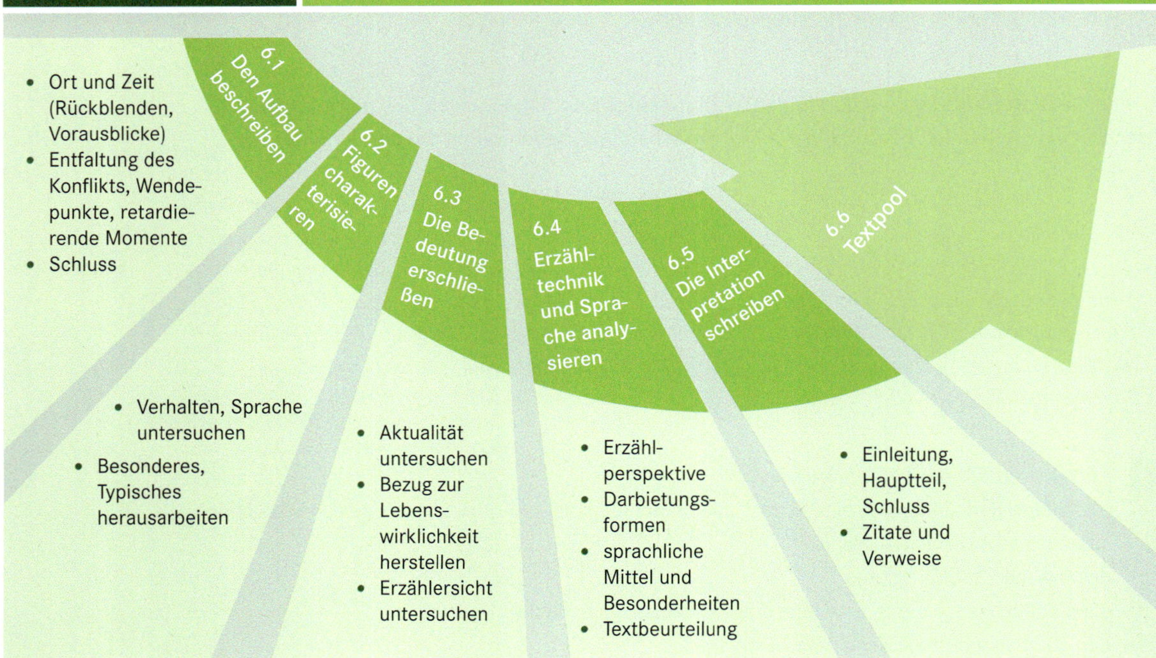

Textpool

Basiswissen | **Kurzepik**

Die **Parabel** arbeitet nach dem ästhetischen Grundprinzip der rätselhaften Verschlüsselung der Wirklichkeit; diese zwingt den Leser, sich auf einen Deutungsprozess einzulassen, die Lehre selbstständig zu erschließen.

Viele Autoren der Neuzeit wählen die Erzählform der Parabel, führen den Leser aber ganz bewusst in die Irre und irritieren ihn so, weil der Sinn des Textes im Unklaren, also paradox, bleibt. Die mitunter verzweifelte Suche nach der Intention des Textes bleibt erfolglos - und so muss der Leser sich für einen Deutungsweg entscheiden, ohne sicher zu sein, nicht fehlgegangen zu sein.

Die **Satire** rechnet nicht mit einer Verhaltens- oder Gesinnungsänderung derer, die kritisiert werden; unzufrieden mit den Missständen, wählt der Satiriker den Weg, das Kritisierte ins Lächerliche zu ziehen, es übertreibend zu karikieren, um den Leser im schlechtesten Fall zu amüsieren, im besten Fall zum Schulterschluss mit dem Autor zu bringen. Dennoch haben viele Satiren einen pessimistischen Grundton, weil sie nicht wirklich daran glauben, die Welt verbessern zu können.

Kurzgeschichten haben eine noch größere Unverbindlichkeit im Hinblick auf die Interpretation. Sie veranschaulichen Probleme im gesellschaftlichen oder zwischenmenschlichen Bereich, präsentieren aber keine Antwort oder Lösung. Der Autor legt den Finger in die Wunde, ohne einen Befund oder eine Therapie zu bieten.

Die folgenden Beispiele epischer Kurzformen stehen für das unterschiedliche Verhältnis des Dichters zu seinem Leser.

Parabolisch-paradoxe Erzählung

Franz Kafka: Die Brücke

Ich war steif und kalt, ich war eine Brücke, über einem Abgrund lag ich. Diesseits waren die Fußspitzen, jenseits die Hände eingebohrt, in bröckelndem Lehm habe ich mich festgebissen. Die Schöße meines Rockes wehten zu meinen Seiten. In der Tiefe lärmte der eisige Forellenbach. Kein Tourist verirrte sich zu dieser unwegsamen Höhe, die Brücke war in den Karten noch nicht eingezeichnet. – So lag ich und wartete; ich musste warten. Ohne einzustürzen kann keine einmal errichtete Brücke aufhören, Brücke zu sein.

Einmal gegen Abend war es – war es der erste, war es der tausendste, ich weiß nicht – meine Gedanken gingen immer in einem Wirrwarr und immer in der Runde. Gegen Abend im Sommer, dunkler rauschte der Bach, da hörte ich einen Mannesschritt! Zu mir, zu mir. – Strecke dich, Brücke, setze dich in Stand, geländerloser Balken, halte den dir Anvertrauten. Die Unsicherheit seines Schrittes gleiche unmerklich aus, schwankt er aber, dann gib dich zu erkennen und wie ein Berggott schleudere ihn ins Land.

Er kam, mit der Eisenspitze seines Stockes beklopfte er mich, dann hob er mit ihr meine Rockschöße und ordnete sie auf mir. In mein buschiges Haar fuhr er mit der Spitze und ließ sie, wahrscheinlich wild umherblickend, lange drin liegen. Dann aber – gerade träumte ich ihm nach über Berg und Tal – sprang er mit beiden Füßen mir mitten auf den Leib. Ich erschauerte in wildem Schmerz, gänzlich unwissend. Wer war es? Ein Kind? Ein Traum? Ein

Textpool

Wegelagerer? Ein Selbstmörder? Ein Versucher? Ein Vernichter? Und ich drehte mich um, ihn zu sehen. – Brücke dreht sich um! Ich war noch nicht umgedreht, da stürzte ich schon, ich stürzte, und schon war ich zerrissen und aufgespießt von den zugespitzten Kieseln, die mich immer so friedlich aus dem rasenden Wasser angestarrt hatten.

Satire

Martin Suter: Die Frau hinter Guntensberger

„Guntensberger."

„Es ist Ihre Frau. Ich habe ihr gesagt, dass Sie in einer wichtigen Sitzung sind und nicht gestört werden dürfen, aber sie sagt, es sei dringend."

(Guntensberger legt die Hand auf die Sprechmuschel und lächelt Dr. Spengler und den Herren Senften und Kappeler zu. Sie stehen kurz vor Vertragsabschluss. „Ein Notfall, meine Herren. Entschuldigen Sie mich eine Sekunde." Die Herren nicken.)

„Guntensberger."

„Wer ist das kleine Rehlein?"

(Guntensberger schließt die Augen und holt tief Luft. Offenbar etwas Schlimmes, denken Dr. Spengler und die Herren Senften und Kappeler und halten den Atem an.)

„Ich habe dich etwas gefragt." „Entschuldigung, ich verstehe nicht..."

„Du hast ganz genau verstanden, KUSCHELBÄR!"

(Guntensberger lächelt Dr. Spengler und den Herren Senften und Kappeler zu. Sie nicken teilnahmsvoll zurück.)

„Dem großen Kuschelbär von seinem kleinen Rehlein."

(Guntensberger schießt das Blut in die Wangen. Dr. Spengler und die Herren Senften und Kappeler wechseln einen raschen Blick.)

„Im Poschettchen deines lächerlichen taillierten Kaschmirkittels, KUSCHELBÄR! Wer ist das kleine Rehlein?"

(Guntensberger räuspert sich die Stimme frei.) „Da bin ich momentan überfragt."

„Ach, überfragt. Vielleicht hilft es dir, wenn ich dir sage, dass es auf einer Papierserviette des Parkhotels Vitznau steht. Über einem Kussmund aus kirschrotem Lippenstift. Grauenhafte Farbe."

(Guntensberger ist jetzt bleich geworden. Dr. Spengler und die Herren Senften und Kappeler lassen ihn nicht aus den Augen.)

„Ich werde der Sache nachgehen."

„Wer ist das kleine Rehlein?"

„Kann ich zurückrufen, ich bin mitten in einer Sitzung."

„Deine Sitzungen kenne ich jetzt."

„Also, ich ruf dann zurück."

„Es wird niemand zu Hause sein."

„Wie darf ich das verstehen?" (Guntensberger wirft Dr. Spengler und den Herren ein verschwörerisches Lächeln zu, das bedeutet: Kennen wir sie nicht alle, diese schwierigen Kunden?)

Textpool

„Weil ich dich verlassen werde."
(Dr. Spengler und die Herren Senften und Kappeler studieren Guntensbergers Mienenspiel. Er lächelt ihnen zu und wendet sich etwas ab.) „Am besten, wir stimmen uns in dieser Frage anschließend bilateral kurz ab."
„Wenn du jetzt auflegst, hast du das letzte Mal ohne Anwalt mit mir gesprochen."
(Guntensberger hat jetzt Schweißperlen auf der Oberlippe. Dr. Spengler und die Herren Senften und Kappeler runzeln die Stirn.) „Ich bin sicher, dass wir das Problem informell lösen können."
„Wer ist das kleine Rehlein, du fetter, geiler Bock?"
(Guntensberger wendet sich jetzt ganz ab und senkt etwas die Stimme. Dr. Spengler und die Herren spitzen die Ohren.) „Wie eingangs erwähnt, ich werde die nötigen Abklärungen treffen und mich dann wieder kurzschließen."
„Kurz erschießen kannst du dich, wenn du jetzt auflegst, KUSCHELBÄR! Wer. Ist. Das. Kleine. Rehlein?"
„Ich habe das Dossier nicht vor mir. Ich muss mich rasch klug machen. Moment." (Guntensberger legt das Gespräch in sein Büro und entschuldigt sich.)
Dr. Spengler und die Herren Senften und Kappeler sitzen einen Moment schweigend vor ihren Vertragsunterlagen. „Zuerst dachte ich, es handle sich nur um ein privates Problem", sagt Dr. Spengler schließlich. Und beschließt, mit dem Abschluss vorsichtshalber noch etwas zuzuwarten.

Kurzgeschichte

Johannes Bobrowski: Brief aus Amerika

Brenn mich, brenn mich, brenn mich, singt die alte Frau und dreht sich dabei, hübsch langsam und bedächtig, und jetzt schleudert sie die Holzpantinen von den Füßen, da fliegen sie im Bogen bis an den Zaun, und sie dreht sich nun noch schneller unter dem Apfelbäumchen. Brenn mich, liebe Sonne, singt sie dazu. Sie hat die Ärmel ihrer Bluse hinaufgeschoben und schwenkt die bloßen Arme, und von den Ästen des Bäumchens fallen kleine, dünne Schatten herab, es ist heller Mittag, und die alte Frau dreht sich mit kleinen Schritten. Brenn mich, brenn mich, brenn mich.
Im Haus auf dem Tisch liegt ein Brief. Aus Amerika. Da steht zu lesen:
Meine liebe Mutter. Teile dir mit, dass wir nicht zu Dir reisen werden. Es sind nur ein paar Tage, sag ich zu meiner Frau, dann sind wir dort, und es sind ein paar Tage, sage ich, Alice, dann sind wir wieder zurück. Und es heißt: ehre Vater und Mutter, und wenn der Vater auch gestorben ist, das Grab ist da, und die Mutter ist alt, sage ich, und wenn wir jetzt nicht fahren, fahren wir niemals. Und meine Frau sagt: hör mir zu, John, sie sagt John zu mir, dort ist es schön, das hast du mir erzählt, aber das war früher. Der Mensch ist jung oder alt, sagt sie, und der junge Mensch weiß nicht, wie es sein wird, wenn er alt ist, und der alte Mensch weiß nicht, wie es in der Jugend war. Du bist hier etwas geworden, und du bist nicht mehr dort. Das sagt meine Frau. Sie hat Recht. Du weißt, ihr Vater hat uns das Geschäft überschrieben, es geht gut. Du kannst deine Mutter herkommen lassen, sagt sie. Aber Du hast ja

Textpool

geschrieben, Mutter, dass Du nicht kommen kannst, weil einer schon dort bleiben muss, weil alle von uns weg sind.

Der Brief ist noch länger. Er kommt aus Amerika. Und wo er zu Ende ist, steht: Dein Sohn Jons. Es ist heller Mittag, und es ist schön. Das Haus ist weiß. An der Seite steht ein Stall. Auch der Stall ist weiß. Und hier ist der Garten. Ein Stückchen den Berg hinunter steht schon das nächste Gehöft, und dann kommt das Dorf, am Fluss entlang, und die Chaussee biegt heran und geht vorbei und noch einmal auf den Fluss zu und wieder zurück und in den Wald. Es ist schön. Und es ist heller Mittag. Unter dem Apfelbäumchen dreht sich die alte Frau. Sie schwenkt die bloßen Arme. Liebe Sonne, brenn mich, brenn mich.

In der Stube ist es kühl. Von der Decke baumelt ein Beifußbusch und summt von Fliegen. Die alte Frau nimmt den Brief vom Tisch, faltet ihn zusammen und trägt ihn in die Küche auf den Herd. Sie geht wieder zurück in die Stube. Zwischen den beiden Fenstern hängt der Spiegel, da steckt in der unteren Ecke links, zwischen Rahmen und Glas, ein Bild. Eine Fotografie aus Amerika. Die alte Frau nimmt das Bild heraus, sie setzt sich an den Tisch und schreibt auf die Rückseite: Das ist mein Sohn Jons. Und das ist meine Tochter Alice. Und darunter schreibt sie: Erdmuthe Gauptate geborene Attalle. Sie zupft sich die Blusenärmel herunter und streicht sie glatt. Ein schöner weißer Stoff mit kleinen blauen Punkten. Aus Amerika. Sie steht auf, und während sie zum Herd geht, schwenkt sie das Bild ein bisschen durch die Luft. Als der Annus von Tauroggen[1] gekommen ist, damals, und hiergeblieben ist, damals: es ist wegen der Arme, hat er gesagt, solche weißen Arme gab es nicht, da oben, wo er herkam, und hier nicht, wo er dann blieb. Und dreißig Jahre hat er davon geredet. Der Annus.

Der Mensch ist jung oder alt. Was braucht der alte Mensch denn schon? Das Tageslicht wird dunkler, die Schatten werden heller, die Nacht ist nicht mehr zum Schlafen, die Wege verkürzen sich. Nur noch zwei, drei Wege, zuletzt einer.

Sie legt das Bild auf den Herd, neben den zusammengefalteten Brief. Dann holt sie die Streichhölzer aus dem Schaff[2] und legt sie dazu. Werden wir die Milch aufkochen, sagt sie und geht hinaus, Holz holen.

1 Tauroggen: Stadt im Südwesten Litauens
2 offenes Gefäß

Kapitel 7

Mediennutzung zwischen Chancen und Problemen

7.1 Medien kategorisieren

7.2 Das Fernsehen

Täglich begegnen wir einer Vielzahl von Medien: Die Palette reicht von den klassischen Medien Presse, Rundfunk und Film über Ton- und Bildträger verschiedenster Art bis zu den neuen Medien Computer, Handy, MP3-Player usw. Die Entwicklung im Multimediasektor ist rasant, die technischen Möglichkeiten eröffnen immer neue Perspektiven.

Aufgrund der Angebotsfülle und des Einflusses, den Medien ausüben, wird der Erwerb von Medienkompetenz, d. h., das Erfassen der Möglichkeiten, die Massenmedien eröffnen, und ein kritischer Umgang mit ihnen immer wichtiger. Die Chancen der Mediennutzung liegen unter anderem in einer sinnvollen Verwendung aller medialen Möglichkeiten für Information und Lernen, für Spiel und Vergnügen, für Unterhaltung und Entspannung, für Problemlösung und Kommunikation sowie für einen erweiterten Zugang zu Kunst und Literatur. Darüber hinaus können die Medien zur Dokumentation interessanter Ereignisse und zur Herstellung von Öffentlichkeit für individuelle und gesellschaftlich wichtige Themen verwendet werden. Dem stehen aber zunehmende Gewalt- und Horrorszenarien gegenüber, die nicht nur von Pädagogen und Psychologen sehr kritisch gesehen werden.

Was Sie bereits wissen

- ✔ Der Umgang mit Handy, SMS, E-Mail, Internet und anderen Medien ist Ihnen vertraut.

Medien kategorisieren

Die Wörter „Medien“ und „Massenmedien“ kennt jeder, jeder benutzt sie ganz selbstverständlich. Was aber bedeuten sie genau?

1 *Bilden Sie Kleingruppen und tragen Sie zusammen, was Sie unter „(Massen-)Medien“ verstehen.*

2 *Recherchieren Sie im Internet oder in einem Lexikon den Begriff.*

3 *Vergleichen Sie diese Definitionen mit Ihren Ergebnissen und ergänzen Sie diese gegebenenfalls.*

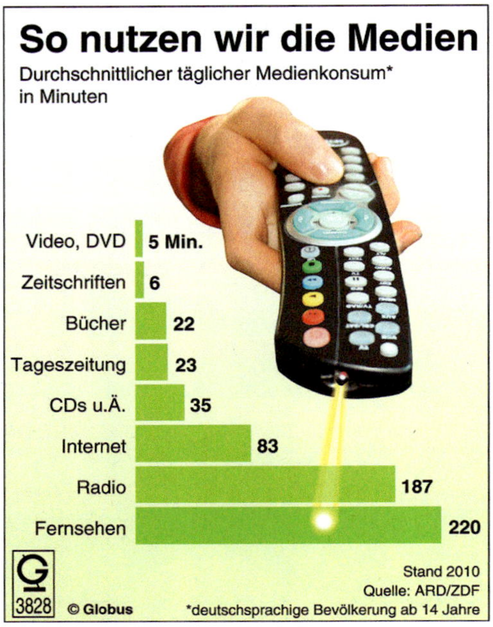

4 *Verbalisieren Sie das Schaubild.*

5 *Führen Sie in der Klasse eine Erhebung über die Mediennutzung durch und vergleichen Sie diese Ergebnisse mit der Statistik. Suchen Sie nach Gründen für eventuell gravierende Abweichungen.*

6 *Ergänzen Sie mithilfe des Schaubilds die folgende Übersicht:*

nicht auf Interaktion ausgerichtete Medien	interaktive Medien
...	...

Zwischenfazit

7.1 Medien kategorisieren

- Definition des Begriffs
- Mediennutzung
- Kategorisierung der Medien

Das Fernsehen

Die Information

In der Satzung der öffentlich-rechtlichen Rundfunkanstalten heißt es unter anderem: „Das Niveau des Programms muss dem Grundversorgungsauftrag der Information, Bildung, Beratung und Unterhaltung dienen."

Die beliebtesten Nachrichtensendungen bei den 14- bis 49-Jährigen vom 1.9.2008 bis zum 31.5.2009			
Platz	**Sendung**	**Sender**	**Zuschauer in Mio.**
1	RTL aktuell	RTL	1,53
2	Tagesschau (20 Uhr)	Das Erste	1,25
3	RTL-Nachtjournal	RTL	0,79
4	heute-journal	ZDF	0,78
...	...	...	...
8	heute (19 Uhr)	ZDF	0,49
9	Tagesthemen	Das Erste	0,48

(Nach: meedia.de)

1 ***Untersuchen Sie die Übersicht.***

a) Fassen Sie die wesentlichen Befunde kurz zusammen.

b) Geben Sie Gründe für diese Entwicklung an.

Themen der Nachrichtensendungen am 27. Oktober 2010 im Vergleich	
heute, ZDF 19 Uhr	**RTL aktuell, 18.45 Uhr**
1. EU-Gipfel 2. Deutsch-Schweizer Steuerabkommen 3. Integrationspolitik 4. Untersuchungsausschuss zum Polizeieinsatz bei den Demonstrationen zu Stuttgart 21 5. Tabaksteuererhöhung 6. Wetter	1. Integrationspolitik 2. Arbeitslosenzahlen 3. Statistik der Einbrüche in Deutschland 4. Orkane im Mittleren Westen der USA 5. Versteigerung des original Austin Martin von James Bond 6. Shoppingfallen in Kaufhäusern 7. Wetter

2 ***Ordnen Sie die in den Nachrichtensendungen behandelten Themen den Bereichen Innenpolitik, Wirtschaft, Lifestyle, Sport und Wetter zu.***

3 ***Entscheiden Sie mithilfe des Basiswissens, ob es sich um „Soft- oder Hardnews" handelt.***

4 ***Welche Gründe könnten dafür verantwortlich sein, dass die RTL-Nachrichten im Vergleich mit den Nachrichten der öffentlich-rechtlichen Sender mehr Zuschauer haben?***

Basiswissen — Soft- und Hardnews

Unter **Hardnews** versteht man Nachrichten, die unmittelbare Auswirkungen auf das Leben eines Großteils der Leser, Zuschauer oder Hörer haben (können). Diese News sind meist den Ressorts Politik und Wirtschaft zuzuordnen.

Softnews sind im Gegensatz dazu Nachrichten, die keine unmittelbare Auswirkung auf das Leben der Leser, Zuschauer oder Hörer haben und eher unterhaltenden Charakter aufweisen. Insbesondere Meldungen über Prominente gehören in diese Kategorie.

Die Information

Immer wieder rücken die privaten Sendeanstalten in den Fokus der Medienkritiker. Aber auch die öffentlich-rechtlichen Anstalten bleiben davon nicht verschont. Ein Insider, der ehemalige „Tagesthemen"-Moderator Ulrich Wickert, kritisiert die medienpolitische Ausrichtung der Nachrichtenredaktionen dieser Sendung heftig.

Warum sind die Kritiker so milde?

von Ulrich Wickert

[...] Wenn es um die Sprache geht, bedauere ich, dass nur noch wenige Autoren [...] den Satzbau beherrschen. Häufig streuen sie Substantive wie grobes Meersalz zwischen kurze Sätze. Auch wenn die Suche nach einer treffenden Schlussbemerkung zu viel Nachdenken fordert, dann „bleibt es abzuwarten", „ist die Ursache unklar" oder „es wird sich zeigen".

Nicht nur die Floskelsprache der Politik wird oft übernommen, sondern auch das Kurzsprech der Nachrichtenagenturen. Da „stehen" immer noch „Ovationen", obwohl ich niemanden kenne, der Beifall je hat stehen sehen. Es können nur diejenigen stehen, die Beifall klatschen. Wer so textet, ist nicht nur schusselig, sondern denkfaul. Und warum lassen die Redaktionschefs die sprachliche Verlotterung durchgehen? Bedeutet ihnen die Sprache so wenig oder merken sie nichts? Den Machern scheint das Bewusstsein für ihren öffentlich-rechtlichen Auftrag, für eine Grundversorgung politischer Information zu sorgen, abhanden gekommen zu sein. Ganz bewusst spreche ich von Information, denn dieser Begriff umfasst mehr als die Nachrichten.

[...] Am Freitag, 23. Oktober, steht die Zusammensetzung der neuen Regierung fest, aber das vollständige Kabinett wird am Abend in keiner Nachrichtensendung von ARD oder ZDF gemeldet. Die „heute"-Sendung um neunzehn Uhr berichtet dafür ausführlich über Schnäppchenjäger nach dem Aus von Quelle. Die „Tagesschau" um zwanzig Uhr erklärt uns, wer einige der wichtigen Ministerien übernimmt, und verweist für mehr Information auf das Internet. [...]

Am Sonntag segnet die FDP auf einem Parteitag den Koalitionsvertrag [...] ab, doch ARD-aktuell entdeckt einen wichtigeren Aufmacher: ein mörderisches Attentat im Irak. Solche Attentate im Irak ereignen sich alle paar Tage. Und sie haben, anders als der Koalitionsvertrag, einen beschränkten Einfluss auf das tägliche Leben der Nachrichten sehenden Bürger in Deutschland. Also muss es einen besonderen Grund geben, weshalb die Bombe im Irak der Aufmacher in „Tagesschau" und „Tagesthemen" ist. Sollen wir es Voyeurismus, Sensationsgier, Bombenjournalismus nennen? [...] Hier wird aus einer völlig falsch verstandenen Chronistenpflicht gesendet. Niemand quält sich, den Automatismus, mit dem Bomben in die Nachrichten gelangen, zu hinterfragen. [...]

Während das französische Fernsehen France 2 die Gedenkfeiern am 9. November in Berlin so bedeutend fand, dass es schon am Nachmittag eine Stunde lang in einer Sendung mit dem ehemaligen Außenminister Roland Dumas den Auftritt Angela Merkels an der Bornholmer Straße live sendete, zeigte die ARD „Sturm der Liebe". [...] France 2 strahlte vom Brandenburger Tor weitere zwei Stunden Informationsprogramm mit dem ehemaligen Außenminister Hubert Védrine aus. Währenddessen liefen in der ARD so bedeutsame Sendungen wie „Verbotene Liebe" und „Marienhof". Weil auch in den hohen ARD-Etagen der Sinn für eine politische Grundversorgung fehlt, zögerte man dort lange, überhaupt von den Festlichkeiten zu senden [...].

Der Sendeplan musste eingehalten werden, damit nach der „Tagesschau", in der die Rede von Angela Merkel live gesendet werden konnte, die Schnulze „Geld, Macht, Liebe" pünktlich die Zuschauer anlockte.

(Frankfurter Allgemeine Zeitung online, 19.11.2009)

5 *Setzen Sie sich mit der Kritik Wickerts an der Qualität der Nachrichtensendungen auseinander.*

Der tägliche Kampf um die Quote

80 Prozent der 14- bis 69-Jährigen beziehen ihre täglichen Informationen aus dem Fernsehen. Dieser Umstand belegt, dass TV-Nachrichten einen hohen Stellenwert besitzen. Fernsehen dient jedoch nicht nur der Nachrichtenübermittlung, sondern auch der Unterhaltung.

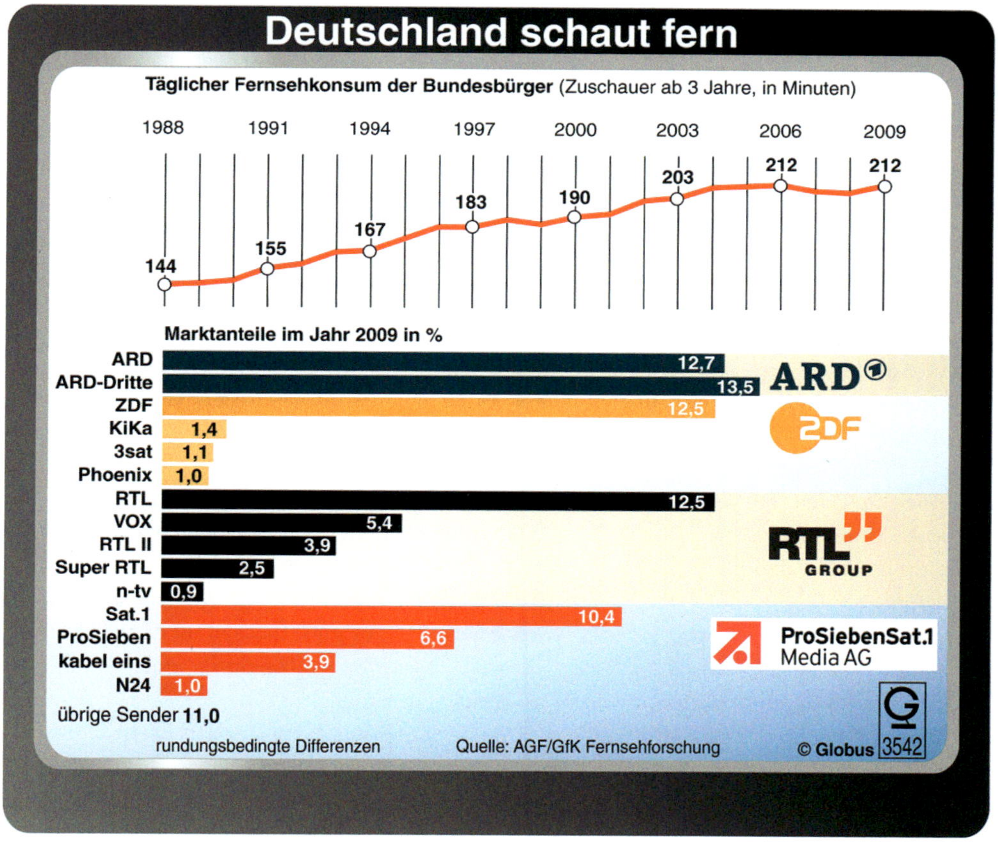

1 *Fassen Sie die wesentlichen Aussagen der Grafik mit eigenen Worten zusammen.*

2 *Führen Sie eine Internetrecherche durch.*

a) Stellen Sie die Marktanteile deutscher Fernsehsender für einen von Ihnen gewählten Tag fest.

b) Wählen Sie einen Sender aus und ermitteln Sie, welche Sendungen zu den zehn beliebtesten des Tages zählen.

c) Überlegen Sie, welche Zielgruppe die jeweiligen Sendungen ansprechen sollen. Beachten Sie dabei auch die Sendezeiten.

3 *Untersuchen Sie mithilfe einer Internetrecherche oder Programmzeitschrift, welche Sendeformate aktuell im Privatfernsehen am häufigsten laufen und am beliebtesten sind.*

4 *Fassen Sie Ihre Untersuchungsergebnisse schriftlich zusammen.*

Der tägliche Kampf um die Quote

Der nachfolgende Text kommentiert eine beliebte Show des RTL-Senders, die auf eine breite Zuschauerresonanz verweisen kann:

Bauer, willst du ewig suchen?

von Ruth Schneeberger

Bauer sucht Frau

Wer hat eigentlich damit angefangen zu behaupten, die Landliebe-Serie „Bauer sucht Frau" käme ohne Häme aus? Nur weil die Stimme im Hintergrund Ungeheuerlichkeiten mit großer Freundlichkeit ausspricht und die Moderatorin im neckischen Landlook möglichst harmlose Kulleraugen macht, heißt das noch lange nicht, dass Landwirte hier nicht vorgeführt würden.

Inka Bause betonte kürzlich bei „Beckmann" wortreich, „unsere Bauern" befänden sich bei RTL in einem schützenden Raum und erst das, was andere Medien aus ihnen machten, sei verwerflich. Das ist schon ein starkes Stück – wenn man sich die aktuelle und damit fünfte Staffel von „Bauer sucht Frau" einmal genauer anschaut.

Manchmal muss der Sender nicht mal nachhelfen, um peinliche Szenen zu generieren, ein andermal umso mehr: „Ich bin mit wenig zufrieden", seufzt Holzbauer Maurizio während der Brautschau. Dass er auf dem anschließenden großen „Scheunenfest" gleich mit zwei Frauen körperlich wird, nämlich nicht nur mit seiner eigenen Favoritin, sondern kurz danach auch mit der abgelegten „Traumfrau" eines anderen Bauern, saugt die Kamera im Dunkeln begierig auf – inklusive der enttäuschten Blicke seiner Auserwählten.

Von dieser Schamlosigkeit lebt inzwischen eine ganze Generation von Fernsehschaffenden. Ob Dieter Bohlen nachts singende Teenager herabwürdigt, „Berater" dem Prekariat aus seiner prekären Situation helfen sollen oder die letzten Unbelehrbaren im Nachmittags-Talk der Nation ihr trauriges Intimleben eröffnen – das Publikum schaut gerne hin, wie bei einem besonders schlimmen Verkehrsunfall.

Der längst abgegriffene Begriff des „Fremdschämens" ist im Privatfernsehen zum bevorzugten Programmpunkt geworden. Unzählige Sendungen leben nur davon, dass das Publikum entweder nicht fassen kann, wie schlimm bedeutungslos das ist, was es da gerade aus deutschen Wohnzimmern serviert bekommt, oder sich wohlig schaudernd in selbiges einkuschelt, froh darüber, dass andere immer noch schlechter dastehen als man selbst.

Das entlastet RTL nicht von dem Vorwurf, die versteckte Bloßstellung als Landliebe zu tarnen. Denn der Teufel steckt genau in diesem Detail: Nur weil es alle anderen auch machen, ist das hämische Zurschaustellen von Protagonisten einer Sendung noch nicht entschuldigt.

Und der Umstand, dass hier auch noch so getan wird, als würde man den teilnehmenden Landwirten und der Bauernschaft als solches einen Dienst erweisen, ist nur eine besonders perfide Glanzleistung, die vom Publikum reinen Gewissens mit einer Einschaltquote von bis zu acht Millionen goutiert wird. Bei „Deutschland sucht den Superstar" ist wenigstens deutlich erkennbar, dass mit den Kandidaten nicht freundlich umgegangen wird.

(Süddeutsche Zeitung, 27. Oktober 2009)

5 ***Fassen Sie den Inhalt des Textes knapp zusammen, und setzen Sie sich kritisch mit den Vorwürfen auseinander.***

6 ***Begründen Sie, warum gerade der Berufsstand des „Bauern" den Programmmachern für eine Partnervermittlungs-Sendung geeignet erscheint.***

7 ***Erläutern Sie die Motive, die dafür verantwortlich gemacht werden, dass „Bauer sucht Frau" und ähnliche Partnervermittlungs-Sendungen eine große Zuschauergemeinde haben.***

Der tägliche Kampf um die Quote

Quoten sind nicht nur für die Programmgestaltung wichtig, sondern haben auch eine enorme ökonomische Bedeutung. Sie sind ein entscheidender Faktor für die Höhe der Werbeeinnahmen eines jeden Senders. Dabei rückt auch immer mehr das IPTV (Internet Protocol Television) in den Vordergrund. Durch den Ausbau der DSL-Netze ist es neben Terrestrik, Kabel und Satellit zum vierten Rundfunkübertragungsweg geworden. Es ermöglicht neue interaktive Fernsehdienste, stellt Abrufangebote (Video-on-Demand) zur Verfügung, fördert die Verbreitung eigener TV-Kanäle, z. B. YouTube, und erzeugt neue Formen personalisierter Werbung.

TV-Quoten, IP-TV und Qualität
Der dickste Haufen

von Frank Patalong

Das Fernsehen lebt davon, einen kalkulierten Mix aus Gourmetstücken, Eintopf und billigem Fast Food zu servieren – nur so rechnet sich ein Vollprogramm. Internet-TV könnte das ändern, wie erste Quotenzählungen in den USA zeigen: Web-Nutzer wollen nur Feinkost – und lassen den Rest stehen.

Was machen ARD und ZDF, BBC und CBS, RTE und RAI, wenn sich das weltweit gerade aufgebaute Video-on-Demand- und IP-TV wirklich einmal durchsetzt, mit ihren Quoten? Die Sache liegt doch auf der Hand: Jeder Zuschauer, der sich für Stream oder Download entscheidet, statt sich ins laufende Programm zu zappen, geht der herkömmlichen Zählung verloren.

Das aber ist tödlich in einem Geschäft, das darauf beruht, Augen an die Werbewirtschaft zu verkaufen, wie Werber in Amerika sagen: Die Währung des Fernsehens ist Aufmerksamkeit, ist Reichweite. Die Sender beweisen ihre Potenz, indem sie der Werbewirtschaft pünktlich am Folgetag die aktuellen Quoten servieren.

In der Welt des Video-on-Demand- und IP-TV klappt das nicht mehr. Anstelle der ereignisnahen Quote tritt eine kumulierte Reichweite für einzelne Programmangebote: Tatsächlich entscheiden sich die meisten Sender, die kostenfreie Angebote im Web machen, ihr Programm dort für jeweils sieben Tage nach der Erstausstrahlung vorzuhalten. Nielsen Media Research, das in den Vereinigten Staaten führende Unternehmen für TV-Quotenerfassung, hat darauf reagiert und bietet nun neben der herkömmlichen Quote auch eine „Live+7"-

Zählung an. Die erfasst die Zahlen der Erstausstrahlung plus Aufzeichnungen auf Festplattenrekordern plus die Summe der Web-Abrufe binnen einer Woche. Es soll bei Einführung des Systems TV-Sender und Produzenten gegeben haben, die darauf hofften, dass die Zahlen aus dem Web auch Inhalten zugute kämen, die es im TV nicht zu einer fetten Quote gebracht haben. Für sie sind die Nielsen-Zahlen eine Ernüchterung. Das Fazit des ersten Zählungsmonats lässt sich in einem knackigen Satz zusammenfassen: Erfolg hat im Web nur, was sowieso Erfolg hat. […]

Deutsch heißt nicht gut

Das ist nicht wirklich überraschend. Der Teufel, weiß der Volksmund, scheißt immer auf den größten Haufen. Für die TV-Szene sind die Zahlen trotzdem hoch bedrohlich.

Denn sie zeigen auch dies: Wenn sich Web-TV-Zuschauer ihr Programm per Download zusammensuchen, statt sich von Programmmachern berieseln zu lassen, entscheiden sie sich ausschließlich für Qualität. Die TV-Feinkost wird goutiert, das Fast Food – und somit Gros des täglichen TV-Angebots – schimmelt im Netz, ohne beachtet zu werden. […]

Der tägliche Kampf um die Quote

Das hat weitreichende Konsequenzen. Auch in Deutschland punkten die Privaten mit diesen Serien und erreichen Quoten, von denen ARD und ZDF nur bitter-nostalgisch träumen können. Auf bis zu 35 Prozent Marktanteil bringt es allein RTL an manchen Dienstagen, wenn hintereinander weg „CSI: Miami“, „Dr. House“ und „Monk“ den Fernsehabend füllen.

Wenn die intelligenten US-Qualitätsserien laufen, landet die Konkurrenz in der Nische – und ARD und ZDF zunehmend bei der Rentner-Bespaßung.

Das Problem dabei: Es kehrt die alten Verhältnisse um. Das von Harald Schmidt mit dem unsäglichen Begriff „Unterschichtenfernsehen“ abgekanzelte Plätscher-Programm findet nicht mehr automatisch im Privatfernsehen statt, im Gegenteil. Gerade die „alten“ Programme aus Shows und teils traditionsreichen deutschen Serien geraten zunehmend und zu Recht in den Ruf, intellektuell nur rudimentäre Ansprüche zu stellen.

Schlimm aber wird es vor allem, wenn unsere Sender versuchen, etwas gegen den Qualitäts-Trend aus USA zu setzen. „Schließlich sind die meisten deutschen TV-Formate nur billige Raubkopien nordamerikanischer Vorbilder“, schrieb Martin Schwickert treffend in der „Welt“. [...]

Düstere Vision: Qualität on-Demand, Rentnerspaß im TV?

Der Medienforscher Jörg Hagenah formulierte das in einem Interview mit der Stuttgarter Zeitung sehr elegant. Die Frage nach der Einstellung des durchaus erfolgreichen Jetzt-klatschen-wir-aber-kräftig-mit-Programms „Lustige Musikanten“ (ZDF) beantwortete er so: „Die Zuschauer solcher Sendungen entstammen einer Generation, die noch nicht von den besseren Bildungschancen profitiert hat. Mit den nachrückenden Jahrgängen wird das Niveau jetzt aber wieder steigen. Schon jetzt ist erkennbar, dass die ARD versucht, ihre älteren Zuschauer in die dritten Programme abzuschieben.“

Zugleich erwarte er einen Trend hin zu mehr Qualität – nicht, weil die Sendermächtigen hier ihren Ehrgeiz sähen, sondern weil die Zuschauer das zunehmend einforderten. Und zwar nicht zuletzt über das Internet.

Das ist richtig, aber es greift nicht weit genug: Das Internet nur als Beschwerdeweg für Zuschauer und neuen Vertriebskanal für TV-Inhalte zu sehen, über den man sich vorzugsweise Perlen aus dem Programm picken kann, wäre eine Fehleinschätzung. Denn natürlich wirkt die wachsende IP-TV- und Video-on-Demand-Kultur auf die TV-Formate selbst zurück. [...]

Dabeisein ist nicht nur alles, sondern Pflicht

Beispiele [aus den USA] zeigen zudem, dass die wirklichen Innovationen in der TV-Landschaft weitgehend an uns vorbeigehen. Was in den USA von den Zuschauern als teils interaktiver Prozess wahrgenommen wird, landet hier als übersetzte Konserve. Serien-Freaks, die des Englischen mächtig sind, werden in der Welt des On-demand-TV darauf wohl kaum mehr warten. [...]

Medienmacher wie ProSiebenSat.1-Chef Guillaume de Posch sehen wohl auch darum im Internet „die Hauptgefahr“ für die TV-Branche. Posch will bald schon „alle unsere Inhalte“ digital anbieten. Mit MyVideo boxt die Sendergruppe auch auf dem Markt der freien Web-Video-Inhalte mit. Letztlich aber weiß Posch, dass es auf dem TV-Zukunftsmarkt nicht um billige Web-Video-Häppchen geht. Posch: „Qualität ist für uns Quote. Wenn Qualität keine Quote bringt, ist für uns das Spiel vorbei.“

(Spiegel online, 17.10.2007)

8 *Untersuchen Sie den Text.*

a) Erläutern Sie das neue amerikanische Quoten-Zählsystem.

b) Kommentieren Sie das Ergebnis, welches das neue Zählsystem zutage brachte.

c) Erörtern Sie den im Text genannten Zusammenhang zwischen der Qualität von TV-Sendungen und der Quote.

d) Erläutern Sie, warum Medienmacher *„die Hauptgefahr“* (Z.120) für das Fernsehen im Internet sehen.

Vorsicht: Kamera!

Auch die technisch-dramaturgischen Mittel, die das Fernsehen einsetzt, haben einen entscheidenden Einfluss auf die Wirkung der Berichterstattung und die Vermittlung von Inhalten. Wir sehen nur das, was uns die Kamera sehen lässt: eine inszenierte Wirklichkeit.

Basiswissen – Kameraeinstellungen und -perspektiven

Kameraeinstellungen

Die **Supertotale** wird eingesetzt, um ein Geschehen in seine Umgebung eingebettet zu zeigen. Sie kann Gefühle wie Isolierung und/oder Gefahr vermitteln.

Bei der **Totalen** liegt die Bedeutung in der Regel auf der Vermittlung eines Überblicks über den Ort der Handlung und das Handlungsgeschehen.

Die **Halbtotale** zeigt die agierenden Personen in voller Größe und legt damit den Bedeutungsakzent auf die Aktion, also die ganze Figur.

Ist die Aktion reduziert auf den gestischen (und mimischen) Ausdruck, so eignet sich hierfür die Größe **Halbnah** (oder Amerikanisch), bei der die Figur etwa bis zum Knie abgeschnitten wird.

Zur Verdeutlichung seelischer Regungen und des am Gesicht ablesbaren Ausdrucks innerer Regungen eignen sich **Nah- und Großeinstellung**.

Detaileinstellungen greifen Einzelheiten groß heraus. Für sich allein schneidet das **Detail** den Betrachter ab von der Aktion des dargestellten Subjekts.

Vorsicht: Kamera!

Bei der **Kameraperspektive** unterscheidet man je nach dem Blickwinkel der Kamera zwischen

Vogelperspektive (Aufsicht): Die Kamera blickt von einem hohen Standpunkt aus auf das Objekt hinab.

Augenhöhe (Normalsicht): Die Kamera befindet sich auf der gleichen Höhe des abgebildeten Objekts, bei einem Akteur meist auf der Augenhöhe.

Froschperspektive (Untersicht): Die Kamera fängt von einem niedrigen Standpunkt aus ein Objekt vertikal ein.

1 ***Untersuchen Sie die Kameraeinstellungen und -perspektiven.***

a) Verfolgen Sie eine Nachrichtensendung im Fernsehen und zeichnen Sie diese auf.

b) Sehen Sie sich die Aufzeichnung mehrmals an.

c) Suchen Sie nach je einem Beispiel für die oben genannten Kameraeinstellungen und -perspektiven und beschreiben Sie deren Wirkung.

2 ***Analysieren Sie auf die gleiche Weise eine Soap. Welche Unterschiede zu Nachrichtensendungen stellen sie fest?***

3 ***Erstellen Sie in Partnerarbeit eine Videobewerbung, in der Sie sich***

- als Tourismusfachmann/-fachfrau vorstellen,
- als IT-Fachmann/-fachfrau ausweisen oder
- um eine Führungsposition in sozialen Einrichtungen bewerben.

Fazit

Kapitel 8: Barock

Was ist neu?

30 Jahre Krieg: Massensterben auf den Schlachtfeldern und Kriegsgräuel	Rauschende Feste
Verwüstung der Städte und der ländlichen Gebiete	Prächtige Schlösser mit Parkanlagen
Religionsstreit zwischen Katholizismus und Protestantismus	Beeindruckende Kirchen und Klöster
Ruin der Bauern	Glanzvolles höfisches Leben
Das Leben als Jammertal: Daseinsqual	Das Leben als Fest: Daseinslust

Beschäftigt man sich mit der Epoche des Barock, so fällt die ausgesprochene Zerrissenheit und Widersprüchlichkeit ins Auge, die dem Denken und Fühlen der Menschen zugrunde liegt. Die religiösen und politischen Auseinandersetzungen, die zum Dreißigjährigen Krieg führten, der Zusammenbruch der bis dahin bekannten politischen und religiösen Ordnung, die Verwüstung großer Teile Zentraleuropas und damit einhergehend die Allgegenwart von Tod, Krankheit, Hungersnot und Armut führten einerseits zu einer pessimistischen Weltsicht, die als einziges Heilsversprechen ein Leben nach dem Tod zuließ, und andererseits – in dem Bewusstsein der Vergänglichkeit des eigenen Lebens – zu einer ungebrochenen Hinwendung an irdische Genüsse.

Erste Einblicke

- ✔ Nennen Sie Gebäude Ihrer Stadt, die dem Barock zuzuordnen sind.
- ✔ Erkundigen Sie sich, was in Ihrer Stadt während des Dreißigjährigen Krieges geschah.
- ✔ Beschreiben Sie beide Kunstwerke, und suchen Sie nach Parallelen in der künstlerischen Gestaltung und Thematik.

Memento Mori – Carpe Diem: Zwischen Lebensverneinung und Lebensgier

Christian Hoffmann von Hoffmannswaldau (1616–1679) war einer von jenen Barockdichtern, der sich besonders der Liebeslyrik widmete. Das Werben des Mannes um die Frau, Liebessehnsucht und Liebesklage gehören dabei zu den Hauptmotiven seiner Dichtung. Gleichwohl war er sich – ganz Kind seiner Zeit – auch der Vergänglichkeit von Schönheit und Sinnlichkeit bewusst.

Christian Hoffmann von Hoffmannswaldau: Vergänglichkeit der Schönheit. (Erstdruck um 1695)

Es wird der bleiche todt mit seiner kalten hand
Dir endlich mit der zeit um deine brüste streichen /
Der liebliche corall der lippen wird verbleichen;
Der schultern warmer schnee wird werden kalter sand /

Der äugen süsser blitz / die kräffte deiner hand /
Für welchen solches fällt / die werden zeitlich weichen /
Das haar / das itzund[1] kan des goldes glantz erreichen /
Tilgt endlich tag und jähr als ein gemeines band.

Der wohlgesetzte fuß / die lieblichen gebärden /
Die werden theils zu staub / theils nichts und nichtig werden /
Denn opfert keiner mehr der gottheit deiner pracht.

Diß und noch mehr als diß muß endlich untergehen /
Dein hertze kan allein zu aller zeit bestehen /
Dieweil es die natur aus diamant gemacht.

1 itzund: jetzt

1 *Untersuchen Sie das Gedicht unter folgenden Gesichtspunkten:*

a) Mit welchen Metaphern (vgl. S. 129) wird die Schönheit der Frau beschrieben und wie wirken diese?

b) Welche Begriffe werden diesen Metaphern gegenübergestellt und was beabsichtigt das lyrische Ich mit dieser Gegenüberstellung? Berücksichtigen Sie dabei auch die Informationen des Basiswissens (S. 151) und der Auftaktseite (S. 149).

c) Welche appellative Absicht verbindet das lyrische Ich mit seiner Aussage in den letzten beiden Verszeilen?

d) Weisen Sie das Zusammenspiel des „vanitas/memento mori"-Gedankens und des „carpe diem"-Motivs (Basiswissen, S. 151) in dem Text nach.

2 *Untersuchen Sie, inwieweit sich der Inhalt in der formalen Gestaltung widerspiegelt.*

3 *Erläutern Sie, ob der Inhalt des Gedichts heute noch relevant ist.*

Basiswissen – Das Sonett

Das Sonett ist eine in der Epoche des Barock weit verbreitete Gedichtform, die aus **vierzehn Versen** besteht, **zwei Vierzeiler** (Quartette) und **zwei Dreizeiler** (Terzette/Terzine). Als Reimschema wird in den Quartetten der umarmende Reim (abba) gestaltet, während in den Terzinen verschiedene Reimvarianten möglich sind (z. B. cdc/dcd). Die zwei Quartette werden als Aufgesang, die zwei Terzine als Abgesang bezeichnet. Als Metrum dominiert der sechshebige Jambus (x X) mit einer Zäsur (Sprechpause) nach der dritten betonten Silbe.

Ein Zeitgenosse und Freund von Christian Hoffmann von Hoffmannswaldau war der Dichter Andreas Gryphius (1616–1664).

Andreas Gryphius: Überschrift an dem Tempel der Sterblichkeit (1658)

Ihr irrt, indem ihr lebt; die ganz verschränkte Bahn
Lässt keinen richtig gehn. Dies, was ihr wünscht zu finden,
Ist Irrtum; Irrtum ists, der euch den Sinn kann binden.
Was euer Herz ansteckt, ist nur ein falscher Wahn.

Schaut Arme, was ihr sucht! Warum so viel getan
Um dies, was Fleisch und Schweiß und Blut und Gut und Sünden
Und Fall und Weh nicht hält? Wie plötzlich muss verschwinden,
Was diesen, der es hat, setzt in des Todes Kahn!

Ihr irrt, indem ihr schlaft; ihr irrt, indem ihr wachet;
Ihr irrt, indem ihr traurt; ihr irrt, indem ihr lachet;
Indem ihr dies verhöhnt und das für köstlich acht;

Indem ihr Freund als Feind und Feind als Freunde schätzet;
Indem ihr Lust verwerft und Weh vor Wollust setzet,
Bis der gefundne Tod euch frei vom Irren macht.

4 *Interpretieren Sie das Gedicht, indem Sie nachweisen, welche typischen barocken Themen und formalen Gestaltungsmittel verarbeitet werden.*

Basiswissen — Epochenmerkmale des Barock (1600-1700)

Viele Dichter widmen sich der Liebeslyrik. Vor allem der **Lobpreis** der vollkommen körperlichen und geistigen Schönheit der Frau wird lyrisch verarbeitet. Allerdings werden auch die negativen Wirkungen der Liebe und die Unmöglichkeit einer vollkommenen Liebe angesprochen. Auch religiöse Themen wie **Leid, Schmerz, Weltentsagung und Sündenlast** bestimmen die Thematik vieler Gedichte. Eine Leitvorstellung drückt das Lebensgefühl des barocken Dichters aus: Die radikale Absage an Sinnesfreuden und irdische Güter begründet sich in der **vanitas**, der Erkenntnis der Leere und Sinnlosigkeit allen menschlichen Strebens. Das Bewusstsein von der Endlichkeit des Daseins, nutzt er dazu, seinen Leser mit der Mahnung **memento mori** („Bedenke, dass du sterben musst") auch an dessen eigene Vergänglichkeit zu erinnern. Ein anderer Reflex der intensiven literarischen Auseinandersetzungen mit dem Thema Krieg und Tod ist das ausdrückliche Streben nach Lebensgenuss, nach Flucht in die Idylle (s. Schäferdichtung) und sinnlicher Liebe. Mit der Aufforderung **carpe diem** („Genieße den Tag") wird hier ein Gegenentwurf zum „Vanitas"-Motiv postuliert. Ein weiteres Gegengewicht bilden die Wanderbühnen, auf denen die Commedia del arte Einzug hält und in Form eines Stegreifspiels heitere zwischenmenschliche Verwicklungen präsentiert werden. Mit der **Schäferdichtung** wird die Utopie eines friedlichen Lebens auf dem Lande – gleichsam als Zufluchtsort vor der harten Realität – entworfen. Und nicht zuletzt reiht sich hier auch der **Schelmenroman** ein, in dessen Mittelpunkt ein Schelm steht, der alle Attribute eines Helden bewusst negiert und sich am Rand der gesellschaftlichen und menschlichen Existenz bewegt. Der berühmteste Schelmenroman, **Der Abentheuerliche Simplicissimus Teutsch** von Hans Jakob von Grimmelshausen, wirft einen satirischen Blick auf die gesellschaftlichen Verhältnisse in Deutschland vor dem Hintergrund des Dreißigjährigen Krieges.

Regelpoetik

Die Epoche des Barock ist auch gekennzeichnet durch die Anstrengungen im Bereich der Poetologie, dem Bemühen, die Dichtkunst zu kategorisieren, ein formales Regelwerk für die gängigen literarischen Gattungen zu erstellen und die sprachliche Gestaltung zu reglementieren. Von zentraler Bedeutung war dabei Martin Opitz, der mit seinem „Buch von der Deutschen Poeterey“ eine Anleitung für das regelgerechte Verfassen von Literatur entwickelte. Er entwarf u. a. eine Übersicht von klar definierten literarischen Gattungen (Sonett, Epigramm, Emblem, Gelehrtendrama, Festspiel, historischer Roman), von denen die Tragödie und die Komödie im Folgenden näher beschrieben werden. Vor allem seine berühmte Ständeklausel sollte bis ins 18. Jahrhundert das literarische Schaffen maßgeblich beeinflussen.

Martin Opitz: Buch von der Deutschen Poeterey (1624) (Auszug)

Die Tragedie ist an der maiestet dem Heroischen getichte gemeße / ohne das sie selten leidet / das man geringen standes personen vnd schlechte sachen einführe: weil sie nur von Königlichem willen / Todtschlägen / verzweiffelungen / Kinder- und Vätermörden / brande / blutschanden / kriege vnd auffruhr / klagen / heulen / seuffzen vnd dergleichen handelt. Von derer zugehör schreibet vornemlich Aristoteles / vnd etwas weitleufftiger Daniel Heinsius; die man lesen kan.
Die Comedie bestehet in schlechtem wesen vnd personen: redet von hochzeiten / gastgeboten / spielen / betrug vnd schalckheit der knechte / ruhmrätigen Landtsknechten / buhlersachen / leichtfertigkeit der jugend / geitze des alters / kupplerey vnd solchen sachen / die täglich vnter gemeinen Leuten vorlauffen. Haben derowegen die / welche heutiges tages Comedien geschrieben / weiter geirret / die Keyser vnd Potentaten eingeführet; weil solches den regeln der Comedien schnurstracks zuewieder laufft.

1 *Erarbeiten Sie, wie Opitz die von ihm aufgeführten literarischen Gattungen „Tragödie“ und „Komödie“ inhaltlich definiert und beschreibt.*

2 *Untersuchen Sie die Konsequenzen für die auftretenden Figuren in einer Tragödie und in einer Komödie.*

3 *Erläutern Sie, weshalb mit dieser Poetologie auch eine gesellschaftspolitische Aussage gemacht wird.*

In der Komödie „Peter Squenz“ von Andreas Gryphius wird ein „Spiel im Spiel“ dargestellt. In ihm versuchen sich Repräsentanten des Kleinbürgertums als Laienschauspieler, um vor dem adligen Publikum eine tragische Liebesgeschichte mit dem Titel „Piramus und Thisbe“, einem in Ovids „Metamorphosen“ beschriebenen Liebespaar, aufzuführen. Pyramus und Thisbe können nur durch einen Spalt in der Wand zwischen ihren Häusern miteinander sprechen. Eines Nachts verabreden sie sich am Grab des Ninus. Thisbe trifft als erste ein, flieht jedoch vor einer Löwin in eine Höhle. Dabei verliert sie ihren Schleier, der von der Löwin mit Blut befleckt wird. Als Pyramus den blutigen Schleier entdeckt, befürchtet er, Thisbe sei umgekommen, und begeht unter einem Maulbeerbaum Selbstmord. Thisbe findet den Leichnam des Pyramus und bringt sich ebenfalls um. Obwohl die Aufführung scheitert, weil die „niederen“ Schauspieler mit dem Stoff völlig überfordert sind, werden sie am Ende vom König fürstlich belohnt.

Regelpoetik

Andreas Gryphius: Absurda Comica. Oder Herr Peter Squenz (1657) (Auszug)

Spielende Personen.
Herr Peter Squenz / Schreiber und Schulmeister zu Rumpels-Kirchen / Prologus und Epilogus.
Pickelhäring / deß Königes lustiger Rath / Piramus.
Meister Krix / über und über / Schmied / der Monde.
Meister Bulla Butäin / Blasebalckmacher / die Wand.
Meister Klipperling / Tischler / der Löwe.
Meister Lollinger / Leinweber und Meister Sänger / der Brunn.
Meister Klotz-George / Spulenmacher / Thisbe.
Zusehende Personen.
Theodorus, der König.
Serenus, der Printz.
Cassandra, die Königin.
Violandra, Princeßin.
Eubulus, der Marschalck.

PIRAMUS Liebste Thisbe sehet ihr mich nicht?
THISBE O ja! du Königliches Angesicht.
PIRAMUS Wie gehts doch / mein tausend Schatz?
THISBE Sehr wol nun hier auff diesem Platz
PIRAMUS Ach aber ach! ich bin so kranck /
THISBE So legt euch nieder auff die Banck.
PIRAMUS Ach Thisbe helfft eh' ich verderb /
Und gar vor lauter Liebe sterb!
THISBE Was schadt euch doch / wo thuts euch weh?
PIRAMUS Ich bin so heiß als Mertzen Schnee.
Die Liebe macht mir wunderliche Possen /
Sie hat mich gar ins Hertz geschossen.
Ach ziht mir auß den harten Pfeil /
Sonst sterb ich in geschwinder Eyl.
THISBE Wol! wol! tretet nur für das Loch
Und hebt den Hindern wacker hoch /
Das ist ein Pfeil! Sich / Lieber / sich![1]
PIRAMUS Ey! ey! ey! ey! wie schmertzt es mich!
THISBE Geduld! Er wird bald haussen seyn.
Seyd ihr nun heil mein Zucker-Mündelin?
Sich lieber Pfeil bistu zu stoltz
Und reuchst doch wie Cypressen Holtz.
PIRAMUS Jch fühle warlich nicht viel Schmertzen;
Ey blaset auff die Wunde sonder Schertzen.
THISBE Wie ist euch nun genung gethan?
PIRAMUS Ey setzt noch einen Kuß daran.
THISBE Nun wol / ich hab es auch verricht.
PIRAMUS Nun fühl ich weiter Schmertzen nicht.
THISBE Wer aber heilet meine Pein?
PIRAMUS Jch / ich mein Turteltäubelein.
THISBE Jch habe geschlaffen mit offnem Mund
Und Cupido der schlimme Hund
Jst mir gekrochen in den Leib
Ach weh! mir armem jungem Weib!

1 Sieh / Lieber / sieh

4 *Untersuchen Sie den Textauszug unter folgenden Gesichtspunkten.*

a) Untersuchen Sie, ob und wie Gryphius im Personenregister und in dem sich anschließenden Dialog die Opitzschen Regeln umgesetzt hat.

b) Weisen Sie nach, inwiefern die Figuren aus der Rolle Fallen, also dem „hohen" Thema nicht gerecht werden.

c) Beschreiben Sie, wie die Sprache und das Reimschema einen Gegensatz zu den hohen formalen Anforderungen der Tragödie bilden.

Echo

Durs Grünbein: XXX

Durs Grünbein wurde 1962 in Dresden geboren. Sein Studium der Theaterwissenschaft an der Humboldt Universität brach er 1987 ab und lebt seitdem als freier Autor in Berlin. 1988 erschien sein erster Gedichtband, „Grauzone morgens“, eine Sammlung seit 1985 entstandener Gedichte, die kaum dem damals gängigen Bild von Literatur aus der DDR entsprach, aber auch wenig mit den Texten der unabhängigen Literaturszene gemein hatte und deshalb für Aufsehen sorgte. Es folgten die Lyrikbände „Schädelbasislektion“ (1991) und „Falten und Fallen“ (1994). Bereits 1995 wurde er mit dem Georg-Büchner-Preis, dem höchst dotierten deutschen Literaturpreis, ausgezeichnet. Das folgende Gedicht ist seinem Gedichtband „Den teuren Toten – 33 Epitaphe“ entnommen.

Durs Grünbein: XXX

Berlin. Ein Toter saß an dreizehn Wochen
Aufrecht vorm Fernseher, der lief, den Blick
Gebrochen. Im Fernsehen gab ein Fernsehkoch
Den guten Rat zum Kochen.

Verwesen und Gestank im Zimmer,
Hinter Gardinen blaues Flimmern, später
Die blanken Knochen.
Nichts

Sagten Nachbarn, die ihn scheu beäugten, denn
Sie alle dachten längst dasselbe: „Ich hab's
Gerochen.“

Ein Toter saß an dreizehn Wochen ...
Es war ein fraglos schönes Ende.
Jahrhundertwende.

1 *Untersuchen Sie das Gedicht unter folgenden Fragestellungen.*

a) Inwieweit werden zentrale Themen des Barock aufgenommen?
b) Wie werden diese verarbeitet?
c) An welchen Stellen erkennen Sie, dass es sich um Gegenwartslyrik handelt?

2 *Interpretieren Sie das Gedicht.*

a) Berücksichtigen Sie insbesondere die sprachliche und formale Gestaltung.
b) Analysieren Sie, wie Durs Grünbein den Einsatz des Reimes variiert.

Kapitel 9: Aufklärung – Sturm und Drang – Klassik

Schlaglicht

Ich denke, also bin ich! (Descartes)

Wenn ihr's nicht fühlt, ihr werdet's nicht erjagen ... (Goethe)

Habe Mut, dich deines eigenen Verstandes zu bedienen! (Kant)

Er nennt's Vernunft und braucht's allein
Um tierischer als jedes Tier zu sein (Goethe)

Nicht die Wahrheit, in deren Besitz irgendein Mensch ist, oder zu sein vermeinet, sondern die aufrichtige Mühe, die er angewandt hat, hinter die Wahrheit zu kommen, macht den Wert des Menschen. (Lessing)

Das 18. Jahrhundert steht im Zeichen der kritischen Hinterfragung aller politischen, gesellschaftlichen und religiösen Normen. Die Vertreter der Aufklärung kommen überwiegend aus bürgerlichen Kreisen und treten für fundamentale Menschenrechte wie Meinungs- und Pressefreiheit, Wahlrecht, politisches Mitbestimmungsrecht und eine vom Adel unabhängige Rechtsprechung ein. Alles, was der menschlichen Vernunft widerspricht, kommt auf den Prüfstand. Mit der Bewegung des Sturm und Drang erhält diese Ausrichtung auf die Vernunft ein Gegengewicht: Gefühl und Leidenschaft, Auflehnung und Rebellion rücken in den Mittelpunkt des literarischen Schaffens. Letztlich aber geht es nicht um eine Verabsolutierung der einen oder anderen menschlichen Qualität: Die Aufklärer wissen um den Wert und die Bedeutung der Gefühle; ebenso verschließen sich die jungen Autoren des Sturm und Drang nicht den Forderungen der Logik und der Rationalität.
Die Klassik ist in dieser Ambivalenz um Ausgleich und Harmonie bestrebt. Die großen Dichter Johann Wolfgang Goethe und Friedrich Schiller entwerfen ein Menschenbild, in dem Gefühl und Vernunft ihre Berechtigung finden.

Erste Einblicke

- ✔ Recherchieren Sie die Ideale der Aufklärung.
- ✔ Inwiefern wirken diese Ideale noch heute?
- ✔ Stellen Sie Bezüge zur modernen naturwissenschaftlichen Forschung her.

Aufklärung

Die Forderungen der Aufklärung sind bis heute noch aktuell. Kants Antwort auf die Frage: „Leben wir jetzt in einem *aufgeklärten* Zeitalter?" lautet: „Nein, aber wohl in einem Zeitalter der *Aufklärung* ..." und hat bis heute Gültigkeit, weil Irrationalität, Aberglaube und Intoleranz in allen Formen des gesellschaftlichen Zusammenlebens zu finden sind.

Das Ende der Aufklärung? Rein ins Handgemenge!

Sind die Ideen der Aufklärung Geschichte? Nicht, solange wir uns über sie streiten. Ein Disput zwischen dem Schriftsteller Rüdiger Safranski und dem Publizisten Matthias Greffrath.

ZEIT Geschichte: Herr Greffrath, Herr Safranski, leben wir tatsächlich in einer so durch und durch aufgeklärten Zeit, wie oft behauptet wird?

Mathias Greffrath: Würde der Gott der Aufklärung ins Internet schauen, so würde er sehen, dass die Partie noch immer unentschieden ist. Einerseits zeigt sich dort sehr viel Vernunft – viele Pläne und Projekte, viel Welterklärung und Wissenschaft. Auf der anderen Seite blüht das Irrationale – Dogmen und Idole, dass es nur so kracht. Da ist unsere Epoche nicht viel anders als die Welt vor 200 oder 300 Jahren.

Rüdiger Safranski: Mir scheint ein anderer Gegensatz wichtiger als der von Rationalität und Irrationalität. Gegenwärtig ist etwas aufgebrochen, was schon in der historischen Aufklärung angelegt war. Einerseits sollte sich der Mensch seines Verstandes bedienen, um mündig zu werden. Andererseits wurde die Rakete der exakten Wissenschaft gezündet, und die spezialisierten Disziplinen entstanden. Jetzt haben wir das Problem, dass die institutionalisierten, instrumentellen Wissenschaften den Allgemeinverstand überfordern. Außer auf dem kleinen Gebiet, auf dem wir uns spezialisiert haben, sind wir ja durchweg Laien und dadurch gläubige Mitwisser von Dingen, die wir nicht wirklich verstehen. Das erzeugt ein großes Spannungsverhältnis: Einerseits sind wir eine aufgeklärte Gesellschaft, andererseits eine Gesellschaft von Mitgläubigen, die an einem Wissen, das sie selbst nicht erarbeitet haben, partizipieren – und die von diesem Wissen auch beherrscht werden. [...]

(ZEIT Geschichte, 11.05.2010)

1 *Untersuchen Sie das Interview unter folgenden Gesichtspunkten.*

a) Fassen Sie die Positionen der beiden Interviewten zusammen.

b) Nennen Sie Beispiele für Dogmen und Idole im Internet.

c) Erklären Sie, weshalb Dogmen und Idole Zeichen unaufgeklärten Denkens sind.

d) Erläutern Sie das Spannungsverhältnis, von dem Safranski spricht, an einer Wissenschaft Ihrer Wahl.

Der Philosoph Kant gibt die wohl treffendste Definition von „Aufklärung".

Immanuel Kant: Beantwortung der Frage: Was ist Aufklärung? (1784)

Aufklärung ist der Ausgang des Menschen aus seiner selbst verschuldeten Unmündigkeit. Unmündigkeit ist das Unvermögen, sich seines Verstandes ohne Leitung eines anderen zu bedienen. *Selbstverschuldet* ist diese Unmündigkeit, wenn die Ursache derselben nicht am Mangel des Verstandes, sondern der Entschließung und des Mutes liegt, sich seiner ohne Leitung eines anderen zu bedienen.

Gegen Intoleranz, Aberglauben und Vorurteile

2 *Geben Sie Kants Gedankengang mit eigenen Worten wieder.*

3 *Erläutern Sie, inwiefern der moderne, sogenannte aufgeklärte Mensch als „unmündig“ bezeichnet werden kann.*

Auf den folgenden Seiten wird Ihnen die Auseinandersetzung der Aufklärer mit dem Aberglauben, den Vorurteilen und der Intoleranz ihrer Zeit an unterschiedlichen Textbeispielen vor Augen geführt. Am Beginn steht das bekannteste Drama der Aufklärung, Lessings „Nathan der Weise“. Der reiche Kaufmann Nathan lebt zur Zeit der Kreuzzüge (um 1190 n. Chr.) in Jerusalem. Dort leben Moslems, Christen und Juden in einem sehr brüchigen und instabilen Friedensabkommen. Nathan erfährt nach der Rückkehr von einer Geschäftsreise, dass seine Tochter Recha beinahe verbrannt wäre, hätte nicht ein christlicher Tempelritter sie gerettet. Bestärkt durch ihre christliche Erzieherin Daja glaubt Recha nun, von einem Engel gerettet worden zu sein. Nathan hingegen möchte Recha davon überzeugen, dass es ein ganz normaler Mensch gewesen ist, der diese Heldentat vollbracht hat.

Gotthold Ephraim Lessing: Nathan der Weise (1799; Auszug)

1. Aufzug, 2. Auftritt

[...]
RECHA Er sichtbar, sichtbar mich
Durchs Feuer trüg, von seinem Fittiche
Verweht. – Ich also, ich hab einen Engel
Von Angesicht zu Angesicht gesehn;
Und meinen Engel.
NATHAN Recha wär es wert;
Und würd an ihm nichts Schönres sehn, als er
An Ihr.
RECHA (*lächelnd*) Wem schmeichelt Ihr, mein Vater? wem?
Dem Engel, oder Euch?
NATHAN Doch hätt auch nur
Ein Mensch – ein Mensch, wie die Natur sie täglich
Gewährt, dir diesen Dienst erzeigt: er müsste
Für dich ein Engel sein. Er müsst und würde.
RECHA Nicht so ein Engel; nein! ein wirklicher;
Es war gewiss ein wirklicher! – Habt Ihr,
Ihr selbst die Möglichkeit, dass Engel sind,
Dass Gott zum Besten derer, die ihn lieben,
Auch Wunder könne tun, mich nicht gelehrt?
Ich lieb ihn ja.
NATHAN Und er liebt dich; und tut
Für dich, und deinesgleichen, stündlich Wunder;
Ja, hat sie schon von aller Ewigkeit

Gegen Intoleranz, Aberglauben und Vorurteile

Für euch getan.
RECHA Das hör ich gern.
NATHAN Wie? weil
Es ganz natürlich, ganz alltäglich klänge,
Wenn dich ein eigentlicher Tempelherr
Gerettet hätte: sollt' es darum weniger
Ein Wunder sein? – Der Wunder höchstes ist,
Dass uns die wahren, echten Wunder so
Alltäglich werden können, werden sollen.
Ohn dieses allgemeine Wunder, hätte
Ein Denkender wohl schwerlich Wunder je
Genannt, was Kindern bloß so heißen müsste,
Die gaffend nur das Ungewöhnlichste,
Das Neuste nur verfolgen.
DAJA *(zu Nathan)* Wollt Ihr denn
Ihr ohnedem schon überspanntes Hirn
Durch solcherlei Subtilitäten ganz
Zersprengen?
NATHAN Lass mich! – Meiner Recha wär
Es Wunders nicht genug, dass sie ein Mensch
Gerettet, welchen selbst kein kleines Wunder
Erst retten müssen? Ja, kein kleines Wunder!
Denn wer hat schon gehört, dass Saladin
Je eines Tempelherrn verschont? dass je
Ein Tempelherr von ihm verschont zu werden
Verlangt? gehofft? ihm je für seine Freiheit
Mehr als den ledern Gurt geboten, der
Sein Eisen schleppt; und höchstens seinen Dolch?
RECHA Das schließt für mich, mein Vater. – Darum eben
War das kein Tempelherr; er schien es nur. –
Kömmt kein gefangner Tempelherr je anders
Als zum gewissen Tode nach Jerusalem;
Geht keiner in Jerusalem so frei
Umher: wie hätte mich des Nachts freiwillig
Denn einer retten können?
NATHAN Sieh! wie sinnreich.
Jetzt, Daja, nimm das Wort. Ich hab es ja
Von dir, dass er gefangen hergeschickt
Ist worden. Ohne Zweifel weißt du mehr.
DAJA Nun ja. – So sagt man freilich; – doch man sagt
Zugleich, dass Saladin den Tempelherrn
Begnadigt, weil er seiner Brüder einem,
Den er besonders lieb gehabt, so ähnlich sehe.
Doch da es viele zwanzig Jahre her,

Gegen Intoleranz, Aberglauben und Vorurteile

Dass dieser Bruder nicht mehr lebt, – er hieß,
Ich weiß nicht wie; – er blieb, ich weiß nicht wo: –
So klingt das ja so gar – so gar unglaublich,
Dass an der ganzen Sache wohl nichts ist.
NATHAN Ei, Daja! Warum wäre denn das so
Unglaublich? Doch wohl nicht – wie's wohl geschieht –
Um lieber etwas noch Unglaublichers
Zu glauben? – Warum hätte Saladin,
Der sein Geschwister insgesamt so liebt,
In jüngern Jahren einen Bruder nicht
Noch ganz besonders lieben können? – Pflegen
Sich zwei Gesichter nicht zu ähneln? – Ist
Ein alter Eindruck ein verlorner? – Wirkt
Das Nämliche nicht mehr das Nämliche? –
Seit wann? – Wo steckt hier das Unglaubliche? –
Ei freilich, weise Daja, wär's für dich
Kein Wunder mehr; und deine Wunder nur
Bedürf ... verdienen, will ich sagen, Glauben.
DAJA Ihr spottet.
NATHAN Weil du meiner spottest. – Doch
Auch so noch, Recha, bleibet deine Rettung
Ein Wunder, dem nur möglich, der die strengsten
Entschlüsse, die unbändigsten Entwürfe
Der Könige, sein Spiel – wenn nicht sein Spott –
Gern an den schwächsten Fäden lenkt.
[...]

1 *Untersuchen Sie die Textstelle unter folgenden Gesichtspunkten.*

a) Fassen Sie die Gründe, die Recha dafür anführt, einen Engel gesehen zu haben, und Nathans Erwiderungen in eigenen Worten zusammen.

b) Erläutern Sie, mit welchen Strategien Nathan seine Tochter zur Vernunft bringt.

c) Untersuchen Sie in diesem Zusammenhang die Verwendung des Konjunktivs II.

d) Setzen Sie sich mit der Kritik am christlichen Wunderglauben auseinander.

2 *Untersuchen Sie die Sprache des Dramenauszugs unter folgenden Gesichtspunkten.*

a) Suchen Sie Textbelege für die folgenden sprachlichen und stilistischen Auffälligkeiten (➪ Basiswissen, Kapitel 6.4, S. 128 f.): *Rhetorische Frage – versteckter Imperativ – Litotes – Correctio – Superlativ – Wiederholung – Ausruf – Inversion.*

b) Beschreiben Sie die Wirkung besonders auffälliger sprachlicher Gestaltungsmittel.
Beispiel: Wiederholung des Personalpronomens „Ich also, ich“ (Z. 3)
Die kindliche Ich-Fixierung, die durch die Verwendung des Possessivpronomens („meinen Engel“, Z. 5) verstärkt wird, zeigt, dass Recha zu Beginn noch verwirrt ist. Diese Verwirrung ist eine Folge der Todesangst, die sie ausgestanden hat.

Die Aufklärer als Anwälte bürgerlicher Moral

Immer wieder thematisieren die Dichter der Aufklärung das ausschweifende Leben der Adligen am Hofe; vor allem das Mätressentum und die Heiratspolitik stehen im Mittelpunkt der Angriffe von Autoren wie Johann Anton Leisewitz (1752–1806), einem Schriftsteller und Juristen.

Johann Anton Leisewitz: Der Besuch um Mitternacht (1745; Auszug)

DER FÜRST UND DER KAMMERHERR *am Schachbrett* [...]

DER FÜRST *nach einigen Zügen* Schachmatt ... Wahrhaftig es ist Mitternacht, und die Gorgone ist noch nicht da! [...]. Die Gorgone hält doch nie Wort!

DER KAMMERHERR Eure Durchlauchten belieben sich zu erinnern, dass Ihre Gemahlin noch auf ist, und dass sie dorten vorbei muss.

DER FÜRST Sie haben recht. Und ich muss jetzt mit meiner Frau so behutsam umgehen, wie mit einem überlaufenden Gefäße.

DER KAMMERHERR Aber in der Tat, ich begreife nicht, was die gute Dame will. Sie haben ja einmal einen Erbprinzen von ihr: und wenn Sie den auf eine andre Weise hätten bekommen können, so hätten Sie keine Gemahlin genommen.

DER FÜRST Ich weiß nicht. Eine Gemahlin ist doch immer eine Mätresse mehr. Freilich von einer andern Seite. ... *Es erscheint ein GEIST. Der Fürst fällt in Ohnmacht. Wie er sich nach einer langen Pause erholt, zum Kammerherrn:* Gott! wer ist das?

DER GEIST Hermann, der Cherusker! Siehe, hier klebt das Blut des Varus, und hier das meinige; beides nicht vergossen, dass du der Tyrann von Sklaven, und der Sklave einer Hure seist!

DER KAMMERHERR *ganz leise*: Ein respektwidriger Ausdruck!

DER GEIST *zum Fürsten*: Edelknabe, hast du je die geweihte Last gefühlt, die auf deinen Schultern ruhen sollte? Glaubst du, dass süßer essen und trinken wie andre, sein Leben unter Weibern, verschnittenen[1] und unverschnittenen Halbmännern vertändeln – dass das heiße ein Fürst sein? Und diese Üppigkeit in einem Lande, wo man in keinem Hause lacht, als in deinem! Und doch deucht mir das Jauchzen deines Hofes in deinem verwüsteten Gebiete, wie der Schall einer Trompete in einem Lazarett, dass man das Winseln der Sterbenden und Verstümmelten nicht höre!

DER FÜRST Geist, warum kamst du zu mir?

DER GEIST Um zu reden! – Hier hat noch niemand geredet! Alles, was du je gehört hast, war Widerschall deiner Begierden. Dies verdient es, dass ein Geist sichtbaren Stoff anziehe, und die Sonne noch einmal sehe. – Sie ist das Einzige in Deutschland, was ich noch kenne! Aber Jüngling, höre, was ich rede! So gewiss jetzt dein Knie vor einem Geist und der Wahrheit zittert, so gewiss kommt eine Zeit, in der es Hermannen nicht gereuen wird, dass er für Deutschland starb! Verstehst du mich? – Nicht? – Despotismus ist der Vater der Freiheit! Verstehst du mich jetzt? *Er verschwindet.*

1 verschnitten, hier: kastriert

1 *Erläutern Sie die Adelskritik, indem Sie die Aussagen des Kammerdieners und des Fürsten über Ehefrau und Geliebte und die Vorwürfe, die der Geist erhebt, in eigenen Worten wiedergeben.*

Die Rolle des Schriftstellers in der Aufklärung

Da die Aufklärer grundsätzlich zuversichtlich waren, dass man Individuen, aber auch Völker für die neue Kultur des Verstandes gewinnen könne, betrachteten sich viele Schriftsteller auch als Erzieher. Gerade deshalb wurde die Fabel mit ihrer didaktischen Ausrichtung zu einer beliebten Ausdrucksform der Epoche. An welcher Stelle und wie sich der Dichter innerhalb dieses Erziehungsprozesses einbringen kann und muss, wird zu einer zentralen Frage des 18. Jahrhunderts. So definiert Christoph Martin Wieland (1733–1813) die Aufgaben seiner Berufsgenossen wie folgt.

Christoph Martin Wieland: Über die Rechte und Pflichten der Schriftsteller in Absicht ihrer Nachrichten, Bemerkungen und Urteile über Nationen, Regierungen und andere politische Gegenstände (Auszug; 1785)

1.

Freiheit der Presse ist Angelegenheit und Interesse des ganzen Menschen-Geschlechtes. Dieser Freiheit hauptsächlich haben wir den gegenwärtigen Grad von Erleuchtung, Kultur und Verfeinerung, dessen unser Europa sich rühmen kann, zu verdanken. Man raube uns diese Freiheit, so wird das Licht, dessen wir uns jetzt erfreuen, bald wieder verschwinden; Unwissenheit wird bald wieder in Dummheit ausarten, und Dummheit wird uns wieder dem Aberglauben und dem tyrannischen Despotismus preisgeben; die Völker werden in die scheußliche Barbarei der finstern Jahrhunderte zurücksinken: Wer sich dann erkühnen wird, Wahrheiten zu sagen, an deren Verheimlichung den Unterdrückern der Menschheit gelegen ist, wird ein Ketzer und Aufrührer heißen, und als ein Verbrecher bestraft werden. [...]

9.

Die erste und wesentlichste Eigenschaft eines Schriftstellers, welcher einen Beitrag zur Menschen- und Völkerkunde, aus eigener Beobachtung, liefert, ist: dass er den aufrichtigen Willen habe die Wahrheit zu sagen; dass er folglich keiner Leidenschaft, keiner vorgefassten Meinung, keiner interessierten Privatabsicht wissentlich einigen Einfluss in seine Nachrichten und Bemerkungen erlaube. Seine erste Pflicht ist Wahrhaftigkeit und Unparteilichkeit; und da wir zu allem berechtigt sind, was eine notwendige Bedingung der Erfüllung unsrer Pflicht ist: so ist auch, vermöge der Natur der Sache, Freimütigkeit ein Recht, das keinem Schriftsteller dieser Klasse streitig gemacht werden kann. Er muss die Wahrheit sagen wollen und sagen dürfen.

10.

Diesem zufolge ist also der Schriftsteller vollkommen berechtigt, von dem Volke, über welches er uns seine Beobachtungen mitteilt, alles zu sagen was er gesehen hat, Gutes und Böses, Rühmliches und Tadelhaftes. Mit ungetreuen Gemälden, welche nur die schöne Seite darstellen, und die fehlerhafte entweder ganz verdunkeln oder gar durch schmeichlerische Verschönerung verfälschen, ist der Welt nichts gedient. [...]

1 *Stellen Sie mit eigenen Worten die Bedeutung der Pressefreiheit für die Aufklärung dar.*

2 *Erläutern Sie unter Berücksichtigung des Basiswissens auf Seite 162, weshalb Wieland die Verpflichtung des Schriftstellers zur Wahrheit betont.*

3 *Beschreiben Sie, welche Funktion Schriftsteller Ihrer Meinung nach heute in der Gesellschaft haben sollten.*

Der Kampf um politische und gesellschaftliche Emanzipation

Basiswissen Aufklärung (ca. 1720 – 1800)

Die Kant'sche Forderung „Habe Mut, dich deines eigenen Verstandes zu bedienen" unterstreicht das Emanzipationsbestreben der Aufklärer: Der aufgeklärte Mensch soll sich aus der **Bevormundung durch staatliche und kirchliche Autorität befreien** und **autonom** werden.

Als geistige Bewegung setzt sich die Aufklärung in allen Bereichen des kulturellen Lebens durch und verbreitet sich in ganz Europa. Während sie in **Frankreich zur Revolution** führt, verläuft sie in Deutschland weitgehend friedlich. Hierfür sind zwei entscheidende Gründe verantwortlich: Zum einen ist **Deutschland** kein Staat im eigentlichen Sinn, sondern eher **ein Herrschaftsverband mit unzählig vielen Kleinstaaten**. Es besteht kein einheitliches Rechts- und Herrschaftssystem, sodass es sehr unterschiedliche Ausprägungen des Absolutismus gibt. Zum anderen erkennt der Adel die Sprengkraft des aufklärerischen Gedankenguts und macht sich zentrale Ideen zu eigen. Im Schlagwort des **„Aufgeklärten Absolutismus"**, der vor allem mit Friedrich II. von Preußen verbunden ist, findet die neue Legitimation der adligen Herrschaft ihren Ausdruck: Nicht der göttliche Wille etabliert die weltliche Macht, sondern ein ungeschriebener Vertrag zwischen Fürst und Untertanen; in diesem verpflichtet sich der Fürst, dem Staat und der Gesellschaft zu dienen. Im Gegenzug darf er dafür Gehorsam und Treue der Untertanen erwarten.

In allen politisch relevanten Bereichen des öffentlichen Lebens dominiert **der Adel**; er besetzt die einflussreichen Stellen in der Verwaltung und übernimmt repräsentative Funktionen an den fürstlichen Residenzen. **Das Bürgertum** genießt zwar wirtschaftliche Freiräume und bringt es nicht selten zu finanziellem Wohlstand, hat aber sonst kaum politischen Einfluss. **Bauern und einfache Handwerker** leiden zunehmend unter den feudalistischen Herrschaftsstrukturen und drohen unter dem enormen Druck von Steuern und Abgaben zu verelenden.

Das **Bürgertum als die treibende Kraft der Aufklärung** entfaltet sich im Verlauf des 18. Jahrhunderts in einem **aufblühenden literarischen Austausch**, der sich in umfangreichen Briefwechseln, Zeitschriften und literarischen Zirkeln manifestiert. Da die Zahl der Lesekundigen rasant zunimmt, entstehen **erste Verlage**, die einen Markt für schöne Literatur erschließen. Die damit verbundene Unabhängigkeit der Autoren von einem Fürsten, der das literarische Wirken finanziell unterstützt, schafft Freiräume, die die Aufklärer für ihre **Kritik an Adel und Klerus** nutzen. Zu den großen bürgerlichen Vertretern der Aufklärung gehören u. a. **Johann Friedrich Gottsched** (Abb. oben links), **Immanuel Kant** (Abb. oben rechts), **Gotthold Ephraim Lessing** (Abb. unten links) und **Georg Christoph Lichtenberg** (Abb. unten rechts).

1 *Untersuchen Sie den Text unter folgenden Fragestellungen.*

a) Weshalb verläuft in Deutschland die Aufklärung friedlich?
b) Was versteht man unter aufgeklärtem Absolutismus?
c) Wie ist die Lage des Bürgertums innerhalb der Ständegesellschaft?

Der Kampf um politische und gesellschaftliche Emanzipation

Die Ungerechtigkeiten, die das absolutistische System hervorruft, führen im Verlauf des 18. Jahrhunderts zu einer Verschärfung des Tons in der Literatur. Die Hoffnungen auf einen gesellschaftspolitischen Neuanfang werden gerade mit Blick auf die Ereignisse in Frankreich immer konkreter.

Gottlieb Konrad Pfeffel: Der freie Mann – Ein Volkslied (1790)

Wer ist ein freier Mann?
Der, dem nur eigner Wille
Und keines Zwingherrn Grille
Gesetze geben kann;
Der ist ein freier Mann.

Wer ist ein freier Mann?
Der das Gesetz verehret,
Nichts tut, was es verwehret,
Nichts will, als was er kann;
Der ist ein freier Mann.

Wer ist ein freier Mann?
Wem seinen hellen Glauben
Kein frecher Spötter rauben,
Kein Priester meistern kann;
Der ist ein freier Mann.

Wer ist ein freier Mann?
Der auch in einem Heiden
Den Menschen unterscheiden,
Die Tugend schätzen kann;
Der ist ein freier Mann.

Wer ist ein freier Mann?
Dem nicht Geburt noch Titel,
Nicht Sammetrock noch Kittel
Den Bruder bergen kann;
Der ist ein freier Mann.

Wer ist ein freier Mann?
Wem kein gekrönter Würger
Mehr, als der Name Bürger
Ihm wert ist, geben kann;
Der ist ein freier Mann.

Wer ist ein freier Mann?
Der, in sich selbst verschlossen,
Der feilen Gunst der Großen
Und Kleinen trotzen kann;
Der ist ein freier Mann.

Wer ist ein freier Mann?
Der fest auf seinem Stande
Auch selbst vom Vaterlande
Den Undank dulden kann;
Der ist ein freier Mann.

Wer ist ein freier Mann?
Der, muss er Gut und Leben
Zum Raub Tyrannen geben,
Doch nichts verlieren kann;
Der ist ein freier Mann.

Wer ist ein freier Mann?
Der bei des Todes Rufe
Keck auf des Grabes Stufe
Und rückwärts blicken kann;
Der ist ein freier Mann.

1 *Entwerfen Sie ein Plakat, auf dem Sie Pfeffels unterschiedliche Definitionen von Freiheit als Forderungen formulieren.*

2 *Analysieren Sie anhand der Sprache des Gedichtes, wie der sich verschärfende politische Ton deutlich wird.*

3 *Erläutern Sie, inwiefern die Forderungen und Visionen Pfeffels heute noch aktuell sind.*

Sturm und Drang

Vielfach fälschlicherweise als Gegenbewegung zur Aufklärung bezeichnet, ist die Epoche des Sturm und Drang eher eine dichterische Neupositionierung, in welcher die Beschäftigung mit bestimmten Themenbereichen der Aufklärung intensiviert, relativiert oder gar abgelehnt wird. So verschiebt sich der Schwerpunkt von der Ausrichtung auf den Verstand hin zum Gefühl. Es gibt kaum eine menschliche Regung und Verfehlung, die nicht auch literarisch aufgearbeitet wird. Die folgenden fiktiven Schlagzeilen offenbaren die Vorliebe der Stürmer und Dränger für menschliche Abgründe.

Vater ermordet Tochter, um ihre Ehre zu retten

Selbstmord aus Liebeswahn

Verführungskünste mit Rattengift entlohnt

Eifersucht: Adliger ermordet Geliebte – Vater untröstlich: „Ich wollte doch nur das Beste für den Jungen!“

Beim Techtelmechtel mit Schülerin ertappt: Lehrer kastriert sich

Verzweifelte ledige Mutter ermordet Kind. Hat sie auch die eigene Mutter auf dem Gewissen?

Vater sollte in einem Erdloch sterben: Sohn wegen versuchten Totschlags angeklagt.

1 *Ordnen Sie mithilfe eines Literaturlexikons zu, welche Überschrift zu welchem der folgenden Werke gehört:*
G. E. Lessing: Emilia Galotti
F. Schiller: Die Räuber
F. Schiller: Kabale und Liebe
J. M. R. Lenz: Die Soldaten
J. M. R. Lenz: Der Hofmeister
J. W. Goethe: Faust, Der Tragödie erster Teil
J. W. Goethe: Die Leiden des jungen Werther

Auf den folgenden Seiten werden Sie eine Auswahl typischer Themen des Sturm und Drang und deren Bearbeitung anhand ausgewählter Textbeispiele näher kennenlernen. Dabei geht es sowohl um ein breites Spektrum von Emotionen, die literarisch gestaltet werden, als auch um das Selbstverständnis der Dichter dieser Bewegung.

Gefühl und Leidenschaft

Der folgende Text entstammt dem Drama „Kabale und Liebe“ von Friedrich Schiller (1759–1805). Der adlige Präsidentensohn Ferdinand von Walter hat sich in Luise, ein Mädchen aus einfachem bürgerlichen Stand verliebt und möchte sie heiraten. Ferdinands Vater versucht dies mit allen Mitteln zu verhindern. Sein Sekretär Wurm, der selbst Luise heiraten möchte, schlägt ihm vor, Ferdinand eifersüchtig zu machen. Die Eltern von Luise werden heimlich verhaftet. Um sie zu befreien, muss Luise einen Liebesbrief an den Hofmarschall des Herzogs verfassen. Luise schreibt den von Wurm diktierten Brief, in welchem sie sich über Ferdinands Liebe lustig macht. Diesen Brief spielt man Ferdinand in die Hände.

Friedrich Schiller: Kabale und Liebe (1784; Auszug)

IV. Akt, 2. Szene

FERDINAND *(allein, den Brief durchfliegend, bald erstarrend, bald wütend herumstürzend)*
Es ist nicht möglich. Nicht möglich. Diese himmlische Hülle versteckt kein so teuflisches Herz – – Und doch! doch! Wenn alle Engel herunterstiegen, für ihre Unschuld bürgten – wenn Himmel und Erde, wenn Schöpfung und Schöpfer zusammenträten, für ihre Unschuld bürgten – es ist ihre *Hand* – ein unerhörter ungeheurer Betrug, wie die Menschheit noch keinen erlebte! – Das also war's, warum man sich so beharrlich der Flucht widersetzte! – *Darum* – o Gott! jetzt erwach ich, jetzt enthüllt sich mir alles! – *Darum* gab man seinen Anspruch auf meine Liebe mit so viel Heldenmut auf, und bald, bald hätte selbst *mich* die himmlische Schminke betrogen! *(Er stürzt rascher durchs Zimmer, dann steht er wieder nachdenkend still.)* Mich so ganz zu ergründen! – Jedes kühne Gefühl, jede leise schüchterne Bebung zu erwidern, jede feurige Wallung – An der feinsten Unbeschreiblichkeit eines schwebenden Lauts meine Seele zu fassen – Mich zu berechnen in einer Träne – Auf jeden gähen Gipfel der Leidenschaft mich zu begleiten, mir zu begegnen vor jedem schwindelnden Absturz – Gott! Gott! und alles das nichts als *Grimasse* – Grimasse? – O wenn die Lüge eine so haltbare Farbe hat, wie ging es zu, dass sich kein Teufel noch in das Himmelreich hineinlog? Da ich ihr die Gefahr unsrer Liebe entdeckte, mit welch überzeugender Täuschung erblasste die Falsche da! Mit welch siegender Würde schlug sie den frechen Hohn meines Vaters zu Boden, und in ebendem Augenblick fühlte das Weib sich doch schuldig – Was? hielt sie nicht selbst die Feuerprobe der Wahrheit aus – die Heuchlerin sinkt in Ohnmacht. Welche Sprache wirst du jetzt führen, Empfindung? Auch Kokotten[1] sinken in Ohnmacht. Womit wirst *du* dich rechtfertigen, Unschuld? – Auch Metzen[2] sinken in Ohnmacht.
Sie weiß, was sie aus mir gemacht hat. Sie hat meine ganze Seele gesehn. Mein Herz trat beim Erröten des ersten Kusses sichtbar in meine Augen – und sie empfand nichts? Empfand vielleicht nur den Triumph ihrer Kunst? – Da mein glücklicher Wahnsinn den ganzen Himmel in ihr zu umspannen wähnte, meine wildesten Wünsche schwiegen – vor meinem Gemüt stand kein Gedanke als die Ewigkeit und das Mädchen – Gott! da empfand sie nichts? Fühlte nichts, als ihren Anschlag gelungen? Nichts, als ihre Reize geschmeichelt? Tod und Rache! Nichts, als dass ich betrogen sei?

1 Kokotte: Halbweltdame, Prostituierte
2 Metze: Dirne, Prostituierte

1 *Beschreiben Sie die emotionale Befindlichkeit Ferdinands; berücksichtigen Sie dabei auch die sprachliche Gestaltung des Dramenauszugs und die Regieanweisungen.*

Gefühl und Leidenschaft

Der folgende Auszug aus einem Schüleraufsatz verdeutlicht, wie das Typische einer literarischen Figur auf der Basis des Epochenwissens herausgearbeitet werden kann.

Muster

Diese Szene zeigt Ferdinand in einem Zustand höchster Erregung: Emotionen wie Wut, grenzenlose Enttäuschung und verletzte Eitelkeit mischen sich in einem Gefühlschaos, das er nicht zu beherrschen vermag. Bereits in den Regieanweisungen wird diese innere Zerrissenheit zum Ausdruck gebracht: „Ferdinand allein, den Brief durchfliegend, bald erstarrend, bald wütend herumstürzend." (IV, 2, Z. 18) Im Verlauf des Monologs steigert sich Ferdinands Aggression gegenüber Luise bis zur Raserei, und blind vor Eifersucht beleidigt er die ehemalige Geliebte immer mehr. Verzichtet er im ersten Teil des Monologs lediglich darauf, ihren Namen zu nennen, wohl deshalb, weil mit diesem viele schöne Erinnerungen verbunden sind, wird die Wortwahl im zweiten Teil immer schärfer und gipfelt darin, dass er sie als „Kokotte" (Z. 21) und „Metze" (Z. 22) beschimpft, zur Zeit Schillers geläufige Bezeichnungen für Prostituierte oder Frauen mit unzeitgemäßen moralischen Vorstellungen. Ein wesentliches Persönlichkeitsmerkmal Ferdinands besteht darin, dass er das eigene Fühlen zur obersten Instanz seines Denkens und Handelns macht und sich dabei als vollkommen unfähig erweist, sein Verhalten kritisch zu reflektieren. In seiner Engstirnigkeit zieht er nicht einmal in Betracht, dass sein Vater, der ja bereits in der siebten Szene des ersten Aktes sein wahres Gesicht gezeigt hat, seine Hand im Spiel haben könnte. Überhaupt fällt auf, dass es für Ferdinand unmöglich zu sein scheint, sich von den selbst gesetzten Polarisierungen in der Bewertung anderer Personen zu befreien. Er denkt und fühlt wie ein Kind in Freund-Feind-Mustern und macht sein eigenes Urteil zum Maß der Dinge. Dabei sollte jedoch nicht unerwähnt bleiben, dass er tatsächlich leidet und die Emotionen, denen er sich unterworfen sieht, nicht nur Maske sind. Die vielen Ausrufe der Verzweiflung zeigen dies ebenso wie die Fragen, die er sich im Verlauf des Monologs immer wieder stellt. All seine Erwägungen führen jedoch nicht zu einer Klärung, sondern treiben ihn immer weiter in den Sog der negativen Gefühle, und in seinem „beschränkten" Denken scheint sein Anspruch auf Rache gerechtfertigt. Auch hier tritt wieder der infantile Charakter Ferdinands zutage, weil er das, was er nicht besitzen kann, eher zu zerstören gewillt ist als es einem anderen zu überlassen. Dieser Anspruch legitimiert letzten Endes auch seinen Entschluss, Luise und sich selbst zu vergiften, ohne die Folgen dieser Tat vor sich selbst zu rechtfertigen. Einzig nach dem Gespräch mit Luises Vater kommen ihm für einen kurzen Moment Zweifel, ob er mit der Tötung Luises nicht auch bezüglich des Vaters Schuld auf sich lädt: „Das einzige Kind! – Fühlst du das, Mörder? Das einzige!" (S. 83, Z. 9)

Doch auch hier befreit er sich sehr zügig von seinem „Skrupel" und glaubt, letzten Endes dem Vater sogar einen Gefallen zu tun, wenn er ihn von solch einer moralisch verkommenen Tochter befreit. Dabei erweist sich Ferdinand als im eigentlichen Sinne anmaßend, denn er überhöht die subjektiven Wertvorstellungen zum moralischen Gesetz und zeigt sich damit in ähnlicher Weise als Despot wie sein Vater, dessen Macht – und Herrschaftsansprüche er doch so heftig kritisiert hat. Auch Ferdinand, das verwöhnte Einzelkind, schreckt nicht vor einem Mord zurück, wenn auch aus anderen, aber deshalb nicht weniger egoistischen Motiven heraus. Die vermeintliche Stärke erweist sich somit als Schwäche, denn der Kontrollverlust führt Ferdinand mehr als einmal auf Irrwege, die letzten Endes sein Scheitern bedingen.

2 *Untersuchen Sie mithilfe des Basiswissens (⇨ S. 167), an welchen Stellen des Aufsatzes auf epochenspezifische Merkmale Bezug genommen wird.*

Protest und Widerstand

Basiswissen **Der Sturm und Drang**

Der Sturm und Drang ist eine Bewegung junger Autoren, deren **Grundhaltung** die des **Protestes** ist – gegen überkommene kleinbürgerliche Moralvorstellungen, gegen Ausbeutungspraktiken des Adels, gegen die Enge der bürgerlichen Welt, aber auch gegen Reglementierungen das literarische Schaffen betreffend. Mehrere Zirkel junger Poeten bilden die **Zentren des Sturm und Drang**: um **Goethe in Straßburg, Frankfurt am Main und Darmstadt**, um den **Hainbund in Göttingen**, um **Christian Friedrich Daniel Schubart, Wilhelm Ludwig Weckherlin und Friedrich Schiller in Schwaben** und um **Johann Kaspar Lavater in der Schweiz**. Zentraler Ausdruck des neuen Selbstbewusstseins jener jungen Autorengruppe ist der **Genie-Begriff**, der gegen den der Lehre und des angelernten Wissens gestellt wird. **Begabung, Inspiration, Kreativität** sind die neuen Quellen des literarischen Schaffens. Diese Hervorhebung des Genius, des Typus des genialen Künstlers, geht mit dem Anspruch auf künstlerische und finanzielle Unabhängigkeit einher. Der vorherrschende künstlerische Enthusiasmus spiegelt sich sowohl in der literarischen Experimentierfreude als auch in der Wahl der Themen wider. Das **bürgerliche Trauerspiel, der Briefroman**, **Parodien, Grotesken, Satiren** – die Gattungsvielfalt dokumentiert die Offenheit und Begeisterung der Stürmer und Dränger, sich aus dem Korsett der Regelwerke die literarische Arbeit betreffend zu befreien. Trotz aller starken Impulse bleibt die Bewegung des Sturm und Drang eine **zeitlich begrenzte Episode der Literaturgeschichte**, die im Verlauf von ungefähr zehn Jahren (ca. 1770–1780) Europa ergreift und eine Woge der Begeisterung entfacht, dann jedoch relativ schnell verebbt. Dichter wie Goethe und Schiller etablieren sich in der bürgerlichen Welt, erhalten Ämter, die sie ernähren. Andere Künstler wie J. M. R. Lenz scheitern, weil ihnen die finanzielle Basis fehlt, ihre freie Dichterexistenz zu leben.

Leitfiguren des Sturm und Drang sind Prometheus und Shakespeare. **Prometheus**, eine Figur aus der griechischen Mythologie, lehnt sich gegen die Götter auf und behauptet seine individuelle Autonomie gegenüber deren Anspruch auf Allmacht. Die große Verehrung dieses Rebellen, der gegen das ausdrückliche Verbot der Götter den Menschen das Feuer bringt, unterstreicht die Grundhaltung der Stürmer und Dränger und ihre häufig als avantgardistisch charakterisierte Bedeutung innerhalb der Literatur um 1800. Die Bedeutung **Shakespeares** für die Dichter des Sturm und Drang beschreibt Herder in seiner literaturtheoretischen Schrift „Von deutscher Art und Kunst“ (1773): „Wenn bei einem Manne mir jenes ungeheure Bild einfällt: ‚Hoch auf einem Felsengipfel sitzend! zu seinen Füßen, Sturm, Ungewitter und Brausen des Meers; aber sein Haupt in den Strahlen des Himmels!‘ so ist's bei Shakespeare! – Nur freilich auch mit dem Zusatz, wie unten am tiefsten Fuße seines Felsenthrones Haufen murmeln, die ihn – erklären, retten, verdammen, entschuldigen, anbeten, verleumden, übersetzen und lästern! – und die Er alle nicht höret!“

1 *Erarbeiten Sie, weshalb der Sturm und Drang als jugendliche Protestbewegung bezeichnet wird.*

2 *Beschreiben Sie, wie der Stürmer und Dränger das Verhältnis zwischen Dichter und Publikum sieht. Berücksichtigen Sie dabei auch das Zitat Herders über Shakespeare als großes Vorbild für die Dichter dieser Epoche.*

Verzweiflung und Weltekel

Der Umfang des Einflusses Shakespeares auf die Stürmer und Dränger wird an dem folgenden Textvergleich veranschaulicht. Der Monolog Hamlets aus der gleichnamigen Tragödie ist 1603, Goethes Briefroman „Die Leiden des jungen Werther" ist erstmals 1774 erschienen.

Während seines Studiums in Wittenberg erhält Hamlet, der Prinz von Dänemark, die Nachricht vom plötzlichen Tod seines Vaters. Er reist nach Hause und wird Zeuge der Hochzeit der eigenen Mutter mit seinem Onkel Claudius, dem Bruder des verstorbenen Vaters. Nachts erscheint ihm dessen Geist und beschuldigt Claudius und seine Witwe, ihn ermordet zu haben. Um zu prüfen, ob der Geist die Wahrheit gesagt hat, lässt Hamlet ein Stück aufführen, in dem die Ermordung des Königs nachgespielt wird. Hamlet selbst gibt vor, wahnsinnig zu sein. Als Claudius die Aufführung während der Tötungsszene verlässt, meint Hamlet, Gewissheit erhalten zu haben. Dennoch zögert er und versucht in einem Selbstgespräch Klarheit über seine Situation zu erlangen.

William Shakespeare: Hamlet (1603; Auszug)

III. Akt, erste Szene

HAMLET Sein oder Nichtsein; das ist hier die Frage:
Ob's edler im Gemüt, die Pfeil und Schleudern
Des wütenden Geschicks erdulden oder,
Sich waffnend gegen eine See von Plagen,
Durch Widerstand sie enden? Sterben – schlafen –
Nichts weiter! – und zu wissen, dass ein Schlaf
Das Herzweh und die tausend Stöße endet,
Die unsers Fleisches Erbteil – 's ist ein Ziel,
Aufs innigste zu wünschen. Sterben – schlafen –
Schlafen! Vielleicht auch träumen! Ja, da liegt's:
Was in dem Schlaf für Träume kommen mögen,
Wenn wir die irdische Verstrickung lösten,
Das zwingt uns stillzustehn. Das ist die Rücksicht,
Die Elend lässt zu hohen Jahren kommen.
Denn wer ertrüg der Zeiten Spott und Geißel,
Des Mächt'gen Druck, des Stolzen Misshandlungen,
Verschmähter Liebe Pein, des Rechtes Aufschub,
Den Übermut der Ämter und die Schmach,
Die Unwert schweigendem Verdienst erweist,
Wenn er sich selbst in Ruhstand setzen könnte
Mit einer Nadel bloß? Wer trüge Lasten
Und stöhnt und schwitzte unter Lebensmüh?
Nur dass die Furcht vor etwas nach dem Tod,
Das unentdeckte Land, von des Bezirk
Kein Wandrer wiederkehrt, den Willen irrt,
Dass wir die Übel, die wir haben, lieber
Ertragen als zu unbekannten fliehn.
So macht Gewissen Feige aus uns allen;
Der angebornen Farbe der Entschließung
Wird des Gedankens Blässe angekränkelt;
Und Unternehmen voll Mark und Nachdruck,
Durch diese Rücksicht aus der Bahn gelenkt,
Verlieren so der Handlung Namen. –

Verzweiflung und Weltekel

Werther verliebt sich leidenschaftlich in die bereits verlobte Lotte. Als Albert, ihr strebsamer, pragmatischer Verlobte auftaucht, muss er erkennen, dass es zu keiner Verbindung kommen kann. Es überkommt ihn eine große Verzweiflung. Um Abstand zu gewinnen, nimmt er eine Stelle an einer Gesandtschaft an, doch Standelsdünkel und Borniertheit drängen ihn aus dem Amt. Er kehrt zur inzwischen verheirateten Lotte zurück. Als er die Ausweglosigkeit seiner Lage erkennt, beschließt er, sich zu erschießen. Am letzten Morgen schreibt er in einem Brief an Lotte:

Johann Wolfgang Goethe: Die Leiden des jungen Werther (1774; Auszug)

Zum letzten Male denn, zum letzten Male schlage ich diese Augen auf. Sie sollen, ach, die Sonne nicht mehr sehn, ein trüber, neblichter Tag hält sie bedeckt. So traure denn, Natur! Dein Sohn, dein Freund, dein Geliebter naht sich seinem Ende. Lotte, das ist ein Gefühl ohnegleichen, und doch kommt es dem dämmernden Traum am nächsten, zu sich zu sagen: das ist der letzte Morgen. Der letzte! Lotte, ich habe keinen Sinn für das Wort: der letzte! Stehe ich nicht da in meiner ganzen Kraft, und morgen liege ich ausgestreckt und schlaff am Boden. Sterben! Was heißt das? Siehe, wir träumen, wenn wir vom Tode reden. Ich habe manchen sterben sehen; aber so eingeschränkt ist die Menschheit, dass sie für ihres Daseins Anfang und Ende keinen Sinn hat. Jetzt noch mein, dein! Dein, o Geliebte! Und einen Augenblick – getrennt, geschieden – vielleicht auf ewig? – nein, Lotte, nein – wie kann ich vergehen? Wie kannst du vergehen? Wir sind ja! – vergehen ! – was heißt das? Das ist wieder ein Wort, ein leerer Schall, ohne Gefühl für mein Herz. – tot, Lotte! Eingescharrt der kalten Erde, so eng! So finster! – ich hatte eine Freundin, die mein alles war meiner hülflosen Jugend; sie starb, und ich folgte ihrer Leiche und stand an dem Grabe, wie sie den Sarg hinunterließen und die Seile schnurrend unter ihm weg und wieder herauf schnellten, dann die erste Schaufel hinunterschollerte, und die ängstliche Lade einen dumpfen Ton wiedergab, und dumpfer und immer dumpfer, und endlich bedeckt war! – ich stürzte neben das Grab hin – ergriffen, erschüttert, geängstet, zerrissen mein Innerstes, aber ich wusste nicht, wie mir geschah – wie mir geschehen wird – Sterben! Grab! Ich verstehe die Worte nicht!

1 *Vergleichen Sie die beiden Auszüge unter folgenden Fragestellungen.*

a) Welche Einstellung haben beide Protagonisten zum Leben?

b) Wie stellen sich beide den Tod vor?

c) Wie unterstützt die sprachliche Gestaltung die jeweiligen Aussagen?

Der geniale Künstler

Den Begriff „Genie" – den Ausdruck des neuen Künstlerbewusstseins – definiert der aufklärerische Pädagoge Joachim Heinrich Campe so: „In seiner engern Bedeutung genommen, bezeichnet das Wort einen mit außerordentlichen, besonders erfinderischen, Kräften begabten Geist, der sich neue Bahnen bricht, oder auf schon gebrochenen Bahnen, mit mehr Leichtigkeit, Kraft und Würde, und zugleich weiter als Andere fortschreitet [...]." Friedrich Schiller beschreibt seine Auffassung vom künstlerischen Genie im folgenden Gedicht.

Friedrich Schiller: Pegasus im Joche (entst. 1795)

Auf einen Pferdemarkt – vielleicht zu Haymarket[1],
Wo andre Dinge noch in Ware sich verwandeln,
Bracht einst ein hungriger Poet
Der Musen Ross, es zu verhandeln.

Hell wieherte der Hippogryph[2]
Und bäumte sich in prächtiger Parade;
Erstaunt blieb jeder stehn und rief:
„Das edle, königliche Tier! Nur schade,
Dass seinen schlanken Wuchs ein hässlich Flügelpaar
Entstellt! Den schönsten Postzug würd es zieren.
Die Rasse, sagen sie, sei rar,
Doch wer wird durch die Luft kutschieren?
Und keiner will sein Geld verlieren."
Ein Pachter endlich fasste Mut.
„Die Flügel zwar", spricht er, „die schaffen keinen Nutzen,
Doch die kann man ja binden oder stutzen,
Dann ist das Pferd zum Ziehen immer gut.
Ein zwanzig Pfund, die will ich wohl dran wagen."
Der Täuscher, hochvergnügt, die Ware loszuschlagen,
Schlägt hurtig ein. „Ein Mann, ein Wort!"
Und Hans trabt frisch mit seiner Beute fort.

Das edle Tier wird eingespannt.
Doch fühlt es kaum die ungewohnte Bürde,
So rennt es fort mit wilder Flugbegierde
Und wirft, von edelm Grimm entbrannt,
Den Karren um an eines Abgrunds Rand.
„Schon gut", denkt Hans. „Allein darf ich dem tollen Tiere
Kein Fuhrwerk mehr vertraun. Erfahrung macht schon klug.
Doch morgen fahr ich Passagiere,
Da stell ich es als Vorspann in den Zug.
Die muntre Krabbe soll zwei Pferde mir ersparen,
Der Koller gibt sich mit den Jahren."

Der Anfang ging ganz gut. Das leichtbeschwingte Pferd
Belebt der Klepper Schritt, und pfeilschnell fliegt der Wagen.
Doch was geschieht? Den Blick den Wolken zugekehrt,
Und ungewohnt, den Grund mit festem Huf zu schlagen,
Verlässt es bald der Räder sichre Spur,
Und treu der stärkeren Natur,
Durchrennt es Sumpf und Moor, geackert Feld und Hecken;

Der geniale Künstler

Der gleiche Taumel fasst das ganze Postgespann,
Kein Rufen hilft, kein Zügel hält es an,
Bis endlich, zu der Wandrer Schrecken,
Der Wagen, wohlgerüttelt und zerschellt,
Auf eines Berges steilem Gipfel hält.

„Das geht nicht zu mit rechten Dingen",
Spricht Hans mit sehr bedenklichem Gesicht.
„So wird es nimmermehr gelingen;
Lass sehn, ob wir den Tollwurm nicht
Durch magre Kost und Arbeit zwingen."
Die Probe wird gemacht. Bald ist das schöne Tier,
Eh noch drei Tage hingeschwunden,
Zum Schatten abgezehrt. „Ich habs, ich habs gefunden!"
Ruft Hans. „Jetzt frisch, und spannt es mir
Gleich vor den Pflug mit meinem stärksten Stier."

Gesagt, getan. In lächerlichem Zuge
Erblickt man Ochs und Flügelpferd am Pfluge.
Unwillig steigt der Greif und strengt die letzte Macht
Der Sehnen an, den alten Flug zu nehmen.
Umsonst, der Nachbar schreitet mit Bedacht,
Und Phöbus' stolzes Ross muss sich dem Stier bequemen,
Bis nun, vom langen Widerstand verzehrt,
Die Kraft aus allen Gliedern schwindet,
Von Gram gebeugt das edle Götterpferd
Zu Boden stürzt und sich im Staube windet.

„Verwünschtes Tier!", bricht endlich Hansens Grimm
Laut scheltend aus, indem die Hiebe flogen.
„So bist du denn zum Ackern selbst zu schlimm?
Mich hat ein Schelm mit dir betrogen."
Indem er noch in seines Zornes Wut
Die Peitsche schwingt, kommt flink und wohlgemut
Ein lustiger Gesell die Straße hergezogen.
Die Zither klingt in seiner leichten Hand,
Und durch den blonden Schmuck der Haare
Schlingt zierlich sich ein goldnes Band.
„Wohin, Freund, mit dem wunderlichen Paare?"
Ruft er den Baur von weitem an.
„Der Vogel und der Ochs an einem Seile,
Ich bitte dich, welch ein Gespann!
Willst du auf eine kleine Weile
Dein Pferd zur Probe mir vertraun?
Gib acht, du sollst dein Wunder schaun!"

Der Hippogryph wird ausgespannt,
Und lächelnd schwingt sich ihm der Jüngling auf den Rücken.
Kaum fühlt das Tier des Meisters[3] sichre Hand,
So knirscht es in des Zügels Band
Und steigt, und Blitze sprühn aus den beseelten Blicken,
Nicht mehr das vor'ge Wesen, königlich,
Ein Geist, ein Gott, erhebt es sich,
Entrollt mit einemmal in Sturmes Wehen
Der Schwingen Pracht, schießt brausend himmelan,
Und eh der Blick ihm folgen kann,
Entschwebt es zu den blauen Höhen.

1 Haymarket: Londoner Stadtteil, in dem es erlaubt gewesen sein soll, untreue Frauen zu verkaufen
2 Hippogryph: Mischwesen aus Adler und Pferd
3 Meister: gemeint ist Apoll, der Gott der Kunst und Jugend

1 *Untersuchen Sie die parabolische Struktur des Gedichts unter folgenden Gesichtspunkten.*

a) Beschreiben Sie, welcher Zusammenhang zwischen dichterischem Genie und dem Hippogryph besteht.

b) Übertragen Sie die Bedeutung der Arbeit, die das Tier erledigen muss, auf die Dichtkunst.

c) Übertragen Sie die Strafmaßnahmen von Hans analog auf die gesellschaftlichen Rahmenbedingungen, innerhalb derer die Dichter des Sturm und Drang leben mussten.

2 *Schreiben Sie nun eine Interpretation des Gedichts, in der Sie das Programmatische dieses Gedichts für den Sturm und Drang darlegen.*

Klassik

Jede Nationalliteratur hat ihre sogenannten Klassiker, d. h. Dichter, deren Werke und Wirken bis zum heutigen Tag bekannt sind und Nachhall finden. In der deutschen Literaturgeschichte sind es Goethe und Schiller, die die Epoche der Klassik im engeren Sinn bestimmen.

Friedrich Schiller: Die Worte des Glaubens (1797)

Drei Worte nenn ich euch, inhaltschwer,
Sie gehen von Munde zu Munde,
Doch stammen sie nicht von außen her;
Das Herz nur gibt davon Kunde.
Dem Menschen ist aller Werth geraubt,
Wenn er nicht mehr an die drei Worte glaubt.

Der Mensch ist frei geschaffen, ist frei,
Und würd er in Ketten geboren,
Lasst euch nicht irren des Pöbels Geschrei,
Nicht den Missbrauch rasender Thoren!
Vor dem Sklaven, wenn er die Kette bricht,
Vor dem freien Menschen erzittert nicht!

Und die Tugend, sie ist kein leerer Schall,
Der Mensch kann sie üben im Leben,
Und sollt er auch straucheln überall,
Er kann nach der göttlichen streben,
Und was kein Verstand der Verständigen sieht,
Das übet in Einfalt ein kindlich Gemüt.

Und ein Gott ist, ein heiliger Wille lebt,
Wie auch der menschliche wanke;
Hoch über der Zeit und dem Raume webt
Lebendig der höchste Gedanke,
Und ob Alles in ewigem Wechsel kreist,
Es beharret im Wechsel ein ruhiger Geist.

Die drei Worte bewahret euch, inhaltschwer,
Sie pflanzet von Munde zu Munde,
Und stammen sie gleich nicht von außen her,
Euer Innres gibt davon Kunde.
Dem Menschen ist nimmer sein Werth geraubt,
So lang er noch an die drei Worte glaubt.

Friedrich Schiller: Die Worte des Wahns (1799)

Drei Worte hört man, bedeutungsschwer,
Im Munde der Guten und Besten.
Sie schallen vergeblich, ihr Klang ist leer,
Sie können nicht helfen und trösten.
Verscherzt ist dem Menschen des Lebens Frucht,
So lang er die Schatten zu haschen sucht.

So lang er glaubt an die goldene Zeit,
Wo das Rechte, das Gute wird siegen –
Das Rechte, das Gute führt ewig Streit,
Nie wird der Feind ihm erliegen,
Und erstickst du ihn nicht in den Lüften frei,
Stets wächst ihm die Kraft auf der Erde neu.

So lang er glaubt, dass das buhlende Glück
Sich dem Edeln vereinigen werde –
Dem Schlechten folgt es mit Liebesblick;
Nicht dem Guten gehöret die Erde,
Er ist ein Fremdling, er wandert aus
Und suchet ein unvergänglich Haus.

So lang er glaubt, dass dem ird'schen Verstand
Die Wahrheit je wird erscheinen –
Ihren Schleier hebt keine sterbliche Hand;
Wir können nur raten und meinen.
Du kerkerst den Geist in ein tönend Wort,
Doch der freie wandelt im Sturme fort.

Drum, edle Seele, entreiß dich dem Wahn
Und den himmlischen Glauben bewahre!
Was kein Ohr vernahm, was die Augen nicht sahn,
Es ist dennoch das Schöne, das Wahre!
Es ist nicht draußen, da sucht es der Thor;
Es ist in dir, du bringst es ewig hervor.

1 *Interpretieren Sie beide Gedichte im Vergleich.*

a) Beschreiben Sie, wie Schiller jeweils in den Strophen zwei bis vier Ideal und Wirklichkeit gegenüberstellt.
b) Untersuchen Sie die Funktion der Strophen eins und fünf.
c) Analysieren Sie die sprachliche und formale Gestaltung der Gedichte.
d) Stellen Sie den humanistischen Optimismus Schillers in eigenen Worten dar.

Die Idee des Guten, Wahren, Schönen

Basiswissen — Die Klassik

Die Epoche lässt sich bei aller Fragwürdigkeit einer genauen zeitlichen Bestimmung durch zwei entscheidende Ereignisse eingrenzen: die **Italienreise Goethes** (1786) und die Fertigstellung der Arbeit an der „Iphigenie auf Tauris" sind der eine Eckpunkt, **Schillers Tod 1805** ist der andere. Auch räumlich ist eine Festlegung möglich; unter der Schirmherrschaft Anna Amalias und ihres Sohnes Karl August wirken in **Weimar die Größen der Klassik – Goethe und Schiller, Wieland und Herder.**

Haben die Stürmer und Dränger den Menschen mit all seinen Emotionen, seinem Potenzial als Künstler und Kraftmensch sowie als Scheiternden ins Blickfeld gerückt, wandelt sich das Menschenbild in der Klassik: Der in **sich ruhende, schöne, mit der Welt im Einklang stehende Mensch** steht im Mittelpunkt der literarischen Werke.

Die Klassiker wenden sich immer wieder **antiken Stoffen** zu – die Welt der Griechen und deren Mythen regen zu Neubearbeitungen an. Die idealistische Grundhaltung der Klassiker zeigt sich in ihrem Optimismus, den **Menschen durch Literatur und Kunst läutern, bilden und formen** zu können. Der **Idee des Schönen, Wahren und Guten Gestalt verleihen**, sie in den Künsten sinnlich begreifbar zu machen, war das oberste Ziel. Erfüllt von der Hoffnung, dadurch den Menschen zur Humanität erziehen und damit letztlich auch die Welt zum Guten hin verändern zu können, war die Utopie, die die Klassiker zu verwirklichen suchten.

Erziehung und Bildung sind die wichtigsten Aufgaben der Kunst, deren Ziel es ist, die **sittliche Vervollkommnung des Menschen** voranzutreiben. Damit tritt die Kunst an die Stelle der kirchlichen Autorität, die im Lauf des 18. Jahrhunderts als Folge der Aufklärung immer mehr an Einfluss verliert. Die umfassende Religionskritik des 19. Jahrhunderts wird so vorbereitet.

Die **Sprache** der Klassik ist eine **Kunstform**, die sich ganz bewusst von den Alltagsformen des Sprachgebrauchs abhebt. Der Blankvers der Dramen Shakespeares wird zum vorherrschenden Metrum in Schauspiel und Trauerspiel; die Bedeutung des Lustspiels tritt in den Hintergrund. Der sprachliche Ausdruck ist **differenziert, klar und ohne überflüssiges Beiwerk** und rhythmisch gestaltet.

1 *Machen Sie an Beispielen aus Film, Literatur oder Kunst deutlich, wie der Begriff „Klassiker" heute gebraucht wird und definieren Sie ihn.*

2 *Suchen Sie nach Übereinstimmungen zwischen Ihrer Definition und den Ausführungen im Basistext.*

3 *Erläutern Sie, weshalb der Anspruch, die Sprache als Kunstwerk zu gestalten, dem modernen Leser das Verständnis dieser Texte zunächst erschwert.*

4 *Suchen Sie Beispiele aus Ihrer Erfahrung mit Kunst, Literatur oder Musik, die zeigen, dass diese Schwierigkeit der Rezeption für viele Künste gilt.*

5 *Nehmen Sie Stellung zu der folgenden These: „Was jeder sofort versteht, ist einfach, vielleicht trivial, im schlimmsten Fall banal."*

Menschliche Tugenden: Wahrhaftigkeit

Iphigenie, die Tochter Agamemnons, ist von der Göttin Diana auf der Insel Tauris versteckt worden und dient dort im Tempel als Priesterin. Trotz der langen Zeit, die sie bereits auf der Insel lebt, hat sie sich nicht eingelebt und leidet unter Heimweh. Erschwerend kommt hinzu, dass der König der Insel, Thoas, sie heiraten möchte, sie ihn aber nicht liebt. Als zwei Fremde auf die Insel kommen, werden sie gefangen genommen und sollen dem hiesigen Gebrauch gemäß geopfert werden. Die Fremden erweisen sich als Iphigenies Bruder Orest und dessen Freund Pylades. Beide hoffen, die Statue der Diana, die sie einem falsch gedeuteten Orakelspruch zufolge entwenden sollen, mithilfe Iphigenies rauben zu können. Sie soll Thoas belügen und ihm glaubhaft machen, dass die Statue durch die Fremden kultisch verunreinigt worden sei und am Strand einer rituellen Waschung unterzogen werden müsse. Der Plan sieht vor, dass sie von dort aus mit dem Schiff, das versteckt in einer Bucht vor Anker liegt, flüchten.

Johann Wolfgang Goethe: Iphigenie auf Tauris (1787)

Vierter Aufzug, Erster Auftritt

O segnet, Götter, unsern Pylades
Und was er immer unternehmen mag!
Er ist der Arm des Jünglings in der Schlacht,
Der Greises leuchtend Aug in der Versammlung:
Denn seine Seel ist stille; sie bewahrt
Der Ruhe heil'ges, unerschöpftes Gut,
Und den Umhergetriebnen reichet er
Aus ihren Tiefen Rat und Hülfe. Mich
Riss er vom Bruder los; den staunt ich an
Und immer wieder an und konnte mir
Das Glück nicht eigen machen, ließ ihn nicht
Aus meinen Armen los und fühlte nicht
Die Nähe der Gefahr, die uns umgibt.
Jetzt gehn sie, ihren Anschlag auszuführen,
Der See zu, wo das Schiff mit den Gefährten,
In einer Bucht versteckt, aufs Zeichen lauert,
Und haben kluges Wort mir in den Mund
Gegeben, mich gelehrt, was ich dem König
Antworte, wenn er sendet und das Opfer
Mir dringender gebietet. Ach! ich sehe wohl,
Ich muss mich leiten lassen wie ein Kind.
Ich habe nicht gelernt zu hinterhalten
Noch jemand etwas abzulisten. Weh!
O weh der Lüge! Sie befreiet nicht
Wie jedes andre, wahrgesprochne Wort
Die Brust; sie macht uns nicht getrost, sie ängstet
Den, der sie heimlich schmiedet, und sie kehrt,
Ein losgedruckter Pfeil, von einem Gotte
Gewendet und versagend, sich zurück
Und trifft den Schützen. Sorg auf Sorge schwankt
Mir durch die Brust. Es greift die Furie
Vielleicht den Bruder auf dem Boden wieder
Des ungeweihten Ufers grimmig an.
Entdeckt man sie vielleicht? Mich dünkt, ich höre
Gewaffnete sich nahen! – Hier! – Der Bote
Kommt von dem Könige mit schnellem Schritt.
Es schlägt mein Herz, es trübt sich meine Seele,
Da ich des Mannes Angesicht erblicke,
Dem ich mit falschem Wort begegnen soll.

1 *Untersuchen Sie den Konflikt, in dem Iphigenie steht.*
a) Erarbeiten Sie, welche Argumente Iphigenie für und gegen die Flucht formuliert.
b) Erläutern Sie die Alternativen, die sie in Erwägung zieht.

Menschliche Tugenden: Treue und Opferbereitschaft

Der folgende Text ist dem Drama „Wallensteins Tod" von Friedrich Schiller, das zur Zeit des Dreißigjährigen Kriegs spielt, entnommen. Im Konflikt zwischen dem Kaiser, der die katholische Liga anführt, und Wallenstein, der mit den protestantischen Schweden ein Bündnis sucht, gerät Max Piccolomini zwischen die Fronten. Erschwerend kommt hinzu, dass sich Max und Thekla, die Tochter Wallensteins, ineinander verliebt haben. Max führt das Regiment der Pappenheimer an, die ihren Oberst aus dem Schloss befreien wollen. In diesem tragischen Konflikt kommt es zu einem letzten Gespräch zwischen Max und Thekla, in welchem die Frage, ob Max die Treue zum Kaiser und zu seinem Vater halten soll oder ob er mit dem väterlichen Freund Wallenstein gegen den Kaiser in den Krieg ziehen soll, im Mittelpunkt steht. Unmittelbar daran ist aber auch die Entscheidung geknüpft, seine Liebe zu Thekla aufzugeben, denn gegen den Vater zu kämpfen und die Tochter zu heiraten, ist unmöglich.

Friedrich Schiller: Wallensteins Tod (1800)

Dritter Aufzug, 21. Auftritt

MAX (*der während des letzten Auftritts in einem sichtbaren Kampf von ferne gestanden, tritt näher*).
Das ertrag ich nicht.
Ich kam hierher mit fest entschiedner Seele,
Ich glaubte, recht und tadellos zu tun,
Und muss hier stehen, wie ein Hassenswerter,
Ein roh Unmenschlicher, vom Fluch belastet,
Vom Abscheu aller, die mir teuer sind,
Unwürdig schwer bedrängt die Lieben sehn,
Die ich mit einem Wort beglücken kann
Das Herz in mir empört sich, es erheben
Zwei Stimmen streitend sich in meiner Brust,
In mir ist Nacht, ich weiß das Rechte nicht zu wählen.
O wohl, wohl hast du wahr geredet, Vater,
zu viel vertraut' ich auf das eigne Herz,
Ich stehe wankend, weiß nicht, was ich soll. [...]
Wo ist eine Stimme
Der Wahrheit, der ich folgen darf? Uns alle
Bewegt der Wunsch, die Leidenschaft. Dass jetzt
Ein Engel mir vom Himmel niederstiege,
Das Rechte mir, das unverfälschte, schöpfte
Am reinen Lichtquell, mit der reinen Hand!
(*Indem seine Augen auf Thekla fallen.*)
Wie? Such ich diesen Engel noch? Erwart ich
Noch einen andern?
(*Er nähert sich ihr, den Arm um sie schlagend.*)
Hier, auf dieses Herz,
Das unfehlbare, heilig reine will
Ich's legen, deine Liebe will ich fragen,
Die nur den Glücklichen beglücken kann,
Vom unglückselig Schuldigen sich wendet.
Kannst du mich dann noch lieben, wenn ich bleibe?
Erkläre, dass du's kannst, und ich bin euer.

GRÄFIN (*mit Bedeutung*)
Bedenkt –

MAX (*unterbricht sie*)
Bedenke nichts. Sag, wie du's fühlst.

GRÄFIN
An Euren Vater denkt –

MAX (*unterbricht sie*)
Nicht Friedlands Tochter,
Ich! frage dich, dich, die Geliebte frag ich!

Menschliche Tugenden: Treue und Opferbereitschaft

Es gilt nicht, eine Krone zu gewinnen,
Das möchtest du mit klugem Geist bedenken.
Die Ruhe deines Freundes gilt's, das Glück
Von einem Tausend tapfrer Heldenherzen,
Die seine Tat zum Muster nehmen werden.
Soll ich dem Kaiser Eid und Pflicht abschwören?
Soll ich ins Lager des Octavio
Die vatermörderische Kugel senden?
Denn wenn die Kugel los ist aus dem Lauf,
Ist sie kein totes Werkzeug mehr, sie lebt,
Ein Geist fährt in sie, die Erinnyen[1]
Ergreifen sie, des Frevels Rächerinnen,
Und führen tückisch sie den ärgsten Weg.

THEKLA
O Max –

MAX (*unterbricht sie*)
Nein, übereile dich auch nicht.
Ich kenne dich. Dem edeln Herzen könnte
Die schwerste Pflicht die nächste scheinen. Nicht
Das Große, nur das Menschliche geschehe.
Denk, was der Fürst von je an mir getan;
Denk auch, wie's ihm mein Vater hat vergolten,
O auch die schönen, freien Regungen
Der Gastlichkeit, der frommen Freundestreue
Sind eine heilige Religion dem Herzen,
Schwer rächen sie die Schauder der Natur
An dem Barbaren, der sie grässlich schändet.
Leg alles, alles in die Waage, sprich
Und lass dein Herz entscheiden.

THEKLA
O das deine
Hat längst entschieden. Folge deinem ersten
Gefühl –

GRÄFIN
Unglückliche!

THEKLA
Wie könnte *das*
Das Rechte sein, was dieses zarte Herz
Nicht gleich zuerst ergriffen und gefunden?
Geh und erfülle deine Pflicht. Ich würde
Dich immer lieben. Was du auch erwählt,
Du würdest edel stets und deiner würdig
Gehandelt haben – aber Reue soll
Nicht deiner Seele schönen Frieden stören.

MAX
So muss ich dich verlassen, von dir scheiden!

THEKLA
Wie du dir selbst getreu bleibst, bist du's mir.
Uns trennt das Schicksal, unsre Herzen bleiben einig.
Ein blut'ger Hass entzweit auf ew'ge Tage
Die Häuser Friedland, Piccolomini,
Doch wir gehören nicht zu unserm Hause.
– Fort! Eile! Eile, deine gute Sache
Von unsrer unglückseligen zu trennen.
Auf unserm Haupte liegt der Fluch des Himmels,
Es ist dem Untergang geweiht. Auch mich
Wird meines Vaters Schuld mit ins Verderben
Hinabziehn. Traure nicht um mich, mein Schicksal
Wird bald entschieden sein.
(Max fasst sie in die Arme, heftig bewegt. Man hört hinter der Szene ein lautes, wildes, lang verhallendes Geschrei: „Vivat Ferdinandus!" von kriegerischen Instrumenten begleitet. Max und Thekla halten einander unbeweglich in den Armen.)

1 griechische Mythologie: Rachegöttinnen

1 *Formulieren Sie in eigenen Worten, wie Max zu Beginn des Dialogs seinen Konflikt beschreibt.*

2 *Erarbeiten Sie an diesem Dramenauszug exemplarisch die Ideale der Klassik.*

3 *Untersuchen Sie, wie Schiller die hohe Emotionalität des Dialogs sprachlich vermittelt.*

Echo

Das berühmteste und berüchtigtste Werk seiner Zeit war der Briefroman „Die Leiden des jungen Werther“ von Johann Wolfgang Goethe (➪ Kapitel 9.2, S. 169), weil es nach der Lektüre zu einer Welle von Selbstmorden kam; bis heute sprechen Psychologen im Hinblick auf die Wirkung der Medien vom Werther-Effekt.

Auch wir sind „Werther“-Opfer – Martin Andree über Medienwirkung und Mediengewalt

Martin Andree fragt in seinem Buch „Wenn Texte töten“, warum Texte wirken, warum wir überhaupt mit Figuren leiden, heulen, lieben, verzweifeln, obwohl wir wissen, dass dies doch alles nur Buchstaben zwischen zwei Buchdeckeln sind. Ein Meister der wirkungsvollsten Techniken aus seiner Sicht: Johann Wolfgang von Goethe.

[...]

Und seine Antwort lautet: Das ist kein psychologisches Geheimnis, sondern in den Texten selbst steht, wie es funktioniert. Man muss sie nur genau lesen, um zu wissen, wie wir am Ende von unseren eigenen Lektüren konditioniert werden. Und der wohl am besten darüber Bescheid wusste, war Johann Wolfgang von Goethe. Seine „Leiden des jungen Werther“ sind ein einziges Trick-Universum, das nicht nur den Leser verführt, sondern auch noch zeigt, wie die Verführung funktioniert. Goethe durchschaut wie kein anderer bislang die Funktionsweisen moderner Öffentlichkeitsarbeit.

Martin Andree: „Ja, wir denken heute: Ja, Goethe, Werther, Schullektüre, ja was geht uns das heute an? Kaum jemand kann sich heute noch vorstellen, was für ein Hammer dieses Buch war, als es erschienen ist. 1774, Goethe hat es als 24-Jähriger geschrieben und hat kalkuliert eine Weltsensation hingelegt. Einen Erfolg, den es bis dahin in dieser Form nirgendwo gegeben hat. [...]“

Goethe inszeniert, so Andree, eine neue Art und Weise der Lektüre. Er nennt sie „emphatisch“, ein Wort, das Goethe selbst verwendet. Und das heißt: Es kommt darauf an, Literatur mit einer bis dahin nie gekannten Intensität zu lesen. Diese Intensität verwandelt den Text. Er ist eben nicht mehr nur Text, er überschreitet seine eigene Medialität. Er wird zu einer Welterfahrung. Man könnte sagen: Der Trick besteht darin, Poesie in Wirklichkeit und Wirklichkeit in Poesie zu verwandeln, den Text und die eigene Welt aufeinander abzubilden. Und wie das gehen kann, führt Werther vor. Werther ist zum Beispiel selbst ein emphatischer Leser, der wiederholt dieselben Texte liest, und das in freier Natur. Er ist selbst Modell eines neuen Lesens der Unmittelbarkeit.

[...]

„Es geht darum zu zeigen: Können Texte ihre eigenen Leser programmieren? Das heißt: Sind die Reaktionsmuster, die man am Ende bei den Rezipienten beobachten kann, kann man die im Text verankert sehen und werden Rezipienten programmiert durch die Texte, die sie lesen? [...]“

(Deutschlandradio online , 26.12.2006)

1 *Geben Sie mit eigenen Worten wieder, was man unter „empathisch[er]“ (Z. 29) Lektüre versteht.*

2 *Beschreiben Sie mit eigenen Worten die Wirkungsweise des Romans „Die Leiden des jungen Werthers“.*

3 *Nehmen Sie Stellung zu der Frage, ob Texte ihre eigenen Leser programmieren können (vgl. Z. 45–50).*

Echo

Eberhard Straub, geboren 1940, studierte Geschichte, Kunstgeschichte und Archäologie. Der habilitierte Historiker war bis 1986 Feuilletonredakteur der „Frankfurter Allgemeinen Zeitung" und bis 1997 Pressereferent des Stifterverbandes für die Deutsche Wissenschaft. Heute lebt er als freier Journalist in Berlin.

Eberhard Straub: Das Wahre, Tiefe, Schöne ...

[...] Der durch Bildung befreite Mann, der danach strebt, in unablässiger Werdelust seine Humanität zu vervollkommnen, wird mit seinesgleichen den mechanischen Staat endlich zum Vernunftstaat, zum Reich der sittlichen und durch das Recht geschützten Freiheit, umbauen. Das hoffte der von Kant begeisterte Friedrich von Schiller.

Das wünschten Fichte, Schleiermacher, die beiden Humboldts, sämtliche preußischen Reformer, die alle zusammen auch Bildungsreformer waren, um den Rechtsstaat zum Kulturstaat zu erweitern. Sie hatten je auf ihre Art die gleichen niederdrückenden Erfahrungen mit Erziehern, Schulen oder Universitäten gemacht. Ihre Ausbilder dressierten sie zu Sammlern von Wissensbeständen. Wissen befähige dazu, wie es immer wieder hieß, sich in einer auf Daten erpichten Wissensgesellschaft erfolgreich zu bewegen.

Lernen und Arbeit gießt Öl auf die Lampe des Lebens, die allerdings das Denken entzündet. In diesem Sinne wehrten sich die deutschen Bildungsreformer um 1800 dagegen, Schulen und Hochschulen nur noch als Kaufhaus und Rathaus des Tages mit seinen unberechenbaren Erwartungen zu verstehen.

Das unvermeidliche Lernen sollte alle geistigen Kräfte des Schülers üben und ihn zum Denken und zum Verstehen befähigen, der Grundlage fruchtbarer Selbsttätigkeit. Von lebenslangem Lernen war dabei nicht die Rede, weil der durch Wissenschaft und Kunst Gebildete sich schon in den Wechselfällen des Lebens und des Berufes umsichtig, und selbstsicher zurechtfinden würde. „Was nicht vom Menschen selbst gewählt, worin er auch nur eingeschränkt und geleitet wird, das geht nicht in sein Wesen über, das bleibt ihm ewig fremd, das verrichtet er nicht eigentlich mit menschlicher Kraft, sondern mit mechanischer Fertigkeit".

Daran erinnerte beharrlich Wilhelm von Humboldt, und Schiller erkannte darin die Entfremdung des Menschen von sich und seiner Bestimmung zur Freiheit. Deshalb konnte nicht der Beruf, sondern nur der Mensch das Ziel der Bildung sein.

Dieser großen Idee, die sich lange als sehr praktisch erwies, wurde im Lauf der letzten Jahrzehnte vorgeworfen, ganz unpraktisch zu sein. Denn Schulen und Hochschulen sollten sich nützlich machen, Humankapital produzieren, auf das ein Land ohne Ressourcen wie Deutschland dringend angewiesen sei. So wurden sie allmählich ökonomischen Zwecken unterworfen: den Berufskunden fit für den Wettbewerb im praktischen Alltag mit seinen wechselnden Herausforderungen zu machen. Schließlich gehe es darum, die Qualität des Standortes Deutschland zu verbessern unter dem Druck der internationalen Konkurrenz.

Die Neoliberalen sprechen ununterbrochen von drei Freiheiten: der Produktionsfreiheit, der Handelsfreiheit und der Konsumfreiheit. Die Freiheit des Menschen reduziert sich allerdings auf die Devise: Hier bin ich Mensch – hier kauf ich ein. [...]

1 *Untersuchen Sie den Text unter folgenden Fragestellungen.*

a) In welchen Zusammenhang stellt Straub Bildung und Humanität?

b) Mit welchen Argumenten wehren sich Humboldt und Schiller gegen eine Beschränkung der Freiheit der Lehre und des Lernens?

c) Welche Kritik übt der Verfasser an den neoliberalen Tendenzen in der Bildungspolitik?

Kapitel 10: Romantik

Was ist neu?

Poetisierung der Welt	⟷ Rückkehr des absolutistischen Systems, staatliche Repressionen
Romantische Sehnsucht	⟷ Ideen der Aufklärung
Vorliebe für Mythen, Märchen und Geheimnisvolles	⟷ Geordnete und erklärbare Welt
Natur als Projektionsfläche des Inneren	⟷ Beginnende Industrialisierung und Verstädterung

Die Romantik (ca. 1795 – ca. 1835) ist politisch gesehen eine Zeit der Krisen. Ab 1806 stand Deutschland zunächst unter französischer Oberhoheit. Die Ideale der Französischen Revolution, wie der Ruf nach Freiheit und Gleichheit, wurden jedoch nicht politische Wirklichkeit. Napoleon musste sich 1815 geschlagen geben, alles brach zusammen. In der nun folgenden Restauration versuchten die Mächtigen in den europäischen Ländern, die alte Staatsordnung wiederherzustellen. Selbstbestimmung und nationale Einigung rückten in unerreichbare Ferne. Die Welt draußen zeigte sich wenig einladend, also wandte man sich nach innen. Eine romantische Sehnsucht erfüllte die Menschen. Es war wie ein Entkommen aus der Gegenwart in eine Traumwelt, eine Welt der Poesie, der verklärten Natur. Sehnsucht nach einer unbestimmten Ferne beherrschte das Denken.

Erste Einblicke

- ✔ Romantik – was verstehen Sie darunter? Erstellen Sie eine Mindmap.
- ✔ Deckt sich Ihre Vorstellung von Romanik mit dem, was Sie im Einleitungstext nachlesen können? Stellen Sie beide Vorstellungen einander gegenüber.
- ✔ Betrachten Sie die beiden Bilder. Welches drückt für Sie Romantik besonders gut aus?

Romantisierung der Welt

Die Nacht und der Mond

Der Dichter Joseph von Eichendorff wurde 1788 als Sohn einer katholischen Adelsfamilie auf einem Schloss im ländlichen Oberschlesien geboren. Während eines mehrjährigen Jura-Studiums lernte er in Berlin Romantiker wie Achim von Arnim, Clemens Brentano und Heinrich von Kleist kennen. Ihn interessierten auch Vorlesungen des deutschen Philosophen Johann Gottlieb Fichte. Zu dieser Zeit veröffentlichte er bereits erste Dichtungen. 1816 trat er in den preußischen Staatsdienst zunächst in Danzig ein, ab 1831 arbeitete er in der Großstadt Berlin in verschiedenen Ministerien.

Joseph von Eichendorff: Mondnacht (1837)

Es war, als hätt der Himmel
die Erde still geküsst,
dass sie im Blütenschimmer
von ihm nun träumen müsst.

Die Luft ging durch die Felder,
die Ähren wogten sacht,
es rauschten leis die Wälder,
so sternklar war die Nacht.

Und meine Seele spannte
weit ihre Flügel aus,
flog durch die stillen Lande,
als flöge sie nach Haus.

1 *Beschreiben Sie die Wirkung des Gedichts, indem Sie*
a) die Motive herausarbeiten und analysieren, welche Stimmung diese erzeugen.
b) Ihre Eindrücke beim Lesen mit denen vergleichen, die Sie beim Betrachten der Bilder auf dieser und der Auftaktseite hatten. Gibt es Gemeinsamkeiten oder Unterschiede?

2 *Untersuchen Sie das Gedicht, indem Sie*
a) herausarbeiten, wie Eichendorff die Stimmung durch die sprachliche und formale Gestaltung verstärkt.
b) vergleichen, wie das Empfinden des lyrischen Ichs zu den Informationen passt, die Sie der Auftaktseite und dem Basiswissen Romantik auf Seite 187 entnehmen können.

3 *Beurteilen Sie, inwieweit sich die nachfolgende Aussage Caspar David Friedrichs zur Arbeit des Künstlers auch auf Eichendorffs Gedicht „Mondnacht" übertragen lässt.*

Caspar David Friedrich (1774 – 1840) gilt als ein bedeutender Vertreter der Romantik in der Malerei. Er schuf eine ganz eigene Bildsprache, um das romantische Empfinden darzustellen. Über seine Arbeit soll er gesagt haben: „Schließe dein leibliches Auge, damit du mit dem geistigen Auge zuerst siehest dein Bild. Dann fördere zutage, was du im Dunkeln gesehen, dass es zurückwirke auf andere von außen nach innen."

Ein Gemälde von ihm sehen Sie auf der Auftaktseite.

Die Nacht und der Mond

Den Frauen eröffnete die romantische Bewegung neue geistige Freiräume. In der nun entstehenden Salonkultur spielten sie eine bedeutende Rolle. Eine von ihnen war Karoline von Günderode (1780–1806). Sie lebte nach dem frühen Tod ihres Vaters zunächst in Hanau, bevor sie in ein Damenstift in Frankfurt eintrat. Karoline verliebte sich in den Heidelberger Mythenforscher Friedrich Creuzer. Da die Liebe jedoch nicht erwidert wurde, nahm sie sich schließlich das Leben.

Karoline von Günderode: Der Kuss im Traume (1802)

Es hat ein Kuss mir Leben eingehaucht,
gestillet meines Busens tiefstes Schmachten.
Komm, Dunkelheit! mich traulich zu umnachten,
dass neue Wonne meine Lippe saugt.

In Träume war solch Leben eingetaucht,
drum leb ich, ewig Träume zu betrachten,
kann aller andern Freuden Glanz verachten,
weil nur die Nacht so süßen Balsam haucht.

Der Tag ist karg an liebesüßen Wonnen,
es schmerzt mich seines Lichtes eitles Prangen
und mich verzehren seiner Sonne Gluten.

Drum birg dich Aug' dem Glanze ird'scher Sonnen!
Hüll dich in Nacht, sie stillet dein Verlangen
und heilt den Schmerz, wie Lethes[1] kühle Fluten.

1 In der griechischen Mythologie ist Lethe der Fluss der Unterwelt. Wenn die Seele daraus trinkt, verliert sie die Erinnerung an das irdische Leben.

4 *Untersuchen Sie die Bedeutsamkeit der Tageszeiten, indem Sie*
a) erläutern, weshalb das lyrische Ich die Nacht bevorzugt.
b) erarbeiten, welche Aussagen zum Tag gemacht und wie diese begründet werden.

5 *Analysieren Sie das Gedicht, indem Sie*
a) die formale Gestaltung des Gedichts untersuchen (➪ Kapitel 17.2, S. 289 ff.).
b) den Bezug zur griechischen Mythologie erklären.

Basiswissen — Die Nacht und der Mond

Die Nacht und der Mond sind romantische Motive. Während in der Aufklärung noch das Licht ein Leitthema war und Erkenntnis symbolisierte, war den Romantikern die Dunkelheit Quelle der Inspiration und Kreativität, weil sie von ihrer besonderen Atmosphäre fasziniert waren; die Umrisse lösen sich auf, Erde und Himmel gehen ineinander über. Die Nacht wird nicht nur als Zeit der Träume angesehen, sondern hier taucht auch das Unbewusste, das Geheimnisvolle, das Fantastische und das Gruselige auf.

Sehnsucht

Wanderung in die Ferne und Reise ins Innere

Sehnsucht war ein zentraler Bestandteil des romantischen Denkens. Geprägt von den politischen Erfahrungen und Umwälzungen der Zeit suchte man in der Dichtung ein Gegenbild zu der erlebten Realität zu entwerfen. Auch Eichendorff war beruflich in den restaurativen preußischen Staat als Beamter eingebunden, sehnte sich aber in seinem literarischen Schaffen nach anderen Lebensbedingungen, wie er sie in Kindheit und Jugend auf dem elterlichem Schlossgut vorgefunden hatte.

Joseph von Eichendorff: Sehnsucht (1834)

Es schienen so golden die Sterne,
am Fenster ich einsam stand
und hörte aus weiter Ferne
ein Posthorn im stillen Land.
Das Herz mir im Leib entbrennte,
da hab ich mir heimlich gedacht:
Ach, wer da mitreisen könnte
in der prächtigen Sommernacht!

Zwei junge Gesellen gingen
vorüber am Bergeshang,
ich hörte im Wandern sie singen
die stille Gegend entlang:
Von schwindelnden Felsenschlüften,
wo die Wälder rauschen so sacht,
von Quellen, die von den Klüften
sich stürzen in die Waldesnacht.

Sie sangen von Marmorbildern,
von Gärten, die überm Gestein
in dämmernden Lauben verwildern,
Palästen im Mondenschein,
wo die Mädchen am Fenster lauschen,
wann der Lauten Klang erwacht
und die Brunnen verschlafen rauschen
in der prächtigen Sommernacht. –

1 *Lesen Sie das Gedicht und notieren Sie spontan, was sich hinter dem Begriff „Sehnsucht“ verbergen könnte.*

2 *Interpretieren Sie das Gedicht, indem Sie*
a) das Spannungsverhältnis zwischen dem Reisemotiv und der Situation des lyrischen Ichs untersuchen.
b) die Naturbeschreibung in Bezug zur Befindlichkeit des lyrischen Ichs setzen.
c) die Bedeutung des Gartens, von dem im Lied gesungen wird, erschließen.
d) die formale Gestaltung in Ihre Interpretation einbeziehen.

Tipp
Die Volkslieder erfahren in der Romantik generell eine neue Wertung. Johann Gottfried von Herder (1744–1803) bezeichnete sie als „bedeutendste Grundgesänge einer Nation“.

Wanderung in die Ferne und Reise ins Innere

Joseph von Eichendorff: Aus dem Leben eines Taugenichts (1822/23; Auszug)

Das Rad an meines Vaters Mühle brauste und rauschte schon wieder recht lustig, der Schnee tröpfelte emsig vom Dache, die Sperlinge zwitscherten und tummelten sich dazwischen; ich saß auf der Türschwelle und wischte mir den Schlaf aus den Augen; mir war so recht wohl in dem warmen Sonnenscheine. Da trat der Vater aus dem Hause; er hatte schon seit Tagesanbruch in der Mühle rumort und die Schlafmütze schief auf dem Kopfe, der sagte zu mir: „Du Taugenichts! da sonnst du dich schon wieder und dehnst und reckst dir die Knochen müde und lässt mich alle Arbeit allein tun. Ich kann dich hier nicht länger füttern. Der Frühling ist vor der Tür, geh auch einmal hinaus in die Welt und erwirb dir selber dein Brot.“ – „Nun“, sagte ich, „wenn ich ein Taugenichts bin, so ist's gut, so will ich in die Welt gehn und mein Glück machen.“ Und eigentlich war mir das recht lieb, denn es war mir kurz vorher selber eingefallen, auf Reisen zu gehn, da ich die Goldammer, welche im Herbst und Winter immer betrübt an unserm Fenster sang: „Bauer, miet' mich, Bauer, miet' mich!“ nun in der schönen Frühlingszeit wieder ganz stolz und lustig vom Baume rufen hörte: „Bauer, behalt deinen Dienst!“ – Ich ging also in das Haus hinein und holte meine Geige, die ich recht artig spielte, von der Wand, mein Vater gab mir noch einige Groschen Geld mit auf den Weg, und so schlenderte ich durch das lange Dorf hinaus. Ich hatte recht meine heimliche Freude, als ich da alle meine alten Bekannten und Kameraden rechts und links, wie gestern und vorgestern und immerdar, zu Arbeit hinausziehen, graben und pflügen sah, während ich so in die freie Welt hinausstrich. Ich rief den armen Leuten nach allen Seiten recht stolz und zufrieden Adjes zu, aber es kümmerte sich eben keiner sehr darum. Mir war es wie ein ewiger Sonntag im Gemüte. Und als ich endlich ins freie Feld hinauskam, da nahm ich meine liebe Geige vor und spielte und sang, auf der Landstraße fortgehend:

„Wem Gott will rechte Gunst erweisen,
Den schickt er in die weite Welt,
Dem will er seine Wunder weisen
In Berg und Wald und Strom und Feld.

Die Trägen, die zu Hause liegen,
Erquicket nicht das Morgenrot,
Sie wissen nur vom Kinderwiegen,
Von Sorgen, Last und Not um Brot.

Die Bächlein von den Bergen springen,
Die Lerchen schwirren hoch vor Lust,
Was sollt' ich nicht mit ihnen singen
Aus voller Kehl' und frischer Brust?

Den lieben Gott lass ich nur walten;
Der Bächlein, Lerchen, Wald und Feld
Und Erd' und Himmel will erhalten,
Hat auch mein' Sach' auf best' bestellt!“

Indem, wie ich mich so umsehe, kömmt ein köstlicher Reisewagen ganz nahe an mich heran […]

3 *Analysieren Sie den Anfang der Novelle, indem Sie*

a) Assoziationen zum Schimpfwort „Taugenichts“ erarbeiten und erläutern, wie der Protagonist in der Novelle eingeführt wird.

b) die Bedeutung der Naturschilderung untersuchen.

c) die Befindlichkeit des Protagonisten beschreiben.

d) das Gedicht in Liedform vergleichend zum Prosatext der Novelle deuten.

Fantasie und Wirklichkeit

Kunstmärchen in der Romantik

In der Romantik wuchs das Interesse an Märchen, weil sie dem Gedanken, die Welt mit all ihren Licht- und Schattenseiten abzubilden, besonders entgegenkamen. Ludwig Tieck (1773 – 1853) arbeitete als freier Schriftsteller und Dramaturg.

Ludwig Tieck: Der blonde Eckbert (1797) – Der Anfang

In einer Gegend des Harzes wohnte ein Ritter, den man gewöhnlich nur den blonden Eckbert nannte. Er war ohngefähr vierzig Jahr alt, kaum von mittler Größe, und kurze, hellblonde Haare lagen schlicht und dicht an seinem blassen, eingefallenen Gesichte. Er lebte sehr ruhig für sich und war niemals in den Fehden seiner Nachbarn verwickelt, auch sah man ihn nur selten außerhalb den Ringmauern seines kleinen Schlosses. Sein Weib liebte die Einsamkeit ebenso sehr, und beide schienen sich von Herzen zu lieben, nur klagten sie gewöhnlich darüber, dass der Himmel ihre Ehe mit keinen Kindern segnen wolle.

Nur selten wurde Eckbert von Gästen besucht, und wenn es auch geschah, so wurde ihretwegen fast nichts in dem gewöhnlichen Gange des Lebens geändert, die Mäßigkeit wohnte dort, und die Sparsamkeit selbst schien alles anzuordnen. Eckbert war alsdann heiter und aufgeräumt, nur wenn er allein war, bemerkte man an ihm eine gewisse Verschlossenheit, eine stille, zurückhaltende Melancholie.

Niemand kam so häufig auf die Burg als Philipp Walther, ein Mann, dem sich Eckbert angeschlossen hatte, weil er an diesem ohngefähr dieselbe Art zu denken fand, der auch er am meisten zugetan war. [...]

Es war schon im Herbst, als Eckbert an einem neblichten Abend mit seinem Freunde und seinem Weibe Bertha um das Feuer eines Kamines saß. Die Flamme warf einen hellen Schein durch das Gemach und spielte oben an der Decke, die Nacht sah schwarz zu den Fenstern herein, und die Bäume draußen schüttelten sich vor nasser Kälte. Walther klagte über den weiten Rückweg, den er habe, und Eckbert schlug ihm vor, bei ihm zu bleiben, die halbe Nacht unter traulichen Gesprächen hinzubringen und dann noch in einem Gemache des Hauses bis am Morgen zu schlafen. Walther ging den Vorschlag ein, und nun ward Wein und die Abendmahlzeit hereingebracht, das Feuer durch Holz vermehrt und das Gespräch der Freunde heitrer und vertraulicher.

Als das Abendessen abgetragen war und sich die Knechte wieder entfernt hatten, nahm Eckbert die Hand Walthers und sagte: „Freund, Ihr solltet Euch einmal von meiner Frau die Geschichte ihrer Jugend erzählen lassen, die seltsam genug ist."

„Gern", sagte Walther, und man setzte sich wieder um den Kamin.

Es war jetzt gerade Mitternacht, der Mond sah abwechselnd durch die vorüberflatternden Wolken. „Ihr müsst mich nicht für zudringlich halten", fing Bertha an, „mein Mann sagt, dass Ihr so edel denkt, dass es unrecht sei, Euch etwas zu verhehlen. Nur haltet meine Erzählung für kein Märchen, so sonderbar sie auch klingen mag. [...]"

Bertha erzählt von ihrer unglücklichen Kindheit mit dem gewalttätigen Vater. Sie beschreibt ihre Flucht und ihren Unterschlupf bei einer wunderlichen Alten, die einen Hund und einen Vogel besitzt, der Eier mit Edelsteinen legt. Sie raubt den Vogel, zieht in ihr Heimatdorf zurück und bringt den Vogel schließlich um. Danach lernt sie Eckbert kennen und ihre Erzählung endet. Nach diesem Abend kühlt das Verhältnis der beiden Freunde merklich ab, Bertha erkrankt und stirbt. Eckbert ermordet zeitgleich Walther.

Kunstmärchen in der Romantik

Ludwig Tieck: Der blonde Eckbert (1797) – Das Ende

[...] Jetzt war es um das Bewusstsein, um die Sinne Eckberts geschehn; er konnte sich nicht aus dem Rätsel herausfinden, ob er jetzt träume oder ehemals von einem Weibe Bertha geträumt habe; das Wunderbarste vermischte sich mit dem Gewöhnlichsten, die Welt um ihn her war verzaubert und er keines Gedankens, keiner Erinnerung mächtig.

Eine krummgebückte Alte schlich hustend mit einer Krücke den Hügel heran. „Bringst du mir meinen Vogel? Meine Perlen? Meinen Hund?", schrie sie ihm entgegen. „Siehe, das Unrecht bestraft sich selbst: niemand als ich war dein Freund Walther, dein Hugo."

„Gott im Himmel!", sagte Eckbert stille vor sich hin – „in welcher entsetzlichen Einsamkeit hab ich dann mein Leben hingebracht!"

„Und Bertha war deine Schwester."

Eckbert fiel zu Boden. „Warum verließ sie mich tückisch? Sonst hätte sich alles gut und schön geendet, ihre Probezeit war ja schon vorüber. Sie war die Tochter eines Ritters, die er bei einem Hirten erziehen ließ, die Tochter deines Vater."

„Warum hab ich diesen schrecklichen Gedanken immer geahndet?", rief Eckbert aus.

„Weil du in früher Jugend deinen Vater einst davon erzählen hörtest; er durfte seiner Frau wegen diese Tochter nicht bei sich erziehn lassen, denn sie war von einem andern Weibe."

Eckbert lag wahnsinnig und verscheidend auf dem Boden; dumpf und verworren hörte er die Alte sprechen, den Hund bellen und den Vogel sein Lied wiederholen.

1 *Recherchieren Sie, was zwischen Anfang und Ende des Märchens passiert.*

2 *Untersuchen Sie den Anfang des Märchens, indem Sie*

a) den Protagonisten Eckbert charakterisieren.

b) romantische Motive heraussuchen und ihre Funktion im Text erläutern.

3 *Untersuchen Sie den Schluss, indem Sie*

a) märchenhafte Elemente herausarbeiten.

b) die Funktion von Berthas Beteuerung, es handle sich nicht um ein Märchen, für den Rezeptionsprozess erläutern.

c) nachweisen, weshalb es sich bei diesem Märchen um ein Kunstmärchen handelt.

Basiswissen — Volks- und Kunstmärchen

Die Handlung in den häufig mündlich tradierten **Volksmärchen** spielt oft an einem unbestimmten Ort und Zeitpunkt. Sie ist einsträngig und auf eine bestimmte Moral hin angelegt. Gut und Böse sind klar zu unterscheiden. Der Protagonist hat meist Aufgaben zu lösen, um am Ende sein Glück zu finden. Übernatürliche Mächte und Unerklärliches werden als selbstverständlich genommen.

Kunstmärchen hingegen sind Abwandlungen der Volksmärchen, die von bekannten Autoren geschaffen werden. Sie gehen spielerisch mit den genannten Elementen um. Das Wunderbare und Unerklärliche der Welt soll sich im Märchen zeigen. Die Handlung wird oft an einen bekannten Ort verlegt. Die Figuren werden mit ihren inneren Konflikten beschrieben. Symbole und Metaphern spielen eine wichtige Rolle, die Sehnsucht nach einem harmonischen Ort in der als fremd empfundenen Welt ist ein Thema. Es werden existenzielle und gesellschaftlich-geschichtliche Problemstellungen dargestellt. Das Streben nach Glück endet oft tragisch.

Der Schauerroman

E. T. A. Hoffmann (1776–1822) war Jurist, Komponist, bildender Künstler und Schriftsteller. Die romantische Idee alle Künste zu einer zu verbinden, zeigt sich in Hoffmanns künstlerischer Vielseitigkeit.

E. T. A. Hoffmann: Die Elixiere des Teufels (1815/16; Auszug)

[…] Ich warf mich auf das Lager und fiel, ermüdet wie ich war, bald in tiefen Schlaf, aber es folterte mich ein entsetzliches Traumbild. – Auf ganz wunderbare Weise fing der Traum mit dem Bewusstsein des Schlafs an, ich sagte mir nämlich selbst: „Nun, das ist herrlich, dass ich gleich eingeschlafen bin und so fest und ruhig schlummere, das wird mich von der Ermüdung ganz erlaben; nur muss ich ja nicht die Augen öffnen." Aber dem unerachtet war es mir, als könne ich das nicht unterlassen, und doch wurde mein Schlaf dadurch nicht unterbrochen; da ging die Türe auf, und eine dunkle Gestalt trat hinein, die ich zu meinem Entsetzen als mich selbst, im Kapuzinerhabit, mit Bart und Tonsur erkannte. Die Gestalt kam näher und näher an mein Bett, ich war regungslos, und jeder Laut, den ich herauszupressen suchte, erstickte in dem Starrkrampf, der mich ergriffen. Jetzt setzte sich die Gestalt auf mein Bett und grinste mich höhnisch an. „Du musst jetzt mit mir kommen", sprach die Gestalt, „wir wollen auf das Dach steigen unter die Wetterfahne, die ein lustig Brautlied spielt, weil der Uhu Hochzeit macht. Dort wollen wir ringen miteinander, und wer den andern herabstößt, ist König und darf Blut trinken." – Ich fühlte, wie die Gestalt mich packte und in die Höhe zog, da gab mir die Verzweiflung meine Kraft wieder. „Du bist nicht ich, du bist der Teufel", schrie ich auf und griff wie mit Krallen dem bedrohlichen Gespenst ins Gesicht, aber es war, als bohrten meine Finger sich in die Augen wie in tiefe Höhlen, und die Gestalt lachte von Neuem auf in schneidendem Ton. In dem Augenblick erwachte ich, wie von einem plötzlichen Ruck emporgeschüttelt. Aber das Gelächter dauerte fort im Zimmer. Ich fuhr in die Höhe, der Morgen brach in lichten Strahlen durch das Fenster, und ich sah vor dem Tisch, den Rücken mir zugewendet, eine Gestalt im Kapuzinerhabit stehen. – Ich erstarrte vor Schreck, der grauenhafte Traum trat ins Leben. – Der Kapuziner stöberte unter den Sachen, die auf dem Tische lagen. Jetzt wandte er sich, und mir kam aller Mut wieder, als ich ein fremdes Gesicht mit schwarzem, verwildertem Barte erblickte, aus dessen Augen der gedankenlose Wahnsinn lachte. […]

1 *Analysieren Sie den Romanauszug, indem Sie*

a) die Überlappung von Traum und Realität, Fantasie und Wirklichkeit untersuchen.

b) erarbeiten, wie Hoffmann eine unheimliche Stimmung zu erzeugen versucht.

c) die sprachliche Gestaltung, vor allem den Einsatz negativ konnotierter Wörter in Ihre Analyse einbeziehen.

Basiswissen – Die dunkle Seite der Romantik

Die Motive der Nacht und des Traums weisen schon auf die Bedeutung der Dunkelheit für das romantische Denken hin. **Orte aus der Dunkelheit** wie Bergwerke, Höhlen oder tiefe Wasser werden als Bild für das Numinose, Unheimliche und Unbekannte der Welt verwendet. **Figuren aus der Nacht** wie Teufel und Dämonen sind Teil dieser rätselhaften Welt. In England entwickelt sich der **Schauerroman** als „gothic novel". Im 19. Jahrhundert ist das Horror- und Albtraumgenre erfolgreich mit E. A. Poe, M. Shelleys „Frankenstein" (1818), R. L. Stevensons „Dr. Jekyll und Mr. Hyde" (1886) oder B. Stokers „Dracula" (1897).

Fragmentierung der Welt

Theorien der Romantik

Der Dichter Friedrich Schlegel (1772 – 1829) war Mitbegründer der Zeitschrift „Athenäum" (1798 – 1800), dem Zentralorgan der frühromantischen Bewegung.

Friedrich Schlegel: 116. Athenäums-Fragment (1798; Auszug)

Die romantische Poesie ist eine progressive Universalpoesie. Ihre Bestimmung ist nicht bloß, alle getrennten Gattungen der Poesie wieder zu vereinigen und die Poesie mit der Philosophie und Rhetorik in Berührung zu setzen. Sie will und soll auch Poesie und Prosa, Genialität und Kritik, Kunstpoesie und Naturpoesie bald mischen, bald verschmelzen, die Poesie lebendig und gesellig und das Leben und die Gesellschaft poetisch machen, den Witz poetisieren und die Formen der Kunst mit gediegnem Bildungsstoff jeder Art anfüllen und sättigen und durch die Schwingungen des Humors beseelen. Sie umfasst alles, was nur poetisch ist, vom größten wieder mehrere Systeme in sich enthaltenden Systeme der Kunst bis zu dem Seufzer, dem Kuss, den das dichtende Kind aushaucht in kunstlosen Gesang. […] Andre Dichtarten sind fertig, und können nun vollständig zergliedert werden. Die romantische Dichtart ist noch im Werden; ja, das ist ihr eigentliches Wesen, dass sie ewig nur werden, nie vollendet sein kann. Sie kann durch keine Theorie erschöpft werden, und nur eine divinatorische[1] Kritik dürfte es wagen, ihr Ideal charakterisieren zu wollen. Sie allein ist unendlich, wie sie allein frei ist, und das als ihr erstes Gesetz anerkennt, dass die Willkür des Dichters kein Gesetz über sie leide. Die romantische Dichtart ist die einzige, die mehr als Art, und gleichsam die Dichtkunst selbst ist: denn in einem gewissen Sinn ist oder soll alle Poesie romantisch sein.

1 göttliche

1 *Die Romantiker vertraten die Auffassung, dass die Dichtung nicht einfach die Wirklichkeit nachahmt. Untersuchen Sie, inwieweit diese Aussage in dem Auszug bestätigt wird.*

2 *Begründen Sie auch mithilfe des Basiswissens, warum romantische Poesie fragmentarisch ist.*

Basiswissen | **Romantik und die Romantisierung der Welt**

Die **Romantisierung** oder **Poetisierung der Welt** wurde als Erweiterung des bisherigen Denkens verstanden. So sah es auch der romantische Dichter Novalis (1772 – 1802): „Indem ich dem Gemeinen einen hohen Sinn, dem Gewöhnlichen ein geheimnisvolles Aussehen, dem Bekannten die Würde des Unbekannten, dem Endlichen einen unendlichen Schein gebe, so romantisiere ich es." Es ging darum, die **Welt in ihrer Ganzheit** zu erfassen und auch das **Nicht-Abbildbare** darzustellen und zu erfühlen. Mit Blick auf die Literaturgattungen erklärt es sich so, dass die Romantiker Kunstmärchen und fantastische Erzählungen verfassten. Auch die Lyrik bot über ihre sprachliche Mehrdeutigkeit und die Nähe zur Musik viele Anknüpfungspunkte. Eine Wende zur Innerlichkeit und der emotionale Gefühlsausdruck waren oft Inhalte romantischer Gedichte.

In der Frühromantik entstand auch eine neue Textform: das **Fragment**. Ursprünglich bezeichnete man so Werke, die unbeabsichtigt unvollendet geblieben waren. Das Fragment in der Romantik jedoch war absichtlich gewählt, es erschien in seiner Ergänzungsbedürftigkeit und Vorläufigkeit als einzig passende Textform zur Abbildung der ganzen Welt. Die Romantiker theoretisierten im „Athenäum" unter anderem über den Roman als eine neue, moderne und romantische Gattung. So sagt Schlegel, dass ein guter Roman ein Fragment bleiben muss. Ein bekanntes Beispiel ist der Roman „Heinrich von Ofterdingen" von Novalis.

Echo

Das 2005 erschienene Jugendbuch „Biss zum Morgengrauen“ handelt von einer Vampir- und Liebesgeschichte in einer amerikanischen Kleinstadt. Er war in der deutschen Übersetzung für den Jugendliteraturpreis vorgeschlagen und wurde erfolgreich verfilmt.

Stephenie Meyer: Biss zum Morgengrauen (2005; Auszug)

[...] Ich hörte die CD wieder und wieder an, bis ich alle Titel mitsingen konnte und schließlich einschlief.

Ich öffnete die Augen und befand mich an einem vertrauten Ort. Unterschwellig war mir bewusst, dass ich träumte. Ich erkannte das grüne Licht des Waldes und hörte, wie irgendwo in der Nähe die Wellen gegen die Felsen schlugen. Und ich wusste, ich würde die Sonne sehen, wenn ich den Weg zum Ozean fand. Ich wollte dem Geräusch folgen, doch plötzlich war Jacob Black da, griff nach meiner Hand und zog mich in die entgegengesetzte Richtung, auf den dunkelsten Teil des Waldes zu.

„Jacob? Was ist los?“, fragte ich, Angst stand ihm ins Gesicht geschrieben, und er zerrte mit aller Kraft, um meinen Widerstand zu überwinden. Aber ich wollte nicht ins Dunkle gehen.

„Lauf weg, Bella, schnell!“, flüsterte er voller Entsetzen.

„Hierher, Bella!“ Ich erkannte Mikes Stimme, der mich aus der Finsternis, aus den Tiefen der Baumwelt rief, doch ich konnte ihn nicht sehen.

„Warum? Ich will nicht!“, rief ich und stemmte mich mit aller Kraft gegen Jacobs Griff; ich musste die Sonne finden.

Auf einmal ließ Jacob meine Hand los, jaulte auf und fiel zitternd auf den fahlen Waldboden. Starr vor Schreck sah ich zu, wie es ihn gewaltsam durchzuckte. [...]

1 *Notieren Sie alles, was Sie spontan an Motive der Romantik erinnert.*

2 *Vergleichen Sie den Textauszug mit „Die Elixiere des Teufels“ auf Seite 186.*

a) Sammeln Sie die Elemente, die an einen Schauerroman erinnern.

b) Ordnen Sie die Textstellen beider Ausschnitte den Kategorien Ort, Zeitpunkt, Requisiten, mysteriöse Ereignisse, Figuren sowie Gefühle und Handlungen des Ich-Erzählers zu. Wo gibt es Gemeinsamkeiten, wo liegen Unterschiede?

Echo

Romantik. Eine deutsche Affäre (Auszug)

von Rüdiger Safranski

[...] Der romantische Geist ist vielgestaltig, musikalisch, versuchend und versucherisch, er liebt die Ferne der Zukunft und der Vergangenheit, die Überraschungen im Alltäglichen, die Extreme, das Unbewusste, den Traum, den Wahnsinn, die Labyrinthe der Reflexion. Der romantische Geist bleibt sich nicht gleich, ist verwandelnd und widersprüchlich, sehnsüchtig und zynisch, ins Unverständliche vernarrt und volkstümlich, ironisch und schwärmerisch, selbstverliebt und gesellig, formbewusst und formauflösend. [...]

Die Romantik als Epoche ist vergangen, das Romantische als Geisteshaltung aber ist geblieben. [...]

3 *Nehmen Sie zu der Aussage des deutschen Philosophen Rüdiger Safranski Stellung.*

Kapitel 11: Vormärz – Bürgerlicher Realismus – Naturalismus

Schlaglicht

gesellschaftliche Normen

Individualität und Emotionalität

Aufbruch in eine neue Zeit

überlieferte Werte

Ordnung und Pflicht

persönliches Streben nach Glück

Prunk und Pomp der Gründerzeit

Verelendung des Proletariats

Nach den Kunstepochen der Klassik und Romantik, die den Fokus auf eine ideale bzw. poetisierte Welt richteten, wenden sich die Schriftsteller ab ca. 1815 wieder der gesellschaftlichen Realität zu. In einer Zeit, in der sich Europa nach den napoleonischen Kriegen neu finden muss, die Industrialisierung schnell voranschreitet, in der religiöse Glaubenstraditionen kritischen, revolutionären Gedankensystemen (z. B. Feuerbachs Religionskritik) weichen müssen und die technische und wissenschaftliche Entwicklung neue Maßstäbe setzt, verblassen die Ideale der vorausgegangenen Epochen immer mehr. Im deutschen Vormärz kritisieren die Schriftsteller die Ständegesellschaft und fordern mehr Bürgerrechte ein. Diese Bestrebungen finden in der Niederschlagung der Märzrevolution 1848 ein Ende. So konzentrieren sich die Schriftsteller des Realismus wieder auf den einzelnen Menschen im Alltag, bei der Arbeit und in seinen gesellschaftlichen Bindungen.
Zunehmend sieht sich die Gesellschaft mit den Schattenseiten der Industrialisierung konfrontiert: Armut, Verelendung und die Ausbeutung der unteren Schichten der Bevölkerung sind Probleme, die die Naturalisten in den Mittelpunkt ihres Schaffens stellten. Schonungslos beschreiben sie das Elend, das Hässliche und Schockierende der neuen Zeit und prangern so soziale Missstände an.

Erste Einblicke

- ✔ Definieren Sie die Begriffe „real“ und „ideal“.
- ✔ Sammeln Sie die Namen wichtiger Naturwissenschaftler, Philosophen und Politiker des 19. Jahrhunderts.
- ✔ Nennen Sie wichtige technische Erfindungen im 19. Jahrhundert.
- ✔ Stellen Sie in einer Mindmap Ihre Assoziationen zum Begriff „Industrialisierung“ dar.

Vormärz

Literatur und Mensch unter Druck

Die neue politische Wirklichkeit von 1814/1815 fand ihren Ausdruck auch in den Bestimmungen der Karlsbader Beschlüsse (1819), wo Zensur und Überwachung festgeschrieben wurden.

Karikatur (1830) als Reaktion auf die Karlsbader Beschlüsse

Georg Büchner (1813–1837) kritisierte in seinem literarischen Werk die fatalen und schockierenden Auswirkungen auf das Leben der Menschen, die das Festschreiben des alten Systems hatte. Er beteiligte sich aktiv an den politischen Auseinandersetzungen der damaligen Zeit. Dafür wurde er steckbrieflich gesucht.

Woyzeck, die Hauptfigur in Büchners gleichnamigem Dramenfragment, ist ein einfacher Soldat, der als Laufbursche für seinen Hauptmann arbeitet. Woyzeck wird ausgenutzt und gedemütigt. Als seine Geliebte Marie ihn betrügt, tötet er sie in seiner Verzweiflung. Büchners Vorlage war der Fall des aus dem Militärdienst entlassenen arbeitslosen Soldaten Johann Christian Woyzeck, der 1821 in Leipzig in einem Zustand psychischer Erkrankung seine Geliebte erstochen hatte.

Georg Büchner: Woyzeck (Auszug)

DOKTOR Was erleb ich, Woyzeck? Ein Mann von Wort!

WOYZECK Was denn, Herr Doktor?

DOKTOR Ich hab's gesehn, Woyzeck; er hat auf die Straß gepisst, an die Wand gepisst, wie ein Hund. – Und doch drei Groschen täglich und die Kost! Woyzeck, das ist schlecht; die Welt wird schlecht, sehr schlecht!

WOYZECK Aber, Herr Doktor, wenn einem die Natur kommt.

DOKTOR Die Natur kommt, die Natur kommt! Die Natur! Hab ich nicht nachgewiesen, dass der Musculus constrictor vesicae dem Willen unterworfen ist? Die Natur! Woyzeck, der Mensch ist frei, in dem Menschen verklärt sich die Individualität zur Freiheit. – Den Harn nicht halten können! *Schüttelt den Kopf, legt die Hände auf den Rücken und geht auf und ab.* Hat Er schon seine Erbsen gegessen, Woyzeck? Nichts als Erbsen[1], cruciferae, merk Er sich's! Es gibt eine Revolution in der Wissenschaft, ich sprenge sie in die Luft. Harnstoff 0,10, salzsaures Ammonium, Hyperoxydul – Woyzeck, muss Er nicht wieder pissen? Geh Er einmal hinein und probier Er's!

WOYZECK Ich kann nit, Herr Doktor.

Literatur und Mensch unter Druck

Doktor *mit Affekt* Aber an die Wand pissen! Ich hab's schriftlich, den Akkord in der Hand! – Ich hab's gesehen, mit diesen Augen gesehen; ich steckt' grade die Nase zum Fenster hinaus und ließ die Sonnenstrahlen hineinfallen, um das Niesen zu beobachten. – Tritt auf ihn los: Nein, Woyzeck, ich ärgre mich nicht; Ärger ist ungesund, ist unwissenschaftlich. Ich bin ruhig, ganz ruhig; mein Puls hat seine gewöhnlichen sechzig, und ich sag's Ihm mit der größten Kaltblütigkeit. Behüte, wer wird sich über einen Menschen ärgern, ein' Mensch! Wenn es noch ein Proteus[2] wäre, der einem krepiert! Aber, Woyzeck, Er hätte nicht an die Wand pissen sollen –

Woyzeck Sehn Sie, Herr Doktor, manchmal hat einer so 'en Charakter, so 'ne Struktur. – Aber mit der Natur ist's was anders, sehn Sie; mit der Natur *er kracht mit den Fingern*, das is so was, wie soll ich sagen, zum Beispiel …

Doktor Woyzeck, Er philosophiert wieder.

Woyzeck *vertraulich* Herr Doktor, haben Sie schon was von der doppelten Natur gesehn? Wenn die Sonn in Mittag steht und es ist, als ging' die Welt in Feuer auf, hat schon eine fürchterliche Stimme zu mir geredt!

Doktor Woyzeck, Er hat eine Aberratio[3].

Woyzeck *legt den Finger auf die Nase* Die Schwämme, Herr Doktor, da, da steckt's. Haben Sie schon gesehn, in was für Figuren die Schwämme auf dem Boden wachsen? Wer das lesen könnt!

Doktor Woyzeck, Er hat die schönste Aberratio mentalis partialis[4], die zweite Spezies, sehr schön ausgeprägt. Woyzeck, Er kriegt Zulage! Zweite Spezies: fixe Idee mit allgemein vernünftigem Zustand. – Er tut noch alles wie sonst? Rasiert seinen Hauptmann?

Woyzeck Jawohl.

Doktor Isst seine Erbsen?

Woyzeck Immer ordentlich, Herr Doktor. Das Geld für die Menage kriegt meine Frau.

Doktor Tut seinen Dienst?

Woyzeck Jawohl.

Doktor Er ist ein interessanter Kasus. Subjekt Woyzeck, Er kriegt Zulage, halt Er sich brav. Zeig Er seinen Puls. Ja.

1 Zu Büchners Zeit gab es häufig ernährungsphysiologische Versuche am Menschen, die z. B. klären sollten, wann ein Mensch bei zu einseitiger Nahrung krank wird und welche billigere Ersatznahrung es für Fleisch gibt. Dies war vor allem für die Verpflegung von Armeen von Interesse.
2 Proteus: hier: Lurch (als Versuchstier)
3 Aberratio: hier: Wahnvorstellung
4 Aberratio mentalis partialis: teilweise Geistesgestörtheit

1 *Analysieren Sie die Karikatur (➪ S. 190) und erläutern Sie, welchen Hindernissen und Problemen die Schriftsteller der Zeit zwischen 1815 und 1848 ausgesetzt waren.*

2 *Arbeiten Sie heraus, welche Ziele der Arzt verfolgt und welchen Standpunkt Woyzeck in diesem Gespräch vertritt.*

3 *Analysieren Sie, wie Büchner das Verhältnis zwischen dem Doktor und Woyzeck sprachlich umsetzt.*

Der Traum von Freiheit und Widerstand

Georg Herwegh (1817–1875) wollte, wie auch Büchner, aktiv in das politische Geschehen eingreifen. Deshalb musste er ebenfalls ins Exil in die Schweiz und nach Paris. Hier machte er die Bekanntschaft mit Heinrich Heine (1797–1856), der sich journalistisch und literarisch vielfach mit der politischen Situation seiner Zeit auseinandersetzte.

Georg Herwegh: Wer ist frei? (1841)

Der ist allein ein freier Mann,
Und seiner sei gedacht,
Der sie sich selbst verdienen kann,
Die Freiheit in der Schlacht,
Der mit der eignen Klinge
Sie holt herbei,
Der Mann ist's, den ich singe,
Der Mann ist frei!

O wehe, wer dem Franken* traut!
Und ihn zu froh begrüßt;
Er bringt uns immer unsre Braut,
Wenn er sie satt geküßt.
Noch gibt's in unsern Reihen
Pulver und Blei –
Drum lasst uns selber freien,
So sind wir frei!

Die Freiheit wohnt am Don und Belt,
Sie trinkt aus unsrem Rhein,
Die Freiheit schläft im Wüstenzelt
Und glänzt im Sternenschein;
Doch muss man um sie werben,
Wo's immer sei,
Doch muss man für sie sterben,
Dann wird man frei!

Noch hat der Deutsche eine Hand
Und eine starke Wehr,
Gibt keinen Schritt vom Vaterland
Selbst für die Freiheit her;
Und die mit uns erheben
Solch Feldgeschrei,
Die sollen alle leben,
Denn sie sind frei!

Viel tausend Funken, eine Glut,
Viel Herzen und ein Schlag,
So harren wir gar wohlgemut
Bis an den Jüngsten Tag;
Die Einheit muss verschlingen
Die böse Zwei,
Dann soll es donnernd klingen:
Deutschland ist frei!

* Franken: Franzosen

1 *Analysieren Sie das Gedicht und erarbeiten Sie dessen politische Aussage (➪ Basiswissen S. 193).*

2 *Begründen Sie mithilfe des Basiswissens, warum es sich bei Herweghs „Wer ist frei?" um ein typisches Gedicht aus der Zeit des Vormärz handelt.*

3 *Erläutern Sie die Gefahren, die mit Herweghs Formulierung „Die Freiheit wohnt am Don und Belt,/Sie trinkt aus unsrem Rhein,/Die Freiheit schläft im Wüstenzelt" (Z. 17 ff.) verbunden sind.*

Der Traum von Freiheit und Widerstand

Heinrich Heine: Die schlesischen Weber (1844)

Im düstern Auge keine Träne,
Sie sitzen am Webstuhl und fletschen die Zähne:
Altdeutschland, wir weben dein Leichentuch,
Wir weben hinein den dreifachen Fluch –
Wir weben, wir weben!

Ein Fluch dem Gotte, zu dem wir gebeten,
In Winterkälte und Hungersnöten;
Wir haben vergebens gehofft und geharrt,
Er hat uns geäfft und gefoppt und genarrt –
Wir weben, wir weben!

Ein Fluch dem König, dem König der Reichen,
Den unser Elend nicht konnte erweichen,
Der den letzten Groschen von uns erpresst
Und uns wie Hunde erschießen lässt –
Wir weben, wir weben!

Ein Fluch dem falschen Vaterlande,
Wo nur gedeihen Schmach und Schande,
Wo jede Blume früh geknickt
Und Fäulnis und Moder den Wurm erquickt –
Wir weben, wir weben!

Das Schiffchen fliegt, der Webstuhl kracht,
Wir weben emsig Tag und Nacht –
Altdeutschland, wir weben dein Leichentuch,
Wir weben hinein den dreifachen Fluch,
Wir weben, wir weben!

4 *Analysieren Sie das Gedicht und ordnen Sie es mithilfe des Basiswissens in den historisch-politischen Zusammenhang ein.*

Basiswissen **Vormärz (1815 – 1848)**

Nach dem politischen Niedergang Napoleons wurde auf dem Wiener Kongress (1814/1815) eine Neuordnung Europas beschlossen mit dem Ziel, flächendeckend die Monarchie wieder einzuführen. Anstatt den Bürgern mehr Rechte einzuräumen, wie von den Fürsten im Krieg gegen Napoleon zugesichert, verschärfte man die **Pressezensur**, entließ liberal eingestellte Lehrkräfte an Universitäten, **verhaftete Studenten** national gesinnter Studentenvereinigungen und erließ ein **Schreibverbot** gegen antimonarchische Schriftsteller. Grundlage für die Unterdrückung aller liberalen und nationalen Bestrebungen waren die 1819 verabschiedeten **Karlsbader Beschlüsse**.

Aus dieser Unterdrückung heraus entstand zwischen 1815 und der Märzrevolution 1848 eine Bewegung von oppositionellen Schriftstellern. Sie setzten sich für die Einheit Deutschlands, die Aufhebung der Pressezensur, das Respektieren der Grundrechte aller Menschen, eine gerechte Verteilung der materiellen Güter, aber auch für die Rechte der Frauen ein. Neben essayistischen und journalistischen Texten bevorzugten die jungen Schriftsteller des Vormärz die Gattung Lyrik. Viele dieser Autoren mussten aus Deutschland fliehen und ins Exil gehen. Einer davon war Heinrich Heine (1797 – 1856), der 1831 ins Exil floh. Andere wichtige Schriftsteller dieser Zeit sind Georg Büchner (1813 – 1837), Georg Herwegh (1817 – 1875) und Hermann Ferdinand Freiligrath (1810 – 1876).

Die nationale Begeisterung des Vormärz warf aber bereits die Schatten eines hemmungslosen Nationalismus und eines irrationalen Antisemitismus voraus.

Bürgerlicher Realismus

Die Welt, wie sie ist

Ein wichtiger Vertreter des Realismus ist Theodor Fontane (1819 – 1898). Im Alter von dreißig Jahren schlug er eine journalistische Karriere ein. Zwölf Jahre später wurde er Theaterkritiker für die „Vossische Zeitung". Seine Romane zogen viel Aufmerksamkeit auf sich, da sie tabuisierte Themen wie unstandesgemäße Liebe oder Ehebruch zum Inhalt hatten.

Theodor Fontane: Unsere lyrische und epische Poesie seit 1848 (Auszug; 1853)

[...] Er [der Realismus] ist die Widerspiegelung alles wirklichen Lebens, aller wahren Kräfte und Interessen im Elemente der Kunst; er ist, wenn man uns diese scherzhafte Wendung verzeiht, eine „Interessenvertretung" auf seine Art. Er umfängt das ganze reiche Leben, das Größte wie das Kleinste: den Kolumbus, der der Welt eine neue zum Geschenk machte, und das Wassertierchen, dessen Weltall der Tropfen ist; den höchsten Gedanken, die tiefste Empfindung zieht er in seinen Bereich, und die Grübeleien eines Goethe wie Lust und Leid eines Gretchens sind sein Stoff. Denn alles das ist wirklich. Der Realismus will nicht die bloße Sinnenwelt und nichts als diese; er will am allerwenigsten das bloße Handgreifliche, aber er will das Wahre. Er schließt nichts aus als die Lüge, das Forcierte, das Nebelhafte, das Abgestorbene – vier Dinge, mit denen wir glauben, eine ganze Literaturepoche bezeichnet zu haben.

1 *Untersuchen Sie den Text nach folgenden Fragestellungen.*

a) Warum bezeichnet Fontane den Realismus als „Interessenvertretung" (Z. 3)?

b) Inwiefern unterscheidet sich laut Fontane das, was „wirklich" ist, von der „bloße[n] Sinnenwelt" (Z. 7 f.) und das „Wahre" (Z. 9) von dem „bloße[n] Handgreiflichen" (Z. 7 f.)?

c) Welche Art von Literatur lehnt Fontane ab?

Der folgende Textauszug entstammt dem Roman „Irrungen und Wirrungen" von Theodor Fontane. Er handelt von der unstandesgemäßen Beziehung zwischen dem adligen Offizier Botho von Rienäcker und der aus kleinen Verhältnissen stammenden Schneiderin Lene Nimptsch. Obgleich sie füreinander Liebe empfinden, sind sich beide der Standesgrenzen bewusst und akzeptieren diese. Schließlich heiraten sie jeweils einen anderen Partner.

Theodor Fontane: Irrungen und Wirrungen (Auszug; 1888)

Erstes Kapitel

An dem Schnittpunkte von Kurfürstendamm und Kurfürstenstraße, schräg gegenüber dem „Zoologischen", befand sich in der Mitte der siebziger Jahre noch eine große, feldeinwärts sich erstreckende Gärtnerei, deren kleines, dreifenstriges, in einem Vorgärtchen um etwa hundert Schritte zurückgelegenes Wohnhaus, trotz aller Kleinheit und Zurückgezogenheit, von der vorübergehenden Straße her sehr wohl erkannt werden konnte. [...]

Es war die Woche nach Pfingsten, die Zeit der langen Tage, deren blendendes Licht mitunter kein Ende nehmen wollte. Heut aber stand die Sonne schon hinter dem Wilmersdorfer Kirchturm, und statt der Strahlen, die sie den ganzen Tag über herabgeschickt hatte, lagen bereits abendliche Schatten in dem Vorgarten, dessen halb märchenhafte Stille nur noch von der Stille des von der alten Frau Nimptsch und ihrer Pflegetochter Lene mietweise bewohnten

Einblick in den Alltag: Milieus und Menschen

Häuschens übertroffen wurde. Frau Nimptsch selbst aber saß wie gewöhnlich an dem großen, kaum fußhohen Herd ihres die ganze Hausfront einnehmenden Vorderzimmers und sah, hockend und vorgebeugt, auf einen rußigen alten Teekessel, dessen Deckel, trotzdem der Wrasen[1] auch vorn aus der Tülle quoll, beständig hin und her klapperte. Dabei hielt die Alte beide Hände gegen die Glut und war so versunken in ihre Betrachtungen und Träumereien, dass sie nicht hörte, wie die nach dem Flur hinausführende Tür aufging und eine robuste Frauensperson ziemlich geräuschvoll eintrat. Erst als diese letztre sich geräuspert und ihre Freundin und Nachbarin, eben unsre Frau Nimptsch, mit einer gewissen Herzlichkeit bei Namen genannt hatte, wandte sich diese nach rückwärts und sagte nun auch ihrerseits freundlich und mit einem Anfluge von Schelmerei: „Na, das is recht, liebe Frau Dörr, dass Sie mal wieder rüberkommen. Und noch dazu von's ‚Schloss'. Denn ein Schloss is es und bleibt es. Hat ja 'nen Turm. Un nu setzen Sie sich... Ihren lieben Mann hab' ich eben weggehen sehen. Und muss auch. Is ja heute sein Kegelabend."

Die so freundlich als Frau Dörr Begrüßte war nicht bloß eine robuste, sondern vor allem auch eine sehr stattlich aussehende Frau, die, neben dem Eindruck des Gütigen und Zuverlässigen, zugleich den einer besonderen Beschränktheit machte. Die Nimptsch indessen nahm sichtlich keinen Anstoß daran und wiederholte nur: „Ja, sein Kegelabend. [...] Lene, na Sie wissen ja, is ausgeflogen un hat mich mal wieder in Stich gelassen."

„Er war woll hier?"

„Freilich war er. Und beide sind nu ein bisschen auf Wilmersdorf zu; den Fußweg lang, da kommt keiner. Aber jeden Augenblick können sie wieder hier sein."

„Na, da will ich doch lieber gehn."

„O nich doch, liebe Frau Dörr. Er bleibt ja nich. Und wenn er auch bliebe, Sie wissen ja, der is nicht so."

„Weiß, weiß. Und wie steht es denn?"

„Ja, wie soll es stehn? Ich glaube, sie denkt so was, wenn sie's auch nich wahr haben will, und bildet sich was ein."

„O du meine Güte", sagte Frau Dörr, während sie, statt der ihr angebotenen Fußbank, einen etwas höheren Schemel heranschob. „O du meine Güte, denn is es schlimm. Immer wenn das Einbilden anfängt, fängt auch das Schlimme an. Das is wie Amen in der Kirche. Sehen Sie, liebe Frau Nimptsch, mit mir war es ja eigentlich ebenso, man bloß nichts von Einbildung. Und bloß darum war es auch wieder ganz anders."

Frau Nimptsch verstand augenscheinlich nicht recht, was die Dörr meinte, weshalb diese fortfuhr: „Und weil ich mir nie was in'n Kopp setzte, darum ging es immer ganz glatt und gut, und ich habe nu Dörren. Na, viel is es nich, aber es is doch was Anständiges, und man kann sich überall sehen lassen. Und drum bin ich auch in die Kirche mit ihm gefahren und nich bloß Standesamt. Bei Standesamt reden sie immer noch." Die Nimptsch nickte.

Frau Dörr aber wiederholte: „Ja, in die Kirche, in die Matthäikirche un bei Büchseln. Aber was ich eigentlich sagen wollte, sehen Sie, liebe Frau Nimptsch, ich war ja woll eigentlich größer und anziehlicher als die Lene, un wenn ich auch nicht hübscher war (denn so was kann man nie recht wissen, un die Geschmäcker sind so verschieden), so war ich doch so mehr im Vollen, un das mögen manche. Ja, so viel is richtig. Aber wenn ich auch sozusagen fester war un mehr im Gewicht fiel un so was hatte, nu ja, ich hatte so was, so war ich doch immer man ganz einfach un beinah simpel, un was nu er war, mein Graf, mit seine fuffzig

Einblick in den Alltag: Milieus und Menschen

aufm Puckel, na, der war auch man ganz simpel und bloß immer kreuzfidel un unanständig. Und da reichen ja keine hundert Mal, dass ich ihm gesagt habe: ‚Ne, ne, Graf, das geht nicht, so was verbitt' ich mir...' Und immer die Alten sind so. Und ich sage bloß, liebe Frau Nimptsch, Sie können sich so was gar nich denken. Grässlich war es. Und wenn ich mir nu der Lene ihren Baron ansehe, denn schämt es mir immer noch, wenn ich denke, wie meiner war. Und nu gar erst die Lene selber. Jott, ein Engel is sie woll grade auch nich, aber propper und fleißig un kann alles und is für Ordnung un fürs Reelle. Und sehen Sie, liebe Frau Nimptsch, das is grade das Traurige. Was da so rumfliegt, heute hier un morgen da, na, das kommt nicht um, das fällt wie die Katz immer wieder auf die vier Beine, aber so'n gutes Kind, das alles ernsthaft nimmt und alles aus Liebe tut, ja, das ist schlimm ... Oder vielleicht is es auch nich so schlimm; Sie haben sie ja bloß angenommen, un is nich Ihr eigen Fleisch und Blut, un vielleicht is es eine Prinzessin oder so was."

Frau Nimptsch schüttelte bei dieser Vermutung den Kopf und schien antworten zu wollen. Aber die Dörr war schon aufgestanden und sagte, während sie den Gartensteig hinuntersah: „Gott, da kommen sie. Und bloß in Zivil, un Rock un Hose ganz egal. Aber man sieht es doch! Und nu sagt er ihr was ins Ohr, und sie lacht so vor sich hin. Aber ganz rot is sie geworden ... Und nu geht er. Und nu ... wahrhaftig, ich glaube, er dreht noch mal um. Nei, nei, er grüßt bloß noch mal, und sie wirft ihm Kussfinger zu [...]."

1 Wrasen: Nebel

2 *Untersuchen Sie den Textauszug nach folgenden Gesichtspunkten.*

a) Skizzieren Sie das Verhältnis von Ort, Zeit und Atmosphäre einerseits und das Verhalten und die Eigenschaften der Figuren andererseits und beschreiben Sie deren Wechselwirkung.

b) Beschreiben Sie die Haltung, die der Erzähler gegenüber den Figuren und Handlungen einnimmt.

3 *Erläutern Sie mithilfe des Basiswissens und des Textes von S. 189, inwiefern dieser Text inhaltliche und formale Merkmale des realistischen Erzählens aufweist.*

4 *Die namhaftesten Werke des Realismus sind Romane. Erläutern Sie anhand des Basiswissens, warum der Roman dieser Epoche am besten gerecht werden konnte.*

Basiswissen – Bürgerlicher Realismus

Mitte des 19. Jahrhunderts strebten zahlreiche **Dichter aus dem Bürgertum** danach, in ihren Werken **die reale Welt** darzustellen, und gaben der Epoche so ihren Namen. Zeitlich begrenzt wurde der Realismus von der Märzrevolution 1848 und dem Naturalismus (ab 1880), wobei beide Strömungen eine Zeit lang nebeneinander existierten.

Die Dichter des Realismus wendeten sich von den politischen Zielen des Vormärz ab. Zu enttäuschend war für sie die politische Realität nach der niedergeschlagenen Revolution 1848. Auch die Ideale der Romantik lehnten sie ab. In die Zeit des Realismus fielen **tief greifende gesellschaftliche und wirtschaftliche Veränderungen**. Die zunehmende Industrialisierung führte zur Verelendung der stetig wachsenden Stadtbevölkerung, aber auch zu einem Aufstieg des wirtschaftlich erfolgreichen Bürgertums. In der Mitte des 19. Jahrhunderts wuchs der Glaube an die Allmacht der Naturwissenschaften. Wichtige wissenschaftliche Entdeckungen und Theorien sowie technische Erfindungen fielen in diese Zeit.

Naturalismus

Gesellschafts- und Sozialkritik

Gerhart Hauptmann (1862 – 1946) gilt als wichtigster Vertreter der Epoche des deutschen Naturalismus. 1912 erhielt er den Nobelpreis für Literatur. Bereits eines seiner ersten Werke – „Bahnwärter Thiel" – brachte ihm große Anerkennung. Es ist die Geschichte eines pflichtbewussten und gutmütigen Bahnwärters, der in zweiter Ehe mit der früheren Magd Lene zusammenlebt, nachdem seine erste Frau Minna bei der Geburt des Sohnes Tobias gestorben ist. Obwohl Thiel seiner ersten Frau Minna auf dem Sterbebett versprochen hat, sich um Tobias zu kümmern, gerät er mehr und mehr in ein Abhängigkeitsverhältnis gegenüber Lene. So sieht er tatenlos zu, wie Lene Tobias misshandelt. Eines Tages kommt es zur Katastrophe. Tobias wird von einem Zug getötet, da Lene ihrer Aufsichtspflicht nicht nachkommt. Thiel, wegen seines großen Schmerzes völlig zerrüttet, wird nach Hause gebracht und fantasiert im Fieberwahn.

Gerhart Hauptmann: Bahnwärter Thiel (1888; Beginn der Novelle)

[…] Die Wanduhr mit dem langen Pendel und dem gelbsüchtigen Zifferblatt zeigte dreiviertel fünf, als Thiel fortging. Ein kleiner Kahn, sein Eigentum, brachte ihn über den Fluss. Am jenseitigen Spreeufer blieb er einige Male stehen und lauschte nach dem Ort zurück. Endlich bog er in einen breiten Waldweg und befand sich nach wenigen Minuten inmitten des tief aufrauschenden Kiefernforstes, dessen Nadelmassen einem schwarzgrünen, wellenwerfenden Meere glichen. Unhörbar wie auf Filz schritt er über die feuchte Moos- und Nadelschicht des Waldbodens. Er fand seinen Weg, ohne aufzublicken, hier durch die rostbraunen Säulen des Hochwaldes, dort weiterhin durch dicht verschlungenes Jungholz, noch weiter über ausgedehnte Schonungen, die von einzelnen hohen und schlanken Kiefern überschattet wurden, welche man zum Schutze für den Nachwuchs aufbehalten hatte. Ein bläulicher, durchsichtiger, mit allerhand Düften geschwängerter Dunst stieg aus der Erde auf und ließ die Formen der Bäume verwaschen erscheinen. Ein schwerer, milchiger Himmel hing tief herab über die Baumwipfel. Krähenschwärme badeten gleichsam im Grau der Luft, unaufhörlich ihre knarrenden Rufe ausstoßend. Schwarze Wasserlachen füllten die Vertiefungen des Weges und spiegelten die trübe Natur noch trüber wider.

Ein furchtbares Wetter, dachte Thiel, als er aus tiefem Nachdenken erwachte und aufschaute. Plötzlich jedoch bekamen seine Gedanken eine andere Richtung. Er fühlte dunkel, dass er etwas daheim vergessen haben müsse, und wirklich vermisste er beim Durchsuchen seiner Taschen das Butterbrot, welches er der langen Dienstzeit halber stets mitzunehmen genötigt war. Unschlüssig blieb er eine Weile stehen, wandte sich dann aber plötzlich um und eilte in der Richtung des Dorfes zurück.

In kurzer Zeit hatte er die Spree erreicht, setzte mit wenigen kräftigen Ruderschlägen über und stieg gleich darauf, am ganzen Körper schwitzend, die sanft ansteigende Dorfstraße hinauf. Der alte, schäbige Pudel des Krämers lag mitten auf der Straße. Auf dem geteerten Plankenzaune eines Kossätenhofes saß eine Nebelkrähe. Sie spreizte die Federn, schüttelte sich, nickte, stieß ein ohrenzerreißendes Krä-krä aus und erhob sich mit pfeifendem Flügelschlag, um sich vom Winde in der Richtung des Forstes davontreiben zu lassen.

Von den Bewohnern der kleinen Kolonie, etwa zwanzig Fischern und Waldarbeitern mit ihren Familien, war nichts zu sehen. Der Ton einer kreischenden Stimme unterbrach die Stille so laut und schrill, dass der Wärter unwillkürlich mit Laufen innehielt. Ein Schwall heftig herausgestoßner, misstönender Laute schlug an sein Ohr, die aus dem offnen Giebelfenster eines niedrigen Häuschens zu kommen schienen, welches er nur zu wohl kannte. […]

Gesellschafts- und Sozialkritik

1 *Untersuchen Sie den Beginn der Novelle (➪ S. 197), indem Sie*

a) erarbeiten, wie Hauptmann die Naturwahrnehmungen des Bahnwärters literarisch gestaltet.

b) die eingesetzten Vergleiche und Adjektive hinsichtlich ihrer Wirkung auf den Leser beschreiben.

c) analysieren, wie Hauptmann den Konflikt im Hause Thiels vorbereitet.

Basiswissen **Naturalismus**

Mit zunehmender Industrialisierung wandelt sich die Gesellschaft. Die gesellschaftlichen Missstände und das soziale Elend der unteren Klasse stehen im Fokus der Naturalisten. Sie wollen die Realität mit all ihren – vor allem auch unschönen – Facetten möglichst genau wiedergeben. Die Schattenseiten des menschlichen Daseins werden widergespiegelt. Ausbeutung, Ausgeliefertsein, materielles sowie moralisches Elend sind relevante Themen dieser Zeit. Arno Holz, ein Vertreter dieser Epoche, bringt dieses Anliegen auf folgende Formel: **Kunst = Natur – x** (x steht dabei für den Schriftsteller und seine Art der literarischen Darstellung). Auch die sprachliche Darstellung passen die Naturalisten an: Ihre literarischen Figuren sprechen im Jargon und Dialekt. Bezeichnend ist auch der **„Sekundenstil"**, in dem Erzählzeit und erzählte Zeit (➪ Kapitel 21.2, S. 352) zusammengeführt werden. Wichtige Vertreter dieser Epoche sind neben Arno Holz, Gerhard Hauptmann, Hermann Sudermann und Max Halbe.

Gerhart Hauptmann: Bahnwärter Thiel (Ende der Novelle)

Die Aufregungen des Tages hatten sie doch stark mitgenommen, und sie beschloss, ein wenig zu schlafen, fand jedoch keine Ruhe. Gleichviel ob sie die Augen öffnete oder schloss, unaufhörlich zogen die Ereignisse der Vergangenheit daran vorüber. Das Kleine schlief. Sie hatte sich entgegen ihrer sonstigen Gewohnheit wenig darum bekümmert. Sie war überhaupt eine andre geworden. Nirgends eine Spur des früheren Trotzes. Ja, dieser kranke Mann mit dem farblosen, schweißglänzenden Gesicht regierte sie im Schlaf. Eine Wolke verdeckte die Mondkugel, es wurde finster im Zimmer, und Lene hörte nur noch das schwere, aber gleichmäßige Atemholen ihres Mannes. Sie überlegte, ob sie Licht machen sollte.

Es wurde ihr unheimlich im Dunkeln. Als sie aufstehen wollte, lag es ihr bleiern in allen Gliedern, die Lider fielen ihr zu, sie entschlief. Nach Verlauf von einigen Stunden, als die Männer mit der Kindesleiche zurückkehrten, fanden sie die Haustüre weit offen. Verwundert über diesen Umstand, stiegen sie die Treppe hinauf, in die obere Wohnung, deren Tür ebenfalls weit geöffnet war. Man rief mehrmals den Namen der Frau, ohne eine Antwort zu erhalten. Endlich strich man ein Schwefelholz an der Wand, und der aufzuckende Lichtschein enthüllte eine grauenvolle Verwüstung. „Mord, Mord!" Lene lag in ihrem Blut, das Gesicht unkenntlich, mit zerschlagener Hirnschale. „Er hat seine Frau ermordet, er hat seine Frau ermordet!" Kopflos lief man umher. Die Nachbarn kamen, einer stieß an die Wiege. „Heiliger Himmel!" Und er fuhr zurück, bleich, mit entsetzensstarrem Blick. Da lag das Kind mit durchschnittenem Halse.

Der Wärter war verschwunden; die Nachforschungen, welche man noch in derselben Nacht anstellte, blieben erfolglos. Den Morgen darauf fand ihn der diensttuende Wärter zwischen den Bahngeleisen und an der Stelle sitzend, wo Tobiaschen überfahren worden war. Er hielt das braune Pudelmützchen im Arm und liebkoste es ununterbrochen wie etwas, das Leben hat. Der Wärter richtete einige Fragen an ihn, bekam jedoch keine Antwort und bemerkte bald, dass er es mit einem Irrsinnigen zu tun habe.

2 *Untersuchen Sie den Novellenschluss, indem Sie*

a) erläutern, inwiefern die Beschreibung der Natur mit dem Geschehen korrespondiert.

b) mithilfe des Basiswissens analysieren, warum die Thematik im „Bahnwärter Thiel" naturalistisch ist.

3 *Beschreiben Sie mithilfe eines Literaturlexikons, welche sozialen Probleme in folgenden Werken des Naturalismus dargestellt werden: Emile Zola: Nana, August Strindberg: Fräulein Julie, Henrik Ibsen: Nora oder ein Puppenheim.*

[...] „Die Kunst hat die Tendenz, wieder die Natur zu sein. Sie wird sie nach Maßgabe ihrer jeweiligen Reproduktionsbedingungen und deren Handhabung." Ich zweifelte zwar keinen Augenblick daran, dass mit der Zeit auch eine bessere, präzisere Fassung möglich sein würde, aber den Kern wenigstens enthielt ja auch diese bereits und das genügte mir. „Die Kunst hat die Tendenz, wieder die Natur zu sein. Sie wird sie nach Maßgabe ihrer Reproduktionsbedingungen und deren Handhabung." [...] Und ich sagte mir: Ist dieser Satz wahr, d.h. ist das Gesetz, das er aussagt, ein wirkliches, ein in der Realität vorhandnes, und nicht bloß eins, das ich mir töricht einbilde, eins in meinem Schädel, dann stößt er die ganze bisherige „Ästhetik" über den Haufen. Und zwar rettungslos.

(Arno Holz, Zitat aus: Die Kunst. Ihr Wesen und ihre Gesetze, 1891/1892)

Gerhart Hauptmann: Der Biberpelz (1893; Regieanweisungen)

Erster Akt

Kleiner, blaugetünchter, flacher Küchenraum mit niedriger Decke; ein Fenster links; eine rohgezimmerte Tür ins Freie führend rechts; eine Tür mit ausgehobenem Flügel mitten in der Hinterwand. – Links in der Ecke der Herd, darüber an der Wand Küchengerät am Rahmen, rechts in der Ecke Ruder und Schiffereigerät; gespaltenes Holz, sogenannte Stubben, unter dem Fenster in einem Haufen. Eine alte Küchenbank, mehrere Schemel usw. usw. – Durch den leeren Türrahmen der Hinterwand blickt man in einen zweiten Raum. Darin steht ein hochgemachtes, sauber gedecktes Bett, darüber hängen billige Fotografien in noch billigeren Rahmen, Öldruckköpfe in Visitenkartenformat usw. Ein Stuhl aus weichem Holz ist mit der Lehne gegen das Bett gestellt. – Es ist Winter, der Mond scheint. Auf dem Herd in einem Blechleuchter steht ein brennendes Talglicht. Leontine Wolff ist auf einem Schemel am Herd, Kopf und Arme auf der Herdplatte, eingeschlafen. Sie ist ein siebzehnjähriges, hübsches, blondes Mädchen in der Arbeitstracht eines Dienstmädchens. Über die blaue Kattunjacke hat sie ein dickes wollenes Brusttuch gebunden. – Einige Sekunden bleibt es still, dann hört man, wie jemand bemüht ist, von außen die Tür aufzuschließen, in der jedoch von innen der Schlüssel steckt. Nun pocht es.

4 *Erarbeiten Sie mithilfe der Aussagen von Arno Holz, weshalb die Regieanweisungen im naturalistischen Drama so bedeutsam werden.*

5 *Beschreiben Sie aufgrund der Regieanweisungen das Milieu, das Hauptmann für seine Diebeskomödie wählt.*

Echo

Günter Wallraff ist Undercover-Journalist und Schriftsteller. Im Jahre 2008 schleust er sich als Arbeiter in eine deutsche Zulieferfabrik ein.

Günter Wallraff: Unser täglich Brötchen

[...]

Am ersten Morgen begrüßt mich die Chefin selbst mit Handschlag, dafür ohne Vertrag. Den gibt es weder heute noch später. Der übliche Stundenlohn beträgt hier 7,66 Euro brutto, ein Billiglohn also, netto bleiben den Arbeitern weniger als sechs Euro. Der Verdienst jedes fünften Vollzeitbeschäftigten in Deutschland liegt inzwischen unter der offiziellen Niedriglohnschwelle von weniger als 9,61 Euro im Westen beziehungsweise weniger als 6,81 Euro im Osten. Damit hat Deutschland einen höheren Anteil an Niedriglöhnern unter den Beschäftigten als Großbritannien und nur noch einen wenig geringeren als die USA.

Die Chefin überreicht mir eine weiße Arbeitshose und ein T-Shirt mit kurzen Ärmeln. Ich frage, ob man darin im Winter nicht friere. „Wenn es Ihnen zu kalt ist, müssen Sie eben schneller arbeiten." Dann überlässt sie mich meinem Schicksal und meiner Schichtführerin. [...]

Ich stehe gerade einmal eine Stunde am Band, da geht ein Geschrei los. Eine Sirene heult auf, und die Männer rennen fluchend in die Nebenhalle. Die Schichtführerin brüllt mich an, ich solle hinterher, „schnell, schnell, helfen, helfen!", ruft sie und schubst mich. „Bleche vom Band runter, Tempo, Tempo!" Die Backbleche haben sich ineinander verkantet, aufgetürmt blockieren sie das Fließband. Unsere Aufgabe ist es, die heißen Bleche mit den herunterpurzelnden Brötchen vom Band zu nehmen und in fahrbare Gestelle zu schieben. Jedes Blech misst 80 mal 60 Zentimeter und ist mit 42 Brötchen beladen. Ein Kollege wirft mir ein paar zerfetzte Handschuhe zu, und ich verbrenne mir als Erstes die rechte Hand. Beim Hochstemmen der Bleche über Kopf zischt es auf der Haut meines rechten Arms, und es bilden sich dicke Brandblasen. Fast alle meine Kollegen, erfahre ich nach meinem Ausscheiden, haben sich schon einmal Brandverletzungen zugezogen.

Als die stählerne Kette des Bandes plötzlich abspringt, herrscht Chaos. Die Kollegen brüllen sich an, greifen mit den Händen ins laufende Band, um die Kette wieder in die Halterung zu bringen. Dabei ist es schon zu Verletzungen gekommen, wie ich erst nach zwei Wochen erfahre, nachdem ich selbst schon mehrfach ins laufende Band gegriffen habe. Und erst nach einer Woche erfahre ich von einem Notstopp-Knopf, der seitlich vom Band angebracht ist. Aber den dürfen wir nur im alleräußersten Notfall betätigen, wissen die Kollegen. Denn wird er gedrückt, dann bleiben die Brötchen zu lange im Ofen, werden zu dunkel und sind nicht mehr verwendbar. Mit großem Nachdruck mahnt mich ein gelernter Bäckerkollege, die Finger von diesem Knopf zu lassen. [...]

Als am zweiten Tag das Band blockiert und die Brötchen herumfliegen wie Geschosse, stoße ich mich mit der Stirn an einem Blech. Es blutet stark, ich habe eine Risswunde, bin benommen. Später erfahre ich, dass einem Betriebsschlosser einige Monate zuvor an dieser Stelle das Gleiche passiert ist. Ich besuche ihn, und er erzählt mir: „Ich hatte eine stark blutende Schnittwunde und eine Gehirnerschütterung. Ich bat meinen Schichtführer, mir zu helfen, aber er sagte: Tut mir leid, keine Zeit für so was. Ich suchte selbst den Erste-Hilfe-Kasten, stellte jedoch fest, dass kein Verbandszeug drin war. Erst nach Schichtende wurde mir erlaubt, ins Krankenhaus zu fahren." [...]

An meinem vierten Tag erfahre ich plötzlich, dass ich erst mal nicht weiterarbeiten soll. Die Auftragslage sei im Moment nicht so günstig. Erst in einem Monat könne es möglicherweise weitergehen.

(Die Zeit, 01.05.2008)

1 *Erläutern Sie, welche Merkmale des Naturalismus sich in dem obigen Text finden lassen.*

hen-
tein

Kapitel 12: Literatur um 1900 – Neue Ausdrucksformen des Erzählens

Schlaglicht

Das Wahrnehmen des Moments und der unmittelbare Sinneseindruck

L'art pour l'art – Kunst um der Kunst willen

Selbst- und Identitätsverlust

Die Stadt als literarisches Sujet

Die Glorifizierung des Verfalls

Sprachkrise: Skepsis gegenüber den Möglichkeiten des sprachlichen Ausdrucks

Die Zeit um 1900 ist im deutschsprachigen Raum zunächst geprägt von wirtschaftlichem Aufschwung, dem wachsenden gesellschaftlichen Einfluss des Bürgertums sowie der wilhelminischen Monarchie in Deutschland und der königlich-kaiserlichen Monarchie in Österreich. Nationalistisches, antisemitisches und militaristisches Gedankengut findet seine Verbreitung. Mit der stark wachsenden Bevölkerung werden Großstädte wie Paris, London oder Berlin zu Metropolen des gesellschaftlichen und kulturellen Lebens. Kino und Fotografie beginnen in den Alltag einzuziehen. Psychologie und Psychoanalyse werden als Wissenschaftsgebiet entdeckt. Es kommt zu einem Nachdenken über die Wahrnehmung und die Darstellung der Wirklichkeit. Einen wesentlichen Einschnitt in allen Lebens- und Erfahrungsbereichen stellt schließlich der Erste Weltkrieg (1914 – 1918) dar. Literarisch findet sich eine bis dahin ungekannte Vielfalt an Strömungen und Stilbegriffen wie Impressionismus, Expressionismus, Symbolismus, Neuromantik, Neoklassik, Jugendstil, Décadence, Fin de siècle, Wiener oder auch Berliner Moderne. Die Zeit einheitlicher Epochenstile ist endgültig vorüber und die Moderne beginnt.

Erste Einblicke

- ✔ Vergleichen Sie die beiden Bilder. Das linke Bild stammt vom expressionistischen Künstler Franz Marc, das rechte ist ein Graffiti aus heutiger Zeit.
- ✔ Beschreiben Sie typische Gebäude des Jugendstils in Ihrem Wohnort. Diskutieren Sie, welche Wirkung diese Architektur erzielen will.
- ✔ Fertigen Sie eine Collage mit Großstadtabbildungen zu Beginn des zwanzigsten Jahrhunderts an.

Die Sprachkrise um 1900

Skepsis und Erneuerungsversuch

Überlegungen zu den Ausdrucksmöglichkeiten von Sprache prägten die Zeit um 1900. Die wichtigste thematische Auseinandersetzung mit der literarischen Sprachkrise ist der Lord-Chandos-Brief von Hugo von Hofmannsthal (1874–1929). Der fiktive Philip Lord Chandos schreibt in einem Brief an Francis Bacon von seinem Unvermögen, sich sprachlich auszudrücken. Er beschließt deshalb, in Zukunft auf das Dichten zu verzichten. Im Unterschied zu seinem Erzähler Lord Chandos hat Hofmannsthal weiterhin gedichtet.

Hugo von Hofmannsthal: Ein Brief (1902; Auszug)

[…] Um mich kurz zu fassen: Mir erschien damals in einer Art von andauernder Trunkenheit das ganze Dasein als eine große Einheit: geistige und körperliche Welt schien mir keinen Gegensatz zu bilden, ebensowenig höfisches und tierisches Wesen, Kunst und Unkunst, Einsamkeit und Gesellschaft; in allem fühlte ich Natur, in den Verirrungen des Wahnsinns ebensowohl wie in den äußersten Verfeinerungen eines spanischen Zeremoniells; in den Tölpelhaftigkeiten junger Bauern nicht minder als in den süßesten Allegorien; und in aller Natur fühlte ich mich selber; wenn ich auf meiner Jagdhütte die schäumende laue Milch in mich hineintrank, die ein struppiger Mensch einer schönen sanftäugigen Kuh aus dem strotzenden Euter in einen Holzeimer niedermolk, so war mir das nichts anderes, als wenn ich, […] aus einem Folianten süße und schäumende Nahrung des Geistes in mich sog. […]
Mein Fall ist, in Kürze, dieser: Es ist mir völlig die Fähigkeit abhanden gekommen, über irgendetwas zusammenhängend zu denken oder zu sprechen.
Zuerst wurde es mir allmählich unmöglich, ein höheres oder allgemeineres Thema zu besprechen und dabei jene Worte in den Mund zu nehmen, deren sich doch alle Menschen ohne Bedenken geläufig zu bedienen pflegen. Ich empfand ein unerklärliches Unbehagen, die Worte „Geist“, „Seele“ oder „Körper“ nur auszusprechen. Ich fand es innerlich unmöglich, über die Angelegenheiten des Hofes, die Vorkommnisse im Parlament oder was Sie sonst wollen, ein Urteil herauszubringen. Und dies nicht etwa aus Rücksichten irgendwelcher Art, denn Sie kennen meinen bis zur Leichtfertigkeit gehenden Freimut: sondern die abstrakten Worte, deren sich doch die Zunge naturgemäß bedienen muss, um irgendwelches Urteil an den Tag zu geben, zerfielen mir im Munde wie modrige Pilze. […] Mit einem unerklärlichen Zorn, den ich nur mit Mühe notdürftig verbarg, erfüllte es mich, dergleichen zu hören wie: diese Sache ist für den oder jenen gut oder schlecht ausgegangen; Sheriff N. ist ein böser, Prediger T. ein guter Mensch; Pächter M. ist zu bedauern, seine Söhne sind Verschwender; ein anderer ist zu beneiden, weil seine Töchter haushälterisch sind; eine Familie kommt in die Höhe, eine andere ist am Hinabsinken. Dies alles erschien mir so unbeweisbar, so lügenhaft, so löcherig wie nur möglich. Mein Geist zwang mich, alle Dinge, die in einem solchen Gespräch vorkamen, in einer unheimlichen Nähe zu sehen: so wie ich einmal in einem Vergrößerungsglas ein Stück von der Haut meines kleinen Fingers gesehen hatte, das einem Brachfeld mit Furchen und Höhlen glich, so ging es mir nun mit den Menschen und Handlungen. Es gelang mir nicht mehr, sie mit dem vereinfachenden Blick der Gewohnheit zu erfassen. Es zerfiel mir alles in Teile, die Teile wieder in Teile und nichts mehr ließ sich mit einem Begriff umspannen. Die einzelnen Worte schwammen um mich; sie gerannen zu Augen, die mich anstarrten und in die ich wieder hineinstarren muss. […]
Seither führe ich ein Dasein, das Sie, fürchte ich, kaum begreifen können, so geistlos, ja gedankenlos fließt es dahin; ein Dasein, das sich freilich von dem meiner Nachbarn, meiner

Skepsis und Erneuerungsversuch

Verwandten und der meisten landbesitzenden Edelleute dieses Königreiches kaum unterscheidet, und das nicht ganz ohne freudige und belebende Augenblicke ist. Es wird mir nicht leicht, Ihnen anzudeuten, worin diese guten Augenblicke bestehen; die Worte lassen mich wiederum im Stich. Denn es ist ja etwas völlig Unbenanntes, und auch wohl kaum Benennbares, das in solchen Augenblicken, irgendeine Erscheinung meiner alltäglichen Umgebung mit einer überschwellenden Flut höheren Lebens wie ein Gefäß erfüllend, mir sich ankündet. Ich kann nicht erwarten, dass Sie mich ohne Beispiel verstehen, und ich muss Sie um Nachsicht für die Kläglichkeit meiner Beispiele bitten. Eine Gießkanne, eine auf dem Feld verlassene Egge, ein Hund in der Sonne, ein ärmlicher Kirchhof, ein Krüppel, ein kleines Bauernhaus, alles dies kann das Gefäß meiner Offenbarung werden. Jeder dieser Gegenstände und die tausend anderen ähnlichen, über die sonst ein Auge mit selbstverständlicher Gleichgültigkeit hinweggleitet, kann für mich plötzlich in irgendeinem Moment, den herbeizuführen auf keine Weise in meiner Gewalt steht, ein erhabenes und rührendes Gepräge annehmen, das auszudrücken mir alle Worte zu arm scheinen. [...]

Ich habe Sie, mein verehrter Freund, mit dieser ausgebreiteten Schilderung eines unerklärlichen Zustandes, der gewöhnlich in mir verschlossen bleibt, über Gebühr belästigt.

Sie waren so gütig, Ihre Unzufriedenheit darüber zu äußern, dass kein von mir verfasstes Buch mehr zu Ihnen kommt, „Sie für das Entbehren meines Umgangs zu entschädigen". Ich fühlte in diesem Augenblick mit einer Bestimmtheit, die nicht ganz ohne ein schmerzliches Beigefühl war, dass ich auch im kommenden und im folgenden und in allen Jahren dieses meines Lebens kein englisches und kein lateinisches Buch schreiben werde: und dies aus dem einen Grund, dessen mir peinliche Seltsamkeit mit ungeblendetem Blick dem vor Ihnen harmonisch ausgebreiteten Reiche der geistigen und leiblichen Erscheinungen an seiner Stelle einzuordnen ich Ihrer unendlichen geistigen Überlegenheit überlasse: nämlich weil die Sprache, in welcher nicht nur zu schreiben, sondern auch zu denken mir vielleicht gegeben wäre, weder die lateinische noch die englische, noch die italienische oder spanische ist, sondern eine Sprache, in welcher die stummen Dinge zuweilen zu mir sprechen, und in welcher ich vielleicht einst im Grabe vor einem unbekannten Richter mich verantworten werde.

Ich wollte, es wäre mir gegeben, in die letzten Worte dieses voraussichtlich letzten Briefes, den ich an Francis Bacon schreibe, alle die Liebe und Dankbarkeit, alle die ungemessene Bewunderung zusammenzupressen, die ich für den größten Wohltäter meines Geistes, für den ersten Engländer meiner Zeit im Herzen hege und darin hegen werde, bis der Tod es bersten macht.

A.D. 1603, diesen 22ten August. Phi. Chandos.

1 *Gliedern Sie den Auszug in Abschnitte. Geben Sie deren Inhalt in ein bis zwei Sätzen wieder.*

2 *Untersuchen Sie die zentrale Aussage des Textes.*

a) Schreiben Sie die Textstellen heraus, in denen Lord Chandos auf seinen Sprachverlust verweist.

b) In Zeile 44 f. werden Beispiele genannt, die als ein „Gefäß der Offenbarung" dienen können. Finden Sie weitere und begründen Sie die Auswahl.

c) Analysieren Sie, welche Bilder, Motive und Vergleiche eingesetzt werden, um die Sprachkrise des Briefverfassers zu verdeutlichen.

3 *Diskutieren Sie, inwiefern die Sprache als Medium eingesetzt werden kann, um Sprachverlust darzustellen.*

Skepsis und Erneuerungsversuch

Hugo Ball (1886 – 1927) studierte Philosophie und Soziologie. Er war schriftstellerisch tätig und gründete 1916 mit anderen Künstlern wie Hans Arp die Dada-Bewegung, die unter anderem auch den Missbrauch von Sprache kritisiert.

Hugo Ball: Karawane (1917)

jolifanto bambla o falli bambla
großgiga m'pfa habla horem
egiga goramen
higo bloiko russula huju
hollaka hollala
anlogo bung
blago bung blago bung
bosso fataka
ü üü ü
schampa wulla wussa olobo
hej tatta gorem
eschige zunbada
wulubu ssubudu uluwu ssubudu
tumba ba-umf
kusa gauma
ba – umf

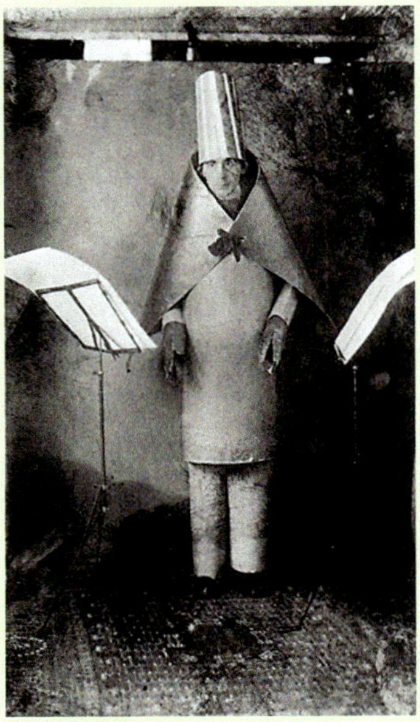

4 *Stellen Sie Bezüge zum Gedankengut des Chandos-Briefs her.*

Basiswissen – Ich-, Wirklichkeits- und Sprachkrise

Im Naturalismus beschrieben die Schriftsteller ein genaues Bild vom Menschen und seiner Umgebung, Sprache galt als geeignetes Mittel, um diese Wirklichkeit abzubilden. Die Literatur um 1900 verarbeitet eine neue Erkenntnistheorie. Im Mittelpunkt dieser Theorie steht die Annahme, dass eine objektive Wirklichkeit nicht wahrgenommen werden kann. Empfindungen und Sinneswahrnehmungen beeinflussen immer die Darstellung. Es geht so weit, dass auch das „Ich" nicht als eine Einheit, sondern nur als eine Anzahl von Empfindungen begriffen wird. Der Philosoph Ernst Mach (1838 – 1916) sagt dazu: „Das Ich ist unrettbar." Zeitgleich wird das Subjekt in der Literatur der Jahrhundertwende in Frage gestellt. Zahlreiche Autoren um 1900 versuchen, flüchtige, subjektive Sinneseindrücke einzufangen. Nicht die Wirklichkeit soll dargestellt werden, sondern wie diese wahrgenommen wird.

Der **Subjektzerfall** ist eng mit der **Sprachkrise** verbunden. Hatte man in der Sprachphilosophie zuvor angenommen, der Mensch könne die Wirklichkeit nur über das Medium Sprache erleben und es gebe eine strukturelle Übereinstimmung zwischen Sprache und Wirklichkeit, wird dies nun bezweifelt. Die Sprache erscheint mit ihren feststehenden Begriffen, Definitionen und grammatikalischen Normen kein geeignetes Instrument mehr, um die **Wirklichkeit** abzubilden, die sich aus einer **Vielzahl von sich ändernden Wahrnehmungen** zusammensetzt.

Der Chandos-Brief hat alternative Ausdrucksformen wie assoziatives oder diskontinuierliches Schreiben angeregt, aber erst im Expressionismus, Dadaismus und später in der konkreten Poesie befreit sich das literarische Schaffen von den Sprachkonventionen.

Erzählen aus dem Inneren

Die Novelle „Leutnant Gustl" von Arthur Schnitzler (1862–1931) handelt von einem Offizier der österreichischen Armee. Er gerät mit einem Bäckermeister in Streit. Weil ein Duell mit dem Bäcker wegen dessen niedrigen sozialen Ranges nicht möglich ist, beschließt Gustl, dem militärischen Ehrenkodex zu folgen und sich selbst zu Hause zu töten.

Arthur Schnitzler: Leutnant Gustl (1900/01; Auszug)

[...] Was red't er denn? ... Um Gottes willen, nur kein Skandal – – Was red't er denn noch immer?

„Aber ich will Ihnen die Karriere nicht verderben ... Also, schön brav sein! ... So, hab'n S' keine Angst, 's hat niemand was gehört ... es ist schon alles gut ... so! Und damit keiner glaubt, dass wir uns gestritten haben, werd ich jetzt sehr freundlich mit Ihnen sein! – Habe die Ehre, Herr Leutnant, hat mich sehr gefreut – habe die Ehre!" Um Gottes willen, hab ich geträumt? Hat er das wirklich gesagt? ... Wo ist er denn? ... Da geht er ... Ich müsst ja den Säbel ziehen und ihn zusammenhauen – – Um Gottes willen, es hat's doch niemand gehört? ... Nein, er hat ja nur ganz leise geredet, mir ins Ohr ... Warum geh ich denn nicht hin und hau ihm den Schädel auseinander? ... Nein, es geht ja nicht, es geht ja nicht ... gleich hätt ich's tun müssen ... Warum hab ich's denn nicht gleich getan? ... Ich hab's ja nicht können ... er hat ja den Griff nicht auslassen, und er ist zehnmal stärker als ich ... [...]

– – Morgen ist mein Todestag – fünfter April. – – Ob sie mich nach Graz überführen? Haha! Da werden die Würmer in Graz eine Freud haben! – Aber das geht mich nichts an – darüber sollen sich die andern den Kopf zerbrechen ... Also, was geht mich denn eigentlich an? ... Ja, die hundertsechzig Gulden für den Ballert – das ist alles – weiter brauch ich keine Verfügungen zu treffen. – Briefe schreiben? Wozu denn? An wen denn?... Abschied nehmen? – Ja, zum Teufel hinein, das ist doch deutlich genug, wenn man sich totschießt! – Dann merken's die andern schon, dass man Abschied genommen hat ... Wenn die Leut wüssten, wie egal mir die ganze Geschichte ist, möchten sie mich gar nicht bedauern – ist eh nicht schad um mich ... Und was hab ich denn vom ganzen Leben gehabt? – Etwas hätt ich gern noch mitgemacht: einen Krieg – aber da hätt ich lang warten können ... Und alles Übrige kenn ich ... Ob so ein Mensch Steffi oder Kunigunde heißt, bleibt sich gleich. – – Und die schönsten Operetten kenn ich auch – und im „Lohengrin" bin ich zwölfmal drin gewesen – und heut Abend war ich sogar bei einem Oratorium – und ein Bäckermeister hat mich einen dummen Buben geheißen – meiner Seel, es ist grad genug! – Und ich bin gar nimmer neugierig ... – Also geh'n wir nach Haus, langsam, ganz langsam ... Eile hab ich ja wirklich keine. – Noch ein paar Minuten ausruhen da im Prater, auf einer Bank – obdachlos. – Ins Bett leg ich mich ja doch nimmer – hab ja genug Zeit zum Ausschlafen. – – Ah, die Luft! – Die wird mir abgehn ... [...]

1 *Analysieren Sie charakteristische Merkmale der Erzähltechnik und Sprache.*

a) Beschreiben Sie, welche Rolle die Satzzeichen bei der Umsetzung von Wirklichkeit in Sprache haben.

b) Erläutern Sie, welche erzählerischen Mittel die innere Situation des Protagonisten deutlich machen.

c) Erklären Sie, wie in der Novelle Spannung erzeugt wird. Recherchieren Sie dazu auch das Ende der Novelle. Welche Rolle spielt der Handlungsverlauf?

2 *Begründen Sie, warum Schnitzlers Novelle als ein repräsentatives Werk der Literatur um 1900 gilt. Nehmen Sie dazu das Basiswissen Ich-, Wirklichkeits- und Sprachkrise (**➪ S. 204)* *zu Hilfe.*

Impressionismus

Einfangen des Augenblicks

Peter Altenberg lebte 1859 bis 1919 in Wien. Nach dem Abbruch seines Medizin- und Jurastudiums schloss er sich dem großstädtischen Künstlermilieu an. Er traf dort andere Schriftsteller wie Arthur Schnitzler.

Peter Altenberg charakterisiert seine Texte folgendermaßen: „Denn sind meine kleinen Sachen Dichtungen?! Keineswegs. Es sind Extrakte! Extrakte des Lebens. Das Leben der Seele und des zufälligen Tages, in 2–3 Seiten eingedampft, vom Überflüssigen befreit! [...] Ja, ich liebe das ‚abgekürzte Verfahren', den Telegrammstil der Seele!"

Peter Altenberg: Wie wunderbar --- (1914)

Es hat ein Ende – – –.

Er sitzt in seinem kleinen Hotelzimmer, wo die Nussbäume hereingrünen und das Forellenbrünnlein herauf glugluckt und magert ab und isst nichts und trinkt nichts. Und wenn er schläft, ist es so wie bei einem Kranken, Erschöpften.

Oft hört er Nachts den Bergwind in die Nussbäume fahren und das Forellenbrünnlein seine Trillerketten in Alt singen.

Und eine Dame sendet ihm Bouillon, täglich, und lässt sagen: „Essen Sie – – –!

Mir zu Liebe – –."

Eines Morgens fährt er weg. Er hat es versprochen.

Der Hof riecht nach Nadelwald und Bergwiese und alle weißen Jalousien sind herunter – – –.

Was hat sich verändert?!

Die lyrischen Dichter haben es gut. Sie können sagen: „Wie ist das Herze mir so schwer – – –."

Und dann reimen sie darauf: „nimmermehr –."

Aber Der fährt ganz ohne Reim weg, einfach still weg, und alle Jalousien sind herunter – – –.

Dann packt sich das Leben mit halben Sachen voll, mit unnützen, mit Freundschaften und zarten Stimmungen, mit kurzen tragischen Einaktern, wie sie heute dem Publikum „Seele" passen, mit Morphiuminjektionen für Unerträglichkeiten, und humpelt weiter –.

Das Leben ist kränklich geworden und braucht Morphiuminjektionen – – –.

Dann sehen sie sich wieder in einem großen Garten voll von Obstbäumen. Die Abendluft riecht nach Nadelwald und Bergwiese. Sie gehen langsam einen schmalen weißen Kiesweg zwischen Stachelbeerstauden auf und ab und sprechen gescheite Sachen – – –.

Es duftet feuchtkühl nach Nadelwald und Bergwiese.

Er denkt: „Wie wunderbar! Es hat kein Ende –."

Sie hüllt sich in ihren Schal ein und fröstelt –.

Dann fährt sie weg. Sie hüllt sich in ihren Schal ein und der Wagen riecht nach Leder-Lack.

Die Wagenlaternen schimmern noch lange herüber wie zwei trübe Augen.

Dann sieht er sie einmal wieder in der Großstadt. Sie sitzt da in einer wunderbar eleganten Toilette, so in einer müden Flirt-Stimmung. Er fühlt: „Violette de Parme, E. Legrand[1] – – –."

Er blickt sie an mit seinem reinen tiefen Blick –:

„Arme, Müde –. Wie süß Du noch immer duftest –."

Sie fühlt: „Wie wunderbar! Es hat kein Ende –."

Aber diesmal bleibt eine Sehnsucht in ihm zurück wie bei einem Baby, wenn die Mama abends ins Theater geht oder sonstwohin – –. Wie Tränen in den Nerven ist es. Man erbebt so. Aber das Baby muss schön brav sein, wenn es die Mama lieb hat.

Einfangen des Augenblicks

Darum erbebt es nur so und Niemand merkt es.
„Mama, gute, süße Mama – – –!"
Dann schreibt sie einmal – – –.
Er geht schon dahin wie auf Krücken, der Morphinist des Lebens – – –.
Plötzlich kommt dieser liebe süße Hauch von Freundlichkeit – –.
Er richtet sich auf, kerzengerade, wie ein alter Invalide, wenn Napoleon vorbeireitet – – –.
Er salutiert gleichsam der Freundschaft – – –!
Und dann macht er ein Gedicht wie die lyrischen Dichter – – –.
Es ist ganz kurz, so modern – – –.
Es lautet: „Wie wunderbar! Es hat kein Ende –!"

1 Violette de Parme: Veilchenduft

1 *Analysieren Sie den Text mit Blick auf die erzählerische Gestaltung.*

a) Untersuchen Sie, mit welchen erzählerischen Mitteln Figuren, Orte und Zeitpunkte beschrieben werden. Berücksichtigen Sie besonders die Vergleiche und Bilder.

b) Beschreiben Sie die Stimmung und Atmosphäre, die so erzeugt werden.

c) Erläutern Sie, warum man „Wie wunderbar —" als Prosaskizze bezeichnet.

d) Interpretieren Sie den Text mithilfe des Basiswissens.

Basiswissen — Impressionistische Ausdrucksformen

Der Begriff Impressionismus (vom lateinischen impressio = Eindruck) entstammt den Bildenden Künsten und meint in der Malerei eine **Eindrucks- und Stimmungskunst**. Momentane visuelle Sinneseindrücke werden unmittelbar und mit unruhigem Farbauftrag dargestellt. Auch in der impressionistischen Dichtung geht es darum, subjektive Sinneseindrücke in ihrer Flüchtigkeit einzufangen. Dementsprechend kommt der Wiedergabe von Farben und Gerüchen eine große Bedeutung zu. Es geht vielen nicht mehr darum, mit der Kunst einen bestimmten, etwa gesellschaftspolitischen Zweck zu verfolgen, sondern die Kunst ist sich schon selbst Zweck genug (**l'art pour l'art**). Im Mittelpunkt steht die ästhetische Verarbeitung von der Wirklichkeit, die ein Einzelner erlebt.

Impressionistische Prinzipien äußern sich in der Literatur der Jahrhundertwende im **Hang zum Fragmentarischen und Ausschnitthaften**. Traditionelle Erzähltechniken werden kritisiert, weil sie auf Kontinuität und Kausalität gründen; im Impressionismus werden dagegen skizzenhafte und diskontinuierliche Schreibformen bevorzugt. Ein bekanntes Beispiel hierfür sind Rainer Maria Rilkes Aufzeichnungen des Malte Laurids Brigge, einem 1910 entstandenen Roman in Tagebuchform. Er verarbeitet in 72 Aufzeichnungen, die meist unverbunden aufeinanderfolgen, seine Eindrücke von der Metropole Paris.

Um der augenblickhaften Darstellungsweise auch formal gerecht zu werden, geht der Trend von der Groß- zur Kleinform. Die Autoren um 1900 verfassen vermehrt kurze Prosaformen wie die impressionistische Prosaskizze, den fiktiven Brief oder die Novelle.

Expressionismus

Protest gegen bürgerliche Lebenswelten

Der Arzt und Schriftsteller Alfred Döblin (1878–1957) gilt als ein bekannter Vertreter des Expressionismus. Zwar kommt er aus bürgerlichen Verhältnissen, kritisiert jedoch in seinem künstlerischen Schaffen das Bürgertum der wilhelminischen Gesellschaft.

Alfred Döblin: Die Ermordung einer Butterblume (1910; Auszug)

Der schwarzgekleidete Herr hatte erst seine Schritte gezählt, eins, zwei, drei, bis hundert und rückwärts, als er den breiten Fichtenweg nach St. Ottilien hinanstieg, und sich bei jeder Bewegung mit den Hüften stark nach rechts und links gewiegt, so dass er manchmal taumelte; dann vergaß er es.

Die hellbraunen Augen, die freundlich hervorquollen, starrten auf den Erdboden, der unter den Füßen fortzog, und die Arme schlenkerten an den Schultern, dass die weißen Manschetten halb über die Hände fielen. Wenn ein gelbrotes Abendlicht zwischen den Stämmen die Augen zum Zwinkern brachte, zuckte der Kopf, machten die Hände entrüstete hastige Abwehrbewegungen. Das dünne Spazierstöckchen wippte in der Rechten über Gräser und Blumen am Wegrand und vergnügte sich mit den Blüten.

Es blieb, als der Herr immer ruhig und achtlos seines Weges zog, an dem spärlichen Unkraut hängen. Da hielt der ernste Herr nicht inne, sondern ruckte, weiter schlendernd, nur leicht am Griff, schaute sich dann, am Arm festgehalten, verletzt um, riss erst vergebens, dann erfolgreich mit beiden Fäusten das Stöckchen los und trat atemlos mit zwei raschen Blicken auf den Stock und den Rasen zurück, so dass die Goldkette auf der schwarzen Weste hochsprang.

Außer sich stand der Dicke einen Augenblick da. Der steife Hut saß ihm im Nacken. Er fixierte die verwachsenen Blumen, um dann mit erhobenem Stock auf sie zu stürzen und blutroten Gesichts auf das stumme Gewächs loszuschlagen. Die Hiebe sausten rechts und links. Über den Weg flogen Stiele und Blätter.

Die Luft laut von sich blasend, mit blitzenden Augen ging der Herr weiter. Die Bäume schritten rasch an ihm vorbei; der Herr achtete auf nichts. Er hatte eine aufgestellte Nase und ein plattes bartloses Gesicht, ein ältliches Kindergesicht mit süßem Mündchen.

Bei einer scharfen Biegung des Weges nach oben galt es aufzuachten. Als er ruhiger marschierte und sich mit der Hand gereizt den Schweiß von der Nase wischte, tastete er, dass sein Gesicht sich ganz verzerrt hatte, dass seine Brust heftig keuchte. Er erschrak bei dem Gedanken, dass ihn jemand sehen konnte, etwa von seinen Geschäftsfreunden oder eine Dame. Er strich sein Gesicht und überzeugte sich mit einer verstohlenen Handbewegung, dass es glatt war.

Er ging ruhig. Warum keuchte er? Er lächelte verschämt. Vor die Blumen war er gesprungen und hatte mit dem Spazierstöckchen gemetzelt, ja, mit jenen heftigen, aber wohlgezielten Handbewegungen geschlagen, mit denen er seine Lehrlinge zu ohrfeigen gewohnt war, wenn sie nicht gewandt genug die Fliegen im Kontor fingen und nach der Größe sortiert ihm vorzeigten.

Häufig schüttelte der ernste Mann den Kopf über das sonderbare Vorkommnis. „Man wird nervös in der Stadt. Die Stadt macht mich nervös“, wiegte sich nachdenklich in den Hüften, nahm den steifen englischen Hut und fächelte die Tannenluft auf seinen Schopf. Nach kurzer Zeit war er wieder dabei, seine Schritte zu zählen, eins, zwei, drei. Fuß trat vor Fuß, die Arme schlenkerten an den Schultern. Plötzlich sah Herr Michael Fischer, während sein Blick leer über den Wegrand strich, wie eine untersetzte Gestalt, er selbst, von dem Rasen zurücktrat, auf die Blumen stürzte und einer Butterblume den Kopf glatt abschlug. Greifbar geschah vor ihm, was sich vorhin begeben hatte an dem dunklen Weg. Diese Blume dort glich den andern auf ein Haar. Diese eine lockte seinen Blick, seine Hand, seinen Stock. Sein Arm hob sich, das Stöckchen sauste, wupp, flog der Kopf ab. Der Kopf überstürzte sich in der Luft, verschwand im Gras. Wild schlug das Herz des Kaufmanns. Plump sank jetzt der gelöste Pflanzenkopf und wühlte sich in das Gras. Tiefer, immer tiefer, durch die Grasdecke hindurch, in den Boden hinein. Jetzt fing er an zu sausen, in das Erdinnere, dass keine Hände ihn mehr halten konnten. Und von oben, aus dem Körperstumpf, tropfte es, quoll aus dem Halse weißes Blut, nach in das Loch, erst wenig, wie einem Gelähmten, dem der Speichel aus dem Mundwinkel läuft, dann in dickem Strom, rann schleimig, mit gelbem Schaum auf Herrn Michael zu, der vergeblich zu entfliehen suchte, nach rechts hüpfte, nach links hüpfte, der drüber wegspringen wollte, gegen dessen Füße es schon anbrandete. Mechanisch setzte Herr Michael den Hut auf den schweißbedeckten Kopf, presste die Hände mit dem Stöckchen gegen die Brust. „Was ist geschehen?", fragte er nach einer Weile. „Ich bin nicht berauscht. Der Kopf darf nicht fallen, er muss liegen bleiben, er muss im Gras liegen bleiben. Ich bin überzeugt, dass er jetzt ruhig im Gras liegt. Und das Blut – –. Ich erinnere mich dieser Blume nicht, ich bin mir absolut nichts bewusst."

Er staunte, verstört, misstrauisch gegen sich selbst. In ihm starrte alles auf die wilde Erregung, sann entsetzt über die Blume, den gesunkenen Kopf, den blutenden Stiel. Er sprang noch immer über den schleimigen Fluss. Wenn ihn jemand sähe, von seinen Geschäftsfreunden oder eine Dame.

In die Brust warf sich Herr Michael Fischer, umklammerte den Stock mit der Rechten. Er blickte auf seinen Rock und stärkte sich an seiner Haltung. Die eigenwilligen Gedanken wollte er schon unterkriegen: Selbstbeherrschung. Diesen Mangel an Gehorsam würde er, der Chef, energisch steuern. Man muss diesem Volk bestimmt entgegentreten: „Was steht zu Diensten? In meiner Firma ist solch Benehmen nicht üblich. Hausdiener, raus mit dem Kerl." [...]

Der Rumpf [der Blume] ragt starr in die Luft, weißes Blut sickert aus dem Hals.

Herr Michael streckte leicht abwehrend die Hände vor. Es gerinnt oben ganz dick und klebrig, so dass die Ameisen hängen blieben.

Herr Michael strich sich die Schläfen und blies laut die Luft von sich. Und daneben im Rasen fault der Kopf. Er wird zerquetscht, aufgelöst vom Regen, verwest. Ein gelber stinkender Matsch wird aus ihm, grünlich, gelblich schillernd, schleimartig wie Erbrochenes. Das hebt sich lebendig, rinnt auf ihn zu, gerade auf Herrn Michael zu, will ihn ersäufen, strömt klatschend gegen seinen Leib an, spritzt an seine Nase. Er springt, hüpft nur noch auf den Zehen. Der feinfühlige Herr fuhr zusammen. Einen scheußlichen Geschmack fühlte er im Munde. Er konnte nicht schlucken vor Ekel, spie unaufhörlich. Häufig stolperte er, hüpfte unruhig, mit blaubleichen Lippen weiter.

„Ich weigere mich, ich weigere mich auf das entschiedenste, mit Ihrer Firma irgendwelche Beziehung anzuknüpfen."

Das Taschentuch drückte er an die Nase. Der Kopf musste fort, der Stiel zugedeckt werden, eingestampft, verscharrt. Der Wald roch nach der Pflanzenleiche. Der Geruch ging neben Herrn Michael einher, wurde immer intensiver. Eine andere Blume musste an jene Stelle gepflanzt werden, eine wohlriechende, ein Nelkengarten. Der Kadaver mitten im Walde musste fort. Fort. [...]

Protest gegen bürgerliche Lebenswelten

1 *Charakterisieren Sie den Protagonisten, indem Sie die folgenden Fragen berücksichtigen.*

a) Welche Informationen erhält man über Herrn Fischers Verhalten im Unternehmen?
b) Warum zählt Herr Fischer Schritte?
c) Wie wird die Ermordung der Butterblume geschildert?

2 *Untersuchen Sie die grotesken Elemente in Döblins Erzählung.*

a) Notieren Sie die grotesken Stellen (→ Basiswissen, Kapitel 6.3, S. 119).
b) Erläutern Sie, wie die groteske Wirkung zustande kommt. Berücksichtigen Sie auch den Titel der Erzählung.

3 *Erklären Sie, was genau Döblin in seiner Erzählung kritisiert und wie er diese Gesellschaftskritik übt.*

4 *Vergleichen Sie den impressionistischen auf Seite 206 f. und expressionistischen Text. Begründen Sie die unterschiedliche literarische Epochenzugehörigkeit.*

Tipp

Unter grotesk versteht man „die Darstellung des zugleich Monströs-Grausigen und Komischen, des gesteigert Grauenvollen, das zugleich als lächerlich erscheint […] [und] im Grunde nicht als willkürlich verzerrenden Stil [betrachtet werden soll], sondern als die eher realistische Wiedergabe der selbst grotesken Wirklichkeit“.

Basiswissen – Weltsicht und Stilmerkmale expressionistischen Schreibens

Zwischen 1910 und 1925 formte sich eine weitere literarische Strömung in Abgrenzung zum Naturalismus und Impressionismus: der Expressionismus. Er versteht sich als **revolutionäre Gegenbewegung**, weil geltende ästhetische und moralische Normen in der Kunst und Sprache außer Kraft gesetzt werden.

Der **Expressionismus** widmet sich wie andere Epochen zuvor dem **zeitkritischen Blick** auf die gesellschaftlichen Verhältnisse. Er reibt sich an den Strukturen des wilhelminischen Kaiserreiches sowie an den Konventionen und Zwängen der bürgerlichen Lebenswelt. Den wilhelminischen Spießbürger zu demaskieren, seine Fixierung auf Autoritäten bloßzustellen, ist ein Ziel der Bewegung. Das Verhältnis des Expressionismus zur Welt ist gespalten, sie wird als fremd und sinnlos empfunden. Deshalb wird literarisch häufig auf die Form der **Groteske** zurückgegriffen. Wenn die Welt unverständlich wird, ist Distanz in Form einer satirischen Beleuchtung der Realität eine mögliche Folge. Die Skepsis gegenüber der Welt findet ihren extremsten literarischen Ausdruck im Wahnsinn.

Die Techniken des modernen Erzählens, die das Erleben moderner Wirklichkeit möglichst angemessen wiedergeben sollen, werden weiterentwickelt:

- der fragmentarische Ausdruck bzw. die Satzfetzentechnik,
- die Parataxe,
- die Technik des simultanen Erzählens,
- das Auflösen sprachlicher Sinneinheiten und der emotional aufgeladene Stil mit seinen beispielsweise hämmernden Rhythmen, Wortneubildungen oder ausdrucksstarken Bildern.

Der **Bruch mit vorherigen literarischen Stilrichtungen** zeigt sich darin, dass Bilder der Angst und eine Ästhetik des Hässlichen vorherrschen. Grund dafür sind die einschneidenden Erfahrungen der Menschen: Ganz zentral sind die schockierenden Erfahrungen des Ersten Weltkriegs, die ambivalente Haltung zu den Großstädten und die Folgen der Industrialisierung. Es werden apokalyptische Katastrophen entworfen, in der die als verkommen angesehene Gesellschaft untergeht und zugleich ein Aufbruch in ein neues Zeitalter möglich wird. Ein weiteres Thema ist der Bruch mit der Vätergeneration, der auch ein Bruch mit Autoritäten an sich ist.

Erfahrungen im Krieg

August Stramm (1874 – 1915) arbeitete als höherer Postangestellter in unterschiedlichen Städten. Nebenbei schrieb er Dramen und Gedichte, er entwickelte eine ganz eigene Sprache. Seit 1909 beteiligte er sich regelmäßig an militärischen Übungen. Bei Kriegsausbruch 1914 wurde er direkt eingezogen und kämpfte bis zu seinem Tod an der deutschen West- und Ostfront.

August Stramm: Der Letzte (1914; Auszug)

He! da oben! lachen! ich lache! drei Tage stürzen! brüllen! drei Tage Jahre Ewigkeiten! und bist noch nicht zerstürzt! verfluchter Himmel! Blaubalg! pafft Zigarren und stiebt Asche. alles zusammen. den Graben. Schützengraben. Schutz. Grab. die Stellung wird gehalten bis zum letzten Mann! vorwärts Jungens. das Blaugespenst klimmt rote Augen auf. rot. feuerrot. verschlafen. der Tag hält nicht aus. so oder so! schießt! schießt! der Wald! ja. in den Wald! Schädel. Wolken. lustig! der beste Schütze darf. Ja. darf zuerst schlafen. Teufel! schlafen. Mord Müdigkeit Rasen Wut! He! Bursche! Bursche da vorn! willst du? willst du schießen?! du? ja? der Kopf zwischen die Beine geklatscht? Drückeberger! schießen! knallen! seht! sie kommen aus dem Wald. raus aus dem Lauf! die Backe gesetzt! brav! brav! Schnellfeuer! Blaue Bohnen! Bohnen! Blaue Augen! mein Schatz hat blaue Augen. haha! drauf! drauf! sie laufen. Korn nehmen. Zielscheiben. laufen. Mädchenbeine. ich beiße. beiße. verflucht. Küsse scharfe. drauf gehalten! Standvisier Aug in Auge! Wasser? was? die Läufe glühn? alle Schläuche glühn. letzte Nacht hat die Feldflasche zerschlagen. das trockne Glas geleckt. die Zunge blutet. schluckt. schluckt. schießt die Flinten kalt. euch selber kalt! kaltes Blut! da vorne pfützt Wasser. pfui Teufel! gierig! Dreck! Blut. blutiger Dreck. Blut modert zu schnell. Feuer! Schnellfeuer! raus! nicht einschlafen! wer? nehmt ihm die Patronen aus der Tasche. wir brauchen sie. der Kerl blutet! ein kleines Loch kann so bluten! schießen! Zielpunkt. Donner! Knacken! das Flattern! so müsst ihr auch schießen. zielen. zielen. gut. ruhig. die Hunde drüben. die arme Erde. Brief in der Tasche? natürlich. schlapp und gleich tot auf der Nase. „mein lieber Mann!“ ja. Männer brauchen wir. aber keine toten hier. essen. Bröckel Schokolade. Mutter. schießt Kerle. ach Mütter weinen immer. schießt! ich war ein weicher Junge. Teufel! Kopf hoch! die Nasen aus dem Dreck! was?! keiner? alle? Faullenzer! Verstärkung. hört ihr? Verstärkung kommt. Feind nicht ranlassen! die Flinten vor! Teufel! totsein ist Schande! seht! ich schieße. schieße. Verstärkung. hört! Trommeln. Hörner. tata trrr! eilt da hinten! eilt! Muttertränen. Vaterbrünste. Dreck! drei Tage Dreck! Menschen! meine Mutter hat mich immer so sorgsam gewaschen. Grab. Hölle. Teufel. mein Arm schießt. Finger ladet. Auge trifft. hurrah! hurrah! die Beine in die Hand! hurrah! Tod und Leben! hurrah! Eisen! hurrah! drauf! Mein Kopf! Kopf! wo ist mein Kopf? voran. fliegt. kollert. brav. Bursche! in den Feind! beißen beißen! Säbel! ha! weich der Vaterbauch. weich. Mutter. wo bist? Mutter. seh dich nicht? Mutter du küsst. Mutter. rauh. halte mich. ich falle doch. Mutter ich falle. Mutter.

1 *Interpretieren Sie den Prosatext, indem Sie*

a) erläutern, was der Ich-Erzähler wahrnimmt.

b) die sprachliche Wirkung mithilfe des Basiswissens (➪ S. 210) analysieren.

2 *Untersuchen Sie, wie die Kriegserfahrung in der Sprache zum Ausdruck kommt.*

3 *Diskutieren Sie, welche Medien heute genutzt werden, um Kriegserfahrungen mitzuteilen.*

Echo

Magdalena Knapp-Menzel: Angst! (2010; Auszug)

wenn ich heut nacht stirb, hab ich nicht aufgeräumt.
wenn ich jetzt stirb, hab ich nicht aufgeräumt.
wenn ich jetzt keine luft mehr krieg, hab ich nicht aufgeräumt.

nein, ich mein das nicht umfassend filosofisch (ph ilo so ph isch)

ich meins ganz pragmatisch.
ich will nicht, dass, wenn ich heut nacht keine luft mehr krieg, irgendwer
mein zeux durchwühlt.
ich darf also heut nacht nicht keine luft mehr kriegen.
ich muss mich also be ru hig en.

ruhhhhh. iggggg. ennn.

obwohls mir wurscht sein kann, nachher, wenn ich heut nacht keineb luft
mehrb gekriegt haben hhhhhhhhhhh
sollte.
es kann mir dann wurscht sein.
also kann ich soll ich mich be
+
ruhhhhh. iggggg. ennn.
ich will nicht wenn ich heut nacht keine luft mehr bekomme dass irgendwer
mein zeux

kann mir also soll ich mich be#
+
ruuuuu
#
kann mir wurscht wenn ich wirklich morgen kein keine
zeux
;
mein bisherigs geht niemamdniemamdnisnixn was amn an
ich hab nicht aufgeräumt. darf also nicht heut nicht keine luft.
=
muss aksi also mich veruchinen
ru hi gen oder
?
wenn ich jetzt nicht gleich eine luft bekomm mudsssss ich micfh
#hab nicht aufgerühfumgt
muß mich beruhigen
ruuuuuuuuuuuuuuuuuuuuuuuuuuuuuuuu=Ljölausodfjaöldvjpio

1 *Untersuchen Sie, inwiefern sprachliche und erzählerische Ausdrucksformen der Literatur um 1900 in diesem Text bis heute nachwirken.*

Kapitel 13: Literatur von 1945 bis zur Gegenwart

Was ist neu?

- Große Zerstörung nach dem Krieg → Hoffnung auf einen Neubeginn
- Politisierung der Literatur → Hinwendung der Literatur zum Subjekt
- Das geteilte Deutschland → Wende und Wiedervereinigung
- Gastarbeiter im boomenden Deutschland → Interkulturalität

Die Literatur nach 1945 zeichnet sich aus durch eine inhaltliche Nähe zu den parallel verlaufenden historischen Ereignissen. Direkt nach dem Krieg entstand mit der Trümmerliteratur und der darin verankerten Kurzgeschichte als bedeutendster Textsorte ein Weg, das im Krieg erlittene Leid aufzuarbeiten. Das geteilte Deutschland führte zur Aufbauliteratur im Osten und zunehmender Politisierung der Literatur im Westen. Die Wende und die Wiedervereinigung Deutschlands stellten ein einschneidendes Erlebnis auch im Schaffen der Autorinnen und Autoren dar. Die Literatur der letzten zwei Jahrzehnte zeichnet sich durch eine Vielfalt an verschiedenen literarischen Strömungen aus, die nur schwer mit einem Überbegriff zusammenzufassen sind. Zu nennen sind hier etwa die Postmoderne, Popliteratur oder auch Migrantenliteratur. Das Werk der aktuellen deutschsprachigen Literaturnobelpreisträgerinnen und -träger vermittelt einen Eindruck, wie unterschiedlich das literarische Schaffen ist.

Erste Einblicke

- ✔ Recherchieren Sie, inwieweit Ihr Heimatort von den Kriegszerstörungen betroffen war und in welcher Form ein Neuanfang gemacht wurde.
- ✔ Recherchieren Sie Spielfilme, die sich mit der Zeit der Wende befassen und erstellen Sie eine kleine Kinowand.
- ✔ Betrachten Sie die beiden Bilder und beschreiben Sie die Atmosphäre und Stimmung.

Die Literatur der Nachkriegszeit

Verarbeitung des Holocausts

Nelly Sachs (1891 – 1970) widmete ihr dichterisches Schaffen der Auseinandersetzung mit der Verfolgung und der Vernichtung der europäischen Juden.

Nelly Sachs: Chor der Geretteten (1947)

Wir Geretteten,
Aus deren hohlem Gebein der Tod schon seine Flöten schnitt,
An deren Sehnen der Tod schon seinen Bogen strich –
Unsere Leiber klagen noch nach
Mit ihrer verstümmelten Musik.
Wir Geretteten,
Immer noch hängen die Schlingen für unsere Hälse gedreht
Vor uns in der blauen Luft –
Immer noch füllen sich die Stundenuhren mit unserem tropfenden Blut.
Wir Geretteten,
Immer noch essen an uns die Würmer der Angst.
Unser Gestirn ist vergraben im Staub.
Wir Geretteten
Bitten euch:
Zeigt uns langsam eure Sonne.
Führt uns von Stern zu Stern im Schritt.
Lasst uns das Leben leise wieder lernen.
Es könnte sonst eines Vogels Lied,
Das Füllen des Eimers am Brunnen
Unseren schlecht versiegelten aufbrechen lassen
Und uns wegschäumen –
Wir bitten euch:
Zeigt uns noch nicht einen beißenden Hund –
Es könnte sein, es könnte sein
Dass wir zu Staub zerfallen –
Vor euren Augen zerfallen in Staub.
Was hält denn unsere Webe zusammen?
Wir odemlos gewordene,
Deren Seele zu Ihm floh aus der Mitternacht
Lange bevor man unseren Leib rettete
In die Arche des Augenblicks
Wir Geretteten,
Wir drücken eure Hand,
Wir erkennen euer Auge –
Aber zusammen hält uns nur noch der Abschied,
Der Abschied im Staub
Hält uns mit euch zusammen

Nelly Sachs, eigentlich Leonie Sachs, geb. Dezember 1891 in Berlin als Tochter eines jüdischen Elternhauses
- 1907 erste Gedichte im Stil des literarischen Impressionismus
- 20er Jahre Veröffentlichungen der Dichtungen in verschiedenen Zeitschriften
- 30er Jahre mehrere Verhöre durch die Gestapo, Plünderung der Wohnung von SA-Leuten, verstärkte Auseinandersetzung mit dem wachsenden Faschismus in Deutschland und ihren jüdischen Wurzeln, dem Chassidismus und der Kabbala
- 1940 Bedrohung durch den Nationalsozialismus veranlasst sie zusammen mit ihrer Mutter zur Flucht nach Schweden
- ab 1940 lebt und arbeitet sie in Schweden
- 1966 Verleihung des Literaturnobelpreises
- gest. 1970 in Stockholm

1 *Beschreiben Sie, welche Emotionen das Gedicht bei Ihnen auslöst.*

Suche nach einem Neuanfang

2 *Interpretieren Sie das Gedicht, indem Sie*

a) das Empfinden und das Anliegen des lyrischen Wir untersuchen. Gehen Sie dabei auch auf den Gedichttitel ein und erläutern Sie, warum Sachs auf die Wir-Form zurückgreift.

b) die formalen Besonderheiten untersuchen. Gehen Sie insbesondere auf die Motive und Bilder ein.

3 *Erläutern Sie die Wirkung, die Nelly Sachs durch die formale Gestaltung erreicht.*

Basiswissen **Lyrik und Holocaust**

Nach dem Ende der nationalsozialistischen Herrschaft herrschte Fassungs- und Sprachlosigkeit angesichts des unermesslichen Leids, das durch den Holocaust entstanden war. Der Philosoph Theodor W. Adorno (1903 - 1969) äußerte sich dazu: „**Nach Auschwitz ein Gedicht zu schreiben ist barbarisch.**" Das Lager in Auschwitz steht hier symbolisch für den gesamten Holocaust, den Völkermord an über sechs Millionen Jüdinnen und Juden. Die Ästhetisierung dieses unmenschlichen Geschehens in Gedichtform müsste unweigerlich zu einer Verharmlosung führen, so die Auffassung Adornos. Der Ansatz führte zu Diskussionen und wurde von Adorno selbst in dieser Rigorosität zurückgenommen.

4 *Nehmen Sie Stellung zu der Aussage, dass der Holocaust kein Gegenstand für Gedichte sein sollte. Beziehen Sie das Gedicht „Chor der Geretteten" in Ihre Aussagen ein.*

Basiswissen **Trümmerliteratur**

Für die Literatur der Nachkriegszeit wurde der Begriff „Trümmer- oder Kahlschlagliteratur" geprägt, da er das innere Befinden und die äußere, durch Bomben zerstörte Umgebung der Menschen gut widerspiegelte. Eine neue Realität wurde erlebt, die Autoren wie Wolfgang Borchert (1921 - 1947) und Heinrich Böll (1917 - 1985) ungeschminkt schilderten. Dafür musste eine neue Sprache gefunden werden, denn die nationalsozialistische Propaganda hatte die bisherige ausgehöhlt und sinnentleert. Viele Autorinnen und Autoren griffen auf eine **schlichte und nüchterne Sprache** zurück. Erfahrungen, die im Krieg und in der Nachkriegszeit gemacht wurden, standen häufig im Mittelpunkt.

Wolfgang Borchert (1921 - 1947)
schrieb schon im Alter von 15 Jahren erste Gedichte. 1939 begann er eine Buchhändlerlehre, die er zugunsten einer Schauspielausbildung abbrach. Seine darauf folgende Zeit als Schauspieler bei einem Tourneetheater bezeichnete er als schönste Zeit seines Lebens. Doch sie währte nur wenige Monate, denn bereits im März 1941 wurde er als Zwanzigjähriger in den Krieg eingezogen. Er musste am Angriff auf die Sowjetunion teilnehmen und zog sich schwere Verwundungen und mehrere Infektionen zu. 1943 wurde er wegen Gelbsucht und Fleckfieberverdacht aus der Armee entlassen. Noch in demselben Jahr kam es zu einer Inhaftierung wegen einer Parodie auf Joseph Goebbels. Seine neunmonatige Gefängnisstrafe wurde zur „Feindbewährung" unterbrochen - er musste erneut in den Krieg ziehen. 1945 floh Borchert aus französischer Kriegsgefangenschaft und kehrte als schwer kranker Mann zurück. Nach Kriegsende produzierte er in sehr kurzer Zeit sein gesamtes literarisches Werk. Er erlag 1947 den Folgen einer schweren Erkrankung.

5 *Recherchieren Sie Details zu Borcherts Kriegserlebnissen.*

Vergangenheitsbewältigung in der Kurzgeschichte

Wolfgang Borchert: Die Katze war im Schnee erfroren (1946/47)

Männer gingen nachts auf die Straße. Sie summten. Hinter ihnen war ein roter Fleck in der Nacht. Es war ein hässlicher roter Fleck. Denn der Fleck war ein Dorf. Und das Dorf, das brannte. Die Männer hatten es angesteckt. Denn die Männer waren Soldaten. Denn es war Krieg. Und der Schnee schrie unter ihren benagelten Schuhen. Schrie hässlich, der Schnee. Die Leute standen um ihre Häuser herum. Und die brannten. Sie hatten Töpfe und Kinder und Decken unter die Arme geklemmt. Katzen schrien im blutigen Schnee. Und der war vom Feuer so rot. Und er schwieg. Denn die Leute standen stumm um die knisternden seufzenden Häuser herum. Und darum konnte der Schnee nicht schrein. Einige hatten auch hölzerne Bilder bei sich. Kleine, in gold und silber und blau. Da war ein Mann drauf zu sehen mit einem ovalen Gesicht und einem braunen Bart. Die Leute starrten dem sehr schönen Mann wild in die Augen. Aber die Häuser, die brannten und brannten und brannten doch.

Bei diesem Dorf lag noch ein anderes Dorf. Da standen sie in dieser Nacht an den Fenstern. Und manchmal wurde der Schnee, der mondhelle Schnee, sogar etwas rosa von drüben. Und die Leute sahen sich an. Die Tiere bumsten gegen die Stallwand. Und die Leute nickten im Dunkeln vielleicht vor sich hin.

Kahlköpfige Männer standen am Tisch. Vor zwei Stunden hatte der eine mit einem Rotstift eine Linie gezogen. Auf eine Karte. Auf dieser Karte war ein Punkt. Der war das Dorf. Und dann hatte einer telefoniert. Und dann hatten die Soldaten den Fleck in die Nacht reingemacht: das blutig brennende Dorf. Mit den frierenden schreienden Katzen im rosanen Schnee. Und bei den kahlköpfigen Männern war wieder leise Musik. Ein Mädchen sang irgendwas. Und es donnerte manchmal dazu. Ganz weit ab.

Männer gingen abends auf der Straße. Sie summten. Und sie rochen die Birnbäume. Es war kein Krieg. Und die Männer waren keine Soldaten. Aber dann war am Himmel ein blutroter Fleck. Da summten die Männer nicht mehr. Und einer sagte: Kuck mal, die Sonne. Und dann gingen sie wieder. Doch sie summten nicht mehr. Denn unter den blühenden Birnen schrie rosaner Schnee. Und sie wurden den rosanen Schnee nie wieder los.

In einem halben Dorf spielen Kinder mit verkohltem Holz. Und dann, dann war da ein weißes Stück Holz. Das war ein Knochen. Und die Kinder, die klopften mit dem Knochen gegen die Stallwand. Es hörte sich an, als ob jemand auf eine Trommel schlug. Tock, machte der Knochen, tock und tock und tock. Es hörte sich an, als ob jemand auf eine Trommel schlug. Und sie freuten sich. Er war so hübsch hell. Von einer Katze war er, der Knochen.

6 *Interpretieren Sie die Kurzgeschichte (→ Kapitel 6.6, S. 135), indem Sie*

a) den Erzählstil mit Blick auf den Satzbau und die Bildsprache (Farbsymbolik) analysieren.

b) untersuchen, welches Bild vom Krieg im Text entworfen wird und daraus biografische Bezüge ableiten.

Basiswissen | **Biografische Interpretationsmethode**

Die biografische Interpretationsmethode zieht die Lebensgeschichte der Autorin/des Autors für die Textdeutung heran. Geprüft wird, ob und in welcher Weise sich bestimmte biografische Lebenserfahrungen auf die Themenwahl, die inhaltliche Akzentuierung und die Darstellungsweise ihrer Werke ausgewirkt haben. Dabei kann die persönliche Verarbeitung historischer Ereignisse im Zentrum stehen, aber auch die literarische Darstellung privater Erfahrungen.

Gegenwartskritik im Wirtschaftswunder

Die Gruppe 47

Ingeborg Bachmann gilt als eine der bedeutendsten deutschsprachigen Lyrikerinnen und Prosaschriftstellerinnen des 20. Jahrhunderts.

Ingeborg Bachmann: Alle Tage (1953)

Der Krieg wird nicht mehr erklärt,
sondern fortgesetzt. Das Unerhörte
ist alltäglich geworden. Der Held
bleibt den Kämpfen fern. Der Schwache
ist in die Feuerzonen gerückt.
Die Uniform des Tages ist die Geduld,
die Auszeichnung der armselige Stern
der Hoffnung über dem Herzen.

Er wird verliehen,
wenn nichts mehr geschieht,
wenn das Trommelfeuer verstummt,
wenn der Feind unsichtbar geworden ist
und der Schatten ewiger Rüstung
den Himmel bedeckt.

Er wird verliehen
für die Flucht von den Fahnen,
für die Tapferkeit vor dem Freund,
für den Verrat unwürdiger Geheimnisse
und die Nichtachtung
jeglichen Befehls.

Ingeborg Bachmann
wurde 1926 in Klagenfurt (Österreich) geboren. Sie studierte Philosophie, Psychologie und Germanistik. Nach ihrer Promotion 1950 arbeitete sie als Rundfunkredakteurin. Als Lyrikerin wurde sie 1953 auf einer Tagung der Gruppe 47 entdeckt; danach lebte sie als freie Schriftstellerin. Die beiden Gedichtbände „Die gestundete Zeit“ (1953) und „Anrufung des großen Bären“ (1956) thematisieren kritisch die restaurative Politik und Haltung in Westdeutschland, das Verhältnis von Mensch und Umwelt sowie die menschliche Entfremdung. Von 1963 bis 1965 lebte sie in Berlin, danach in Rom. Ingeborg Bachmann verstarb am 17.10.1973 in Rom an den Folgen eines Brandunfalls und ihrer Abhängigkeit von Beruhigungsmitteln.

1 *Notieren Sie den ersten Leseeindruck und das Thema des Gedichts.*

2 *Analysieren Sie die Verwendung des Kriegsmotivs.*

3 *Untersuchen Sie, wie die formale Gestaltung die Aussage des Gedichts unterstützt.*

4 *Interpretieren Sie das Gedicht mit Blick auf die Zielsetzung der Gruppe 47, neue Werte zu schaffen (→ Basiswissen: Die Gruppe 47, Die 50er Jahre).*

Basiswissen — Die Gruppe 47

Die Gruppe 47 gründete sich nicht bewusst als eigene literarische Bewegung, sondern sie entstand ursprünglich in dem Willen, eine neue literarische Zeitschrift herauszugeben. Hans Werner Richter lud dazu Autoren und Publizisten zu einem Treffen im September 1947 ein. Daraus entwickelte sich eine **lose zusammenhängende Schriftstellergruppe**, die nie zu einer Organisation oder zu einem Verein wurde. Sie bestand bis 1967. Anliegen der Gruppe war es, sich mit der schuldbehafteten Vergangenheit im Naziregime auseinanderzusetzen. Zugleich wollte sie den Grundstein legen für ein demokratisches Deutschland mit einer neuen deutschen Literatur, die sich nicht wie in der Nazi-Zeit instrumentalisieren lässt, sondern sich der politischen und gesamtgesellschaftlichen Entwicklung bewusst ist und sich ihr kritisch stellt.

Die Gruppe 47

Hans Magnus Enzensberger wurde 1929 in Kaufbeuren (Allgäu) geboren und lebt heute in München. Wie viele seiner Altersgenossen musste auch er an der Hitlerjugend teilnehmen, wurde jedoch wegen Widerspenstigkeit ausgeschlossen. Nach dem Krieg studierte er Literaturwissenschaft und Philosophie und promovierte 1955. Ab 1957 arbeitete er als freier Schriftsteller. Er besuchte mehrere Treffen der Gruppe 47. Seine Veröffentlichungen fanden große Resonanz in Teilen der Studentenbewegung. Er war der Überzeugung, dass Lyrik auch Ereignisse nacherzählen, Theorien vermitteln und Ideen ausdrücken könne.

Hans Magnus Enzensberger: Freizeit (1964)

Rasenmäher, Sonntag
der die Sekunden köpft
und das Gras.

Gras wächst
über das tote Gras
das über die Toten gewachsen ist.

Wer das hören könnt!

Der Mäher dröhnt,
überdröhnt
das schreiende Gras.

Die Freizeit mästet sich.
Wir beißen geduldig
ins frische Gras.

5 *Notieren Sie den ersten Leseeindruck und das Thema des Gedichts.*

6 *Untersuchen Sie, wie Enzensberger die Wortbedeutung des Gedichttitels „Freizeit“ mit neuem Inhalt füllt. Berücksichtigung Sie dabei auch die formale Gestaltung.*

7 *Interpretieren Sie das Gedicht mit Blick auf die kritische Auseinandersetzung mit der eigenen Zeit (➪ Basiswissen: Die 50er Jahre).*

8 *Vergleichen Sie die Gedichte „Alle Tage“ und „Freizeit“, indem Sie den Sprachstil auf Gemeinsamkeiten und Unterschiede untersuchen.*

Basiswissen – Die 50er Jahre

Die Gründung zweier deutscher Staaten, der **Bundesrepublik Deutschland** und der **Deutschen Demokratischen Republik**, mit verschiedenen Staatsformen und Wirtschaftssystemen war der Beginn einer sehr unterschiedlichen Entwicklung. In der Bundesrepublik prägte der Bundeskanzler Konrad Adenauer entscheidend das politische Geschehen von 1949 bis 1963. Die Etablierung der **sozialen Marktwirtschaft**, der **Marshallplan** und eine weltweite Hochkonjunktur brachten einen schnellen **Wiederaufbau** und das **Wirtschaftswunder** mit sich. Viele profitierten vom neuen Wohlstand, wollten die Vergangenheit hinter sich lassen und entwickelten ein neues Selbstbewusstsein. Adenauer sorgte für eine enge **Westanbindung**, die sich militärisch in der Einbindung in die NATO äußerte. Im Alltag fand sie sich in der Begeisterung für die amerikanische Lebensweise wieder. Der **Kalte Krieg** zwischen der Sowjetunion und den USA sorgte für ernorme Aufrüstung und beeinflusste die seit 1950 laufenden Diskussionen über die Wiederbewaffnung, so dass schließlich 1956 die Bundeswehr gegründet wurde.

Viele Autorinnen und Autoren kritisierten die als restaurativ, eng und spießbürgerlich empfundene Gesellschaft. Hans Magnus Enzensberger und Günter Grass taten dies unter anderem in ihren Gedichten. Grass beschäftigte sich damit in seinem weltberühmten Roman „Die Blechtrommel“ (1959). Heinrich Böll zeichnete in vielen Erzählungen ein kritisches Bild der deutschen Gesellschaft.

Politisierung von Literatur

Das Dokumentartheater

Peter Weiss (1916 – 1982) besuchte den Auschwitz-Prozess, der 1963 bis 1965 in Frankfurt stattfand. In seinem Theaterstück versuchte er, die Ereignisse im Vernichtungslager von der Ankunft der Opfer bis zu ihrer Vergasung darzustellen.

Peter Weiss: Die Ermittlung (1965; Auszug)

Gesang vom Unterscharführer Stark
III

[...]
RICHTER: Wo wurde das Gas eingeworfen
ANGEKLAGTER 12: Durch Luken in der Decke
RICHTER: Was haben denn die Menschen da unten
gemacht in diesem Raum
ANGEKLAGTER 12: Das weiß ich nicht
RICHTER: Haben Sie nichts gehört von dem
was sich da unten abspielte
ANGEKLAGTER 12: Die haben geschrien
RICHTER: Wie lange
ANGEKLAGTER 12: So 10 bis 15 Minuten
RICHTER: Wer hat den Raum geöffnet
ANGEKLAGTER 12: Ein Sanitäter
RICHTER: Was haben Sie da gesehen
ANGEKLAGTER 12: Ich habe nicht genau hingesehen
RICHTER: Hielten Sie das was sich Ihnen zeigte
für Unrecht
ANGEKLAGTER 12: Nein durchaus nicht
Nur die Art
RICHTER: Was für eine Art
ANGEKLAGTER 12: Wenn jemand erschossen wurde
das war etwas Anderes
Aber die Anwendung von Gas
das war unmännlich und feige
RICHTER: Angeklagter Stark
Während Ihrer Studien zur Reifeprüfung
kam Ihnen da niemals ein Zweifel
an Ihren Handlungen
ANGEKLAGTER 12: Herr Vorsitzender
ich möchte das einmal erklären
Jedes dritte Wort schon in unserer Schulzeit
handelte doch von denen
die an allem schuld waren
und die ausgemerzt werden mussten

Es wurde uns eingehämmert
dass dies nur zum Besten
des eigenen Volkes sei
In den Führerschulen lernten wir vor allem
alles stillschweigend entgegenzunehmen
Wenn einer noch etwas fragte
dann wurde gesagt
Was getan wird geschieht nach dem Gesetz
Da hilft es nichts
dass heute die Gesetze anders sind
Man sagte uns
Ihr habt zu lernen
ihr habt die Schulung nötiger als Brot
Herr Vorsitzender
uns wurde das Denken abgenommen
Das taten ja andere für uns
Zustimmendes Lachen der Angeklagten

Das Dokumentartheater

1 *Fassen Sie den Inhalt des Dramenauszugs zusammen.*

2 *Untersuchen Sie den Textauszug, indem Sie*

a) ein Standbild entwerfen. Teilen Sie dazu den Gesprächsverlauf in zwei Phasen ein.

b) den Unterscharführer Stark charakterisieren.

c) die Argumentation untersuchen.

Basiswissen – Dokumentartheater

Das Dokumentarstück entstand in den 1960er Jahren und verstand sich als Dramenform, das brisante politische Themen oder Ereignisse im Theater aufarbeitete. Bezeichnend für diese Form ist, dass **authentische Materialien** verwendet wurden: Juristische oder historische Reportagen, Bild- oder Textdokumente, Interviews oder Berichte wurden neu montiert und teils unverändert eingesetzt. Das Dokumentartheater beabsichtigte, das Publikum **politisch aufzuklären.**

3 *Erläutern Sie anhand des Textauszugs, wie Weiss versucht, politisch aufzuklären.*

Basiswissen – Deutschsprachige Literatur in der Zeit nach 1960

1961 befahl die **DDR**-Regierung eine **Mauer** zu errichten, die Berlin in Ost- und West-Berlin teilte. Im Kalten Krieg verschärfte sich die atomare Aufrüstung. Die Kuba-Krise (1962) und der Vietnam-Krieg (1965 - 1972) führten auch in der Bundesrepublik Deutschland zu Protesten, vorwiegend unter der zunehmend politisch interessierten Studentenschaft. Sie empfanden die staatlichen und gesellschaftlichen Strukturen als autoritär und forderten eine aktive Aufarbeitung der nationalsozialistischen Vergangenheit. Es entwickelten sich **Unruhen**, die ihren Höhepunkt **1968** fanden. Die 1970er Jahre waren innenpolitisch geprägt von den Auseinandersetzungen mit der linksextremistischen, terroristischen **RAF** (Rote-Armee-Fraktion). In den 1980er Jahre standen zunehmend umweltpolitische Themen und die Auseinandersetzung mit der Wirtschaftskrise im Mittelpunkt.

Die starke Politisierung der Gesellschaft zeigt sich auch in literarischen Werken, etwa in epischen Texten wie in Heinrich Bölls Erzählung „Die verlorene Ehre der Katharina Blum“ und in politischer Lyrik von Hans Magnus Enzensberger oder des Österreichers Erich Fried (1921 - 1988). Eine Gegenbewegung stellte die Wende nach innen dar, die sogenannte Neue Innerlichkeit. Hier wurde das Recht auf Subjektivität und die Entpolitisierung des Privaten gefordert. Autoren wie Martin Walser (geb. 1927) oder der Österreicher Peter Handke (geb. 1942) beschäftigten sich mit Problemen der Identitätsfindung und Entwicklung der Individualität; politische und literarische Arbeit wurde wieder unterschieden.

Das „andere" Deutschland

Aufbruch in eine neue Gesellschaft?

Bertolt Brecht (1898 – 1956) war einer der Autoren, der von den Nazis auf den Index gesetzt und dessen Bücher verbrannt wurden; seine Stücke durften weder gelesen noch gespielt werden. Nach der Emigration nach Amerika und dem Umzug in die Schweiz ging Brecht 1948 nach Ost-Berlin und wurde dort als Exilautor mit größter Wertschätzung willkommen geheißen – vor allem, weil er politisch dem Marxismus nahestand.

Bertolt Brecht: Ich habe dies, du hast das (1950)

Ich habe dies. Du hast das.
Mir wurde mein Buch gestohlen.
Dir wurde dein Halstuch entrissen.
Ich nehme nichts von dem an.
Er hat mich nicht eingeladen.
Mir schuldet man Geld.
Mir schuldet man Dank.
Ich kann dies und das verlangen.
Ich verweigere es.
Genossen, laßt uns nicht ICH sagen
Auch wenn wir so oft ICH zu hören bekommen!
Laßt uns den Zustand der Gesellschaft bekämpfen
In der all diese Sätze wahr sind! R

1 *Fassen Sie kurz zusammen, welchen Gesellschaftszustand Brecht anklagt.*

2 *Analysieren Sie die sprachliche Gestaltung des Gedichts.*

3 *Recherchieren Sie Leben und Werk von Bertolt Brecht und beurteilen Sie, ob es sich bei dem Autor um einen typischen Vertreter der DDR-Literatur handelt (➪ Basiswissen).*

Basiswissen | **Aufbauliteratur und sozialistischer Realismus**

Die DDR war auf dem Gebiet der russischen Zone als ein **sozialistischer Einheitsstaat** mit staatlich gelenkter Planwirtschaft gegründet worden. Sie wurde 1955 in den an der Sowjetunion orientierten Warschauer Pakt eingebunden. Die Sozialistische Einheitspartei Deutschlands (**SED**) versuchte, die Bevölkerung nach ihren ideologischen Vorstellungen zu formen, d. h., Sozialismus sollte gelebt werden, das schloss aber auch den Verzicht auf persönlichen, materiellen Reichtum und auf eine freie, selbstständige Lebensführung ein. Landwirtschaft, Gewerbe und Industrie wurden zwangskollektiviert. Die Einhaltung der Ideologie wurde durch eine Geheimpolizei, die Staatssicherheit (**Stasi**), überwacht. Sie gewann zunehmend an Macht, Menschen wurden bespitzelt, verhaftet und verhört.

Die Literatur in der DDR sollte mithelfen, eine sozialistische Gesellschaft zu etablieren. In den 1950er Jahren setzte sich der Begriff der Aufbauliteratur durch. Vorbilder sollten diejenigen Autoren sein, die politisch dem Marxismus nahestanden und die sich als Exilautoren in der DDR aufhielten, z. B. Bertolt Brecht (1898 – 1956), Johannes R. Becher (1891 – 1958) oder Anna Seghers (1900 – 1983). Der sozialistische Realismus beruhte auf folgenden Prinzipien: Die Literatur sollte für jedermann verständlich sein, ein vorbildlicher Held zeigte eine positive Zukunftsperspektive, literarische Formexperimente wurden abgelehnt.

Leben im sozialistischen Realismus

Wolf Biermann wurde 1936 in Hamburg geboren. 1953 siedelte er in die DDR über. Er begann jedoch DDR-kritische Gedichte und Lieder zu schreiben. Das führte 1963 zu einem ersten Auftrittsverbot und zum Ausschluss aus der SED. 1976 wurde er ausgebürgert, als er sich auf einer Tournee durch die Bundesrepublik Deutschland befand. In der DDR hatte dies eine Protest- und Ausreisewelle zur Folge.

Wolf Biermann: Ermutigung (1968)

Peter Huchel[1] gewidmet

Du, lass dich nicht verhärten
In dieser harten Zeit
die all zu hart sind, brechen
Die all zu spitz sind, stechen
und brechen ab sogleich

Du, lass dich nicht verbittern
In dieser bittren Zeit
Die Herrschenden erzittern
– sitzt du erst hinter Gittern –
Doch nicht vor deinem Leid

Du, lass dich nicht erschrecken
In dieser Schreckenszeit
Das wolln sie doch bezwecken
Dass wir die Waffen strecken
Schon vor dem großen Streit

Du, lass dich nicht verbrauchen
Gebrauche deine Zeit
du kannst nicht untertauchen
Du brauchst uns, und wir brauchen
Grad deine Heiterkeit

Wir wolln es nicht verschweigen
In dieser Schweigezeit
Das Grün bricht aus den Zweigen
Wir wolln das allen zeigen
Dann wissen sie Bescheid

1 Peter Huchel war in der DDR zunächst hochgeachtet. Er erhielt jedoch auch aus dem Westen Zuspruch und Preise für sein literarisches Werk. In der Folge wurde er massiv bespitzelt und schikaniert.

1 *Interpretieren Sie das Gedicht, indem Sie*
a) das Verhältnis des lyrischen Ichs zum lyrischen Du beschreiben.
b) die formalen Besonderheiten analysieren, die die Wirkung und Aussage des Gedichts unterstreichen.

2 *Erschließen Sie die gesellschaftskritische Dimension des Gedichts.*

Basiswissen | **Kritische Autorinnen und Autoren in der DDR**

Viele Autorinnen und Autoren standen der Idee eines sozialistischen Staats, in dem die Ideen der Solidarität, Gleichheit und Gerechtigkeit gelebt werden, zunächst positiv gegenüber. Mit den zunehmenden Repressionen und der Einschränkung des Einzelnen änderte sich ihre Haltung gegenüber der DDR. Zu nennen sind Sarah Kirsch (geb. 1935), Günter Kunert (geb. 1929), Reiner Kunze (geb. 1933) oder Heiner Müller (1929 – 1995), die mit unterschiedlicher Schärfe auf das Auseinanderklaffen zwischen den angestrebten Idealen und der Umsetzung in die Realität hingewiesen haben.

Leben im sozialistischen Realismus

Christa Wolf wurde 1929 in Landsberg an der Warthe, heute Polen, geboren. Nach dem Krieg trat sie 1949 in die SED ein, wurde jedoch wegen kritischer Äußerungen zeitweise von der Stasi überwacht. Sie beschreibt hier eine Episode aus den 1970er Jahren, die aber erst 1990 nach einer Überarbeitung veröffentlicht wurde. Christa Wolf starb im Dezember 2011.

Christa Wolf: Was bleibt (1979/1990; Auszug)

Nur keine Angst. In jener anderen Sprache, die ich im Ohr, noch nicht auf der Zunge habe, werde ich eines Tages auch darüber reden. Heute, das wußte ich, wäre es noch zu früh. Aber würde ich spüren, wenn es an der Zeit ist? Würde ich meine Sprache je finden? Einmal würde ich alt sein. Und wie würde ich mich dieser Tage dann erinnern? Der Schreck zog etwas in mir zusammen, das sich bei Freude ausdehnt. Wann war ich zuletzt froh gewesen? Das wollte ich jetzt nicht wissen. [...]

Wissen möchte ich bloß, warum sie gestern bis nach Mitternacht dastanden und heute früh einfach verschwunden sind. Ich putzte mir die Zähne, kämmte mich, benutzte gedankenlos, doch gewissenhaft verschiedene Sprays, zog mich an, die Sachen von gestern, Hosen, Pullover, ich erwartete keinen Menschen und würde allein sein dürfen, das war die beste Aussicht des Tages. Noch einmal mußte ich schnell zum Fenster laufen, wieder ergebnislos. Eine gewisse Erleichterung war das natürlich auch, sagte ich mir, oder wollte ich etwa behaupten, daß ich auf sie wartete? Möglich, daß ich mich gestern abend lächerlich gemacht hatte; einmal würde es mir wohl peinlich sein, daran zu denken, daß ich mich alle halbe Stunde im dunklen Zimmer zum Fenster vorgetastet und durch den Vorhangspalt gespäht hatte; peinlich, zugegeben. Aber zu welchem Zweck saßen drei junge Herren viele Stunden lang beharrlich in einem weißen Wartburg direkt gegenüber unserem Fenster. [...]

Keine Angst. Meine andere Sprache, dachte ich, weiter darauf aus, mich zu täuschen, während ich das Geschirr in das Spülbecken stellte, mein Bett machte, ins vordere Zimmer zurückging und endlich am Schreibtisch saß – meine andere Sprache, die in mir zu wachsen begonnen hatte, zu ihrer vollen Ausbildung aber doch nicht gekommen war, würde gelassen das Sichtbare dem Unsichtbaren opfern; würde aufhören, die Gegenstände durch ihr Aussehen zu beschreiben – tomatenrote, weiße Autos, lieber Himmel! –, und würde, mehr und mehr, das unsichtbare Wesentliche aufscheinen lassen. Zupackend würde diese Sprache sein, soviel glaubte ich immerhin zu ahnen, schonend und liebevoll. Niemandem würde sie weh tun als mir selbst. Mir dämmerte, warum ich über diese Zettel, über einzelne Sätze nicht hinauskam. Ich gab vor, ihnen nachzuhängen. In Wirklichkeit dachte ich nichts.

Sie standen wieder da. Es war neun Uhr fünf. Seit drei Minuten standen sie wieder da, ich hatte es sofort gemerkt. Ich hatte einen Ruck gespürt, den Ausschlag eines Zeigers in mir, der nachzitterte. Ein Blick, beinahe überflüssig, bestätigte es. Die Farbe des Autos war heute ein gedecktes Grün, seine Besatzung bestand aus drei jungen Herren. Ob diese Herren ausgewechselt wurden wie die Autos? Und was wäre mir lieber gewesen – daß es immer dieselben waren oder immer andere? [...] R

3 *Beschreiben Sie die Atmosphäre des Textauszugs.*

4 *Analysieren Sie den Textauszug, indem Sie das Spannungsverhältnis zwischen der hier verwendeten und der neuen Sprache herausarbeiten. Was ist mit „neuer Sprache“ eigentlich gemeint?*

Literatur nach 1989

Rückschau auf die DDR

Uwe Tellkamp wurde 1968 in Dresden geboren. Nach seinem Wehrdienst in der NVA verlor er wegen „politischer Unzuverlässigkeit“ seinen Medizinstudienplatz, wurde 1989 während der Wende inhaftiert und nahm danach sein Medizinstudium in Leipzig, New York und Dresden auf. Heute arbeitet er als freier Schriftsteller.

Uwe Tellkamp: Der Turm (2008; Auszug)

[…] Drei Jahre Nationale Volksarmee. Christian wusste, dass er diese Stunde nicht vergessen würde, diesen fünfundzwanzigsten April neunzehnhundertdreiundachtzig; vorgestern. Sie hatten zu dritt vor Fahners Sekretariat gewartet, Jens Ansorge hatte die Situation mit Witzen zu überspielen versucht […] Es war anders abgelaufen als erwartet, in beinahe freundlicher Atmosphäre. Vielleicht war Fahner in aufgeräumter Laune gewesen, weil Siegbert vor Christian eingetreten war und für vier Jahre unterschrieben hatte, Beweis der friedliebenden Gesinnung bewusst und fortschrittlich denkender junger Staatsbürger; auch diesmal wieder das Spiel mit Papier und Stift und Schweigen, unschlüssigem Warten in der Nähe der Tür, bis Fahner ohne aufzusehen „Hoffmann“ gemurmelt hatte und, einige Sekunden später, als wäre ihm der Vorname erst jetzt eingefallen, „Christian“ und, wiederum nach einiger Zeit, „Nehmen Sie Platz.“ Dann hatte er die Hand ausgestreckt und Christian jäh ins Gesicht geblickt, im gleichen Schwung aber auf einen Stuhl gewiesen, als hätte er einen Fehler gemacht mit dieser Geste, die als unzulässig gewertet werden konnte, jedenfalls unvereinbar war mit seiner Position als Gesamt-Direktor des Schulkomplexes „Maxim Gorki“. Christian war verlegen, weil Fahner gut aussah mit seinem in Jugoslawienurlauben gebräunten Gesicht, den blauen Augen und den Benjamin-Britten-Locken. „Nach dem, was ich über Sie höre, scheinen Sie sich nicht besonders anzulassen, Hoffmann“, hatte Fahner gesagt, die Hände über einem Bogen Papier verschränkt, auf dessen Kopf Christian seinen Namen entzifferte; er war mit Schreibmaschine geschrieben, darunter standen teils maschinenschriftliche, teils handschriftliche Notizen; Christian erkannte auch Doktor Franks unleserliches Gekritzel. „Medizin“, sagte Fahner in nachdenklichem Ton, „das begehrteste und schwierigste Studium. Ihre Noten sind gut, außer in Mathematik. Da scheinen Sie eine Katastrophe abzugeben. Aber Zensuren allein machen keinen Mediziner. Was nützen uns Verräter, die auf Kosten unseres Staates die EOS und die Universität besuchen, danach aber nichts Besseres zu tun haben, als egoistisch nur an sich zu denken und sich davonzumachen? Soziale Verantwortung, Hoffmann, auch das zählt. Es zählt sogar vor allem. Der parteiliche Standpunkt. Die Menschen hier ermöglichen es Schülern wie Ihnen, sich frei von Sorgen Wissen anzueignen, und gegenüber diesen Menschen haben wir eine Verpflichtung: Sie, indem Sie Ihr Bestes geben – und ich, indem ich Ihnen dabei helfe, wenn Sie guten Willens sind. Und indem ich diejenigen, die sich als Schmarotzer entpuppen, die nicht begreifen können oder wollen, was unsere Arbeiter- und Bauern-Macht für sie tut, indem ich solche Subjekte erkenne und als das behandle, was sie sind. Unser Volk investiert Hunderttausende von Mark in Ihre Ausbildung. Dieses Vertrauens und dieser Großzügigkeit müssen Sie sich würdig erweisen.“ […]

1 *Fassen Sie kurz zusammen, welche Situation der Autor beschreibt.*

2 *Interpretieren Sie den Auszug mit Blick auf die Erzählsituation, die Argumentation Fahners und seiner Sprechweise. Berücksichtigung Sie auch die Situation in der DDR (**→ Basiswissen, S. 221**).*

Die Wende als Sujet

Thomas Brussig wurde 1965 in Berlin geboren. Er wuchs im Ostteil der Stadt auf. Er studierte Soziologie und Dramaturgie. 1991 erschien sein erstes Buch „Wasserfarben". In seinen Romanen arbeitet er das Geschehen in der DDR und zur Zeit der Wende 1989 auf.

Thomas Brussig: Helden wie wir (1996; Romananfang und -ende)

Das 1. Band: Kitzelstein (Romananfang)

Ich darf von mir behaupten, durch ein ganzes Panzerregiment Geburtshilfe genossen zu haben, ein Panzerregiment, das am Abend des 20. August 1968 in Richtung Tschechoslowakei rollte und auch an einem kleinen Hotel im Dörfchen Brunn vorbeikam, in dem meine Mutter, mit mir damals im neunten Monat schwanger, während ihres Urlaubs wohnte. Motoren dröhnten, und Panzerketten klirrten aufs Pflaster. In Panik durchstieß ich die Fruchtblase, trieb durch den Geburtskanal und landete auf einem Wohnzimmertisch. Es war Nacht, es war Hölle, Panzer rollten, und ich war da: Die Luft stank und zitterte böse, und die Welt, auf die ich kam, war eine politische Welt […]

Das 7. Band: Der geheilte Pimmel[1] (Romanende)

[…] „So", schrie ich, laut genug, dass mich das hinter mir versammelte Volk hören konnte, dem ich mich aber nicht mit dem Gesicht zuwenden wollte, solange ich meine Hosen nicht wieder geschlossen hatte, „loslaufen müsst ihr selber!".

Aber wie miesepetrig ich auch bilanziere – der Weg war frei für einen der glücklichsten Augenblicke deutscher Geschichte; seltene Momente unschuldigen Glücks, Sie kennen die Bilder: Sektparties am Brandenburger Tor, Ritt auf der Mauerkrone, Happenings mit Hammer und Meißel. Alle freuten sich, und keiner hatte begriffen, was wirklich passiert war: Die, die hinten standen, oder die, die später kamen, waren davon überzeugt, dass sie das Tor aufgedrückt hätten, wenn sie nur vorn gestanden hätten, und die, die vorn standen, waren der Meinung, sie hätten es aufgedrückt, denn immerhin war es ja wirklich aufgegangen – und wenn ich bereits damals behauptet hätte, dass ich es allein war, hätte mir niemand geglaubt. Wir wurden doch nicht von Pappsoldaten bewacht. Erst der Gang der Zeit, die weiteren Ereignisse in Deutschland, machen meine Version vom Mauerfall rundum plausibel: Sehen Sie sich die Ostdeutschen an, vor und nach dem Fall der Mauer. Vorher passiv, nachher passiv – wie sollen die je die Mauer umgeschmissen haben? Egal, damals dachte ich, das Erlebnis von Freiheit, von Würde und Selbstbehauptung könnte anstecken und einen ununterdrückbaren Nachhall bewirken, und mir war es auch recht, dass sie glaubten, sie hätten die Mauer umgeschmissen.

[…]

Wer meine Geschichte nicht glaubt, wird nicht verstehen, was mit Deutschland los ist! Ohne mich ergibt alles keinen Sinn! Denn ich bin das Missing link der jüngsten deutschen Geschichte!

War es das, was Sie wissen wollten?

1 Anspielung auf „Der geteilte Himmel" von Christa Wolf

1 *Beschreiben Sie kurz, wovon der Roman vermutlich handelt. Recherchieren Sie dazu auch, was am 20. August 1968 geschah.*

2 *Analysieren Sie die Erzählperspektive und die sprachlichen Besonderheiten.*

Migrantenliteratur als neue literarische Strömung

Imran Ayata (geb. 1969) lebt in Berlin. Er war Mitbegründer von „Kanak Attak", einer antinationalistischen und antirassistischen Gruppierung. In seinen Geschichten setzt er sich mit der deutsch-türkischen Lebenswelt in Deutschland auseinander.

Imran Ayata: Kanak-Rave auf dem Balkon (2005) – Das Ende

Sibylle ist eine Bekannte, die gegen Bezahlung eine Scheinehe mit Mahir eingegangen ist.

[…] Als Sibylle im Urlaub war, legte Mahir abends zu Hause Zeki Müren in den CD-Player, drehte laut auf und begann sich auf dem Balkon zu betrinken. Tag für Tag. Keine Reaktion. Verunsichert, den Nachbarn könnte die türkische Transen-Musik gefallen haben, besorgte er sich „Dum-Tüff-Tüff-Teknobeats". Auch das half nicht, was Mahir wunderte, weil er in seiner alten Unterkunft sonst schon für zu lautes Reden Ärger mit den Nachbarn bekam.

„Oğlum, in diesem Haus wohnen nur Deutsche. Die müssen sich doch aufregen!", klagte Mahir.

Nichts passierte, abgesehen davon, dass Mahir, der sonst nur gelegentlich Alkohol trank, auf dem besten Wege war, Gewohnheitstrinker zu werden. Als nach einer Woche immer noch keine Beschwerden kamen, erhöhte Mahir die Dosis. Er begann die leeren Bierflaschen, die sich während seiner Bemühungen, bemerkt zu werden, angesammelt hatten, einfach runterzuschmeißen. Zuvor hatte er sie getrennt entsorgt, weil Sibylle ihn mit einem „Auch wenn das für dich Neuland ist" ausdrücklich darum gebeten hatte.

Eines Tages brüllte es plötzlich von oben: „Hör endlich mit deinem Türken-Terror auf, du beschissener Wirtschaftsasylant!" Mahir war überglücklich über die späte Reaktion seines Nachbarn. Seine Strategie schien, wenn auch verspätet, aufzugehen. Erfreut über das erste Zeichen seines Erfolgs, ging Mahir nun richtig zur Sache und schob gleich die Deutscher-Proll-im-Unterhemd-Session nach. Mahir drehte die Musik bis zum Anschlag auf, tanzte beschwipst auf dem Balkon, warf mit Flaschen um sich und brüllte: „EN PE DE raus! EN PE DE raus! EN PE DE raus!"

Es war Sonntag, als er zwei Polizisten auf das Haus zukommen sah. Er jubelte laut, als sie klingelten.

„Wir haben hier eine Beschwerde, dass Sie seit Monaten die Nachbarn belästigen", sagte der ältere Beamte.

Mahir fühlte sich wie ein Kanak, der bei der Oddset-Wette fetten Reibach gemacht hatte. […]

1 *Fassen Sie zusammen, was Mahir mit welchen Mitteln erreichen will.*

2 *Untersuchen Sie sprachliche Besonderheiten der Kurzgeschichte.*

3 *Erläutern Sie, warum der Text als Migrantenliteratur bezeichnet werden kann.*

Basiswissen **Migrantenliteratur**

Im Zentrum der Migrantenliteratur steht die Auseinandersetzung des Individuums mit unterschiedlichen Kulturkreisen. Es werden Probleme der Angehörigen einer Minderheit in einer Mehrheitsgesellschaft geschildert. Die Schriftsteller verarbeiten meistens autobiografische Migrationserfahrungen mit Blick auf die politischen Fragen nach Integration und Interkulturalität in der Gesellschaft.

Postmoderne Identitäten

Daniel Kehlmann wurde 1975 in München geboren. Der Untertitel seines Werks „Ruhm“ ist „Ein Roman in neun Geschichten“. Es gibt keine zentrale Figur oder Handlung, sondern die einzelnen Episoden stehen auf den ersten Blick unverbunden nebeneinander. Erst nach und nach erschließt sich ein Netz von Verbindungen über wiederkehrende Figuren, Motive und Ereignisse.

Daniel Kehlmann: Ruhm (2009; Auszug)

Der Techniker Ebling hat sich vor kurzem ein Mobiltelefon zugelegt, dessen Nummer bereits bei einem anderen Gerät vergeben wurde. Seither erhält er Anrufe, die einem Ralf gelten.

[...] Als er die Nachrichten anhören wollte, läutete es schon wieder.

„Das hättest du nicht tun sollen!“ Ihre Stimme war heiser und gepresst.

„Wenn du wüsstest“, sagte Ebling. „Ich hatte einen schrecklichen Tag.“

„Lüg nicht.“

„Warum sollte ich lügen?“

„Das ist doch wegen ihr! Das geht doch ... jetzt wieder ... mit euch?“

Ebling schwieg.

„Gib es wenigstens zu!“

„Sei nicht albern!“ Er fragte sich, welche der Frauen, deren Stimmen er kannte, sie wohl meinte. Er hätte gerne mehr über Ralfs Leben gewusst; schließlich war es zu einem kleinen Teil nun auch seins. Was tat Ralf wohl, wovon lebte er? Warum bekamen einige alles und andere wenig; manchen gelang so viel, anderen nichts, und mit Verdienst hatte das nichts zu tun.

„Entschuldige“, sagte sie leise. „Es ist oft ... schwer mit dir.“

„Das weiß ich!“

„Aber einer wie du ... ist eben nicht wie die anderen.“

„Ich wäre gern wie alle“, sagte Ebling. „Aber ich wusste nie, wie man das macht.“

„Also morgen?“

„Morgen“, sagte Ebling.

„Wenn du wieder nicht kommst, ist es vorbei.“

Während er sich lautlos auf den Weg nach oben machte, dachte er darüber nach, ob es diesen Ralf wirklich gab. Plötzlich kam ihm unglaubhaft vor, dass Ralf da draußen existierte, seinen Angelegenheiten nachging und nichts von ihm wusste. Womöglich war Ralfs Dasein ja immer schon für ihn bestimmt gewesen, vielleicht hatte nur ein Zufall ihrer beider Schicksale vertauscht. [...]

1 *Fassen Sie die Situation zusammen.*

2 *Charakterisieren Sie Ebling, indem Sie erläutern, warum er das Gespräch auf diese Weise annimmt.*

Die postmoderne Sinnsuche

Helene Hegemann wurde 1992 in Freiburg im Breisgau geboren. In den Feuilletons wurde sie zunächst als neues Talent gefeiert, bald warf man ihr jedoch Plagiat bei ihrem ersten Roman „Axolotl Roadkill“ vor. Die unrechtliche Übernahme geistigen Eigentums wurde jedoch teilweise widerlegt. Seither gehen die Meinungen über den Roman auseinander.

Helene Hegemann: Axolotl Roadkill (2010) – Ein Romananfang

O.k., die Nacht, wieder mal so ein Ringen mit dem Tod, die Fetzen angstgequälten Schlafes, mein von schicksalsmächtigen Orchestern erbebendes Kinderzimmer und all diese Einbrecherstimmen aus dem Hinterhof, die unausgesetzt meinen Namen schreien. Kein Hauptstraßenlärm und kein Stöhnen von leidenden, sich durch Stärke und Hässlichkeit hervorhebenden Monstern, die gerade entfesselt werden. Nur die Klaviatur der absoluten Dunkelheit, das Kreischen im Kopf, dieses unrhythmische Trommeln, scheiße. Früher war alles so schön pubertär hingerotzt und jetzt ist es angestrengte Literatur.

Um 16 Uhr 30 wache ich orientierungslos in einen Bettbezug gewickelt auf und bin in allererster Linie von mir selber gelangweilt. Ich kauere. Irgendwie läuft mir zu Lorbeerkränzen geflochtenes Blut aus dem rechten Ohr. Vor mir leuchtet etwas auf, das ich als die Hässlichkeit der High Society entziffere: zwei Zigaretten, zwei aus hygienischen Gründen statt durch einen Geldschein durch einen Kassenbon gezogene Ritalin[1], pulverisierter Parmesankäse und ein besorgniserregende Ausmaße annehmender Nervenzusammenbruch, das Ketaminloch[1] wahrscheinlich, ich habe seit etlichen Monaten die wildesten Krebsdiagnoseträume, keine Alpträume, sondern irgendwas Tiefergehendes, wo ich dann immer schreiend erwache, weil so viele Gedanken da sind, dass man seine eigenen Gedanken gar nicht mehr von den fremden unterscheiden kann. Vor lauter mit Angstanfällen gekoppelten Magen-Darm-Exzessen will ich mich aus dem dritten Stock stürzen, schalte stattdessen jedoch RTL II ein und da läuft eine super Tiersendung. […]

1 Ritalin, Ketamin: Arzneistoffe, die als Droge missbraucht werden

1 *Analysieren Sie die Sprache, die Helene Hegemann verwendet und welche Stimmung dadurch erzeugt wird.*

2 *Weisen Sie Merkmale des postmodernen Erzählens mithilfe des Basiswissens nach.*

Basiswissen – Die postmoderne Literatur

Mit postmoderner Literatur werden am Ende des 20. Jahrhunderts Strömungen im literarischen Schaffen nach der Moderne bezeichnet (post = lat. nach). Bezeichnend ist, dass es keine Unterscheidungen mehr zwischen populärer und sogenannter ernster Literatur gibt. Alle Themen, Stile, Techniken und Medien sollen gleichwertig nebeneinander stehen, d. h., Themen wie Drogen, Lebenssinn, Mode, Gentechnik oder Probleme der Pubertät haben die gleiche Wertigkeit. Alles wird gemischt, man bedient sich bei Elementen aus dem Fernsehen, Computerspielen oder anderen neuen Kommunikationsmitteln. Man spielt mit dem Zitat, ohne es als solches zu kennzeichnen (Intertextualität). Alles wird in Frage gestellt, es gibt keine über allem stehende Ordnung mehr. **Pluralität und Beliebigkeit** liegen dicht beieinander. Fragen nach Realität und Dasein, nach Identitäten, nach dem Erschaffen von Wirklichkeit durch Sprache spiegeln sich im Schreiben wider.

Deutschsprachige Nobelpreisträger

Günter Grass, Elfriede Jelinek, Herta Müller

Günter Grass, Elfriede Jelinek und Herta Müller – drei Namen, die eines verbindet: Sie schreiben und haben für ihr Werk, das sie in deutscher Sprache verfassen, den Nobelpreis für Literatur erhalten. Beginnend mit Grass im Jahr 1999 über Jelinek 2004 zu Müller 2009 wurden in einem Zeitraum von zehn Jahren drei deutschsprachige Autorinnen und Autoren ausgezeichnet.

Basiswissen | **Nobelpreis für Literatur**

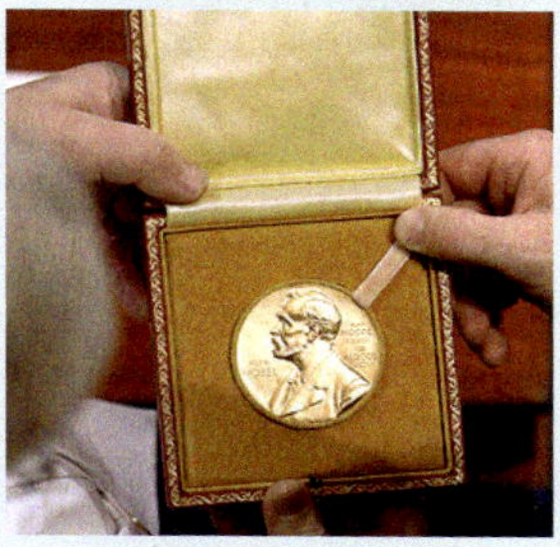

Der Nobelpreis für Literatur ist einer der fünf Preise, die von Alfred Nobel gestiftet wurden und im Auftrag der 1900 gegründeten Nobel-Stiftung alljährlich vergeben werden. Das schwedische Königshaus übergibt die Preise am 10. Dezember, dem Todestag Alfred Nobels.

Der Nobelpreis für Literatur ist die höchste Auszeichnung für Schriftstellerinnen und Schriftsteller. Nobels Kriterien, die er in seinem Testament festgelegt hat, weisen vor allem auf den Idealismus von Autorinnen und Autoren hin, der in ihren Werken zum Tragen kommen sollte.

Den Nobelpreis für Texte in deutscher Sprache erhielten auch Gerhart Hauptmann (1862 – 1946), Thomas Mann (1875 – 1955), Hermann Hesse (1877 – 1962), Nelly Sachs (1891 – 1970) oder Heinrich Böll (1917 – 1985).

1 *Recherchieren Sie die Biografien der drei Preisträgerinnen und Preisträger sowie ihr literarisches Werk.*

Bereits mit seinem ersten Werk „Die Blechtrommel" (1959) erlangt Günter Grass (geb. 1927) Weltruhm. Auch 2002 sorgt er mit „Im Krebsgang" für Aufsehen, weil er mit seiner Novelle den Untergang des deutschen Flüchtlingsschiffs „Wilhelm Gustloff" thematisiert.

Günter Grass: Im Krebsgang (2002)

„Warum erst jetzt?" sagte jemand, der nicht ich bin. Weil Mutter mir immer wieder … Weil ich wie damals, als der Schrei überm Wasser lag, schreien wollte, aber nicht konnte … Weil die Wahrheit kaum mehr als drei Zeilen … Weil jetzt erst …

Noch haben die Wörter Schwierigkeiten mit mir. Jemand, der keine Ausreden mag, nagelt mich auf meinen Beruf fest. Schon als junger Spund hätte ich, fix mit Worten, bei einer Springer-Zeitung volontiert, bald gekonnt die Kurve gekriegt, später für die „taz" Zeilen gegen Springer geschunden, mich dann als Söldner von Nachrichtenagenturen kurz gefaßt und lange Zeit freiberuflich all das zu Artikeln verknappt, was frisch vom Messer gesprungen sei: Täglich Neues. Neues vom Tage.

Mag schon sein, sage ich. Aber nichts anderes hat unsereins gelernt. Wenn ich jetzt beginnen muß, mich selber abzuwickeln, wird alles, was mir schiefgegangen ist, dem Untergang eines Schiffes eingeschrieben sein, weil nämlich, weil Mutter damals hochschwanger, weil ich überhaupt nur zufällig lebe.

Günter Grass

Und schon bin ich abermals jemand zu Diensten, darf aber vorerst von meinem bißchen Ich absehen, denn diese Geschichte fing lange vor mir, vor mehr als hundert Jahren an, und zwar in der mecklenburgischen Residenzstadt Schwerin, die sich zwischen sieben Seen erstreckt, mit der Schelfstadt und einem vieltürmigen Schloß auf Postkarten ausgewiesen ist und über die Kriege hinweg äußerlich heil blieb.
Anfangs glaubte ich nicht, daß ein von der Geschichte längst abgehaktes Provinznest irgendwen, außer Touristen, anlocken könnte, doch dann wurde der Ausgangsort meiner Story plötzlich im Internet aktuell. Ein Namenloser gab mit Daten, Straßennamen und Schulzeugnissen personenbezogene Auskunft, wollte für einen Vergangenheitskrämer wie mich unbedingt eine Fundgrube aufdecken. Bereits als die Dinger auf den Markt kamen, habe ich mir einen Mac mit Modem angeschafft. Mein Beruf verlangt diesen Abruf weltweit vagabundierender Informationen. Lernte leidlich, mit meinem Computer umzugehen. Bald waren mir Wörter wie Browser und Hyperlink nicht mehr böhmisch. Holte Infos für den Gebrauch oder zum Wegschmeißen per Mausklick rein, begann aus Laune oder Langeweile von einem Chatroom zum anderen zu hüpfen und auf die blödeste Junk-Mail zu reagieren, war auch kurz auf zwei, drei Pornosites und stieß nach ziellosem Surfen schließlich auf Homepages, in denen sogenannte Vorgestrige, aber auch frisch gebackene Jungnazis ihren Stumpfsinn auf Haßseiten abließen. Und plötzlich – mit einem Schiffsnamen als Suchwort – hatte ich die richtige Adresse angeklickt: „www. blutzeuge.de“. In gotischen Lettern klopfte eine „Kameradschaft Schwerin“ markige Sprüche. Lauter nachträgliches Zeug. Mehr zum Lachen als zum Kotzen.
Seitdem steht fest, wessen Blut zeugen soll. Aber noch weiß ich nicht, ob, wie gelernt, erst das eine, dann das andere und danach dieser oder jener Lebenslauf abgespult werden soll oder ob ich der Zeit eher schrägläufig in die Quere kommen muß, etwa nach Art der Krebse, die den Rückwärtsgang seitlich ausscherend vortäuschen, doch ziemlich schnell vorankommen. Nur soviel ist sicher: Die Natur oder genauer gesagt die Ostsee hat zu all dem, was hier zu berichten sein wird, schon vor länger als einem halben Jahrhundert ihr Ja und Amen gesagt. [R]

2 *Beschreiben Sie die Handlung und ihre Orte, die im Novellenbeginn angerissen werden.*

3 *Stellen Sie dar, welche Rolle der Ich-Erzähler einnimmt.*

Horace Engdahl: Auszug aus der Laudatio anlässlich der Verleihung des Literaturnobelpreises an Günter Grass

[…] Ihr Stil – mit seinen Wiederholungen und Präzisierungen und Überlagerungen verschiedener Stimmen – zeigt, dass wir uns bei der Beschäftigung mit der Vergangenheit oder der Zukunft nicht beeilen sollen. Sie haben gezeigt, dass die Literatur eine Macht bleibt, so lange sie erinnert, was Menschen gerne schnell vergessen. […]

4 *Beschreiben Sie, welche Bedeutung der Literatur im Allgemeinen und dem Werk von Günter Grass zugesprochen wird.*

Elfriede Jelinek

Die Österreicherin Elfriede Jelinek (geb. 1946) polarisiert mit ihrem Werk und als Künstlerin. Zur Preisverleihung 2004 reiste sie nicht nach Stockholm.

Elfriede Jelinek: Die Liebhaberinnen (1975) – Auszug

vorwort:
kennen Sie dieses SCHÖNE land mit seinen tälern und hügeln? es wird in der ferne von schönen bergen begrenzt. es hat einen horizont, was nicht viele länder haben.
kennen Sie die wiesen, äcker und felder dieses landes? kennen Sie seine friedlichen häuser und die friedlichen menschen darinnen?
mitten in dieses schöne land hinein haben gute menschen eine fabrik gebaut. geduckt bildet ihr alu-welldach einen schönen kontrast zu den laub- und nadelwäldern ringsum. Die fabrik duckt sich in die landschaft.
obwohl sie keinen grund hat, sich zu ducken.
sie könnte ganz aufrecht stehen.
wie gut, dass sie hier steht, wo es schön ist und nicht anderswo, wo es unschön ist.
die fabrik sieht aus, als ob sie ein teil dieser schönen landschaft wäre.
sie sieht aus, als ob sie hier gewachsen wäre, aber nein! wenn man sie näher anschaut, sieht man es: gute menschen haben sie errichtet. von nichts wird schließlich nichts.
und gute menschen gehen in ihr ein und aus. anschließend ergießen sie sich in die landschaft, als ob diese ihnen gehören würde.
die fabrik und das darunterliegende grundstück gehören dem besitzer, der ein konzern ist.
die fabrik freut sich trotzdem, wenn frohe menschen sich in sie ergießen, weil solche mehr leisten als unfrohe.
die frauen, die hier arbeiten, gehören nicht dem fabrikbesitzer.
die frauen, die hier arbeiten, gehören ganz ihren familien.
nur das gebäude gehört dem konzern: so sind alle zufrieden. die vielen fenster blitzen und blinken wie die vielen fahrräder und kleinautos draußen. die fenster sind von frauen geputzt worden, die autos meistens von männern.
alle leute, die zu diesem ort gekommen sind, sind frauen.
sie nähen. sie nähen mieder, büstenhalter, manchmal auch korsetts und höschen.
oft heiraten diese frauen oder sie gehen sonstwie zugrunde. solange sie aber nähen, nähen sie. oft schweift ihr blick hinaus zu einem vogel, einer biene oder einem grashalm. […]

1 *Untersuchen Sie, mit welchen sprachlichen Mitteln Jelinek Denkmechanismen entlarvt. Berücksichtigen Sie dabei auch folgende Aussage:*
„In langen, oft über Seiten hinweg absatzlosen Textflächen flicht sie verschiedene sprachliche Ebenen ineinander und entlarvt die Mechanismen, die sie anprangert, durch die Sprache der Akteure und durch Klischees und reagiert rasch auf politische Aktualität." (cw/dpa)

2 *Begründen Sie, warum Jelinek mit ihren Texten ambivalente Reaktionen hervorruft.*

Herta Müller

In „Atemschaukel" erzählt Herta Müller (geb. 1953) die Geschichte von Leopold Auberg, der als 17-jähriger Deutscher aus Siebenbürgen 1945 für fünf Jahre in ein russisches Arbeitslager deportiert wird und diese Zeit überlebt. Das Leben im Lager – die „Hautundknochenzeit" – ist von Angst, Arbeit und vor allem von Hunger geprägt.

Herta Müller: Atemschaukel (2009) – Auszug

[...] Ich glaube, im Hunger sind Blindheit und Sehen dasselbe, der blinde Hunger sieht das Essen am besten. Es gibt stumme und laute Hungerwörter, so wie es am Hunger selbst das Heimliche und das Öffentliche gibt. Hungerwörter, also Esswörter, beherrschen die Gespräche, und man bleibt doch allein. Jeder isst seine Wörter selbst. Die anderen, die mitessen, tun es auch für sich selbst. Die Anteilnahme am Hunger der anderen ist null, mithungern kann man nicht. Als Grundessen war die Krautsuppe der Grund, am Körper das Fleisch und im Kopf den Verstand zu verlieren. Der Hungerengel lief hysterisch herum. Er verlor jedes Maß, wuchs an einem Tag so viel, wie kein Gras in einem ganzen Sommer und kein Schnee in einem ganzen Winter. Vielleicht so viel wie ein hoher spitzer Baum in seinem ganzen Leben wächst. Mir scheint, dass sich der Hungerengel nicht nur vergrößerte, sondern auch vermehrte. Er besorgte jedem seine eigene, persönliche Qual, obwohl wir uns alle glichen. Denn in der Dreieinigkeit von Haut, Knochen und dystrophischem[1] Wasser sind Männer und Frauen nicht zu unterscheiden und geschlechtlich stillgestellt. Man sagt zwar weiter DER oder DIE, wie man auch der Kamm oder die Baracke sagt. Und so wie diese sind auch Halbverhungerte nicht männlich oder weiblich, sondern objektiv neutral wie Objekte – wahrscheinlich sächlich.

Egal wo ich war, in meinem Bettgestell, zwischen den Baracken, in der Tag- oder Nachtschicht auf der Jama oder mit Kobelian in der Steppe oder am Kühlturm oder nach der Schicht in der Banja oder beim Hausieren, alles, was ich tat, hatte Hunger. Jeder Gegenstand glich in Länge, Breite, Höhe und Farbe dem Ausmaß meines Hungers. Zwischen der Himmeldecke oben und dem Staub der Erde roch jeder Ort nach einem anderen Essen. Der Lagerkorso roch nach Karamell, der Lagereingang nach frischgebackenem Brot, das Überqueren der Straße vom Lager zur Fabrik nach warmen Aprikosen, der Holzzaun der Fabrik nach kandierten Nüssen, der Fabrikeingang nach Rührei, die Jama nach gedünstetem Paprika, die Schlacke der Abraumhalden nach Tomatensuppe, der Kühlturm nach gebratenen Auberginen, das Labyrinth der dampfenden Rohre nach Vanillestrudel. Die Teerklumpen im Unkraut rochen nach Quittenkompott und die Koksbatterien nach Zuckermelonen. Es war Zauber und Qual. Sogar der Wind fütterte den Hunger, er webte sichtbares Essen, überhaupt nicht abstrakt.

Seit wir als Knochenmännlein und Knochenweiblein füreinander geschlechtslos waren, paarte sich der Hungerengel mit jedem, er betrog auch das Fleisch, das er uns bereits gestohlen hatte, und schleppte immer mehr Läuse und Wanzen in unsere Betten. [...]

1 Dystrophie: mangelhafte Versorgung eines Organs mit Nährstoffen

1 *Beschreiben Sie, wie der Hunger die Gedanken der Figuren bestimmt.*

2 *Analysieren Sie die sprachlichen Bilder, mit denen Herta Müller dies zum Ausdruck bringt.*

3 *Nehmen Sie dazu Stellung, ob es sich bei „Atemschaukel" um „unverbindliche Virtuosität" (Iris Radisch) oder um eine „Form dichterischer Empörung" (Michael Naumann) handelt.*

Kapitel 14

Gespräche untersuchen und Konflikte lösen

In Vorstellungsgesprächen ist es wichtig, die Anforderungen unterschiedlicher Gesprächsformen zu kennen, um seine Ziele kommunikativ verfolgen zu können. Sie lernen kommunikative Konflikte in literarischen Texten und im Alltag zu beschreiben und zu analysieren und ein erfolgreiches Konfliktmanagement zu betreiben.

Darüber hinaus helfen Ihnen diese kommunikativen Kompetenzen auch, Ihre Fähigkeiten im Bereich der Interpretation von Texten auszubauen, da auch in der Literatur die Kommunikation immer eine zentrale Rolle spielt.

Was Sie bereits wissen

- ✔ Körpersprache ist ein Bestandteil der Kommunikation.
- ✔ Kommunikation wird auf verschiedenen Ebenen wahrgenommen.
- ✔ Je nach Kommunikationssituation kommen verschiedene Sprachvarietäten zum Einsatz.

Das berufliche Gespräch

Kommunikation findet immer und überall statt, ob in der Schule oder zu Hause, immer sprechen wir miteinander. Um sich in jeder Gesprächssituation richtig zu verhalten, ist es wichtig, verschiedene Gesprächsformen und deren besondere Merkmale und Verhaltensregeln zu kennen.

Vorstellungsgespräch 1

Personalchef: Frau Müller, Sie haben mir Ihre Ausbildung und Ihren schulischen Werdegang geschildert. Was sehen Sie selbst als Ihre hervorragende Stärke?

Frau Müller: Meinen Sie das in Bezug auf meine berufliche Qualifikation?

Personalchef: Wenn Sie denken, dass Sie dort Ihre hervorragende Stärke entdecken.

Frau Müller: Ich weiß nicht ... so richtig meine Stärke ...

Personalchef: Was würden Sie denn Ihren bisher größten Erfolg nennen?

Frau Müller: Erfolg ... na ja ...

Personalchef: Beruflich oder auch privat?

Frau Müller: Also was Besonderes ...

Personalchef: Was hat Sie denn bisher am stärksten frustriert?

Frau Müller: Die geringen Einflussmöglichkeiten als Azubi. Dass man da immer nur das machen soll, was andere von einem verlangen ...

Personalchef: Wie lange lebten Sie zu Hause?

Frau Müller: Ich lebe immer noch bei meinen Eltern.

Personalchef: Haben Sie Geschwister? Und wie kommen Sie mit Ihnen zurecht?

Frau Müller: Ich bin die Älteste. Und da werden von mir immer Verständnis und Rücksicht verlangt.

Personalchef: Arbeiten Sie lieber alleine oder im Team?

Frau Müller: Also ... ich wäre schon lieber allein.

Personalchef: Haben Sie einen Freund?

Frau Müller: Muss ich das jetzt beantworten? Im Moment ist mir wichtiger, beruflich abgesichert zu sein.

Personalchef: Was bedeutet für Sie Arbeit?

Frau Müller: Das ist schon ein persönlicher Halt.

Personalchef: Warum haben Sie dann während Ihrer Ausbildung den Ausbildungsbetrieb gewechselt?

Vorstellungsgespräch 2

Personalchef: Frau Müller, Sie haben mir Ihre Ausbildung und Ihren schulischen Werdegang geschildert. Was sehen Sie selbst als Ihre hervorragende Stärke?

Frau Müller *sitzt in entspannter asymmetrischer Haltung und sucht Blickkontakt:* Wenn ich eine Aufgabe übernommen habe, dann führe ich sie auch zielstrebig zu einem erfolgreichen Abschluss. In meiner Vorgehensweise bin ich dabei aber flexibel.

Personalchef: Was hat Sie denn bisher am stärksten frustriert?

Frau Müller: Wenn während der Ausbildung ältere und erfahrenere Mitarbeiter jede neue Idee eines Azubis wie mir abgeschmettert und als Unsinn bewertet haben, selbst wenn ich durch sachliche Argumente zu überzeugen versucht habe.

Personalchef: Wie lange lebten Sie zu Hause?

Frau Müller: Ich habe schon während meiner Ausbildung mein Elternhaus verlassen, weil ich einen Ausbildungsplatz in einer anderen Stadt bekommen habe. Diese sozusagen erzwungene frühe Selbstständigkeit hat mich sicherlich geprägt. Aber ich freue mich immer wieder, bei meiner Familie, den Eltern, Geschwistern und alten Freunden meine Freizeit verbringen zu können.

Personalchef: Arbeiten Sie lieber alleine oder im Team?

Frau Müller: Das hängt ganz von der Aufgabenstellung ab. Ich denke, ich komme mit beidem zurecht. Ich gebe aber zu, dass ich auch ab und zu gerne für mich arbeite.

Personalchef: Haben Sie einen Freund?

Frau Müller: Aus Ihrer Stellenbeschreibung kann ich die Relevanz dieser Frage nicht erkennen.

Personalchef: Was bedeutet für Sie Arbeit?

Frau Müller: Meine Fähigkeiten nutzbar machen zu können. Die leistungsgerechte Bezahlung spielt sicher auch keine ganz unwichtige Rolle.

Frau Müller *schweigt, blickt unsicher.*

Personalchef: Lag es an Ihren Vorgesetzten oder Mitarbeitern?

Frau Müller: Ich habe mich manchmal ungerecht behandelt gefühlt.

Personalchef: Wie wirkt Kritik auf Sie?

Frau Müller: Ich denke über kritische Bemerkungen viel nach und bin dann schnell verunsichert.

Personalchef: Was ist Ihre größte Schwäche?

Frau Müller: Vielleicht, dass ich immer alles so persönlich nehme.

Personalchef: Warum wollen Sie nach der Ausbildung zu uns wechseln?

Frau Müller: Ich sehe in einem Wechsel zum einen die Chance, einen weiteren Betrieb kennenzulernen. Zudem sehe ich in Ihrem Betrieb eine größere Chance, mich weiterentwickeln zu können.

Personalchef: Worin liegen Ihre Schwächen?

Frau Müller: Man hat mir gesagt, ich sei manchmal etwas ungeduldig, auch gegenüber Kollegen. Mir ist dies aber bewusst und ich arbeite daran, mich diesbezüglich zu bremsen.

1 ***Analysieren Sie die Vorstellungsgespräche 1 und 2.***

a) Untersuchen Sie die beiden Vorstellungsgespräche im Hinblick auf das Gesprächsverhalten der Beteiligten sowie den Gesprächsverlauf.

b) Schreiben Sie zu den beiden Vorstellungsgesprächen jeweils drei weitere Regieanweisungen, die etwas über die analoge (körpersprachliche) Kommunikation der beiden Bewerberinnen aussagen könnten.

c) Informieren Sie sich im Basiswissen über die „Gesprächsformen" und begründen Sie, welche Gesprächsform jeweils vorliegt.

2 ***Erklären Sie die folgende Aussage des Sprachwissenschaftlers Hellmut Geißner zur Gesprächsfähigkeit:***

„Gesprächsfähig ist, wer im situativ gesteuerten, personengebundenen, sprachbezogenen, formbestimmten, leibhaft vollzogenen Miteinandersprechen – als Sprecher wie als Hörer – Sinn so zu konstituieren vermag, dass damit das Ziel verwirklicht wird, etwas zur gemeinsamen Sache zu machen, der zugleich imstand ist, sich im Miteinandersprechen und die im Miteinandersprechen gemeinsam gemachte Sache zu verantworten." (Hellmut Geißner: Sprachwissenschaft – Theorie der mündlichen Kommunikation. Scriptor, Königstein/Ts. 1981, S. 129)

Basiswissen **Gesprächsformen**

Die verschiedenen Arten von Gesprächen unterscheiden sich unter anderem durch den Grad ihrer „Verregelung".

Das **offene Gespräch**, die Unterhaltung, ist die am wenigsten formalisierte Form. Es gibt rein zweckfreie Gespräche, die nur der Unterhaltung dienen. Das **Gespräch im engeren Sinn** ist dagegen ein Dialog, der den Zweck verfolgt, den Gesprächspartner von einer Meinung zu überzeugen oder zu einem bestimmten Handeln zu bewegen. Vor allem im beruflichen Bereich sind diese Gesprächsformen anzutreffen (Vorstellungsgespräch, Verkaufsgespräch).

Verständnisprobleme in literarischen Texten

Konflikte erkennen

Oft entstehen in Gesprächen Verständnisprobleme, weil der Empfänger einer Mitteilung die Absicht des Senders nicht einzuordnen vermag. Der folgende Textauszug aus dem Roman „Der Vorleser" von Bernhard Schlink thematisiert die Beziehung des Gymnasiasten Michael zu der 36-jährigen Hanna, die als Straßenbahnschaffnerin arbeitet. Michael gesteht Hanna, er werde in der Schule nicht versetzt.

Bernhard Schlink: Der Vorleser (Auszug)

„Wo bleibst du sitzen?" Sie richtete sich auf. Es war das erste richtige Gespräch, das wir miteinander hatten.

„In der Untersekunda. Ich hab zu viel versäumt in den letzten Monaten, als ich krank war. Wenn ich die Klasse noch schaffen wollte, müsste ich wie blöd arbeiten. Ich müsste auch jetzt in der Schule sein." Ich erzählte ihr von meinem Schwänzen.

„Raus." Sie schlug das Deckbett zurück. „Raus aus meinem Bett. Und komm nicht wieder, wenn du nicht deine Arbeit machst. Blöd ist deine Arbeit? Blöd? Was meinst du, was Fahrscheine verkaufen und lochen ist." Sie stand auf, stand nackt in der Küche und spielte Schaffnerin. Sie schlug mit der Linken die kleine Mappe mit den Fahrscheinblöcken auf, streifte mit dem Daumen derselben Hand, auf dem ein Gummifingerhut steckte, zwei Fahrscheine ab, schlenkerte mit der Rechten, sodass sie den Griff der am Handgelenk baumelnden Zange zu fassen bekam, und knipste zweimal. „Zweimal Rohrbach." Sie ließ die Zange los, streckte die Hand aus, nahm einen Geldschein, klappte vor ihrem Bauch die Geldtasche auf, steckte den Geldschein hinein, klappte die Geldtasche wieder zu und drückte aus den außen angebrachten Behältern für Münzen das Wechselgeld heraus. „Wer hat noch keinen Fahrschein?" Sie sah mich an. „Blöd? Du weißt nicht, was blöd ist."

Ich saß auf dem Bettrand. Ich war wie betäubt. „Es tut mir leid. Ich werde meine Arbeit machen. Ich weiß nicht, ob ich es schaffe, in sechs Wochen ist das Schuljahr vorbei. Ich werde es versuchen. Aber ich schaff's nicht, wenn ich dich nicht mehr sehen darf. Ich …" Zuerst wollte ich sagen: Ich liebe dich. Aber dann mochte ich nicht. Vielleicht hatte sie recht, gewiss hatte sie recht. Aber sie hatte kein Recht, von mir zu fordern, dass ich mehr für die Schule tue, und davon abhängig zu machen, ob wir uns sehen. „Ich kann dich nicht nicht sehen." Die Uhr im Flur schlug halb zwei. „Du musst gehen." Sie zögerte. „Ab morgen hab ich Hauptschicht. Halb sechs – dann komme ich nach Hause und kannst du auch kommen. Wenn du davor arbeitest."

Wir standen uns nackt gegenüber, aber sie hätte mir in ihrer Uniform nicht abweisender vorkommen können. Ich begriff die Situation nicht. War es ihr um mich zu tun? Oder um sich? Wenn meine Arbeit blöd ist, dann ist ihre erst recht blöd – hatte sie das gekränkt? Oder wollte sie keinen Versager zum Geliebten? Aber war ich ihr Geliebter? Ich zog mich an, trödelte und hoffte, sie würde etwas sagen. Aber sie sagte nichts.

1 *Erschließen Sie den Text mithilfe folgender Fragestellungen.*

a) Was will Hanna Michael mitteilen?

b) Interpretieren Sie die Aussage „*Wir standen uns nackt gegenüber, aber sie hätte mir in ihrer Uniform nicht abweisender vorkommen können*" (Z. 26 f.). Wie erzielt Hanna diese Wirkung?

c) Aus welchen Gründen hat Michael Probleme, die Situation zu verstehen?

Konflikte erkennen

Wenn Menschen aneinander vorbeireden, ist es wichtig, die Absicht des Gesprächspartners zu durchschauen, um Konflikte zu vermeiden.

Urs Widmer: Top Dogs (Auszug)

6. Blöde Kuh

[…]

PSYCHOLOGE Halt, das habe ich vergessen. Sie drehen die Rollen um. Tun wir immer. Wir haben damit sehr produktive Erfahrungen gemacht.

Zu ihm Sie sind also Ihre Frau.

Zu ihr Und Sie spielen Ihren Mann.

[…]

ER Ich spreche mit dir, Michael!

SIE Hast du etwas gesagt, Maus?

Zum Psychologen Er hört nie zu, und er sagt immer Maus, wenns brenzlig wird. Ich kanns nicht ausstehen, dieses „Maus". *Zu ihrem Mann als sie selbst* Maus. *Wieder als ihr Mann* So ein Haushalt ist doch nicht die Welt. Wenn ich in der Firma eine Entscheidung treffe, dann geht das um ein Volumen von hundert oder auch achthunderttausend Franken. Die Kaffeetasse da, Maus, wenn du die fallen lässt: fünfachtzig. In Wirklichkeit ist die längst abgeschrieben. Kein Buchwert mehr. Plus das bisschen Waschmittel. Peanuts. Was soll da dabei sein, an so einem Haushalt.

ER Du könntest vielleicht mal den Müll in den Container tragen, Hasi. *Zum Psychologen* Sie sagt Hasi zu mir. Hasi!

SIE Spinnst du eigentlich, Julika? Bei mir geht Tag für Tag ein Kostenvolumen von einer Million über den Schreibtisch, und du kommst mir mit Kaffeetassen.

ER Ja, ich weiß, ich höre dir eben nie so recht zu, wenn du mir etwas erklärst, Michael. Ich tu immer so, als hätt ich von Tuten und Blasen keine Ahnung. Ich bin halt ein kleines Dummchen, ein Schäfchen, eine Kuh, eine dumme saublöde Kuh.

SIE *immer noch als ihr Mann* Ich bin der Mann, ich bringe das Geld. […]

1 *Beschreiben Sie – ausgehend von dem Rollenspiel – die zentralen Konflikte, um die es in dieser Beziehung geht.*

2 *Erläutern Sie unter Berücksichtigung des Kommunikationsmodells von Schulz von Thun (➪ Kapitel 1.2, S. 12 f.), auf welchen Ebenen Urs Widmer seine Figuren diskutieren lässt.*

3 *Stellen Sie Vermutungen darüber an, welche Faktoren das Gespräch leiten (➪ Kapitel 1.2, S. 17).*

4 *Welche Ratschläge könnte der Psychologe dem Paar geben, damit es mit seinen Konflikten konstruktiver umzugehen lernt?*

Konflikte in Gesprächen lösen

Konflikteskalation

Konflikte sind bedrohlich, wenn sie sich verhärten oder eskalieren. Der Ökonom Friedrich Glasl hat ein Stufenmodell entwickelt, das die Stadien dieses Prozesses veranschaulicht.

Die neun Stufen der Konflikteskalation

von Friedrich Glasl

1. Ebene: Win-Win

1. Verhärtung: Die Standpunkte verhärten sich und prallen aufeinander. Das Bewusstsein bevorstehender Spannungen führt zu Verkrampfungen. Trotzdem besteht noch die Überzeugung, dass die Spannungen durch Gespräche lösbar sind. Noch keine starren Parteien oder Lager.
2. Debatte: Es findet eine Polarisation im Denken, Fühlen und Wollen statt. Es entsteht ein Schwarz-Weiß-Denken und eine Sichtweise von Überlegenheit und Unterlegenheit.
3. Aktionen: Die Überzeugung, dass „Reden nicht mehr hilft", gewinnt an Bedeutung und man verfolgt eine Strategie der vollendeten Tatsachen. Die Empathie mit dem „anderen" geht verloren, die Gefahr von Fehlinterpretationen wächst.

2. Ebene: Win-Lose

4. Images/Koalitionen: Die „Gerüchte-Küche" kocht, Stereotypen und Klischees werden aufgebaut. Die Parteien manövrieren sich gegenseitig in negative Rollen und bekämpfen sich. Es findet eine Werbung um Anhänger statt.
5. Gesichtsverlust: Es kommt zu öffentlichen und direkten (verbotenen) Angriffen, die auf den Gesichtsverlust des Gegners abzielen.
6. Drohstrategien: Drohungen und Gegendrohungen nehmen zu. Durch das Aufstellen von Ultimaten wird die Konflikteskalation beschleunigt.

3. Ebene: Lose-Lose

7. Begrenzte Vernichtungsschläge: Der Gegner wird nicht mehr als Mensch gesehen. Begrenzte Vernichtungsschläge werden als „passende" Antwort durchgeführt. Umkehrung der Werte: Ein relativ kleiner eigener Schaden wird bereits als Gewinn bewertet.
8. Zersplitterung: Die Zerstörung und Auflösung des feindlichen Systems wird als Ziel intensiv verfolgt.
9. Gemeinsam in den Abgrund: Es kommt zur totalen Konfrontation ohne einen Weg zurück. Die Vernichtung des Gegners zum Preis der Selbstvernichtung wird in Kauf genommen.

1 *Fassen Sie die verschiedenen Stufen der Konflikteskalation in eigenen Worten zusammen.*

2 *Überlegen Sie zu jeder Stufe einen Satz, den ein Beteiligter sagen könnte, oder eine Szene, die die Konfliktstufe veranschaulicht.*

Beispiel:

Konfliktstufe	Szene, Satz
3	*„Ich habe es ihm so oft erklärt, und jetzt ist Schluss. Entweder er macht, was ich sage, oder er bekommt eine Abmahnung."*

3 *Schreiben Sie ein kleines Drehbuch, in welchem sich die Konfliktstufen ableiten lassen. Dabei kann es um eine langjährige Freundschaft gehen, die in die Brüche geht, oder um einen Konflikt zwischen einem Lehrer und einem Schüler bzw. einer Klasse.*

Über Konflikte sprechen

Bei Konflikten wird in der Regel der kommunikative Austausch stark eingeschränkt, die Wahrnehmung verändert sich, weil sie auf trennende Elemente fokussiert ist, das gegenseitige Misstrauen nimmt zu. Eine besondere Form von Arbeitsplatzkonflikten stellt das Mobbing da.

Beate von Eisenhart-Rothe: Miteinander zu reden ist noch der beste Schutz

Kaum ein Feindbild ist in Deutschland so ausgeprägt wie das des Chefs. Anstatt gemeinsam an einem Strang zu ziehen, gleicht das Verhältnis zwischen Vorgesetzten und Untergebenen häufig einem ewigen Kleinkrieg. Nicht immer endet dieser Konflikt zu Lasten der Mitarbeiter. Auch an den Chefs geht er nicht spurlos vorbei. Vielleicht fängt es mit einem schlechten Witz auf seine Kosten an. Oder der Chef wird in der Kantine gemieden. Dann läuft die Zusammenarbeit in der Arbeitsgruppe deutlich schlechter als erwartet. Eigeninitiative der Mitarbeiter gibt es fast gar nicht. Später kommen Gerüchte hinzu, üble Nachreden über sein Privatleben. [...]

Ganz unschuldig sind die Herren und Damen aus den Führungsetagen nicht. „Wenn der Vorgesetzte gemobbt wird, hat dies auch immer damit zu tun, dass er Führungsaufgaben nicht richtig wahrgenommen hat“, sagt Beate von Eisenhart-Rothe von der Mobbingberatungsstelle Hannover. Wer nur verwaltet, aber keine klaren Ziele definiert, wer Aufgaben verteilt, aber die Umsetzung nicht überprüft, hat häufig unzufriedene Mitarbeiter. Zudem wird eigene Unsicherheit oft mit einer aufbrausenden, aggressiven Art verdeckt. Auch dies ist einer guten Beziehung wenig förderlich.

Bei vielen Führungskräften herrsche die Mentalität von „einsamen Wölfen“. Schwierigkeiten würden selten zur Sprache gebracht und wenn doch, mit dem Hinweis „sieh zu, dass du deinen Laden wieder in den Griff bekommst“ kommentiert. Erfolg werde vor allem in nackten Zahlen gemessen – in steigenden Umsätzen und Gewinnen. Vor allem Männer hätten Schwierigkeiten, sich selbst einzugestehen, dass die Zusammenarbeit mit den Mitarbeitern nicht mehr funktioniere, so Eisenhart-Rothe. Die Konflikte werden ignoriert, Ängste geschluckt. Man müsse nur weitermachen, lautet der Wahlspruch, dann werde sich alles andere schon von selbst lösen. Wer an dem Druck zerbricht, wird krank. Um das Schlimmste zu verhindern, sollte für den Konflikt im Unternehmen externe Unterstützung gesucht werden, empfiehlt Fleissner. „Ein Berater kann sich beide Seiten anhören und etwas Dampf aus dem Konflikt nehmen.“

Unter der Aufsicht eines Beraters kommt es zur Aussprache. Klare Ich-Botschaften sollten vermittelt werden. Was eine Grenzüberschreitung sei, bestimme immer der Einzelne. „Der eine lacht bei einem Witz, den andere über ihn machen, selbstironisch mit. Andere fühlen sich dadurch verletzt.“ Die klare Aussage: Ich möchte nicht, dass auf meine Kosten gelacht wird. Frauen, die sich zudem unangenehm durch männliche Mitarbeiter belästigt fühlen, müssen auch hier klarstellen, was geht und was nicht. Schon eine Umarmung kann zu viel sein.

Nach dem Gespräch sollten Regeln festgelegt werden, wie man in Zukunft mit dem Konflikt umgeht. Mit einigem Abstand kann ein weiteres Gespräch vereinbart werden, um zu sehen, was das klärende Gespräch gebracht hat. Der Vorgesetzte hat dabei eine gute Position. Er kann die Mitarbeiter zu den Gesprächen verpflichten.

(Die Welt, 28.05.2008)

1 ***Bearbeiten Sie den Text.***

a) Beschreiben Sie die Faktoren, welche die Konfliktentwicklung begünstigen.

b) Erläutern Sie, welche Strategien zur Konfliktvermeidung bzw. Konfliktlösung in der Textvorlage empfohlen werden.

Konfliktmanagement

Konflikte sind zwar nicht zu vermeiden, müssen aber gelöst werden, weil sie die Beziehungsstrukturen in allen Bereichen des menschlichen Zusammenlebens beeinträchtigen.

Hölle Büro – Konfliktmanagement

von Juliane Lutz

In deutschen Büros sind Konflikte an der Tagesordnung. Stimmung und Produktivität leiden. [...]

Wo viele Menschen aufeinandertreffen, bleiben Unstimmigkeiten nicht aus. Sie müssen sich jedoch nicht gleich zum nervenaufreibenden Konflikt auswachsen. Oft bedarf es nur ganz banaler Einsichten, um Streit zu vermeiden. Zum Beispiel der, dass man nicht allein auf der Welt ist. Ob Organisation von Meetings oder Erstellung des Urlaubsplanes – wer sagt denn, dass nur eine Ansicht, nämlich die eigene, richtig ist? [...]

Nicht schweigen. [...] Wenn etwas nervt, wählen viele Betroffene die bequeme Variante: Sie schweigen viel zu lange, anstatt Störfaktoren beim Namen zu nennen. So kommt es irgendwann zur Explosion. Zurück bleibt meist ein Scherbenhaufen, der eine weitere Zusammenarbeit schwierig oder gar unmöglich macht.

„Ein offener Austausch ist wesentlich für eine gute Zusammenarbeit im Team", erklärt Achim Berendt, Berater für Konfliktmanagement in Stuttgart. Seiner Meinung nach lassen sich so viele potenzielle Auseinandersetzungen im Keim ersticken. Dasselbe gilt auch für Missverständnisse. Vielleicht hat sich der andere einfach nur nicht deutlich genug ausgedrückt – die Kunst der klaren Kommunikation beherrschen nur wenige. Doch ganz schnell wird böse Absicht vermutet. „Fragen Sie nach, falls Sie das Gefühl haben, dass ein Missverständnis vorliegt. Vor allem: Machen Sie sich rasch Luft, sonst schwelt der Ärger vor sich hin und drängt Sie zu unnötigen Vergeltungsschlägen", erklärt Konfliktmanager Berendt. [...]

(Focus Money online, 03.08.2005)

1 *Stellen Sie auf der Grundlage des Textes dar, welche Möglichkeiten zur Konfliktlösung bestehen, und erarbeiten Sie weitere Möglichkeiten zur Konfliktdeeskalation.*

2 *Erörtern Sie Möglichkeiten und Grenzen der Konfliktlösung, indem Sie auch Ihre persönlichen Erfahrungen einbeziehen.*

Basiswissen **Konfliktmanagement**

Konflikte können durch **verstärkte Kommunikation** und **Kooperation** vermieden werden. Erste Anzeichen sich anbahnender Konflikte sind sorgfältig zu prüfen. Gerade in diesen Situationen muss die Gesprächsintensität zunehmen, um Präventivmaßnahmen zur Konfliktvermeidung ergreifen zu können. **Bestehende Konflikte** können ebenfalls nur durch Gespräche gelöst werden. Sind die Konfliktparteien nicht in der Lage, selbst zur Lösung ihrer Probleme beizutragen, ist Hilfe von außen erforderlich. Eine erfolgreiche Deeskalation ist allerdings nur möglich, wenn alle am Konflikt Beteiligten eine Bereitschaft zur friedlichen Streitlösung demonstrieren und auch wirklich wollen. Ziel der Verhandlungen über die **Konfliktlösung** kann das **Aushandeln eines Kompromisses** sein. Konflikte am Arbeitsplatz sollten im Ergebnis zu einem Ausgleich zwischen den Konfliktparteien führen, der eine weitere Zusammenarbeit ermöglicht. Ein Neubeginn ist möglich, wenn die am Konflikt Beteiligten für ihr jeweiliges Handeln Verantwortung übernehmen und sich ggf. für ihr Verhalten entschuldigen bzw. einen Schadensausgleich anbieten.

3 *Beurteilen Sie die Konfliktsituation in dem von Ihnen dargestellten Konfliktablauf (➪ S. 238, Aufgabe 3) hinsichtlich der Möglichkeiten eines Konfliktmanagements.*

Symmetrische und komplementäre Kommunikation

Kommunikation im Berufsalltag

Das Gelingen zwischenmenschlicher Kommunikation hängt davon ab, ob sich beide Kommunikationspartner als ebenbürtige Gesprächspartner verstehen oder nicht.

Das geht gar nicht!

von Julia Bönisch

Kollegen ein ehrliches Urteil über ihre Arbeit ins Gesicht zu sagen, ist eine heikle Angelegenheit. Die einen reden forsch drauflos und verlängern so die Liste ihrer Feinde. Die anderen sagen lieber gar nichts. Und das ist auch besser.

Im Büro sind zwei Typen von Kollegen am auffälligsten. Die einen sagen ständig ihre Meinung, die anderen nie. [...]

Richtig heikel wird es erst, wenn der Kollege anderen die Meinung über ihre Arbeit sagt. Diplomatisch klingt das so: „Da waren ganz gute Ansätze drin." Eigentlich ist das deutlich genug. Doch der Satz ist so verpackt, dass dem Gegenüber erst zehn Minuten später klar wird, wie ungeheuerlich er ist.

Weniger Feinfühlige bevorzugen es ganz direkt: „So einen kompletten Schwachsinn habe ich noch nie gelesen."

[...]

Spannend wird es, wenn diese Typen aufeinandertreffen.

Denkbar sind die folgenden Kombinationen:

a) Große Klappe trifft auf große Klappe
Übt der eine Kollege Kritik an der Arbeit des anderen und beide gehören zu der Sorte Mensch, für die Zurückhaltung ein Fremdwort ist, verspricht das für die übrigen Mitarbeiter eine unterhaltsame halbe Stunde zu werden. [...]

b) Schweiger trifft auf Schweiger
Diese Kombination kommt im wahren Leben nur höchst selten vor. Beide sind schließlich so zurückhaltend (um nicht zu sagen ängstlich), dass sie den anderen entweder nie um seine Meinung bitten oder nie ein ehrliches Urteil abgeben. [...]

c) Große Klappe trifft auf Schweiger
Nachdem der eine dem anderen deutlich zu verstehen gibt, dass er von der Qualität seiner Arbeit rein gar nichts hält, quittiert der andere dies mit einem schiefen Lächeln und – mit Schweigen natürlich.

In dieser Situation kann man dieses Verhalten, das sonst als feige gilt, jedoch als Größe interpretieren.

(Süddeutsche Zeitung, 07.01.2008)

1 ***Erarbeiten Sie den Text mithilfe folgender Fragestellungen.***

a) Warum ist es eine heikle Angelegenheit, wenn Kollegen die Qualität der Arbeit anderer Kollegen beurteilen?

b) Warum münden derartige Äußerungen sehr oft in Streitigkeiten (Beispiel: „*Große Klappe trifft auf große Klappe*")?

2 ***Stellen Sie sich vor, ein Vorgesetzter kritisiert diese Kollegen. Begründen Sie, warum die Reaktion der Kritisierten nun wahrscheinlich eine andere sein wird.***

3 ***Sammeln Sie Beispiele für Wendungen, mit denen Kritik höflich umschrieben werden kann.***

Kommunikation im Berufsalltag

Die Kommunikation zwischen zwei Gesprächspartnern kann man bezüglich der Anteile in der Gesprächsführung beschreiben.

Basiswissen | Symmetrische und komplementäre Kommunikation

Eine symmetrische Kommunikation liegt vor, wenn beide Gesprächspartner das Gespräch in gleichem Maße lenken und sich als ebenbürtige Gesprächspartner wahrnehmen.

Symmetrische Kommunikation (z. B. Arbeitskollegen):

- gleichrangige Position der Partner
- Streben nach Gleichheit, Partner sind ebenbürtig
- das Verhältnis ist ausgewogen

Komplementär ist eine Kommunikation dann, wenn zwei verschiedene Positionen vorliegen. Ein Partner besetzt dann die primäre Position, während der andere die sekundäre einnimmt. Das beinhaltet keine Wertung und ist keineswegs mit den Attributen „stark" oder „schwach" zu versehen. Es handelt sich um Beziehungsstrukturen, die in der beschriebenen Form auch akzeptiert werden.

Komplementäre Kommunikation (z. B. Mutter/Kind, Arzt/Patient, Lehrer/Schüler):

- Primär- und Sekundärposition
- Akzeptanz der Verschiedenheit
- Hierarchie (ungleiche Partner in Bezug auf Status, Wissen, Position etc.)

Konflikte in symmetrisch strukturierten Kommunikationssituationen entstehen, wenn ein Partner die gleichrangige Position verlässt und in einem Bereich einen Vorsprung vor dem anderen erlangen und demonstrieren will. Da die Kommunikationssituation symmetrisch angelegt ist, wird der andere wiederum danach streben, diesen Vorsprung aufzuholen. Man spricht in diesem Zusammenhang von einer **symmetrischen Eskalation.**

Auch in komplementär angelegten Kommunikationssituationen kann es zu Konflikten kommen. Ein Kommunikationsteilnehmer stellt die übergeordnete Position seines Gegenübers infrage. Der andere wird wiederum danach streben, seine primäre Position zu behaupten.

4 *Nennen Sie Beispiele für Kommunikationssituationen, die symmetrisch angelegt sind.*

5 *Nennen Sie Beispiele für Kommunikationssituationen, die komplementär angelegt sind.*

6 *Formulieren Sie je einen symmetrisch und einen komplementär ausgerichteten Dialog auf der Basis des folgenden Sachverhalts:*
Person A wünscht, dass Person B eine Übersetzung bis zum nächsten Tag anfertigt. Person B hat einen vollen Terminkalender und müsste Überstunden machen.

7 *Vergleichen Sie Ihre Ergebnisse. Wie unterscheiden sich die beiden Versionen hinsichtlich der verwendeten sprachlichen Mittel?*

Konflikte in der symmetrischen und komplementären Kommunikation

In symmetrisch angelegten Kommunikationssituationen kann es zu Konflikten kommen, wenn die Gesprächsteilnehmer ihre gleichrangige Position infrage stellen.

Situation

Kollege A und Kollege B bekleiden die gleiche Position in einem großen Unternehmen. Sie arbeiten an einem gemeinsamen Projekt und sind gleichaltrig. Der neue Abteilungsleiter erkundigt sich nach dem Verlauf und den Fortschritten der Projektarbeit. Um seinen neuen Chef zu beeindrucken, möchte Kollege A die gleichrangige Position verlassen und einen Vorsprung vor Kollege B erlangen und demonstrieren. Dieser versucht, das Ungleichgewicht auszugleichen.

1 *Formulieren Sie das Gespräch zwischen dem Abteilungsleiter und den beiden Kollegen.*

2 *Vergleichen Sie Ihre Ergebnisse hinsichtlich der Gesprächsstrategien, die die Kollegen verwenden, um eine übergeordnete Position einzunehmen.*

Komplementäre Kommunikationen verlaufen dann konfliktfrei, wenn die am Kommunikationsprozess beteiligten Personen ihre Rollen akzeptieren. Werden diese nicht eingehalten, kommt es zu Spannungen. Der folgende Dialog ist dem Drama „Die Schattenlinie" von Tankred Dorst entnommen. In dem Gespräch zwischen Vater (Malthus) und Sohn (Jens) möchte der Vater ein Problem mit seinem Sohn klären.

Tankred Dorst: Die Schattenlinie (Auszug)

MALTHUS Aber wenn Optimismus närrisch ist, dann bin ich lieber ein Narr. Ich ziehe meine Jacke verkehrt herum an, wenn du es willst. Ich hasse nur eins: das ist Resignation! Du kannst mich ruhig auslachen. Ich sage dir: Es ist nie zu spät, was Gutes anzufangen. Und was antwortest du mir darauf?

JENS *mit ganz unbewegter Miene:* Dass du ´n Blödmann bist.

MALTHUS *bricht in Gelächter aus:* Na bitte! Das hätte ich mir denken können! Wenn das deine Meinung ist, muss ich sie akzeptieren. Wenn ich immer Toleranz predige, muss ich ja selber auch tolerant sein. Bin ich auch.

JENS Bist du gar nicht.

MALTHUS Du weißt doch, dass mir nicht gefällt, wie du aussiehst mit der Glatze und so weiter, und die Stiefel. Und doch stehst du so in meinem Zimmer, und ich rede ganz zivil mit dir, oder nicht?

JENS Mir egal.

3 *Untersuchen Sie anhand der analogen Kommunikationssignale, wer von beiden Kommunikationspartnern die primäre und wer die sekundäre Position für sich beansprucht.*

4 *Untersuchen Sie anhand der digitalen Kommunikationssignale, wer von beiden Kommunikationspartnern die primäre und wer die sekundäre Position für sich beansprucht.*

5 *Erläutern Sie, welche Ziele Vater und Sohn mit ihren Gesprächsstrategien verfolgen.*

Konflikte in der symmetrischen und komplementären Kommunikation

Die folgende Szene ist dem Roman „Der Vater eines Mörders“ von Alfred Andersch entnommen. In ihr wird der Dialog zwischen einem Lehrer (Kandlbinder) und einem Schüler (Konrad von Greiff) anlässlich einer Inspektion des Unterrichts durch den Schuldirektor dargestellt. Der Erzähler ist Greiffs Mitschüler Franz Kein. Es handelt sich um eine Unterrichtsstunde in einem Münchener Gymnasium in den Zwanzigerjahren des vorigen Jahrhunderts.

Alfred Andersch: Der Vater eines Mörders (Auszug)

Eins zu null für Konrad, dachte Franz. Das hat der Kandlbinder davon, dass er ihn aufgerufen hat, bloß weil Konrad im Griechischen fast noch besser ist als Werner Schröter; Kandlbinder ist ein Depp, er hat sich wohl eingebildet, der Konrad hält sich zurück, während der Rex[1] die Klasse inspiziert, aber da hat er sich geschnitten, gerade wie vor sechs Wochen, als Kandlbinder ihn zum ersten Mal aufgerufen hat. „Greiff“, hat er gesagt, nichtsahnend, und der Konrad ist aufgestanden, aber nicht so spöttisch wie heute, sondern hochfahrend, und er hat kalt und unverschämt zu Kandlbinder gesagt: „Von Greiff, wenn ich bitten darf!“, der Kandlbinder ist außer sich gewesen, er ist käseweiß geworden im Gesicht, dann hat er gesagt: „Aber das ist doch unerhört.“

1 Rex = Direktor eines Gymnasiums

6 *Beurteilen Sie auf der Grundlage des Basiswissens (➪ S. 242), ob es sich in der dargestellten Kommunikationssituation um eine symmetrische oder komplementäre Interaktion handelt.*

7 *Erläutern Sie, wie der Konflikt zwischen den Gesprächspartnern zustande kommt.*

8 *Setzen Sie den Dialog zwischen Kandlbinder und von Greiff fort.*

Der folgende Dialog ist dem Roman „Der Schüler Gerber“ von Friedrich Torberg entnommen. In ihm wird die Geschichte des begabten Schülers Kurt Gerber erzählt, der im letzten Jahr vor der Abiturprüfung dem herrschsüchtigen und sadistischen Lehrer Kupfer ausgeliefert ist. Kurt Gerber hat Probleme in Mathematik, dem Fach, in dem er von Kupfer unterrichtet wird. Zudem belasten ihn eine erste, enttäuschte Liebe und der Gedanke an seinen todkranken Vater, dem er die Schande eines Scheiterns ersparen möchte.

Friedrich Torberg: Der Schüler Gerber (Auszug)

Aber eines Tages ballte es sich dumpf und schwer über dem Mittagstisch, und als die Mutter hinausging und der Vater unvermittelt begann: „Warum hast du mich angelogen?“, da wusste Kurt, was geschehen war. Der Vater hatte in der Schule Nachfrage gehalten.

Es war die reine Hilflosigkeit, wie Kurt die Brauen hochzog, verständnislos: „Was denn –?“

„Du bist bei Kupfer durchgefallen.“

Kurt klammerte sich an das morsche Wrack seiner Lüge: „Im Semester kann man doch wohl nicht gut von Durchfallen sprechen – und dann – ich habe es dir ja gesagt –!“

„Ja. Du hast es mir gesagt. Und dass du einen Karzer[1] hattest und meine Unterschrift gefälscht hast, das auch?“

Konflikte in der symmetrischen und komplementären Kommunikation

Kurt schwieg.

„Du lügst“, sagte der Vater. „Du fälschst Unterschriften. Du betrügst mich und andere. Du hinterschlägst. Was soll ich mit dir machen?“ Das war sehr laut und bebend gesagt und war eine wirkliche Frage gewesen. Der Vater saß da und wartete auf eine Antwort. Seine Faust lag geballt auf dem Tisch, hämmerte in raschem Auf und Ab, seine Lippen waren schmal und sein Atem flog. Keine Aufregung – noch so einen Anfall hält sein Herz nicht aus – bei der Matura[2] durchfallen – hat sich was – warum nimmt er es denn so wichtig? Warum zwingt er sich zur Aufregung?

Er müsste ja nicht.

Beinahe fühlte Kurt Verachtung, ja, Hass gegen seinen Vater. Nur einen Augenblick lang. Aber das genügte.

Bleich, den Kopf in den Nacken geworfen, lehnte er an der Wand. Seine Finger suchten Halt und fanden ihn nicht.

Auch der Vater hatte sich erhoben. Sein Körper zitterte und seine Worte zitterten so mit, als ob der ganze Körper sie spräche:

„Du weißt nicht, was du tust – ich steh vor diesem Kupfer wie ein Sträfling – ich darf ihm nicht in die Augen sehen – also Unterschriften fälscht Ihr Herr Sohn, das wird ja immer besser – so etwas muss ich mir sagen lassen – du Lump – was soll denn aus dir werden, gerade dass auch ich noch lügen konnte – lügen musste: ich hab mich nicht sofort erinnert, ja, es stimmt schon, es war meine Unterschrift – du – dass du dich nicht schämst – in Grund und Boden schämst–“

Der Vater war immer näher gekommen und Kurt wich langsam gegen die Tür zurück. Nein, er schämte sich nicht, er fühlte überhaupt nichts, er war stumpf, hörte die Worte und vermochte ihren Sinn nicht zu erfassen, sah des Vaters Hand langsam vor sich aufsteigen und wieder herabfallen, ohne dass er wusste, was es zu bedeuten hätte.

1 Karzer: Schularrest;
2 Matura: Abiturprüfung

1 ***Untersuchen Sie den Text nach folgenden Gesichtspunkten.***

a) Beurteilen Sie, ob es sich beim Dialog zwischen Vater und Sohn um eine komplementäre oder eine symmetrische Kommunikationssituation handelt. Belegen Sie Ihre Aussage mit Textbeispielen.

b) Erläutern Sie die sich daraus ergebenden Konsequenzen für den Gesprächsverlauf.

c) Beschreiben Sie, wie Kurt seinen Vater und die Situation im Verlauf des Gesprächs wahrnimmt.

d) Beschreiben Sie, wie der Vater seinen Sohn und die Situation wahrnimmt.

Konflikte in der symmetrischen und komplementären Kommunikation

Besonders im beruflichen Alltag können Konflikte fatale Folgen haben.

Gestörte Kommunikation im Beruf

Im beruflichen Umfeld findet Kommunikation permanent statt. Der Chef erteilt Anweisungen, in Meetings werden Vorschläge diskutiert und mit Kunden finden Verhandlungen statt. Problematisch wird es jedoch, wenn das Gesagte nicht so verstanden wurde, dass es das gewünschte Ergebnis erzielt. Dann können sich dadurch beispielsweise Projekte vorzögern oder sogar scheitern. Die Kommunikation ist gestört. Weitere Beispiele für solche Störungen sind: Informationen werden zurückgehalten oder nicht vollständig weitergegeben, der Empfänger hört nicht richtig zu, weil er vielleicht Vorbehalte gegenüber dem Sender hat.

Viele Arten von Interpretationen können zur Fehlkommunikation führen. Letztendlich macht der Ton die Musik. Auf einen verbalen Angriff erfolgt Abwehr oder ein Gegenangriff mit einem heftigen Schlagabtausch. […]

(Frankfurter Rundschau, 28.04.2007)

2 ***Untersuchen Sie den Text mithilfe folgender Fragestellungen.***

a) Welche Konfliktursachen werden im Text erwähnt?

b) Erläutern Sie, welche Konsequenzen sich daraus für die Effektivität des Arbeitsprozesses ergeben.

3 ***Entwerfen Sie auf der Grundlage der Ihnen bekannten Kommunikationstheorien (Kapitel 1, S. 7 ff.) Vorschläge, wie die oben aufgeführten Konflikte vermieden werden können.***

Fazit

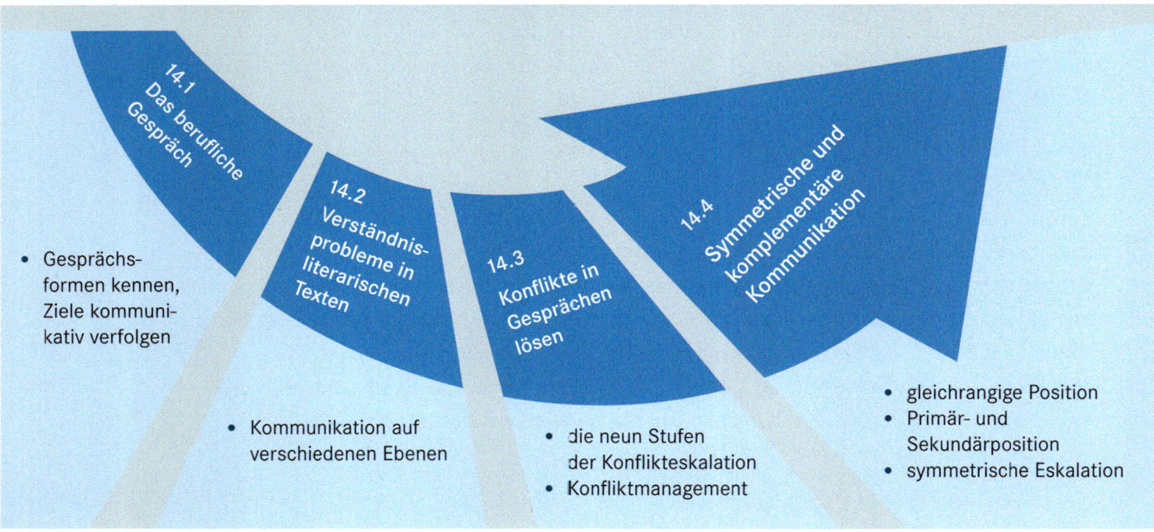

- Gesprächsformen kennen, Ziele kommunikativ verfolgen

- Kommunikation auf verschiedenen Ebenen

- die neun Stufen der Konflikteskalation
- Konfliktmanagement

- gleichrangige Position
- Primär- und Sekundärposition
- symmetrische Eskalation

Kapitel 15

Essay

Der Essay ist eine geistreiche, oft sehr subjektiv gefärbte Auseinandersetzung mit einem Thema. Diese Aufsatzform lässt Ihnen im Gegensatz zur Erörterung sehr viel mehr gestalterische Spielräume; deshalb ist der Essay auch den kreativen Schreibanlässen zuzurechnen. Die Themen, zu denen man einen Essay schreiben kann, sind ungeheuer vielfältig: Es können beispielsweise gesellschaftliche Probleme, menschliche Grundbefindlichkeiten oder Betrachtungen zu einer kulturellen Entwicklung sein.

Dieses Kapitel gibt Ihnen Hilfestellungen, um selbst einen guten Essay zu verfassen. In einem ersten Schritt wird der Einsatz von Textmaterialien und das Schreiben von Abstracts, kurzer, prägnanter Zusammenfassungen dieser Vorgaben, thematisiert. Dann beschäftigen Sie sich mit den wesentlichen Merkmalen eines Essays. Daran schließen sich sprachliche Übungen an, die Ihnen helfen sollen, interessant und ansprechend zu schreiben.

Was Sie bereits wissen

- ✔ Sie können Informationen aus Texten erschließen und strukturieren.
- ✔ Ein Abstract liefert eine aussagekräftige Zusammenfassung.

Das Dossier: Abstracts formulieren

Abstracts zu einer Textvorlage

Um eine Basis von Informationen für den Essay bereitzustellen, ist es hilfreich, Texte oder anderes Anschauungsmaterial zu sammeln. Eine solche Materialsammlung nennt sich Dossier. Die wesentlichen Informationen des Dossiers werden dann in Form von Abstracts zusammengefasst.

Material 1 zum Thema „Armut in Deutschland“

Sozialleistung: Altersarmut in Deutschland wächst

Immer mehr Menschen sind im Alter oder wegen eingeschränkter Arbeitsfähigkeit auf staatliche Hilfen angewiesen. Der Städte- und Gemeindebund sieht steigende Belastungen auf die kommunalen Haushalte zukommen.

HB BERLIN. Die Zahl der Empfänger der sogenannten Grundsicherung erhöhte sich nach Angaben des Statistischen Bundesamtes vergangenes Jahr um 7,4 Prozent beziehungsweise 51 000 Hilfsbedürftige. Insgesamt hätten rund 733 000 Menschen die Grundsicherung erhalten, teilte die Behörde am Freitag mit.

Der Deutsche Städte- und Gemeindebund warnte, wegen der Bevölkerungsentwicklung sei mit einem weiteren Anstieg von Beziehern dieser sozialen Leistung zu rechnen. Mit der seit 2003 erhältlichen Grundsicherung soll der Lebensunterhalt jener sichergestellt werden, deren eigenes Einkommen im Alter oder aufgrund einer Erwerbsminderung nicht ausreicht. Diese Menschen haben oft ein Leben lang gearbeitet. Ihnen soll der Bezug von Sozialhilfe und damit der Gang zum Sozialamt erspart werden.

Seit der ersten Erhebung Ende 2003 hat sich die Zahl der Bezieher um rund 67 Prozent erhöht. Etwas mehr als die Hälfte der Empfänger der Grundsicherung waren 2007 mindestens 65 Jahre alt. Frauen stellten mit 56 Prozent die Mehrzahl der Empfänger. 340 000 Menschen und somit 46 Prozent der Betroffenen waren zwischen 18 und 64 Jahren alt. Sie erhielten die Unterstützung, da sie aufgrund einer Erwerbsminderung aus dem Arbeitsleben ausgeschieden sind.

Der Städte- und Gemeindebund fürchtet eine steigende Belastung der kommunalen Haushalte, weil die Grundsicherung von den Gemeinden finanziert wird. Der Verband bezifferte die Ausgaben im vergangenen Jahr auf 3,5 Mrd. Euro, knapp 450 Mio. Euro mehr als 2006. Die Zunahme der Leistungsempfänger führt der Kommunalverband auf Einschnitte des Bundes bei anderen sozialen Leistungen zurück. Der Bund dürfe sich nicht aus seiner Verantwortung zurückziehen und die finanziellen Folgen auf die Kommunen abwälzen, forderte die Organisation.

Die höchsten Bezugsquoten wiesen die Stadtstaaten Bremen und Berlin mit je 1,8 Prozent sowie Hamburg mit 1,7 Prozent auf. Die wenigsten Bezieher gab es in Thüringen und Sachsen mit je 0,6 Prozent.

(Handelsblatt online, 31.10.2008)

Muster: Abstract

Das Handelsblatt weist unter Berufung auf das statistische Bundesamt darauf hin, dass immer mehr Menschen in Deutschland auf Sozialleistungen angewiesen sind, weil die Einkünfte nicht mehr ausreichen würden, um den Lebensunterhalt zu sichern. Besonders betroffen sei die Bevölkerungsschicht der Menschen über 65 Jahre. Dies belaste die kommunalen Haushalte zunehmend, die für deren Grundsicherung aufkommen müssten. Der Städte- und Gemeindebund kritisiert in diesem Zusammenhang den Bund, der immer mehr soziale Leistungen streiche oder empfindlich kürze.

Abstracts zu einer Textvorlage

1 ***Überprüfen Sie mithilfe des Basiswissens, ob die wesentlichen Anforderungen an einen Abstract erfüllt worden sind.***

Basiswissen | **Der Abstract**

Unter einem Abstract versteht man eine sehr kurze Form der Inhaltswiedergabe; sein Umfang sollte zwischen fünfzig und einhundert Wörtern liegen. Neben der **Kürze** ist die **Vollständigkeit der wesentlichen Inhalte** der Textvorlage ein wichtiges Bewertungskriterium. Bei der inhaltlichen Zusammenfassung von meinungsbildenden Texten (z. B. Kommentare, Interviews) sollte die **Fremdmeinung als solche gekennzeichnet** werden, z. B. mithilfe des Konjunktivs (➪ Basiswissen, Kapitel 5.1, S. 93). Beinhaltet das Material Faktenwissen (z. B. Statistiken), wird der Abstract im Indikativ formuliert. Eigene Stellungnahmen sind in einem Abstract nicht vorgesehen.

Sprache und Stil: Die Verwendung der indirekten Rede

Bei der Formulierung des folgenden Abstracts sind dem Schüler Fehler unterlaufen.

Muster

Textvorlage: *Es ist zu befürchten, dass die Armutsgefährdung bei jungen Familien zunimmt und sich immer mehr junge Menschen bewusst gegen eine Familie und Kinder entscheiden werden, um ein Mindestmaß an Wohlstand sichern zu können. So kann ein Paar, das im handwerklichen Bereich tätig ist, mit zwei Einkommen aus der Vollbeschäftigung relativ sorgenfrei leben; fällt ein Partner wegen der Kindererziehung jedoch ganz oder teilweise aus, droht sehr schnell die Armutsfalle.*

Abstract: *Der Verfasser äußert seine Sorge, dass die Armutsgefährdung bei jungen Familien zunimmt und sich immer mehr junge Menschen gegen eine Familie und Kinder entscheiden werden, weil man Angst hat, sich Kinder aufgrund der Einkommensminderung nicht mehr leisten zu können.*

2 ***Korrigieren Sie mithilfe des Basiswissens die Fehler bei der Verwendung der indirekten Rede im Abstract.***

Die Informationen des folgenden Textes können Sie in einem eigenen Abstract verarbeiten.

Wie es in Deutschland um die Armut bestellt ist, sieht man auch daran, dass Institutionen wie „Die Tafel“ von Jahr zu Jahr mehr Zulauf erhalten, weil es offensichtlich immer mehr Menschen gibt, die nicht in der Lage sind, für sich und die Angehörigen eine qualitativ ausreichende und auch gesunde Mahlzeit zuzubereiten. Das hängt sicher mit der finanziell prekären Situation vieler Familien zusammen, aber auch mit den fehlenden Kenntnissen, wie man trotz bescheidener Mittel ein rundum vollwertiges Essen zubereitet.

3 ***Formulieren Sie Abstracts auf der Grundlage des Textauszugs (➪ S. 248). Verwenden Sie dabei den Konjunktiv I bzw. Konjunktiv II. Beschränken Sie sich auf die Kernaussagen und kürzen Sie die Textvorlagen um mindestens die Hälfte.***

Abstracts zu einem Schaubild

Auch ein Schaubild kann als Grundlage für das Verfassen eines Abstracts herangezogen werden.

Material 2

Armutsgefährdungsquote auf Basis des Bundesmedians 2007
Anteil der Personen mit weniger als 60 % des Medians der Äquivalenzeinkommen der Bevölkerung in Privathaushalten (neue OECD-Skala)

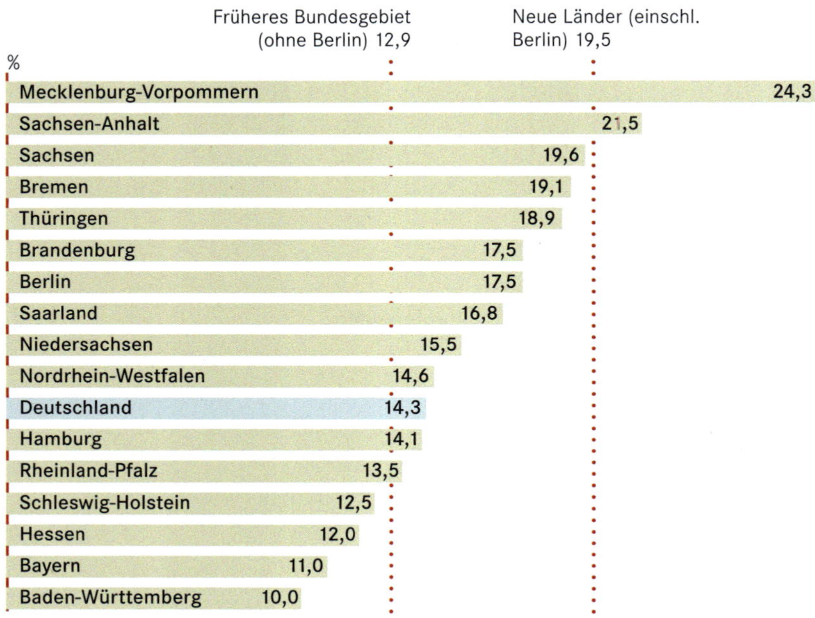

Ergebnisse des Mikrozensus, Berechnungen durch den Landesbetrieb „Information und Technik Nordrhein-Westfalen“ (IT.NRW).

(www.destatis.de)

Muster

Die Statistik untersucht die Armutsgefährdung in den einzelnen Bundesländern und kommt zu dem Ergebnis, dass vor allem in den neuen Bundesländern die Gefahr, arm zu werden, besonders hoch ist. Mecklenburg-Vorpommern (24,3 %), Sachsen-Anhalt (21,5 %) und Sachsen (19,6 %) führen die Liste der Bundesländer an. Hingegen ist der Armutsanteil in den Ländern Bayern und Baden-Württemberg mit elf bzw. zehn Prozent eher gering. Im Bundesdurchschnitt liegt das Risiko, arm zu werden, bei 14,3 Prozent.

1 *Untersuchen Sie das Muster, indem Sie*

a) herausarbeiten, welche Informationen der Statistik im Text auftauchen und welche unerwähnt bleiben.

b) alle Indikativformen herausschreiben und erklären, weshalb der Konjunktiv I bzw. II in diesem Fall nicht eingesetzt werden darf.

Abstracts zu einem Schaubild

Hartz-IV-Empfänger werden streng überwacht.

Material 3

Wut bei Hartz-IV-Empfängern

[...] Die Hartz-IV-Kontrolleure sollten demnach dann verstärkt zu Hausbesuchen bei Arbeitslosen ausschwärmen und mit Zustimmung des Hartz-IV-Empfängers auch Schränke kontrollieren, „wenn eine Sachverhaltsaufklärung sonst nicht möglich ist“. Die Ergebnisse der Wohnungskontrollen sollten detailliert protokolliert und „Auffälligkeiten“ für jeden Raum gesondert beschrieben werden, heißt es in dem Bericht weiter. Den Außendienstmitarbeitern solle es auch erlaubt sein, Nachbarn oder Bekannte über die Hartz-IV-Bezieher zu befragen. Selbst Kinder sollten befragt werden, wenn ihre Erziehungsberechtigten zustimmen.

Bei den Arbeitslosen selbst und zahlreichen Vereinigungen herrscht nun Wut und Entsetzen. „Die Anweisungen lesen sich wie eine Anleitung für nachrichtendienstliche Ermittler und erinnern sehr stark an die Ausspähung von Bürgern der DDR durch die Stasi“, echauffiert sich Sebastian Bertram von der Initiative „gegen-hartz.de“.

Der Initiative „Erwerbslosen Forum Deutschland“ schwant schon, künftig reiche nur eine anonyme Anzeige eines gehässigen Nachbarn aus, um die „Observationen“ zu starten. „Wir fordern die Bundesregierung auf, die Bundesagentur für Arbeit sofort in ihre Schranken zu verweisen“, zürnt Martin Behrsing, der Sprecher der Vereinigung.

„Nur die Ultima Ratio“

In Nürnberg jedoch kann man die Aufregung überhaupt nicht verstehen. „Observation“ sei „in Deutschland ein gängiger Begriff“, sagte eine Sprecherin der Bundesagentur zu sueddeutsche.de. Im Übrigen sei die Wortwahl auch mit dem Bundesarbeitsministerium abgestimmt.

Die umstrittene Weisung erfolge auf Initiative des Bundesrechnungshofes. Der habe die Bundesagentur dazu aufgefordert, die Ermittlungen gegen Leistungsmissbrauch „verbindlicher“ zu gestalten, sagte die Sprecherin. Bislang hätten die Jobcenter und Argen nur nach Hinweisen und Empfehlungen der Bundesagentur ermitteln können. Jetzt könnten die Behörden vor Ort auch auf eigene Initiative handeln.

Eine „Observation“ könnte nur „die Ultima Ratio“ sein. „Es betrifft nur extrem wenige und schwerwiegendste Fälle“, sagte die Sprecherin – und fügte hinzu: Wenn man diese Fälle öffentlich machen würde, dann werde der Protest gegen die Pläne schnell verstummen.

(Sueddeutsche Zeitung online, 24.06.2009)

1 *Verfassen Sie den Abstract zu dem Material 3.*

Zwischenfazit

- eigene Worte verwenden
- wesentliche Informationen wiedergeben
- Textinhalt stark verdichten
- Regeln der indirekten Rede einhalten

Merkmale des Essays erarbeiten

Bevor Sie mit Ihrem eigenen „Schreibversuch“ beginnen, sollten Sie sich darüber informieren, welche Merkmale einen Essay auszeichnen.

R. Nolte: Stationen der Literatur, Essays von der Aufklärung bis heute (Auszug)

„Der Essay ist eine Abstraktion, für die es beinahe keine Beispiele gibt“, heißt es bei Robert Musil, womit die scheinbar harmlose Formulierung eines Schriftstellers, der es wissen muss, auf wesentliche Merkmale der Gattung hinweist. Da wäre zunächst die „Reinheit“. Der Essay ist als Zwitter verrufen, als Un-Gattung: Er ist weder Drama noch Lyrik noch Epik. Aber auch die Wissenschaften, vornehmlich die Philosophie erkennen den Essay nicht ohne Weiteres als ihr Kind an. Der eher assoziative Gedankenspaziergang, die Offenheit des Resultats und sein Widerwille gegen geschlossene Ideensysteme machen ihn unbrauchbar für die stringente[1] Abhandlung wie für das moralisierende Traktat[2]. Stattdessen gewährt der Essay dem eher hypothetischen Denken, der Interpretation des bereits Bekannten den Vorzug. Er greift im „gelehrten Zitat“ auf kulturelle Wissensbestände zurück, kennt aber nicht den „kritischen Apparat“ des Brotgelehrten, sondern zeigt sich als philosophischer Kopf. Er wird über einzelnes stutzig, will ihm auf die Schliche kommen und findet dabei – eher absichtslos, so scheint's – Allgemeines. Dabei bedient er sich oft eines Plaudertons, der – in Deutschland allemal – als Ausweis der Unwissenschaftlichkeit gilt, verweist dieser Ton doch auf eine der Quellen des Essays, nämlich die Reflexion der Sitten und Unsitten in der Gesellschaft. Und hierbei ist der fantasievollen Ausgestaltung des Kerns ja keine Grenze gesetzt. [...]

Lust am Schreiben jedenfalls heißt zweierlei, heißt Lust am Formulieren und Fabulieren, heißt auch Lust am Denken, am gedanklichen Erproben. Beides zusammen scheint mir, kann das Dach bilden, unter dem das nur scheinbar ungeliebte Kind groß wird. Genährt von einer Zeit, die offene Problemlagen zur Genüge kennt und betreut von Menschen, die sich selbst schreibend erproben, ihren Horizont abstecken und erweitern, müsste dieses Kind eigentlich zur Schule gehen [...].

1 bündig, zwingend, beweiskräftig
2 Abhandlung, religiöse Flugschrift

1 ***Untersuchen Sie den Text unter folgenden Fragestellungen.***

a) Warum ist der Essay als „*Zwitter verrufen*“ (Z. 6)?

b) Stellen Sie dar, inwiefern sich ein Essay von einer stringenten Abhandlung einerseits und einem moralisierenden Traktat andererseits unterscheidet.

c) Notieren Sie Stichworte aus dem Text, mit denen der Essay in thematischer, formaler und sprachlicher Hinsicht beschrieben wird. Was ist er nicht? Was ist er?

d) Welche Fähigkeiten muss der Verfasser eines Essays haben?

Die Schriftstellerin Juli Zeh beschäftigt sich im folgenden Essay mit dem Thema „Tabus“.

Juli Zeh: Supranationales Glänzen oder: Die schlechteste aller Staatsformen? (Auszug)

„Haben wir eigentlich noch Tabus?“ – „Wieso, fährst du zum Europäischen Markt?“ – „Sonst würde ich ja nicht fragen.“ – „Ich schaue nach.“ Während ich, den Autoschlüssel in der Hand, vor der Haustür warte, verschwindet mein Partner für den Frieden im Schuppen. Ich höre, wie er Gerümpel beiseite räumt, Schubladen und Schränke öffnet. Dann erscheint er auf der Schwelle und zuckt die Achseln. „Ich weiß nicht recht, wo ich suchen soll ... Wie kommst du denn jetzt darauf?“ – „Ach“, sage ich, „mein Chef meinte neulich, ich hätte so eine tabulose Art, Probleme zu lösen. Und ich wusste nicht einmal, ob das ein Kompliment oder eine Beleidigung war.“

Schon von Weitem sehe ich die Neonschrift über dem Gebäude leuchten: „Globus Europa“. Trotzdem sieht die Anlage mit ihren riesigen Hallen und weiten Betonflächen nicht europäisch aus, sondern eher wie eine amerikanische Mall. Ich biege in den Parkplatz ein und passiere ein Schild mit der Aufschrift „Freier Verkehr von Waren, Dienstleistungen und Kapital – hier gelten die Gesetze der Europäischen Union“.

Um es hinter mich zu bringen, frage ich gleich an der Information: „Wo bitte finde ich Tabus?“ – „Die Kosmetikabteilung ist gleich hier vorne, noch vor den Agrarprodukten.“ – „Das ist ein Missverständnis. Ich suche Tabus.“ – „Na ... Warten Sie mal.“

Der Computer wird angeworfen. Während das Mädchen auf den Monitor starrt, zähle ich zum Zeitvertreib die gelben Sterne auf ihrem dunkelblauen Kittel.

„Ta-, Tabakwerbeverbot“, murmelt sie. „Hier, Tabus. Bei Naturvölkern die Heiligung eines mit Manna gefüllten ... Was sind denn Naturvölker?“ – „Nein, nein, in anderer Bedeutung. Lesen Sie weiter.“ – „Etwas, das sich dem sprachlichen Zugriff aus Gründen einer unreflektierten Scheu entzieht. Meinen Sie das vielleicht?“ Ich nicke. „Warennummer gelöscht“, sagt das Mädchen, „da kann ich nicht weiterhelfen. Fragen Sie doch mal in der Werte-Abteilung.“

Das ist meine Lieblingsabteilung. Man bekommt „Alles für die Demokratie“: Freiheiten, Gleichheiten, Menschenrechte jeder Art, meist in guter Qualität. Wenn auch nicht ganz billig. Mal wieder ist die Hölle los. Es wird angebaut, die Unterabteilung für Gemeinsame Grundrechte und Europäische Verfassung kommt hinzu. Hinter einem Restposten Transzendenz entdecke ich die blauen Kittel zweier Angestellter.

„Entschuldigen Sie, ich suche Tabus!“

„Hier??“ Das ist keine vielversprechende Reaktion. „Fragen Sie doch mal in der Kosmetikabteilung. Oder bei Obi.“

Sehr witzig. Ich zucke die Achseln, bedanke mich und verschwinde zwischen den Regalreihen. Unser Haushalt hat auch ohne Tabus immer gut funktioniert.

Auf dem Weg zur Kasse zupft mich jemand am Ärmel. Hinter mir steht der ältere der beiden Angestellten, sein Atem geht schnell. Er ist kleiner als ich und trägt einen Schnauzbart wie Nietzsche, über dem seine Nase bei jedem Wort zuckt.

„Hören Sie", sagt er, „das hat mir keine Ruhe gelassen. Ich muss Ihnen etwas zeigen." – „Haben Sie doch noch welche gefunden?"

Wir passieren Rindfleisch und Bananen, schlagen einen Bogen um den Butterberg und landen vor einer zweiflügligen Metalltür. „Das ist das Lager." Die Skyline aus Europaletten zieht sich bis in neblige Ferne. „Sehen Sie!" Ich sehe. Und zwar einen Stapel zusammengefalteter Kartons, die Aufkleber tragen: „Tabus – Made in Germany". „Was bedeutet das?" Er zuckt die Achseln. „Wir hatten anscheinend welche da", sagt er, „und aus irgendeinem Grund ist die Nachbestellung unterblieben."

Ich bedanke mich und lasse ihn zwischen den leeren Kartons zurück. Nachdenklich streicht er seinen Schnurrbart und schaut ins Leere. [...]

1 ***Untersuchen Sie den Beginn des Essays, indem Sie***

a) erarbeiten, was diesen Text von einem Zeitungskommentar (➪ Kapitel 4.1, S. 75) unterscheidet.
b) eine Definition von „Tabu" formulieren und Beispiele für Tabus benennen.
c) die kreativen Gestaltungsvarianten, mit denen die Verfasserin arbeitet, beschreiben.
d) darlegen, wie die theoretischen Aussagen zum Essay bei Zeh umgesetzt werden.

Zwischenfazit

- Mischung von subjektiver und objektiver Sichtweise
- Verzicht auf Stringenz – assoziativer Gedankenspaziergang
- ausgiebiger Gebrauch von poetischen und rhetorischen Mittel
- Entfaltung des Denkens während des Schreibens

Die Schreibwerkstatt: Den Schreibprozess vorbereiten

Schreibblockaden überwinden

Um Schreibblockaden zu überwinden, können Ihnen die folgenden Übungen weiterhelfen.

Arbeitstechnik **Schreibblockaden überwinden**

Freewriting

Nehmen Sie sich fünf Minuten Zeit und schreiben Sie alles auf, was Ihnen in Bezug auf das Thema einfällt, zu dem Sie einen Essay schreiben wollen. Wichtig ist, dass Sie dabei den Stift nicht absetzen. Diese Methode kann hilfreich sein, wenn Sie dazu neigen, zu analytisch an ein Thema heranzugehen.

Cluster

1. Beginnen Sie immer mit einem Kern, den Sie auf eine leere Seite schreiben und mit einem Kreis umgeben.
2. Lassen Sie sich einfach treiben und folgen Sie dem Strom der Gedankenverbindungen, die in Ihnen auftauchen.
3. Schreiben Sie Ihre Einfälle rasch auf, jeden in einen eigenen Kreis. Lassen Sie die Kreise vom Mittelpunkt aus ungehindert so in alle Richtungen ausstrahlen, wie es sich gerade ergibt.
4. Verbinden Sie jedes neue Wort oder jede neue Wendung durch einen Strich oder Pfeil mit dem vorigen Kreis. Überlegen aber nicht lange, welcher Strang wohin strebt.
5. Wenn Ihnen etwas Neues oder Andersartiges einfällt, verbinden Sie es direkt mit dem Kern und bewegen Sie sich von dort nach außen, bis diese aufeinanderfolgenden Assoziationen erschöpft sind.
6. Beginnen Sie dann mit der nächsten Ideenkette wieder beim Kern.
7. Möglicherweise empfinden Sie irgendwann ein Unbehagen und ein Gefühl der Ziellosigkeit. Lassen Sie sich nicht beirren und fahren Sie fort.
8. Notieren Sie noch einige weitere Minuten lang alle Assoziationen zu dem Kernbegriff.
9. Wenn Sie – meist nach etwa zwei Minuten – innerlich eine Veränderung spüren, die Ihnen sagt „Aha! Ich glaube, jetzt weiß ich, was ich schreiben will!“, dann ist es Zeit, mit dem Schreiben zu beginnen.
10. Lassen Sie das Cluster kurz auf sich wirken. Irgendein Element daraus wird Sie zu Ihrem ersten Satz anregen. Schreiben Sie ihn auf. Der Anfang ist geschafft – die erste Schreibhürde genommen.
11. Suchen Sie nun aus dem Cluster nur die Einzelheiten heraus, die sich in das Ganze einfügen. Schreiben Sie einen in sich geschlossenen Text. Es müssen nicht alle Elemente des Clusters im Text enthalten sein. Verknüpfen Sie Beginn und Ende des Textes, indem Sie ein wichtiges Wort, eine Wendung, einen wesentlichen Gedanken oder ein Gefühl, das schon zu Beginn des Textes eine Rolle gespielt hat, wieder aufgreifen. So wirkt Ihr Text geschlossener. (Nach: Gabriele Rico: Garantiert Schreiben lernen, Hamburg: rororo 2004)

Gegensatzcluster

Häufig wird man sich über einen Begriff erst dann richtig klar, wenn man seinen Gegenbegriff nach dem gleichen methodischen Verfahren wie oben erschließt. Im Falle unseres Essay-Themas „Armut in Deutschland“ wären Begriffe wie Reichtum, Wohlstand oder Überfluss zu clustern.

Clustern

Der Gedankenspaziergang für die Vorbereitung Ihres Essays verläuft schrittweise. Im ersten Schritt prüfen Sie, welche Informationen aus den Abstracts Sie in das Cluster übernehmen wollen und welche Sie selbst zur Verfügung haben.

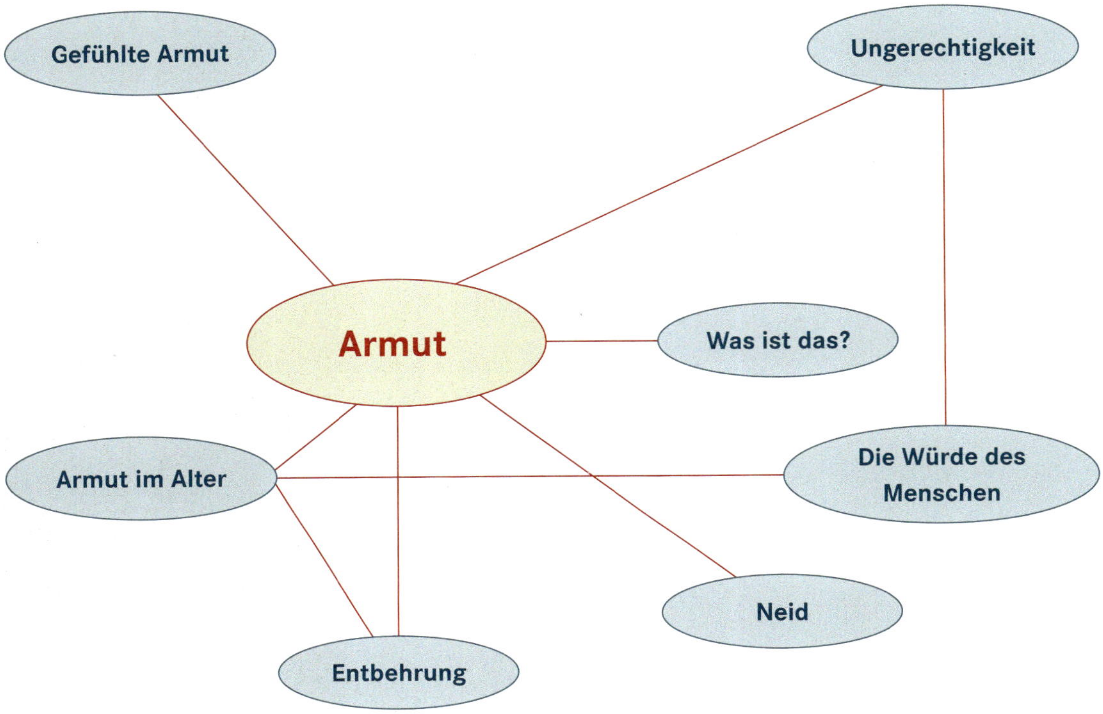

1 *Entwerfen Sie ein Cluster zum Thema Armut. Befolgen Sie dabei die Anweisungen zum Cluster auf Seite 255.*

2 *Entwerfen Sie ein Gegensatzcluster zu den Begriffen Reichtum und Überfluss.*

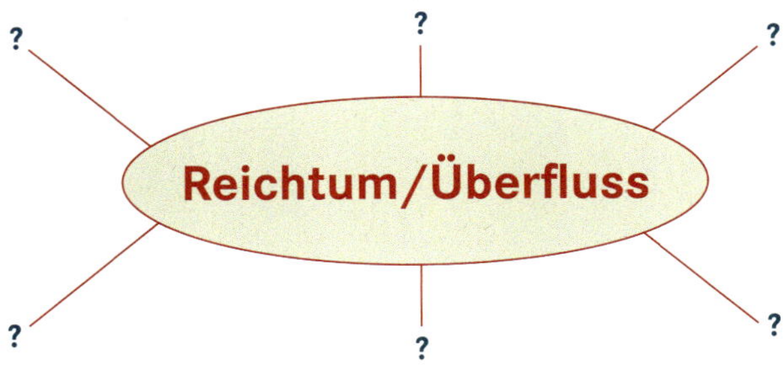

3 *Vergleichen Sie Ihre Cluster mit denen Ihres Nachbarn und ergänzen Sie ggf. Aspekte, die Sie für wichtig halten.*

4 *Überprüfen Sie Ihr Cluster hinsichtlich offener Fragen oder Aspekte, die Sie nicht zuordnen können, und halten Sie diese in einem Ideenspeicher fest.*

Rhetorische Figuren verwenden

Sprache und Stil

Da der sprachlichen Gestaltung eines Essays besondere Bedeutung zukommt, muss ein Augenmerk auf die sprachliche und stilistische Präsentation gelegt werden. Auf den folgenden Seiten lernen Sie einige gängige Gestaltungsmöglichkeiten kennen und anwenden. Der folgende Text vertieft das Thema „Armut in Deutschland", besonders Kinder sind davon betroffen.

Material 4

Kinderarmut in Deutschland – Tendenz steigt

von Mark Fiedler

Kinderarmut in Deutschland und allgemein in „reichen" Ländern ist längst ein brisantes Thema. Derzeit leben in Deutschland rund fünf Millionen Kinder an oder unter der Armutsgrenze. Tendenz steigend.

Dass die Zahl der von Armut betroffenen Kinder in Zukunft steigen wird, befürchten nicht nur Kinderschutzbund und **UNICEF** schon seit Jahren. Derzeit werden die Rufe nach stärkeren Reaktionen seitens der Bundesregierung wieder lauter, denn die Weltwirtschaftskrise kann das Problem künftig noch weiter verschärfen.

Demografischer Wandel: Besorgniserregend

Auch der demografische Wandel macht Experten in Bezug auf die Kinderarmut in Deutschland große Sorgen, denn tendenziell werden in ärmeren Familien mehr Kinder geboren. Das wird in 20 Jahren dazu führen, dass es im Verhältnis zum heutigen Stand weniger Kinder gibt, von denen aber ein größerer Anteil in Armut lebt. Reden wir von „Armut", meinen wir damit, dass diese Kinder weniger als 50 bis 60 Prozent des Durchschnittseinkommens zur Verfügung haben. Darüber hinaus spielen im Falle einer Beurteilung dessen, was Armut ist, auch andere Faktoren eine Rolle. So gehen mit der Kinderarmut in Deutschland nicht selten Aspekte wie fehlende Bildungschancen und somit eine regelrechte „Vererbung" von Armut durch fehlende Perspektiven einher.

Im Moment sind laut einer Untersuchung des Bundesfamilienministeriums um die 2,4 Millionen Kinder armutsgefährdet. Darüber hinaus lebt ein Drittel aller Kinder tatsächlich in armen Verhältnissen. Das sind noch einmal um die fünf Millionen. Die Auswirkungen der Kinderarmut in Deutschland zeigen sich in, besonders von Armut betroffenen, Stadtgebieten beispielsweise darin, dass Anlaufstellen für arme Menschen immer mehr frequentiert werden. Auch von Kindern, denen angesichts der Armut oft weder ein adäquater Wohnraum mit ausreichenden Möglichkeiten zum Lernen, Spielen und Leben zur Verfügung steht, noch eine warme und ausgewogene Mahlzeit einmal am Tag.

Es wird Zeit zu handeln, denn selbst gemeinnützige Anlaufstellen wie die Tafel oder auch Projekte wie „Die Arche" sind mittlerweile am oberen Versorgungsniveau angelangt. Seit Hartz IV hat sich der Zulauf multipliziert. Wer schnell helfen möchte, kann beispielsweise über Vereine wie Kinderarmut e.V. Patenschaften übernehmen oder Sachspenden leisten.

(politik blog online, 10.03.2009)

Rhetorische Figuren verwenden

1 *Verfassen Sie einen Abstract des Textes „Kinderarmut in Deutschland".*

2 *Schreiben Sie zum Thema Kinderarmut eine kurze Stellungnahme (➪ Arbeitstechnik, Kapitel 5.3, S. 100), in welcher Sie jeweils eine Parallelkonstruktion, eine Aufzählung, eine Antithese, ein Hendiadyoin und ein Oxymoron verwenden (➪ Basiswissen).*

Basiswissen – Ausgewählte rhetorische Figuren

Die Parallelkonstruktion mit Anapher

Mehrere Sätze sind syntaktisch nach dem gleichen Muster aufgebaut und werden aneinandergereiht, um die Intensität des Ausdrucks zu steigern. Diese Wirkung kann durch das Stilmittel der Anapher (➪ Basiswissen, Kapitel 6.4, S. 128) verstärkt werden.

Beispiel: *Ohne Arbeit fehlt das Geld, ohne Arbeit fehlt die Anerkennung, ohne Arbeit fehlt die Teilhabe am öffentlichen Leben.*

Die Aufzählung

Ein weiteres Mittel, die Ausdruckskraft des Geschriebenen zu vergrößern, ist die Aufzählung, weil sie in ihrer Prägnanz direkt ins Bewusstsein des Lesers gelangt und dort ihre Wirkung entfaltet.

Beispiel: *Die Verwaltung des Notstands betrifft alle Bereiche: Nahrung, Kleidung, Heizung, aber auch Freizeitaktivitäten, Mobilität und Kultur.*

Antithetische Gegenüberstellung

Gerade wenn es darum geht, sich von einer Position abzugrenzen, kann die antithetische Gegenüberstellung helfen, die eigenen Ausführungen deutlicher zu positionieren.

Beispiel: *Wer im Wohlstand lebt, kann die Armut nicht beurteilen.*
Die Fronten sind klar: Auf der einen Seite diejenigen, die Arbeit haben und Steuern bezahlen, auf der anderen Seite diejenigen, die von staatlicher Unterstützung leben müssen, weil sie arbeitslos geworden sind.

Der Chiasmus (➪ vgl. S. 128)

Eine besonders auffällige Form der antithetischen Gegenüberstellung ist die Überkreuzstellung von Wörtern, die Gegensatzpaare bilden.

Beispiel: *Die Abiturienten sind größtenteils berufstätig, arbeitslos aber werden die ohne Schulabschluss.*

Das Hendiadyoin

Intensiviert werden Aussagen auch dadurch, dass sie gedoppelt werden. Beim Hendiadyoin handelt es sich um zwei Wörter, die eigentlich dasselbe aussagen.

Beispiel: ***Entbehrung und Mangel** bestimmen den Alltag: **Zufriedenheit und Bedürfnislosigkeit** sind Fremdworte im Alltag dessen, der Armut leidet.*

Das Oxymoron (➪ vgl. S. 129)

Beim Oxymoron handelt es sich um ein Begriffspaar, das sich widerspricht und dadurch den Leser in seinem Rezeptions- und Reflektionsprozess irritiert.

Beispiel: ***Der Reichtum des Armen** besteht darin, dass er sich keine Sorgen um Verluste machen muss.*
***Wer den Hunger satt hat**, ist bereit, alles zu tun, um seine Situation zu verändern.*

Informativ-argumentative Passagen verfassen

Auch informativ-argumentative Passagen können in einem Essay auftauchen. Allerdings sollten nicht zu viele dieser Textbausteine verwendet werden, da sonst die eher subjektive Ausrichtung verloren ginge.

Muster

Informationen aus dem Material 1

Armut betrifft zwar alle Bevölkerungsgruppen, aber die ältere Generation ist besonders davon betroffen. Die Belastungen, die dadurch entstehen, können zu einer weiteren Verschuldung der Gemeinden führen.

1 ***Untersuchen Sie die Materialien 2 – 4 hinsichtlich der Frage, welche Informationen Sie in Ihrem Essay eventuell erwähnen möchten und welche Ihnen nicht so wichtig sind.***

2 ***Welche weiteren Informationen wollen Sie in Ihrem Essay zum Thema „Armut in Deutschland“ behandeln? Auf welches Wissen können oder wollen Sie dabei zurückgreifen?***

3 ***Klären Sie nun Ihr Verhältnis zum Thema: Halten Sie die Armut in Deutschland für erträglich, schlimm, bekämpfenswert?***

4 ***Formulieren Sie im Anschluss Argumente, die Ihre Position glaubhaft machen.***

Muster

Wer die Armut in Deutschland kritisiert, übersieht, dass hier niemand verhungern oder erfrieren muss, weil die Grundversorgung ausreicht, um das Überleben zu sichern. Mehr kann und darf der Staat nicht leisten, weil er sonst die Bürger aus ihrer Eigenverantwortung entlässt und sie letzten Endes entmündigt.

5 ***Gliedern Sie Ihre Informationen und Argumente, die Sie im Essay aufgreifen wollen, z. B.:***

Muster

Definition von Armut	→	
Differenzierung nach Bundesländern und Bevölkerungsgruppen	→	
Armut widerspricht der sozialen Gerechtigkeit	→	
Armut ist ein Angriff auf die Würde des Menschen	→	

Expressive und appellative Passagen verfassen

Da der Essay zu den betont subjektiven Schreibformen gezählt wird, ist es wichtig, auch expressive Passagen einzuflechten und die Stilebenen entsprechend zu variieren.

Muster

- *Die Armut ist ein grausames Ungeheuer, dem man nicht aus dem Weg gehen kann. Es begleitet denjenigen, der davon betroffen ist, Tag und Nacht.*
- *Oder wie würden Sie sich fühlen, wenn man Sie zwingen würde, ihre intimsten Details zu Protokoll zu geben?*
- *Mit der Armut ist es wie mit einer schweren Krankheit – je länger sie andauert, umso schlechter fühlt man sich.*
- *Ich bin sicher, nein – ich weiß, dass es unzählige Möglichkeiten gibt, Armut zu bekämpfen.*
- *Aber muss man nicht auch tiefes Mitgefühl mit den armen Managern haben, die wegen Missmanagement mit wenigen Millionen Abfindung überleben müssen?*
- *Armut bedeutet: schlechtes Essen, schlechte Kleidung, schlechte Bildung.*
- *Hartz IV ist zu viel zum Sterben, zum Leben zu wenig.*
- *Armut macht krank, Armut macht dumm, Armut macht den Menschen kaputt.*
- *Manchmal fühle ich mich richtig schlecht, wenn ich daran denke, wie gut es mir geht.*

1 ***Untersuchen Sie das Muster unter sprachanalytischen Gesichtspunkten.***

a) Notieren Sie die eingesetzten rhetorischen Figuren (➪ S. 258) und beschreiben Sie deren Wirkung auf den Leser.

b) Notieren Sie die verwendeten Adjektive und beschreiben Sie deren Wirkung auf den Leser.

c) Formulieren Sie weitere expressive Passagen zum Thema „Armut".

Die Verwendung von Ich-Botschaften hilft Ihnen, Ihre Gefühle bezüglich des Themas zum Ausdruck zu bringen. Auch fiktionale Dialoge können in den Essay eingebaut werden.

Ferienjob: Hartz-IV-Kinder zahlen für ihre Eltern

Sommerjobs sind eine willkommene Alternative für Schüler, ihr Taschengeld aufzubessern – und zwar meist abgaben- und steuerfrei. Nur Kindern von Hartz-IV-Empfängern wird dies praktisch verwehrt, da den Eltern ansonsten eine Kürzung der staatlichen Leistung droht.

von Rudolf Stumberger

Während der großen Ferien ein paar Euro dazuverdienen, um sich neue Turnschuhe, ein Fahrrad oder eine Reise zu finanzieren – für viele Schüler eine normale Angelegenheit, um das Taschengeld aufzubessern. Ihnen bleibt dabei vom Verdienst meist brutto für netto, die Sommerjobs sind als sogenannte kurzfristige Beschäftigung sozialabgabenfrei und bis zu einer Einkommensgrenze von rund 7 500 Euro auch steuerfrei.

Nicht so für Jugendliche, deren Eltern langzeitarbeitslos sind. Hartz IV schlägt auch hier eine Bresche zwischen die Ferienjobber und trennt die Bedürftigen von der „normalen" Welt ihrer Klassenkameraden. Denn Schüler, die in einer sogenannten Bedarfsgemeinschaft leben, dürfen nur 100 Euro von ihrem Ferienjob behalten, darüber hinausgehender Verdienst wird abzüglich von Freibeträgen als

Appellative Passagen verfassen

zusätzliches Einkommen gestaffelt von 80 bis 100 Prozent vom Regelsatz wieder abgezogen. Zudem droht bei Nichtmeldung der Schülereinkünfte ein Strafverfahren und ein Bußgeld.

„Für nicht gerecht und kaum nachvollziehbar", hält die SPD-Bundestagsabgeordnete Petra Ernstberger diese Regelung und hat den Parlamentarischen Staatssekretär Kajo Wasserhövel im Bundessozialministerium in einem Brief gefragt, ob hier nicht eine gesetzliche Änderung angezeigt sei. Hintergrund des Briefes ist ein Fall aus dem bayerischen Wahlkreis der Bundestagsabgeordneten. Ein 16-jähriger Schüler in Wunsiedel hatte im vergangenen August drei Wochen lang einen Ferienjob angetreten, er konnte erstmals seine Englisch-Kenntnisse als Betreuer eines Jugend-Workshops anwenden. Die Freude über das erarbeitete Geld dauerte jedoch nicht an. Denn seine Mutter, alleinerziehend und seit einigen Jahren arbeitslos, ist Hartz IV-Bezieherin. Und damit ist der 16-Jährige kein normaler Schüler mehr, sondern Mitglied der sogenannten Bedarfsgemeinschaft. Somit galt für ihn die Freigrenze von 100 Euro im Monat.

Kürzung plus Geldbuße

Die „Arbeitsgemeinschaft für Arbeitssuchende in der Region der Landkreise Wunsiedel und Tirschenreuth-Nord", die Arge, kürzte deshalb das Einkommen der Familie für einen Monat fast um die Hälfte. „Daran habe ich wirklich nicht gedacht. Ich habe Florian einfach als meinen Sohn angesehen, nicht als Teil einer Bedarfsgemeinschaft", so die 52-jährige ehemalige Bankangestellte zu der örtlichen Lokalzeitung.

Doch es blieb nicht nur bei der Kürzung: Versäumt ein Hartz-IV-Bezieher, zusätzliche Einkommen der Behörde zu melden, hat das Folgen. So müssen auch kleine Gewinne – wie zum Beispiel fünf Euro beim Prämiensparen der Bank – der Arge gemeldet

werden. Ansonsten droht eine Geldbuße bis zu 2 500 Euro oder gar – bei Zahlungsunfähigkeit – Erzwingungshaft. Im Fall der Mutter von Florian bedeutete dies eine Geldbuße von 61 Euro.

Für den 16-jährigen Schüler lohnt sich also Leistung nicht und das Amt bestätigt ihm, dass für ihn andere Spielregeln gelten als für den Banknachbarn in seiner Klasse. Hintergrund ist, dass die Behörde alles anrechnet, was pro Monat einer Bedarfsgemeinschaft zufließt. Hätte der Schüler seinen Verdienst von 750 Euro auf zwölf Monate verteilt ausbezahlt bekommen, so wäre ihm das Geld geblieben, da der monatliche Zuverdienst unter dem Grenzwert von 100 Euro läge. So aber wurde der Lohn auf einen Monat angerechnet.

Ungerecht, findet die Bundestagsabgeordnete Ernstberger: „Ich sehe an dieser Stelle einen Nachbesserungsbedarf dahingehend, dass ein einmaliger Ferienjob gegenüber einer monatlich geleisteten Nebentätigkeit nicht zu Nachteilen für Jugendliche führen sollte."

(Stern online, 21.07.2008)

1 *Verfassen Sie zu dem Text eine kurze Stellungnahme (→ Arbeitstechnik, Kapitel 5.3, S. 100). Gestalten Sie Ihren Text so appellativ wie möglich und verwenden Sie dabei mindestens eine Metapher, einen Vergleich, eine Trias, eine Correctio, eine Anapher und eine rhetorische Frage. Formulieren Sie auch immer wieder Ich-Botschaften, um Ihren Gefühlen Nachdruck zu verleihen.*

Appellative Passagen verfassen

Eine weitere inhaltliche und stilistische Variante sind appellative Passagen, in welchen Sie sich direkt an den Leser oder auch an bestimmte Zielgruppen richten können.

Muster

- *Wir alle müssen uns darum bemühen, gegen die soziale Ausgrenzung anzukämpfen; wir dürfen doch nicht zulassen, dass bereits Kinder mit dem Kainsmal der Armut gebrandmarkt sind.*
- *Auf das Schärfste ermahne ich die Politiker, endlich die Augen zu öffnen und sich dem Problem der Kinder- und Altersarmut in Deutschland zu stellen.*
- *Ich bitte Sie, sich einmal in die Lage eines alten Menschen zu versetzen, der sein ganzes Leben gearbeitet hat und nun feststellen muss, dass die Rente nicht zur Deckung des Lebensunterhaltes ausreicht.*
- *Kann es denn wirklich sein, dass es für eine immer größer werdende Gruppe, die von der Armut betroffen ist, keine politischen und kirchlichen Fürsprecher gibt?*
- *Gehören Sie auch zu denjenigen, die glauben, man könne mit 600 Euro im Monat ein sorgenfreies Leben führen?*
- *Wer wird mir widersprechen, wenn ich behaupte, in Deutschland geht die Schere zwischen Arm und Reich immer weiter auseinander?*

1 ***Untersuchen Sie mithilfe der Arbeitstechnik, welche sprachlichen Mittel für die Appelle verwendet wurden.***

2 ***Formulieren Sie weitere appellative Passagen zum Thema „Armut".***

Arbeitstechnik – Appelle verfassen

Appelle können als **rhetorische Fragen**, als **Imperative** oder als **Bitten** formuliert werden. Auch der stillschweigende Ausschluss anderer Meinungen oder eines Widerspruchs gehören zum rhetorischen Repertoire, wenn es um appellative Grundmuster geht.

Gerade wenn es darum geht, möglichst überzeugend für die eigene Position zu werben, sollten Passagen eingebaut werden, die Aufforderungen an den Leser beinhalten.

Ursachen familienbedingter Einkommensarmut

von Jutta Träger

Zu den zentralen Ursachen von Armut zählen

a) (Langzeit-)Arbeitslosigkeit,
b) Erwerbseinkommen im Niedriglohnbereich wie auch
c) eine Erwerbstätigkeit auf Teilzeitniveau.

Der Zugang zu qualifizierter Erwerbsarbeit stellt damit eine zentrale Ressource dar, um der Armutsfalle zu entkommen. Dies gilt insbesondere für Mütter in Paarbeziehungen und für Alleinerziehende, denen aufgrund der Erziehungs-, Haus- und Pflegearbeit die Aufnahme einer Erwerbstätigkeit häufig verwehrt bleibt. Die Brisanz des beschränkten Zugangs zum Arbeitsmarkt von Müttern verdeutlicht eine Studie über Familieneinkommen auf der Basis des Sozio-oekonomischen Panels (SOEP): Danach sinkt der Anteil männlicher Hauptverdiener in Deutschland gegenüber einem steigenden Anteil erwerbs-

Appellative und fiktionale Passagen verfassen

tätiger alleinerziehender Mütter und Familienernährerinnen. Frauen werden vor allem dann Ernährerinnen, wenn der Partner prekär beschäftigt oder arbeitslos ist.

Die zunehmende sozioökonomische Existenzsicherung einer Familie durch eine stärkere Erwerbsbeteiligung von Müttern wird in der Bundesrepublik Deutschland vor allem durch zwei Faktoren erschwert: Zum einen klafft nach wie vor eine große Lücke bei der Bezahlung von Frauen im Vergleich zu den Männern. Innerhalb der EU betrug die geschlechterspezifische Einkommensdifferenz im Jahr 2006 22 Prozent, und wurde nur noch von Estland und Zypern übertroffen. Zum anderen behindert die schwierige Vereinbarkeit von Familien- und Berufsleben die Erwerbsintegration von Frauen. Internationale Vergleiche zeigen, dass die Armut in den Ländern niedriger ist, in denen ausreichend Kinderbetreuungseinrichtungen vorhanden sind: Empirische Daten der OECD aus dem Jahr 2005 belegen, dass die Länder mit den höchsten Kinderbetreuungsquoten der unter Dreijährigen nicht nur die höchsten Müttererwerbsquoten aufweisen, sondern auch die geringste Kinderarmut zu verzeichnen haben. Im Vergleich zu den skandinavischen Staaten, aber auch im Vergleich zu Belgien, den Niederlanden und Frankreich, die im Durchschnitt eine Betreuungsquote der unter Dreijährigen von 34,2 Prozent erzielen, lag diese Quote in Deutschland bei nur 9 Prozent. Die unzureichende Betreuungsinfrastruktur schlägt sich in Deutschland in einer niedrigen Erwerbsquote von Müttern mit kleinen Kindern von nur 36,1 Prozent – im Vergleich zu diesen Ländern mit einer hohen Betreuungsquote und einer Erwerbsquote dieser Mütter von 63 Prozent – und in Kinderarmut nieder. Während in den skandinavischen Staaten die Kinderarmut bei 7,2 Prozent liegt, betrug sie in Deutschland im Jahr 2005 12,8 Prozent. Auch weist die Studie der OECD aus, dass erwerbstätige Alleinerziehende ein deutlich geringeres Armutsrisiko (26,6 Prozent) als erwerbslose Alleinerziehende (56 Prozent) haben.

(Aus Politik und Zeitgeschichte, 20.04.2009)

1 *Schreiben Sie die im Text genannten Gründe für die Familienarmut in Deutschland heraus und formulieren Sie einen kurzen appellativen Text zur Beseitigung der Missstände. Setzen Sie dabei die folgenden Strategien ein: rhetorische Frage, Formulierungen mit „wir“, Ausschluss einer Gegenposition, Imperative und Aufforderungen.*

Eine weitere Möglichkeit, Ihren Essay origineller zu gestalten, ist der Einbau von fiktionalen Passagen. Dabei kann es sich z. B. um einen erfundenen Dialog, um Erzähleinschübe oder um Fantasiereisen in die Zukunft oder die Vergangenheit handeln. Die folgenden Situationen sollen Ihnen als Anregung für die Gestaltung fiktionaler Textbausteine dienen.

- Ein Gespräch zwischen Mutter und dreijährigem Kind, in welchem die Mutter zu erklären versucht, weshalb das Kind keinen Roller bekommen kann.
- Die Vision eines paradiesischen Zustandes, in welchem es keine Armut mehr gibt.
- Ein fiktiver Dialog zwischen der Armut und dem Reichtum.
- Ein Gang durch die Straßen Ihrer Stadt: Wo begegnet uns Armut?
- Ein Spaziergang durch ein Kaufhaus: Welche Waren werden sich die Armen nie leisten können?
- Ein fiktiver Besuch in einem Kloster, wo die Armut zur Grundhaltung wird.

2 *Formulieren Sie kurze fiktive Szenen zu den obigen Schreibanlässen.*

Textbausteine für den Essay

Die folgende Übersicht veranschaulicht auf einen Blick, welche sprachlichen Möglichkeiten Ihnen für die Verfassung Ihres Essays zur Verfügung stehen.

Übersicht

Informative und argumentative Textbausteine Fakten, begründete Positionen, Belege und Beispiele	sollen zur intellektuellen Auseinandersetzung animieren
Expressive Passagen Ich-Botschaften, Scheindialoge, Analogien, Metaphern und Vergleiche	weisen Sie als authentischen Schreiber aus und sprechen die Gefühle des Lesers an
Appelle Rhetorische Fragen, versteckte und offene Imperative, Bitten, Aufforderungen	sprechen den Leser direkt an und bewegen ihn, sich zu positionieren
Fiktionale Passagen Dialoge, Erzähleinschübe, Fantasiereisen, geistige Spaziergänge, erfundene Fahrten	lassen beim Leser Bilder entstehen, die seine Fantasie anregen

Zwischenfazit

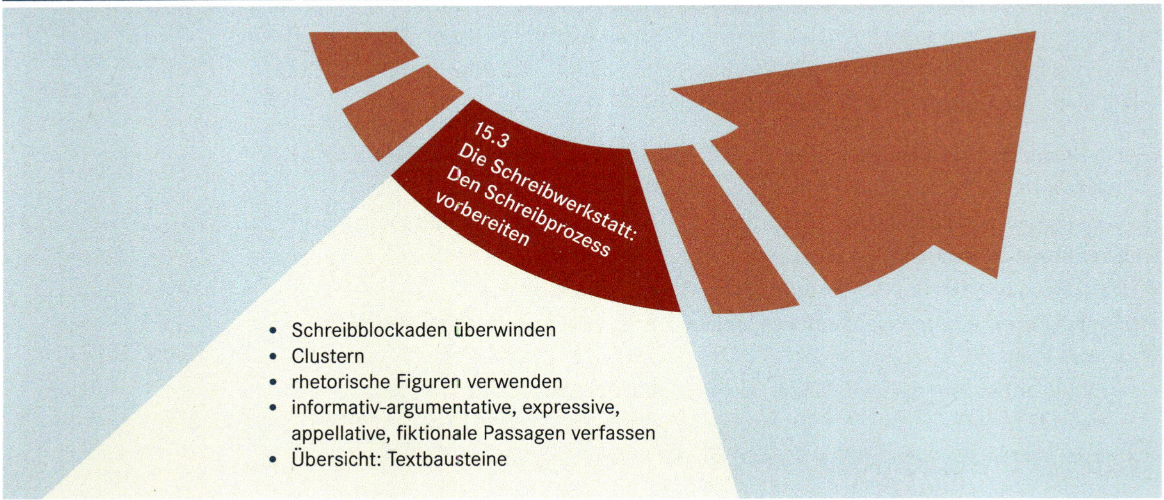

Den Essay verfassen

Einen Schreibplan erstellen

Nachdem Sie in der Schreibwerkstatt Tipps und Übungen zur sprachlichen Verfeinerung Ihres Essays erhalten haben, können Sie sich nun auf die formale Vorbereitung konzentrieren. Zunächst gilt es, sich Gedanken über den Aufbau Ihres Textes zu machen.

Muster

Schreibplan zum Thema „Armut in Deutschland"

Meine Schreibmotivation – weshalb betrifft mich Armut (subjektiv, expressiv, fiktional)

↓ *Wer ist arm?*
Über was will ich eigentlich schreiben?
Wo sehe ich Armut (ein Spaziergang)?

Verhältnismäßigkeit von Armut, verhältnismäßig arm (argumentativ, sachlich, darstellend)

↓ *Meine Definition von Armut*
Armut in der Relation zu was?
Folgen der Armut
Armut und das Grundgesetz
Armut und das alltägliche Leben

Die Armut als umfassender Mangel (argumentativ, sachlich)

↓ *Freiwillige und aufgezwungene Armut*
Armut an Alternativen in der Lebensplanung
Ausschluss aus den lebenswichtigen Bereichen

Ein Blick auf beide Seiten: Zeit als Muße – Zeit als Fluch (argumentativ, appellativ)

↓ *„Freizeit" von Hartz-IV-Empfängern als Neidfaktor*
„Freie Zeit" im Gegensatz zu „Freizeit"

Schluss Arbeit und Sinn (appellativ, expressiv)

↓ *Mein Vorschlag zur Verbesserung der Situation*
Der Kampf gegen das „Nichts"
Bezug zur Einleitung als Bogen

1 ***Skizzieren Sie mithilfe des Musters und der Arbeitstechnik einen alternativen Schreibplan zum Thema „Armut in Deutschland".***

Arbeitstechnik **Schreibplan für einen Essay**

Klären Sie für sich die folgenden Fragen zum Aufbau:

- Wie ordne ich meinen Gedankengang?
- An welchen Stellen sind expressive, appellative und argumentative Bausteine sinnvoll zu platzieren?
- Will ich einen fiktionalen Teil in den Essay einbauen?
- Wenn ja, wo platziere ich ihn sinnvoll (Anfang, Ende)?

Einen Einstieg formulieren

Ihr Einstieg ist besonders wichtig, weil mit ihm das Interesse des Lesers geweckt wird.

Muster

Hier werden Ihnen mögliche Einleitungen für Ihren Essay vorgestellt:

Peter O. Chotjewitz beginnt seinen Essay über den Tod und das Sterben:

Kürzlich im Bett. Der Tod betrat beim Morgenrot mein bescheidenes Arbeits- und Schlafzimmer, wo ich tief und traumlos schlief. Nichts Böses ahnend. Mahnend hob er den Zeigefinger.

„Ich habe für dich eine frohe Botschaft."

Ich knurrte: „Verpiss dich!"

„Also gut", sagte er milde, „ich will es kurz machen, damit du weiterschlafen kannst. Du hast noch so lange zu leben, bis du wieder einschläfst."

Heinrich Steinfest eröffnet seinen Essay zum Kindsein in unserer Gesellschaft:

Wofür wären Sie bereit, einen Arm zu opfern? Ein Bein? Ihr Augenlicht? Für ein Haus im Grünen, ewig sprudelnde Geldquellen, eine Hauptrolle im Fernsehen? Wohl kaum. Aber fast keiner, der nicht sofort beteuern würde, einen solchen Arm, ein solches Bein, ein solches Augenlicht, ja sich ganz und gar zu opfern, um das Leben des eigenen Kindes zu retten. So ist unsere Natur. Gute, brave Natur. Umso merkwürdiger, wie wenig uns eben diese Kinder wert sind. Einen Arm oder ein Bein, das schon. Aber wir lassen sie nicht einmal umsonst mit der Straßenbahn fahren.

(Stuttgarter Zeitung – Kultur, 18.02.2009)

Monica Fauss leitet ihren Essay zum Thema „Altern" so ein:

„Mit zunehmendem Alter wurde ich immer jünger." Christel Weber ist 76 Jahre alt und geht seit dreizehn Jahren per Telefon auf Marketingeinsatz. Vor kurzem bewarb sich die Badenerin bei einem Schönheitswettbewerb für die reife Generation. Heinz Pfeiffer besucht täglich ein Fitnessstudio im Münchner Zentrum. Der 56 Jahre alte Ingenieur ist von seiner Firma in Rente geschickt worden. Anfangs freute er sich über viel Freizeit. Doch nach einem Jahr sieht er das anders: „Es ist fürchterlich, nicht mehr gebraucht zu werden, so auf dem Abstellgleis zu stehen." Heinz Pfeiffer sucht jetzt eine Tätigkeit, die seinem Alter und seinen Erfahrungen entspricht.

(Stuttgarter Zeitung – Wochenendbeilage, 11.06.2011)

1 ***Vergleichen Sie die verschiedenen Einleitungsvarianten und beschreiben Sie, welche Mittel eingesetzt wurden, um die Neugierde des Lesers zu wecken.***

2 ***Begründen Sie, welche Eingangssituation für Sie am überzeugendsten ist.***

3 ***Verfassen Sie zusammen mit einem Partner auf einer Karteikarte eine Einleitung zum Thema „Armut in Deutschland".***

4 ***Befestigen Sie die Ergebnisse der ganzen Klasse an einer Pinnwand und untersuchen Sie die verschiedenen Varianten.***

a) Welche Einleitung weckt das größte Interesse?
b) Sammeln Sie Gründe für die Entscheidung.

Einen Musteraufsatz analysieren

Die Analyse des folgenden Musters kann Ihnen wichtige Anregungen für das Verfassen ihres eigenen Essays geben.

Muster

Über das Wesen der Armut – ein Essay zu einem unbequemen Thema

A *Zugegeben – ich komme nicht aus armen Verhältnissen, und in meinem privaten wie schulischen Umfeld ist das Thema Armut eher nebensächlich, da die meisten meiner Schulkameraden und Freunde in ihrem Elternhaus ganz ähnliche finanzielle Gegebenheiten vorfinden wie ich selbst. Wozu also sich einem Thema widmen, das mich eigentlich nicht berührt? Wozu also? Armut macht mir etwas aus, auch wenn ich zu den Glücklichen gehöre, die sie nicht unmittelbar betrifft. Armut, wo immer ich mit ihr konfrontiert werde, hat etwas Anstößiges, Skandalöses – und deshalb ist es wichtig, sich diesem Thema zu stellen und über die Armut nachzudenken, aber auch sich zu empören.*

B *Denn ich will mich aufregen – über Kinder, die nicht wissen, wo sie das Geld für das Landschulheim hernehmen sollen, über Jugendliche, die im täglichen Klagen über die Geldknappheit kein Ende finden, dabei aber übersehen, dass sie für die multimediale Vernetzung annähernd so viel Geld ausgeben wie Harz-IV-Empfänger für Lebensmittel, und nicht zuletzt über die Politiker, die alle Studien und Statistiken zur Armut in Deutschland kleinreden und mit unerträglichem Blockadeverhalten die nötigen Reformen verhindern.*

C *Denn Armut ist überall präsent und doch gibt es genügend Möglichkeiten, ihr aus dem Weg zu gehen. Wer seine Augen öffnet und nach ihr sucht, der findet sie an jeder Straßenecke. So auch in meiner Stadt: Da sitzt der Nichtsesshafte bei 3 Grad minus auf seinem Stammplatz auf der Unionbrücke. Einige Meter weiter sehe ich eine junge Mutter mit zwei Kleinkindern; der Kinderwagen ist ein Modell der siebziger Jahre, verschlissener und ausgebleichter blauer Cordstoff. Dann am unteren Mühlbach: vierzig bis fünfzig Menschen stehen Schlange an der Ausgabe der „Tafel", einer Einrichtung, die Lebensmittel an Bedürftige verteilt. Zweihundert Meter weiter sehe ich drei erwachsene Männer vor einem Lebensmitteldiscounter stehen. Trostlose ausgemergelte Gesichter, billigste Kleidung, schlechtes Schuhwerk. Wer jemals die fürchterlich hässlichen Leggins, die Textilramschläden für 3 Euro vermarkten, bewusst wahrgenommen hat, weiß, dass Kleidung stigmatisieren kann.*

D *Schlecht geht es in Deutschland, wenn man den Quellen glauben darf, immer mehr Familien, die arm sind, also weniger als die Hälfte des Durchschnittseinkommens zur Bestreitung des Lebensunterhaltes zur Verfügung haben. Damit aber ist eines klar: Armut ist immer relativ, das heißt, sie definiert sich aus den gegebenen finanziellen Strukturen des gesellschaftlichen Umfeldes. Diese Relationen müssen meines Erachtens mit reflektiert werden, wenn es um die Diskussion über Armut geht. Denn Armut ist in reichen Ländern ein viel größeres Unrecht als in armen Ländern. Warum? Weil es ein Unterschied ist, ob ich arm bin und überall um mich herum mit Reichtum konfrontiert werde oder ob es allen anderen, mit denen ich zusammen lebe, genauso geht wie mir. Armut ist also nicht nur, aber auch ein psychisches Phänomen, und deshalb führt Armut neben allen physischen Negativerscheinungen auch zu seelischen Missständen. Die sukzessive Ausgrenzung der Armen aus allen relevanten gesellschaftlichen Prozessen führt zu Isolation, Depression und Aggression. Es geht auch nicht darum, ob nun die Hartz-IV-Versorgung ausreicht oder nicht; sondern es geht darum, ob die Menschenwürde gewahrt bleibt oder nicht. Die Prozessflut, die über die BA hereinbricht, zeigt doch, dass sich viele Bürger ungerecht behandelt fühlen, sei es nun in der Bewilligung der Unterstützung oder auch in der Art der sogenannten „Betreuung". Denn das Gefühl, in die Isolation gedrängt zu werden, beginnt bereits bei der*

Einen Musteraufsatz analysieren

Antragstellung von Hartz IV. Kompromittierende Fragen, Verhörmethoden, Unterstellungen, Scheinfragen – das ganze Repertoire des „Interviews" schafft ein feindseliges Klima des Misstrauens, das der Staat seinem in ganz vielen Fällen unschuldig in Not geratenen Bürger entgegenbringt. Jeder Antragsteller wird behandelt, als sei er ein potenzieller Betrüger und Erschleicher von Mitteln, die ihm eigentlich nicht zustehen. Der Angriff auf die „unantastbare Würde des Menschen" steht bereits am Anfang von Hartz IV – nicht erst am Ende.

Am schlimmsten trifft es die Kinder und Jugendlichen, die in Familien leben, die von Hartz IV leben müssen, denn in der Schule und in der Freizeit bestimmen die finanziellen Möglichkeiten ganz entscheidend, wer integriert und wer ausgegrenzt wird. Ich habe mich oft gefragt, wie sich ein Schüler wohl fühlt, wenn er auf Unterstützung durch die Fördervereine angewiesen ist, um eine Studienfahrt oder eine andere außerschulische Veranstaltung, die Geld kostet, mitmachen zu können.

E *Aber so wie die Armut Zwänge produziert, so kann sie paradoxerweise auch befreien: Denn es gab sie schon immer und in allen Kulturkreisen – Menschengruppen, die aus innerster Überzeugung bewusst den Weg der Armut eingeschlagen haben und aus ihrem Verzicht einen unendlichen Reichtum erfahren haben. Was vordergründig paradox klingt, wird schnell einleuchtend, wenn man die Weltanschauung solcher Gruppen und ihre Motivation genauer betrachtet; und es spielt dabei überhaupt keine Rolle, ob es sich um Derwische, Buddhisten oder Mitglieder eines Bettelordens wie Franziskaner oder Kapuziner handelt. Lessings fast schon geflügeltes Wort aus „Nathan der Weise": „Der wahre Bettler ist doch einzig und allein der wahre König!" trifft die Sache im Kern; wer sich von den Zwängen der Gier nach Besitz befreien kann, wird frei. Nur leider haben unsere Mitbürger diese freie Entscheidung, den Weg der Armut zu gehen, eben nicht, sondern er ist ihnen aus den unterschiedlichsten Gründen aufgezwungen worden.*

F *In den Diskussionen über Arbeitslosigkeit und damit verbundener Armut höre ich immer wieder trostlose Plattitüden wie „Man findet immer Arbeit, wenn man nur will!" oder „So viel Zeit wollte ich mal haben, die haben es gut, den ganzen Tag auf Kosten des Staats faulenzen!" Ich will nun nicht darüber schreiben, ob es für jeden Arbeitslosen möglich wäre, einen Job zu finden oder nicht, denn zu viele Faktoren spielen eine Rolle, wenn es um Arbeitslosigkeit geht. Viel wichtiger scheint mir die Frage, warum Menschen, die Arbeit haben, auf jene neidisch sind, die keine haben. Und dabei spielt das Gefühl, nicht genügend Zeit zu haben, eine ganz entscheidende Rolle. Offensichtlich glauben viele Menschen, dass es ihnen besser ginge, wenn sie mehr Zeit hätten und dass dies ein Privileg derer sei, die nicht arbeiten müssen – oder nicht arbeiten dürfen. Welch ein fataler Irrtum im Denken und Fühlen! Freizeit ist ein Begriff, der nur dann Sinn macht, wenn er als Gegenbegriff zur Arbeitszeit steht. Ein Arbeitsloser, der in Armut lebt, hat jedoch keine Freizeit; in aller Regel kennt er nur die Langeweile. Wer schon einmal gezwungen war, Zeit unfreiwillig zu überbrücken, sei es nun, weil man ans Bett gefesselt war aufgrund einer Krankheit oder weil ein Zug mit zwei Stunden Verspätung eintraf, der weiß, wie quälend lange einem die „Freizeit" werden kann. Deshalb ist der Neid, den viele empfinden, wenn sie sich ein Leben ohne Arbeit vorstellen, völlig fehl am Platz. Denn so widersinnig es auch klingen mag: je mehr freie Zeit man zur Verfügung hat, desto dringender benötigt man finanzielle Mittel, um die Freizeit sinnvoll nutzen zu können – eine Erfahrung, die wir in jedem Urlaub machen können.*

G *Wenn also Armut vor allem durch die Beschränkung der Handlungsspielräume definiert ist, so muss die Beschäftigungspolitik darauf fokussiert sein, diese Handlungsspielräume zu eröffnen. Natürlich weiß ich, dass Vollbeschäftigung ebenso eine Utopie ist wie ein Grundversorgungsbetrag für alle – egal ob man arbeitet oder nicht. Viel wichtiger scheint mir, die Armen wieder zurück in die Gesellschaft zuholen und ihnen Angebote zu machen, ihre Arbeitskraft sinnvoll und sinnerfüllend einzubringen. Über*

Einen Musteraufsatz analysieren

Hartz IV hinaus muss es Anreize geben, sich für den Staat und die Gesellschaft einzusetzen, sei es nun im sozialen oder im öffentlichen Bereich. Je nach Fähigkeiten und Fertigkeiten, Talent und Neigung müssten Arbeits- und Engagementanreize geschaffen werden, die neben einer – vielleicht auch nur geringen Entlohnung – vor allem eines anbieten: Wertschätzung des Menschen und seiner Arbeit.

Ob solche Arbeitsangebote nun in Vereinen bei der Betreuung von Kindern und Jugendlichen, in Alten- und Seniorenheimen, in Stadtgärtnereien oder Gemeindeverwaltungen eröffnet werden, überall gibt es Bedarf und Möglichkeiten, sich sinnvoll einzubringen. Dabei bräuchte die Höhe des Entgelts keine entscheidende Rolle zu spielen. Eine Vergütung von 2 Euro die Stunde – ohne Abzüge bei der Hartz-IV-Versorgung natürlich – würde sicher als kleiner finanzieller Anreiz genügen. Dies würde bei einer Beschäftigung von hundert Stunden im Monat einen finanziellen Spielraum eröffnen und motivierte Menschen aus ihrer gesellschaftlichen und kulturellen Sackgasse befreien. Und sollte es tatsächlich jene Spezies innerhalb der Hartz-IV-Empfänger-Gruppe geben, die in Talkshows immer wieder als geniale Sozialschmarotzer auftreten und jede Arbeit inbrünstig ablehnen, dann bleibt es ihnen überlassen, sich mit den Beiträgen, die der Staat mit ALG II leistet, zu begnügen.

H *Es geht also letzten Endes darum, den Menschen, die ihr Leben in Armut fristen, ein Betätigungsfeld zu eröffnen, in welchem sie das Gefühl haben, gebraucht zu werden und eine sinnvolle Arbeit zu verrichten. Diese Nische zwischen Vollbeschäftigung und Ehrenamt gilt es vonseiten des Staates, der Verbände, Vereine und sozialen Einrichtungen kreativ zu gestalten. Denn die schlimmste Antwort auf die Frage, was ein Mensch beruflich und privat macht, ist und bleibt: „Nichts". Und man braucht keine Philosophen bemühen, um die ganze tragische Dimension dieses „Nichts" auszuloten.*

I *Aber dazu bräuchte es mehr Menschen, die hinschauen und sich aufregen, die sich darüber im Klaren sind, dass das soziale Bewusstsein, das eine Gemeinschaft verbindet und zusammenhält, nicht dem persönlichen Egoismus geopfert werden darf. Erst wenn wir das Skandalöse und Anstößige der Armut wahrnehmen, haben wir vielleicht die Kraft, sie auch zu bekämpfen und uns nicht von der Angst um die eigenen Besitzstandswahrung lähmen zu lassen.*

1 ***Kennzeichnen Sie informativ-argumentative, expressive, appellative und fiktionale Passagen und beschreiben Sie deren Wirkung auf den Leser, indem Sie die folgende Tabelle in Ihr Heft übertragen.***

Abschnitt	Funktion	Wirkung
A	*expressiv*	*Der Autor beruft sich auf eigene Erfahrungen und stellt damit einen persönlichen Bezug zum Thema her. Das Thema wird so auch für Nichtbetroffene relevant.*
B	…	…

2 ***Schreiben Sie mithilfe der Arbeitstechnik „Typische Fehler im Essay" (➪ S. 270) eine Beurteilung zu diesem Essay und zeigen Sie vor allem, welche Inhalte Ihnen gefehlt haben und welche Passagen Sie für gelungen halten.***

Einen Musteraufsatz analysieren

Arbeitstechnik | **Typische Fehler im Essay**

- zu einseitige Betrachtung des Themas
- Gedankensprünge
- fehlende Gesamtstruktur
- sprachliche und stilistische Entgleisungen
- Originalität der Betrachtung fehlt
- Verlust des roten Fadens
- fehlender Einsatz sprachlicher Mittel
- fantasielose Darstellung
- Balance zwischen Subjektivität und Objektivität nicht gelungen

3 ***Welche Wirkung hinterlassen die aufgelisteten Fehler beim Leser oder bei der Leserin?***
Beispiel: zu einseitige Betrachtung des Themas → Autor macht sich leicht angreifbar.

4 ***Verfassen Sie einen Essay zum Thema „Armut in Deutschland".***

Fazit

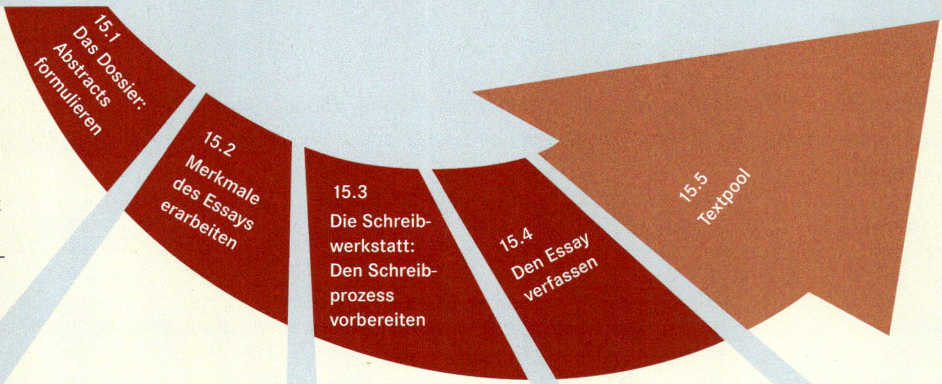

- eigene Worte verwenden
- wesentliche Informationen wiedergeben
- Textinhalt stark verdichten
- Regeln der indirekten Rede einhalten

- Mischung von subjektiver und objektiver Sichtweise
- Verzicht auf Stringenz – assoziativer Gedankenspaziergang
- ausgiebiger Gebrauch von poetischen und rhetorischen Mittel
- Entfaltung des Denkens während des Schreibens

- Schreibblockaden überwinden
- Clustern
- rhetorische Figuren verwenden
- informativ-argumentative, expressive, appellative, fiktionale Passagen verfassen
- Übersicht: Textbausteine

- Schreibplan erstellen
- Einstieg formulieren
- einen Musteraufsatz analysieren

Textpool

Auf den folgenden vier Seiten wird Ihnen ein Dossier zum Thema „Körperkult“ bereitgestellt, auf dessen Grundlage Sie weitere Essays verfassen können.

Dossier/Essay – Thema: Der Kult um den Körper – Körperkult

Material 1

Tattoos – Das geht auf keine Kuhhaut

von Eckart von Hirschhausen

Die moderne deutsche Frau trägt ihre Haut gern bedeckt. Mit Tattoos. Wenn der Sommer naht, lugen wieder ganze Schwärme von Delfinen über Schulterblätter, in jeder Couleur. Aus dem Wunsch nach etwas Besonderem ist so sehr Massenkultur geworden, dass, wer heute wirklich mittels Tattoo aus der Masse herausstechen will, dazu schon etwas wirklich Ausgefallenes brauchte: ein Kreuzworträtsel auf dem Kreuzbein etwa oder ein Fragezeichen auf der Stirn.

Einst waren Tattoos das Privileg rauer Seefahrer, heute lassen sich Mädchen in einem Alter bekritzeln, in dem sie selbst noch ein unbeschriebenes Blatt sind. Da kann die Mutter noch so lange warnen, dass auch die 15-Jährige einmal Mutter werden könnte, mit allen Folgen für Sozialstatus und Bindegewebe.

Dann doch lieber Piercing, denn Piercings kann man wieder entfernen, aber Tattoos? Permanent verunstalten lassen für ein flüchtiges Lebensgefühl? Keins dieser Girlies käme doch auf die Idee, seine Zimmerwand statt mit einem Poster, was man beizeiten wieder abhängen kann, gleich in Freskentechnik für die Ewigkeit zu „verschönern“. Bei der Haut ist man hingegen nicht so wählerisch, selbst wenn man nicht weiß, ob Tokio Hotel in der nächsten Saison noch angesagt ist. Tattoostechen ist wie Kinderkriegen: Die Herstellung erfolgt oft spontan, aber dann hat man sie ein Leben lang!

Schüchterne wählen für ihr Tattoo die sogenannte Bikinizone, die je nach dem Flächenverhältnis von Stoff und Haut sehr unterschiedlich breit ausfallen kann. Ist der Delfin, um schamhaft den Schambereich zu vermeiden, nach oben gerutscht, sieht er sich den Gezeiten des Bauchfetts unterworfen, und da ist mit fortschreitendem Alter immer seltener Ebbe. Sollte eine Schwangerschaft erschwerend hinzugekommen sein, wird aus dem delikaten Delfin ein gestrandeter Wal.

Deshalb wählen noch vorsichtigere Frauen die Knöchelregion. Als Arzt muss ich warnen, dass auch diese zu dramatischen Veränderungen ihrer Form fähig ist: Wer weiß, ob die Schmetterlings-Lady von heute sich nicht in dreißig Jahren als Kassiererin die Beine in den Bauch und das Wasser in die Beine steht? Da könnten die zarten Schmetterlingsflügel aufs Äußerste gespannt werden. Wenn es überhaupt ein Schmetterling war. Für mich haben Knöchel-Tattoos immer den Beigeschmack des Kleingedruckten. Da unten steht irgendwas. Aber was? In welcher Position soll man, ohne den Anstand zu verlieren, so nah an die Zeichnung herankommen, dass man ihre Botschaft würdigen kann? Unauffällig beim Schuhzubinden? Muss man nicht alle Tattoos eines Menschen im Zusammenhang sehen? Sind Knöchel-Tattoos am Ende ein Versprechen, dass es irgendwo weitergeht? Eine buchstäbliche Fußnote, und der eigentliche Text steht auf einem anderen Schulterblatt? […]

Im Ernst, wirklich verstehen werde ich diesen Kult wohl nie. Ich kaufe mir lieber Aktien von Firmen, mit deren Lasern man Tattoos entfernen kann. Denn ich wette, irgendwann werden sowohl die spätpubertierenden Rebellinnen als auch die harten Jungs entdecken, was sie heute nicht zu schätzen wissen: die Schönheit reiner Haut.

Textpool

Material 2

Ist jeder Tattoo-Träger ein Rebell?

von Linda Chevreuil

Der Tattoo-Träger provoziert schon lange nicht mehr! Die Zeiten, in denen man beim Besuch der Eltern seines Freundes langärmelig aufkreuzen musste, um ein Drama zu vermeiden, sind längst vorbei!

Eine Tätowierung auf der Haut ist sowohl ein Zeichen der Abgrenzung als auch ein Zeichen der Gruppenzugehörigkeit. Das ist sicher ein gewisser Widerspruch in sich. Manche denken mit ihrem Tattoo gegen die Gesellschaft zu rebellieren, dabei gehören sie dadurch erst recht zu der sehr großen Community der Tätowierten!

Der Bodyart-Spezialist und Buchautor David Le Breton hat Tattoos, Piercings und anderen Körperschmuck für uns analysiert. Er beschreibt die Körperbilder als „Signal für eine Abspaltung, eine Art und Weise sich abseits zu halten und gleichzeitig seine gesellschaftliche Rolle erfolgreich wahrzunehmen." Er erklärt weiter, dass die Tätowierungen einen Austausch über gegenseitige Erfahrungen anregen, über die eventuellen persönlichen Probleme oder umgekehrt die Entwicklung der Persönlichkeit belegen. Außerdem kann man mitreden, weil man die neuesten Tattoovorlagen oder die besten Tattoo-Studios kennt.

Fazit: Der Tattoo-Träger ist kein einsamer Rebell, sondern sogar überraschend gesellschaftsfähig!

(gofeminin.de – Psychologie, 02.08.2008)

Material 3

Tragen von Tätowierungen nach Geschlecht und Altersgruppen (in %)

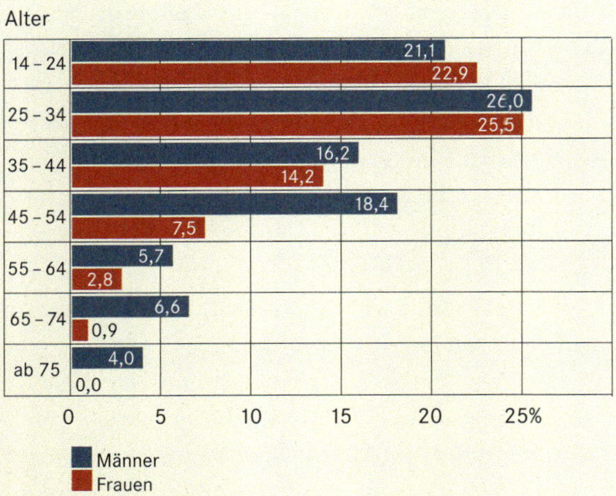

Repräsentativumfrage 2002/2003 in Deutschland N = 2043
© Brähler, Universität Leipzig 2004

Tragen von Piercings (Ohrringe ausgenommen) nach Geschlecht und Altersgruppen (in %)

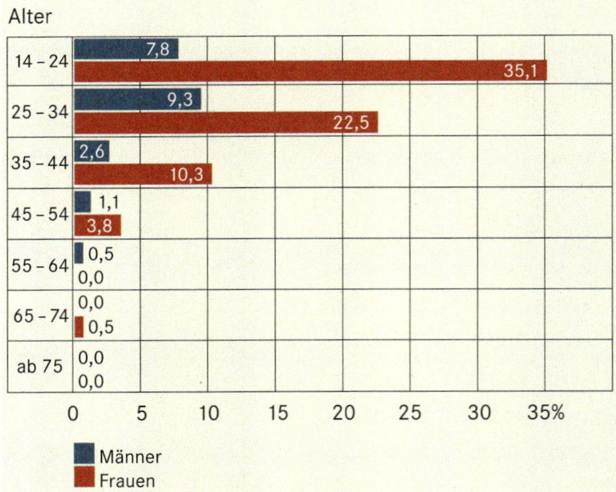

Repräsentativumfrage 2009 in Deutschland N = 2512
© Brähler, Universität Leipzig 2009

Textpool

Material 4

[…] Der Chef des Piercing- und Tattoo-Studios „Freie Manufaktur", Totto Jeratsch, kommentiert: „Die Leute finden das einfach sexy." Bedenklich findet Jeratsch eigentlich nur die Gutgläubigkeit mancher Kunden. „Wenn die Leute im Supermarkt einen abgelaufenen Joghurt kriegen, beschweren sie sich, aber beim Piercen fragen viele nicht nach Hygiene." Auf dem nach wie vor kaum geregelten Markt mit deutschlandweit etwa 7 000 Studios gebe es leider noch immer viele Pfuscher, sagt Jeratsch.

Hautärzte wie Thomas Dirschka (Berufsverband der Deutschen Dermatologen für plastische und ästhetische Dermatochirurgie) halten nicht viel vom neuen Dehn-Trend. „Die Haut ist wie eine Plastiktüte, am Anfang ist sie ganz glatt, aber wenn man sie einmal überdehnt hat, kommt sie nie wieder in ihre alte Form zurück." Das Kollagen im Bindegewebe werde beschädigt.

Der Lübecker Medizinpsychologe und Autor Erich Kasten („Body-Modification: Psychologische und medizinische Aspekte von Piercing, Tattoo, Selbstverletzung und anderen Körperveränderungen") sagt: „Schmuck-Narben, Elfen-Ohren oder eben Flesh Tunnel – die Trends kommen mit einigen Jahren Verspätung aus den USA zu uns." Viele wollten um jeden Preis individuell sein und suchten bewusst Schmerz-Erfahrung. „Wer heute auffallen will, muss sehr extrem werden."

Der Berliner Piercer Hückler hält diese Deutung für „sehr vereinfacht". Er fühle sich jedenfalls nicht als Borderliner. Die Motive, warum Menschen Bodymodification betreiben, seien unterschiedlich. In der größten Zielgruppe, den Jugendlichen der 90er, ginge es heute sogar oft darum, nichts Auffälliges mehr tragen zu wollen. Bei den 25- bis 35-Jährigen sei „Bürokompatibles" angesagt: Septum-Piercings etwa, Ringe in der Nasenscheidewand, die man bei der Arbeit ohne sichtbare Spuren herausnehmen kann. Zudem gebe es auch ältere Frauen, die sich piercen lassen. „Die wollen einfach nur einen zweiten Frühling feiern. Gern mit einem Piercing unterhalb der Gürtellinie."

(Ärzte Zeitung online, 06.10.2009)

Material 5

Tattoos – Kunst, die unter die Haut geht

von Kristof Maletzke

Immer mehr Menschen lassen sich mit Tattoos die Haut verschönern. In diesem Artikel beleuchtet YaaCool die Geschichte der Tätowierung und ihre kulturelle Bedeutung.

Die Geschichte der Tätowierung

Die Ursprünge der Tätowierkunst liegen viele Tausend Jahre in der Vergangenheit. Als 1991 die Mumie des „Manns vom Hauslabjoch" – besser bekannt als Ötzi – gefunden wurde, konnten an seinem Körper fast 60 Tätowierungen gezählt werden. Somit ist bewiesen, dass es bereits vor mehr als 5000 Jahren

Textpool

Tattoos gab. Es wird angenommen, dass die Tätowiertradition in Japan sogar circa 12 000 Jahre alt ist. Häufiger wird die Entstehung der Tätowierkunst jedoch mit der polynesischen Inselregion im Pazifik in Verbindung gebracht. Die heute im deutschen Sprachraum gebräuchlichen Wörter „Tattoo" und „Tätowierung" gehen laut Sprachforschern wohl auf den tahitianischen Begriff „tatau" zurück, der sich grob mit „mehrere Male mit der Hand schlagen" übersetzen lässt. Mittels Nadeln und Farbe, die aus Pflanzensaft und Ruß hergestellt wurde, verzierten die Polynesier in Ritualen ihre Körper. In die westliche Welt kamen die Tätowierungen dann im 18. Jahrhundert. Der britische Seefahrer James Cook und seine Crew erzählten nach ihren Reisen in die Südsee von tätowierten Inselbewohnern und ließen sich mitunter sogar selbst Tattoos stechen. So wurden Tätowierungen zum beliebten Souvenir von Seeleuten, die sich als Andenken an ihre Reisen in ferne Ländern ihre Haut bemalen ließen. Wichtigster Schritt in der Etablierung des Tätowierens in unserer Gesellschaft war wohl die Erfindung der elektrischen Tätowiermaschine durch den Amerikaner Samuel O'Reilly im Jahre 1891. Bis in die 1980er-Jahre wurden Tattoos meist von Rockern, Gefängnisinsassen oder Gangmitglieder getragen. Das hat sich geändert: Heute tragen 20 Prozent der Deutschen zwischen 15 und 25 Jahren ein oder mehrere Tattoos.

Kulturelle Bedeutung von Tattoos

Bereits bei den Polynesiern hatten Tätowierungen klar zugeschriebene Bedeutungen. Wer in der Südsee tätowiert war, gehörte meist einer privilegierten Gruppe an. In Japan wurden Tattoos lange Zeit zur Kennzeichnung Krimineller genutzt. Diese kultivierten die Tätowierkunst daraufhin, was zu den prachtvollen Tattoos vieler Mitglieder der Yakuza (im Westen meist als „japanische Mafia" bezeichnet) führte. In Europa und Amerika haben besonders Gefängnistattoos eine lange Tradition. Sie haben unter anderem die Funktion, Delikt oder Dauer des Gefängnisaufenthalts eines Tätowierten zu signalisieren. Zu den klassischen Gefängnistätowierungen gehören eine tätowierte Träne unter dem Auge und drei Punkte auf der Hand zwischen Daumen und Zeigefinger. Deshalb sollte man sich bei der Wahl eines Tattoo-Motivs eingehend mit seiner eventuell vorhandenen Bedeutung auseinandersetzen. In unserer Zeit dienen Tattoos meist lediglich zur Zierde des Körpers. Manche haben für ihren Träger eine persönliche Bedeutung, sollen ihn zum Beispiel an einen geliebten Menschen erinnern. Tattoos besitzen mittlerweile aufgrund ihrer großen Verbreitung eine verhältnismäßig hohe gesellschaftliche Akzeptanz. Wer heute mit einer Tätowierung auffallen und schocken will, lässt sich dort tätowieren, wo es permanent sichtbar ist: Auf den Händen, dem Hals oder dem Gesicht. Derartige Tattoos wirken auf die meisten von uns immer noch provokant.

(www.yaacool-beauty.de)

Kapitel 16

Sachtexte analysieren: Normierende Texte und Schaubilder

16.1 Normierende Texte entschlüsseln

16.2 Schaubilder analysieren

16.3 Eine Schaubildanalyse verfassen

Sachtexte begegnen Ihnen in vielfältigen Formen, z. B. als Verträge, Anleitungen, Vorschriften und Gesetzestexte. Solche Texte legen Regeln fest, an die sich die Adressaten halten sollen. Man nennt sie deswegen normative bzw. normierende Texte. Dieses Kapitel hilft Ihnen, normierende Texte besser zu verstehen.

Es gibt Sachinformationen, die nicht in einem fortlaufenden Text vermittelt werden, sondern über Tabellen, Schaubilder oder Formulare. Diese Texte bezeichnet man als diskontinuierliche Texte. Sie dienen dazu, Sachverhalte zu veranschaulichen und kommen häufig in Vorträgen, Präsentationen und Fachtexten zum Einsatz. Wie andere Textarten müssen auch sie kritisch untersucht werden. Denn man kann Informationen in Schaubildern gut manipulieren: Sachverhalte werden isoliert oder aus ihrem Zusammenhang gerissen, bestimmte Informationen werden hervorgehoben, andere vernachlässigt. In diesem Kapitel lernen Sie, Schaubilder zu analysieren.

Was Sie bereits wissen

✔ Grundlegende Arbeitstechniken zum Erschließen eines Textinhalts sind
- die Fünf-Schritt-Lesemethode,
- das Exzerpieren,
- das Visualisieren.

Normierende Texte entschlüsseln

Anders als Zeitungstexte, die auch für den weniger geübten Leser verständlich sein sollen, sperren sich Fachtexte häufig gegen ein rasches Erfassen. Gleichzeitig begegnen uns solche Texte aber immer wieder im Alltag. Dann sollten wir in der Lage sein, zu verstehen, was genau von uns verlangt wird. Das folgende Beispiel zeigt, welche Schwierigkeiten dabei auftreten und wie Sie diese meistern können.

Auszug aus dem Urheberrechtsgesetz

Teil 1 – Urheberrecht (§§ 1–69g)

§ 1 Allgemeines

Die Urheber von Werken der Literatur, Wissenschaft und Kunst genießen für ihre Werke Schutz nach Maßgabe dieses Gesetzes.

§ 2 Geschützte Werke

(1) Zu den geschützten Werken der Literatur, Wissenschaft und Kunst gehören insbesondere:

1. Sprachwerke, wie Schriftwerke, Reden und Computerprogramme;
2. Werke der Musik;
3. pantomimische Werke einschließlich der Werke der Tanzkunst;
4. Werke der bildenden Künste einschließlich der Werke der Baukunst und der angewandten Kunst und Entwürfe solcher Werke;
5. Lichtbildwerke einschließlich der Werke, die ähnlich wie Lichtbildwerke geschaffen werden;
6. Filmwerke einschließlich der Werke, die ähnlich wie Filmwerke geschaffen werden;
7. Darstellungen wissenschaftlicher oder technischer Art, wie Zeichnungen, Pläne, Karten, Skizzen, Tabellen und plastische Darstellungen.

(2) Werke im Sinne dieses Gesetzes sind nur persönliche geistige Schöpfungen.

§ 3 Bearbeitungen

Übersetzungen und andere Bearbeitungen eines Werkes, die persönliche geistige Schöpfungen des Bearbeiters sind, werden unbeschadet des Urheberrechts am bearbeiteten Werk wie selbstständige Werke geschützt. [...]

§ 4 Sammelwerke und Datenbankwerke

(1) Sammlungen von Werken, Daten oder anderen unabhängigen Elementen, die aufgrund der Auswahl oder Anordnung der Elemente eine persönliche geistige Schöpfung sind (Sammelwerke), werden, unbeschadet eines an den einzelnen Elementen gegebenenfalls bestehenden Urheberrechts oder verwandten Schutzrechts, wie selbstständige Werke geschützt.

(2) Datenbankwerk im Sinne dieses Gesetzes ist ein Sammelwerk, dessen Elemente systematisch oder methodisch angeordnet und einzeln mithilfe elektronischer Mittel oder auf andere Weise zugänglich sind. Ein zur Schaffung des Datenbankwerkes oder zur Ermöglichung des Zugangs zu dessen Elementen verwendetes Computerprogramm (§ 69a) ist nicht Bestandteil des Datenbankwerkes.

§ 15 Verwertungsrechte – Allgemeines

(1) Der Urheber hat das ausschließliche Recht, sein Werk in körperlicher Form zu verwerten; das Recht umfasst insbesondere

1. das Vervielfältigungsrecht (§ 16),

2. das Verbreitungsrecht (§ 17),
3. das Ausstellungsrecht (§ 18),

(2) Der Urheber hat ferner das ausschließliche Recht, sein Werk in unkörperlicher Form öffentlich wiederzugeben (Recht der öffentlichen Wiedergabe) […]

(3) Die Wiedergabe eines Werkes ist öffentlich, wenn sie für eine Mehrzahl von Personen bestimmt ist, es sei denn, dass der Kreis dieser Personen bestimmt abgegrenzt ist und sie durch gegenseitige Beziehungen oder durch Beziehung zum Veranstalter persönlich untereinander verbunden sind.

Abschnitt 6 – Schranken des Urheberrechts (§§ 44a–63a)

§ 51 Zitate

Zulässig ist die Vervielfältigung, Verbreitung und öffentliche Wiedergabe eines veröffentlichten Werkes zum Zweck des Zitats, sofern die Nutzung in ihrem Umfang durch den besonderen Zweck gerechtfertigt ist. Zulässig ist dies insbesondere, wenn

1. einzelne Werke nach der Veröffentlichung in ein selbstständiges wissenschaftliches Werk zur Erläuterung des Inhalts aufgenommen werden,
2. Stellen eines Werkes nach der Veröffentlichung in einem selbstständigen Sprachwerk angeführt werden, […]

1 *Lesen Sie den Text nach der Fünf-Schritt-Lesemethode (**➪ Arbeitstechnik, Kapitel 4.1, S. 71**).*

2 *Beschreiben Sie Schwierigkeiten, die Sie beim Lesen dieser Art von Text haben.*

3 *Erläutern Sie die Formulierung „unbeschadet“ in § 4 (1) (Z. 25).*

4 *Fassen Sie mit eigenen Worten zusammen, was der Gesetzestext zur erlaubten Länge von Zitaten aussagt und was Sie daraus für die Erstellung Ihrer Facharbeit ableiten können.*

Basiswissen – Normierende Texte

Es handelt sich bei normierenden Texten um Texte, die eine **appellative Funktion** erfüllen, ohne typische appellative Signalwörter in Form des Imperativs zu verwenden. Sie sind beschreibend, verwenden dabei **Fachbegriffe** und – wenn es sich um Gesetzestexte handelt – häufig **Formulierungen aus dem Sprachgebrauch vergangener Zeit**. Zudem sind sie nicht immer eindeutig und bedürfen teils der Auslegung und Konkretisierung durch Verwaltungsbehörden oder Gerichte. Für ein besseres Textverständnis hilft es,

- Fachbegriffe zu klären,
- veraltete Wendungen zu erkennen und zu klären,
- auf Ungenauigkeiten und Unschärfen zu achten,
- Erläuterungen zu Gesetzestexten zu recherchieren.

5 *Prüfen Sie anhand des Urheberrechtsparagrafen und auf der Grundlage eigener Recherchen, ob Sie für Ihre Facharbeit Abbildungen aus dem Internet verwenden dürfen und was Sie dabei berücksichtigen müssen. Tauschen Sie sich über Ihre Ergebnisse mit einem Partner aus.*

Schaubilder analysieren

Kritisch mit Schaubildern umgehen

Schaubilder veranschaulichen komplexe Sachverhalte. Sie setzen sich aus Symbolen, Textelementen, Bildern und Diagrammen zusammen und bieten den Vorteil, dass sie intuitiv aufgenommen werden können. Dies birgt gleichzeitig die Gefahr der Manipulation. Für ihre Analyse ist es daher wichtig, stets eine kritische Distanz einzunehmen. Das beginnt schon bei der Frage, wer ein Diagramm veröffentlicht hat und auf welchen Daten dieses Diagramm beruht.

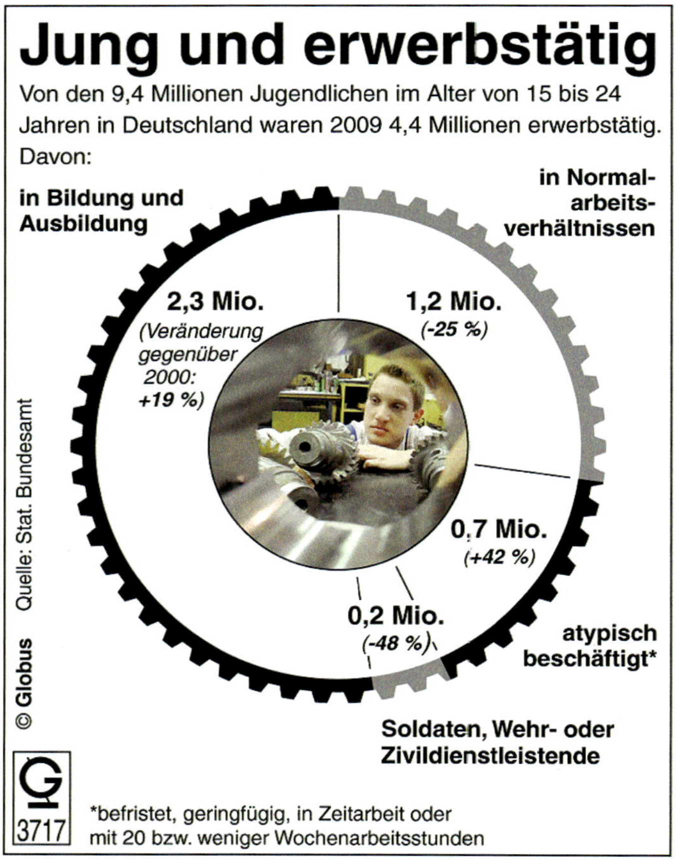

1 *Untersuchen Sie das Kreisdiagramm.*

a) Notieren Sie Antworten zu folgenden Daten: Quelle des Diagramms, Herausgeber, Erscheinungsdatum, Titel, Thema, Art des Zahlenmaterials (absolute Zahlen, Prozentzahlen, Schätzungen), Farben, Motive.

b) Formulieren Sie die Hauptaussage der Grafik.

2 *Notieren Sie offene Fragen, die durch das Schaubild nicht beantwortet werden.*

3 *In welchen Zusammenhängen sind Ihnen Kreisdiagramme bereits begegnet? Nennen Sie Beispiele.*

Basiswissen — Informationen in Form von Schaubildern und Diagrammen

Ein Balken- bzw. Säulendiagramm verdeutlicht Unterschiede in den Größenverhältnissen. Die Säulen stehen senkrecht, Balken waagerecht. Da Balken bzw. Säulen beschriftet werden, eignen sich Säulen besser für eine Beschriftung mit Zahlen, z. B. Jahreszahlen, Balken dagegen für eine Beschriftung mit Wörtern.

Ein Kreisdiagramm beschreibt den Anteil einzelner Teile an einer bestimmten Gesamtmenge.

Ein Kurvendiagramm eignet sich für die Darstellung von Entwicklungen.

Ein Organigramm veranschaulicht die hierarchische Struktur einer Organisation oder eines Unternehmens.

Schaubilder/Diagramme sind immer auch kritisch zu betrachten. So können Zahlen und Größenunterschiede durch die Wahl der Maßeinheiten unterschiedlich wirken. Auch der gewählte Maßstab – die Skalierung der Achsen – ist zu beachten sowie die Aussagekraft der Daten: Handelt es sich um genaue oder geschätzte Zahlen?

Kritisch mit Schaubildern umgehen

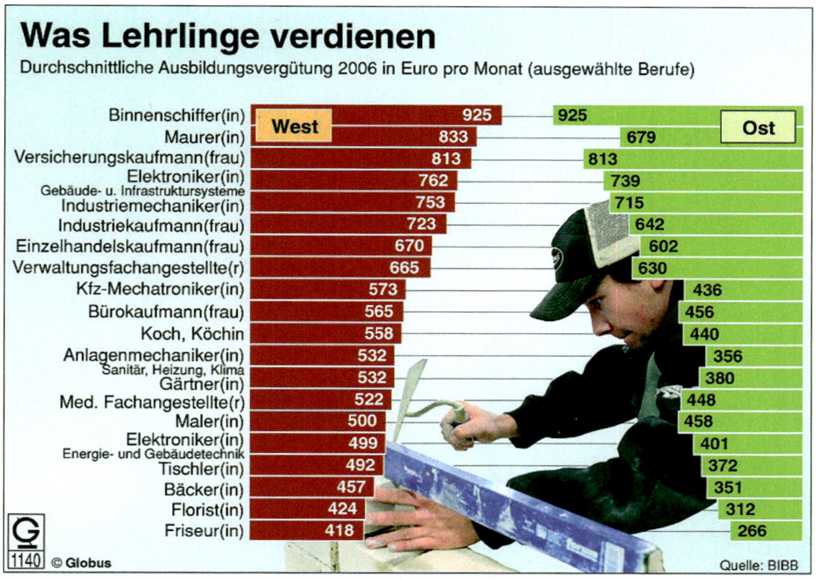

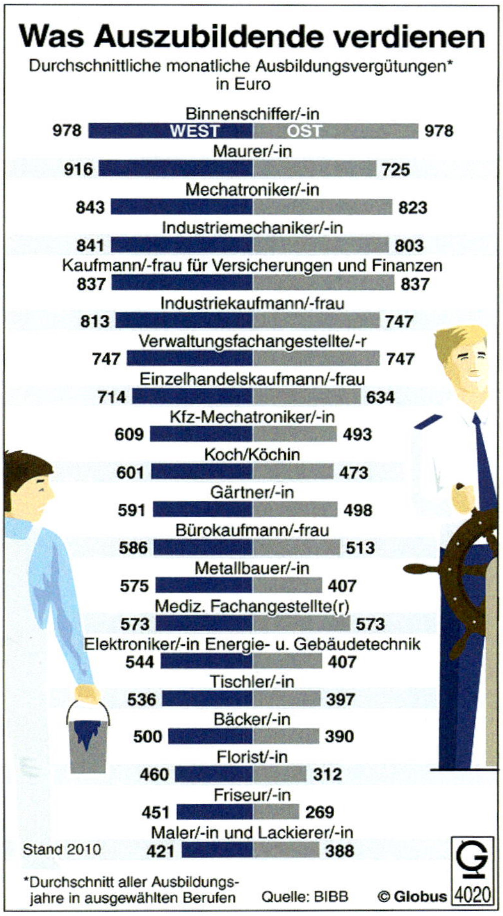

4 ***Untersuchen Sie zunächst das Balkendiagramm aus dem Jahr 2006.***

a) Vervollständigen Sie den folgenden Satz.
In dem Diagramm mit dem Titel „Was Lehrlinge verdienen“ *aus dem Jahr 2006 geht es um …*

b) Formulieren Sie die wichtigsten Aussagen in vollständigen Sätzen.

5 ***Vergleichen Sie die beiden Diagramme.***

a) Notieren Sie auffällige Entwicklungen.

b) Nehmen Sie Stellung zu der Frage, ob man eine Angleichung der Löhne von Ost und West feststellen kann.

6 ***Vergleichen Sie kritisch die grafische Umsetzung des Themas.***

Eine Schaubildanalyse verfassen

Schaubilder können aus mehreren Diagrammen bestehen. Eine Schaubildanalyse versucht, über die Wechselwirkung einzelner Gestaltungselemente die Gesamtaussage zu erfassen.

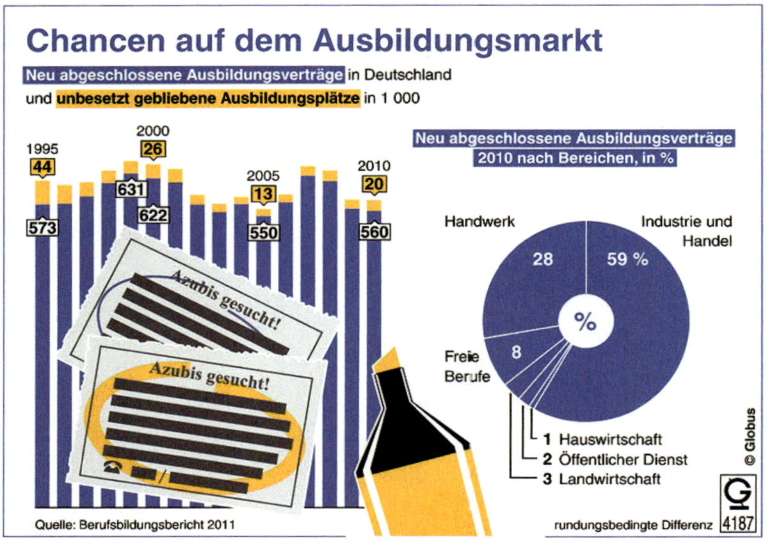

1 *Bestimmen Sie in Anlehnung an Aufgabe 1 auf Seite 278 die Eckdaten des Schaubildes (Quelle etc.).*

2 *Formulieren Sie eine Einleitung für eine Schaubildanalyse.*

Eine Schülerin hat für den Hauptteil folgenden Entwurf formuliert.

Muster

Das Schaubild besteht aus zwei Diagrammarten, einem Säulendiagramm auf der linken Seite und einem Kreisdiagramm auf der rechten Seite. Beide Diagramme beanspruchen in etwa gleich viel Platz. Verbindendes Element zwischen beiden Diagrammen ist ein gelber Textmarker. Die dominierende Farbe ist Blau, die Farbe Gelb des Textmarkers kennzeichnet die unbesetzt gebliebenen Ausbildungsplätze. Das Säulendiagramm auf der linken Seite vergleicht die Anzahl der neu abgeschlossenen Ausbildungsverträge sowie die unbesetzt gebliebenen Ausbildungsplätze für die Jahre 1995 bis 2010. Auch hier finden sich die Farben Blau und Gelb wieder, Blau für die abgeschlossenen Verträge und Gelb für die unbesetzt gebliebenen Plätze. Es fällt auf, dass die Zahl der abgeschlossenen Ausbildungsverträge im Jahr 1999 mit 631 000 den Spitzenwert erreichte. Im untersuchten Zeitraum von fünf Jahren pendelte dieser Wert jährlich um die 560 000, wobei die Jahre 2007 und 2008 den Spitzenwert nahezu erreichen konnten. Im Jahr 2005 wurden mit 550 000 besonders wenig Ausbildungsverträge abgeschlossen, auch die Zahl der unbesetzt gebliebenen Ausbildungsplätze lag in diesem Jahr mit 13 000 besonders niedrig. Auffällig ist auch, dass seit dem Jahr 2002 die Zahl der unbesetzt gebliebenen Ausbildungsplätze erheblich geringer war als in den Jahren zuvor.
Das Kreisdiagramm auf der rechten Seite untersucht für das Jahr 2010, in welchen Bereichen Ausbildungsverträge geschlossen wurden. Mit knapp 60 Prozent entfallen mehr als die Hälfte aller Ausbildungsverträge auf den Bereich Industrie und Handel, das Handwerk hat nur halb so viel, nämlich 28 Prozent. Insgesamt 5 Prozent der Ausbildungsverträge werden in den Bereichen Hauswirtschaft, Öffentlicher Dienst und Landwirtschaft abgeschlossen.

3 *Überprüfen Sie, ob die Aussagen des Schaubildes im Muster richtig wiedergegeben wurden.*

4 *Stellen Sie fest, ob das Muster den Anforderungen an eine Schaubildanalyse in allen Punkten entspricht (➪ Arbeitstechnik).*

5 *Informieren Sie sich über den Verfasser des Bundesbildungsberichtes und überlegen Sie, welche Absichten der Verfasser mit der Veröffentlichung des Berichtes verfolgen könnte. Begründen Sie Ihre Meinung schriftlich.*

Arbeitstechnik – Eine Schaubildanalyse schreiben

Auch eine Schaubildanalyse besteht aus den drei Teilen Einleitung, Hauptteil und Schluss.

Die Einleitung informiert den Leser über Titel, Quelle, Erscheinungsdatum und -ort, das Thema und die Art der grafischen Darstellung des Themas.

Der Hauptteil beschreibt das Schaubild genau:

- Es ist sinnvoll, mit der optischen Darstellung zu beginnen: Layout, Farbwahl, ausgewählte Bilder und Symbole, Diagrammart.
- Anschließend werden die Hauptaussagen wiedergegeben. Achten Sie auf das Zahlenmaterial: absolute Zahlen, Prozentzahlen, Schätzungen.
- Abschließend beurteilen Sie die Wechselwirkung zwischen inhaltlicher Aussage und grafischer Darstellung.

Im Schlussteil werden das Schaubild oder dessen Aussagen kritisch gewürdigt. Dazu gehört auch, dass Fragen aufgeworfen werden, die das Schaubild nicht beantwortet.

Sprache und Stil

6 *Sammeln Sie in Ihrem Heft Formulierungen, die sich eignen für*

a) die Angabe von Quelle und Autor,

b) die Formulierung des Themas.

7 *Erweitern Sie Ihre Ausdrucksmöglichkeiten, um Wiederholungen zu vermeiden.*

a) Notieren Sie möglichst viele Verbindungen mit Verben, in denen die folgenden häufig auftretenden Nomen vorkommen. Halten Sie Ihre Ergebnisse tabellarisch fest.

In vielen Schaubildern werden Probleme benannt, Fragen aufgeworfen, Sachverhalte in Beziehung gesetzt, Zusammenhänge aufgezeigt, Schlussfolgerungen gezogen, …

b) Suchen Sie Synonyme für die Nomen. Arbeiten Sie auch mit dem Wörterbuch.

Nomen	Verb-Nomen-Verbindung	Synonyme
Problem	sich eines Problems bewusst sein/werden, sich mit einem Problem auseinandersetzen, …	Schwierigkeit, Streitfrage
Frage	…	…
…	…	…

Arbeitstechnik — Ein Schaubild beurteilen

Bei der Beurteilung eines Schaubildes sollten Sie vor allem auf folgende Aspekte eingehen:

- Gestaltung (Vordergrund, Hintergrund, Bilder, Symbole, Farben, Übersichtlichkeit)
- Zweckmäßigkeit der ausgewählten Diagrammart/-en in Bezug auf die Aussageabsicht
- Aussagegehalt der einzelnen Teile sowie des Zusammenspiels der Teile
- Zusammenspiel von Text, Grafik und Bild

1 ***Ergänzen Sie die folgenden Formulierungen, die Sie für die Beurteilung eines Schaubilds verwenden können.***

a) Die Art des Diagramms ist schlecht/gut gewählt, weil ...

b) Es lässt sich sagen, dass ...

c) Die grafische Umsetzung verstärkt/schwächt ab/karikiert/... die inhaltliche Aussage des Schaubilds, weil ...

2 ***Schreiben Sie einen Schluss für die Schaubildanalyse „Chancen auf dem Ausbildungsmarkt" (S. 280). Gehen Sie dabei – falls möglich – auch auf den Titel des Schaubildes ein.***

3 ***Schreiben Sie eine umfassende Schaubildanalyse zu einem weiteren Schaubild in diesem Kapitel.***

Fazit

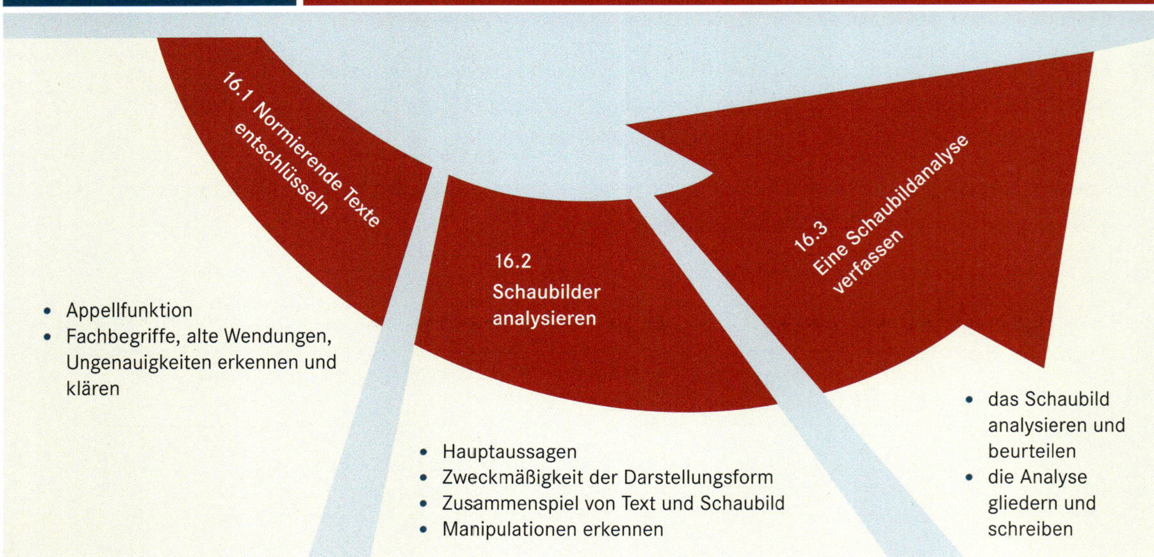

Kapitel 17

Lyrische Texte interpretieren

17.1 Gedichte in ihrer Besonderheit erkennen

17.2 Ein Gedicht analysieren und interpretieren

17.3 Eine vergleichende Gedichtinterpretation schreiben

17.4 Textpool

Gedichte sind besondere Texte – sie sind besonders verdichtet, besonders faszinierend und rätselhaft, manche erscheinen zunächst auch besonders unzugänglich. Gedichte laden dazu ein, entschlüsselt zu werden, sie fordern die Leser auf, ihre ganz eigene Formsprache zu enträtseln.

In diesem Kapitel erarbeiten Sie an unterschiedlichen Gedichten zum Themenfeld Nacht systematisch Möglichkeiten, wie man solche Texte für sich erschließen kann. Zunächst halten Sie Ihre ersten Eindrücke schriftlich fest, werden sich darüber klar, wie ein Gedicht auf Sie wirkt, notieren Auffälliges und stellen Vermutungen über die Aussage an. Dann analysieren Sie inhaltliche, formale sowie sprachliche Gestaltungsmittel des Textes und überprüfen dabei, ob sich Ihre ersten Vermutungen bestätigen und inwiefern Sie Ihre Interpretationsthese erweitern oder verändern müssen.

Was Sie bereits wissen

- ✔ Literarische Texte weisen Besonderheiten auf; sie sind formal und inhaltlich bewusst als Einheit gestaltet.
- ✔ Ein Interpretationsaufsatz besteht aus den Teilen Einleitung, Hauptteil und Schluss.
- ✔ Eine Textinterpretation erfordert die Analyse des Inhalts, Aufbaus, gattungstypischer Merkmale sowie der sprachlichen und stilistischen Auffälligkeiten. Sie enthält darüber hinaus eine Schlussbewertung des Textes.

Gedichte in ihrer Besonderheit erkennen

Merkmale lyrischer Texte – Nachtgedichte

Nachts ruht die Welt. Alle schlafen, es ist nichts zu hören, nichts zu sehen, nichts zu tun – sollte man meinen. Aber so ist es nicht. Die nicht schlafen können oder wollen, erleben gerade das Besondere der Nacht: das Dunkle, Zwielichtige, Geheimnisvolle, die Geräusche, die Fantasien, Lüste und Laster. Voller Gefahren, Reize und Unwägbarkeiten lockt und schreckt sie zugleich, die Nacht.

1 *Arbeiten Sie im Gespräch miteinander heraus, was das Faszinierende an der Nacht ist, und sichern Sie Ihre Ergebnisse in einer Mindmap.*

2 *Notieren Sie Gründe, warum sich die Nacht als literarisches Motiv eines Gedichts besonders eignen könnte.*

Joseph von Eichendorff: Mondnacht (1837)

Es war, als hätt der Himmel die Erde still geküsst, dass sie im Blütenschimmer von ihm nun träumen müsst. Die Luft ging durch die Felder, die Ähren wogten sacht, es rauschten leis die Wälder, so sternklar war die Nacht. Und meine Seele spannte weit ihre Flügel aus, flog durch die stillen Lande, als flöge sie nach Haus.

3 *Übertragen Sie den Text in Ihre Unterlagen und stellen Sie dabei die ursprüngliche Gedichtform wieder her.*

4 *Tragen Sie in Partnerarbeit zusammen, welche grundlegenden Merkmale von Gedichten Ihnen beim Wiederherstellen der Gedichtform in Erinnerung gekommen sind.*

Conrad Ferdinand Meyer: Nachtgeräusche (1882)

Melde mir die Nachtgeräusche, Muse,
Die ans Ohr des Schlummerlosen fluten!
Erst das traute Wachtgebell der Hunde,
Dann der abgezählte Schlag der Stunde,
Dann ein Fischer-Zwiegespräch am Ufer,
Dann? Nichts weiter als der ungewisse
Geisterlaut der ungebrochnen Stille,
Wie das Atmen eines jungen Busens,
Wie das Murmeln eines tiefen Brunnens,
Wie das Schlagen eines dumpfen Ruders,
Dann der ungehörte Tritt des Schlummers.

5 *Schreiben Sie das Gedicht in einen Prosatext um.*

6 *Vergleichen Sie die beiden Text-Varianten und erschließen Sie auf dieser Grundlage die besondere Wirkung lyrischer Textgestaltung.*

7 *Untersuchen Sie, welche Wörter die besondere Wirkung dieses Nachgedichts entfalten.*

Ersteindrücke festhalten

Immer reagieren Sie auf lyrische Texte: Ein Gedicht gefällt oder missfällt Ihnen spontan, es löst Emotionen aus, vielleicht Heiterkeit oder Unbehagen, es lässt Bilder vor Ihrem inneren Auge entstehen, wirft Fragen auf. Vielleicht verstehen Sie den Inhalt sofort ganz oder teilweise, vielleicht erscheint Ihnen das Gedicht aber auch unverständlich.

Womöglich fällt Ihnen eine Textpassage besonders auf, ein Bild, ein Wort, Widersprüchliches, der Rhythmus an einer Stelle. All diese ersten Leseeindrücke eignen sich besonders, um Zugänge zu einem Gedicht zu entwickeln, um einen Ansatzpunkt für die Analyse zu finden. Deshalb sollten Sie bewusst auf Ihre ersten Eindrücke achten und sie schriftlich festhalten.

Johann Wolfgang Goethe: An den Mond (1789)

Füllest wieder Busch und Tal
Still mit Nebelglanz,
Lösest endlich auch einmal
Meine Seele ganz;

Breitest über mein Gefild
Lindernd deinen Blick,
Wie des Freundes Auge mild
Über mein Geschick.

Jeden Nachklang fühlt mein Herz
Froh- und trüber Zeit,
Wandle zwischen Freud' und Schmerz
In der Einsamkeit.

Fließe, fließe, lieber Fluss!
Nimmer werd' ich froh;
So verrauschte Scherz und Kuss
Und die Treue so.

Ich besaß es doch einmal,
was so köstlich ist!
Dass man doch zu seiner Qual
Nimmer es vergisst!

Rausche, Fluss, das Tal entlang,
Ohne Rast und Ruh,
Rausche, flüstre meinem Sang
Melodien zu,

Wenn du in der Winternacht
Wütend überschwillst
Oder um die Frühlingspracht
Junger Knospen quillst.

Selig, wer sich vor der Welt
Ohne Hass verschließt,
Einen Freund am Busen hält
Und mit dem genießt,

Was, von Menschen nicht gewusst
Oder nicht bedacht,
Durch das Labyrinth der Brust
Wandelt in der Nacht.

1 *Lesen Sie das Gedicht mehrmals und notieren Sie mithilfe der Arbeitstechnik (**→ S. 286**) Ihre ersten Leseeindrücke.*

Ersteindrücke festhalten

Arbeitstechnik **Ersteindrücke festhalten**

- Notieren Sie, was Ihnen am Gedicht gefällt oder nicht gefällt.
- Halten Sie Emotionen, Gedanken und Fragen fest, die das Gedicht in Ihnen auslöst.
- Markieren Sie Textstellen, die bei Ihnen konkrete Bilder oder Assoziationen hervorrufen.
- Formulieren Sie möglichst anschaulich, welche Atmosphäre das Gedicht wiedergibt.
- Notieren Sie, was Ihnen am Gedicht in Bezug auf Form und Inhalt auffällt.
- Fertigen Sie eine Skizze an für auffällige Strukturen (z. B. räumliche und zeitliche Verhältnisse, Figuren und deren Selbstaussagen oder Beziehungen). Hier ein Beispiel:

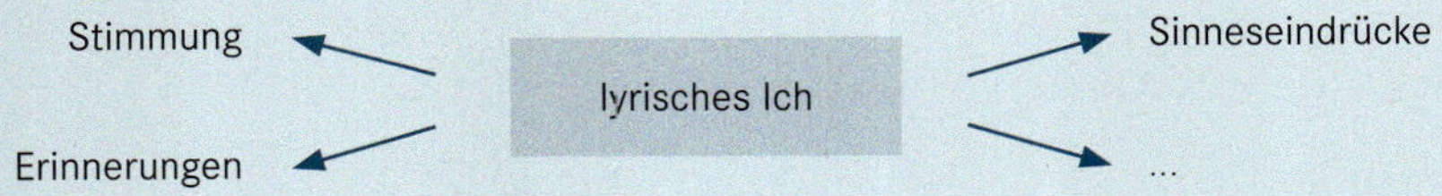

Hier einige Ersteindrücke, die zum Gedicht „An den Mond“ festgehalten wurden:

Muster

- *Das Gefühl der Geborgenheit trotz Melancholie spricht mich an, ich empfinde etwas Tröstliches. Schön finde ich auch das Nebeneinander von „Einsamkeit“ (Z. 12) und vertrauter Nähe (Mond/Freund, vgl. Z. 7 und die letzten beiden Strophen). Das Gedicht wirkt beruhigend auf mich, als ob der Mond und die Natur die Traurigkeit lindern.*
- *auffällig die Anrede an den „Fluss“ (Z. 13 ff. und Z. 21 ff.): Redet das lyrische Ich mit dem Mond (Titel) oder mit dem Fluss (Z. 13 ff.)? Eigentlich redet es gar nicht mit, sondern zu einem Gegenüber.*
- *sinnliche Eindrücke angesprochen + vermischt: akustischer / optischer Eindruck: „still“ / „Nebelglanz“ (Z. 2) = Synästhesie*
- *parallel konstruierte Sätze – verkürzte / elliptische Anrede mit auffällig altertümlicher Lautung am Versbeginn (Z. 1+2); durch Kreuzreim verschränkte Verse*
- *Enjambement: jeweils die ersten und letzten beiden Verse bilden eine syntaktische Einheit (Z. 1+2 / Z. 3+4)*
- *Konsonanz „l“ – Lautmalerei? (Z. 1 ff.)*

2 ***Vergleichen Sie das Muster mit Ihren Ergebnissen.***

Zwischenfazit

- Merkmale lyrischer Texte
- erste Leseeindrücke

Ein Gedicht analysieren und interpretieren

Eine Arbeitshypothese entwickeln

Bevor Sie ein Gedicht genauer analysieren, entwickeln Sie erste Vermutungen zu Thema und Aussage des Textes, die sich als Arbeitshypothese formulieren lassen. Diese bietet Orientierung und den gedanklichen Rahmen für die Gedichtanalyse. Lesen Sie dazu das Gedicht nochmals aufmerksam – am besten laut – und notieren Sie dann in einem oder wenigen Sätzen, wie Sie das Gedicht bisher verstehen.

Folgende Formulierungen können Ihnen helfen:

Im vorliegenden Gedicht geht es darum, dass …

Das Gedicht bringt … zum Ausdruck.

… ist das zentrale Thema des vorliegenden Gedichts.

Das Gedicht kann gelesen werden als …

Das Gedicht vermittelt einen Eindruck von …

In … Tonfall preist (beklagt, bangt, hofft, ersehnt …) das lyrische Ich im vorliegenden Gedicht …

… mutet die Stimmung im vorliegenden Gedicht an.

1 ***Entscheiden Sie, ob die folgende Arbeitshypothese zu Goethes Gedicht „An den Mond" (➪ S. 285) oder zu Eichendorffs „Mondnacht" (➪ S. 284) gehört. Begründen Sie Ihre Entscheidung.***

Das Gedicht spiegelt eine andächtige und sehnsüchtige Stimmung wider, in der das lyrische Ich im harmonischen Einklang mit der Natur zu innerem Frieden findet.

2 ***Formulieren Sie eine Arbeitshypothese zu Thema und Aussage des anderen Gedichts. Beachten Sie dazu auch die Darstellung des lyrischen Ichs im Basiswissen.***

Tipp

Achten Sie darauf, dass Sie den Verfasser des Gedichts nicht mit dem lyrischen Ich gleichsetzen.

Basiswissen – Das lyrische Ich

Analog zum fiktiven Erzähler in epischen Texten wird in Gedichten das lyrische Ich eingesetzt. Oft dient es als vermittelnde Instanz, um innere Vorgänge und Zustände darzustellen. Man unterscheidet zwischen **explizitem lyrischem Ich**, das als Personalpronomen der ersten Person spricht, und **implizitem lyrischem Ich**, das im Verborgenen bleibt. In jedem Fall gilt es zwischen dem Verfasser oder der Verfasserin eines Gedichts und dem lyrischen Ich zu unterscheiden, auch wenn bisweilen autobiografische Bezüge zu vermuten sind. Mögliche Fragen, mit denen Sie **Intention und Ausdrucksform** des lyrischen Ichs erschließen können, sind folgende:

- Wer spricht? An wen wendet sich das lyrische Ich?
- Welche Haltung nimmt es ein (subjektiv beteiligt, kommentierend, berichtend, hinter das Geschehen zurücktretend)?
- Wie nimmt es seine Umgebung/die Welt wahr?
- Wie nimmt es sich selbst wahr (Bewusstsein, Stimmung)?

Geeignete Interpretationsaspekte auswählen

Im nächsten Arbeitsschritt geht es nun darum, das Gedicht systematisch zu analysieren, um die Arbeitshypothese zu überprüfen, zu ergänzen und zu differenzieren. Möglicherweise muss sie auch korrigiert werden, wenn die erste Vermutung einer genaueren Betrachtung des Textes nicht standhält. Hierzu sollten Sie wissen, welche Aspekte eines Gedichts sich für die Analyse anbieten. Dieses Wissen wenden Sie dann an, indem Sie Fragen an den Text herantragen, sich von den Antworten zu weiteren, differenzierenden Fragen inspirieren lassen und gewonnene Erkenntnisse miteinander verknüpfen.

1 *Benennen Sie mithilfe des Basiswissens Aspekte, die für die Analyse des Gedichts „An den Mond“ (➪ S. 285) besonders fruchtbar sind. Nutzen Sie hierfür auch Ihre zu diesem Gedicht festgehaltenen Ersteindrücke.*

Basiswissen | **Aspekte der Gedichtanalyse**

Die Grafik zeigt Aspekte, die sich für die Untersuchung eines Gedichts anbieten. Allerdings sind für die Erschließung selten alle Gesichtspunkte von Belang. Wichtig ist daher herauszufinden, welcher Aspekt besonders fruchtbar ist und der „Knackpunkt“ der Analyse sein kann.

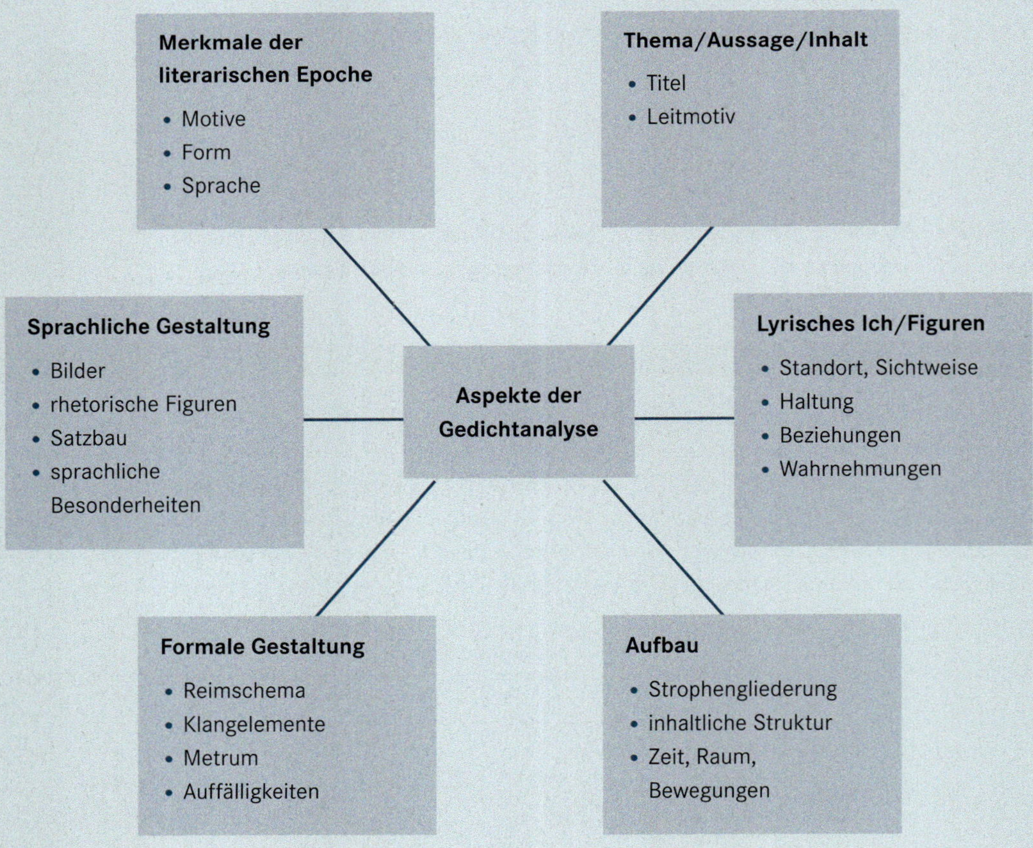

Form funktional deuten

Die formale Gestaltung ist bestimmend für Wirkung und Aussage des Gedichts. Ziel der Untersuchung ist es deshalb, die Eigenheiten des Textes zu benennen, zu beschreiben und zu belegen, vor allem aber, deren Funktion für den Inhalt zu erfassen.

Andreas Gryphius: Abend (1663)

Der schnelle Tag ist hin / die Nacht schwingt ihre Fahn /
Und fuehrt die Sternen auff. Der Menschen muede Scharen
Verlassen Feld und Werck / wo Thir und Voegel waren
Traurt itzt die Einsamkeit. Wie ist die Zeit verthan!

Der Port[1] naht mehr und mehr sich zu der Glider Kahn.
Gleich wie diß Licht verfil / so wird in wenig Jahren
Ich / du / und was man hat / und was man siht / hinfahren.
Diß Leben koemmt mir vor als eine Renne-Bahn.

Laß hoechster Gott / mich doch nicht auff dem Lauffplatz gleiten /
Laß mich nicht Ach / nicht Pracht / nicht Lust nicht Angst verleiten!
Dein ewig-heller Glantz sey vor und neben mir /

Laß / wenn der muede Leib entschlaefft / die Seele wachen
Und wenn der letzte Tag wird mit mir Abend machen /
So reiß mich aus dem Thal der Finsternueß zu dir.

1 Port: Hafen

1 *Ermitteln Sie Strophenform und Versgestaltung des Gedichts mithilfe des Basiswissens.*

2 *Untersuchen Sie, wie die formale Gestaltung den gedanklichen Aufbau des Textes stützt.*

Basiswissen – Strophenformen und Verse

Lyrik ist – neben Epik und Dramatik – eine der drei traditionellen Literaturgattungen. Lyrische Texte erkennt man meist auf den ersten Blick an ihrer Gliederung in Verse und Strophen. Dabei entstehen Akzentuierungen, syntaktische Auffälligkeiten, Betonungen und Pausen, die sich von der Alltagssprache abheben.

- **Vers**: Zeile eines Gedichts
- **Strophe:** „Zeilenpaket“
- **Zeilenstil:** Übereinstimmung von Versende und syntaktischer Einheit
- **Enjambement (auch „Zeilensprung“):** Die syntaktische Einheit reicht über das Versende hinaus, sodass zwei oder mehr Verse miteinander verknüpft sind; dies ist auch beim Vortrag eines Gedichts zu beachten.
- **Verspaar:** umfasst zwei Verse, meist durch Paarreim verbunden; mehrere bilden eine Verspaarkette
- **Liedstrophe:** umfasst vier Verse, meist durch Kreuzreim verbunden
- **Sonett:** Gedichtform, bestehend aus zwei Quartetten (Vierzeiler, meist mit umarmendem Reimschema) und zwei Terzetten (Dreizeiler, meist mit verschränktem Reim)
- **Refrain (Kehrreim):** wortgleiche oder leicht abgewandelte Wiederholung bestimmter Strophenteile. Man unterscheidet je nach Position innerhalb der Strophen den Anfangs-, Binnen- und Endkehrreim.

Form funktional deuten

Wir Sind Helden: Die Nacht (2003)

Mach die Lichter aus-
nahmsweise mal nicht aus
Stell dich zu mir hier ans Fenster
und schau in die Nacht hinaus
Siehst du der Mond hat sich ein Fernglas gebaut
mit dem er nachts in unser Schlafzimmer schaut
Wer hätte das gedacht
dass der Mond so etwas macht

Die Nacht dreht sich um dich

Die Nacht dreht sich um dich allein
sie will am Tag noch bei dir sein
Die Nacht dreht sich um dich allein
und du schläfst einfach trotzdem ein
Lass die Nacht doch rein
aus Vorsicht mal nicht rein
Der Wind tut so zahm aber wenn du ihn lässt
nistet er sich bei uns ein

Und wusstest du, dass das Sternenlicht
kurz bevor es in den Himmel aufbricht
auf deiner Nase sitzt und lacht
dann erst springt es in die Nacht

Die Nacht dreht sich um dich

Die Nacht dreht sich um dich allein
sie will am Tag noch bei dir sein
Die Nacht dreht sich um dich allein
und du schläfst einfach trotzdem ein
Und wenn du seufzt gerät die Welt aus dem Lot
Motoren stottern jede Ampel wird rot
Du bist vom Herzklopfen der Nacht
noch nicht einmal aufgewacht

Die Nacht dreht sich um dich

Die Nacht dreht sich um dich allein
sie will am Tag noch bei dir sein
Die Nacht dreht sich um dich allein
und du schläfst einfach trotzdem ein

Die Nacht dreht sich um dich allein
sie will am Tag noch bei dir sein

Die Nacht dreht sich um dich
... genau wie ich

Form funktional deuten

3 *Untersuchen Sie die formale Gestaltung und die Reimformen (→ Basiswissen) im Text „Die Nacht“.*

Basiswissen — Reim und Klang

Die klangliche Gestaltung eines Gedichts wird durch den Reim und das Reimschema bestimmt, aber auch durch das Prinzip der Verwendung von Wörtern und Lauten.

- **Reim:** Gleichklang der Endsilben vom letzten betonten Stammvokal an (Knall – Stall; Ende – Wende)
- **Endreim:** Reimwörter stehen am Versende (z. B. Paarreim: aabb; Kreuzreim: abab; umarmender Reim: abba; verschränkter Reim: abc abc)
- **Binnenreim:** Reimwörter stehen inmitten des Verses
- **Stabreim (Alliteration):** gleicher Anlaut der betonten Stammsilben (mit Kind und Kegel; bei Wind und Wetter)
- **Reiner/unreiner Reim:** reine Reime zeichnen sich durch Gleichklang aus; unreine Reime klingen ähnlich, sind oft missglückt (leichter/Leuchter) oder mundartlich bedingt („Ach neige/Du Schmerzensreiche“, Goethe, „Faust I“)
- **Assonanzreim:** unvollständige lautliche Übereinstimmung – nur die Vokale klingen gleich (Unterpfand – wunderbar)
- **Rührender Reim:** Gleichklang auch der Konsonanten vor der betonten Reimsilbe; gilt als stilistisch misslungen (kriechen – verkriechen)
- **Schüttelreim:** Vertauschung der Anfangskonsonanten sich reimender Silben, oft spielerisch und verblüffend (Fink und Star – stink und fahr!)
- **Identischer Reim:** zwei gleiche Wörter als Reimwörter
- **Kadenzen** beschreiben die Gestaltung des Versendes:

  männliche (stumpfe) Kadenz: einsilbiger Endreim (Stein/Bein), letzte Silbe betont

  weibliche (klingende) Kadenz: zweisilbiger Endreim, Betonung auf der vorletzten Silbe (Rose/Hose), letzte Silbe unbetont

  gleitende Kadenz: dreisilbiger Endreim (betonende/verschonende)
- **Assonanz:** Häufung eines Vokals (Nah am Hagen Tannen wanken)
- **Konsonanz:** Häufung eines oder mehrerer ähnlich klingender Konsonanten
- **Klangmalerei (Onomatopoesie):** sprachliche Nachbildung akustischer Eindrücke, die sinnliche Vorstellungen beim Leser/Zuhörer entstehen lassen (also über die bloße Imitation hinausgehen); oft als Neologismen (Neubildungen) und in Kombination mit Synästhesie (Verknüpfung unterschiedlicher sinnlicher Wahrnehmungen); Einzelwörter (Kuckuck, quaken) oder ganze Verse wie die folgenden aus dem Gedicht „Freudenfeuerwerk zum Geburtstag des Friedens“ von Johann Klaj: „So reißet, zerschmeißet kein Hagel die Blätter, / So rasselt, so prasselt kein donnerndes Wetter, / So prallet, so knallet kein fallend Gemäuer, / als knicket und knacket das knisternde Feuer.“

Form funktional deuten

Johann Wolfgang Goethe: Wandrers Nachtlied II (1780/1815)

Über allen Gipfeln
Ist Ruh,
In allen Wipfeln
Spürest du
Kaum einen Hauch;
Die Vögelein schweigen im Walde.
Warte nur, balde
Ruhest du auch.

4 ***Erschließen Sie dieses Gedicht ausgehend von der metrischen Analyse. Nutzen Sie dazu die Hinweise in der Arbeitstechnik.***

a) Finden Sie heraus, für welchen Teil des Gedichts es leichter fällt, die metrische Gestaltung zu benennen.

b) Formulieren Sie Zusammenhänge zwischen der kommunikativen Situation (Wer spricht zu wem was?), den Subjekten und der metrischen Gestaltung des Gedichts.

c) Erläutern Sie, worin die Verheißung gipfelt, die dem „Du" gemacht wird, und wie damit die metrische Gestaltung übereinstimmt.

Arbeitstechnik – Das Metrum ermitteln

Bei der metrischen Analyse eines Gedichts geht es zunächst darum, die Regel, also das vom Dichter gewählte Versmaß zu ermitteln. Sowohl die Regel als auch die Abweichung von der Regel müssen in ihrer Funktion für das jeweilige Gedicht gedeutet werden.

1. Zählen Sie zunächst die Silben jedes Verses und notieren Sie für jede Silbe, vers- und strophenweise angeordnet, ein x. Betonte Silben erhalten einen Akzent: x́.
2. Ermitteln Sie das Versmaß, indem Sie sich an einem (mindestens) zweisilbigen Wort orientieren. Oft lässt sich von einem Versfuß aus das Versmaß der gesamten Zeile bestimmen. Wenn Sie sich nicht sicher sind, lesen Sie ein Gedicht (laut) mit übertriebener Betonung. Durchgängig falsche Betonungen hört man leicht, sie sind nur mit Mühe und gegen die natürliche Akzentuierung der Sprache zu erzielen.
3. Von besonderem Interesse sind außerdem Stellen, an denen der Dichter vom Versmaß abweicht, um eine Stelle besonders zu betonen.

Basiswissen – Metrum

Gedichte haben oft eine kunstvolle **rhythmische Gestaltung**. Zur Beschreibung dienen folgende Termini:

- **Metrum:** die regelmäßige Abfolge von betonten und unbetonten Silben
- **Versfuß (auch Takt):** die kleinste Maßeinheit des Metrums (z. B. Jambus, s. u.)
- **Versmaß:** die Ordnung der Versfüße in einer Zeile (z. B. dreihebiger Jambus)
- **Hebung:** betonte Silbe; die Anzahl der Hebungen ergibt die Länge eines Verses
- **Senkung:** unbetonte Silbe, der ein- oder mehrsilbige Zwischenraum zwischen Hebungen
- **Zäsur:** Pause (wörtlich „Einschnitt"), meist in der Mitte eines Verses

Form funktional deuten

Die gängigsten Versfüße in der deutschen Literatur:

- **Jambus:** xx́ (Gesicht) – unbetont, betont
- **Trochäus:** x́x (Mondnacht) – betont, unbetont
- **Daktylus:** x́xx (Apfelbaum) – betont, unbetont, unbetont
- **Anapäst:** xxx́ (Schweinerei) – unbetont, unbetont, betont

Je nach Anzahl und Art der Versfüße ergeben sich bestimmte **Versformen**, für einige gibt es Fachtermini:

- **Blankvers:** fünfhebiger Jambus ohne Endreim
- **Alexandriner:** sechshebiger Jambus mit Zäsur nach der dritten Hebung; häufig in Barockgedichten, insbesondere in Sonetten; spiegelt oftmals Gegensätze in der Form
- **Distichon:** Verspaar, bestehend aus einem Hexameter und einem Pentameter; auf einen sechshebigen Jambus folgt ein ursprünglich fünfhebiger, in der deutschen Literatur aber meist auch ein sechshebiger Jambus, allerdings mit deutlicher Zäsur in der Versmitte („Im Hexameter steigt des Springquells flüssige Säule / Im Pentameter drauf fällt sie melodisch herab", Merkvers zum Distichon)
- **Freie Rhythmen:** Verse, die kein durchgängiges Metrum aufweisen, aber dennoch auffällig rhythmisiert sind. Akzentuierungen und Pausen werden durch die Zeilengestaltung und den Versumbruch erzeugt. Oft haben solche Gedichte auch keine Strophengliederung und/oder kein Reimschema. Dies trifft insbesondere auf die moderne Lyrik zu. Der lyrische Gehalt kann dadurch an Ausdrucksstärke und Dynamik gewinnen.

Muster

Andreas Gryphius wählt in seinem Gedicht mit dem Titel „Abend" die für ein barockes Gedicht typische strenge Form des Sonetts. Die beiden Quartette mit umarmenden Reimen gestalten das Thema der Vergänglichkeit irdischen Lebens und menschlichen Tagwerks, während das lyrische Ich in den beiden Terzetten anaphorisch und in Imperativen den „hoechste[n] Gott" (Z. 9) bittet, es „aus dem Thal der Finsternueß" (Z. 14) zu sich zu erheben.

Im ersten Vers stehen sich als Subjekte Tag und Nacht gegenüber. Die Zäsur des Alexandriners verstärkt diese Antithetik rhythmisch. Eingeführt wird schon im ersten Vers das Leitmotiv der Bewegung („der schnelle Tag"), klanglich verstärkt durch die kontrastierenden Vokale „i" und „a" („die Nacht schwingt ihre Fahn"). […]

Dem antithetischen Gegenüber von irdischem Unten und Dunkel, in dem der menschliche Körper in sinnloser Kreisbewegung gefangen ist, und Hoffnung auf Rettung der Seele oben, im „ewig-helle[n] Glantz" Gottes, entspricht klangliche Dramatik: auffällige Assonanzen („i" und „a") setzen Akzente, Konsonanzen mit Hauch- und Reibelauten verstärken die verbalisierte Aufwärtsbewegung. […]

5 *Untersuchen Sie diesen Mustertext zur Formanalyse des Gedichts „Abend" von Gryphius (➪ S. 289): Wo wird die formale Gestaltung benannt und beschrieben, wo wird sie gedeutet?*

6 *Ergänzen Sie den Mustertext mithilfe des Basiswissens (➪ S. 291, 292 f. und 294). Achten Sie darauf, Formales stets funktional zu deuten.*

Bildsprache funktional deuten

Oskar Loerke: Blauer Abend in Berlin (1911)

Der Himmel fließt in steinernen Kanälen;
Denn zu Kanälen steilrecht ausgehauen
Sind alle Straßen, voll vom Himmelblauen.
Und Kuppeln gleichen Bojen, Schlote Pfählen

Im Wasser. Schwarze Essensdämpfe schwelen
Und sind wie Wasserpflanzen anzuschauen.
Die Leben, die sich ganz am Grunde stauen,
Beginnen sacht vom Himmel zu erzählen,
Gemengt, entwirrt nach blauen Melodien.
Wie eines Wassers Bodensatz und Tand
Regt sie des Wassers Wille und Verstand

Im Dünen[1], Kommen, Gehen, Gleiten, Ziehen.
Die Menschen sind wie grober bunter Sand
Im linden Spiel der großen Wellenhand.

1 Dünen: Heben und Senken der Wellen

1 ***Untersuchen Sie die sprachlichen Bilder des Gedichts mithilfe des Basiswissens.***

a) Benennen Sie bildliche Gestaltungsmittel, die der Verfasser eingesetzt hat.

b) Beschreiben Sie die Wirkung, die mit diesen Bildern erzielt wird.

c) Erläutern Sie, welche Funktion die Bilder für die Textaussage haben.

Basiswissen **Bildliche Gestaltung**

- **Sprachliches Bild:** Mit einem sprachlichen Bild wird ein Gedanke, oft etwas Abstraktes, veranschaulicht. In poetischer Sprache werden mit Bildern vielfältige Sinnbezüge geschaffen. Es gilt zu untersuchen, wie das Bild gestaltet ist, aus welchem Bereich es stammt und vor allem, worin die Leistung des sprachlichen Bildes besteht. In Gedichten sind sprachliche Bilder oft leitmotivisch ausgestaltet.
- **Vergleich:** Gegenstände oder Sachverhalte werden verglichen in Bezug auf ein gemeinsames Drittes (Tertium comparationis), sprachlich angezeigt meist durch Vergleichspartikel (gleich ... wie, anders als).
- **Metapher:** Bei der Metapher werden nicht zueinander gehörende Bereiche direkt nebeneinander gestellt (ohne Vergleichspartikel) und aufeinander übertragen („ein Stern fällt ins Wasser / und der Mond hinterher“, Element of Crime).
- **Symbol:** Ein (Ding-)Symbol ist ein konkreter Gegenstand, der über sich hinaus auf etwas Abstraktes verweist. Der Ring am Finger steht für immerwährende Treue und Liebe. Dabei ist die Deutung des Symbols oft aus dem konkreten Zusammenhang des Gedichts zu erschließen.
- **Allegorie:** Auch die Allegorie versinnbildlicht Abstraktes in Gegenständlichem, oft Figürlichem. Dabei verweist die allegorische Darstellung nicht nur auf das Gemeinte, sondern sie „ist“ es: Der Sensenmann „ist“ der Tod, Justitia mit verbundenen Augen und Waage „ist“ die Gerechtigkeit.
- **Synästhesie:** Sind mehrere sinnliche Bereiche miteinander verbunden, spricht man von Synästhesie. Es entstehen so atmosphärisch dichte Eindrücke („Frühling lässt sein blaues Band / wieder flattern durch die Lüfte / süße, wohlbekannte Düfte / streifen ahnungsvoll das Land. / ...“, Mörike, „Er ist's“)
- **Chiffre:** Vor allem in der modernen Lyrik sind Bilder und Anspielungen mitunter aus dem Kontext kaum zu erschließende „Geheimzeichen“. Die Entschlüsselung solcher „Chiffren“ gelingt zum Teil nicht oder nur mithilfe von Wissen über Leben und Werk des Autors (➪ in Huchels Gedicht das „Alphabet der Blitze“, S. 298).

Eine Interpretationsthese formulieren

In einer Synthese führen Sie die einzelnen Ergebnisse der Analyse zusammen. Aus Ihrer vorläufigen Arbeitshypothese ist nun – nach systematischer Überprüfung und Ergänzung – eine am Text nachweisbare Interpretationsthese geworden.

Eduard Mörike: Um Mitternacht (1828)

Gelassen stieg die Nacht ans Land,
Lehnt träumend an der Berge Wand,
Ihr Auge sieht die goldne Waage nun
Der Zeit in gleichen Schalen stille ruhn;
Und kecker rauschen die Quellen hervor,
Sie singen der Mutter, der Nacht, ins Ohr
Vom Tage,
Vom heute gewesenen Tage.

Das uralt alte Schlummerlied,
Sie achtet's nicht, sie ist es müd;
Ihr klingt des Himmels Bläue süßer noch,
Der flücht'gen Stunden gleichgeschwungnes Joch.
Doch immer behalten die Quellen das Wort,
Es singen die Wasser im Schlafe noch fort
Vom Tage,
Vom heute gewesenen Tage.

Georg Heym: Nacht (1911)

Draußen
Die Dachtraufen
Laufen.
Und der Sturm
In Wolken verborgen
Im ersten Zwielicht
Trostloser Morgen
Stöhnt in die Gassen
Immer hinein.

Und du wie ein Stein
Geworfen in Öde
Möchtest am liebsten
Schrein.

Schlaf ein.
Du bist allein
In der Nacht.
Niemand wacht.
Schlaf ein.

1 *Analysieren Sie das Gedicht „Um Mitternacht".*

2 *Belegen Sie die Interpretationsthese anhand des Textes.*

Muster

Mörike gestaltet den Moment der „Mitternacht" als Gefühlserlebnis, bei dem die Eindrücke des Tages und der Nacht miteinander konkurrieren. Es entsteht ein romantisch verklärendes Bild der belebten Natur. Innehalten und Bewegung, Wahrnehmen und Schaffen von sinnlichen Reizen prägen die Atmosphäre und sind kunstvoll miteinander verwoben.

3 *Formulieren Sie zum Gedicht „Nacht" eine Interpretationsthese.*

4 *Stellen Sie sich Ihre Ergebnisse gegenseitig vor, vergleichen und ergänzen Sie sie.*

Eine vergleichende Gedichtinterpretation schreiben

Stoffsammlung und Gliederung erstellen

Bevor Sie eine Gedichtinterpretation verfassen, ist es notwendig, eine strukturierte Stoffsammlung zu erstellen, mit der Sie sich einen Überblick über die Ergebnisse Ihrer Analyse verschaffen. Bei einer vergleichenden Betrachtung zweier Gedichte geht es darum herauszufinden, welche Aspekte sich für die Gegenüberstellung eignen, worin sie sich gleichen und was sie voneinander unterscheidet.

Georg Trakl: Romanze zur Nacht (1913)

Einsamer unterm Sternenzelt
Geht durch die stille Mitternacht.
Der Knab aus Träumen wirr erwacht,
Sein Antlitz grau im Mond verfällt.

Die Närrin weint mit offnem Haar
Am Fenster, das vergittert starrt.
Im Teich vorbei auf süßer Fahrt
Ziehn Liebende sehr wunderbar.

Der Mörder lächelt bleich im Wein,
Die Kranken Todesgrausen packt.
Die Nonne betet wund und nackt
Vor des Heilands Kreuzespein.

Die Mutter leis' im Schlafe singt.
Sehr friedlich schaut zur Nacht das Kind
Mit Augen, die ganz wahrhaft sind.
Im Hurenhaus Gelächter klingt.

Beim Talglicht drunt' im Kellerloch
Der Tote malt mit weißer Hand
Ein grinsend Schweigen an die Wand.
Der Schläfer flüstert immer noch.

Max Herrmann-Neiße: Breslauer Winternacht (1930)

Nachts kriecht die Kälte aus dem Odereise
und färbt den Mann der Würstchenbude blau.
Um den Matthiasplatz in irrem Kreise
trabt wahngetrieben eine Zeitungsfrau.
Im Torweg Liebespaare stumm erstarrten
zu gotisch keuschen Statuen von Stein.
Den Grogerhitzten, die sich grölend narrten,
gefrieren ihre heisren Stimmen ein.
Das Droschkenpferd und hinter ihm der Wagen,
sie schleppen sich als bald Gelähmte fort.
Und ein Student mit hochgeschlagnem Kragen
verlor die Würde und das Ehrenwort
und sehnt sich nur noch nach der warmen Klause.
So leer wie jetzt war nie der Straßenschacht.
Verdächtige lauern heut an keinem Hause,
auch Tiere bargen sich vor dieser Nacht.
Ins Nichts des Himmels treibt bedrohlich düster
durchs Wolkeneis ein Totenschiff: der Dom.
Und fluchend mit den Schollen wirft als wüster,
heilloser Trunkenbold der Oderstrom.

1 ***Untersuchen Sie die Gedichte im Hinblick auf Gemeinsamkeiten und Unterschiede.***

a) Interpretieren Sie die Gedichte, indem Sie die thematische, formale und sprachliche Gestaltung analysieren, und überlegen Sie, welche Aspekte für die vergleichende Interpretation besonders fruchtbar sind (➪ S. 288).

b) Notieren Sie Ihre Ergebnisse in einer Stoffsammlung. Beachten Sie dazu die Hinweise in der Arbeitstechnik (➪ S. 297).

2 ***Entwickeln Sie zu beiden Gedichten eine Interpretationsthese.***

3 ***Erstellen Sie für die vergleichende Interpretation der Gedichte „Romanze zur Nacht“ und „Breslauer Winternacht“ eine Gliederung. Entscheiden Sie, ob Sie die Aspekte nacheinander interpretieren oder im direkten Vergleich gegenüberstellen (➪ Arbeitstechnik, Muster, S. 297).***

Stoffsammlung und Gliederung erstellen

Arbeitstechnik | **Stoffsammlung erstellen**

Für die Stoffsammlung notieren Sie die Ergebnisse Ihrer Analyse stichwortartig – am besten geordnet nach den untersuchten Aspekten. Hier ein Beispiel für die tabellarische Form:

Vergleichsaspekt	Gedicht 1	Gedicht 2
Thema	...	...
Strophenform	...	...
Reimschema	...	...
...	...	...

Ausgehend von Ihrer Stoffsammlung erstellen Sie eine Gliederung, die Ihnen hilft, gedankliche Sprünge, Brüche und Wiederholungen zu vermeiden. Dabei sind verschiedene Varianten möglich. Das folgende Beispiel zeigt eine Grobgliederung für eine vergleichende Gedichtinterpretation, bei der die Texte zunächst einzeln interpretiert werden. Alternativ können Sie aber im Hauptteil die Gemeinsamkeiten und Unterschiede der interpretierten Aspekte auch gegenübergestellt betrachten.

Muster

A Einleitung: *Titel, Verfasser, Entstehungszeit und Thema*
B Hauptteil: *Interpretation der beiden Gedichte*

I Analyse und Interpretation von Gedicht 1
- *Aufbau und Inhalt*
- *Lyrisches Ich*
- *Formale Gestaltung und deren Funktion*
- *Sprachliche Gestaltung und deren Funktion*
- *Epochenbezüge*
- *Gesamtaussage/Interpretationsthese Gedicht 1*

II Analyse und Interpretation von Gedicht 2
- *Aufbau und Inhalt*
- *Lyrisches Ich*
- *Formale Gestaltung und deren Funktion*
- *Sprachliche Gestaltung und deren Funktion*
- *Epochenbezüge*
- *Gesamtaussage/Interpretationsthese Gedicht 2*

III Vergleich der interpretierten Aspekte
- *Parallelen*
- *Unterschiede*

C Schluss: *Stellungnahme zur Aktualität oder Wirkung der Gedichte*

Eine Interpretation schreiben

Aus der Gliederung entwickeln Sie einen zusammenhängenden Aufsatz, in dem Sie den Text (vergleichend) interpretieren und mit der Fachsprache und den Zitaten korrekt umgehen.

Hermann Hesse: Träumerei am Abend (1952)

Banges müdgewordnes Herz,
das so froh einst schlug,
sinnst verloren jugendwärts,
hast des Spiels genug.

Bilder steigen ohne Zahl
aus dem Dunkel hold,
langerloschner Sonnenstrahl
taucht sie tief in Gold.

Licht und fern erglänzt die Welt,
die wir einst gekannt:
hohes Kindheits-Sternenzelt,
Kinder-Heimatland.

Die wir noch im Dunkel stehn
milder Träumerein,
sehnen uns ins Licht zu gehen,
selber Licht zu sein.

Peter Huchel: Unter der blanken Hacke des Monds (1972)

Unter der blanken Hacke des Monds
werde ich sterben,
ohne das Alphabet der Blitze
gelernt zu haben.

Im Wasserzeichen der Nacht
die Kindheit der Mythen,
nicht zu entziffern.

Unwissend
stürz' ich hinab,
zu den Knochen der Füchse geworfen.

1 ***Untersuchen Sie die Gedichte zunächst einzeln nach Inhalt, Form und Sprache.***

2 ***Erarbeiten Sie Aspekte, die sich für einen Vergleich eignen.***

3 ***Schreiben Sie eine vergleichende Interpretation der beiden Gedichte. Nutzen Sie dazu die Formulierungshilfen und die Checkliste auf der folgenden Seite.***

Diese Formulierungshilfen können bei der vergleichenden Interpretation nützlich sein:

- *Die Texte weisen einige Gemeinsamkeiten auf. In beiden steht das Thema … im Mittelpunkt …*
- *Es gibt jedoch deutliche Unterschiede im Hinblick auf … Während in dem Gedicht …, wird in dem Gedicht … besonders mit den Mitteln … gearbeitet. Daraus erklären sich die deutlich unterschiedlich wirkenden …, die möglicherweise zurückzuführen sind auf …*
- *Im Ergebnis des Textvergleichs lässt sich sagen … Mir erscheint …*

Eine Interpretation schreiben

Checkliste: Eine Gedichtinterpretation schreiben

Vorbereitung des Interpretationsaufsatzes

- ☑ Wurde die Aufgabenstellung auf besondere Interpretationsaspekte hin geprüft?

Einleitung

- ☑ Haben Sie Autor, Titel und Erscheinungsjahr genannt und das Thema formuliert?

Hauptteil

- ☑ Wurden der Inhalt, das lyrische Ich sowie weitere Figuren und deren Beziehung beschrieben?
- ☑ Haben Sie die Ergebnisse Ihrer Formanalyse (Anordnung der Strophen und Verse, Reim, Metrum, Kadenzen) sowie der Sprachanalyse (Bilder, rhetorische Figuren, Syntax, sprachliche Besonderheiten) interpretiert und mit treffenden Zitaten belegt?
- ☑ Wurden für die Entstehungszeit typische Merkmale herausgearbeitet und gedeutet?
- ☑ Haben Sie eine Interpretationsthese formuliert?
- ☑ Wurden im Falle eines Gedichtvergleichs Gemeinsamkeiten und Unterschiede herausgearbeitet?

Schluss

- ☑ Haben Sie eine Stellungnahme zur Aktualität oder Wirkung des Gedichts formuliert? (➪ Basiswissen, Kapitel 6.4, S. 127)

Textüberarbeitung

- ☑ Haben Sie die Gliederung, Ausdruck, Rechtschreibung und Grammatik korrigiert?

Fazit

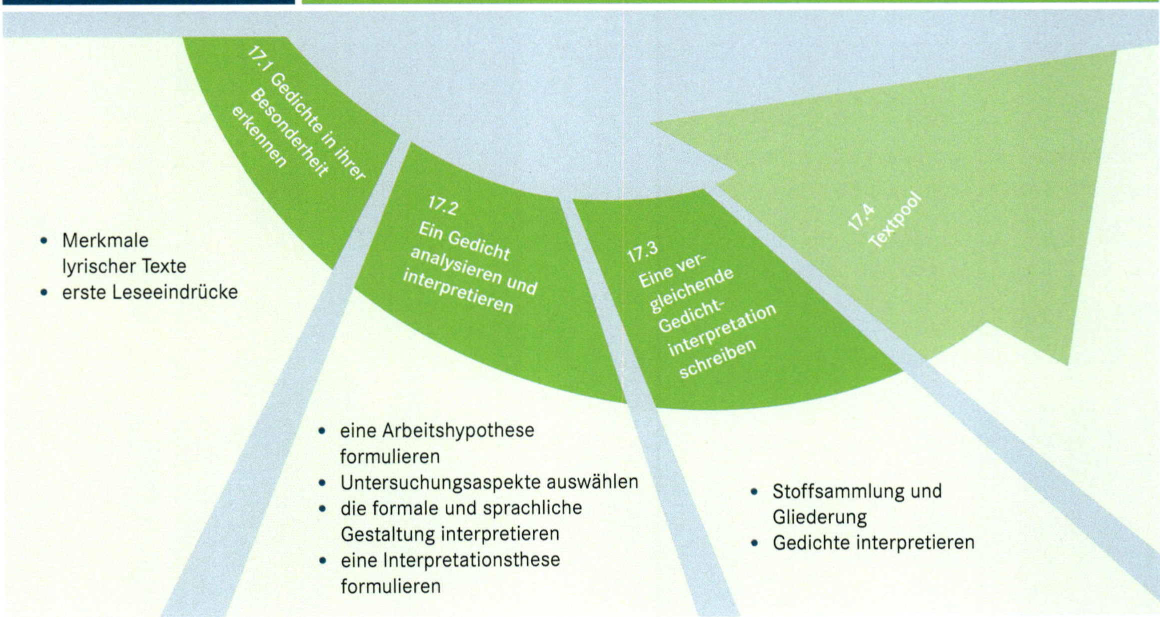

Textpool

Gertrud Kolmar: Die Müde (1938)

Dies Müde, Flügellose ruht auf mir
So wie ein großes, sanftes, goldnes Tier.

Uns trägt, was schwillt: ein Trank, der überlief.
Es blickt mich an. Sein Blick ist gut und tief.

Es lastet schwerer und mein Atem hebt
Es nicht mehr auf. Sein Drachenmantel webt

Ins Düster sich. Ein Zackenkrallen spinnt,
Drum schale Milch aus einem Mohnkopf rinnt.

Nun darf ich nur noch eigne Lider sehn,
Die blau und grüne Pfauenräder drehn.

Ich habe kein Gesicht mehr. Hauch wird Stein.
Bedächtig kehrt mein Schauen in mich ein.

Es steigt hinab, hinab, es fällt, wird dicht.
Der Schwarzschlund sackt es ein: es wehrt sich nicht.

Es sinkt geballt in tauben Mauernkern.
Es ist in sich. Nur seltsam klar und fern

Scheint auch dies Müde, Flügellose hier,
So wie ein kleines, silbern sanftes Tier.

Dagmar Nick: Geh über Nacht (1969)

Schlage die Tür zu
und vergrabe den Schlüssel
in keiner Erinnerung.
Nimm keinen Abschied.
Du hast deine Hoffnung
getränkt mit Galle:
Jetzt steht der Schierling
mannshoch.
Schlage den Weg ein,
den du vergessen wirst.
Geh über Nacht.
Nimm Aufenthalt,
wo du nicht bleiben wirst,
decke dich zu
mit dem Schatten der Sterne.
Gib keine Antwort.

Thomas Kling: NATO NIKE SITE. NACHT. INNEN (2002)

und sahen bunker-präzisionsinschriften

in bunkern piktogramme männlicher wünsche und
Raketen. sahen fundamentplan, raumbezeichnung.

lichteinfälle, kantenschatten, gitterroste, maschen-
weiten. böden aus linoleum, aus gußasfalt. estrich

öldicht. und tiere – eule, außen, nacht –
ein rascheln bei den unterständen, vor den zäunen,

die immer wieder abgewürgte schreie hören ließen.
innen blaue nacht. datennächte, innenseiten. R

Marcel Beyer: Schwitzwasser (2005)

Herabgesprüht zur Dämmerstunde,
die Luke ging aufs Abraumgrundstück,
flankiert von immergrünen Pflanzen,
von Friedhofs-, Jenseits-, Totenblumen
lugte ich, mein Kopf hing unbeweglich,
die stachen nämlich.
Teilgelähmt zur Dämmerstunde,
der weggefressene Hals, im Untergang,
die Sonne hinterm Schotterhügel.
Das war nicht anders als in Meiderich[1],
wo die, im Dämmern, lautlos,
weggeputzte Kehle, Urgroßmutter
vorher Jahrzehnte rausgeschaut in
eine Nachkriegslandschaft.
So saßen wir, und unbeweglich
jeden Abend, dunkel, still, nachdem
den Tag über die Stubenfliegen
hier erledigt worden waren.
Mit Haarspray, an der Fensterscheibe,
bis sie sich nicht mehr rührten und mit
verklebten Flügeln die Rinne runter-
schwammen, im Schmier-
film der Schwitz-
wasserrinne.

1 Meiderich: Stadtteil von Duisburg

Erika Burkart: Phasen (2005)

Es gibt ein Licht in der Dämmerung,
das glimmt auf den Zweigen wie Schnee,
Muschelinnres der Himmel,
wo er die Erde umfasst.

Die erste Sichel, die zweite.
Wenn die Kugel voll ist,
ändert das Wetter,
die Nacht trübt ein
und die Flut verebbt.

Es gibt ein Licht in der Nacht,
das wartet, solang wir es suchen.

Wolfgang Borchert: Das graurotgrüne Großstadtlied (1946)

Rote Münder, die aus grauen Schatten glühn,
girren einen süßen Schwindel.
Und der Mond grinst goldiggrün
durch das Nebelbündel.

Graue Straßen, rote Dächer,
mittendrin mal grün ein Licht.
Heimwärts grölt ein später Zecher
mit verknittertem Gesicht.

Grauer Stein und rotes Blut –
morgen früh ist alles gut.
Morgen weht ein grünes Blatt
über einer grauen Stadt.

Peter Rühmkorf: Himmel abgespeckt

Keine Posaune zur Hand, keine Verkündigungen,
der Himmel abgespeckt,
wenn der Abend mit siebenfarbener Zunge
am Fenster leckt.

Ins Spektrum geflätzt, die Seele noch einmal nach oben,
wolken- und vogelwärts –:
Wer hat mir die Faustvoll Fleisch in die Jacke geschoben,
mein rüdes Gorillenherz?

Träume ausgeklinkt – gutso – die gondeln im Blauen,
in den schwimmenden Äther getupft;
mein gepökeltes Herz, mein eingesalznes Vertrauen,
das die Stellung hält und die Schlagader zupft.

Mit der Erde auf gutem Fuß,
den läufigen Nachtigallen –!–
Ist es nicht schön, bald, bei aufgeblasenem Monde und steigendem Fluss
der Schwerkraft anheimzufallen?

Jaaa, Mooond, wenn er kömmt, der siderische Montgolfier[1],
im Pulk der Sterne die Nacht zu befahren …
schlürf ich die Welt-an-sich und was ich sonst nicht versteh,
dir aus den Achselhaaren.

Schlürfe vom handwarmen All, der Gaumen zerfließt,
die Kehle schon –
Die du hier Luft einziehst,
mach die Funzel aus, oh-du-Sterbliche,
häng dich ein in die Gravitation.

1 Joseph und Jacques Montgolfier: Erfinder des 1783 erstmals gestarteten Heißluftballons

Kapitel 18

Medien untersuchen: Computerspiele und soziale Netzwerke

18.1 Computerspiele bewerten

18.2 Killerspiele hinterfragen

18.3 Soziale Netzwerke

18.4 Anspruch und Wirklichkeit sozialer Netzwerke

18.5 Eigenverantwortung ist gefragt

Wenn Unterricht und Lernen spielerisch verpackt, komplexes Denken und Problemlösen gefördert werden sollen, greift man gerne auf das interaktive Spiel zurück. Bei allen Vorteilen muss auch den Bedenken Platz eingeräumt werden. Bei übertriebenem Konsum von Computerspielen können – wie bei intensiver Computernutzung allgemein – unter anderem Suchtverhalten, Konzentrationsschwächen und Nervosität die Folgen sein. Eine besondere Gefährdung gerade für junge Menschen sehen viele Medienwissenschaftler in der Gewaltimitation, die vor allem von gewaltgeprägten Computerspielen ausgehen kann.

Was Sie bereits wissen

- ✔ Journalistische Textsorten verfolgen eine bestimmte Absicht.
- ✔ Nachrichten lassen sich nach „Hard-“ und „Softnews“ unterscheiden.
- ✔ Der tägliche Kampf um die Quote zeigt Auswirkungen auf die Qualität der Sendungen.
- ✔ Kameraeinstellungen und -perspektiven haben einen entscheidenden Einfluss auf die Wirkung von Inhalten.

Computerspiele bewerten

Die Bewertung von Computerspielen durch Medienpädagogen fällt sehr unterschiedlich aus. Neben der Warnung vor ihnen werden auch Theorien vertreten, die den Spielen eine eher aggressionsableitende Wirkung zuschreiben, manche halten sie sogar für ein förderungswürdiges „Kulturgut“.

Spiele zwischen Lifestyle und Suchtgefahr

von Linda Breitlauch

Schon Sokrates wurde vorgeworfen, die Jugend zu verderben; dafür reichte man ihm den Schierlingsbecher. 2400 Jahre später stehen Computerspiele im Zentrum des Jugendschutzes; die gesellschaftliche Anklage richtet sich vor allem gegen sogenannte „Killerspiele“ und Suchtgefahren. Getragen wird die Diskussion insbesondere durch die „klassischen“ Medien, denen die Schelte jedoch aus eigener Vergangenheit und Erfahrung leidlich bekannt vorkommen sollte. In der kurzen Zeit ihrer Entwicklung hat die Spielebranche viele Höhen und Tiefen erlebt. Die Hysterie flaut langsam ab, Aufklärung wird betrieben. Auch die Politik erkennt den Wirtschaftsfaktor des boomenden Marktes. Zeit, sich zu fragen: Wo kommen wir her, wo stehen wir, und wo werden wir in zehn Jahren sein?

Generation Pong

Die Art des Medienkonsums, mit dem Menschen einer Generation aufwachsen, verbindet sie miteinander: Ob Kinofilme oder Fernsehserien, ob Mode- oder Musiktrends – all das sind prägende Erlebnisse, die sich mit dem eigenen Leben untrennbar verknüpfen. In den letzten 30 Jahren ist eine Generation junger Erwachsener mit Pong, Space Invaders und Monkey Island aufgewachsen; sie erschuf sich dabei ebenfalls gemeinsame Erinnerungen. Von der Öffentlichkeit werden diese Erfahrungen aber kaum wahrgenommen. Computerspiele prägen Gemeinschaften so selbstverständlich wie andere Medien auch; sie sind ein bedeutender Teil der Unterhaltungskultur geworden. Und ebenso wie andere erfolgreiche Unterhaltungsformate vor ihnen stehen nun auch Computerspiele unter dem Verdacht, zur Verdummung, Verrohung oder Aggressionsförderung vor allem junger Menschen beizutragen. Die (zum Teil auch berechtigten) Bedenken entstehen in erster Linie aus der Sorge, Spieler könnten den Bezug zur Wirklichkeit verlieren. Sie entspringen aber auch einer ernsthaften Unwissenheit vieler Erziehungsverantwortlicher gegenüber dem noch relativ jungen Medium.

Angst des Fernsehens

Für die Generationen, die nicht mit dem Computerspiel sozialisiert wurden, bilden die klassischen Medien – insbesondere das Leitmedium Fernsehen – das Sprachrohr, durch das Befürchtungen in die Öffentlichkeit getragen werden. Dass diese Medien mitunter gegen Spiele trommeln, mag auch an der Konkurrenzsituation liegen: Laut einer Studie der EIAA zum durchschnittlichen Medienkonsum (2008) verbringen 16- bis 24-Jährige inzwischen erstmals mehr Zeit online oder mit Computerspielen als vor dem Fernseher. Die Hysterie einiger Fernsehformate (Frontal 21, Panorama etc.) mit ihrer zum Teil verfälschten und monokausalen Darstellung der Gefahren von Computerspielen könnte also durchaus in rein ökonomischen Interessen begründet liegen. Dabei stellt sich längst die Frage, ob nicht enormes Potenzial für die Zukunft der Massenmedien im ohnehin kaum noch aufzuhaltenden Zusammenwachsen von Spielen, Internet und klassischen Formaten liegt. [...]

Spiele im Alltag

Zum Lifestyle gehören Computerspiele schon lange, und sie ziehen sogar in die Werbung und andere klassische Medien ein – wenn auch zumeist noch als Persiflage auf oder Hommage an die Klassiker aus den frühesten Tagen des Videospiels. Außerdem werden Computerspiele inzwischen von ersten hochrangigen Politikern als Kulturgut angesehen und sind damit sozusagen von Staats wegen förderwürdig. Paradoxerweise, während die Politik gleichzeitig die Verbreitungskriterien erneut verschärft. Während Computerspiele also einerseits noch ein Politikum sind, wurden die Potenziale des Spiels, die insbesondere in Lernprozessen nachweislich wirksam sind, längst erkannt. Spielprinzipien für etwas anderes zu nutzen, für etwas „Ernsthaftes", ist zudem politisch korrekt, sinnvoll im Beruf einsetzbar und somit auch für branchenferne Institutionen interessant. Diese Facette repräsentiert eine Entwicklung, die langfristig gesehen die Spielebranche in Deutschland endgültig gesellschaftsfähig machen dürfte.

(www.pcwelt.de, 29.08.2008)

1 ***Analysieren Sie den Text.***

a) Legen Sie dar, inwiefern Computerspiele heute bereits als „*Kulturgut*" (Z. 70) zu betrachten sind.

b) Erläutern Sie, warum das Leitmedium Fernsehen Befürchtungen hat, den Wettbewerb mit der Spielebranche zu verlieren.

c) Untersuchen Sie, welche Gefahren, die von Computerspielen ausgehen, thematisiert werden.

2 ***Erläutern Sie, welchen Standpunkt Sie einnehmen.***

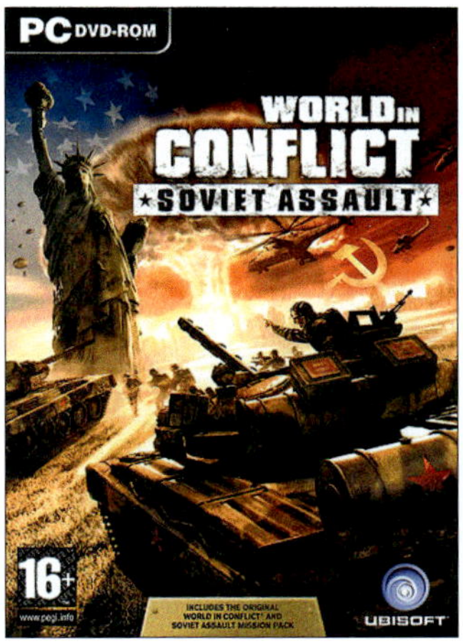

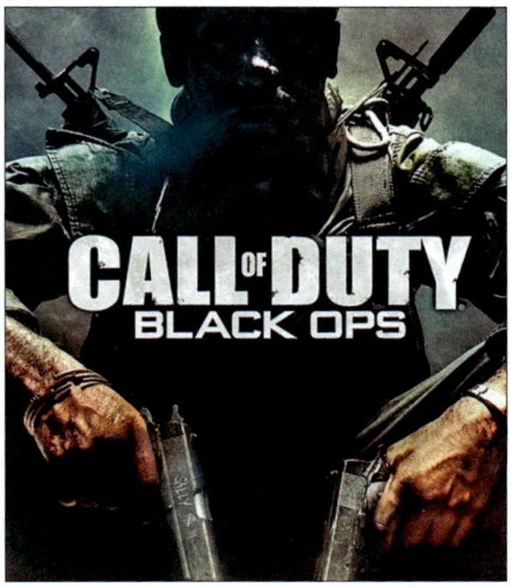

3 ***Beschreiben Sie, welchen Eindruck Sie von dem jeweiligen Cover haben.***

4 ***Erläutern Sie, welche Art von „Gameplay" Sie erwarten.***

Im Booklet des Computerspiels „World in Conflict“ ist Folgendes zu lesen:

Epilepsie-Warnung

Diese Hinweise sollten vor Benutzung des Spiels durch Erwachsene und insbesondere durch Kinder sorgfältig gelesen werden.

Bei Personen, die an fotosensibler Epilepsie leiden, kann es zu epileptischen Anfällen oder Bewusstseinsstörungen kommen, wenn sie bestimmten Blitzlichtern oder Lichteffekten im täglichen Leben ausgesetzt werden. Diese Personen können bei der Benutzung von Computer- oder Videospielen einen Anfall erleiden, in der Regel sind diese Spiele für Menschen mit Epilepsie jedoch nicht gefährlich. Es können auch Personen von Epilepsie betroffen sein, die bisher noch nie einen epileptischen Anfall erlitten haben. Falls bei einer Person selbst oder bei einem Ihrer Familienmitglieder unter Einwirkung von Blitzlichtern mit Epilepsie zusammenhängende Symptome (Anfälle oder Bewusstseinsstörungen) aufgetreten sind, sollten Sie sich vor Benutzung des Spiels an Ihren Arzt wenden. Eltern sollten ihre Kinder bei der Benutzung von Computer- und Videospielen beaufsichtigen.

Sollten bei einem Erwachsenen oder einem Kind während der Benutzung eines Computer- bzw. Videospiels Symptome wie Schwindelgefühl, Sehstörungen, Augen- oder Muskelzucken, Bewusstseinsverlust, Desorientiertheit oder jegliche Art von unfreiwilligen Bewegungen bzw. Krämpfen auftreten, so sollte das Spiel SOFORT beendet und ein Arzt konsultiert werden.

Vorsichtsmaßnahmen während der Benutzung

Bei Bestehen einer Epilepsie mit Fotosensibilität sind einige Vorsichtsmaßnahmen sinnvoll, ohne dass hier generell von der Benutzung von Computer- und Videospielen abgeraten werden muss.

- Man sollte sich nicht zu nah am Bildschirm aufhalten. Man sollte so weit wie möglich vom Bildschirm entfernt sitzen.
- Für die Wiedergabe des Spiels sollte ein möglichst kleiner Bildschirm verwendet werden.
- Man sollte nicht spielen, wenn man müde ist oder nicht genug Schlaf gehabt hat.
- Es sollte darauf geachtet werden, dass der Raum, in dem gespielt wird, gut beleuchtet ist.
- Bei der Benutzung eines Computer- oder Videospiels sollte jede Stunde eine Pause von mindestens 10 bis 15 Minuten eingelegt werden.

1 ***Beurteilen Sie den Informationsgehalt und die Nützlichkeit der Warnhinweise.***

Im Artikel „USK“ können Sie bei wikipedia nachlesen:

Die Unterhaltungssoftware Selbstkontrolle (USK) ist in Deutschland die verantwortliche Stelle für die Altersfreigabe von Computerspielen. Die USK-Kennzeichnungen finden sich aber auch auf Spielen in der Schweiz oder Österreich, da für den deutschsprachigen Raum oft nur eine Version produziert wird, sie haben in diesen Ländern aber keine Gültigkeit […].

Träger der USK ist seit dem 31. Mai 2008 die Freiwillige Selbstkontrolle Unterhaltungssoftware GmbH in Berlin. […] Als Gesellschafter der GmbH fungieren der Bundesverband Interaktive Unterhaltungssoftware e. V. (BIU) und der Bundesverband der Entwickler von

Computerspielen G.A.M.E. e. V. Gemäß dem Prinzip einer halbstaatlichen Selbstkontrolle gewährleistet die USK die Organisation der Prüfungen, die jeweiligen Altersentscheidungen fällen jedoch von den Ländern benannte Sachverständige in Zusammenarbeit mit dem ständigen Vertreter der Obersten Landesjugendbehörden bei der USK. Die USK hat seit ihrer Gründung 1994 über 23 000 Spieletitel auf ihre Kinder- und Jugendtauglichkeit überprüft.

2 *Prüfen Sie vor dem Hintergrund dieser Informationen den Stellenwert der USK.*

3 *Der Markt für PC-Spiele ist global. Diskutieren Sie Probleme, die sich daraus bei der Überwachung von Altersfreigaben ergeben können.*

4 *Analysieren Sie das Schaubild (➪ Arbeitstechnik, Kapitel 16.3, S. 282).*

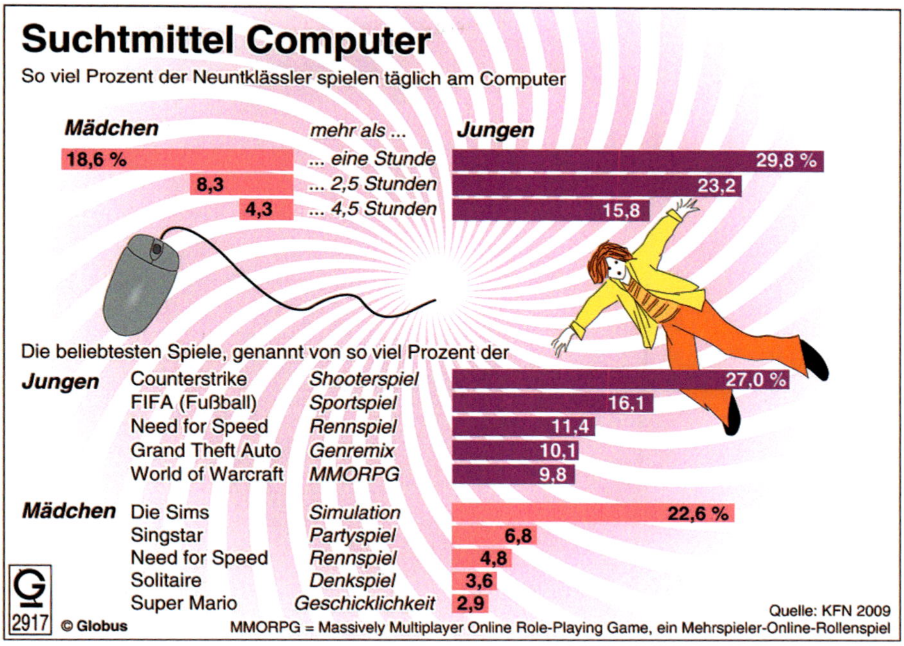

Zwischenfazit

- Computerspiele bewerten
- Cover und Booklet untersuchen
- Selbstkontrolle der Spielebranche bewerten

Killerspiele hinterfragen

Wie schon bei früheren Ereignissen ähnlicher Art wurden auch nach dem Amoklauf eines 18-jährigen ehemaligen Schülers im westfälischen Emsdetten die Fragen gestellt: Warum konnte das passieren? Hätte das verhindert werden können?

Ins Kreuzfeuer der Kritik geraten dabei immer wieder die Killerspiele, denen häufig die Schuld an der zunehmenden Gewaltbereitschaft zugeschrieben wird.

Killerspiele schaden doch

Potsdamer Psychologinnen haben mehrere Studien durchgeführt. Das Ergebnis: Es gibt einen direkten Zusammenhang zwischen intensivem Gewaltspiel am Computer und Aggression.

von Parvin Sadigh

Nach dem Amoklauf in einer Realschule in Emsdetten kam sie schnell, die meist nicht sachlich begründete Forderung: Verbietet die Ballerspiele. Jeder scheint berufen zu sein, etwas dazu zu sagen. Lehrer und Psychologen, die noch nie ein solches Spiel gesehen haben, behaupten, Killerspiele seien schuld an der zunehmenden Gewalt von Jugendlichen. Umgekehrt behaupten Spieler, die selbst nicht gewalttätig geworden sind, aus ihrer Erfahrung heraus, dass die „Gamer" freundliche und gesellige Menschen seien, dass es vor allem um strategische Herausforderungen ginge. Wenn einer durchdreht, müsse es andere Ursachen haben. Zu Recht verweisen Medienwissenschaftler darauf, dass man die Augen vor den sozialen Ursachen von Gewalt verschließt, wenn man nur auf die Gewaltspiele schaut.

Doch Potsdamer Psychologen haben losgelöst davon diverse Studien zum Thema Computerspiele und Gewaltbereitschaft durchgeführt und analysiert. Und sind zu dem Ergebnis gekommen, dass es doch einen Unterschied macht: Sowohl aggressives Verhalten, aggressive Gedanken und Gefühle werden bei Nutzern gewalttätiger Spiele begünstigt. Ähnliche Ergebnisse ergaben amerikanische Studien.

Wobei die Wissenschaftler vorsichtig formulieren. Die meisten Raucher sterben nicht an Lungenkrebs, nicht jeder betrunkene Autofahrer verursacht einen schlimmen Verkehrsunfall. So werden auch nicht

alle Fans von brutalen Spielen zu Gewalttätern.

Trotzdem warnt man zu Recht vor dem Rauchen und dem Trinken. Sie betonen, Mediengewalt sei nur einer von vielen möglichen Faktoren, die zur Gewaltbereitschaft beitragen, doch es ist einer.

Insgesamt haben die Psychologinnen Barbara Krahé und Ingrid Möller fast 5 000 Menschen befragt und beobachtet.

Die Methoden reichten von einer groß angelegten Online-Befragung von jugendlichen und erwachsenen Nutzern über Interviews mit Vielspielern bis hin zu schriftlichen Befragungen von Schülern der 7. und 8. Klasse, die entweder nur einmal durchgeführt oder drei Mal innerhalb von zweieinhalb Jahren wiederholt wurden. Außerdem ließ man Menschen im Labor spielen. Eine Gruppe spielte gewalttätige, die andere gewaltfreie Spiele. Nachher verglichen die Psychologen, wie schnell aggressive Gedanken abgerufen wurden und wie stark gewalttätige Gefühle vorhanden waren.

Die meisten Vermutungen wurden bestätigt. So spielen Geschlecht und Persönlichkeitsmerkmale eine große Rolle beim Spaß am blutigen Spiel. Mädchen und Frauen haben generell weniger Interesse an elektronischen Spielen, dasselbe gilt für gewalttätige Inhalte. Allerdings kann sich das ändern, denn Mädchen, die sich selbst mit männlichen

Eigenschaften beschrieben, waren auch eher bereit, gewalttätige Spiele zu spielen.

Menschen, die sich ohnehin gerne in spannende und ungewisse Situationen begeben (man nennt sie „Sensation Seeker"), sind auch eher interessiert an Ballerspielen. So wie Männer und Jungen, die sich selbst als aggressiv einstufen. Interessant ist dabei, was zuerst da war, die hohe Aggression oder die Computerspielleidenschaft.

Die Ergebnisse der Befragung der Jugendlichen legten nahe, dass je mehr Gewaltspiele ein Jugendlicher über Monate und Jahre hinweg spielte, desto eher [handelte er] in bestimmten Situationen auch aggressiv [...]. Das ließ sich noch Jahre später nachweisen. Immerhin mittelfristig konnte allerdings auch der umgekehrte Zusammenhang festgestellt werden: Besonders aggressive Jugendliche fühlen sich auch zu Gewaltspielen hingezogen.

Spieler, die sehr häufig am Bildschirm sitzen, reagieren laut der Studie auch aggressiver in schwierigen Situationen. Das geht so weit, dass sie schneller bereit sind, anderen feindliche Absichten zu unterstellen und schon mal vorsorglich selbst feindselig handeln.

Was folgt nun aber daraus? Schreiben wir auf die Hülle „Computerspiele können der Gesundheit ihrer Mitmenschen schaden"? Oder verbieten wir sie und haben dann lauter kriminelle Männer und eine „Legalize-it"-Bewegung? Und was ist mit der Gewalt in allen anderen Medien? Denn auch das schreiben die Psychologinnen: Menschen, die gewalthaltige Computerspiele mögen, konsumieren auch Gewalttätiges in Film und Fernsehen. Killerspiele sind in jedem Fall nur ein Teil des Problems.

(Zeit online, 18.04.2008)

1 *Erarbeiten Sie anhand des Textes mögliche Ursachen für den Aufbau von Aggressionen.*

2 *Erläutern Sie, in welcher Form Gewaltdarstellungen auch in anderen Medien eine Rolle spielen.*

3 *Schreiben Sie zu dem Kommentar einen Leserbrief (➪ Arbeitstechnik, Kapitel 4.3, S. 84).*

4 *Erörtern Sie, inwieweit mediale Gewalt Voraussetzung für Gewaltimitation ist.*

Zwischenfazit

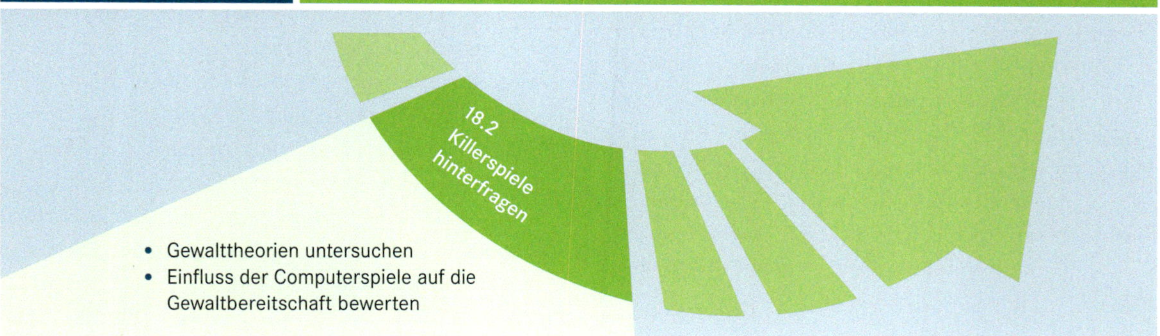

Soziale Netzwerke

Soziale Netzwerke (social networks), ursprünglich ein Begriff aus der Sozialwissenschaft, der das Beziehungsgefüge zwischen Individuen bzw. zwischen Individuen und Gruppen (auch Institutionen) beschreibt; im Internet bezeichnen soziale Netzwerke spezielle Plattformen, auf denen Personengruppen (Communities) für berufliche oder private Zwecke bestimmte Interessen und Kontakte pflegen, indem sie u.a. über personalisierte Webseiten ein eigenes Nutzerprofil anlegen und sich darüber mit Freunden, Bekannten oder auch Geschäftspartnern vernetzen; andere Webseiten dienen u.a. dem Austausch von Videoclips oder digitalen Bildern.

(wissen.de)

1 *Erarbeiten Sie mithilfe des Lexikonartikels die wesentlichen Merkmale sozialer Netzwerke.*

2 *Beschreiben Sie in Gruppenarbeit die Ihnen bekannten Netzwerke und ihre Funktionen.*

studiVZ DAS STUDIVERZEICHNIS

3 *Die Nutzung dieser Netzwerke ist kostenlos. Erarbeiten Sie, welche Möglichkeiten der Refinanzierung soziale Netzwerke haben.*

Vor allem Diktaturen wie China ist der freie Zugang zum Internet ein Dorn im Auge, schließlich könnte das politische System ins Wanken geraten. Wie soziale Netzwerke von der politischen Opposition genutzt werden, zeigt der folgende Kommentar:

Morgendämmerung

Ein Friedensnobelpreisträger namens Dawn Wave Liu? Wie die „twitternde Klasse" Chinas die Zensur der Regierung umgeht.

von Niklas Hofmann

Liu Xia nutzt Twitter. Die Ehefrau des zukünftigen Friedensnobelpreisträgers Liu Xiaobo hat über den Mikroblogging-Dienst ihren Hausarrest bestätigt.

Über Liu Xiaobos Gewinn des Friedensnobelpreises tauschen sich Chinesen, trotz Zensur, via Twitter aus. Könnte die „twitternde Klasse" in China eine Kultur der freien Meinungsäußerung begründen?

Twitter wird zwar, genauso wie der chinesische Nachahmer Fanfou, von der chinesischen Regierung blockiert, lässt sich aber auf dem Umweg über Proxy Server dennoch nutzen. Offiziell gestattet sind nur „harmonisierte", also zensierte Mikroblogging-Dienste wie Weibo, ein Service des populären Portals Sina.

Doch auch dort fanden die Menschen Wege, die Harmonisierungsanstrengungen in Sachen Friedensnobelpreis zu unterlaufen. Als Mitteilungen, die Liu Xiaobos Namen enthielten, unterdrückt wurden, übersetzten die Nutzer seinen Vornamen ins Englische und schrieben von „Dawn Wave Liu". Andere verwendeten koreanische, indische, arabische Versionen des Namens, ja selbst mit der lautmalerischen deutschen Transkription Liu Schaubo soll die Zensur ausgetrickst worden sein. Das amerikanische Linguistik-Blog „Language Log2" führte schon am Tag nach der Bekanntgabe der Ehrung knapp zwei Dutzend Codes auf.

Auch angesichts solcher Findigkeit gibt sich Hu Yong, Professor für Internetstudien an der Journalistenschule der Uni Peking, in einem unter anderem von der „Welt“ nachgedruckten Text optimistisch, dass die „twitternde Klasse“ in China eine Kultur der freien Meinungsäußerung begründen könne. Chinas Blogosphäre und Mikroblogs seien trotz der offiziellen Nachrichtensperre nach der Nobelpreis-Nachricht schließlich regelrecht explodiert. Zwar glaubt auch Professor Hu nicht, „dass soziale Medien in den Händen von Aktivisten schnell zu einer Mobilisierung der Massen und gesellschaftlichem Wandel führen können“, er meint aber, dass Twitter & Co zur wichtigen „Koordinationsplattform“ von Kritik und Opposition geworden seien.

Die Einschränkung ist mit Bedacht gesetzt. Längst ist deutlich geworden, dass Twitter etwa bei der Organisation der grünen Beinahe-Revolution im Iran in Wahrheit keine besonders große Rolle gespielt hat. Anders sah es zwar mit der Funktion als Kommunikationskanal zur Außenwelt aus. Und auch in China gibt Twitter denjenigen, die den Dienst zu nutzen verstehen, eine der ganz raren Möglichkeiten, sich unzensiert über den privaten Raum hinaus politisch zu artikulieren. Die Frage ist aber, ob hier in der Masse mehr geschieht als nur das Ablassen von Dampf.

(Süddeutsche Zeitung online, 18.10.2010)

4 *Beurteilen Sie, welcher Nutzen sozialen Netzwerken wie „Twitter“ im Text zugeschrieben wird.*

5 *„Die Frage ist aber, ob hier in der Masse mehr geschieht, als nur das Ablassen von Dampf.“ (Z. 54 ff.) Diskutieren Sie, welchen politischen Nutzen die Netzwerke aus Ihrer Sicht haben.*

6 *Bilden Sie Gruppen und erarbeiten Sie weitere Vorteile sozialer Netzwerke.*

Zwischenfazit

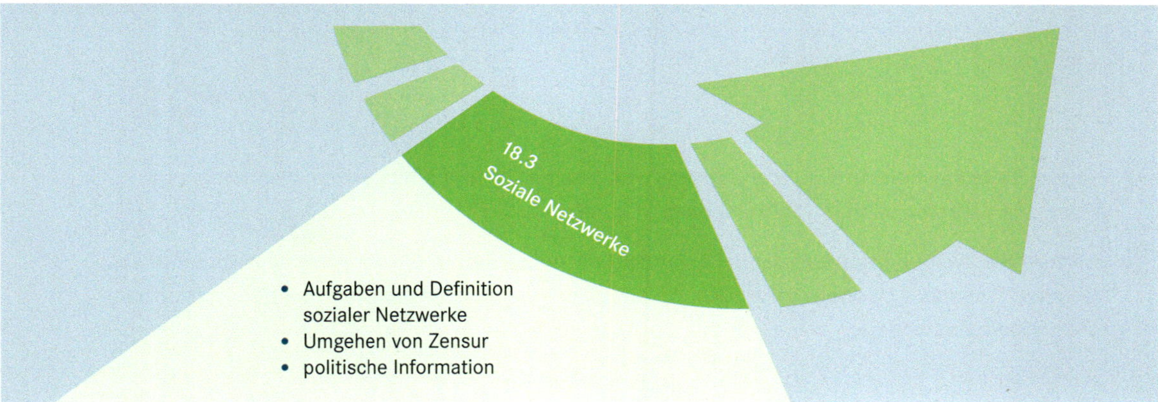

- Aufgaben und Definition sozialer Netzwerke
- Umgehen von Zensur
- politische Information

Anspruch und Wirklichkeit sozialer Netzwerke

Die rechtliche Grundlage

Bundesdatenschutzgesetz (Auszüge)

§ 1 Zweck und Anwendungsbereich des Gesetzes

(1) Zweck dieses Gesetzes ist es, den Einzelnen davor zu schützen, dass er durch den Umgang mit seinen personenbezogenen Daten in seinem Persönlichkeitsrecht beeinträchtigt wird.

(2) Dieses Gesetz gilt für die Erhebung, Verarbeitung und Nutzung personenbezogener Daten durch

1. öffentliche Stellen des Bundes
2. öffentliche Stellen der Länder, [...]
3. nicht-öffentliche Stellen, soweit sie die Daten unter Einsatz von Datenverarbeitungsanlagen verarbeiten, nutzen oder dafür erheben oder die Daten in oder aus nicht automatisierten Dateien verarbeiten, nutzen oder dafür erheben, es sei denn, die Erhebung, Verarbeitung oder Nutzung der Daten erfolgt ausschließlich für persönliche oder familiäre Tätigkeiten.

§ 3 Weitere Begriffsbestimmungen

(1) Personenbezogene Daten sind Einzelangaben über persönliche oder sachliche Verhältnisse einer bestimmten oder bestimmbaren natürlichen Person (Betroffener).

§ 35 Berichtigung, Löschung und Sperrung von Daten

(1) Personenbezogene Daten sind zu berichtigen, wenn sie unrichtig sind. Geschätzte Daten sind als solche deutlich zu kennzeichnen.

(2) Personenbezogene Daten sind zu löschen, wenn

1. ihre Speicherung unzulässig ist,
2. es sich um Daten über die rassische oder ethnische Herkunft, politische Meinungen, religiöse oder philosophische Überzeugungen, Gewerkschaftszugehörigkeit, Gesundheit, Sexualleben, strafbare Handlungen oder Ordnungswidrigkeiten handelt und ihre Richtigkeit von der verantwortlichen Stelle nicht bewiesen werden kann,
3. sie für eigene Zwecke verarbeitet werden, sobald ihre Kenntnis für die Erfüllung des Zwecks der Speicherung nicht mehr erforderlich ist, oder
4. sie geschäftsmäßig zum Zweck der Übermittlung verarbeitet werden und eine Prüfung jeweils am Ende des vierten, soweit es sich um Daten über erledigte Sachverhalte handelt und der Betroffene der Löschung nicht widerspricht, am Ende des dritten Kalenderjahres beginnend mit dem Kalenderjahr, das der erstmaligen Speicherung folgt, ergibt, dass eine länger währende Speicherung nicht erforderlich ist.

Personenbezogene Daten sind nach Beendigung des Vertrages zu löschen, wenn der Betroffene dies verlangt.

(www.gesetze-im-internet.de)

1 *Fassen Sie in eigenen Worten knapp zusammen, welche Daten nicht oder nur kurzfristig gespeichert werden dürfen (➪ Basiswissen, Kapitel 16.1, S. 277).*

2 *Erörtern Sie, welche Tragweite der § 35 des Datenschutzgesetzes für die sozialen Netzwerke hat. Beziehen Sie in Ihre Überlegungen auch die Tatsache mit ein, dass die Mehrheit der Plattformen ihren Sitz im Ausland hat.*

Die Risiken

Aus einer Werbeanzeige von Google Latitude:

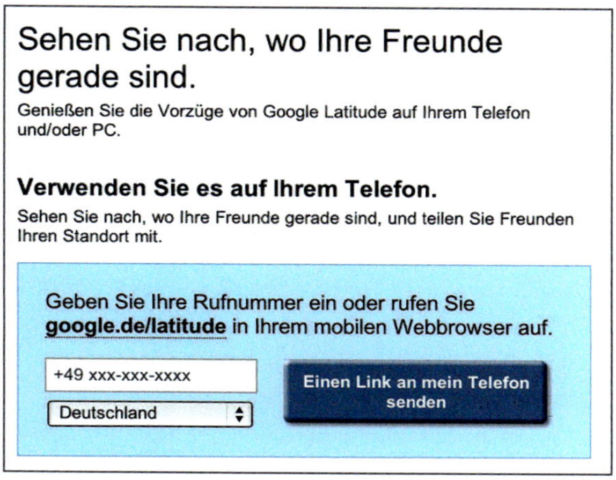

1 *Suchen Sie nach Gründen, warum Menschen diese Informationen anderen mitteilen.*

2 *Nennen Sie Situationen, in denen Sie diesen Dienst in Anspruch nehmen würden.*

Den Zusammenhang von technischen Möglichkeiten und Privatsphäre untersucht der folgende Kommentar:

Privatsphäre

Google: Widerstand ist zwecklos

Die Gesichtserkennung Googles wird nicht gestartet, sagt Google-Chef Schmidt auf der IFA. Dennoch arbeitet der Konzern weiter daran, das Konzept Privatsphäre zu begraben.

von Kai Biermann

Es war eine bunte und leuchtende Zukunft, die Google-Chef Eric Schmidt am Dienstag vor seinen Zuhörern auf der Internationalen Funkausstellung ausbreitete. Eine Zukunft, in der Computer und Telefone aufs Wort hören, in der sie uns Fragen beantworten, von denen wir noch nicht einmal wissen, dass wir sie werden stellen wollen, und in der sie uns in jeder Lebenslage helfen, geleiten und umsorgen.

„In der Zukunft werden wir nichts mehr vergessen, weil Computer sich für uns erinnern. Wir werden nicht mehr verloren gehen, weil unser Smartphone weiß, wo wir sind. Unser Auto sollte eigentlich selbst fahren können, denn immerhin weiß es, wo es ist und wo es hin muss", sagte Schmidt. Diese Explosion an Daten sei fantastisch. „Wir werden nie mehr allein sein, weil unsere Freunde immer da sind." […]

Für den einen oder anderen seiner Kunden könnte diese Zukunft durchaus auch eine gruselige sein. Immerhin kann der Gedanke verstören, dass da ständig jemand ist, der einen kennt und der weiß, was man will oder denkt. […]

Natürlich habe er auch die Debatte zu Street View in Deutschland verfolgt, sagte der Google-Chef. Und lobte sie, weil sie letztlich die Entwicklung vorantreibe und seine Produkte besser mache. […] Eric Schmidt hatte sogar so etwas wie eine Beruhigungspille dabei. Immerhin verkündete er bei seinem Deutschlandbesuch, dass eines der am meisten gefürchteten Instrumente seines Konzerns nicht freigesetzt werde: Goggles. Die Software für Android-Handys nutzt von der Kamera gemachte Bilder und vergleicht sie mit Datenbanken im Netz wie der Google-Bildersuche. So kann Goggles den fotografierten Gegenstand identifizieren, sei es eine Kirche, ein altes Gemälde oder eben ein Mensch. Wer Goggles nutzt, erhält nach kurzer Zeit Informationen über das, was er vor sich sieht, aber bis dahin nicht kannte.

Schon seit einer Weile ist bekannt, dass Goggles

Die Risiken

in der Datenwolke auch Gesichter wiederfinden und so Menschen identifizieren kann. Ein Foto würde genügen, um einem Fremden das Geheimnis seiner Identität zu entlocken, und für denjenigen einen Kontrollverlust bedeuten.

Nun erklärte Schmidt erst den Parlamentariern und dann dem Publikum bei der IFA, man werde die Gesichtserkennung nicht einführen. Nicht in Deutschland und nicht im Rest der Welt. Immerhin sei es illegal, wenn der Betroffene nicht zugestimmt habe, und zu schwer sei der Eingriff in die Privatsphäre. Außerdem sei das Werkzeug creepy, gruselig also.

Die Parlamentarier hat es überzeugt, dass Schmidt und dass Google es ernst meinen mit dem Versuch, ihren Kunden ihre Privatsphäre zu lassen. Doch so stimmt das nicht. Denn das Netz verändert unsere Wahrnehmung privater Daten und Google ist dabei einer der stärksten Motoren. Die Menschen wollten das so, ist Schmidts Credo. Und Google wolle alles tun, um seine Kunden zufriedenzustellen, sagte er. Dabei ist für Google jeder, der die angebotenen Dienste nutzt, jemand, der kein Interesse hat an seiner eigenen Privatsphäre. Sonst würde er es ja nicht tun.

Und Schmidt ist offensichtlich überzeugt davon, dass sich die Entwicklung sowieso nicht aufhalten lassen wird. Der Bruch, den das Internet verursache, werde noch weiter aufreißen, sagte Schmidt. Um im gleichen Satz zu erwähnen, dass dies doch ein „goldenes Zeitalter" sei, in dem Computer jeden Bereich menschlichen Lebens voranbringen werden. Auch wenn das möglicherweise bedeutet, dass man sich einen neuen Namen zulegen muss, wenn man nicht mehr mit seiner Vergangenheit konfrontiert werden will.

Eine Entwicklung, die nach Meinung von Kritikern unser bisheriges Konzept von Privatsphäre völlig verändern wird.

(Zeit online, 08.09.2010)

3 *Verfassen Sie einen Abstract (➪ Basiswissen, Kapitel 15.1, S. 249) zum Text.*

4 *Diskutieren Sie, welche Gefahren, aber auch Vorteile sich daraus ergeben.*

Eine wesentliche Schattenseite der sozialen Netzwerke ist das sogenannte Cyber-Mobbing, das mehr und mehr um sich greift:

Netz-Depeschen

Mobbing für Fortgeschrittene

Schüler-Mobbing ist keine Erfindung sozialer Netzwerke. Doch seit es MySpace und Facebook gibt, gerät es außer Kontrolle.

von Niklas Hofmann

Bastian Balthasar Bux fand seine Zuflucht in Phantásien. Von seinen Mitschülern gehänselt, verspottet und bedrängt, stößt der Held von Michael Endes „Unendlicher Geschichte" in Koreanders Antiquariat das Tor zu einer neuen Welt auf. Die virtuellen Welten, in die sich reale Jugendliche des Jahres 2010 flüchten können, bieten ihnen unter Umständen weit weniger Trost.

Die 15-jährige Phoebe Prince [...] nahm sich im Januar das Leben, nachdem eine Gruppe von Mitschülern „die Neue" über Wochen auf ihrem Facebook-Profil mit einem Schwall von Beschimpfungen gequält hatte. Noch erstaunlicher als der Vorfall selbst ist für amerikanische Medien die Reaktion der Bezirksstaatsanwältin, die nun neun Jugendliche wegen Stalkings vor Gericht bringen will.

Erbarmungsloses Schüler-Mobbing ist kein Phänomen, das erst Social Networks mit sich gebracht hätten. Doch in der Cyberwelt von Facebook oder

Die Risiken

MySpace ist die Mob-Bildung offenbar noch leichter. Die physische Distanz der Netzkommunikation scheint die Hemmschwelle für Gehässigkeiten derart zu senken, dass Opfer, so zeigen es dokumentierte Fälle, unter ganzen Kommentarlawinen begraben werden.

In Reaktion auf den Fall Phoebe Prince [...] richtet die Stadt Boston nun eine Cyberbullying-Hotline ein. Internetaffine Schüler sollen zudem als „Cybermentoren" das Geschehen in den Social Networks im Blick behalten. Die Abgeordneten des Staates Massachusetts arbeiten derweil an einem Gesetz zur Bekämpfung des Cyberbullying.

Doch auch nach der Verantwortung der Konzerne hinter den Social Networks wird nun gefragt. Diese gehen jedenfalls sehr unterschiedlich mit dem Problem des Cyberbullying um, wie Emily Bazelon im Online-Magazin Slate beschreibt.

Sie macht bei MySpace wesentlich aktivere Reaktionen auf Bullying-Vorfälle aus als bei Facebook. Über einen „unerklärlichen Mangel an Kooperation" klagte die im Fall Phoebe Prince ermittelnde Staatsanwältin. Dem amerikanischen Recht entspricht das allerdings. Als im Februar ein Gericht in Mailand Bewährungsstrafen über drei Google-Manager verhängte, weil sie auf ihrer Video-Plattform die Verbreitung eines Clips nicht unterbunden hatten, auf dem ein autistischer Junge schikaniert wurde, hatte das in Amerika noch durchgängig zu heftigen Abwehrreaktionen geführt. Italien gefährde das Internet, wenn Online-Dienste für von Nutzern produzierte Inhalte haften sollten, behauptete der Netz-Guru Jeff Jarvis damals.

Doch auch wenn man das Strafrecht hier nicht als Instrument der Wahl ansieht, stellt sich die Frage: Zerstörte es wirklich das Internet, wenn eine Firma wie Facebook, die sich die Nutzungsrechte an allen in ihrem Dienst veröffentlichten Inhalten einräumen lässt und diese zunehmend kommerziell auszuschlachten gedenkt, auch die Verantwortung für eben jene Inhalte übernehmen müsste?

(Süddeutsche Zeitung online, 06.04.2010)

5 *Fassen Sie kurz zusammen, inwiefern soziale Netzwerke zur Verbreitung des Cyber-Mobbing beigetragen haben.*

6 *Nehmen Sie Stellung zu der in Z. 56 ff. gestellten Frage: „Zerstörte es wirklich das Internet, wenn Facebook [...] auch die Verantwortung für eben jene Inhalte übernehmen müsste?"*

7 *Entwickeln Sie Vorschläge, wie sich Betroffene gegen Cyber-Mobbing wehren könnten.*

Zwischenfazit

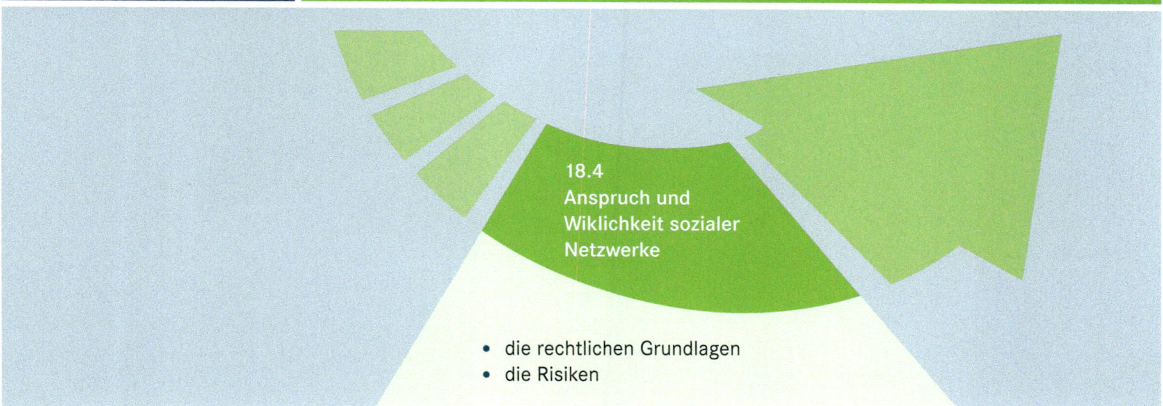

Eigenverantwortung ist gefragt

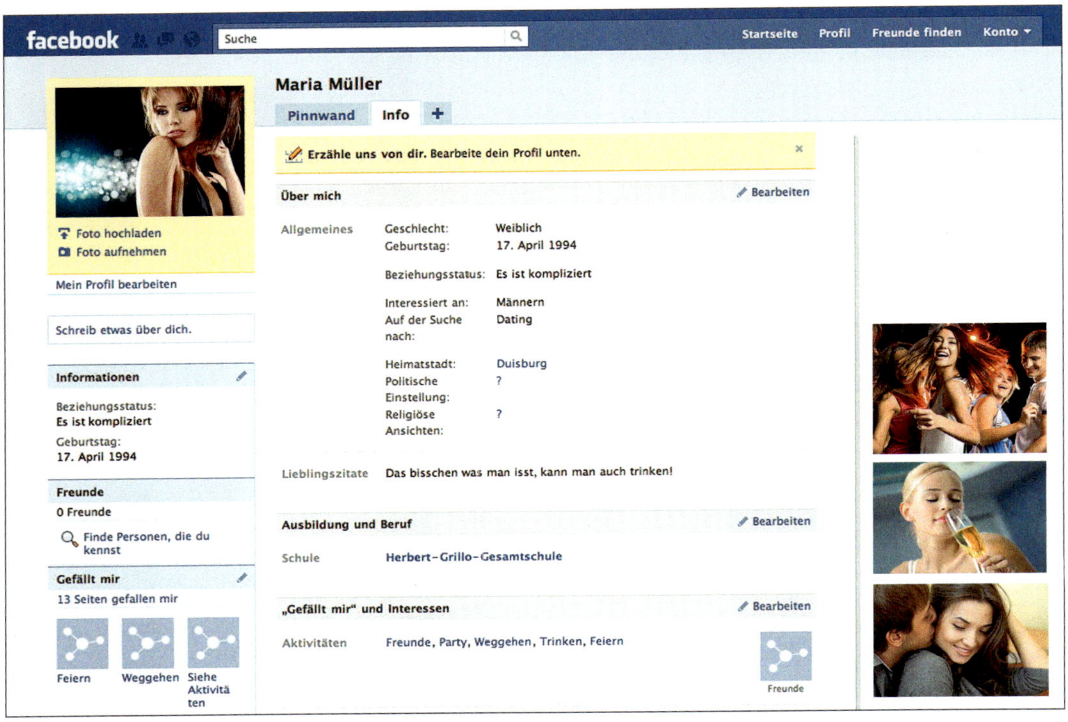

1 *Beurteilen Sie, ob die hier eingestellten Informationen in Bild und Text bedenkenlos sind.*

2 *Erläutern Sie, welche (beruflichen) Folgen sich aus dieser Selbstdarstellung ergeben können.*

3 *Fassen Sie zusammen, welche negativen Konsequenzen der Nutzer sozialer Netzwerke durch Eigenverantwortung vermeiden kann.*

Fazit

Kapitel 19

Sprachbetrachtung: Sprache als Zeichen- und Kommunikationssystem

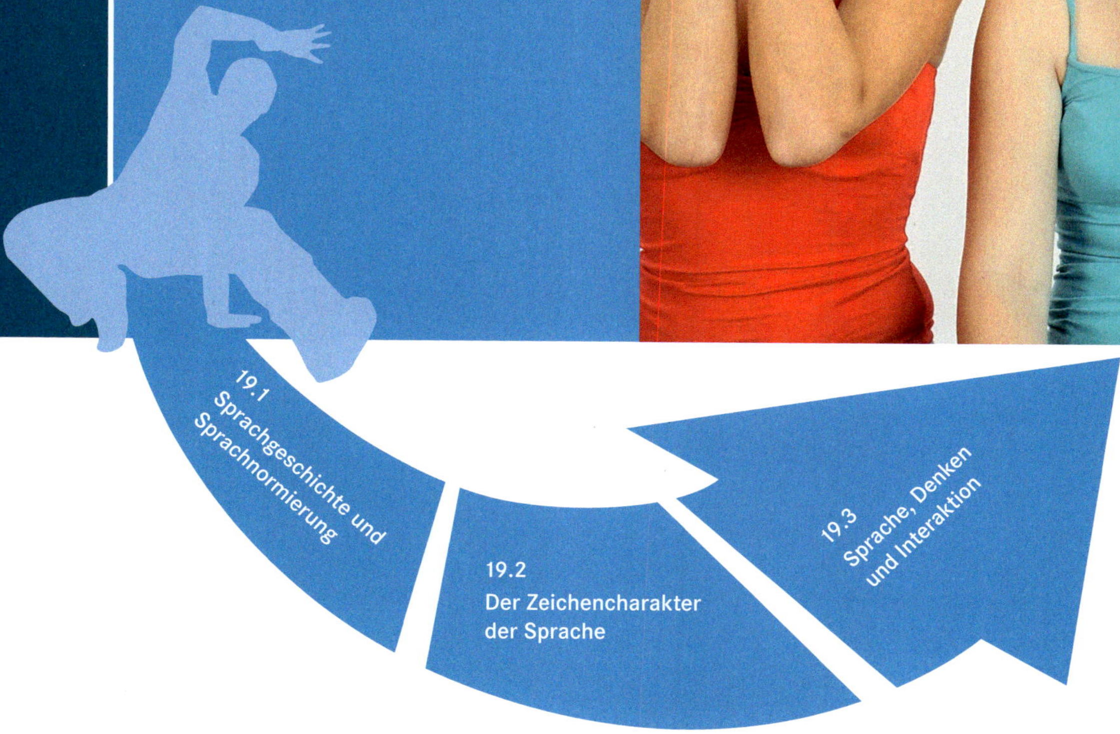

Die Sprache ist unser wichtigstes Medium, um zu kommunizieren. Es mag überraschen, dass die Sprache, wie sie uns heute tagtäglich begegnet, so lebendig ist wie ihre Sprecher selbst und sich in ständigem Wandel befindet.

In diesem Kapitel werfen Sie zunächst einen Blick auf die Entstehung der menschlichen Sprache und Schrift sowie die Entwicklung hin zu unserer heutigen Hochsprache. Anschließend geht es um die Unterscheidung der Sprachebenen, die in den verschiedenen Gesprächssituationen benutzt werden, und um die Vielfalt der Mundarten mit ihrem jeweiligen Lokalkolorit. Wie offen die Sprache auch für Einflüsse aus anderen Sprachräumen ist, wird ebenfalls thematisiert und auch problematisiert.

Ein sprachtheoretischer Exkurs vermittelt Ihnen Informationen über die Sprache als Zeichensystem. Zum Schluss betrachten Sie Zusammenhänge und Wechselwirkungen von Sprache, Denken und Verhalten.

Was Sie bereits wissen

- ✔ Sprache ist ein fest vereinbartes System von Zeichen.
- ✔ Sprache ist nicht einheitlich, es gibt viele Sprachen und Dialekte.
- ✔ Sprache bedient sich häufig bildhafter Ausdrücke, um eine Vorstellung zu vermitteln.
- ✔ Sprache braucht Sender, Empfänger und ein Medium.

Sprachgeschichte und Sprachnormierung

Entstehung von Sprache und Schrift

Die Besonderheit der menschlichen Kommunikation besteht in der Möglichkeit, Wörter zu bilden, also Zeichen, die auf konkrete Gegebenheiten verweisen.

Wer sprach das erste Wort? Die Entstehung von Sprache und Schrift

Schon der aufrechte Gang hat ja unsere frühen Vorfahren von den Menschenaffen unterschieden, aber erst die Sprache hat uns wirklich zu dem gemacht, was wir als „Mensch" empfinden. Der Kulturhistoriker Martin Kuckenburg hat über die Entstehung von Sprache und Schrift eine historische Übersicht veröffentlicht. Sprache kann leider nicht versteinern, daher sind die Erforscher der Frühmenschen auf Indizien angewiesen, wenn sie die Entwicklung der Sprechfähigkeit klären möchten. Solche Indizien können beispielsweise Knochenfunde sein, die Auskunft geben, wie der Kehlkopf der Frühmenschen gebaut war. Martin Kuckenburg hat viele Indizien zusammengetragen, daher traut er sich zu, die Frage zu beantworten.

Spätestens der entwickelte Homo erectus konnte sprechen, vor rund 500 000 Jahren. Das Gehirnvolumen dieses Frühmenschen war schon beinahe so groß wie unseres und er hat groß angelegte Jagdzüge durchgeführt, was ohne sprachliche Verständigung kaum möglich gewesen sein dürfte – um nur zwei der vielen Anhaltspunkte zu nennen.

[...] Noch vor nicht allzu langer Zeit dachte man, dass die Schrift – zumindest in Ägypten – auf religiöse Handlungen zurückgeht; heute gehen die Archäologen aber davon aus, dass sich die Schrift sowohl in Ägypten als auch in Mesopotamien aus wirtschaftlicher Buchführung entwickelt hat. Nach Ägypten kam die Schrift möglicherweise sogar als Übernahme aus dem Zweistromland, aufgrund von Anregungen durch Wanderarbeiter.

[...] Wie aber ist die Schrift entstanden, wenn sie nicht auf kultische Handlungen zurückgeht? Die Archäologen haben eine überraschende Antwort parat, und die reicht 10 000 Jahre zurück: Man fand in Vorderasien in allen größeren Siedlungen sehr viele kleine Tonmarken – kegelförmige, runde, eckige – vergleichbar den Chips in einer Spielbank. Jede Tonmarke stand für eine bestimmte Warenmenge oder für ein Tier, was damals in einer Art Behörde registriert wurde – und wenn ein Bauer als Steuer drei Schafe ablieferte, dann wurden drei Chips, die für „Schaf" standen, in einen Krug gelegt. Der besseren Übersicht halber wurde der Abdruck eines Chips außen am Tonkrug angebracht – gleichsam als Symbol für „Schafe". [...]

(Martin Kuckenburg, hr-online, 24.11.2004)

1 ***Erschließen Sie den Text anhand folgender Fragestellungen.***

a) Erläutern Sie die Aussage: *„[...] aber erst die Sprache hat uns wirklich zu dem gemacht, was wir als ‚Mensch' empfinden."* (Z. 2 – 4)

b) Welche Konsequenzen hat die Tatsache, dass Sprache nicht versteinern kann (vgl. Z. 7), für die Sprachforschung?

c) Warum waren große Jagdzüge nur mit sprachlicher Verständigung möglich? Stellen Sie Vermutungen darüber an, wie eine solche Jagd stattgefunden haben könnte.

d) Die Herausbildung des Tonmarkensystems fällt zusammen mit dem Übergang zu Ackerbau und Viehzucht, der verbunden war mit Vorratshaltung in größerem Ausmaß. Stellen Sie Vermutungen darüber an, warum die einfachen Tonmarken für die „Buchführung" bald nicht mehr ausreichten.

Entstehung der deutschen Sprache

Die deutsche Sprache geht zurück auf das Indoeuropäische, aus dem sich in einem langen Prozess verschiedene Sprachfamilien gebildet haben, so auch die germanische, deren Wurzeln bis ins 3. Jahrtausend vor Christus zurückreichen. Aus der germanischen Sprachfamilie hat sich – neben anderen Sprachen wie dem Englischen – die deutsche Sprache entwickelt. Ihre Geschichte wird meist in drei Abschnitte eingeteilt: das Althochdeutsch (ca. 6./8. – 11. Jh.), das Mittelhochdeutsch (ca. 11. – 15. Jh.) und das Neuhochdeutsch (ca. 15. Jh. bis heute). Das Neuhochdeutsch ist eng verbunden mit den Namen Johannes Gutenberg (um 1397 – 1468), dem Erfinder des Buchdrucks, und Martin Luther (1483 – 1546), dem Reformator und Bibelübersetzer.

Luthers Übersetzungsauffassung

Die 1534 erschienene Bibelübersetzung stellt einen Meilenstein auf dem Weg zu einer einheitlichen deutschen Schriftsprache dar. Ein besonderes Anliegen Luthers war die Verständlichkeit der Sprache:

[…] Ich habe keine […] eigene Sprache im Deutschen, sondern brauche der gemeinen deutschen Sprache, daß mich beide, Ober- und Niederländer [Norddeutsche], verstehen mögen. Ich rede nach der sächsischen Kanzlei, welcher nachfolgen alle Fürsten und Könige in Deutschland. […]

(Martin Luther: Tischreden)

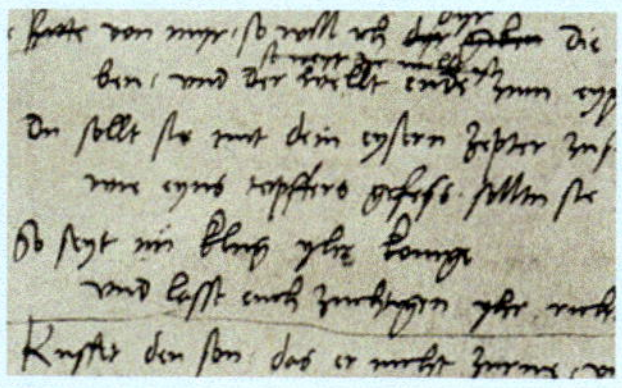

[…] Man muß nicht die buchstaben inn der lateinischen sprachen fragen, wie man soll deutsch reden, wie diese esel tun, sondern man muß die mutter im hause, die kinder auff der gassen, den gemeinen man auff dem marckt drumb fragen und den selbigen auff das maul sehen, wie sie reden, und darnach dolmetschen; so verstehen sie es denn und merken, daß man deutsch mit in redet.

Als wenn Christus spricht: Ex abundantia cordis os loquitur. Wenn ich den eseln sol folgen, die werden mir die buchstaben furlegen und also dolmetschen: „Aus dem überfluß des herzen redet der mund“. Sage mir: Ist das deutsch geredt? Welcher Deutscher verstehet solchs? Was ist „überfluß des herzen“ für ein ding? Das kan kein Deutscher sagen, er wollt denn sagen, es sei, daß einer allzu ein groß herz habe oder zu vil herzes habe, wiewol das auch noch nicht recht ist. Denn „überfluß des herzen“ ist kein deutsch, so wenig, als das deutsch ist „überfluß des hauses, überfluß des kachelofens, überfluß der bank“. Sondern also redet die mutter im haus und der gemeine man: „Wes das herz vol ist, des gehet der mund über.“ Das heißt gut deutsch geredt, des ich mich geflissen und leider nicht allwege erreicht noch troffen habe. Denn die lateinischen buchstaben hindern aus der maßen seer gut deutsch zu reden. […]

(Martin Luther, Sendbrief vom Dolmetschen)

2 ***Erschließen Sie die Textauszüge anhand folgender Aufgabenstellungen.***

a) Schreiben Sie Wörter heraus, die heute so nicht mehr verwendet werden und übersetzen Sie diese.

b) Dokumentieren Sie den Wandel vom frühen Neuhochdeutsch zu unserer Gegenwartssprache an drei Beispielen aus dem Text Luthers.

c) Formulieren Sie Argumente für und gegen Luthers These, *„[…] man muß die mutter im hause, die kinder auff der gassen, den gemeinen man auff dem marckt drumb fragen und den selbigen auff das maul sehen, wie sie reden, und darnach dolmetschen; so verstehen sie es denn und merken, daß man deutsch mit in redet.“* (Z. 7 – 10)

Sprachebenen

Eine Sprache ist kein völlig einheitliches Gefüge. Bedingt durch verschiedene geografische und soziale Zusammenhänge existieren innerhalb einer Sprache weitere Formen nebeneinander, man spricht von Sprachebenen oder Sprachvarietäten.

Basiswissen | **Sprachebenen**

Hochdeutsch ist die **Standardsprache** im gesamten deutschen Sprachraum, mit der wir uns über die geografischen Regionen hinweg verständigen können. Sie wird vor allem in der öffentlichen Kommunikation verwendet. Als Hochsprache ist sie gekennzeichnet durch eine klare Normierung in Grammatik und Rechtschreibung, sie ermöglicht ein hohes Maß an Abstraktion und komplexe syntaktische Konstruktionen.

Die **Umgangssprache** (Alltagssprache) bedient sich einerseits des Hochdeutschen, mischt es aber mit regionalen und gruppentypischen Formen. Sie ist anschaulicher als die Hochsprache und kommt – da sie vor allem mündlich gebraucht wird – mit einfachen Hauptsatz-Nebensatz-Gefügen aus, die oft unvollständig sind.

Auch die **Mundart** (Dialekt) ist vornehmlich gesprochene Sprache, die jedoch nur in einem begrenzten geografischen Raum verwendet wird. In Grammatik und Rechtschreibung ist sie weniger normiert als die Hochsprache.

In der regional geprägten Umgangssprache ist die Verständigung meist über mehrere Mundartregionen hinweg möglich. Schwierig wird es erst, wenn jemand in einer Mundart spricht, die so spezielle Konventionen in Aussprache, Grammatik und Syntax hat, dass sie jemandem, der nicht mit diesem Dialekt vertraut ist, wie eine Fremdsprache erscheint.

Daneben gibt es weitere Sprachvarietäten wie Fachsprachen (z. B. Wissenschaftssprache, Computersprache, Juristen- und Verwaltungssprache) oder die Jugendsprache.

Beispiele verschiedener deutscher Mundarten

1. Mine Fru, de Ilsebill, will nich so, as ik wol will.
2. Ja, de wern a Freid g'habt habn, wia's wieder dahom warn.
3. Wennst des machst, hammer alle a Freid, drum lach su weider – sei gscheid.
4. Jetz schloz i do mei Viertele.
5. Jesses er Leit, was babbelscht dann so gschwolle do rum?
6. Gaiser Garl gonnte geene Gümmelkerne gauen.
7. Au Backe! Et klingelt. Det is det Fernjespräch!

3 *Untersuchen Sie die Mundart-Beispiele.*

a) Ordnen Sie die Beispiele einem regionalen Dialekt zu.

b) Notieren Sie zu jedem Satz die hochdeutsche „Übersetzung".

c) Erarbeiten Sie zu jedem Beispiel mindestens eine Regel, die für diese Mundart gilt.

Lösungsbeispiel: Kannsch mer mohl ä Schprudel im Saal hole?

a) Badisch-alemannischer Dialekt

b) Hochdeutsche Übersetzung: Würdest du mir aus dem Saal ein Mineralwasser bringen?

c) Regel 1: Im Badischen-Alemannischen wird der unbestimmte Artikel *ein* zu *ä* verkürzt.
Regel 2: Folgt auf einen s-Laut ein Konsonant, wird der s-Laut *sch* gesprochen.

Sprachwandel

Eine Sprache verändert sich ständig. Neue Wörter werden aus anderen Sprachen übernommen, andere verschwinden aus dem Sprachgebrauch. Im Zuge der Internationalisierung sind es vorzugsweise englische Ausdrücke, die in das deutsche Vokabular Eingang finden.

Jens Jessen: Die verkaufte Sprache

Aus dem Kreis der Weltsprachen ist das Deutsche verschwunden. Nun wird es auch in seiner Heimat zum Sanierungsfall.

[...] Warum ist auf Bahnhöfen kein Schalter für Auskünfte, sondern ein *Service Point*? Was hat der englische Genitiv-Apostroph in *Susi's Häkelstudio* zu suchen? Welcher Teufel trieb eine deutsche Wissenschaftsministerin zu einer Kampagne mit dem Motto *„Brain up"*, was weder auf Deutsch noch auf Englisch Sinn ergibt?

Die Überflutung mit englischen Wendungen ist nur ein, wahrscheinlich der kleinste Teil des Problems. Der größere Teil besteht in ihrer kenntnislosen Aneignung zu dekorativen Zwecken. Viel spricht dafür, den Geist einer aufschneiderischen Werbung dabei am Werk zu sehen. Die deutsche Bahn will sich nicht nur technisch modernisieren; sie will auch modern wirken. Dass ihre sprachliche Modernisierung ein *fake* ist (um ein gutes englisches Wort zu verwenden), scheint ihr egal zu sein. Ähnliches gilt für ihre Neigung, jede Neuigkeit à tout prix *kommunizieren* zu müssen, anstatt sie einfach nur mitzuteilen.

Der Ausdruck *à tout prix* ist übrigens aus einer älteren Epoche übernommen. Den Import von französischen Wendungen des 18. Jahrhunderts hat das Deutsche allerdings gut überstanden. Die meisten Ausdrücke sind wieder verschwunden; die übrigen haben sich bis zur Unkenntlichkeit in den Wurzelbestand des Deutschen eingemoost. [...]

Es lohnt sich, bei der Psychologie des Sprachimporteurs zu verweilen. Der Sprachimporteur ist vor allem ein Marketingexperte in eigener Sache. Er will angeben mit der frisch erworbenen Kenntnis, er kehrt ins verschnarchte Dorf seines Ursprungs zurück und brilliert dort im Glanze seiner Glasperlen, die er den zurückgelassenen Landsleuten andrehen will. Die Undeutlichkeit und die Euphemismen des Business-Englisch sind kein Mangel, sie sind die Voraussetzungen des betrügerischen Tuns. So werden dem Trainee (deutsch: Lehrling) die *Karriere-Optionen* eröffnet (deutsch: Hoffnungen gemacht), zum *Asset-Manager* (deutsch: Kaffeekocher) aufzusteigen. [...]

(Die Zeit, 26.07.2007)

4 ***Erschließen Sie den Text anhand folgender Fragestellungen.***

a) Welche kommunikative Wirkung geht von Anglizismen aus?

b) Wie wird die zunehmende Verwendung englischer Ausdrücke im Text begründet?

c) Welche Position zum Gebrauch von Anglizismen vertritt der Autor des Artikels?

d) Welche Position vertreten Sie zu diesem Thema?

5 ***Vergleichen Sie Anglizismen, die Ihnen im Alltag begegnen.***

a) Notieren Sie Anglizismen, deren Verwendung Ihnen sinnvoll erscheint, und Beispiele, die Ihrer Meinung nach bloße Worthülsen sind.

b) Stellen Sie die Gruppenergebnisse vor und begründen Sie die Zuordnungen.

Der Zeichencharakter der Sprache

Sprache und Sprechen

Die Sprachwissenschaft richtet ihr Interesse verstärkt auf das System Sprache – unabhängig von Einzelsprachen. Besondere Bedeutung kommt dabei dem Schweizer Sprachwissenschaftler Ferdinand de Saussure (1857–1913) zu, der Sprache als System von Zeichen beschreibt.

Basiswissen | **Sprache und Sprechen**

Saussure unterscheidet das abstrakte Zeichen- und Regelsystem **Sprache** (Langue), das für eine Sprachgemeinschaft verbindlich geltend funktioniert, und das **Sprechen** (Parole), die konkrete Verwendung der Sprache. Bei einer konkreten Äußerung (Sprechakt) wählt der Sprecher aus dem ihm eigenen Fundus der „Langue" Elemente aus.

Sprache als ein **System von Zeichen** verweist auf etwas anderes, auf Sachverhalte und Gegenstände. Unterschieden wird daher zwischen **Bezeichnendem** (Signfikant) und **Bezeichnetem** (Signifikat). Zur Veranschaulichung:

Unterschiedliche Zeichen der verschiedenen Sprachgemeinschaften	Fisch (Deutsch) ἰχθύς (Altgriechisch)	fish (Englisch) דָּג dāg (Hebräisch)
verweisen auf dieselbe Vorstellung.		

Häufig kommt es zu Missverständnissen, weil dem Hörer einer sprachlichen Äußerung die Rückführung des sprachlichen Zeichens auf die zugrunde liegende Vorstellung des Sprechers nicht gelingt. Grund dafür ist oft, dass es in jedem Zeichensystem Doppelbedeutungen gibt, dass also die Beziehung zwischen Bezeichnetem und Bezeichnendem nicht eindeutig ist. Hier zwei Beispiele: Ich bin in der Wirtschaft tätig. – Ich liebe Schimmel.

1 *Notieren Sie weitere Beispiele für Doppelbedeutungen.*

Konnotation und Denotation

„Du bist ein Esel!" Diese Beleidigung findet häufig Verwendung. Dass sie auch in der gewünschten Weise verstanden wird, ist aber keinesfalls selbstverständlich.

Die Sprachgemeinschaft definierte den Begriff und einigte sich auf eine feste Bedeutung. Deshalb liegt diesem Begriff eine bestimmte lexikalische Zuordnung zugrunde, die auch heute noch gilt. Das Wort „Esel" bedeutet in diesem Sinne: „Art der Pferde, mit langen Ohren und Schwanzquaste: Hausesel, meist grau; Trag- und Zugtier". Diese Grundbedeutung wird als Denotation bezeichnet. Die Sprachgemeinschaft hat sie durch Übereinkunft (Konvention) festgelegt.

Die Grundbedeutung kann in bestimmten Zusammenhängen von Nebenbedeutungen überlagert werden. Diese werden Konnotationen genannt. Sie zielen auf zusätzliche Bedeutungseinheiten des Begriffes, die sich aber immer erst aus dem kommunikativen Zusammenhang ergeben und zumeist emotionale, wertende und individuelle Bedeutungskomponenten zum Ausdruck bringen.

„Du bist ein Esel!" bezeichnet dann eine Person, die sich töricht, ungeschickt oder widerborstig verhält, und nicht das Haustier.

2 *Definieren Sie, was unter den Begriffen Denotation und Konnotation zu verstehen ist.*

3 *Notieren Sie zu den Wörtern „Pfau", „Spatz" und „Zicke" die jeweils denotative Bedeutung und alle konnotativen Bedeutungen, die Ihnen einfallen.*

4 *Erläutern Sie, wie die Wirkung von Metaphern (➪ Kapitel 6.4, S. 129) zustande kommt.*

Strukturen des Systems Sprache

Gesprochene und geschriebene Sprache folgt Regeln und Konventionen, um sinnvolle Wörter und Sätze zu bilden. Die Formen der Zeichen und die Struktur der Sätze (Syntax) werden durch die Grammatik beschrieben, während die Semantik die Beziehung zwischen dem Sprachzeichen und seiner Bedeutung untersucht.

Basiswissen | **Sprache als syntaktisches und semantisches System**

Wie komplex die sprachlichen Anforderungen sind, wenn es darum geht, Wörter richtig in das System „Satz“ zu übertragen, soll das folgende Beispiel verdeutlichen.

Ein Engländer, der die deutsche Sprache erlernen will, hat sich folgende Vokabeln angeeignet:

I am really pleased to be a guest in your house.
Ich sein wirklich freuen zu sein ein Gast in dein Haus.

Um im Deutschen richtige Sätze formulieren zu können, muss er nicht nur die Wörter kennen, sondern auch die Nomen deklinieren, die regelmäßigen und unregelmäßigen Verben konjugieren und die Satzarten bilden können. Vermutlich wird er dennoch zunächst die englische Syntax anwenden und entsprechend der Regel „Subjekt-Prädikat-Objekt“ formulieren:

Ich bin sehr erfreut, ein Gast zu sein in deinem Haus.

Erst wenn er die Information umsetzen kann, dass das Verb im Nebensatz an das Ende rückt, kann er formulieren:

Ich bin sehr erfreut, Gast in deinem Haus zu sein.

Um sinnvolle Satzstrukturen zu bilden, reicht es nicht, Wörter in die **syntaktisch richtige Reihenfolge** zu bringen. So wäre der Satz „Die Frau trinkt einen Tisch in dem völlig ausgewachsenen Hallenbad, weil sie ohnehin unterwegs ist“ syntaktisch nicht zu beanstanden, ohne **semantisch sinnvoll** zu sein und brauchbare Informationen zu vermitteln.

1 *„Übersetzen“ Sie die folgenden Formulierungen so, dass sie in Syntax und Semantik Ihrer Umgangssprache oder der heutigen Jugendsprache entsprechen.*

1. Karoline war ein holdes Frauenzimmer, das zu besitzen sich jeder Edelknabe glücklich gepriesen hätte.
2. Sich in Bescheidenheit und frommer Einfalt zu üben geziemt jedem, ob er nun Spross edlen Geblüts oder mittelloser Tagelöhner ist.
3. Dem Manne ist die Kraft gegeben, der Frau die Milde, denn sie verzückt den Mann und entrückt ihn angesichts der Anmut und des Zaubers, der von ihrem Wesen ausgeht.

2 *Untersuchen Sie den Bedeutungswandel der Wörter „Frau“, „Weib“ und „Magd“ mithilfe eines etymologischen Wörterbuchs.*

Sprache, Denken und Interaktion

Sprechen beinhaltet gleichzeitiges Denken. Aber beeinflusst die Sprache das Denken auch?

Kommunikation: Tausende Sprachen, eine Bedeutung (Auszug)

Sprache beeinflusst kognitive Fähigkeiten

[...] Wir vollziehen unsere Wahrnehmung und unser Denken im Rahmen unserer individuellen sprachlichen Möglichkeiten. So bestimmt Sprache unser Denken in erheblicher Weise. Da wir unsere Umwelt nur im Rahmen unserer Begrifflichkeit verstehen können und es die Sprache ist, die uns diese Begrifflichkeit liefert, kann sich unser Denken nur innerhalb dieser Grenzen vollziehen. Bereits Ende der 1930er Jahre stellte der Sprachwissenschaftler Benjamin Lee Whorf die Theorie auf, dass die erlernte Sprache einen extrem starken Einfluss auf die kognitiven Fähigkeiten eines Menschen hat. [...]

Soziale Interaktion braucht Sprache

Jeder Mensch lebt in seinem individuellen kognitiven, von der Sprache geschaffenen Universum. Um dieses Universum verlassen und/oder mit anderen teilen zu können, bedürfen wir wiederum der Sprache. Ihre wesentliche soziale Funktion besteht einerseits darin, unsere Erfahrungen und Erlebnisse auszudrücken, d. h. Ereignisse und Objekte der Welt darzustellen, und andererseits gesellschaftliche Verhältnisse (persönliche, familiäre oder durch berufliche bzw. politische Beziehungen bestimmte Verhältnisse) herzustellen und aufrechtzuerhalten. [...]

Emotionen ausdrücken

Sprache ist niemals bloß die Abfolge inhaltlicher Bedeutungen. Wer anderen zuhört, ist zugleich immer einem Fluss begleitender Gefühle ausgesetzt. Sprache gibt uns die Möglichkeit, unsere Emotionen auszudrücken. Zum einen können wir unsere Gefühle konkret benennen und sie somit anderen mitteilen. Zum anderen drücken sich unsere Gefühle oftmals durch die Stimmlage, Lautstärke und Betonung des Gesprochenen aus. Schon Babys sind in der Lage, sehr früh auf soziale Beziehungen zu reagieren und diese nachzuahmen. Kinder wissen also zu interagieren, bevor sie sprechen können.

(Online-Zeitung der Universität Wien, 12.12.2005)

1 *Beschreiben Sie, welche Funktionen dieser Text der Sprache zuordnet.*

Fazit

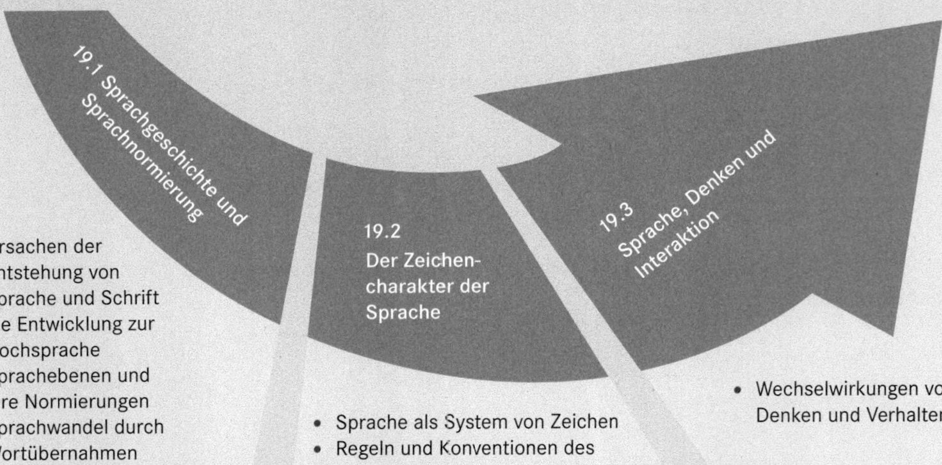

- Ursachen der Entstehung von Sprache und Schrift
- die Entwicklung zur Hochsprache
- Sprachebenen und ihre Normierungen
- Sprachwandel durch Wortübernahmen

- Sprache als System von Zeichen
- Regeln und Konventionen des Zeichensystems

- Wechselwirkungen von Sprechen, Denken und Verhalten

Kapitel 20

Reden analysieren und halten

20.1 Eine Rede untersuchen

20.2 Eine Redeanalyse schreiben

20.3 Reden – Vortragen – Referieren

Es gibt sogenannte Jahrhundertreden, die lange über ihr Rededatum hinaus vielen Menschen in Erinnerung geblieben sind, z. B. John F. Kennedys Rede in Berlin mit dem legendären Schlusssatz „Ich bin ein Berliner“ oder Martin Luther Kings Rede „I have a dream“ – beide Reden sind fast ein halbes Jahrhundert alt.

Nur wenige der täglich gehaltenen Reden werden von der Allgemeinheit bewusst wahrgenommen. Dennoch haben diese Reden ein Ziel und wollen eine Zielgruppe erreichen: Sie wollen das Publikum für eine bestimmte Position gewinnen und mitunter eine konkrete Verhaltensweise auslösen. Aber wie wird das erreicht?

Dieses Kapitel soll Ihnen helfen, Reden zu analysieren. Sie werden erkennen, welche Mittel Redner nutzen können, um ihre Ziele zu erreichen. Außerdem lernen Sie die Elemente einer Redeanalyse kennen. Sie erfahren, was die Qualität einer Redeanalyse ausmacht, wie man eine Redeanalyse verfasst und wie Sie eine eigene Rede halten.

Was Sie bereits wissen

- ✔ Sachtexte können eine informative, expressive und appellative Textfunktion haben.
- ✔ Eine selbst vorbereitete und gehaltene Rede im „kleinen Kreis“ muss gut strukturiert und wirkungsvoll vorgetragen sein.
- ✔ Ein Stichwortzettel ermöglicht einen weitgehend freien Vortrag.

Eine Rede untersuchen

Sich mit einer Rede auseinandersetzen

Der folgende Text ist Bestandteil einer Rede, die Erich Kästner am 10. Mai 1958 auf der PEN-Tagung in Hamburg hielt. Der PEN-Club, dessen Präsident Kästner zwischen 1952 und 1962 war, ist eine internationale Schriftstellervereinigung, die sich zum Ziel gesetzt hat, zur weltweiten Verbreitung der Literatur und zur Verständigung der Völker beizutragen.

Erich Kästner: Über das Verbrennen von Büchern (1958)

Meine Damen und Herren,

[…] Seit Bücher geschrieben werden, werden Bücher verbrannt. Dieser abscheuliche Satz hat die Gültigkeit und Unzerreißbarkeit eines Axioms[1].

Er galt zur Zeit der römischen Soldatenkaiser und unter Kublai Khan, bei Cromwell und für die Konquistadoren, für Savonarola, Calvin und Jacob Stuart, für die Jesuiten, die Dominikaner und die Puritaner, für China und Rom, für Frankreich, Spanien, England, Irland und Deutschland, für Petersburg, Boston und Oklahoma City. Immer wieder hatten die Flammen ihren züngelnden Wolfshunger, und immer wieder war ihnen das Beste gerade gut genug. Sie fraßen die Werke von Ovid und Properz, von Dante, Boccaccio, Marlowe, Erasmus, Luther, Pascal, Defoe, Swift, Voltaire und Rousseau. […]

Und Heinrich Heines Verse aus dem „Almansor": „Dort, wo man die Bücher verbrennt, verbrennt man auch am Ende Menschen", galten zwar den spanischen Autodafés[2] und wurden dennoch zur Prophezeiung.

Das blutige Rot der Scheiterhaufen ist immergrün.

Einen dieser Scheiterhaufen haben wir mit bloßem Auge brennen sehen. Das war auf den Tag genau vor einem Vierteljahrhundert, und deswegen haben wir uns heute versammelt. Es gibt Andachtsübungen, und wie es Andachtsübungen gibt, sollte es, nicht weniger ernsthaft und folgenschwer, Gedächtnisübungen geben. Meine Damen und Herren, wir sind zu einer Gedächtnisübung zusammengekommen.

[…] Meine Damen und Herren, eine Gedenkstunde soll eine Gedächtnisübung sein, und noch etwas mehr. Was hülfe es, wenn sie nur der Erinnerung an arge Zeiten diente, nicht aber der Erinnerung an unser eigenes Verhalten? Das heißt, hier und jetzt, für mich nicht mehr und nicht weniger: an mein Verhalten. Ich bin nur ein Beispiel neben anderen Beispielen. Doch da ich mich etwas besser als andere kenne, muss in meiner Rede nun ein wenig von mir die Rede sein.

Ich habe mich, damals schon und seitdem manches Mal gefragt: „Warum hast du am 10. Mai 1933 auf dem Opernplatz in Berlin nicht widersprochen? Hättest du, als der abgefeimte Kerl eure und auch deinen Namen in die Mikrofone brüllte, nicht zurückschreien sollen?" Dass ich dann heute nicht hier stünde, darum geht es jetzt nicht. Nicht einmal, dass es zwecklos gewesen wäre, steht zur Debatte. Helden und Märtyrer stellen solche Fragen nicht.

Als wir Carl von Ossietzky[3] baten, bei Nacht und Nebel über die Grenze zu gehen – es war alles vorbereitet –, sagte er nach kurzem Nachdenken: „Es ist für sie unbequemer, wenn ich bleibe", und er blieb. Als man den Schauspieler Hans Otto, meinen Klassenkameraden, in der Prinz-Albrecht-Straße schon halb totgeschlagen hatte, sagte er, bevor ihn die Mörder aus dem Fenster in den Hof warfen, blutüberströmten Gesichts: „Das ist meine schönste Rolle." Er war, nicht nur auf der Bühne am Gendarmenmarkt, der jugendliche Held. Gedenken wir dieser beiden Männer in Ehrfurcht! Und fragen wir uns, ob wir es ihnen gleichgetan hätten!

[…] Ich hatte angesichts des Scheiterhaufens nicht aufgeschrien. Ich hatte nicht mit der Faust gedroht. Ich hatte sie nur in der Tasche geballt. Warum erzähle ich das? Warum mische ich mich unter die Bekenner? Weil, immer wenn von der Vergan-

Sich mit einer Rede auseinandersetzen

genheit gesprochen wird, auch von der Zukunft die Rede ist. Weil keiner unter uns und überhaupt niemand die Mutfrage beantworten kann, bevor die Zumutung an ihn herantritt. Keiner weiß, ob er aus dem Stoffe gemacht ist, aus dem der entscheidende Augenblick Helden formt. Kein Volk und keine Elite darf die Hände in den Schoß legen und darauf hoffen, dass im Ernstfall, im ernstesten Falle, genügend Helden zur Stelle sein werden.

Und auch wenn sie sich zu Worte und zur Tat meldeten, die Einzelhelden zu Tausenden – sie kämen zu spät. Im modernen undemokratischen Staat wird der Held zum Anachronismus[4].

Der Held ohne Mikrofone und ohne Zeitungsecho wird zum tragischen Hanswurst. Seine menschliche Größe, so unbezweifelbar sie sein mag, hat keine politischen Folgen. Er wird zum Märtyrer. Er stirbt offiziell an Lungenentzündung. Er wird zur namenlosen Todesanzeige.

Die Ereignisse von 1933 bis 1945 hätten spätestens 1928 bekämpft werden müssen. Später war es zu spät. Man darf nicht warten, bis der Freiheitskampf Landesverrat genannt wird. Man darf nicht warten, bis aus dem Schneeball eine Lawine geworden ist. Man muss den rollenden Schneeball zertreten. Die Lawine hält keiner mehr auf. Sie ruht erst, wenn sie alles unter sich begraben hat.

Das ist die Lehre, das ist das Fazit dessen, was uns 1933 widerfuhr. Das ist der Schluss, den wir aus unseren Erfahrungen ziehen müssen, und es ist der Schluss meiner Rede. Drohende Diktaturen lassen

sich nur bekämpfen, ehe sie die Macht übernommen haben. Es ist eine Angelegenheit des Terminkalenders, nicht des Heroismus. Als Ovid sein „Principiis obsta!" niederschrieb, als er ausrief: „Bekämpfe den Beginn!", dachte er an freundlichere Gegenstände. Und auch, als er fortfuhr: „Sero medicina paratur!", also etwa „Später helfen keine Salben!", dachte er nicht an Politik und Diktatur. Trotzdem gilt seine Mahnung in jedem und auch in unserem Falle. Trotzdem gilt sie immer und überall.

Meine Damen und Herren, ich danke Ihnen für Ihre Aufmerksamkeit.

1 Axiom: unbeweisbarer, in sich einsichtiger und unbestreitbarer Grundsatz
2 Autodafé: Bekanntgabe und Vollstreckung von Ketzergerichtsurteilen; hier: öffentliche Verbrennung missliebiger Schriften
3 Carl von Ossietzky: deutscher Publizist (1889–1938); überzeugter Pazifist, warnte vor Militarismus und Nationalismus; erhielt 1936 den Friedensnobelpreis, den er nicht annehmen durfte
4 Anachronismus: veraltete Einrichtung oder Verhaltensweise

1 *Geben Sie den Inhalt des Redeauszugs kurz wieder.*

2 *Recherchieren Sie in Kleingruppen über die in Z. 12–23 genannten Epochen, Personen und Werke und stellen Sie Ihre Ergebnisse der Klasse vor.*

3 *Informieren Sie sich über die historischen Hintergründe, die der Rede Kästners zugrunde liegen.*

4 *Bestimmen Sie die kommunikative Funktion des Redeauszugs.*

a) Nennen Sie Textbeispiele für die Funktionen „informativ", „expressiv" und „appellativ" (Kapitel 4, S. 74).

b) Stellen Sie fest, welche Textfunktion dominiert, und begründen Sie Ihre Feststellung. Erläutern Sie, welche Wirkung damit erzielt werden soll.

5 *Kästner hielt die Rede 1958. Erörtern Sie, inwiefern sein Schlussappell noch heute gültig ist.*

Sprachliche Mittel untersuchen

Basiswissen Die Rede

Die Rede ist eine **besondere Form der Kommunikation**. Der Sender (Redner) dominiert den verbalen Teil der Kommunikation, der Empfänger (Adressat der Rede) kann lediglich – sofern er anwesend ist – nonverbal oder mit Zwischenrufen reagieren. Die Rede hat demnach einen monologischen Charakter, Sender und Empfänger sind nicht gleichberechtigt.

Die Rede ist ein expositorischer (zweckgerichteter) Text und verfolgt häufig eine Beeinflussung der Einstellung oder des Verhaltens, ist also appellativ ausgerichtet. Sie hat aber auch informative und expressive Funktionen.

Der Redner muss die Adressaten seiner Rede mit Argumenten überzeugen. Das gelingt durch die Anwendung von rhetorischen Strategien und den Einsatz rhetorischer Figuren (➪ Kapitel 6.4, S. 128 f.).

1 *Untersuchen Sie die sprachlichen Mittel, die Erich Kästner in seiner Rede verwendet (➪ Kapitel 6.4, S. 128 f.).*

a) Notieren Sie sprachliche Auffälligkeiten, von denen eine besondere Wirkung ausgeht. Beschreiben Sie diese.

b) Kästner verwendet die rhetorischen Mittel Anapher, Klimax, Parallelismus und Parenthese. Weisen Sie diese im Text nach und erklären Sie die Wirkung, die von ihnen ausgeht.

2 *Notieren Sie zentrale Begriffe der Rede und bilden Sie Wortfelder. Erläutern Sie die Wirkung, die mit diesen Begriffen erzielt werden soll.*

3 *Untersuchen Sie den Satzbau im Redeauszug und bestimmen Sie die beabsichtigte Wirkung.*

4 *Untersuchen Sie, ob Kästner Standard-, Umgangs- oder Fachsprache verwendet, und belegen Sie Ihren Befund am Text. Beschreiben Sie die Wirkung, die damit erzielt werden soll.*

5 *Mit dem gezielten Einsatz sprachlicher Mittel kann ein Redner verschiedene Strategien der Beeinflussung seiner Adressaten verfolgen. Informieren Sie sich im Basiswissen (➪ S. 329) über die Möglichkeiten der Beeinflussung und untersuchen Sie die Rede Kästners daraufhin.*

Arbeitstechnik Sprachliche Mittel und ihre Wirkung untersuchen

Achten Sie bei der Analyse der sprachlichen Mittel besonders auf folgende sprachliche Möglichkeiten:

- **Sprachebenen:** Wird Standardsprache, Umgangssprache, Fachsprache, Dialekt usw. verwendet?
- **Satzbau:** Sind die Sätze überwiegend lang oder kurz? Gibt es unvollständige Sätze?
- **Wortwahl:** Gibt es Wortfelder aus Bereichen wie Handwerk, Krieg, Politik, Wirtschaft, Moral usw.? Treten auffällig viele Nomen (Nominalstil), Verben (auch in Form von Konjunktiven und Imperativen), Adjektive (Superlative) auf? Gibt es Fremdwörter, Wortneuschöpfungen, usw.?
- Werden **rhetorische Figuren**, wie z. B. Metapher, Vergleich, Anapher u. a. (➪ S. 128 f.), verwendet?

Bei der Analyse einer politischen Rede ist es wichtig, die Funktion bzw. die beabsichtigte Wirkung der eingesetzten sprachlichen Mittel in Zusammenhang mit den inhaltlichen Aussagen zu erarbeiten.

Rhetorische Strategien untersuchen

Basiswissen **Rhetorische Strategien**

Der Redner nutzt bestimmte Strategien, um die Adressaten von seiner Position zu überzeugen und sie ggf. zu einem bestimmten Handeln zu veranlassen. Solche Strategien der Beeinflussung nennt man rhetorische Strategien. Wichtige Strategien sind:

Aufwertung der eigenen Position:

- Eine Wir-Gruppe bilden, um ein Zusammengehörigkeitsgefühl zu erzeugen (z. B. *Wir schaffen das gemeinsam.*)
- Der Wir-Gruppe positive Werte zuschreiben, um sie aufzuwerten (z. B. *Wir halten unser Versprechen.*)
- Eigennützige Interessen als Interessen aller darstellen, um Zustimmung zu erlangen (z. B. *Wir alle wollen ...*)
- Angebote machen und Verantwortung übernehmen, um guten Willen zu zeigen (z. B. *Ich schlage vor, ...*)
- Rationale Begründungen/Faktenargumente anführen, um zu überzeugen (z. B. *Die Arbeitslosenquote sinkt ...*)
- Autoritätsargumente einsetzen, um einen „neutralen" Befürworter zu nennen (z. B. *Schon ... hat gesagt, ...*)
- Ziele offenlegen, um zu motivieren (z. B. *Das Ziel ist doch, dass alle ...*)
- Aufwertende Begriffe oder bildhafte Ausdrücke aus positiv besetzten Bereichen verwenden, um positive Assoziationen zu erzeugen (z. B. *Frieden, Mut, Menschlichkeit, ...*)
- Nur günstige Aspekte der Thematik darstellen, um Positives hervorzuheben (z. B. *Die Vorteile sind ...*)

Abwertung anderer/gegnerischer Positionen:

- Dem Gegner die Schuld zuweisen, um selbst besser dazustehen (z. B. *Ihnen haben wir es zu verdanken, ...*)
- Abwertende Begriffe oder bildhafte Ausdrücke aus negativ besetzten Bereichen verwenden, um negative Assoziationen zu erzeugen (z. B. *Kampf, Terror, Unmenschlichkeit, Gewalt, Skandal, Irrweg, Verbrechen ...*)
- Streit in der gegnerischen Gruppe und fehlende Ziele unterstellen, um den Gegner als handlungs- und entscheidungsunfähig darzustellen (z. B. *Sie sind sich doch selbst nicht einig ...*)
- Gegnerische Aussagen verzerren/verkürzen, um sie in ein schlechtes Licht rücken zu können

Dramatisierung:

- Angst verbreiten, um sich Aufmerksamkeit zu sichern (z. B. *Niemand wird mehr verhindern können, dass ...*)
- Übertreibungen einsetzen, um sich Aufmerksamkeit zu sichern (z. B. *Das wird unser Untergang sein ...*)

Beschwichtigung und Ablenkung vom Thema:

- Vom Thema ablenken, um heiklen Fragen zu entgehen (z. B. *Konzentrieren wir uns auf einen anderen Punkt ...*)
- Kritische Themen nicht ansprechen/als unabwendbar kaschieren, um heiklen Fragen zu entgehen (z. B. *An diesem Problem können wir nun mal nichts ändern ...*)
- Abwägende, einschränkende Formulierungen nutzen, um zu relativieren (z. B. *zwar – aber, sowohl – als auch*)
- Kritische Sachverhalte beschönigen, um sie zu verharmlosen (z. B. *Diese Maßnahme ist kostenintensiv, ...*)

Je nach rhetorischer Strategie wählt der Redner seine rhetorischen Figuren. So werden z. B. Euphemismen eingesetzt, um kritische Sachverhalte zu beschönigen, Hyperbeln, um zu dramatisieren, oder abwertende Metaphern, um Gegner zu kennzeichnen.

Den Einfluss der Zielgruppe auf die Sprache untersuchen

Je nach Zielgruppe kann eine Rede unterschiedlich sprachlich gestaltet werden. In den folgenden Redeauszügen benennt der ehemalige Bundespräsident Köhler den Zusammenhang von Arbeit, Bildung und Integration. Dennoch unterscheiden sich seine Reden in sprachlicher Form.

Horst Köhler: Für einen fruchtbaren Dialog von Wirtschaft und Politik[1]

II. Patentrezepte gibt es nicht. Die hat niemand. Aber ich denke, eine Debatte darüber, wie eine Agenda 2020 für Arbeit, Bildung und Integration aussehen sollte, würde unserem Land Richtung und Fokus geben. Und ich denke, diese Debatte sollten wir führen.

Eine solche Agenda 2020 ist eine Aufgabe für die ganze Gesellschaft. Niemand kann sie einfach verordnen, sie muss von möglichst vielen zusammengetragen und von möglichst allen unterstützt werden.

Es geht um ein Gemeinschaftsprojekt.

Arbeit, Bildung, Integration. Die drei bedingen sich gegenseitig: Arbeit schafft Wohlstand und gesellschaftliche Teilhabe. Bildung ist die beste Versicherung gegen Arbeitslosigkeit und für geistige Unabhängigkeit. Integration ist die zentrale Voraussetzung dafür, das Gemeinschaftsprojekt einer Agenda für Deutschland umzusetzen.

1 Rede am 23. Juni 2008 anlässlich der Jahrestagung des Bundesverbandes der Deutschen Industrie

Horst Köhler: Arbeit, Bildung, Integration[2]

I. Das Schuljahr geht zu Ende. Es kommen noch ein paar Klassenarbeiten (viel Glück dabei!); aber dann sind Sommerferien. Die Zeit der Abi-Feten hat begonnen, und auf manchem Auto heißt es stolz und fröhlich: „ABI 2008".

Meine Damen und Herren, von heute an, wann immer Sie das Wort „ABI" hören oder lesen, denken Sie bitte nicht allein an Schulabschlüsse, denken Sie auch an drei Ziele für Deutschland: Arbeit, Bildung, Integration.

Arbeit, Bildung, Integration – warum sind gerade die Ziele so wichtig? Weil sie schöpferisch sind und Freiheit sichern. Arbeit schafft Einkommen und sichert materielle Freiheit. Bildung schafft Selbstbewusstsein und sichert innere Freiheit. Integration schafft Zusammenhalt und sichert politische Freiheit. Wenn eins der drei fehlt, leiden auch die andern. Umgekehrt: Je mehr wir für Arbeit, für Bildung, für Integration erreichen, desto näher kommen wir allen dreien und desto mehr kann unser Land die ganze Kraft entfalten, die in ihm steckt. Das lohnt die Anstrengung.

[...]

V. Arbeit, Bildung, Integration – lassen Sie uns gemeinsam bestimmen, was dafür zu tun ist. Wenn wir darüber Klarheit erzielen und dann alle zum Gelingen beitragen, dann können wir wohlgemut sein.

Ich glaube, wir bekommen das alles hin.

Ach, und eins noch – bitte denken Sie von nun an immer daran: „ABI" ist mehr als nur ein Schulabschluss.

2 Berliner Rede vom 17. Juni 2008, es handelt sich um den Beginn und das Ende der Rede.

1 ***Bearbeiten Sie die Redeauszüge mithilfe folgender Fragestellungen.***

a) Untersuchen Sie, worin sich die beiden Redeauszüge in Bezug auf die sprachlichen Mittel unterscheiden.

b) Stellen Sie fest, anhand welcher sprachlichen Mittel deutlich wird, an welche Zielgruppe sich Köhler wendet.

Den Einfluss der Zielgruppe auf die Sprache untersuchen

Basiswissen **Zusammenhang zwischen Zielgruppe und Sprache einer Rede**

Der Erfolg einer Rede hängt im Wesentlichen auch davon ab, ob es dem Redner gelingt, die Zielgruppe (Adressaten) anzusprechen. Eine Rede kann sprachlich und strategisch brillant sein. Wenn sich die Zielgruppe von den gewählten sprachlichen Mitteln nicht angesprochen fühlt oder sie nicht versteht, ist die Rede erfolglos.

Folgende Aspekte in der Rede können Aufschluss geben über die Zielgruppe:

- **Anrede**, z. B.:
  Sehr geehrte Mitarbeiterinnen und Mitarbeiter = Zielgruppe ist die Belegschaft z. B. einer Firma.
- **Thema/Anlass**, z. B.:
  Wahlen eines Schülersprechers = Zielgruppe sind die Schüler und Lehrer einer Schule.
  Jahresumsatz der Firma XY = Zielgruppe ist die Belegschaft der Firma XY.
- **Ort**, z. B.:
  Cafeteria einer Firma = Zielgruppe ist die Belegschaft einer Firma.
  Aula einer Schule = Zielgruppe sind die Schüler und Lehrer einer Schule.
- **Sprache**

Sprachebenen, z. B.:	Verwendung eines Dialekts = Zielgruppe sind Bewohner eines bestimmten Gebietes.
	Verwendung von Umgangssprache = Zielgruppe sind evtl. Jugendliche.
Satzbau, z. B.:	Einsatz von verschachtelten Sätzen = Zielgruppe sind z. B. Experten/Fachleute.
	Einsatz von einfachen Sätzen = Zielgruppe sind evtl. Jugendliche.
Wortwahl, z. B.:	Gebrauch vieler Begriffe aus dem Bereich Politik = Zielgruppe sind Politiker/Wähler.

Wichtig ist auch, ob die Rede im Fernsehen in den populären Sendern gezeigt oder in den Nachrichten thematisiert wurde. Denn in diesen Fällen sind nicht nur die unmittelbaren Zuhörer die Zielgruppe der Rede, sondern auch diejenigen, die später Informationen über die Rede erhalten.

Die Bestimmung der Zielgruppe und des zielgruppenspezifischen Einsatzes von Sprache und Stil der Rede gehören folglich auch in eine qualitativ gute Redeanalyse.

2 *Erläutern Sie den Unterschied zwischen Zuhörern und Zielgruppe einer Rede.*

3 *Setzen Sie sich damit auseinander, welche Bedeutung die Bestimmung der Zielgruppe für die Analyse einer Rede hat.*

Basiswissen **Die Redeanalyse**

Bei der Analyse einer politischen Rede beschäftigen Sie sich mit folgenden Fragen: **Was** steht in (einem Auszug) der Rede (Inhalt), **an wen** richtet sich der Redner mit seiner Rede (Zielgruppe), **wie** hat der Redner wichtige Teile der Rede sprachlich gestaltet (Form) und **welche Wirkung** will er mit der inhaltlichen und formalen Gestaltung (vermutlich) erzielen?

Eine Redeanalyse beurteilen

Ein Schüler hat zu dem Auszug aus der Rede Erich Kästners (S. 108 f.) die folgende Redeanalyse verfasst:

Die vorliegende Rede, die Erich Kästner auf der PEN-Tagung 1958 anlässlich des 25. Jahrestags der Bücherverbrennung gehalten hat, lässt seine große Erschütterung darüber erkennen, dass er sich nicht laut gegen diesen im Jahre 1933 von den Nazis angeordneten Akt des Terrors aufgelehnt hat. Er selbst hat in Berlin miterlebt, wie auch seine Bücher damals ein Opfer der Flammen wurden. 13 Jahre nach dem Untergang dieses Unrechtssystems ist er immer noch über sein passives Verhalten bestürzt, Entschuldigungsgründe hierfür lässt er nicht gelten.	*Anlass*
Dies schlägt sich auch in seiner Sprachgestaltung nieder: Noch immer fragt er sich – und reiht hierzu fassungslos rhetorische Fragen aneinander –, warum er damals und dann auch später nicht aufbegehrt habe (vgl. Z. 51 ff.). Immer noch erscheint es für ihn unfassbar, dass er angesichts des Unrechts schwieg, er ringt mit sich und sucht Antworten darauf, wie es zu dem in seinen Augen fragwürdigen Verhalten gekommen sein konnte. Und er weicht dabei nie in das unverbindliche „man" aus, sondern es geht ihm stets um seine Verantwortung und um sein Versagen. Daher wählt er auch immer das persönliche „Ich": „Ich hatte nicht […] aufgeschrien. Ich hatte nicht mit der Faust gedroht. Ich hatte sie nur in der Tasche geballt." (Z. 73 ff.) Diese Bestürzung darüber, seiner Abscheu nicht offen Ausdruck gegeben zu haben, kommt auch in der Wiederholung des Wortes „Ich" und im Parallelismus der Satzkonstruktion zum Ausdruck, was nochmals die große Eindringlichkeit seiner Selbstbefragung zeigt.	
Aber es geht Kästner auch um die Lehren für die Zukunft, die man aus diesen Erfahrungen mit einem grausamen Unrechtssystem ziehen muss. Nicht in der mutigen Tat eines Einzelnen sieht er die Lösung, sich von einem Tyrannen zu befreien, auch fordert er nicht Heldentum ein, so sehr er es auch bewundert, wenn jemand zum Selbstopfer bereit ist wie Carl von Ossietzky oder Hans Otto, sein „Klassenkamerad" (Z. 64). Denn es wisse „keiner" – und das betont Kästner durch mehrmaliges Wiederholen dieses Wortes (vgl. Z. 80 ff.) –, ob er zum Helden tauge, ob er genügend Mut habe, wenn „die Zumutung an ihn herantritt" (Z. 79 f.). Mit dieser Metapher, die zudem das Wortspiel Zumutung/Mut anklingen lässt, macht Kästner nochmals klar, dass Mut eines Einzelnen nicht ausreicht, um sich effektiv gegen eine Diktatur zu wehren. Angemessener und effizienter sei es, so früh wie möglich gegen das Unrecht zu kämpfen. Wie wichtig ihm diese Erkenntnis ist, wie eindringlich er sie vermitteln will, sieht man daran, dass er sie in unterschiedlicher Form wieder und wieder fast einhämmernd wiederholt, indem er zunächst die zu späte Auseinandersetzung mit dem NS-Regime beklagt: „Spätestens" im Jahre 1928 hätte man diesem Ungeist Einhalt gebieten müssen. „Später war es zu spät" (Z. 97 f.). Mit diesem Wortspiel wird dem Zuhörer die Dringlichkeit der rechtzeitigen Gegenwehr vor Augen geführt. Auch die in diesem Zusammenhang verwendeten Metaphern dienen	*Lehren/Fazit*

Eine Redeanalyse beurteilen

diesem Zweck: Bevor nämlich „aus dem Schneeball eine Lawine geworden ist“, die „alles unter sich begraben hat“, müsse man ihn (den Schneeball) „zertreten“ (Z. 101 ff.). Wie bewusst und nachdrücklich die Reaktion auf Unterdrückung zu erfolgen hat, wird auch durch die Anapher herausgestellt: Das zweimalige „Man darf nicht warten“ (Z. 98 ff.) betont die Notwendigkeit, schnell zu handeln, und das nachfolgende „Man muss“ (Z. 101) – gemeint ist handeln – appelliert an den Zuhörer, sich gegen Machtmissbrauch, gegen „drohende Diktaturen“ (Z. 107) unverzüglich aufzulehnen. Und nochmals unterstreicht Kästner dieses Anliegen, indem er sich auf den großen römischen Dichter Ovid beruft, der genau diese Botschaft verkündete. Sein oft zitierter Ausspruch „Bekämpfe den Beginn“ (Z. 111 f.) kann geradezu als Leitmotiv dieser Rede gelten.

1 ***Bearbeiten Sie die Redeanalyse. Machen Sie sich auf einer Kopie Randnotizen bzw. legen Sie eine Folie über den Text.***

a) Erarbeiten Sie Inhalt und Aufbau der Redeanalyse.

b) Kennzeichnen Sie, welche sprachlichen Mittel in der Schülerarbeit untersucht wurden.

2 ***Erläutern Sie, wie Inhalt, sprachliche Mittel und Sprechabsicht verknüpft sind.***

3 ***Untersuchen Sie, wie Zitate eingebaut wurden.***

4 ***Beurteilen Sie die Redeanalyse.***

a) Überprüfen Sie, ob alle Bestandteile einer Redeanalyse berücksichtigt worden sind (➪ Basiswissen, S. 331).

b) Überlegen Sie, welche weiteren sprachlichen Mittel noch hätten untersucht werden können.

c) Überarbeiten Sie die Redeanalyse gegebenenfalls.

Zwischenfazit

- sich mit einer Rede inhaltlich auseinandersetzen
- sprachliche Mittel untersuchen
- rhetorische Strategien untersuchen
- den Einfluss der Zielgruppe auf die Sprache untersuchen
- eine Redeanalyse beurteilen

Eine Redeanalyse schreiben

Nach Theodore Roosevelt (1906), Woodrow Wilson (1919) und Jimmy Carter (2002) erhielt Barack Obama als vierter amerikanischer Präsident den Friedensnobelpreis „für seine außergewöhnlichen Bemühungen, die internationale Diplomatie und die Zusammenarbeit zwischen den Völkern zu stärken", wie das Nobelkomitee die Preisverleihung begründete. Obama nahm die Auszeichnung am 10. Dezember 2009 in Oslo entgegen und hielt dabei folgende Rede:

Barack Obama: Rede zur Verleihung des Friedensnobelpreises

Majestäten, königliche Hoheiten, verehrte Mitglieder des norwegischen Nobelpreiskomitees, Bürger der Vereinigten Staaten, Bürger der Welt,
ich nehme diese Ehrung mit tiefer Dankbarkeit und großer Demut entgegen. Es ist eine Auszeichnung, die unserer höchsten Erwartung gilt – dass wir trotz aller Grausamkeit und allen Elends unserer Welt nicht bloß Gefangene des Schicksals sind. […]

Doch ich wäre nachlässig, würde ich nicht einräumen, dass Ihre großzügige Entscheidung zu einer beträchtlichen Kontroverse geführt hat. Teils liegt das daran, dass ich erst am Anfang und nicht am Ende meiner Arbeit auf der Weltbühne stehe. Verglichen mit manchen Giganten der Geschichte, die diesen Preis vor mir erhalten haben – Schweitzer und King, Marshall und Mandela –, sind meine Leistungen gering. Und dann sind da jene Männer und Frauen auf der Welt, die für ihr Gerechtigkeitsstreben inhaftiert und misshandelt worden sind: jene, die sich in Menschenrechtsorganisationen mühen, um Leid zu lindern; jene Millionen Unerkannte, deren stille Akte des Muts und des Mitleids noch die härtesten Zyniker begeistern. Ich kann nicht rechten mit denen, die meinen, diese Männer und Frauen – manche berühmt, andere nur den Menschen bekannt, denen sie helfen – verdienten diese Ehre weit mehr als ich.

Doch vielleicht ist das schwerwiegendste Problem, da ich diesen Preis annehme, die Tatsache, dass ich der Oberkommandierende einer Nation bin, die mitten in zwei Kriegen steckt. Einer dieser Kriege ist dabei abzukühlen. Der andere ist ein Konflikt, den Amerika nicht gesucht hat; einer, in dem 43 andere Nationen – darunter Norwegen – uns beistehen, auf dass wir uns selbst und alle Nationen vor weiteren Angriffen schützen.

Dennoch stehen wir im Krieg und ich bin dafür verantwortlich, dass Tausende junger Amerikaner in einem fernen Land in die Schlacht ziehen. Manche von ihnen werden töten. Manche werden getötet werden. Und so komme ich mit einem gesteigerten Bewusstsein für den Preis eines bewaffneten Konflikts hierher – voller schwieriger Fragen zum Verhältnis von Krieg und Frieden und unserem Bemühen, den einen durch den anderen zu ersetzen.

Diese Fragen sind nicht neu. Der Krieg kam, in der einen oder anderen Gestalt, mit dem ersten Menschen in die Welt. Als die geschichtliche Zeit anbrach, wurde seine Moralität nicht infrage gestellt; er war eine bloße Tatsache, wie Dürre oder Krankheit – so eben strebten erst Stämme, dann Zivilisationen nach Macht, so trugen sie ihre Konflikte aus.

Mit der Zeit, als Gesetzbücher die Gewalt zwischen Gruppen zu kontrollieren versuchten, bemühten sich Philosophen, Kleriker und Staatsmänner, die zerstörerische Kraft des Krieges zu steuern. Die Idee eines „gerechten Krieges" kam auf, der zufolge ein

Krieg nur unter bestimmten Bedingungen gerechtfertigt ist: wenn er ein letztes Mittel zur Selbstverteidigung ist; wenn die angewendete Gewalt verhältnismäßig ist und wenn, wann immer möglich, Zivilisten geschont werden.

In der Geschichte wurde diese Idee des gerechten Kriegs zumeist nur selten befolgt. Die Fähigkeit menschlicher Wesen, immer neue Wege zu ersinnen, einander umzubringen, erwies sich als unerschöpflich, und nicht anders unsere Fähigkeit, keine Gnade zu kennen bei jenen, die anders aussehen oder einen anderen Gott verehren. Kriege zwischen Armeen machten Kriegen zwischen Nationen Platz – totalen Kriegen, in denen der Unterschied von Kombattant und Zivilist verwischte. Binnen dreißig Jahren versank dieser Kontinent zweimal in einem solchen Blutbad. Und obwohl eine gerechtere Sache als die Niederlage des „Dritten Reichs" und der Achsenmächte nur schwer vorstellbar ist, war der Zweite Weltkrieg ein Konflikt, in dem die Zahl der zivilen Opfer die Zahl der gefallenen Soldaten überstieg.

Unter dem Eindruck solcher Zerstörung und mit dem Beginn des Nuklearzeitalters wurde Siegern wie Besiegten klar, dass die Welt Institutionen brauchte, um einen weiteren Weltkrieg zu verhindern. Und so führte Amerika – ein Vierteljahrhundert, nachdem die Vereinigten Staaten den Völkerbund abgelehnt hatten – die Welt zu einer Architektur, die den Frieden wahren sollte: zum Marshall-Plan und den Vereinten Nationen, zu Mechanismen, die Kriegsführung zu regeln, zu Verträgen, die Menschrechte zu wahren, Völkermord zu verhindern und die gefährlichsten Waffen zu begrenzen.

In vielerlei Hinsicht waren diese Bemühungen erfolgreich. Ja, es hat furchtbare Kriege gegeben. Aber es gab keinen dritten Weltkrieg. Der Kalte Krieg endete mit jubelnden Massen, die die Mauer einrissen. Handel hat große Teile der Welt verbunden. Milliarden Menschen wurden von der Armut befreit. Die Ideale von Freiheit, Selbstbestimmung, Gleichheit und von Recht und Gesetz haben sich unaufhaltsam ausgebreitet. Wir sind die Erben der Stärke und der Weitsicht vergangener Generationen, und das ist ein Vermächtnis, auf das mein Land zu Recht stolz ist. Ein Jahrzehnt im neuen Jahrhundert gibt die alte Ordnung aber unter dem Gewicht neuer Gefahren nach. Die Welt mag nicht mehr erschaudern vor der Gefahr eines Krieges zwischen den nuklearen Supermächten, aber Weiterverbreitung könnte das Risiko einer Katastrophe vergrößern. Der Terrorismus war lange nur eine Taktik, aber moderne Technik erlaubt wenigen unbedeutsamen Männern mit übergroßer Wut, Unschuldige in einem furchtbaren Ausmaß zu ermorden.

Zudem wurden Kriege zwischen Nationen zunehmend abgelöst durch Kriege innerhalb von Nationen. Das Wiederaufkommen von ethnischen oder sektiererischen Konflikten, die Zunahme von Abspaltungsbewegungen, Aufständen und gescheiterten Staaten haben dazu geführt, dass immer mehr Zivilisten in nicht enden wollendem Chaos gefangen sind. In den Kriegen von heute werden weit mehr Zivilisten getötet als Soldaten; die Samen zu weiteren Konflikten werden gelegt, die Wirtschaft wird zerstört, Zivilgesellschaften in Brand gesteckt, Flüchtlingsströme ausgelöst und Kinder für ihr Leben gezeichnet.

[...]

Die Welt wird kleiner und man könnte denken, dass es für die Menschen leichter würde zu erkennen, wie ähnlich wir uns sind, dass wir alle auf eine Chance hoffen, unser Leben mit einem Maß an Glück und Erfüllung für uns und unsere Familien zu leben.

Und dennoch: Wegen der verwirrenden Geschwindigkeit der Globalisierung sollte es niemanden überraschen, dass die Menschen fürchten, Dinge, die ihnen wichtig sind, oder ihre besonderen Identitäten zu verlieren, ihre Ethnie, ihren Stamm und vor allem ihre Religion. An manchen Orten hat diese Angst zu Konflikten geführt. Manchmal kommt es einem sogar so vor, als würden wir uns rückwärts bewegen. Wir sehen es im Nahen Osten, wo der Konflikt zwischen Arabern und Juden sich zu verhärten scheint. Wir sehen es bei Nationen, die entlang von Stammesgrenzen zerrissen werden.

Am gefährlichsten ist es dort, wo Religion benutzt wird, um den Mord an Unschuldigen zu rechtfertigen – bei denen, die die große Religion des Islam verzerrt und besudelt und mein Land von Afghanistan aus angegriffen haben. Solch ein verzerrtes Bild der Religion ist nicht nur unvereinbar mit der Idee des Friedens, sondern auch mit dem Zweck des Glaubens. Denn die eine Regel, die im Zentrum jeder bedeutenden Religion steht, ist, dass wir anderen gegenüber so handeln, wie wir möchten, dass andere uns gegenüber handeln.

Dieses Gesetz der Liebe stand immer im Mittelpunkt des menschlichen Strebens. Wir sind fehlbar. Wir erliegen den Versuchungen des Stolzes, der Macht und manchmal des Bösen. Selbst denen unter uns, die von den besten Absichten erfüllt sind, wird es manchmal nicht gelingen, das Unrecht vor unseren Augen zu beheben. Aber es ist nicht notwendig, die menschliche Natur für perfekt zu halten, um trotz allem zu glauben, dass die Lage der Menschheit perfektioniert werden könnte. Die Gewaltlosigkeit, wie sie Gandhi oder King lehrten, mag nicht unter allen Umständen angemessen oder möglich gewesen sein. Aber die Liebe, die sie gepredigt haben, ihr Glaube an den menschlichen Fortschritt sollten immer unser Leitstern sein. Denn wenn wir diesen Glauben verlieren, ihn als dumm oder naiv abtun, dann verlieren wir das Beste der Menschheit: Wir verlieren unseren Möglichkeitssinn. Wir verlieren unseren moralischen Kompass.

So lasst uns nach der Welt streben, die sein sollte – nach dem göttlichen Funken, der sich immer noch in unserer Seele regt. Irgendwo heute, im Hier und Jetzt, sieht ein Soldat sich einer Übermacht gegenüber und steht dennoch fest, um den Frieden zu verteidigen. Irgendwo steht heute, in dieser Welt, eine junge Demonstrantin und erwartet die Brutalität ihrer Regierung und hat dennoch den Mut weiterzumarschieren. Irgendwo sieht sich heute eine Mutter furchtbarer Armut gegenüber – und nimmt sich dennoch die Zeit, ihr Kind zu erziehen, das daran glaubt, dass es in einer grausamen Welt noch immer Platz für seine Träume gibt.

Lasst uns ihrem Beispiel folgen. Wir können zugeben, dass es immer Unterdrückung geben wird, und dennoch um Gerechtigkeit kämpfen. Wir können die Unauflösbarkeit von Armut eingestehen und uns dennoch um Würde bemühen. Wir können verstehen, dass es Krieg geben wird, und uns dennoch für Frieden einsetzen. Wir können das tun, weil es die Geschichte des menschlichen Fortschritts ist, weil es die Hoffnung der ganzen Welt ist. Und in diesem Moment der Herausforderung muss das unsere Arbeit hier auf der Erde sein.

1 ***Analysieren Sie die Rede Barack Obamas (in Stichpunkten).***

a) Bestimmen Sie die Redesituation (Redner, Ort und Zeit, Anlass, Zielgruppe) und das Thema der Rede.

b) Ermitteln Sie mithilfe des nachfolgenden Schülerbeispiels
- den Argumentationsgang,
- die eingesetzten Strategien der Beeinflussung und
- die sprachlichen Mittel vor dem Hintergrund der Zielgruppe. (Bestimmen Sie dabei besonders die Wirkung der rhetorischen Mittel.)

c) Erläutern Sie die Intentionen Obamas. Berücksichtigen Sie dabei auch die Adressaten.

2 ***Setzen Sie die Analyse der Rede von Barack Obama nach dem Muster auf Seite 337 fort.***

3 ***Geben Sie ein Sach- und ein Werturteil zur Rede ab und berücksichtigen Sie die Zielgruppe. Orientieren Sie sich dabei am Basiswissen.***

Ein Schüler hat den Anfang der Rede Obamas mit folgenden Randnotizen bearbeitet:

	Majestäten, königliche Hoheiten, verehrte Mitglieder des norwegischen Nobelpreiskomitees, Bürger der Vereinigten Staaten, Bürger der Welt,	*Anrede*
These	ich nehme diese Ehrung mit tiefer Dankbarkeit und großer Demut entgegen. Es ist eine Auszeichnung, die unserer höchsten Erwartung gilt – dass wir trotz aller Grausamkeit und allen Elends unserer Welt nicht bloß Gefangene des Schicksals sind. […]	*Anlass für die Rede*
Fakten-argument als Zugeständnis an die Kritiker	Doch ich wäre nachlässig, würde ich nicht einräumen, dass Ihre großzügige Entscheidung zu einer beträchtlichen Kontroverse geführt hat. Teils liegt das daran, dass ich erst am Anfang und nicht am Ende meiner Arbeit auf der Weltbühne stehe. Verglichen mit manchen Giganten der Geschichte, die diesen Preis vor mir erhalten haben – Schweitzer und King, Marshall und Mandela –, sind meine Leistungen gering. Und dann sind da jene Männer und Frauen auf der Welt, die für ihr Gerechtigkeitsstreben inhaftiert und misshandelt worden sind; jene, die sich in Menschenrechtsorganisationen mühen, um Leid zu lindern; jene Millionen Unerkannte, deren stille Akte des Muts und des Mitleids noch die härtesten Zyniker begeistern. Ich kann nicht rechten mit denen, die meinen, diese Männer und Frauen – manche berühmt, andere nur den Menschen bekannt, denen sie helfen – verdienten diese Ehre weit mehr als ich.	*Aufgreifen der Kritik* *Rückblick auf frühere Nobelpreisträger* *demütige Haltung Obamas*
Metapher *Parenthese*	Doch vielleicht ist das schwerwiegendste Problem, da ich diesen Preis annehme, die Tatsache, dass ich der Oberkommandierende einer Nation bin, die mitten in zwei Kriegen steckt. Einer dieser Kriege ist dabei abzukühlen. Der andere ist ein Konflikt, den Amerika nicht gesucht hat; einer, in dem 43 andere Nationen – darunter Norwegen – uns beistehen, auf dass wir uns selbst und alle Nationen vor weiteren Angriffen schützen.	*Aufgreifen des Hauptkritikpunkts an Obama*
Parallelismus	Dennoch stehen wir im Krieg und ich bin dafür verantwortlich, dass Tausende junger Amerikaner in einem fernen Land in die Schlacht ziehen. Manche von ihnen werden töten. Manche werden getötet werden. Und so komme ich mit einem gesteigerten Bewusstsein für den Preis eines bewaffneten Konflikts hierher – voller schwieriger Fragen zum Verhältnis von Krieg und Frieden und unserem Bemühen, den einen durch den anderen zu ersetzen.	*Reflexion des Problems*

Basiswissen – Sachurteile – Werturteile

Abschließend wird die Qualität der Rede beurteilt. Berücksichtigen Sie bei der Bewertung der Gestaltung die Zielgruppe. Ihre Bewertung kann sich auf zwei Ebenen bewegen:
Zum einen können Sie **Sachurteile** abgeben. Hierbei fällen Sie auf Basis objektiver Kriterien ein sachliches Urteil über den Text. Sie bewerten, ob das Thema zum Anlass passt, der Redner gute Argumente vorbringt, der Redner seine Meinung überzeugend vertreten kann, die Rede verständlich gestaltet ist, rhetorische Figuren und Strategien der Beeinflussung passen und für die Zielgruppe angemessen gewählt sind. Zum anderen können Sie **Werturteile** abgeben. Hierbei fließen in Ihre Bewertung Ihre persönlichen Überzeugungen ein.

Arbeitstechnik — Eine Redeanalyse schreiben

Folgende Elemente sollten Sie bei der Analyse einer Rede berücksichtigen:

Einleitung:
- Die Rede hinsichtlich Redesituation (Redner, Ort und Zeit, Anlass, Zielgruppe) und Thema einordnen
- Die Hauptgedanken (kurze Inhaltsangabe) und grob die Argumentationsstruktur des Textes darlegen

Hauptteil:
- Sprachliche Mittel und Strategien der Beeinflussung benennen und in ihrer Funktion bestimmen
- Die vom Redner verfolgte Aussageabsicht erkennen und seine Ziele erläutern
- Die Textfunktionen bestimmen und nachweisen
- Inhalt, Form und Wirkung abschnittsweise erläutern

Schluss:
- Eine begründete Beurteilung und Wertung der Rede vornehmen hinsichtlich der Position des Redners und der Gestaltung sowie Wirkung der Rede unter Berücksichtigung der Zielgruppe

Ursula von der Leyen hielt am 30. Januar 2007 auf der Eröffnungskonferenz für das „Europäische Jahr der Chancengleichheit für alle 2007" eine Rede. Hier ein Auszug:

Ursula von der Leyen (CDU) war von 2005 bis 2009 Bundesministerin für Familie, Senioren, Frauen und Jugend.

[...], sehr geehrte Teilnehmerinnen und Teilnehmer,

ich begrüße Sie herzlich hier in Berlin und freue mich sehr, dass Sie zusammen mit mir das Europäische Jahr der Chancengleichheit für alle 2007 eröffnen. Gleichzeitig ist dies der erste Europäische Gleichstellungsgipfel. Dass so viele hochrangige Vertreterinnen und Vertreter aus den Reihen der Politik, der Zivilgesellschaft, der Wissenschaft und der Wirtschaft hier anwesend sind, macht deutlich, welche Bedeutung Chancengleichheit hat: in Deutschland und in Europa.

Was ist eigentlich Chancengleichheit? [...] In menschlichen Gesellschaften bekommen Menschen Chancen von anderen Menschen. Die Demokratie ist eng mit der Idee einer gerechten Verteilung von Chancen im Leben verknüpft. Wir empfinden fehlende Chancengleichheit als ungerecht und bemühen uns um den Abbau von Benachteiligungen. Das Verbot von Diskriminierung ist aus gutem Grund in den Menschenrechten festgeschrieben.

Aber was genau ist Chancengleichheit? Wenn bei einem Galopprennen alle gleichzeitig starten?

Wenn alle Jockeys dabei das gleiche Gewicht auf die Waage bringen?

Die Forderung nach Chancengleichheit lenkt den Blick auf die Unterschiede. Menschen sind verschieden. Sie sehen unterschiedlich aus, sie haben unterschiedliche Lebensmuster, verschiedene Stärken und Schwächen und unterschiedliche Überzeugungen. Chancengleichheit heißt auch: Anerkennung von Verschiedenheit und Wertschätzung von Vielfalt und die Entfaltung der Fähigkeiten jedes Einzelnen in seiner/ihrer individuellen Einzigartigkeit. Zum Glück ist unsere Gesellschaft kein Galopprennen. Wer nicht der Schnellste ist, kann seine – oder ihre – Fähigkeiten woanders einbringen.

Antwort auf Vielfalt ist nicht die Forderung nach künstlichen Handicaps, sondern nach einer optimalen Nutzung der Potenziale – von Alt und Jung, von Männern und Frauen, von Menschen mit verschiedenen ethnischen und religiösen Hintergründen. Es genügt nicht zu sagen: Alle sollen die gleichen Chancen haben. Wir müssen uns auch fragen, wie wir mit denjenigen umgehen, die objektiv schlechtere Ausgangsbedingungen vorfinden.

Die Europäische Union hat mit ihren Anti-Diskriminierungsrichtlinien darauf rechtliche Antworten gegeben. Sie haben in den letzten Jahren spürbare Veränderungen im nationalen Recht in den Mitgliedsstaaten der EU initiiert. Rechtlicher Schutz vor Diskriminierung ist wichtig. Vielfalt akzeptieren heißt aber nicht nur: Richtlinien akzeptieren. Vielfalt akzeptieren heißt vor allem: Menschen akzeptieren. Chancengleichheit ist noch vor jedem Gesetz eine Frage des Verhaltens und der Mentalität. […]

Die Europäische Union hat das Jahr 2007 zum Europäischen Jahr der Chancengleichheit für alle erklärt. Wir möchten das Jahr dazu nutzen, Chancengleichheit und Vielfalt gemeinsam in den Mittelpunkt zu rücken. Ich will das an vier Gruppen in unserer Gesellschaft verdeutlichen: den Älteren, den Jugendlichen, den Zugewanderten und den Frauen. […]

Die gleichberechtigte Teilhabe von Frauen und Männern im Berufs- und Familienleben bleibt eine der ganz wesentlichen Aufgaben einer Politik der Chancengleichheit für alle. Auch wenn wir in den vergangenen Jahrzehnten auf diesem Gebiet schon viel erreicht haben: Nach wie vor ist der Handlungsbedarf offensichtlich.

[…]

Die Teilhabe von Frauen am Erwerbsleben beleuchtet aber auch weiter bestehende Ungleichheiten: bei den Karrierechancen etwa die gläserne Decke, wenn es um Fürsorge für Kinder und Ältere geht. Bei Führungspositionen in Wirtschaft oder Wissenschaft sind Frauen trotz gleicher Qualifikation weit unterrepräsentiert. Das Prinzip „gleicher Lohn für gleiche und gleichwertige Arbeit" ist eine europäische Verpflichtung. Aber noch lange nicht europäische Wirklichkeit. […]

Wir müssen es schaffen, dass junge Frauen – und junge Männer – Beruf und Familie in Einklang bringen können. Die Schwierigkeiten bei der Vereinbarkeit von Berufs- und Privatleben drängen auf der einen Seite Mütter aus dem Arbeitsmarkt und tragen auf der anderen Seite zu sinkenden Geburtenraten bei.

In diesen Kontext gehören aber auch SEINE Fragen nach Vereinbarkeit von Beruf und Familie. Wir müssen die Verantwortung der Väter in der Kindererziehung und der Söhne in der Pflege ihrer Eltern thematisieren. Immer mehr Unternehmen sind sich heute schon der Tatsache bewusst, dass Vielfalt eine Chance bedeutet.

4 ***Schreiben Sie eine vollständige Redeanalyse zur Rede von Ursula von der Leyen. Orientieren Sie sich an der Arbeitstechnik.***

Zwischenfazit

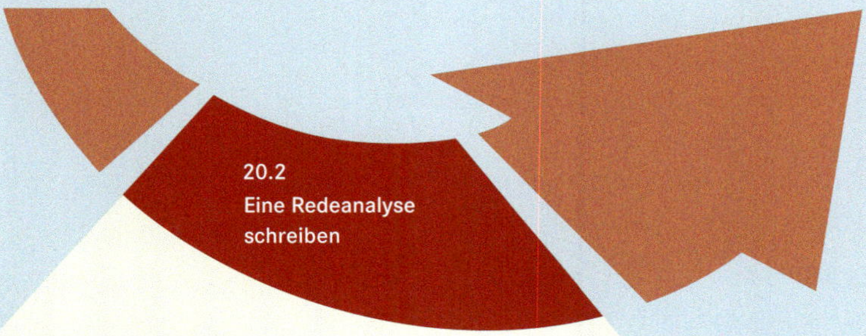

- Redesituation bestimmen
- Argumentationsgang ermitteln
- Strategien der Beeinflussung herausarbeiten
- Intentionen des Redners erläutern
- Rede beurteilen

Reden – Vortragen – Referieren

Eine Rede vorbereiten und halten

„Eine gute Rede hat einen guten Anfang und ein gutes Ende – und beide sollten möglichst dicht beieinanderliegen.“ (Mark Twain, 1835–1910)

Wer überzeugend und gut reden sowie argumentieren kann, strahlt nicht nur Selbstvertrauen aus. Ihm werden oft auch Sicherheit im Umgang mit Menschen und Führungseigenschaften attestiert. Rhetorische Fertigkeiten sind auch für das Fachreferat (Kapitel 18, S. 312 ff.) von grundlegender Bedeutung.

Rede eines Abiturienten auf der Abiturfeier

Liebe Abiturientinnen und Abiturienten, liebe Eltern, Verwandte und Freunde, sehr geehrte Lehrer und Lehrerinnen, liebe Mitschüler und Mitschülerinnen,

Mahatma Gandhi sagte einmal: „Stärke stammt nicht aus physischem Vermögen. Sie kommt aus einem unbezwingbaren Willen.“

Auch wir haben mit unserem unbezwingbaren Willen Stärke gezeigt und haben das geschafft, was wir erreichen wollten, nämlich das Abitur. Ich finde, wir alle können stolz darauf sein, denn es ist nicht leicht, noch mal neu anzufangen. Mit einem starken Willen kamen wir vor zwei Jahren beziehungsweise einem Jahr an die Fachoberschule oder Berufsoberschule, um einen für uns noch völlig neuen und unbekannten Weg einzuschlagen. Dieser Weg bedeutete für uns und für unser Umfeld, sowohl beruflich als auch privat, eine große Veränderung. […]

Wir haben es geschafft! Bald zerfällt unser Puzzle und jedes Teil schlägt seine eigene Richtung ein. Doch ich hoffe sehr, dass wir alle unsere gemeinsame Zeit an dieser Schule in guter Erinnerung behalten und dass wir uns eines Tages alle einmal wiedersehen. Vielleicht kann unser Puzzle dann wieder zusammengesetzt werden.

1 ***Erläutern Sie die Aussage Mark Twains.***

2 ***Analysieren Sie den Auszug aus der Abiturrede.***

a) Untersuchen Sie den Anfang und das Ende der Rede inhaltlich.
b) Erklären Sie die Bilder, welche die Rednerin benutzt.
c) Überlegen Sie, welches Ziel die Verwendung von Bildern verfolgt.
d) Vergleichen Sie diese Abiturrede mit der Rede Horst Köhlers „Arbeit, Bildung, Integration“ (Kapitel 20.1, S. 330). Stellen Sie die Unterschiede anhand folgender Kriterien fest: Rednerabsicht – Adressat – rhetorische Mittel – Sprache/Sprachniveau.

3 ***Entwerfen Sie selbst eine Rede.***

a) Formulieren Sie mithilfe der Arbeitstechnik (S. 341) zur vorliegenden Abiturrede alternative Einleitungen und vergleichen Sie deren Wirkung und Eignung.
b) Formulieren Sie den Hauptteil einer Abiturrede aus.

Eine Rede vorbereiten und halten

Arbeitstechnik | Eine Rede vorbereiten und gliedern

Vorbereitung – Arbeitsstadien

Ideensammlung (inventio): Sammlung der wesentlichen Gedanken, Informationen und Argumente
Materialordnung und -gliederung (dispositio): bewusste Anordnung des gefundenen Materials
Sprachgestaltung (elocutio): Ausformulieren der Rede: schriftlich, mündlich oder in Form eines Stichwortzettels
Einprägen der Rede (memoria): Meist stützt sich der Redner auf eine Textvorlage oder einzelne Stichwörter. Der Text sollte so gut eingeübt werden, dass man die Rede überzeugend halten kann.
Probesprechen/Üben (actio): Beim Probesprechen werden Lautstärke, Betonung und Pausentechnik sowie Gestik, Mimik und Haltung geübt.

Gliederungsmöglichkeiten

Reden können je nach Ziel, Publikum oder Anlass ganz unterschiedlich gegliedert sein.

Gliederungsmöglichkeit 1:
1. Erinnerung an die Vergangenheit (gestern)
2. Beschreibung der Gegenwart (heute)
3. Zukunft aufzeigen (morgen)

Gliederungsmöglichkeit 2:
1. Beschreibung der Gegenwart (heute)
2. Erinnerung an die Vergangenheit (gestern)
3. Zukunft aufzeigen (morgen)

Gliederungsmöglichkeit 3:
1. Ist-Zustand aufzeigen
2. Soll-Zustand aufzeigen
3. Weg vom Ist- zum Soll-Zustand darlegen

Gliederungsmöglichkeit 4:
1. Darlegung des Sachverhalts
2. Beweisführung/Argumentation mit Beispielen

Besonders der Beginn einer Rede entscheidet häufig über deren Erfolg. Es geht darum, die Aufmerksamkeit und das Wohlwollen des Publikums zu sichern.

Beispiele: Publikum um Aufmerksamkeit bitten, Begrüßung der Zuhörer/-innen, aktuellen Anlass erwähnen, auf Vorredner Bezug nehmen, ein Zitat anbringen, eine Frage stellen

Der Schluss der Rede bringt den Inhalt der Rede nochmals prägnant auf den Punkt. Auf Schlussfloskeln wie „Ich danke für Ihre geschätzte Aufmerksamkeit“ sollte verzichtet werden.

Damit eine Rede das Publikum überzeugt und anspricht, sollten zudem rhetorische Mittel genutzt werden (➪ Basiswissen, Kapitel 6.4, S. 128 f. und Basiswissen, Kapitel 15.3, S. 258).

Wie man eine Rede analysiert, können Sie im Kapitel 20.1 „Reden analysieren“ nachlesen (➪ S. 326 ff.).

Einen Stichwortzettel für eine Rede erstellen

Reden können auf verschiedene Weise vorgetragen werden: Das Ablesen einer vollständig ausgearbeiteten Rede (vorbereitete Rede) bringt die Nachteile mit sich, dass wenig Blickkontakt zum Publikum möglich ist, der Redner steif und unnatürlich wirkt und keine spontanen Reaktionen möglich sind. Die völlig frei gehaltene Rede (Stegreifrede) birgt den Nachteil, dass der Redner sich verzettelt, die Rede unstrukturiert und unverständlich wird oder wesentliche Punkte nicht erwähnt werden. Die Verwendung eines Stichwortzettels ist daher eine geeignete Methode, eine Rede gut strukturiert und dennoch weitgehend frei zu halten.

Der bekannte deutsche Humorist Loriot hat in der Rolle eines Vampirs mithilfe des folgenden Stichwortzettels eine Rede gehalten:

VAMPYRE

└→ Minderheit in der Gesellschaft

└→ Leiden Not
in Vergessenheit geraten

?Was wird für Vampyre getan?

└→ Nichts

└→ Verfolgung
Behinderung
Ablehnung

Grund
Benötigt 2 bis 3 Liter Blut
täglich = Überlebensration

Folgen heute
Viele sind **depressiv + geschwächt**
└ Ernährungsschäden
Jugendliche Vampyre betroffen
2000 bettlägerig

Maßnahmen
Spenden
Sachspenden - Blut - Särge - Decken
Geldspenden
└ Konto: Baden Baden 22648

1 ***Halten Sie mithilfe des Stichwortzettels eine Rede zum Thema „Vampire in unserer Stadt". Achten Sie dabei auch auf angemessene Sprache und Körpersprache.***

2 ***Analysieren Sie den Stichwortzettel.***

a) Listen Sie die Themen auf, die Loriot in seiner Rede aufgreift.
b) Bewerten Sie die Struktur und die Übersichtlichkeit des Stichwortzettels.
c) Beurteilen Sie, ob und inwieweit Ihnen der Stichwortzettel bei Ihrer Stegreifrede von Nutzen war.

Loriot: Rede des Vampyrs

Meine Damen und Herren!
Haben Sie sich schon einmal Gedanken darüber gemacht, dass es in unserem Wohlstandsstaat eine Not leidende Bevölkerungsgruppe gibt, an der sogar die Reformpläne einer sozialistischen Regierung vorübergegangen sind?

Einen Stichwortzettel für eine Rede erstellen

Der Vampyr gehört in der Bundesrepublik zu einer Minderheit. Als Wähler ist er somit uninteressant. Noch vor wenigen Jahren in aller Munde, ist er heute nahezu in Vergessenheit geraten. Was wird für alternde oder unverschuldet in Not geratene Vampyre getan? Nichts! Im Gegenteil: Wir werden unter Missachtung des Grundgesetzes in der freien Ausübung unserer Lebensgewohnheiten vorsätzlich behindert. Es sind Fälle bekannt, in denen unbescholtene Vampyre öffentlicher Verfolgung ausgesetzt wurden, weil sie nächtlichen Straßenpassanten, in netter Form, Blut entnommen hatten. Ein gesunder Vampyr benötigt pro Nacht ein bis zwei Liter frisches Damen- oder Herrenblut. Dafür verzichtet er aber auch auf Teigwaren, Obst, Käse und Gemüse.

Durch die ablehnende Haltung der Bevölkerung greifen schwere Depressionen und Ernährungsschäden gerade unter jugendlichen Vampyren in erschreckendem Maße um sich. Allein in Rheinland-Pfalz waren im Jahre 1970 mehr als 2000 Vampyre zwei- bis dreihundert Jahre bettlägerig.

Was ist das für ein Staat, der in jedem Jahr Milliarden für die Rüstung ausgibt und keinen Tropfen Blut für seine Vampyre übrig hat? Da stimmt doch was nicht!

Es ist kurz vor 12. Wir wenden uns an die Öffentlichkeit. Wer spendet Blut, Särge, warme Decken und Zahnersatz? Wer nimmt junge Vampyre in den Ferien auf? Wer schnell hilft, hilft doppelt. Geldspenden erbeten auf Postscheckkonto Baden-Baden 22648.

3 *Vergleichen Sie die von Loriot gehaltene Rede mit dem Stichwortzettel. Untersuchen Sie, welche Aspekte auf dem Stichwortzettel in die Rede übernommen wurden.*

Loriot: Sollen Hunde fernsehen?

Es häufen sich die Fälle, in denen Hunde nach mehrstündigem abendlichem Fernsehen schlecht einschlafen, schwer träumen oder tagelang stottern. Hier liegen zweifellos ernst zu nehmende seelische Störungen vor, an denen man nicht achtlos vorübergehen darf.

Die Programme der Fernsehanstalten sind in der Regel besser geeignet für mittelgroße, langhaarige Hunde als für kleine, kurzhaarige. Dicke Hunde wiederum neigen erfahrungsgemäß zu politischen und allgemeinbildenden Beiträgen, während dünne sich mehr von Unterhaltungssendungen angesprochen fühlen. […]

Abzuraten ist ferner von der Anschaffung eines Zweitgerätes für den Hundeplatz. Das Tier vereinsamt und spricht im Schlaf. Auch politische Sendungen sind oft ungeeignet. Ein Düsseldorfer Bernhardiner litt nach der Übertragung einer Bundestagssitzung zwei Wochen unter Schwindel und Schluckauf.

Zusammenfassend kann gesagt werden: Kleine dicke oder große lange Hunde und kleine dünne, langhaarige oder dicke, kurzhaarige sollten nicht nach 21 Uhr, langohrige dicke, kurzohrige dünne und Hunde zwischen zwei und acht Jahren nur unter ärztlicher Aufsicht fernsehen.

4 *Entwerfen Sie mithilfe der Arbeitstechnik (→ S. 344) einen Stichwortzettel zur Rede „Sollen Hunde fernsehen?“*

Einen Stichwortzettel für eine Rede erstellen

Arbeitstechnik | **Einen Stichwortzettel erstellen**

Um einen Stichwortzettel zu erstellen, können Sie sich auf folgende Ratschläge stützen:

- Postkartengroße Karten benutzen, keine A4-Blätter
- Keine strahlend weißen Karten benutzen, pastellfarbene fallen weniger auf.
- Wörter und Zeichnungen selbst schreiben und zeichnen
- Große Schrift, große Zeichen verwenden. Tipp: Filzstift benutzen
- Übersichtliche Darstellung/Farben nutzen
- Karten nummerieren, nur einseitig beschriften
- Konkrete bildhafte Beispiele dürfen nicht fehlen.
- Den Auftritt mit den Kärtchen üben. Nie auswendig lernen. Jede Formulierung ist eine „Erstgeburt“ – Denken/Sprechen/Denken ...

(Nach: www.knill.com)

Fazit

- sich mit einer Rede inhaltlich auseinandersetzen
- sprachliche Mittel untersuchen
- rhetorische Strategien untersuchen
- den Einfluss der Zielgruppe auf die Sprache untersuchen
- eine Redeanalyse beurteilen

- Redesituation bestimmen
- Argumentationsgang ermitteln
- Strategien der Beeinflussung herausarbeiten
- Intentionen des Redners erläutern
- Rede beurteilen

- Grundelemente der Rhetorik
- eine Rede vorbereiten und halten
- einen Stichwortzettel erstellen

Kapitel 21

Romananfänge interpretieren

21.1 Der Romananfang als Exposition

21.2 Erzähltechniken untersuchen

21.3 Probleme und Methoden der Hermeneutik

21.4 Die Interpretation schreiben

Es sich gemütlich machen, das Cover betrachten und dann die erste Seite aufschlagen. Gespannt sein auf den ersten Satz: Was für eine Erzählwelt tut sich auf? Wie lädt mich der Autor ein? Wer erzählt? Finde ich mich und meine Probleme wieder in einer Figur? Oder werde ich in eine ferne, fremde Welt entführt, die mir Neues bietet, nie Gedachtes, nie Gefühltes?

In diesem Kapitel werden Sie eingeladen, die ersten Sätze eines Romans auf sich wirken zu lassen und die Wirkung zu reflektieren: Wie erreicht ein Autor, dass Leser weiterlesen möchten, dass ihre Neugierde geweckt wird? Wie werden Lesererwartungen aufgebaut? Aus welcher Sicht wird die Handlung entfaltet? Wie wird in Zeit und Raum des Geschehens eingeführt? Außerdem werfen Sie einen Blick auf den Prozess des Verstehens: Was erschwert oder erleichtert das Textverständnis?

Um diese Fragen beantworten zu können, lernen Sie Gesichtspunkte kennen, anhand derer sich Prosatexte untersuchen lassen, und interpretieren am Ende einen Romananfang.

Was Sie bereits wissen

- ✔ Zur Analyse und Interpretation eines literarischen Textes gehört eine kurze Inhaltsangabe.
- ✔ Literarische Texte zu interpretieren heißt zum Beispiel, Figuren zu charakterisieren, Erzählperspektiven und Darbietungsformen des Erzählens zu beschreiben und in ihrer Funktion zu deuten.

Der Romananfang als Exposition

Einführung in die fiktive Romanwelt

Wenn man Romananfänge analysiert und interpretiert, geht es zunächst um die Frage, wie es dem Autor gelingt, die Leser in die Welt der Fiktion einzuführen. Und vor allem: Wie weckt er die Bereitschaft, ja vielleicht sogar die unbändige Lust, weiterzulesen und sich auf die fiktive Welt des Romans einzulassen?

Thomas Mann: Doktor Faustus

Mit aller Bestimmtheit will ich versichern, dass es keineswegs aus dem Wunsche geschieht, meine Person in den Vordergrund zu schieben, wenn ich diesen Mitteilungen über das Leben des verewigten Adrian Leverkühn, dieser ersten und gewiss sehr vorläufigen Biografie des teuren, vom Schicksal so furchtbar heimgesuchten, erhobenen und gestürzten Mannes und genialen Musikers, einige Worte über mich selbst und meine Bewandtnisse vorausschicke. Einzig die Annahme bestimmt mich dazu, dass der Leser – ich sage besser: der zukünftige Leser; denn für den Augenblick besteht ja noch nicht die geringste Aussicht, dass meine Schrift das Licht der Öffentlichkeit erblicken könnte, – es sei denn, dass sie durch ein Wunder unsere umdrohte Festung Europa zu verlassen und denen draußen einen Hauch von den Geheimnissen unserer Einsamkeit zu bringen vermöchte; – ich bitte wieder ansetzen zu dürfen: nur weil ich damit rechne, dass man wünschen wird, über das Wer und Was des Schreibenden unterrichtet zu sein, schicke ich diesen Eröffnungen einige wenige Notizen über mein eigenes Individuum voraus, – nicht ohne die Gewärtigung freilich, gerade dadurch dem Leser Zweifel zu erwecken, ob er sich auch in den richtigen Händen befindet, will sagen: ob ich meiner ganzen Existenz nach der richtige Mann für eine Aufgabe bin, zu der vielleicht mehr das Herz als irgendwelche berechtigende Wesensverwandtschaft mich zieht. […]

1 *Untersuchen Sie den Romananfang.*

a) Nennen Sie Aussagen, die der Erzähler über sich selbst macht.
b) Erläutern Sie, wie es ihm gelingt, Interesse an der Biografie zu wecken.
c) Beschreiben Sie, wie der Erzähler sein Verhältnis zum Leser sieht.

Günter Grass: Die Blechtrommel

Zugegeben: ich bin Insasse einer Heil- und Pflegeanstalt, mein Pfleger beobachtet mich, läßt mich kaum aus dem Auge; denn in der Tür ist ein Guckloch, und meines Pflegers Auge ist von jenem Braun, welches mich, den blauäugigen, nicht durchschauen kann.
Mein Pfleger kann also gar nicht mein Feind sein. Liebgewonnen habe ich ihn, erzähle dem Gucker hinter der Tür, sobald er mein Zimmer betritt, Begebenheiten aus meinem Leben, damit er mich trotz des ihn hindernden Guckloches kennenlernt. Der Gute scheint meine Erzählungen zu schätzen, denn sobald ich ihm etwas vorgelogen habe, zeigt er mir, um sich erkenntlich zu geben, sein neuestes Knotengebilde. […]
Man kann eine Geschichte in der Mitte beginnen und vorwärts wie rückwärts kühn ausschreitend Verwirrung anstiften. Man kann sich modern geben, alle Zeiten, Entfernungen wegstreichen und hinterher verkünden oder verkünden lassen, man habe endlich und in letzter Stunde das Raum-Zeit-Problem gelöst. Man kann auch ganz zu Anfang behaupten, es sei

Einführung in die fiktive Romanwelt

heutzutage unmöglich, einen Roman zu schreiben, dann aber, sozusagen hinter dem eigenen Rücken, einen kräftigen Knüller hinlegen, um schließlich als letztmöglicher Romanschreiber dazustehn. Auch habe ich mir sagen lassen, daß es sich gut und bescheiden ausnimmt, wenn man anfangs beteuert: Es gibt keine Romanhelden mehr, weil es keine Individualisten mehr gibt, weil die Individualität verlorengegangen, weil der Mensch einsam, jeder Mensch gleich einsam, ohne Recht auf individuelle Einsamkeit ist und eine namen- und heldenlos einsame Masse bildet. Das mag alles so sein und seine Richtigkeit haben. Für mich, Oskar, und meinen Pfleger Bruno möchte ich jedoch feststellen: Wir beide sind Helden, ganz verschiedene Helden, er hinter dem Guckloch, ich vor dem Guckloch; und wenn er die Tür aufmacht, sind wir beide, bei aller Freundschaft und Einsamkeit, noch immer keine namen- und heldenlose Masse.

Ich beginne weit vor mir; denn niemand sollte sein Leben beschreiben, der nicht die Geduld aufbringt, vor dem Datieren der eigenen Existenz wenigstens der Hälfte seiner Großeltern zu gedenken. Ihnen allen, die Sie außerhalb meiner Heil- und Pflegeanstalt ein verworrenes Leben führen müssen, Euch Freunden und allwöchentlichen Besuchern, die Ihr von meinem Papiervorrat nichts ahnt, stelle ich Oskars Großmutter mütterlicherseits vor. […] R

2 ***Untersuchen Sie den Romananfang anhand folgender Fragestellungen und nutzen Sie dazu das Basiswissen.***

a) Wie führt sich der Erzähler innerhalb der Romanwelt ein?

b) Welche Varianten des Erzählens führt er an?

c) Wie wirkt sich die Erzählperspektive auf die Darstellung des Geschehens aus?

Basiswissen — Die Rolle des Erzählers

Der Erzähler, den ein Autor einsetzt, kann unterschiedliche Rollen einnehmen. Er kann als scheinbar objektiver Berichterstatter (Chronist) auftreten oder als Figur der erzählten Welt.

Der **auktoriale Erzähler** steht außerhalb des Geschehens. Er weiß immer mehr als die Figuren und kennt ihre Gedanken. Aus diesem Grund heißt er auch „allwissender Erzähler". Mit der **personalen Erzählperspektive** wird das Geschehen aus dem Blickwinkel einer Figur mitgeteilt. Das Mitgeteilte ist auf deren Erfahrungs- und Bewusstseinshorizont beschränkt. Dieser eingeschränkte Blickwinkel wird auch bei der **Ich-Erzählperspektive** beibehalten. Der Erzähler ist die Figur, die das Geschehen unmittelbar erlebt und in der Ich-Form übermittelt.

Die jeweilige Rolle des Erzählers prägt das Verhältnis zu seinem Stoff. Darum ist es für die Interpretation eines Romananfangs wichtig, diese näher zu bestimmen.

3 ***Arbeiten Sie im Gespräch miteinander heraus, welche Informationen für die Einführung in die Romanwelt wichtig sind, und sichern Sie Ihre Ergebnisse in einer Mindmap.***

Einführung in die fiktive Romanwelt

Patrick Süskind: Das Parfum

Im achtzehnten Jahrhundert lebte in Frankreich ein Mann, der zu den genialsten und abscheulichsten Gestalten dieser an genialen und abscheulichen Gestalten nicht armen Epoche gehörte. Seine Geschichte soll hier erzählt werden. Er hieß Jean-Baptiste Grenouille, und wenn sein Name im Gegensatz zu den Namen anderer genialer Scheusale, wie etwa de Sades, Saint-Justs, Fouches, Bonapartes usw., heute in Vergessenheit geraten ist, so sicher nicht deshalb, weil Grenouille diesen berühmteren Finstermännern an Selbstüberhebung, Menschenverachtung, Immoralität, kurz an Gottlosigkeit nachgestanden hätte, sondern weil sich sein Genie und sein einziger Ehrgeiz auf ein Gebiet beschränkte, welches in der Geschichte keine Spuren hinterläßt: auf das flüchtige Reich der Gerüche. Zu der Zeit, von der wir reden, herrschte in den Städten ein für uns moderne Menschen kaum vorstellbarer Gestank. Es stanken die Straßen nach Mist, es stanken die Hinterhöfe nach Urin, es stanken die Treppenhäuser nach fauligem Holz und nach Rattendreck, die Küchen nach verdorbenem Kohl und Hammelfett; die ungelüfteten Stuben stanken nach muffigem Staub, die Schlafzimmer nach fettigen Laken, nach feuchten Federbetten und nach dem stechend süßen Duft der Nachttöpfe. Aus den Kaminen stank der Schwefel, aus den Gerbereien stanken die ätzenden Laugen, aus den Schlachthöfen stank das geronnene Blut. [...] R

Wolfgang Koeppen: Tauben im Gras

Flieger waren über der Stadt, unheilkündende Vögel. Der Lärm der Motoren war Donner, war Hagel, war Sturm. Sturm, Hagel und Donner, täglich und nächtlich, Anflug und Abflug, Übungen des Todes, ein hohles Getöse, ein Beben, ein Erinnern in den Ruinen. Noch waren die Bombenschächte der Flugzeuge leer. Die Auguren lächelten. Niemand blickte zum Himmel auf. Öl aus den Adern der Erde, Steinöl, Quallenblut, Fett der Saurier, Panzer der Echsen, das Grün der Farnwälder, die Riesenschachtelhalme, versunkene Natur, Zeit vor dem Menschen, vergrabenes Erbe, von Zwergen bewacht, geizig, zauberkundig und böse, die Sagen, die Märchen, der Teufelsschatz: er wurde ans Licht geholt, er wurde dienstbar gemacht.

Was schrieben die Zeitungen? Krieg um Öl, Verschärfung im Konflikt, der Volkswille, das Öl den Eingeborenen, die Flotte ohne Öl, Anschlag auf die Pipeline, Truppen schützen Bohrtürme, Schah heiratet, Intrigen um den Pfauenthron, die Russen im Hintergrund, Flugzeugträger im Persischen Golf. Das Öl hielt die Flieger am Himmel, es hielt die Presse in Atem, es ängstigte die Menschen und trieb mit schwächeren Detonationen die leichten Motorräder der Zeitungsfahrer. Mit klammen Händen, mißmutig, fluchend, windgeschüttelt, regennaß, bierdumpf, tabakverbeizt, unausgeschlafen, alpgequält, auf der Haut noch den Hauch des Nachtgenossen, des Lebensgefährten, Reißen in der Schulter, Rheuma im Knie, empfingen die Händler die druckfrische Ware.

Das Frühjahr war kalt. Das Neueste wärmte nicht. Spannung, Konflikt, man lebte im Spannungsfeld, östliche Welt, westliche Welt, man lebte an der Nahtstelle, vielleicht an der Bruchstelle, die Zeit war kostbar, sie war eine Atempause auf dem Schlachtfeld, und man hatte noch nicht richtig Atem geholt, wieder wurde gerüstet, die Rüstung verteuerte das Leben, die Rüstung schränkte die Freude ein, hier und dort horteten sie Pulver, den Erdball in die Luft

Einführung in die fiktive Romanwelt

zu sprengen, Atomversuche in Neu-Mexiko, Atomfabriken im Ural, sie bohrten Sprengkammern in das notdürftig geflickte Gemäuer der Brücken, sie redeten von Aufbau und bereiteten den Abbruch vor, sie ließen weiter zerbrechen, was schon angebrochen war: Deutschland war in zwei Teile gebrochen. Das Zeitungspapier roch nach heißgelaufenen Maschinen, nach Unglücksbotschaften, gewaltsamem Tod, falschen Urteilen, zynischen Bankrotten, nach Lüge, Ketten und Schmutz. […] R

4 ***Untersuchen Sie die beiden Romananfänge hinsichtlich der Gestaltung von Zeit und Raum. Nutzen Sie dazu das Basiswissen.***

a) Arbeiten Sie die zeitgeschichtlichen Informationen heraus.

b) Beschreiben Sie die dargestellten Schauplätze.

c) Analysieren Sie die Atmosphäre und erläutern Sie, wie diese sprachlich entfaltet wird.

Basiswissen – Zeit und Raum in der Exposition

Ähnlich wie beim Drama geht es auch beim Roman darum, den Leser in die **fiktive Welt** einzuführen, ihm Informationen zu vermitteln, die nötig sind, um den Romanstoff zu verstehen. Dazu gehört es, die Zeit und den Raum der Handlung aufzuspannen.

Die **Zeit**, in der das Geschehen stattfindet, kann unter verschiedenen Gesichtspunkten betrachtet werden. Spielt der Roman in einer Zeit, die dem Leser nicht unmittelbar vertraut ist, muss das zeitgeschichtliche Kolorit verdichtet sein, um das Eintauchen in die Romanwelt zu ermöglichen. Der Aspekt Zeit kann aber auch im Hinblick auf die Lebensphase der Protagonisten von Bedeutung sein.

Auch der dargestellte **Raum** – ob geografischer Raum oder Fantasieraum, Lebensraum oder Stimmungsraum – entfaltet die Umstände und die Atmosphäre des Erzählten. Der Ort des Geschehens kann Inhalte und Probleme des Erzählten auch symbolisch verdeutlichen.

5 ***Untersuchen Sie den Anfang des Romans „Tauben im Gras“ im Hinblick auf Anhaltspunkte, die als Hinweise auf das Thema gedeutet werden können. Nutzen Sie dazu das Basiswissen.***

Basiswissen – Themen und Motive in der Exposition

Innerhalb der literarischen Gattung **Roman** sind die Formen und Themen äußerst vielfältig. Als breit angelegte Erzählform zeigt der Roman meist einen oder mehrere Protagonisten in Auseinandersetzung mit dem gesellschaftlichen Umfeld.

Der Romananfang kann bereits wichtige **Motive** oder **Konflikte** in den Figurenkonstellationen andeuten und so Hinweise auf das **Thema** des Romans geben. Motive und Konflikte können durch Bilder, Vergleiche oder Metaphern verdeutlicht werden (➪ Kapitel 6.2, S. 116).

Erzähltechniken untersuchen

Formen retrospektiven Erzählens

Ein Erzähler kann die Ereignisse aus großer zeitlicher Distanz schildern oder nah am Geschehen sein; entsprechend ist dann sein Blickwinkel und damit auch der des Lesers.

Peter Stamm: Agnes

Agnes ist tot. Eine Geschichte hat sie getötet. Nichts ist mir von ihr geblieben als diese Geschichte. Sie beginnt an jenem Tag vor neun Monaten, als wir uns in der Chicago Public Library zum ersten Mal trafen. Es war kalt, als wir uns kennenlernten. Kalt wie fast immer in dieser Stadt. Aber jetzt ist es kälter, und es schneit. Über den Michigansee kommt der Schnee und kommt der böige Wind, der selbst durch das Isolierglas der großen Fenster noch zu hören ist. Es schneit, aber der Schnee setzt sich nicht, er wird weitergetrieben und bleibt nur liegen, wo der Wind nicht hingelangt.

Ich habe das Licht gelöscht und schaue hinaus auf die beleuchteten Spitzen der Wolkenkratzer, auf die amerikanische Flagge, die der Wind irgendwo im Licht eines Scheinwerfers hin und her schlägt, und weit hinunter auf die leeren Plätze, wo selbst jetzt, mitten in der Nacht, die Ampeln von Grün zu Rot und von Rot zu Grün wechseln, als sei nichts geschehen, als geschehe nichts. Hier habe ich mit Agnes gewohnt, in dieser Wohnung, für kurze Zeit. Wir waren hier zu Hause, aber jetzt, wo Agnes gegangen ist, ist mir die Wohnung fremd und unerträglich geworden. Nur ein Zentimeter Glas trennt mich von Agnes, nur ein Schritt. Aber die Fenster lassen sich nicht öffnen. […]

Agnes mochte den Verkäufer nicht, sie wusste nicht weshalb. Er mache ihr Angst, sagte sie nur und lachte mit, wenn ich sie auslachte. Er machte ihr Angst wie die Fenster, die man nicht öffnen kann, wie das nächtliche Summen der Klimaanlage, wie die Fensterputzer, die eines Nachmittags in einer Gondel vor unserem Schlafzimmerfenster schwebten. Sie mochte die Wohnung nicht, nicht das Haus, überhaupt die ganze Innenstadt nicht. Am Anfang lachten wir darüber, dann sprach sie nicht mehr davon. Aber ich merkte, dass die Angst noch immer da war, dass sie gewachsen und nun so groß war, dass Agnes nicht mehr darüber sprechen konnte. Sie klammerte sich stattdessen immer enger an mich, je mehr sie sich fürchtete. Ausgerechnet an mich. […]

1 ***Analysieren Sie den Romananfang mithilfe des Basiswissens.***

a) Weisen Sie am Text nach, dass es sich um einen retrospektiv angelegten Romanbeginn handelt.

b) Beschreiben Sie die Wirkung der Sätze: „*Agnes ist tot. Eine Geschichte hat sie getötet.*“

c) Erläutern Sie, wie das Interesse des Lesers für den Roman geweckt werden soll.

2 ***Untersuchen Sie die Romananfänge von „Die Blechtrommel“ und „Das Parfum“ (*** ***S. 347 und 348*** ***) hinsichtlich der Form der Retrospektive. Wie bestimmt sie die Wahrnehmung des Geschehens?***

Basiswissen – Retrospektives Erzählen

Wird eine Geschichte rückwirkend geschildert, spricht man von **retrospektivem Erzählen.** Neben der Perspektive, die der Erzähler einnimmt (Basiswissen, S. 347), bestimmt auch die Anlage der Retrospektive die Sicht des Lesers auf das Geschehen. So kann der Erzähler die Ereignisse aus **großer zeitlicher Distanz** im breit angelegten Rückblick darstellen oder aus **zeitlicher Nähe** – im entsprechend eng geführten Rückblick.

Zeitgestaltung im epischen Text

Häufig entscheiden die ersten Seiten eines Romans darüber, ob er weitergelesen oder wieder aus der Hand gelegt wird. Insbesondere beim retrospektiven Erzählen kann der Autor durch die Gestaltung der Zeitstruktur Spannung erzeugen, um so die Leser an den Romanstoff zu fesseln.

Juli Zeh: Spieltrieb

Exordium[1]*. Wenn das alles ein Spiel ist, sind wir verloren.*

Was, wenn die Urenkel der Nihilisten längst ausgezogen wären aus dem staubigen Devotionalienladen, den wir unsere Weltanschauung nennen? Wenn sie die halb leergeräumten Lagerhallen der Wertigkeiten und Wichtigkeiten, des Nützlichen und Notwendigen, Echten und Rechten verlassen hätten, um auf Wildwechseln in den Dschungel zurückzukehren, dorthin, wo wir sie nicht mehr sehen, geschweige denn erreichen können? Was, wenn ihnen Bibel, Grundgesetz und Strafrecht nie mehr gegolten hätten als Anleitung und Regelbuch zu einem Gesellschaftsspiel? Wenn sie Politik, Liebe und Ökonomie als Wettkampf begriffen? Wenn „das Gute“ für sie maximierte Effizienz bei minimiertem Verlustrisiko wäre, „das Schlechte“ hingegen nichts als ein suboptimales Resultat? Wenn wir ihre Gründe nicht mehr verstünden, weil es keine gibt?

Woher nähmen wir dann noch das Recht zu beurteilen, zu verurteilen, und vor allem – wen? Den Verlierer des Spiels – oder den Sieger? Der Richter müsste zum Schiedsrichter werden. Mit jedem Versuch, Erlerntes anzuwenden und Recht in Gerechtigkeit zu übersetzen, würde er sich der letztverbliebenen Todsünde schuldig machen: der Heuchelei.

Alles das habe ich in die Entscheidungsgründe eines Urteils geschrieben. Es wurde der Geschäftsstelle übergeben, es wurde den Parteien förmlich zugestellt. Ich kann die Gerichtsferien nutzen, um meine Gedanken zu ordnen. Ich kann den Tatbestand aufschreiben, nicht in der verkürzten Form, die ein Urteil verlangt, sondern so, wie er sich wirklich zugetragen haben muss. Wenn ich mich aber entscheide, von Geschehnissen zu sprechen, an denen ich nicht beteiligt war, deren Protagonisten ich kaum kenne und über die ich nur aus beruflichen Gründen Bescheid wissen muss, komme ich um die Frage nicht herum, wer die Geschichte erzählen soll. Ein Ich, der Weltgeist, die Gerechtigkeit, das multiple „Wir“ aus fantasierendem Autor und seinen Figuren, das der Realität des Erzählens am nächsten kommt? Nichts davon gefällt mir. Es wäre unnatürlich wie die erzwungene Erwiderung auf eine Frage, die sich schlichtweg nicht beantworten lässt. Wer ist schon „Ich“? Wer „Wir“? Das Problem beschäftigt die Menschheit seit Tausenden von Jahren. [...]

Die Staatsanwaltschaft hat Rechtsmittel eingelegt. Mein Urteil wird aufsteigen zu den höheren Instanzen. Dieser Fall sollte es bis nach Karlsruhe schaffen. Er enthält die Aufforderung, das Versagen des Rechts offiziell zur Kenntnis zu nehmen, weil die Würde des Menschen es verlangt. Über dem Bundesverfassungsgericht, sagen wir Juristen, sei nur noch der blaue Himmel. Der blaue Himmel ist zum farbigen Pappdeckel einer Spielesammlung geworden. Wenn das alles ein Spiel ist, sind wir verloren. Wenn nicht – erst recht. [...]

1 Exordium: Einleitung einer Rede (Rhetorik)

3 *Analysieren Sie, welche Informationen zum weiteren Handlungsverlauf der Ich-Erzähler am Anfang des Romans bereits weitergibt.*

4 *Beschreiben Sie den angedeuteten Spannungsbogen.*

Zeitgestaltung im epischen Text

Bernhard Schlink: Der Vorleser

Als ich fünfzehn war, hatte ich Gelbsucht. Die Krankheit begann im Herbst und endete im Frühjahr. Je kälter und dunkler das alte Jahr wurde, desto schwächer wurde ich. Erst mit dem neuen Jahr ging es aufwärts. Der Januar war warm, und meine Mutter richtete mir das Bett auf dem Balkon. Ich sah den Himmel, die Sonne, die Wolken und hörte die Kinder im Hof spielen. Eines frühen Abends im Februar hörte ich eine Amsel singen.

Mein erster Weg führte mich von der Blumenstraße [...] in die Bahnhofstraße. Dort hatte ich mich an einem Montag im Oktober auf dem Weg von der Schule nach Hause übergeben. Schon seit Tagen war ich schwach gewesen, so schwach wie noch nie in meinem Leben. Jeder Schritt kostete mich Kraft. Wenn ich zu Hause oder in der Schule Treppen stieg, trugen mich meine Beine kaum. Ich mochte auch nicht essen. Selbst wenn ich mich hungrig an den Tisch setzte, stellte sich bald Widerwillen ein. Morgens wachte ich mit trockenem Mund und dem Gefühl auf, meine Organe lägen schwer und falsch in meinem Leib. Ich schämte mich, so schwach zu sein. Ich schämte mich besonders, als ich mich übergab. Auch das war mir noch nie in meinem Leben passiert. Mein Mund füllte sich, ich versuchte, es hinunterzuschlucken, presste die Lippen aufeinander, die Hand vor den Mund, aber es brach aus dem Mund und durch die Finger. Dann stützte ich mich an die Hauswand, sah auf das Erbrochene zu meinen Füßen und würgte hellen Schleim. Die Frau, die sich meiner annahm, tat es fast grob. [...]

Sie fragte mich, wo ich wohnte, stellte die Eimer in den Gang und brachte mich nach Hause. Sie lief neben mir, in der einen Hand meine Schultasche und die andere an meinem Arm. Es ist nicht weit von der Bahnhofstraße in die Blumenstraße. Sie ging schnell und mit einer Entschlossenheit, die es mir leicht machte, Schritt zu halten. Vor unserem Haus verabschiedete sie sich. Am selben Tag holte meine Mutter den Arzt, der Gelbsucht diagnostizierte. Irgendwann erzählte ich meiner Mutter von der Frau. Ich glaube nicht, dass ich sie sonst besucht hätte. Aber für meine Mutter war selbstverständlich, dass ich, sobald ich könnte, von meinem Taschengeld einen Blumenstrauß kaufen, mich vorstellen und bedanken würde. So ging ich Ende Februar in die Bahnhofstraße. [...]

5 *Beschreiben Sie die Zeitgestaltung des Romananfangs mithilfe des Basiswissens.*

6 *Untersuchen Sie, welche Funktion und Wirkung die gewählte Form der Zeitgestaltung hat.*

Basiswissen | Zeitgestaltung

Der Erzähler kann der **Chronologie** des Geschehens folgen, er kann aber auch **Vorausdeutungen** und **Rückblenden** einsetzen und so Vergangenes und Zukünftiges verknüpfen. Beim Romananfang dienen Abweichungen von der Chronologie häufig dazu, Spannung zu erzeugen. Darüber hinaus können **Einschübe in den linearen Verlauf** der Handlung zeigen, wie geschilderte Zustände und Erfahrungen entstanden sind, und so Hintergründe verstehbar machen.

Gestalten kann der Erzähler auch das Verhältnis von **Erzählzeit** (Dauer, in der die Geschichte erzählt bzw. gelesen wird) und **erzählter Zeit** (Zeitraum zwischen Anfang und Ende des Erzählgeschehens). Ist die erzählte Zeit deutlich länger als die Erzählzeit (z. B. bei zusammenfassender Schilderung oder Zeitsprüngen), spricht man von **zeitraffendem** Erzählen. Bei ausführlichen Dialogen handelt es sich eher um **zeitdeckendes** Erzählen. Wirkt die Erzählzeit länger als die erzählte Zeit, spricht man von **zeitdehnendem** Erzählen (z. B. bei Wiedergabe von Gedanken).

Probleme und Methoden der Hermeneutik

Störungen des Erzähler-Leser-Verhältnisses

War der Erzähler früher in die fiktive Welt des Romans gesetzt, um dem Leser diese Welt zu vermitteln, um ihn zu unterhalten, zu belehren oder gar zu erziehen, ist er im modernen Roman mitunter ein höchst fragwürdiges, dubioses und Misstrauen weckendes Subjekt, dessen Ziel es sein kann, den Leser zu verwirren und in die Irre zu führen.

Franz Kafka: Der Prozess

Verhaftung

Jemand musste Josef K. verleumdet haben, denn ohne dass er etwas Böses getan hätte, wurde er eines Morgens verhaftet. Die Köchin der Frau Grubach, seiner Zimmervermieterin, die ihm jeden Tag gegen acht Uhr früh das Frühstück brachte, kam diesmal nicht. Das war noch niemals geschehen. K. wartete noch ein Weilchen, sah von seinem Kopfkissen aus die alte Frau, die ihm gegenüber wohnte und die ihn mit einer an ihr ganz ungewöhnlichen Neugierde beobachtete, dann aber, gleichzeitig befremdet und hungrig, läutete er. Sofort klopfte es und ein Mann, den er in dieser Wohnung noch niemals gesehen hatte, trat ein. Er war schlank und doch fest gebaut, er trug ein anliegendes schwarzes Kleid, das, ähnlich den Reiseanzügen, mit verschiedenen Falten, Taschen, Schnallen, Knöpfen und einem Gürtel versehen war und infolgedessen, ohne dass man sich darüber klar wurde, wozu es dienen sollte, besonders praktisch erschien. „Wer sind Sie?“, fragte K. und saß gleich halb aufrecht im Bett. Der Mann aber ging über die Frage hinweg, als müsse man seine Erscheinung hinnehmen, und sagte bloß seinerseits: „Sie haben geläutet?“ „Anna soll mir das Frühstück bringen“, sagte K. und versuchte, zunächst stillschweigend, durch Aufmerksamkeit und Überlegung festzustellen, wer der Mann eigentlich war. Aber dieser setzte sich nicht allzulange seinen Blicken aus, sondern wandte sich zur Tür, die er ein wenig öffnete, um jemandem, der offenbar knapp hinter der Tür stand, zu sagen: „Er will, dass Anna ihm das Frühstück bringt.“ Ein kleines Gelächter im Nebenzimmer folgte, es war nach dem Klang nicht sicher, ob nicht mehrere Personen daran beteiligt waren. Obwohl der fremde Mann dadurch nichts erfahren haben konnte, was er nicht schon früher gewusst hätte, sagte er nun doch zu K. im Tone einer Meldung: „Es ist unmöglich.“ „Das wäre neu“, sagte K., sprang aus dem Bett und zog rasch seine Hosen an. „Ich will doch sehen, was für Leute im Nebenzimmer sind und wie Frau Grubach diese Störung mir gegenüber verantworten wird.“ Es fiel ihm zwar gleich ein, dass er das nicht hätte laut sagen müssen und dass er dadurch gewissermaßen ein Beaufsichtigungsrecht des Fremden anerkannte, aber es schien ihm jetzt nicht wichtig. Immerhin fasste es der Fremde so auf, denn er sagte: „Wollen Sie nicht lieber hierbleiben?“ „Ich will weder hierbleiben, noch von Ihnen angesprochen werden, solange Sie sich mir nicht vorstellen.“ „Es war gut gemeint“, sagte der Fremde und öffnete nun freiwillig die Tür. Im Nebenzimmer, in das K. langsamer eintrat, als er wollte, sah es auf den ersten Blick fast genauso aus wie am Abend vorher. Es war das Wohnzimmer der Frau Grubach, vielleicht war in diesem mit Möbeln, Decken, Porzellan und Fotografien überfüllten Zimmer heute ein wenig mehr Raum als sonst, man erkannte das nicht gleich, umso weniger, als die Hauptveränderung in der Anwesenheit eines Mannes bestand, der beim offenen Fenster mit einem Buch saß, von dem er jetzt aufblickte. „Sie hätten in Ihrem Zimmer bleiben sollen! Hat es Ihnen denn Franz nicht gesagt?“ „Ja, was wollen Sie denn?“, sagte K. und sah von der neuen Bekanntschaft zu dem mit Franz Benannten, der in der Tür stehen geblieben war, und dann wieder zurück. Durch das offene Fenster erblickte man wieder die alte Frau, die mit wahrhaft greisenhafter Neugierde zu dem jetzt gegenüberliegenden

Störungen des Erzähler-Leser-Verhältnisses

Fenster getreten war, um auch weiterhin alles zu sehen. „Ich will doch Frau Grubach –", sagte K., machte eine Bewegung, als reiße er sich von den zwei Männern los, die aber weit von ihm entfernt standen, und wollte weitergehen. „Nein", sagte der Mann beim Fenster, warf das Buch auf ein Tischchen und stand auf. „Sie dürfen nicht weggehen, Sie sind ja verhaftet." […]

1 ***Analysieren Sie den Romananfang.***

a) Notieren Sie die Fragen, die sich Ihnen beim Lesen aufdrängen.

b) Analysieren Sie, wie sich das Verhältnis zwischen K. und den Aufsehern entwickelt.

c) Untersuchen Sie, welche atmosphärische Wirkung Kafka sprachlich entfaltet.

Basiswissen – **Hermeneutische Differenz**

Der Ausdruck *hermeneutische Differenz* oder auch *Distanz* macht auf ein Grundproblem aller sprachlichen Kommunikation wie auch der reflektierten Interpretation aufmerksam: Das, was verstanden bzw. gedeutet werden soll, ist zunächst fremd, abständig, distanziert, und muss erst im Verstehens- bzw. Deutungsakt angeeignet werden.

Dabei sind graduelle Unterschiede sehr erheblich: In der eingelebten Alltagskommunikation wird die hermeneutische Differenz nicht oder nur punktuell, im Falle einer Störung bewusst. Deshalb ist, wie schon der Philosoph Schleiermacher bemerkte, bei „Wettergesprächen" in der Regel keine Hermeneutik nötig (die Differenz gleich Null). Am anderen Extrem ist keine Hermeneutik möglich, wo die Differenz unendlich wird: etwa bei einer Äußerung in einer mir völlig unbekannten Sprache. Hermeneutik findet demnach, einer berühmten Formulierung von Hans-Georg Gadamer folgend, „zwischen Fremdheit und Vertrautheit" statt: „In diesem Zwischen ist der wahre Ort der Hermeneutik."

In literaturwissenschaftlicher Sicht sind drei verschiedene Varianten oder Komponenten der hermeneutischen Differenz von besonderem Gewicht:

Zunächst die *linguistische Differenz*: Verstehen und Auslegung setzten die Zugehörigkeit zur Sprachgemeinschaft der jeweiligen Äußerung bzw. die spezifische Sprachkompetenz voraus. Deshalb ist die Übersetzung von Werken in eine andere Sprache einerseits Voraussetzung der Interpretation, aber auch selbst schon ein interpretierender Akt.

Sodann die *historische Differenz*. Sie gerät oft als erste in den Blick und bringt erhebliche Schwierigkeiten für Textverständnis und Interpretation: Jeder einmal fixierte Text altert unaufhaltsam – die historische Differenz zwischen ihm und dem (gegenwärtigen) Interpreten wächst also. Verständnisschwierigkeiten entstehen in sprachlicher Hinsicht (z. B. veraltete Wörter und Ausdrucksformen, Bedeutungsveränderungen) wie in sachlicher (z. B. erklärungsbedürftige Fakten, Namen, Zusammenhänge). Diese Erklärungen bereitzustellen ist traditionell Aufgabe des philologischen Kommentars.

Schließlich ist, besonders für die literaturwissenschaftliche Hermeneutik, auch eine *poetologisch/rhetorische Differenz* zum üblichen Sprachgebrauch relevant: die Tatsache also, dass besonders (aber nicht nur) dichterische Texte „künstliche" Ausdrucksformen, z. B. rhetorische Mittel benutzen. Deren Funktion und Bedeutungspotenzial muss erkennen, wer den Text verstehen und angemessen interpretieren will. […]

(Jochen Vogt, Auszug aus: Einladung zur Literaturwissenschaft)

2 ***Definieren Sie den Begriff „Hermeneutik", und nennen Sie die Kennzeichen der genannten drei Ebenen.***

3 ***Weisen Sie die hermeneutische Differenz am Romananfang von „Der Prozess" nach.***

Hermeneutik und werkübergreifende Interpretationsmethoden

Die werkimmanente Interpretationsmethode versucht, den Text aus sich heraus zu deuten. Werkübergreifende Interpretationsmethoden greifen auf Hintergrundwissen wie beispielsweise biografische Details oder historische Bezüge zurück. Gerade Franz Kafkas Romanfragment „Der Prozess“ ist in unterschiedlichster Form gedeutet worden.

Muster 1

Als deutscher Jude im tschechischen Prag lebte Kafka in einem dreifachen Getto: zunächst dem jüdischen, das wiederum von dem Getto der aufsässigen Slawen umgeben war. Um dieses Getto war schließlich wie ein dritter Wall die Verwaltung der altösterreichischen Beamtenschaft gezogen, die im Namen Habsburgs Prag regierte. Kafka muss geahnt haben, dass ein Bemühen, sich zu integrieren, vergeblich war. Dieses Bewusstsein spiegelt sich auch in der Prozess-Welt Josef K.s wider: Die beklemmende Isolation, der Verlust der Intim- und Privatsphäre, der sich im Einbruch der Gerichtsdiener in die Zimmer Josef K.s manifestiert, und nicht zuletzt die entwürdigende Art, mit der die Repräsentanten des Gerichts über den Verhafteten sprechen, verdichten die Gettosituation des Prager Juden Josef K.

Muster 2

Auch in der ersten Szene von „Der Prozess“ spürt der Leser die Ängste, die ihm in vielen Texten Franz Kafkas begegnen. Der Protagonist scheint in sicheren Verhältnissen zu leben; er hat eine gute Stellung, ist in der Gesellschaft ein geachteter Mensch, genießt die Annehmlichkeiten eines erfolgreichen und sorgenfreien Lebens, und mit einem Schlag bricht das Unerklärliche, Dämonische und Absurde in diese Welt ein und vernichtet alles, was so sicher erworben schien. Diese existenzielle Angst muss auch Kafka in seinem Leben verspürt haben. Er litt unter der strengen Erziehung seines Vaters, die ihn lähmte und resignieren ließ. Im Jahr 1919 formulierte Kafka einen langen Brief an seinen Vater, in dem es heißt: „Wenn ich etwas zu tun anfing, was Dir nicht gefiel, und Du drohtest mir mit dem Misserfolg, so war die Ehrfurcht vor Deiner Meinung so groß, dass damit der Misserfolg, wenn auch vielleicht erst für eine spätere Zeit, unaufhaltsam war.“ Das in diesem Brief zum Ausdruck gebrachte Gefühl der eigenen Unzulänglichkeit und Schwäche wird im Romananfang wieder aufgenommen. Denn Josef K. gelingt es nicht, sich gegen die eigentlich ungeheuerliche Vorgehensweise zur Wehr zu setzen; ohnmächtig muss er die Prozedur der Verhaftung über sich ergehen lassen.

1 *Untersuchen Sie die beiden Auszüge aus Interpretationen mithilfe des Basiswissens: Um welche Interpretationsmethode handelt es sich jeweils?*

2 *Erörtern Sie das Potenzial und die Grenzen dieser Herangehensweisen.*

Basiswissen — Werkübergreifende Interpretationsmethoden

Es gibt eine Vielzahl literaturwissenschaftlicher Methoden, um ein literarisches Werk in übergreifenden Zusammenhängen zu deuten. Hier einige Beispiele: Die **historisch-soziologische Interpretationsmethode** untersucht in erster Linie die Lebensumstände und die Zeit, in der ein Autor gelebt und gewirkt hat. Die **psychologisch-biografische Interpretationsmethode** berücksichtigt besonders die Lebenserfahrungen und die persönlichen Probleme des Autors. Die **rezeptionsästhetische Interpretationsmethode** untersucht die Verbindung zwischen dem literarischen Text und dem Leser.

Die Interpretation schreiben

Einen Romananfang analysieren und interpretieren

Im Mittelpunkt des Romans, dessen Anfang in diesem Abschnitt beispielhaft analysiert und interpretiert wird, steht Enni. Sie befindet sich an der Schwelle zu Pubertät und Reife, verliert sich aber im Verlauf des Romans immer mehr in der Magersucht, sodass sie schließlich in einer Klinik zwangsernährt werden muss. Dort wird sie nach einer langen Therapie geheilt entlassen.

Sandra Hoffmann: Den Himmel zu Füßen

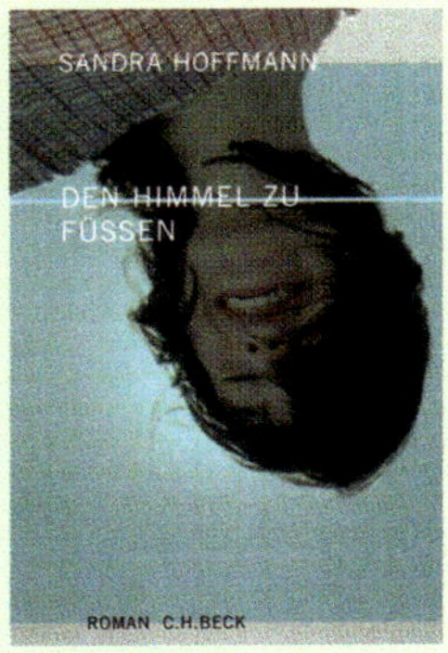

Sie wohnten oben. Von dort aus sah die Großmutter übers Land, und Enni sah in den Himmel. Im Herbst war er ein Krähenhimmel und im Frühling ein Schwalbenhimmel, im Sommer oft blau und vogellos. Manchmal lag sie auf dem Bett unter dem Fenster, hielt die Arme ausgebreitet, die Beine gespreizt, die Augen weit geöffnet und atmete in die Füße.
In die Füße atmen, sagte die Ballettlehrerin, wenn es dort schmerzte.
Lag Enni so da, drang der Himmel ein in ihren Körper und breitete eine angenehme Kühle aus. Bei Wind flogen Wolken durch ihre Augen in den Körper hinein, polsterten ihn aus, und Enni hatte das Gefühl zu schweben. Manchmal stellte sie sich aufs Bett, öffnete das Dachfenster und hörte die Amseln im Garten. Bei geschlossenem Fenster hörte sie den Wellensittich der Großmutter. Er war grün und vollkommen flügellahm. Sein Name war Freddy, wie Freddy Quinn. Das war außer dem lieben Gott der einzige Mann, den die Großmutter verehrte. Dass die Großmutter hier wohnte, lag an ihrer Geschichte und an der Krankheit, aber eigentlich waren das ein und dieselbe Sache. Die Großmutter hatte aus Unglück zuviel getrunken, aber jetzt betete sie. Im Stockwerk tiefer wohnte Joschi mit den Eltern, weil die Mutter dabeisein wollte, wenn er sich die Haut vom Körper kratzte.
Der Vater hatte sein Büro im Kellergeschoss: Umweltingenieur stand an der Tür, die in den Hof führte, aber tatsächlich sorgte der Vater dort unten nur dafür, dass aus Müll wieder brauchbare Dinge gemacht wurden oder Geld.
Im Garten wohnten einige Tiere. Sie waren namenlos, wenn sie ihn betraten, aber wenn sie ihn nicht ganz schnell wieder ungesehen verließen, bekamen sie einen Namen; wer krank war oder verletzt in den Garten stürzte, wurde vom Vater gesund gepflegt und von Enni getauft. Wer Stacheln hatte und sich deshalb nicht anfassen ließ, wurde in Ruhe gelassen, aber beobachtet. Es war ein Stichling, was nicht die richtige Bezeichnung für dieses Tier war, aber sie entsprach immerhin der Wahrheit. Die Wahrheit, das war das oberste Gebot, und der Garten war der schönste und friedlichste Ort des Hauses.
Der Baukasten erinnerte Enni an die Papierbögen mit Schlössern und Burgen, mit alten Gemäuern, Mühlen und großen Höfen, mit Kirchen und Palästen, die man besonders genau ausschneiden und knicken musste, damit beim Kleben alles aufeinanderpasste. Als der Baukasten auf dem Laster ankam, war erst der Keller vorhanden. Enni hatte nicht erwartet, dass die Einzelteile schon ausgesägt waren, aber auf dem Laster standen lauter zugesägte Fertigteile, und man sah, was innen und was außen werden würde. Die Wände des Hauses waren aus Holz und gepressten Holzspänen, sie hatten Lücken für ein oder für mehrere Fenster, Lücken für eine Terrassentür und ein Fenster, es gab breite und schmalere Wände, und allen fehlte noch die Tapete. Auch die Fenster standen auf dem Laster und hatten schon Scheiben. Neben ihnen standen die Türen. Ein Kran hob alles nacheinander von der Ladefläche und

Einen Romananfang analysieren und interpretieren

stellte es auf den Keller aus Beton. Arbeiter mit braun gebrannten Gesichtern setzten den Baukasten in wenigen Tagen zusammen.

Das ist das modernste aller Fertighäuser, ein Prototyp, sagte der Vater, was auch immer das sein mochte. Der Prototyp roch nach Holzleim und frischer Farbe, und Enni befürchtete, dass er bei Wind umfallen könnte. Der Prototyp war eine Hütte.

In der ersten Nacht lag sie im Bett und klopfte mit dem Zeigefinger gegen die Wand. Sie klang hohl, so hohl, dass sie unter sich die Eltern sprechen hörte oder Geräusche aus dem Fernseher. So konnte sie nicht schlafen, mit diesen Stimmen im Ohr, den Stimmen in der Wand, die sich von unten nach oben drängten. Sie ließen ihren Körper nicht ruhig werden und den Kopf nicht nichts denken. Sie stand auf, öffnete die Tür des Kleiderschranks, stieg hinein, als sei er ein Haus im Haus, und hörte die Stimmen nicht mehr.

Als sie ihre Gymnastikmatte in den Schrank legte und an der Rückwand nach oben schob, blieb alles, wie es war. Die Wand brach nicht durch und nicht hinüber auf den rosaroten Teppichboden der Großmutter.

Mit ihrer Bettdecke und dem Bären legte Enni sich unter den bunten Stoffhimmel. Sie atmete Kleider. Sie musste zusammengefaltet schlafen, kompakt wie ein Päckchen, nur der Bär lag in ihrer Kniekehle und wurde im Traum zu einer Katze.

Das war, als die Schnecken noch nicht im Schrank wohnten, und es war vor dem Gewitter mit dem Sturm. Danach zog Enni wieder in ihr Bett.

Weil sich die Feuchtigkeit in den Einmachgläsern im Dunklen länger hielt, standen sie auf dem Schrankboden in einer Reihe, und Enni versah jedes neue Glas mit einem kleinen weißen Aufkleber, auf dem stand: Caroline oder Lukas, Rolo oder Annika, und andere Namen kamen hinzu. Manchmal musste Enni einen Namen durch einen anderen austauschen, manchmal schrieb sie auf ein Glas zwei Namen. In den Schrank durften jedoch nur die schönsten Tiere; die allerschönsten Tiere kamen zusammen in ein Glas. Jetzt macht mal, sagte Enni zu ihnen.

Willst du Fische haben, fragte Ennis Mutter, aber Enni wollte keine Fische, weil die keine Häuser hatten und das Fleisch außen trugen. Das Schöne an den Schnecken war, dass sie die Knochen außen trugen und das Fleisch innen. […]

1 *Fassen Sie den Inhalt des Romananfangs kurz zusammen.*

2 *Notieren Sie die Aspekte, die sich für die Interpretation dieses Romananfangs anbieten und nutzen Sie dazu das Basiswissen.*

Basiswissen | **Aspekte der Interpretation**

Auch bei der Interpretation eines Romananfangs deuten Sie – wie bei anderen literarischen Texten – inhaltliche Aspekte in Verbindung mit der Analyse sprachlicher und erzähltechnischer Mittel.

Zunächst fragen Sie nach dem **Thema**, das sich in dem Textauszug andeutet; Motive oder Konflikte können hierfür Hinweise geben. Bei der Analyse des Textes achten Sie auf die **Rolle des Erzählers** und charakteristische Merkmale der **Figuren**. Auch die **Zeit**, in der das Geschehen stattfindet, und der **Raum**, in dem die Figuren handeln, können Sie im Hinblick auf die Textaussage untersuchen. Die **erzähltechnische Gestaltung** und **sprachliche Besonderheiten** deuten Sie im Hinblick auf inhaltliche Gesichtspunkte.

Einen Romananfang analysieren und interpretieren

Hier als Beispiel eine Interpretation des Anfangs von Sandra Hoffmanns Roman „Den Himmel zu Füßen".

Muster: Interpretation eines Romananfangs

Der Romananfang führt den Leser in die familiäre Welt der Protagonistin ein; dabei ist auffällig, dass Enni mit ihrer Großmutter im Obergeschoss wohnt, ihr Bruder Joschi, wohl an Neurodermitis erkrankt, wohnt mit den Eltern im Erdgeschoss, der Vater hat als selbstständiger Ingenieur sein Büro im Keller. Es ist anzunehmen, dass die Nähe zwischen der Großmutter und Enni einen wichtigen Beitrag zur Exposition leistet. Allerdings ist auch zu vermuten, dass Ennis Reifeprozess durch die Großmutter behindert werden wird, denn die Religiosität, die wohl als Ersatzdroge für den überwundenen Alkoholismus fungiert, wird möglicherweise dogmatische Züge annehmen und den Weg Ennis zur erwachsenen Frau und damit zu voller sexueller Reife beeinträchtigen. Die familiäre Atmosphäre, die auf den ersten Seiten des Romans verdichtet wird, hat etwas von einer Scheinidylle. Einerseits wird für die Großmutter gesorgt, man lässt sie sogar im Haus wohnen, und man kümmert sich um erkrankte Tiere, die den Garten als Zufluchtsort suchen. Andererseits spricht der personale Erzähler davon, dass die Tiere mit Namen versehen und beobachtet werden, so als ob der fürsorgliche Zugriff auch gegen ihren Willen erfolge.

Zwei wichtige Hinweise, die vermutlich im weiteren Verlauf des Romans eine große Bedeutung gewinnen werden, finden sich auf diesen ersten Seiten: Da ist zum einen das Motiv des Schmerzes, das in Verbindung mit dem Ballettsport Ennis erwähnt wird, und zum andern das Motiv der Schutzlosigkeit, des Ausgeliefertseins, ausgestaltet in der Anlieferung und im Aufbau des neuen Fertighauses mit seinen dünnen Wänden, die jegliche Intimität unmöglich machen. Der Körpergestus Ennis verrät die hohe Verletzlichkeit, wenn sie sich, um sich vor dem Lärm zu schützen, in den Wandschrank verkriecht und diesen metaphorisch als „Haus im Haus" deutet. Auch ihre Schlafposition verweist auf eine hohe Sensibilität, wenn der Erzähler erklärt: „Sie musste zusammengefaltet schlafen, kompakt wie ein Päckchen, […]". (Z. 54)

Interessant ist in diesem Zusammenhang auch, dass der Erzähler die Verwunderung Ennis beschreibt, als das neue Fertighaus geliefert wird: „Als der Baukasten auf dem Laster ankam, war erst der Keller vorhanden. Enni hatte nicht erwartet, dass die Einzelteile schon ausgesägt waren, aber auf dem Laster standen lauter zugesägte Fertigteile, und man sah, was innen und was außen werden würde." (Z. 32 ff.)

Analog dazu wird leitmotivisch die Schnecke eingeführt, die Enni deshalb so bewundert, weil „sie die Knochen außen trugen und das Fleisch innen". (Z. 65 f.) Es ist sicher keine Überinterpretation, wenn man das Bild von den Knochen, die nach außen getragen werden, in Beziehung setzt zu der Magersucht, die ja genau dies zum Ziel hat: Härte und Unverletzlichkeit zu demonstrieren, auch wenn man daran zugrunde gehen könnte.

In diesem Kontext könnte die Neurodermitis als diametraler Gegensatz interpretiert werden: Ist Joschi bemüht, dauernd seine Schutzhülle – also seine Haut – von sich zu reißen, ist Enni darauf aus, einen Schutzwall um die eigene Innerlichkeit auf- und auszubauen. Dies wird auch sinnfällig in der Angst Ennis, das ganze Gebäude könnte einstürzen, womit die Gebrechlichkeit des familiären Gefüges zumindest angedeutet wird.

Die Frage, in welcher Zeit der Roman spielt, lässt sich nicht leicht beantworten; allerdings gibt es einige Anhaltspunkte, die darauf schließen lassen, dass wir es mit der Welt derer zu tun haben, die die Studentenrevolte der 68er hinter sich gelassen haben und im familiären Idyll und in antiautoritärer Erziehung ihr unpolitisches Heil suchen. So scheint der Vater ein Bastler und Tüftler zu sein, der sich mit Reparaturen und Recycling über Wasser halten kann, was in unserem Zeitalter der modernen Geräteelektronik kaum noch denkbar wäre. Für diese Datierung spricht auch der Name Freddy Quinn (Z. 15 f.),

Einen Romananfang analysieren und interpretieren

der selbst in den 1980er-Jahren nur noch für die wirklich Alten von Relevanz gewesen sein dürfte. Analysiert man die Sprache des Erzählers, so fällt auf, dass er, offensichtlich um größtmögliche Authentizität bemüht, sich den kindlich-jugendlichen Sprech- und Denkmustern anzugleichen versucht. So spricht er davon, dass „Freddy Quinn […] außer dem lieben Gott der einzige Mann (war), den die Großmutter verehrte." (Z. 16)

Die syntaktischen Strukturen sind einfach und der Stil des Erzählers hat etwas Kindlich-Apodiktisches, wenn er zum Beispiel aus der personalen Perspektive heraus sagt: „Die Wahrheit, das war das oberste Gebot […]". (Z. 28)

Dieser Erzählduktus könnte sich im weiteren Verlauf des Romans als problematisch erweisen, denn die Sprache, der Stil, die Bildlichkeit müssten sich mit zunehmendem Älterwerden der Protagonistin ebenfalls wandeln. Ob dieser Kunstgriff gelingt, wäre im weiteren Verlauf des Romans nachzuprüfen. In jedem Fall darf man gespannt sein, wie sich der Gang der Handlung weiter entwickelt. Vor allem stellt sich die Frage, ob die direkte Rede absichtlich konsequent ausgespart worden ist; denn dies könnte auf ernste innerfamiliäre Kommunikationsprobleme hinweisen, die unter dem Deckmantel der Fürsorglichkeit und dem Dogma der Wahrheit das Biotop finden, sich in destruktiver, zersetzender Weise zu entfalten.

3 ***Untersuchen Sie die Interpretation des Romananfangs.***

a) Rekonstruieren Sie die Gliederung des Aufsatzes und orientieren Sie sich dabei an der Arbeitstechnik.

b) Arbeiten Sie die Interpretationsthesen heraus.

c) Ergänzen Sie nicht umgesetzte Punkte der Gliederung.

Arbeitstechnik – Einen Romananfang interpretieren

Die Arbeitsschritte beim Verfassen der Interpretation eines Romananfangs unterscheiden sich kaum von denen, die Sie von der Interpretation anderer epischer Texte bereits kennen.

- Im **einleitenden Satz** nennen Sie Verfasser, Textsorte und Titel und skizzieren das Thema des Textes. Dann fassen Sie den Inhalt des Romananfangs kurz zusammen.
- Im **Hauptteil** beschreiben Sie die Ergebnisse Ihrer Textanalyse und formulieren Interpretationsthesen. Dazu wählen Sie die Aspekte aus, die sich beim jeweiligen Romananfang für eine Deutung anbieten. Wichtige Gesichtspunkte sind dabei Motive, Figurencharakteristik, Ort und Zeit des Erzählten, die Rolle des Erzählers sowie die erzähltechnische und sprachliche Gestaltung (➪ Kapitel Kurzepik interpretieren, S. 120 bis 126). Die Ergebnisse Ihrer Textbetrachtung belegen Sie mit **Zitaten** oder Textverweisen (Zeilenangaben).
- Im **Schlussteil** formulieren Sie einen Ausblick auf den weiteren Verlauf des Romans, eine Betrachtung zum Erzählstoff oder auch Ihre persönliche Leseerfahrung.

Pascal Mercier: Der Klavierstimmer

JETZT, DA ALLES VORBEI IST, wollen wir aufschreiben, wie wir es erlebt haben. Wir werden den Erinnerungen allein gegenübertreten, ohne Verführung durch die Gegenwart des anderen. Die Berichte sollen wahrhaftig sein, ganz gleich, wie groß der Schmerz sein mag beim Lesen. Das haben wir uns versprochen. Nur so, hast du gesagt, vermöchten wir den Kerker

Einen Romananfang analysieren und interpretieren

unserer Liebe zu zerschlagen, die mit der gemeinsamen Geburt begann und bis zum heutigen Tage gedauert hat. Nur so könnten wir frei werden voneinander.
Du hast es gesagt, als wir in der Küche standen und die letzten Schlucke Kaffee aus den Zwillingsbechern tranken, die Maman am Abend meiner Ankunft aus dem hintersten Winkel des Büffets hervorgekramt hatte. Ihre Hände zitterten, und es wäre unmöglich gewesen, sie in ihrem verlorenen Lächeln, hinter dem sie einen Sprung in die unversehrte Vergangenheit versuchte, zu enttäuschen. So haben wir einen unsicheren Blick getauscht und die beiden blassgelben Becher in die Hand genommen, du den heilen, ich denjenigen mit dem Sprung; wie früher. Wenn wir uns, weil wir keinen Schlaf fanden, nachts in der Küche trafen, hielten wir die Becher wie damals, und es schien mir, als würden sich unsere Bewegungen mit jedem Mal wieder ähnlicher. Nur angestoßen haben wir mit unserem Kaffee nicht wie früher, obwohl wir beide vom anderen wussten, dass er daran dachte. (In diesen Tagen waren wir füreinander wie aus Glas: hart und zerbrechlich zugleich, und in den Gedanken vollkommen durchsichtig.)
Zweimal hast du heute Morgen den leeren Becher an die Lippen geführt, bevor du ihn ausspültest. Als du nach einem Augenblick des Zögerns zum Küchentuch griffst, um ihn zu trocknen, hatte ich die Hoffnung, du würdest ihn in die Reisetasche stecken, die fertig gepackt im Entree stand. Als einen Gegenstand, der uns über alle Abschiede hinaus verbände. Stattdessen tatest du den trockenen Becher in die Geschirrablage, als müsste er noch weitertrocknen. Es geschah langsam und mit großer Behutsamkeit. Dann gingst du voran.
In dem Blick, mit dem du mich streiftest, lag erschöpfte Tapferkeit und der dunkle Schimmer der Resignation, denn wie immer fiel dir die grausame Rolle derjenigen zu, die den Abschied vollziehen musste. Ich war froh, dass dies noch nicht der letzte Blick war. Gleichzeitig zitterte ich vor dem Moment, wo wir nachher unter der Haustür stehen würden, um den letzten Blick zu tauschen. […]

4 *Verfassen Sie zu diesem Romananfang eine Interpretation.*

Fazit

22.1 Der Romananfang als Exposition
- Rolle des Erzählers
- Zeit und Raum des Geschehens
- Motive und Konflikte des Romananfangs

22.2 Erzähltechniken untersuchen
- Formen der Retrospektive
- Zeitgestaltung

22.3 Probleme und Methoden der Hermeneutik
- hermeneutische Differenz
- textübergreifende Interpretationsaspekte

22.4 Die Interpretation schreiben
- Analyseaspekte auswählen
- den Aufsatz folgerichtig aufbauen
- Zitate und Verweise einsetzen

Kapitel 22

Dramen analysieren

22.1 Das Drama von der Klassik bis zur Moderne

22.2 Eine Dramenanalyse verfassen

22.3 Textpool

Die Interpretation literarischer Texte gehört zu den zentralen Schwerpunkten des Deutschunterrichts; ob Klein- oder Großformen der Epik, Lyrik oder des Dramas – die Auseinandersetzung mit Literatur fordert Leserinnen und Leser heraus, die Intention eines Autors oder einer Autorin zu hinterfragen und das eigene Textverständnis zu formulieren.
Neben der eigentlichen inhaltlichen Interpretation des Textes soll der Fokus auch auf andere, werkübergreifende Aspekte gerichtet werden: Sowohl die Untersuchung der Wechselwirkung zwischen historisch-politischen Faktoren und der Entstehung eines literarischen Textes als auch dessen Einfluss auf die jeweiligen gesellschaftlichen Gegebenheiten tritt mehr in den Vordergrund. Zu diesem Zwecke bieten sich Interpretationen von Dramenauszügen an, da in Dramen zeitgeschichtliche Einflüsse in besonderem Maße ihren Widerhall fanden und sie wiederum als Mittel zur Belehrung und Agitation eingesetzt wurden.

Was Sie bereits wissen

- ✔ Literarische Texte können den Gattungen Epik, Lyrik oder Drama zugeordnet werden.
- ✔ Literarische Texte weisen gattungsspezifische Besonderheiten auf.
- ✔ Ein Interpretationsaufsatz besteht aus der Einleitung, dem Hauptteil und dem Schluss.
- ✔ Einer Textinterpretation geht die Analyse des Inhalts, Aufbaus, gattungstypischer Merkmale sowie der sprachlichen und stilistischen Merkmale voraus. Sie enthält darüber hinaus eine Schlussbewertung des Textes.

Das Drama von der Klassik bis zur Moderne

Das klassische Drama

Der folgende Textauszug ist dem Drama „Die Jungfrau von Orleans“ von Friedrich Schiller entnommen. Englische Truppen sind in Frankreich eingefallen und drohen, die Armee des französischen Königs zu besiegen. Johanna, ein junges Mädchen, fühlt sich von Gott dazu auserkoren, diese Niederlage zu verhindern. Sie zieht mit der französischen Armee gegen die Engländer zu Felde und besiegt die feindlichen Truppen. Doch ihr eigener Vater beschuldigt sie, mit dem Teufel im Bunde zu sein. Von den Engländern verfolgt und von den eigenen Landsleuten als Hexe verstoßen, geht sie in die Verbannung. Begleitet wird sie von Raimond, einem von ihrem Vater ausgesuchten Heiratskandidaten.

5. Aufzug, 4. Auftritt (Auszug)

[...]
RAIMOND *(fasst sie bei der Hand)*: Wollt Ihr nicht in Euch gehen?
Euch nicht mit Gott versöhnen – in den Schoß
Der heiligen Kirche reuend wiederkehren?
JOHANNA Auch du hältst mich der schweren Sünde schuldig?
RAIMOND Muss ich nicht? Euer schweigendes Geständnis –
JOHANNA Du, der mir in das Elend nachgefolgt,
Das einzge Wesen, das mir treu geblieben,
Sich an mich kettet, da mich alle Welt
Ausstieß, du hältst mich auch für die Verworfne,
Die ihrem Gott entsagt –
(Raimond schweigt) O das ist hart!
RAIMOND *(erstaunt)*: Ihr wäret wirklich keine Zauberin?
JOHANNA Ich eine Zauberin!
RAIMOND Und diese Wunder,
Ihr hättet sie vollbracht mit Gottes Kraft
Und seiner Heiligen?
JOHANNA Mit welcher sonst?
RAIMOND Und Ihr verstummtet auf die grässliche
Beschuldigung? – Ihr redet jetzt, und vor dem König,
Wo es zu reden galt, verstummtet Ihr!
JOHANNA Ich unterwarf mich schweigend dem Geschick,
Das Gott, mein Meister, über mich verhängte.
RAIMOND Ihr konntet eurem Vater nichts erwidern!
JOHANNA Weil es vom Vater kam, so kams von Gott,
Und väterlich wird auch die Prüfung sein.
RAIMOND Der Himmel selbst bezeugte Eure Schuld!
JOHANNA Der Himmel sprach, drum schwieg ich.
RAIMOND Wie? Ihr konntet
Mit einem Wort Euch reinigen, und ließt
Die Welt in diesem unglückselgen Irrtum?
JOHANNA Es war kein Irrtum, eine Schickung wars.
RAIMOND [...]
O gerne nehm ich Euer Wort für Wahrheit,

Das klassische Drama

Denn schwer ward mirs, an Eure Schuld zu glauben.
Doch konnt ich träumen, dass ein menschlich Herz
Das Ungeheure schweigend würde tragen!

JOHANNA Verdient ichs, die Gesendete zu sein,
Wenn ich nicht blind des Meisters Willen ehrte!
Und ich bin nicht so elend, als du glaubst.
Ich leide Mangel, doch das ist kein Unglück
Für meinen Stand, ich bin verbannt und flüchtig,
Doch in der Öde lernt ich mich erkennen.
[…]
Jetzt bin ich
Geheilt, und dieser Sturm in der Natur,
Der ihr das Ende drohte, war mein Freund,
Er hat die Welt gereinigt und auch mich.
In mir ist Friede – Komme, was da will,
Ich bin mir keiner Schwachheit mehr bewusst!

RAIMOND O kommt, kommt, lasst uns eilen, Eure Unschuld
Laut, laut vor aller Welt zu offenbaren!

JOHANNA Der die Verwirrung sandte, wird sie lösen!
Nur wenn sie reif ist, fällt des Schicksals Frucht!
Ein Tag wird kommen, der mich reiniget.
Und die mich jetzt verworfen und verdammt,
Sie werden ihres Wahnes inne werden,
Und Tränen werden meinem Schicksal fließen.

RAIMOND Ich sollte schweigend dulden, bis der Zufall –

JOHANNA *(ihn sanft bei der Hand fassend)*:
Du siehst nur das Natürliche der Dinge,
Denn deinen Blick umhüllt das irdische Band.
Ich habe das Unsterbliche mit Augen
Gesehen – ohne Götter fällt kein Haar
Vom Haupt des Menschen –
Siehst du dort die Sonne
Am Himmel niedergehen – so gewiss
Sie morgen wiederkehrt in ihrer Klarheit,
So unausbleiblich kommt der Tag der Wahrheit!

1 ***Analysieren Sie den Dramenauszug mithilfe des Textes „Die deutsche Tragödie von Lessing bis Hebbel" (→ S. 364) unter folgenden Gesichtspunkten:***

a) Worin besteht der Konflikt Johannas?
b) Welche Idee vertritt sie als Heldin des Dramas?
c) Worin besteht die Tragik der Heldin?

2 ***Erläutern Sie die Bedeutung der Begriffe „Schuld", „Schicksal" und „reinigen" in diesem Zusammenhang.***

Das klassische Drama

Benno von Wiese: Die deutsche Tragödie von Lessing bis Hebbel

Durch Leid, Gehorsam und Buße gelangt Johanna zur letzten Vereinigung mit Gott, die nur von der erhabenen Seele erreicht werden kann. Der Ausgang des Dramas ist Läuterung und Verklärung. Der schwere Bruch in ihr selbst wird von den kämpfenden und fordernden Seelenkräften überwunden und damit erst der Sieg der Idee in der Anarchie der Geschichte zu einem endgültigen gemacht. Mit der „Jungfrau von Orleans" ist die Tragödie des von Gott gesandten Menschen in der Welt gedichtet und der tiefe Zwiespalt, der ihm von außen und innen erwachsen muss, wenn er seinen Auftrag zu Ende führen will. Gottes Werk muss von dem „schwachen" Menschen vollbracht werden, aber der Mensch, der es aus innerem Müssen ergreift, überschreitet damit die Grenze, die ihm als Menschen gesetzt ist. Er gerät in Schuld und kann den Sinn seiner Sendung nur noch als tragisches Opfer erfüllen. Wer aber einmal den jenseitigen Auftrag erfüllt hat und mit dem Schwerte seines Gottes kämpft, kann auf seiner Bahn nicht mehr umkehren, selbst wenn ihm die Hölle begegnen oder der Himmel ihn zurückhalten würde. [...] Durch Schuld und Erniedrigung hindurch gelangt Johanna zur „Reinigung", die sie wieder Gefäß und Kronzeuge des Göttlichen werden lässt.

Basiswissen | **Das klassische Drama**

Das Drama stellt ein Geschehen dar, in dessen Verlauf durch **Dialog** und **Monolog** der agierenden Personen ein Konflikt entfaltet wird. Zur Gattung „Drama" zählen u. a. die **Tragödie** und die **Komödie**. Da im Drama die Entwicklung eines Konfliktes dargestellt wird, bei dem die Spannung bis zu einem Höhepunkt steigt und danach abfällt, entscheidet die Art des Konfliktes, ob es sich um ein **tragisches, komisches** oder auch **absurdes Stück** handelt. Die **klassische** bzw. **aristotelische Dramenform**, zu der auch die Tragödie „Die Jungfrau von Orleans" von Friedrich Schiller zählt, weist folgende Merkmale in Anlehnung an die Poetik des griechischen Philosophen Aristoteles auf:

- Die **Einheit** von **Ort, Zeit** und **Handlung** stellt eine maßgebliche Voraussetzung dar.
- Das Bühnengeschehen ist auf **eine einzige lineare Haupthandlung** ohne Nebenhandlungen konzentriert.
- Die **Szenen** sind in fünf, manchmal in drei **Akte** angeordnet.

Der erste Akt stellt die **Exposition** dar, in welcher über Ort, Zeit, Personen und Atmosphäre informiert wird. Durch ein **erregendes Moment** wird die Handlung entfaltet und mit der **steigenden Handlung** verschärft sich der Konflikt, bis der dramatische Höhepunkt, zugleich Wendepunkt, erreicht ist **(Peripetie)**. Durch eine Verzögerung, das sogenannte **retardierende Moment**, kann die Spannung noch gehalten werden, beispielsweise wird plötzlich doch eine Lösung in Aussicht gestellt. Aber dann setzt die Phase der **fallenden Handlung** ein, die in der **Katastrophe** (in der Tragödie im Untergang des Helden, der unverdient erscheint und somit moralisch aufgewertet wird) oder in der Konfliktlösung (in der Komödie bietet ein erheiterndes Ende eine oft nur scheinbare Lösung) endet.

Beim aristotelischen Drama wird das Mitempfinden des Zuschauers mit dem Helden angestrebt. Ziel ist dabei die **Katharsis**, die seelische Reinigung des Zuschauers durch das Nachempfinden von furcht- und mitleiderregenden Handlungen auf der Bühne.

3 *Überprüfen Sie den Textauszug aus Schillers Tragödie „Die Jungfrau von Orleans" im Hinblick auf die im Basiswissen dargestellte Rolle des Zuschauers.*

Das bürgerliche Trauerspiel

Der Konflikt zwischen Bürgertum und der Willkür des Adels ist das zentrale Thema in Schillers Drama „Kabale und Liebe“ (1784), dem der folgende Textauszug entnommen ist. Luise, die Tochter des Stadtmusikers Miller, und der adelige Major Ferdinand von Walter lieben sich. Die Väter der beiden sprechen sich aus standespolitischen und moralischen Gründen gegen die Verbindung aus. Um eine Beziehung zu verhindern, planen Präsident von Walter und sein Sekretär Wurm folgende Intrige: Die Eltern Luises werden unter dem Vorwurf der Majestätsbeleidigung inhaftiert. Wurm droht Luise mit deren Hinrichtung, wenn sie nicht einen von ihm diktierten Liebesbrief an einen weiteren Verehrer, den Hofmarschall von Kalb, schreibe. Sie muss einen Eid leisten, dass sie bezeugen wird, den Brief freiwillig verfasst zu haben. Ferdinand erhält den Brief und reagiert verzweifelt. Luise will sich durch den Freitod vom Eid befreien, um sterbend Ferdinand die Wahrheit sagen zu können.

Friedrich Schiller: Kabale und Liebe (Auszug)

5. Akt, 1. Auftritt

MILLER Was hast du vor, meine Tochter? – Du willst eigenmächtig Hand an dich legen.

LUISE Nenn' er es nicht so, mein Vater. Eine Gesellschaft räumen, wo ich nicht wohl gelitten bin – an einen Ort vorausspringen, den ich nicht länger missen kann – ist denn das Sünde? [...]

MILLER Wenn du Gott liebst, wirst du nie bis zum Frevel lieben. – Du hast mich tief gebeugt, meine Einzige! Tief, tief, vielleicht zur Grube gebeugt. – Dich, ich will dir dein Herz nicht noch schwerer machen – Tochter, ich sprach vorhin etwas. Ich glaubte allein zu sein. Du hast mich behorcht; und warum sollt' ich's noch länger geheim halten? Du warst mein Abgott. Höre, Luise, wenn du noch Platz für das Gefühl eines Vaters hast. – Du warst mein Alles. Jetzt vertust du nichts mehr von deinem Eigentum. Auch ich hab' alles zu verlieren. Du siehst, mein Haar fängt an grau zu werden. Die Zeit meldet sich allgemach bei mir, wo uns Vätern die Kapitale zu statten kommen, die wir im Herzen unserer Kinder anlegen. – Wirst du mich darum betrügen, Luise? Wirst du dich mit dem Hab' und Gut deines Vaters auf und davon machen?

LUISE *(küsst seine Hand mit der heftigsten Rührung)* Nein, mein Vater. Ich gehe als Seine große Schuldnerin aus der Welt und werde in der Ewigkeit mit Wucher bezahlen.

MILLER Gib Acht, ob du dich da nicht verrechnest, mein Kind? *(Sehr ernst und feierlich)* Werden wir uns dort wohl noch finden? – Sieh! Wie du blass wirst! – meine Luise begreift es von selbst, dass ich sie in jener Welt nicht mehr wohl einholen kann, weil ich nicht so früh dahin eile, wie sie. *(Luise stürzt ihm in den Arm, von Schauern ergriffen. – Er drückt sie mit Feuer an seine Brust und fährt fort mit beschwörender Stimmer.)* O Tochter! Tochter! Gefallene, vielleicht schon verlorene Tochter! Beherzige das ernsthafte Vaterwort! Ich kann nicht über dich wachen. Ich kann dir die Messer nehmen, du kannst dich mit einer Stricknadel töten. Vor Gift kann ich dich bewahren, du kannst dich mit einer Schnur Perlen erwürgen. – Luise – Luise – nur warnen kann ich dich noch. – Willst du es darauf ankommen lassen, dass dein treuloses Gaukelbild auf der schrecklichen Brücke zwischen Zeit und Ewigkeit von dir weicht?

Das bürgerliche Trauerspiel

Willst du dich vor des Allwissenden Thron mit der Lüge wagen: Deinetwegen, Schöpfer, bin ich da – wenn deine strafbaren Augen ihre sterbliche Puppe suchen? – Und wenn dieser zerbrechliche Gott deines Gehirns, jetzt Wurm wie du, zu den Füßen deines Richters sich wendet, deine gottlose Zuversicht in diesem schwankenden Augenblick Lügen straft und deine betrogenen Hoffnungen an die ewige Erbarmung verweist, die der elende für sich selbst kaum erflehen kann – wie dann? *(Nachdrücklich, lauter)* Wie dann, Unglückselige? *(Er hält sie fester, blickt sie eine Weile starr und durchdringend an, dann verlässt er sie schnell.)* Jetzt weiß ich nichts mehr – *(mit aufgehobener Rechte)* stehe dir, Gott Richter, für diese Seele nicht mehr. Tu, was du willst. Bring deinem schlanken Jüngling ein Opfer, dass deine Teufel jauchzen und deine guten Engel zurücktreten – Zieh hin! Lade alle deine Sünden auf. Lade auch diese, die letzte, die entsetzlichste auf, und wenn die Last noch zu leicht ist, so mache mein Fluch das Gewicht vollkommen. Hier ist ein Messer – durchstich dein Herz und *(indem er lautweinend fortstürzen will)* das Vaterherz!

LUISE *(springt auf und eilt ihm nach)* Halt! Halt! O mein Vater! – dass die Zärtlichkeit noch barbarischer zwingt als Tyrannenwut! – Was soll ich? Ich kann nicht! Was muss ich tun?

MILLER Wenn die Küsse deines Majors heißer brennen als die Tränen deines Vaters – stirb!

LUISE *(nach einem qualvollen Kampf mit einiger Festigkeit)* Vater! Hier ist meine Hand! Ich will – Gott! Gott! Was tu' ich? Vater, ich schwöre – wehe mir, wehe! Verbrecherin, wohin ich mich neige! – Vater, es sei! – Ferdinand – Gott sieht herab! – so zernicht' ich sein letztes Gedächtnis. *(Sie zerreißt den Brief.)*

MILLER *(stürzt ihr freudetrunken an den Hals)* Das ist meine Tochter! – Blick' auf um einen Liebhaber bist du leichter, dafür hast du einen glücklichen Vater gemacht. [...]

1 ***Analysieren Sie den Dramenauszug mithilfe des Basiswissens (➪ S. 367) unter folgenden Fragestellungen:***

a) Welcher Konflikt wird in dem Dramenauszug dargestellt?

b) Welche Wertvorstellungen vertritt der Vater Luises?

Besonders in dem Bereich der Dramaturgie wirkt Gotthold Ephraim Lessing als wichtiger Modernisierer. In der Sammlung seiner Theaterkritiken zu den Aufführungen des Hamburger Nationaltheaters, der „Hamburgischen Dramaturgie", legt er seine Vorstellungen über die Reform des deutschsprachigen Theaters dar.

Gotthold Ephraim Lessing: Hamburgische Dramaturgie (Auszug)

Vierzehntes Stück

[...]

Die Namen von Fürsten und Helden können einem Stück Pomp und Majestät geben; aber zur Rührung tragen sie nichts bei. Das Unglück derjenigen, deren Umstände den unsrigen am nächsten kommen, muss natürlicherweise am tiefsten in unsere Seele dringen; und wenn wir mit Königen Mitleiden haben, so haben wir es mit ihnen als mit Menschen und nicht als mit Königen. Macht ihr Stand schon öfters ihre Unfälle wichtiger, so macht er sie darum nicht interessanter.

Das bürgerliche Trauerspiel

[…]

Fünfundsiebzigstes Stück

[…]

Wenigstens ist es unleugbar, dass Aristoteles entweder muss geglaubt haben, die Tragödie könne und solle nichts als das eigentliche Mitleid, nichts als die Unlust über das gegenwärtige Übel eines andern erwecken, welches ihm schwerlich zuzutrauen; oder er hat alle Leidenschaften überhaupt, die uns von einem andern mitgeteilt werden, unter dem Worte Mitleid begriffen.

[…]

Es beruhet aber alles auf dem Begriffe, den sich Aristoteles von dem Mitleiden gemacht hat. Er glaubte nämlich, dass das Übel, welches der Gegenstand unseres Mitleidens werden solle, notwendig von der Beschaffenheit sein müsse, dass wir es auch für uns selbst (oder für eines von den Unsrigen) zu befürchten hätten. Wo diese Furcht nicht sei, könne auch kein Mitleiden stattfinden. Denn weder der, den das Unglück so tief herabgedrückt habe, dass er weiter nichts für sich zu fürchten sähe, noch der, welcher sich so vollkommen glücklich glaube, dass er gar nicht begreife, woher ihm ein Unglück zustoßen könne, weder der Verzweifelnde noch der Übermütige pflege mit anderen Mitleid zu haben. Er erkläret daher auch das Fürchterliche und das Mitleidswürdige eines durch das andere. Alles das, sagt er, ist uns fürchterlich, was, wenn es einem andern begegnet wäre (oder begegnen sollte) unser Mitleid erwecken würde. Und alles das finden wir mitleidswürdig, was wir fürchten würden, wenn es uns selbst bevorstünde. […] Aus dieser Gleichheit entstehe die Furcht, dass unser Schicksal gar leicht dem seinigen ebenso ähnlich werden könne, als wir ihm zu sein uns selbst fühlen; und diese Furcht sei es, welche das Mitleid gleichsam zur Reife bringe.

2 *Erläutern Sie den Begriff „Mitleid", wie Lessing ihn in der „Hamburger Dramaturgie" verwendet.*

Basiswissen | **Das bürgerliche Trauerspiel**

Aristoteles charakterisiert das Schauspiel als Nachahmung, bei der die Komödie schlechtere, die Tragödie bessere Menschen nachzuahmen versucht, als sie in der Realität zu finden sind. Diese Auffassung bildet die Grundlage der bis ins 18. Jahrhundert vorherrschenden **Ständeklausel**, die für die Tragödie ausschließlich Adelige, für die Komödie hingegen nur Bürger als Protagonisten vorsieht. Folglich existiert nur ein adeliges **Trauerspiel** oder ein bürgerliches **Lustspiel**.

Im Zuge der Emanzipationsbewegung des Bürgertums im 18. Jahrhundert kommt mit dem bürgerlichen Trauerspiel ein Theatergenre auf, welches bürgerliche statt adelige Figuren in den Mittelpunkt stellt. Im Wesentlichen bildet der Stoff des bürgerlichen Trauerspiels sich in dem politischen Kampf des Bürgertums gegen die Unterdrückung durch den Adel ab. „Bürgerlich" steht zumeist als Synonym für „menschlich". Die Auseinandersetzung mit unterschiedlichen Wertvorstellungen sowie Familien- bzw. Generationenkonflikte innerhalb des eigenen Standes lassen sich ebenfalls im bürgerlichen Trauerspiel finden.

Die Figuren stehen dem Publikum nahe (z. B. Freund, Geliebte, Sohn, Vater); Ziel ist die Rührung des Zuschauers. In ihm soll durch die Nähe zu einem eigenen möglichen Schicksal Leidenschaft und Mitleid erregt werden. Im Gegensatz zum aristotelischen Drama gelten Verstand und Gefühl dabei nicht mehr als Gegensätze.

Das epische Theater

Im klassischen Drama tritt der Held oder die Heldin als Träger einer Idee auf. Ziel ist die Katharsis, die Reinigung des Zuschauers von Furcht und Mitleid durch das Mitempfinden. Brecht hingegen möchte dem Zuschauer gesellschaftliche Missstände vor Augen führen und das Bewusstsein stärken, an der Schwelle zu einer neuen, besseren Zeit zu stehen.

Bertolt Brecht: Leben des Galilei (Auszug)

1. Bild

Galileo Galilei, Lehrer der Mathematik zu Padua, will das neue kopernikanische Weltsystem beweisen.

In dem Jahr sechzehnhundertundneun
Schien das Licht des Wissens hell
Zu Padua aus einem kleinen Haus.
Galileo Galilei rechnete aus:
Die Sonn steht still, die Erde kommt von der Stell.

Das ärmliche Studierzimmer des Galilei in Padua
Es ist morgens. Ein Knabe, Andrea, der Sohn der Haushälterin, bringt ein Glas Milch und einen Wecken.

GALILEI *sich den Oberkörper waschend, prustend und fröhlich*: Stell die Milch auf den Tisch, aber klapp kein Buch zu.

ANDREA Mutter sagt, wir müssen den Milchmann bezahlen. Sonst macht er bald einen Kreis um unser Haus, Herr Galilei.

GALILEI Es heißt: Er beschreibt einen Kreis, Andrea.

ANDREA Wie Sie wollen. Wenn wir nicht bezahlen, dann beschreibt er einen Kreis um uns, Herr Galilei.

GALILEI Während der Gerichtsvollzieher, Herr Cambione, schnurgerade auf uns zukommt, indem er was für eine Strecke zwischen zwei Punkten wählt?

ANDREA Die kürzeste.

GALILEI Gut. Ich habe was für dich. Sieh hinter den Sterntafeln nach.

Andrea fischt hinter den Sterntafeln ein großes hölzernes Modell des Ptolemäischen Systems hervor.

ANDREA Was ist das?

GALILEI Das ist ein Astrolab: Das Ding zeigt, wie sich die Gestirne um die Erde bewegen, nach Ansicht der Alten.

ANDREA Wie?

GALILEI Untersuchen wir es. Zuerst das erste: Beschreibung.

ANDREA In der Mitte ist ein kleiner Stein.

GALILEI Das ist die Erde.

ANDREA Drum herum sind, immer übereinander, Schalen.

GALILEI Wie viele?

ANDREA Acht.

GALILEI Das sind die kristallnen Sphären.

ANDREA Auf den Schalen sind Kugeln angebracht …

GALILEI Die Gestirne.

ANDREA Da sind Bänder, auf die sind Wörter gemalt.

Das epische Theater

Galilei Was für Wörter?

Andrea Sternnamen.

Galilei Als wie?

Andrea Die unterste Kugel ist der Mond, steht drauf. Und darüber ist die Sonne.

Galilei Und jetzt lass die Sonne laufen.

Andrea *bewegt die Schalen:* Das ist schön. Aber wir sind so eingekapselt.

Galilei *sich abtrocknend:* Ja, das fühlte ich auch, als ich das Ding zum ersten Mal sah. Einige fühlen das. *Er wirft Andrea das Handtuch zu, dass er ihm den Rücken abreibe.* Mauern und Schalen und Unbeweglichkeit! Durch zweitausend Jahre glaubte die Menschheit, daß die Sonne und alle Gestirne des Himmels sich um sich drehten. Der Papst, die Kardinäle, die Fürsten, die Gelehrten, Kapitäne, Kaufleute, Fischweiber und Schulkinder glaubten, unbeweglich in dieser kristallenen Kugel zu sitzen. Aber jetzt fahren wir heraus, Andrea, in großer Fahrt. Denn die alte Zeit ist herum, und es ist eine neue Zeit. Seit hundert Jahren ist es, als erwartete die Menschheit etwas.

Die Städte sind eng, und so sind die Köpfe. Aberglauben und Pest. Aber jetzt heißt es: da es so ist, bleibt es nicht so. Denn alles bewegt sich, mein Freund. Ich denke gerne, daß es mit den Schiffen anfing. Seit Menschengedenken waren sie nur an den Küsten entlang gekrochen, aber plötzlich verließen sie die Küsten und liefen aus über alle Meere.

Auf unserm alten Kontinent ist ein Gerücht entstanden: es gibt neue Kontinente. Und seit unsere Schiffe zu ihnen fahren, spricht es sich auf den lachenden Kontinenten herum: das große gefürchtete Meer ist ein kleines Wasser. Und es ist eine große Lust aufgekommen, die Ursachen aller Dinge zu erforschen: warum der Stein fällt, den man losläßt, und wie er steigt, wenn man ihn hochwirft. Jeden Tag wird etwas gefunden. Selbst die Hundertjährigen lassen sich noch von den Jungen ins Ohr schreien, was Neues entdeckt wurde.

Da ist schon viel gefunden, aber da ist mehr, was noch gefunden werden kann. Und so gibt es wieder zu tun für neue Geschlechter. R

1 ***Analysieren Sie die Eröffnungsszene des Dramas „Leben des Galilei“ von Bertolt Brecht.***

a) Wie wird Galilei dargestellt?

b) Welche Erwartungen stellen Sie an die weiterführende Handlung?

2 ***Bestimmen Sie die Wirkung der in der Eröffnungsszene eingesetzten Darstellungselemente (Szenentitel, vorangestellter Prolog und hinleitende Regieanweisungen).***

Basiswissen **Episches Theater**

Unter **epischem Theater** versteht man die von Bertolt Brecht vorgestellte Alternative zum klassischen (aristotelischen) Drama. Epische Elemente werden in den dramatischen Ablauf eingeflochten. Das Geschehen läuft nicht automatisch auf den Höhepunkt mit anschließender Katastrophe oder Lösung zu, sondern wird immer wieder durch **Mittel der Verfremdung**, sogenannte **V-Effekte** (z. B. illusionsstörende Mittel wie Zusammenfassungen, Vorausblicke, Kommentare oder Aus-der-Rolle-Treten der Schauspieler und Hinwendung zum Publikum), unterbrochen. Ziel ist es, den Zuschauer zur kritischen Distanz zu bewegen. Er soll sich nicht mit der Handlung identifizieren und sich kritiklos mitreißen lassen, sondern einen analytischen Blick auf das Bühnengeschehen werfen.

Dürrenmatt'sche Tragikomödie

In dem Drama „Die Physiker“ von Friedrich Dürrenmatt stehen drei in einem Irrenhaus lebende Physiker im Mittelpunkt. Einer von ihnen, Johann Wilhelm Möbius, hat die Weltformel entdeckt, die zur Vernichtung der ganzen Welt führen könnte. Möbius gibt vor, geisteskrank zu sein, um sich selbst unglaubwürdig zu machen und damit den Missbrauch seiner Formel zu verhindern. Die anderen Physiker, Newton und Einstein, sind Spione, die Möbius' Entdeckung für ihre Zwecke missbrauchen wollen. Jeder der drei Physiker ermordet eine Krankenschwester, um sein jeweiliges Geheimnis zu bewahren.

Friedrich Dürrenmatt: Die Physiker (Auszug)

Erster Akt

[...]

NEWTON Nicht wahr, Sie ärgern sich, mich nicht verhaften zu dürfen?

INSPEKTOR Aber Albert.

NEWTON Möchten Sie mich verhaften, weil ich die Krankenschwester erdrosselt oder weil ich die Atombombe ermöglicht habe?

INSPEKTOR Aber Albert.

NEWTON Wenn Sie da neben der Türe den Schalter drehen, was geschieht, Richard?

INSPEKTOR Das Licht geht an.

NEWTON Sie stellen einen elektrischen Kontakt her. Verstehen Sie etwas von Elektrizität, Richard?

INSPEKTOR Ich bin kein Physiker.

NEWTON Ich verstehe auch wenig davon. Ich stelle nur aufgrund von Naturbeobachtungen eine Theorie darüber auf. Diese Theorie schreibe ich in der Sprache der Mathematik nieder und erhalte mehrere Formeln. Dann kommen die Techniker. Sie kümmern sich nur noch um die Formeln. Sie gehen mit der Elektrizität um wie der Zuhälter mit der Dirne. Sie nützen sie aus. Sie stellen Maschinen her, und brauchbar ist eine Maschine erst dann, wenn sie von der Erkenntnis unabhängig geworden ist, die zu ihrer Erfindung führte. So vermag heute jeder Esel eine Glühbirne zum Leuchten zu bringen – oder eine Atombombe zur Explosion. *Er klopft dem Inspektor auf die Schulter.* Und nun wollen Sie mich dafür verhaften, Richard. Das ist nicht fair.

INSPEKTOR Ich will Sie doch gar nicht verhaften, Albert.

NEWTON Nur weil Sie mich für verrückt halten. Aber warum weigern Sie sich nicht, Licht anzudrehen, wenn Sie von Elektrizität nichts verstehen? Sie sind hier der Kriminelle, Richard. Doch nun muss ich meinen Kognak versorgen, sonst tobt die Oberschwester Marta Boll. *Newton versteckt die Kognakflasche wieder hinter dem Kaminschirm, läßt jedoch das Glas stehen.* Leben Sie wohl.

INSPEKTOR Leben Sie wohl, Albert.

NEWTON Sie sollten sich selber verhaften, Richard! R

1 ***Erläutern Sie, welches Problem Dürrenmatt hinsichtlich der Frage nach der Verantwortung des Wissenschaftlers gegenüber der Gesellschaft darstellt.***

2 ***Interpretieren Sie die Äußerung Newtons „Möchten Sie mich verhaften, weil ich die Krankenschwester erdrosselt oder weil ich die Atombombe ermöglicht habe?“ (Z. 3–4).***

Dürrenmatt'sche Tragikomödie – absurdes Theater

Basiswissen | **Dürrenmatt'sche Tragikomödie**

Dürrenmatts Figuren haben keine Chance mehr, Helden zu sein, weder im positiven (z. B. als handelnde Weltveränderer) noch im negativen Sinne (z. B. als Mitplaner einer Katastrophe).

Die Situation ist **grotesk** und somit befremdlich. Nach dem Höhepunkt erfolgt im Spannungsverlauf des Stückes keine Lösung des Problems.

Dürrenmatt zieht den Zuschauer in den Bann, indem er ihm eine Komödie vorgaukelt. Ganz unvermittelt sieht sich der Betrachter jedoch plötzlich mit einer ernst zu nehmenden Situation konfrontiert. Dürrenmatt spricht von einer „Mausefalle", in die er den Zuschauer locken möchte.

In Samuel Becketts Drama „Warten auf Godot" (1952) verbringen die Landstreicher Estragon und Wladimir an einem nicht näher bestimmten Ort ihre Zeit damit, auf eine Person namens „Godot" zu warten. Dabei kennen sie diese Person nicht, wissen nichts Genaues über sie und können nicht einmal mit Bestimmtheit sagen, ob dieser „Godot" überhaupt existiert.

Samuel Beckett: Warten auf Godot (Auszug)

Erster Akt

Landstraße. Ein Baum. Abend. […]

WLADIMIR Er hat gesagt, dass Godot morgen bestimmt kommt. *Pause.* Das sagt dir wohl nichts?

ESTRAGON Also brauchen wir nur hier zu warten.

WLADIMIR Du bist verrückt. Wir müssen irgendwo unterkommen. *Er packt Estragon am Arm.* Komm. *Er zieht ihn weiter. Estragon gibt zunächst nach und leistet dann Widerstand. Sie bleiben stehen.*

ESTRAGON *schaut den Baum an:* Schade, dass wir gar keinen Strick haben.

WLADIMIR Komm, es wird kalt. *Er zieht ihn hinter sich her. Estragon gibt zunächst nach und widersetzt sich dann.*

ESTRAGON Hilf mir daran denken, dass ich morgen einen Strick mitbringe.

WLADIMIR Ja, komm. *Er zieht ihn hinter sich her. Estragon gibt zunächst nach und widersetzt sich dann.*

ESTRAGON Wie lange dauert es nun schon, dass wir immer zusammen sind?

WLADIMIR Ich weiß nicht. Fünfzig Jahre vielleicht.

[…]

ESTRAGON Ich frage mich, ob wir nicht besser allein geblieben wären, jeder für sich. *Pause.* Wir waren nicht für denselben Weg gemacht.

WLADIMIR *ohne böse zu werden:* Das ist nicht sicher.

ESTRAGON Nein, nichts ist sicher.

WLADIMIR Wir können noch auseinandergehen, wenn du meinst, dass es besser wäre.

ESTRAGON Jetzt lohnt es sich nicht mehr. *Schweigen.*

Vergleich: verschiedene Dramenformen

WLADIMIR Nein, jetzt lohnt es sich nicht mehr. *Schweigen.*
ESTRAGON Also, wir gehen?
WLADIMIR Gehen wir!
Sie gehen nicht von der Stelle.

1 ***Untersuchen Sie den Dramenauszug unter folgenden Gesichtspunkten.***

a) Beschreiben Sie, wie die Figuren miteinander kommunizieren.

b) Wie wirkt das Bühnengeschehen auf Sie?

Basiswissen **Vergleich: verschiedene Dramenformen**

	Aristotelisches / klassisches Drama	Bürgerliches Trauerspiel	Episches Theater	Dürrenmatt'sche Tragikomödie	Absurdes Theater
Aufgabe/ Rolle des Zuschauers	Identifikation mit dem Bühnengeschehen; passive Konsumhaltung	Leidenschaft entfalten; uneingeschränkte Empathie; neben dem Verstand ist nun auch das Gefühl involviert	Veränderung durch Einsicht; aktive Rolle	Einsicht in das Groteske der Welt; ein Einzelner kann nichts erreichen, alle zusammen müssen das angehen, was alle betrifft	keine Aussicht auf Verbesserung der Situation
Mittel zur Umsetzung	Psychischer Akt der Einfühlung mit dem Helden (der Held ist Träger einer Idee) – Katharsis (= Reinigung) von Furcht und Mitleid durch Nachahmung von furcht- und mitleiderregenden Handlungen; geschlossene Form des Dramas (kausale Verknüpfung der Szenen); Spannungsbogen mit Katastrophe oder Lösung; 5 bzw. 3 Akte	Figuren sind dem Publikum nahe; bürgerliche Themen als Stoff der Tragödie (‚Familiendrama'); der Bürger wird als moralische Instanz, als Vertreter von Vernunft, Moral und aufgeklärtem Bewusstsein inszeniert	V-Effekte schaffen Distanz zum Geschehen und ermöglichen freies, kritisches Denken; • offene Form des Dramas; kleinere Handlungseinheiten (Bilder) • Montage von nicht dramatischen Elementen • Darsteller treten aus ihren Rollen heraus und wenden sich an das Publikum (Desillusionierung) • Verwendung von Umgangssprache/Dialekt • Widersprüche im Aufbau der Handlung und im Verhalten der Figur	V-Effekte; Prinzip der „Mausefalle" (Überlisten des Zuschauers); offene Form des Dramas endet nach zwei Akten (gibt Raum zum eigenen Handeln für die Zuschauer)	Darstellung einer Endzeitstimmung; gestörte Kommunikation; kein Spannungsverlauf; offene Form; Zerrissenheit der Handlungsabfolge

Vergleich: verschiedene Dramenformen

In den Überlegungen zu seinem Drama „Die Wiedertäufer" entwirft Dürrenmatt am Beispiel des Polarforschers Robert Falcon Scott verschiedene Modelle dramaturgischer Bearbeitungen desselben Stoffes und stellt in diesem Zusammenhang die Unterschiede zwischen der eigenen Umsetzung und den Bearbeitungen von Shakespeare, Brecht und Beckett heraus.

Friedrich Dürrenmatt: Modell Scott

Shakespeare hätte das Schicksal des unglücklichen Robert Falcon Scott doch wohl in der Weise dramatisiert, daß der tragische Untergang des großen Forschers durchaus dessen Charakter entsprungen wäre; Ehrgeiz hätte Scott blind gegen die Gefahren der unwirtlichen Regionen gemacht, in die er sich wagte, Eifersucht und Verrat unter den anderen Expeditionsteilnehmern hätten das Übrige hinzugetan, die Katastrophe in Eis und Nacht herbeizuführen; bei Brecht wäre die Expedition aus wirtschaftlichen Gründen und Klassendenken gescheitert, die englische Erzieherin hätte Scott gehindert, sich Polarhunden anzuvertrauen, er hätte zwangsläufig standesgemäße Ponys gewählt, der höhere Preis wiederum dieser Tiere hätte ihn genötigt, an der Ausrüstung zu sparen; bei Beckett wäre der Vorgang auf das Ende reduziert, Endspiel, letzte Konfrontation, schon in einen Eisblock verwandelt säße Scott anderen Eisblöcken gegenüber, vor sich hinredend, ohne Antwort von seinen Kameraden zu erhalten, ohne Gewißheit, von ihnen noch gehört zu werden: Doch wäre auch eine Dramatik denkbar, die Scott beim Einkaufen der für die Expedition benötigten Lebensmittel aus Versehen in einen Kühlraum einschlösse und in ihm erfrieren ließe. Scott, gefangen in den endlosen Gletschern der Antarktis, entfernt durch unüberwindliche Distanzen von jeder Hilfe, Scott, wie gestrandet auf einem anderen Planeten, stirbt tragisch, Scott, eingeschlossen in den Kühlraum durch ein läppisches Mißgeschick, mitten in einer Großstadt, nur wenige Meter von einer belebten Straße entfernt, zuerst beinahe höflich an die Kühlraumtüre klopfend, rufend, wartend, sich eine Zigarette anzündend, es kann ja nur wenige Minuten dauern, dann an die Türe polternd, darauf schreiend und hämmernd, immer wieder, während sich die Kälte eisiger um ihn legt, Scott, herumgehend, um sich Wärme zu verschaffen, hupfend, stampfend, turnend, radschlagend, endlich verzweifelt Tiefgefrorenes gegen die Türe schmetternd, Scott wieder innehaltend, im Kreise herumzirkulierend auf kleinstem Raum, schlotternd, zähneklappernd, zornig und ohnmächtig, dieser Scott nimmt ein noch schrecklicheres Ende und dennoch ist Robert Falcon Scott im Kühlraum erfrierend ein anderer als Robert Falcon Scott erfrierend in der Antarktis, wir spüren es, dialektisch gesehen ein anderer, aus einer tragischen Gestalt ist eine komische Gestalt geworden, komisch nicht wie einer, der stottert, oder wie einer, der vom Geiz oder von der Eifersucht überwältigt worden ist, eine Gestalt komisch allein durch ihr Geschick: Die schlimmstmögliche Wendung, die eine Geschichte nehmen kann, ist die Wendung in die Komödie. R

Vergleich: verschiedene Dramenformen

1 *Stellen Sie die Dürrenmatt'schen dramaturgischen Bearbeitungen der Expedition Scotts in eigenen Worten dar.*

2 *Erläutern Sie mithilfe des Basiswissen (S. 372) und des Musters unten, inwiefern die von Dürrenmatt vorgeschlagenen Bearbeitungen mit den verschiedenen Dramenkonzepten übereinstimmen.*

Muster

Shakespeare geht von der geschichtsgestaltenden Kraft des einzelnen Menschen aus. Es gibt einen Helden, der auf das Geschehen einwirken kann.

Diese Ansicht ist für Dürrenmatt überholt. Der Einzelne kann nicht mehr in den Ablauf politischer, wirtschaftlicher oder religiöser Auseinandersetzungen eingreifen, da die Welt zu komplex geworden ist. Nichts ist wirklich planbar, denn durch einen unvorhersehbaren Zufall kann jegliches Vorhaben zunichtegemacht werden und die „schlimmstmögliche Wendung" nehmen, die es doch gerade zu vermeiden galt. Dürrenmatts Figuren tragen nicht das Potenzial in sich, Helden zu sein.

Brecht vertraut in die Fähigkeit des Menschen, historisch handeln zu können, obgleich er den Einzelnen als Produkt seiner gesellschaftlichen Situation betrachtet.

Im absurden Theater Becketts muten die Figuren wie Marionetten an, die handlungsunfähig sind. Sie sind darüber hinaus nicht einmal in der Lage, miteinander zu kommunizieren. Es herrscht eine pessimistische Endzeitstimmung vor.

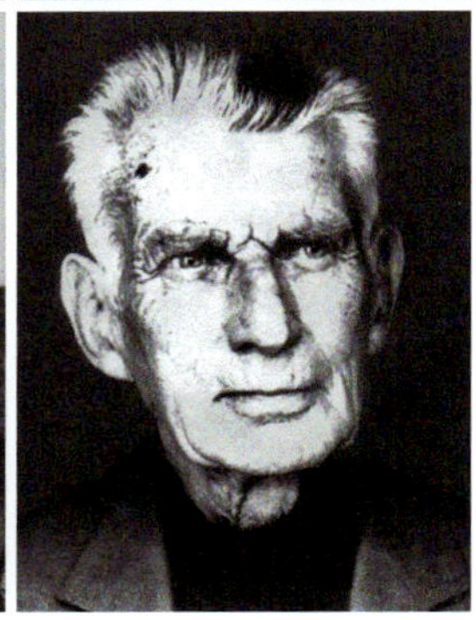

Fazit

22.1 Vom klassischen Drama zum absurden Theater

klassisches Drama
- geschlossene Form
- Spannungsbogen mit Katastrophe/Konfliktlösung
- Katharsis

bürgerliches Trauerspiel
- der „Bürger" als Träger der Handlung

episches Theater
- offene Form
- V-Effekte

Dürrenmatt'sche Tragikomödie
- Prinzip der „Mausefalle"

absurdes Theater
- offene Form
- zerrissene Handlungsabfolge

Eine Dramenanalyse verfassen

Einordnung einer Textstelle

Das Interpretieren einer literarischen Ganzschrift erfordert eine umfassende Auseinandersetzung mit Inhalt und Form eines Textes. Am Beispiel von Bertolt Brechts Drama „Leben des Galilei" (siehe auch S. 368 f.) erarbeiten Sie das schrittweise Vorgehen beim Schreiben der Textinterpretation. In einem ersten Aufgabenteil wird von Ihnen häufig verlangt, einen Textauszug in den Gesamtzusammenhang des Dramas einzuordnen. Dazu ist es notwendig, sich die Handlung des ganzen Dramas zu vergegenwärtigen.

Inhaltliche Zusammenfassung des Dramas „Leben des Galilei" von Bertolt Brecht

Im Mittelpunkt des Dramas steht der Wissenschaftler Galileo Galilei, der von 1564–1642 als Mathematiker, Physiker und Astronom in Italien gelebt und geforscht hat. Mit seinen wissenschaftlichen Untersuchungen versucht er die Richtigkeit des kopernikanischen Weltbildes – das die Sonne und nicht die Erde als Mittelpunkt hat – zu beweisen. Galilei gerät damit in einen scharfen Gegensatz zur herrschenden kirchlichen Lehre. Es wird dargestellt, wie daraus Galileis Konflikt zwischen seiner Verantwortung als Wissenschaftler zur Aufklärung einerseits und seiner Person, die weiterleben und forschen will, andererseits entsteht.

In fünfzehn Bildern zeichnet Brecht die Stationen des Lebensweges Galileis nach. Zunächst lehrt und forscht Galilei in Padua, und es gelingt ihm mithilfe eines nach holländischem Vorbild gebauten Fernrohres nachzuweisen, dass der Jupiter Monde hat, die ihn als Trabanten umkreisen.

Obwohl Galilei vor den kirchlichen Wissenschaftlern in Florenz gewarnt wird, entschließt er sich, seine Forschungen von Padua nach Florenz zu verlegen, weil er sich dort aufgrund der höheren Besoldung bessere Rahmenbedingungen für seine Arbeit erhofft. Er spürt aber sehr schnell die Widerstände der kirchlichen Wissenschaftler, die vor allem religiös argumentieren und sich auf die Bibel berufen, in der ihrer Meinung nach eindeutig bewiesen sei, dass Gott die Erde in den Mittelpunkt gestellt habe. Außerdem befürchtet man, dass Galileis Erkenntnisse beim einfachen Volk zu Unruhen und Rebellion führen könnten. Und obwohl der Astronom des Vatikans Clavius die Ergebnisse Galileis bestätigt, wird Galileis Lehre auf den Index gesetzt, das heißt, es werden Verbreitung und Studium verboten.

Zwar unterwirft sich Galilei dem Forschungsverbot, doch als acht Jahre später ein Wissenschaftler zum Papst gewählt wird, setzt Galilei seine Arbeit fort. Dies hat zur Folge, dass er von der Inquisition, dem Gericht der Kirche, verhört wird. Obwohl die Richtigkeit der Lehre Galileis auch für das Kirchengericht außer Zweifel steht, zwingt man ihn zum Widerruf und inhaftiert ihn die letzten Jahre seines Lebens in einem Haus außerhalb von Florenz.

Dort forscht er trotz ständiger Bewachung weiter, und es gelingt ihm, eine Abschrift seines Hauptwerkes, der „Discorsi", seinem ehemaligen Lieblingsschüler Andrea zukommen zu lassen, der sie nach Holland schmuggelt.

1 *Untersuchen Sie die inhaltliche Zusammenfassung.*

a) Formulieren Sie den im Drama dargestellten Konflikt mit eigenen Worten.

b) Beschreiben Sie die gesellschaftspolitische Dimension des Konflikts.

Einordnung einer Textstelle

4. Bild (Auszug)

Cosmo bückt sich rasch und übergibt Andrea höflich das Modell. Inzwischen räumt Galilei verstohlen das andere Modell beiseite.

GALILEI *am Fernrohr:* Wie Eure Hoheit zweifellos wissen, sind wir Astronomen seit einiger Zeit mit unseren Berechnungen in große Schwierigkeiten gekommen. Wir benützen dafür ein sehr altes System, das sich in Übereinstimmung mit der Philosophie, aber leider nicht mit den Fakten zu befinden scheint. Nach diesem alten System, dem Ptolemäischen, werden die Bewegungen der Gestirne als äußerst verwickelt angenommen. Der Planet Venus zum Beispiel soll eine Bewegung von dieser Art vollführen. *Er zeichnet auf eine Tafel die epizyklische Bahn der Venus nach der ptolemäischen Annahme.* Aber selbst solche schwierigen Bewegungen annehmend, sind wir nicht in der Lage, die Stellung der Gestirne richtig vorauszuberechnen. Wir finden sie nicht an den Orten, wo sie eigentlich sein müßten. Dazu kommen solche Gestirnbewegungen, für welche das Ptolemäische System überhaupt keine Erklärung hat. Bewegungen dieser Art scheinen mir einige von mir neu entdeckte kleine Sterne um den Planeten Jupiter zu vollführen. Ist es den Herren angenehm, mit einer Besichtigung der Jupitertrabanten zu beginnen, der Mediceischen Gestirne?

ANDREA *auf den Hocker vor dem Fernrohr zeigend:* Bitte, sich hier zu setzen.

DER PHILOSOPH Danke, mein Kind. Ich fürchte, das alles ist nicht ganz so einfach. Herr Galilei, bevor wir Ihr berühmtes Rohr applizieren[1], möchten wir um das Vergnügen eines Disputs bitten. Thema: Können solche Planeten existieren?

DER MATHEMATIKER Eines formalen Disputs.

GALILEI Ich dachte mir, Sie schauen einfach durch das Fernrohr und überzeugen sich?

ANDREA Hier, bitte.

DER MATHEMATIKER Gewiß, gewiß. – Es ist Ihnen natürlich bekannt, daß nach der Ansicht der Alten Sterne nicht möglich sind, die um einen anderen Mittelpunkt als die Erde kreisen, noch solche Sterne, die im Himmel keine Stütze haben?

GALILEI Ja.

DER PHILOSOPH Und, ganz absehend von der Möglichkeit solcher Sterne, die der Mathematiker – *er verbeugt sich gegen den Mathematiker* – zu bezweifeln scheint, möchte ich in aller Bescheidenheit als Philosoph die Frage aufwerfen: Sind solche Sterne nötig? Aristotelis divini universum …

GALILEI Sollten wir nicht in der Umgangssprache fortfahren? Mein Kollege, Herr Federzoni, versteht Latein nicht.

DER PHILOSOPH Ist es von Wichtigkeit, daß er uns versteht?

GALILEI Ja.

DER PHILOSOPH Entschuldigen Sie mich. Ich dachte, er ist Ihr Linsenschleifer. R

1 applizieren: anwenden

2 ***Ordnen Sie den Textausschnitt in den Gesamtzusammenhang des Dramas ein.***

a) Fassen Sie den Inhalt des Ausschnittes kurz zusammen.

b) Notieren Sie in Stichpunkten, was in den Bildern 1–4 (Beginn) geschehen ist und wie die Handlung nach dem Ausschnitt fortgeführt wird. Orientieren Sie sich auch an der inhaltlichen Zusammenfassung des Dramas (➪ S. 375).

Einordnung einer Textstelle

Muster

Die Begegnung zwischen Galilei und den Wissenschaftlern aus Florenz steht im Mittelpunkt des 4. Bildes. Es geht um die Frage, ob sich die Wissenschaftler von Galilei überzeugen lassen werden oder nicht. Da Galilei an die Vernunft glaubt, hat er die Hoffnung, dass die Wissenschaftler durch das Fernrohr sehen und die Existenz der Jupitermonde anerkennen werden; damit wäre auch das ptolemäische Weltbild, in dem die Erde im Mittelpunkt steht, widerlegt. Zu seiner Enttäuschung muss er allerdings erfahren, dass sich die Wissenschaftler weigern, durch das Fernrohr zu schauen, weil sie der Überzeugung sind, dass solche Sterne nicht existieren können und darüber hinaus mehr schaden als nutzen würden.

Bereits im Vorfeld ist Galilei von Sagredo gewarnt worden, nach Florenz zu gehen, weil der Einfluss der Kirche auf Wissenschaft und Lehre dort weitaus größer sei als in der von Rom relativ unabhängigen Universitätsstadt Padua, die zur freien Republik Venedig gehört. Allerdings lässt sich Galilei durch die Warnungen nicht beeindrucken, weil er an die Überzeugungskraft seiner Argumente glaubt. Vor allem locken ihn die finanziellen Möglichkeiten, die sich ihm in Florenz bieten.

Im weiteren Verlauf der Handlung muss Galilei erkennen, dass Macht und Einfluss der Kirche so groß sind, dass sie seine Lehre auf den Index setzen können. Außerdem wird er inhaftiert und man droht ihm die Folter an. Unter diesem Druck wird der Wissenschaftler schließlich seine Lehre widerrufen.

3 ***Beschreiben Sie den Aufbau des Mustertextes.***

4 ***Erstellen Sie eine Gliederung für die Einordnung des Textausschnittes in den Gesamtzusammenhang.***

Arbeitstechnik – Einordnung einer Textstelle in den Gesamtzusammenhang

Die Einordnung einer Textstelle in den Gesamtzusammenhang einer Ganzschrift dient dem Nachweis der Textkenntnis – in diesem Teil des Aufsatzes beschreiben Sie Inhalte und ordnen diese ein, Sie interpretieren sie noch nicht. So gehen Sie vor:

- Sie formulieren eine inhaltliche Zusammenfassung der vorgegebenen Textstelle.
- Daran schließen Sie einen Rückblick an, der kurz deutlich macht, weshalb es zu der im Textauszug beschriebenen Handlung kommt.
- In einem Ausblick fassen Sie dann zusammen, wie sich die Handlung weiter entfaltet.
- Sie schreiben in eigenen Worten. Die Zeitform ist das Präsens. Wichtige Figurenäußerungen geben Sie in indirekter Rede wieder. Zitate sind in diesem ersten Teil des Aufsatzes noch nicht erlaubt.

Achtung: Rückblick und Vorausblick müssen zeigen, dass Sie sich auf die vorgegebene Textstelle beziehen. Es geht also nicht darum, das ganze Drama inhaltlich wiederzugeben. Die Einordnung einer Textstelle sollte nicht mehr als ein Drittel des Gesamtumfangs Ihres Aufsatzes ausmachen.

Analyse und Interpretation sprachlicher und dramentechnischer Mittel

Im nächsten Schritt analysieren und interpretieren Sie einen Dramenauszug.

6. Bild (Auszug)

Eintritt ein sehr alter Kardinal, von einem Mönch gestützt. Man macht ihm ehrerbietig Platz.

DER SEHR ALTE KARDINAL Sind sie immer noch drinnen? Können sie mit dieser Kleinigkeit wirklich nicht schneller fertig werden? Dieser Clavius sollte doch seine Astronomie verstehen! Ich höre, dieser Herr Galilei versetzt den Menschen aus dem Mittelpunkt des Weltalls irgendwohin an den Rand. Er ist folglich deutlich ein Feind des Menschengeschlechts! Als solcher muß er behandelt werden. Der Mensch ist die Krone der Schöpfung, das weiß jedes Kind, Gottes höchstes und geliebtestes Geschöpf. Wie könnte er es, ein solches Wunderwerk, eine solche Anstrengung, auf ein kleines, abseitiges und immerfort weglaufendes Gestirnlein setzen? Würde er so wohin seinen Sohn schicken? Wie kann es Leute geben, so pervers, daß sie diesen Sklaven ihrer Rechentafeln Glauben schenken! Welches Geschöpf Gottes wird sich so etwas gefallen lassen?

DER DICKE PRÄLAT *halblaut:* Der Herr ist anwesend.

DER SEHR ALTE KARDINAL *zu Galilei:* So, sind Sie das? Wissen Sie, ich sehe nicht mehr allzu gut, aber das sehe ich doch, daß Sie diesem Menschen, den wir seinerzeit verbrannt haben – wie hieß er doch? –, auffallend gleichen.

DER MÖNCH Eure Eminenz sollten sich nicht aufregen. Der Arzt …

DER SEHR ALTE KARDINAL *schüttelt ihn ab, zu Galilei:* Sie wollen die Erde erniedrigen, obwohl Sie auf ihr leben und alles von ihr empfangen. Sie beschmutzen Ihr eigenes Nest! Aber ich jedenfalls lasse es mir nicht gefallen. *Er stößt den Mönch zurück und beginnt stolz auf und ab zu schreiten.* Ich bin nicht irgendein Wesen auf irgendeinem Gestirnchen, das für kurze Zeit irgendwo kreist. Ich gehe auf einer festen Erde, in sicherem Schritt, sie ruht, sie ist der Mittelpunkt des Alls, ich bin im Mittelpunkt, und das Auge des Schöpfers ruht auf mir und auf mir allein. Um mich kreisen, fixiert an acht kristallene Schalen, die Fixsterne und die gewaltige Sonne, die geschaffen ist, meine Umgebung zu beleuchten. Und auch mich, damit Gott mich sieht. So kommt sichtbar und unwiderleglich alles an auf mich, den Menschen, die Anstrengung Gottes, das Geschöpf in der Mitte, das Ebenbild Gottes, unvergänglich und … *Er sinkt zusammen.*

DER MÖNCH Eure Eminenz haben sich zuviel zugemutet!

In diesem Augenblick öffnet sich die Tür hinten, und an der Spitze seiner Astronomen kommt der große Clavius herein. Er durchschreitet schweigend und schnell, ohne zur Seite zu blicken, den Saal und spricht, schon am Ausgang, zu einem Mönch hin.

CLAVIUS Es stimmt. *Er geht ab, gefolgt von den Astronomen. Die Tür hinten bleibt offenstehen. Totenstille. Der sehr alte Kardinal kommt zu sich.*

DER SEHR ALTE KARDINAL Was ist? Die Entscheidung gefallen?

Niemand wagt, es ihm zu sagen.

DER MÖNCH Eure Eminenz müssen nach Hause gebracht werden.

Man hilft dem alten Mann hinaus. Alle verlassen verstört den Saal. Ein kleiner Mönch aus der Untersuchungskommission des Clavius bleibt bei Galilei stehen.

DER KLEINE MÖNCH *verstohlen:* Herr Galilei, Pater Clavius sagte, bevor er wegging: Jetzt können die Theologen sehen, wie sie die Himmelskreise wieder einrenken! Sie haben gesiegt. *Ab*

Analyse und Interpretation sprachlicher und dramentechnischer Mittel

GALILEI *sucht ihn zurückzuhalten:* Sie hat gesiegt! Nicht ich, die Vernunft hat gesiegt!

Der kleine Mönch ist schon weg. Auch Galilei geht. Unter der Tür begegnet er einem hochgewachsenen Geistlichen, dem Kardinal Inquisitor. Ein Astronom begleitet ihn. Galilei verbeugt sich. Bevor er hinausgeht, stellt er einem Türhüter flüsternd eine Frage.

TÜRHÜTER *zurückflüsternd:* Seine Eminenz, der Kardinal Inquisitor. [R]

1 ***Ordnen Sie die Textstelle in den Gesamtzusammenhang ein.***

2 ***Formulieren Sie eine Interpretationshypothese zu dem Textauszug. Gehen Sie so vor:***

a) Formulieren Sie, wie Sie den Auftritt des „*sehr alten Kardinals*" im Hinblick auf seine inhaltlichen Aussagen, seine Sprache und seinen Zusammenbruch deuten.

b) Gehen Sie auf die Funktion ein, die dieses 6. Bild für den Handlungsverlauf des Dramas haben könnte.

3 ***Analysieren Sie den Auszug.***

a) Welche Auffassung von der Bedeutung der Wissenschaft äußert „*der sehr alte Kardinal*"? Vergleichen Sie seine Auffassung mit der Galileis.

b) Untersuchen Sie, welche sprachlichen Mittel verwendet werden, um die Position des „*sehr alten Kardinals*" zu untermauern (➪ Kapitel 4, S. 96–97).

Sprache und Stil

4 ***Deuten Sie die Ergebnisse Ihrer Sprachanalyse. Formulieren Sie Sätze nach dem Muster unten.***

Sprachliches Mittel	Deutung
Drohungen, z. B.: „*Aber ich jedenfalls lasse es mir nicht gefallen*" (Z. 18–19)	Aggressivität des Kardinals
Ironie: „*... auf irgendeinem Gestirnchen*" (Z. 20)	würdigt Galileis Arbeit herab
Anapher: „*Ich bin nicht [...] Ich gehe [...], ich bin [...]*" (Z. 20–22)	egozentrischer Machtmensch – sieht nur sich im Mittelpunkt
Metapher: „*Sie beschmutzen Ihr eigenes Nest!*" (Z. 18)	beleidigend, verachtend

Muster

Trotz seiner Gebrechlichkeit ist der Kardinal sehr erregt und aggressiv gegenüber Galilei und vermittelt das Bild eines Machtmenschen, der keinen Widerspruch duldet. Dies wird z. B. daran deutlich, dass seine Aussagen in Form von Ausrufen formuliert werden, dass er ironisch über Galileis Forschung spricht und sich als Mittelpunkt von allem darstellt, wozu das Stilmittel Anapher benutzt wird: „Ich bin nicht irgendein Wesen [...] Ich gehe [...], ich bin [...]" (Z. 20–22). Mit der ironischen Verkleinerung „Gestirnchen" würdigt er Galileis Forschungsleistungen herab. Darüber hinaus droht er Galilei, dass man ihn töten werde: „[...] das sehe ich doch, daß Sie diesem Menschen, den wir seinerzeit verbrannt haben [...] auffallend gleichen."

Analyse und Interpretation sprachlicher und dramentechnischer Mittel

Für die Interpretation dramatischer Texte spielen die Regieanweisungen eine große Rolle, weil hier der Autor Hinweise gibt, wie eine Textpassage gespielt werden soll.

Muster

Deutung der dramentechnischen Gestaltung (6. Bild)

Die Regieanweisungen zeigen, auf welche Art der Kardinal seine Erregung, seinen Ärger und die Aggression Galilei betreffend durch die Körpersprache verdeutlichen soll, wenn er sich beispielsweise von dem ihn stützenden Mönch befreit: „schüttelt ihn ab" (Z. 17). Mit dieser emotionalen Geste soll auch ein Gegensatz zur Gebrechlichkeit des alten Mannes hervorgehoben werden: „Eintritt ein sehr alter Kardinal, von einem Mönch gestützt. [...]" und „Er sinkt zusammen." (Z. 2, 27)
Dennoch lässt sich bereits an dieser Stelle vermuten, dass die Bestätigung der Lehren Galileis durch Clavius nicht den endgültigen Sieg für Galilei bringen wird, denn Brecht gibt mit dem Auftritt des Großinquisitors bereits einen wichtigen Hinweis, wie sich die Ereignisse weiterentwickeln werden: „Unter der Tür begegnet er einem hochgewachsenen Geistlichen, dem Kardinal Inquisitor. Ein Astronom begleitet ihn. Galilei verbeugt sich." (Z. 43–44) Die Verbeugung Galileis könnte als Vorwegnahme der späteren Unterwerfung gedeutet werden.

5 ***Untersuchen Sie die Musterlösung.***

a) Schreiben Sie die für diesen Textauszug aufgestellten Interpretationshypothesen heraus.

b) Fassen Sie die Begründungen der Interpretationshypothesen kurz schriftlich zusammen.

6 ***Ergänzen Sie die Deutung der dramentechnischen Gestaltung (Muster) durch weitere Beispiele.***

Basiswissen – Dramentechnische Mittel: die Regieanweisung

Regieanweisungen sind wichtige dramentechnische Mittel. Sie geben Hinweise zum körpersprachlichen Verhalten (analoge Kommunikation), also Mimik und Gestik einer Figur, und verdeutlichen so mit der Art der Gesprächsführung, der Äußerung von Emotionen, das Verhältnis der Figuren zueinander. Häufig nutzt der Autor (Dramatiker) die Regieanweisungen auch, um Hinweise zu geben, wie er sich die Kulisse, die Beleuchtung oder die Architektur eines Raumes wünscht und was die gerade nicht sprechenden Figuren tun sollen.

Die Analyse der Regieanweisungen gibt neben der Beschreibung des Dramenaufbaus und anderer dramentechnischer Mittel (➪ Kapitel 14, S. 233–243) wichtige Aufschlüsse für die Interpretation des Dramas.

7 ***Formulieren Sie Regieanweisungen, mit denen folgende digitale (verbale) Äußerungen durch analoges (nonverbales) Verhalten verdeutlicht und verstärkt werden können.***

Beispiel: digitale Ebene	auszudrückendes Gefühl	analoge Ebene
Ich habe versagt.	Resignation	schlägt die Hände vor das Gesicht
So kannst du mit mir nicht umgehen! *Ich könnte alle umarmen!* *Was soll ich jetzt bloß tun?* *Hoffentlich kommt er bald!*	Wut, Aggression Euphorie Ratlosigkeit Ungeduld	... ...

Die historische Interpretationsmethode

Für eine Interpretation kann es sinnvoll sein, die textimmanente Betrachtungsweise zu ergänzen und den historischen Hintergrund eines Werkes zu untersuchen. Die Werke Bertolt Brechts eignen sich besonders für die historische Interpretationsmethode, weil Brecht auf gesellschaftspolitische Ereignisse seiner Zeit in seinen literarischen Werken unmittelbar reagierte.

Informationen zu Brechts Biografie und Zeitgeschichte

Bertolt Brecht wurde 1898 in Augsburg geboren. Er wuchs in gesicherten bürgerlichen Verhältnissen auf. Schon während seiner Schulzeit setzte er sich sehr kritisch mit dem gerade tobenden Ersten Weltkrieg auseinander. Dies verstärkte sich noch, als er 1918 als Sanitätssoldat in einem Augsburger Reservelazarett arbeitete. Seine Gedichte, Lieder und Theaterstücke aus dieser Zeit sowie aus den 20er Jahren des 20. Jahrhunderts wurden nach dem Machtantritt der Nationalsozialisten im Januar 1933 zu „undeutschen Schriften“ erklärt und verbrannt. Brecht wurde die deutsche Staatsbürgerschaft aberkannt und er musste das Land verlassen.

Von seinen Stücken gibt es oft mehrere Fassungen, die an verschiedenen Orten entstanden sind. So hat Brecht die erste Fassung von „Leben des Galilei“ 1938/39 in Dänemark verfasst, die zweite im amerikanischen Exil zwischen 1945 und 1947 und die dritte Bearbeitung in Berlin vorgenommen, die 1955 im Suhrkamp Verlag ihre Druckfassung erhielt. Vor allem der Atombombenabwurf 1945 über Hiroshima und Nagasaki, der in wenigen Minuten über 180 000 Menschen das Leben kostete, veranlasste Brecht zu einer Überarbeitung des berühmten Schlussmonologes Galileis.

Erste (dänische) Fassung (1938/39) – 14. Bild (Schlussmonolog)

Galilei […] Die Wissenschaft befindet sich nämlich mit der gesamten Menschheit in einem Boot. So kann sie nicht etwa sagen: Was geht es mich an, wenn am andern Ende des Bootes ein Leck ist! Sie steht so für die Vernunft, welche eine zu große Sache ist, als daß sie je in einem Kopf Platz hätte. Die Vernunft ist eine Sache, in welche die Menschen sich teilen. Sie kann als die Selbstsucht der gesamten Menschheit bezeichnet werden. Die Wissenschaft kann Menschen, die es versäumen, für die Vernunft einzutreten, nicht brauchen. Sie muß sie mit Schande davonjagen, denn sie mag so viele Wahrheiten wie immer wissen, in einer Welt der Lüge hätte sie keinen Bestand. Wenn die Hand, die sie füttert, ihr gelegentlich und ohne Warnung an die Gurgel greift, wird die Menschheit sie abhauen müssen. Das ist der Grund, warum die Wissenschaft einen Menschen wie mich nicht in ihren Reihen dulden kann.

Dritte (Berliner) Fassung (1953–55) – 14. Bild (Schlussmonolog)

Galilei […] Eine Menschheit, stolpernd in einem Perlmutterdunst von Aberglauben und alten Wörtern, zu unwissend, ihre eigenen Kräfte voll zu entfalten, wird nicht fähig sein, die Kräfte der Natur zu entfalten, die ihr enthüllt. Wofür arbeitet ihr? Ich halte dafür, daß das einzige Ziel der Wissenschaft darin besteht, die Mühseligkeit der menschlichen Existenz zu erleichtern. Wenn Wissenschaftler, eingeschüchtert durch selbstsüchtige Machthaber, sich damit begnügen, Wissen um des Wissens willen aufzuhäufen, kann die Wissenschaft zum Krüppel gemacht werden, und eure neuen Maschinen mögen nur neue Drangsale bedeuten.

Die historische Interpretationsmethode

Ihr mögt mit der Zeit alles entdecken, was es zu entdecken gibt, und euer Fortschritt wird doch nur ein Fortschreiten von der Menschheit weg sein. Die Kluft zwischen euch und ihr kann eines Tages so groß werden, daß euer Jubelschrei über irgendeine neue Errungenschaft von einem universalen Entsetzensschrei beantwortet werden könnte. – Ich hatte als Wissenschaftler eine einzigartige Möglichkeit. In meiner Zeit erreichte die Astronomie die Marktplätze. Unter diesen ganz besonderen Umständen hätte die Standhaftigkeit e i n e s Mannes große Erschütterungen hervorrufen können. Hätte ich widerstanden, hätten die Naturwissenschaftler etwas wie den hippokratischen Eid der Ärzte entwickeln können, das Gelöbnis, ihr Wissen einzig zum Wohle der Menschheit anzuwenden! Wie es nun steht, ist das Höchste, was man erhoffen kann, ein Geschlecht erfinderischer Zwerge, die für alles gemietet werden können. Ich habe zudem die Überzeugung gewonnen, Sarti, daß ich niemals in wirklicher Gefahr schwebte. Einige Jahre lang war ich ebenso stark wie die Obrigkeit. Und ich überlieferte mein Wissen den Machthabern, es zu gebrauchen, es nicht zu gebrauchen, es zu mißbrauchen, ganz wie es ihren Zwecken diente. *Virginia ist mit einer Schüssel hereingekommen und bleibt stehen.*

GALILEI Ich habe meinen Beruf verraten. Ein Mensch, der das tut, was ich getan habe, kann in den Reihen der Wissenschaftler nicht geduldet werden. R

1 ***Untersuchen Sie die Veränderungen, die Brecht vorgenommen hat, und versuchen Sie diese zu begründen. Nutzen Sie dazu die Informationen zu Biografie und Zeitgeschichte.***

2 ***Erörtern Sie die Relevanz des Themas „Grenzen des wissenschaftlichen Forschens" für Leser des 21. Jahrhunderts.***

Basiswissen **Historische Interpretationsmethode**

Interpretationsmethode, bei der Faktoren, die außerhalb eines Textes liegen, zur Deutung herangezogen werden. Das können z. B. geschichtliche Ereignisse sein oder gesellschaftspolitische Vorgänge, die das Leben und Wirken einer Autorin oder eines Autors stark beeinflussen. Mit dieser Methode prüfen Sie, ob und wie solche Ereignisse und Vorgänge sich auf die Themenwahl, die inhaltliche und sprachliche Darstellungsweise eines literarischen Textes (hier eines Dramas) ausgewirkt haben, und Sie beziehen diese Aspekte in Ihre Deutung ein (➪ Kapitel 14).

Muster

Aufgabe mit Lösungsvorschlag:
Ordnen Sie das vollständige 6. Bild in den Gesamtzusammenhang des Dramas ein und interpretieren Sie es. Berücksichtigen Sie dabei die sprachliche und dramentechnische Gestaltung und gehen Sie auf historische Hintergründe ein.

allgemeine Einleitung

Das 1938 im dänischen Exil entstandene Drama „Leben des Galilei" wurde von Bertolt Brecht verfasst und in den folgenden zwei Jahrzehnten mehrfach überarbeitet, bis es im Jahr 1955 in Berlin seine endgültige Fassung erhielt. Im Mittelpunkt steht das Leben des berühmten Physikers und Astronomen Galileo Galilei, sein Kampf mit der Kirche um freie Forschung und die Folgen eines sich wandelnden Weltbildes.

Die Textinterpretation

Inhalt der Textstelle

Im 6. Bild, dessen Handlung im Forschungsinstitut des Vatikans spielt, warten Galilei und eine Reihe von Theologen, Priestern, Wissenschaftlern auf die Untersuchungsergebnisse des Astronomen Clavius. Eingangs der Szene macht man sich über das neue Weltbild und die Lehren Galileis lustig. Es werden Einwände gegen das kopernikanische Weltbild erhoben. So kritisieren die beiden Astronomen, dass es bereits früher Erscheinungen am Himmel gegeben habe, die mit dem alten Weltbild nicht zu erklären gewesen seien. Dennoch habe niemand die Vermessenheit besessen, den Himmel in seinem Wesen anzuzweifeln. Ein sehr dünner Mönch versucht, die Lehre Galileis mit dem Wortlaut der Schrift zu widerlegen und behauptet, Galileis Theorien seien destruktiv. Unterstützung erhält er von dem sehr alten Kardinal, der ebenfalls darüber reflektiert, was mit der Welt und dem Menschen geschähe, wenn Galileis Weltbild stimmen würde. Vor allem beklagt er den Verlust der Gottesebenbildlichkeit, die im Weltbild der Bibel die innere Mitte bildet. Mit eindeutigen Drohungen versucht er Galilei einzuschüchtern. Das Bild endet damit, dass Clavius in aller Knappheit die Himmelsbeobachtungen bestätigt.

Rückblick

Bereits im Vorfeld dieses Bildes ist die Skepsis der Vertreter der katholischen Kirche gegenüber dem kopernikanischen Weltbild thematisiert worden. Vor allem im 4. Bild wird das Dogma der herrschenden kirchlichen Lehre deutlich: Die Gelehrten weigern sich, durch das Fernrohr zu schauen, weil sie nicht an die Möglichkeit der Existenz der Jupitermonde glauben.

weitere Entwicklung

Auch im weiteren Verlauf des Dramas kommt es zu erheblichen Konflikten Galileis mit der Kirche. Man setzt seine Schriften auf den Index; als er weiterforscht und berühmt wird, zwingt ihn die Inquisition schließlich zum Widerruf und erteilt ihm lebenslänglich Hausarrest.

Interpretationshypothesen mit Textbelegen

Im 6. Bild wird gezeigt, aus welch unterschiedlichen Motiven heraus Erkenntnisse der Wissenschaften abgelehnt werden. Zum einen fällt die Gruppe um den dicken Prälaten auf, die offensichtlich nicht gewillt ist, sich mit den neuen Theorien auseinanderzusetzen. Diese Gruppe repräsentiert einen Menschentypus, der nur auf seine beschränkte Sinneswahrnehmung vertraut. Auf das, was sie nicht versteht, reagiert sie mit einem fast albernen kleinen Theaterspiel, das ihre Ignoranz unter Beweis stellt: „Es bildet sich ein Klumpen von Mönchen, die unter Gelächter tun, als wehrten sie sich, von einem Schiff im Sturm abgeschüttelt zu werden." (S. 59)*

Analyse der Regieanweisung

Brecht wählt in der Regieanweisung erneut das Bild vom Schiff als Metapher für die neue Zeit, die anbricht; eine Zeit, in der man sich getraut, die Ufer zu verlassen (vgl. S. 9 f.) und über das Meer zu fahren. Dabei werden, so Galileis Hoffnung, in der Tat nicht nur die alten Lehren, sondern auch deren Vertreter „abgeschüttelt". Ihre Sprache ist zynisch, weil sie sich immer wieder über Galileis Lehren lustig machen: „Ein Mönch spielt Komödie: Mir schwindelt. Die Erde dreht sich zu schnell." (S. 58)

Konflikt

Hingegen machen sich die beiden Astronomen wesentlich mehr Gedanken, sie stehen für diejenigen Wissenschaftler, die sich neuen Erkenntnissen zwar nicht völlig verschließen, aber denen die alte Ordnung so schützenswert erscheint, dass sie das Neue lieber verwerfen. Sie sehen, aber sie haben nicht den Mut, daraus die richtigen Schlüsse zu ziehen. Der zweite Astronom äußert: „Es gibt Erscheinungen, die uns Astronomen Schwierigkeiten bereiten, aber muß der Mensch alles verstehen?" (S. 60) Die rhetorische Frage zeigt deutlich, wo sich der Astronom seine Grenzen setzt: dort, wo die göttliche und die weltliche Ordnung selbst zum Gegenstand der Forschung werden.

Sprachanalyse und Zitate

Einen letzten Typus von Gegnern der Lehre Galileis stellt uns Brecht mit dem sehr dünnen Mönch und dem sehr alten Kardinal vor. Sie sind fanatische Fundamentalisten, die sich aus unterschiedlichen Gründen der Unfehlbarkeit der Bibel verpflichtet fühlen: „Wie kann die Sonne stillstehen, wenn sie sich überhaupt nicht dreht, wie diese Ketzer behaupten? Lügt die Schrift?" (S. 60) Auch diese Fragen sind Scheinfragen, die verknüpft sind mit einer eindeutigen Drohung in die Richtung Galileis. Mit Aufzählungen, Metaphern und Vergleichen will der sehr dünne Mönch die Verwerflichkeit der Hypothesen Galileis vor Augen führen: „Die Heimat des Menschen setzen sie einem

* Die Seitenangaben beziehen sich auf B. B., Leben des Galilei. edition Suhrkamp, 2007.

Die Textinterpretation

Wandelstern gleich. Mensch, Tier, Pflanze und Erdreich verpacken sie auf einen Karren und treiben ihn im Kreis durch den leeren Himmel." (S. 60)

Die antithetische Grundstruktur seiner Ausführungen unterstreicht nochmals die Schärfe des Konflikts zwischen der alten und neuen Lehre: „Da ist kein Unterschied mehr zwischen Oben und Unten, zwischen dem Ewigen und Vergänglichen.[...] Es gibt auch nicht Mensch und Tier, der Mensch selber ist ein Tier, es gibt nur Tiere!" (S. 60 f.)

Wie sich der Mönch in seinen Ausführungen ereifert, wird an den Ausrufezeichen deutlich; sie sollen zeigen, dass er keinen Widerspruch duldet, dass ein wissenschaftlicher Disput mit ihm unmöglich ist. Dies verdeutlichen auch Brechts Regieanweisungen: „[...] kommt mit einer aufgeschlagenen Bibel nach vorn, den Finger auf eine Stelle stoßend: [...]" (S. 60)

Ganz ähnlich verhält es sich mit dem sehr alten Kardinal, der ebenfalls ein Dogmatiker ist und in der Auseinandersetzung mit der eigenen Hinfälligkeit aus dem geozentrischen ein egozentrisches Weltbild gemacht hat. Die Vielzahl der Sätze, die mit dem Personalpronomen und Reflexivpronomen in der 1. Person Singular beginnen, zeigt die Ich-Fixierung des Kardinals. Auch er bedient sich der Metaphorik, um die Bedeutung des Menschen als „Krone der Schöpfung", als „Wunderwerk" hervorzuheben oder Galilei und seine Anhänger als „Sklaven der Rechentafeln" (S. 61) zu beschimpfen. Höhepunkt seiner Hetzrede gegen die Lehren Galileis ist sicher die Klimax am Ende, als er kurz vor seinem Zusammenbruch konstatiert: „So kommt sichtbar und unwiderleglich alles an auf mich, den Menschen, das Ebenbild Gottes, unvergänglich und ..." (S. 62)

Wie brüchig und morbide die alte Lehre geworden ist, wird in der lakonisch knappen Regieanweisung „Er sinkt zusammen." (S. 62) nochmals dramentechnisch unterstrichen.

So ist nach der Analyse und Interpretation dieses Bildes festzuhalten, dass es unterschiedliche Gründe gibt, sich dem Neuen zu verweigern. Dabei könnten Angst (der sehr alte Kardinal), Kadavergehorsam (der sehr dünne Mönch) und schlichte Dummheit (der Prälat) eine Rolle spielen. Dennoch geht es Brecht nicht allein um die Wissenschaft, sondern um die Forschung zum Wohl der Menschheit. Wer im „Galilei" nur ein Plädoyer für ungehinderte freie Forschung sieht, übersieht, dass Brecht die Frage nach der Verantwortung des Wissenschaftlers stellt, nachdem die Atombombenabwürfe auf Japan geschehen sind. Es geht ihm um Humanisierung der gesellschaftlichen Verhältnisse und darum, die Unfreiheit der Menschen zu bekämpfen. Die Kapitulation Galileis am Schluss des Dramas muss in diesem Zusammenhang als Kapitulation vor den gesellschaftlichen Zuständen, die eine freie Entfaltung unmöglich machen, gesehen werden und weniger als persönliches Defizit.

Sprachanalyse und Zitate

Zusammenfassung der Interpretationshypothesen

Brechts Intention unter Einbeziehung historischer Hintergründe

1 ***Analysieren Sie die Musterlösung.***

Fazit

22.1 Vom klassischen Drama zum absurden Theater

- **klassisches Drama:** geschlossene Form, Spannungsbogen mit Katastrophe/Konfliktlösung, Katharsis
- **bürgerliches Trauerspiel:** der „Bürger" als Träger der Handlung
- **episches Theater:** offene Form, V-Effekte
- **dürrenmatt'sche Tragikomödie:** Prinzip der „Mausefalle"
- **absurdes Theater:** offene Form, zerrissene Handlungsabfolge

22.2 Textinterpretation eines Dramentextes

- Einordnung einer Textstelle in den Gesamtzusammenhang
- Interpretation:
  - Interpretationshypothesen formulieren
  - Deutung der sprachlichen und dramentechnischen Mittel
  - geschichtlichen Hintergrund einbeziehen

Textpool

Auf den folgenden Seiten werden Ihnen Texte bereitgestellt, auf deren Grundlage Sie weitere Interpretationen verfassen können.

Friedrich Schiller: Die Schaubühne als moralische Anstalt betrachtet

Die Schaubühne ist die Stiftung, wo sich Vergnügen mit Unterricht, Ruhe mit Anstrengung, Kurzweil mit Bildung gattet, wo keine Kraft der Seele zum Nachteil des andern gespannt, kein Vergnügen auf Unkosten des Ganzen genossen wird. Wenn Gram an dem Herzen nagt, wenn trübe Laune unsre einsame Stunden vergiftet, wenn uns Welt und Geschäfte anekeln, wenn tausend Lasten unsre Seelen drücken und unsre Reizbarkeit unter Arbeiten des Berufs zu ersticken droht, so empfängt uns die Bühne – in dieser künstlichen Welt räumen wir die wirkliche hinweg, wir werden uns selbst wiedergegeben, unsre Empfindung erwacht, heilsame Leidenschaften erschüttern unsre schlummernde Natur und treiben das Blut in frischere Wallungen. Der Unglückliche weint hier mit fremdem Kummer seinen eigenen aus – der Glückliche wird nüchtern und der Sichere besorgt. Der empfindsame Weichling härtet sich zum Manne, der rohe Unmensch fängt hier zum ersten Mal zu empfinden an. Und dann endlich – welch ein Triumph für dich, Natur – so oft zu Boden getretene, so oft wiederauferstehende Natur –, wenn Menschen aus allen Kreisen und Zonen und Ständen, abgeworfen jede Fessel der Künstelei und der Mode, herausgerissen aus jedem Drange des Schicksals, durch *eine* allwebende Sympathie verbrüdert, in *ein* Geschlecht wieder aufgelöst, ihrer selbst und der Welt vergessen und ihrem himmlischen Ursprung sich nähern. Jeder Einzelne genießt die Entzückungen aller, die verstärkt und verschönert aus hundert Augen auf ihn zurückfallen, und seine Brust gibt jetzt nur einer Empfindung Raum – es ist diese: ein *Mensch* zu sein.

Bertolt Brecht: Was ist mit dem epischen Theater gewonnen?

Damit ist gewonnen, daß der Zuschauer die Menschen auf der Bühne nicht mehr als ganz unveränderbare, unbeeinflußbare, ihrem Schicksal hilflos ausgelieferte dargestellt sieht. Er sieht: dieser Mensch ist so und so, weil die Verhältnisse so und so sind. Und die Verhältnisse sind so und so, weil der Mensch so und so ist. Er ist aber nicht nur so vorstellbar, wie er ist, sondern auch anders, so wie er sein könnte, und auch die Verhältnisse sind anders vorstellbar, als sie sind. Damit ist gewonnen, daß der Zuschauer im Theater eine neue Haltung bekommt. Er bekommt den Abbildern der Menschenwelt auf der Bühne gegenüber jetzt dieselbe Haltung, die er als Mensch dieses Jahrhunderts der Natur gegenüber hat. Er wird auch im Theater empfangen als der große Änderer, der in die Naturprozesse und die gesellschaftlichen Prozesse einzugreifen vermag, der die Welt nicht mehr nur hinnimmt, sondern sie meistert. Das Theater versucht nicht mehr, ihn besoffen zu machen, ihn mit Illusionen auszustatten, ihn die Welt vergessen zu machen, ihn mit seinem Schicksal auszusöhnen. Das Theater legt ihm nunmehr die Welt vor zum Zugriff. R

Textpool

Friedrich Dürrenmatt: Uns kommt nur noch die Komödie bei

Die Tragödie setzt Schuld, Not, Maß, Übersicht, Verantwortung voraus. In der Wurstelei unseres Jahrhunderts, in diesem Kehraus der weißen Rasse, gibt es keine Schuldigen und auch keine Verantwortlichen mehr. Alle können nichts dafür und haben es nicht gewollt. Es geht wirklich ohne jeden. Alles wird mitgerissen und bleibt in irgendeinem Rechen hängen. Wir sind zu kollektiv schuldig, zu kollektiv gebettet in die Sünden unserer Väter und Vorväter. Wir sind nur noch Kindeskinder. Das ist unser Pech, nicht unsere Schuld: Schuld gibt es nur noch als persönliche Leistung, als religiöse Tat. Uns kommt nur noch die Komödie bei. Unsere Welt hat ebenso zur Groteske geführt wie zur Atombombe, [...]. Doch ist das Tragische immer noch möglich, auch wenn die reine Tragödie nicht mehr möglich ist. Wir können das Tragische aus der Komödie heraus erzielen, hervorbringen als einen schrecklichen Moment, als einen sich öffnenden Abgrund, so sind ja schon viele Tragödien Shakespeares Komödien, aus denen heraus das Tragische aufsteigt. Nun liegt der Schluß nahe, die Komödie sei der Ausdruck der Verzweiflung, doch ist dieser Schluß nicht zwingend. Gewiß, wer das Sinnlose, das Hoffnungslose dieser Welt sieht, kann verzweifeln, doch ist diese Verzweiflung nicht eine Folge dieser Welt, sondern eine Antwort, die er auf diese Welt gibt, und eine andere Antwort wäre sein Nichtverzweifeln, sein Entschluß etwa, die Welt zu bestehen, in der wir oft leben wie Gulliver unter den Riesen. Auch der nimmt Distanz, auch der tritt einen Schritt zurück, der seinen Gegner einschätzen will, der sich bereit macht, mit ihm zu kämpfen oder ihm zu entgehen. Es ist immer noch möglich, den mutigen Menschen zu zeigen. Dies ist denn auch eines meiner Hauptanliegen. Der Blinde, Romulus, Übelohe, Akki[1] sind mutige Menschen. Die verlorene Weltordnung wird in ihrer Brust wieder hergestellt, das Allgemeine entgeht meinem Zugriff. Ich lehne es ab, das Allgemeine in einer Doktrin[2] zu finden, ich nehme es als Chaos hin. Die Welt (die Bühne somit, die diese Welt bedeutet) steht für mich als ein Ungeheures da, als ein Rätsel an Unheil, das hingenommen werden muß, vor dem es jedoch kein Kapitulieren geben darf. Die Welt ist größer denn der Mensch, zwangsläufig nimmt sie so bedrohliche Züge an, die von einem Punkt außerhalb nicht bedrohlich wären, doch habe ich kein Recht und keine Fähigkeit, mich außerhalb zu stellen. Trost in der Dichtung ist oft nur allzu billig, ehrlicher ist es wohl, den menschlichen Blickwinkel beizubehalten. Die Brecht'sche These, die er in seiner Straßenszene entwickelt, die Welt als Unfall hinzustellen und nun zu zeigen, wie es zu diesem Unfall gekommen sei, mag großartiges Theater geben, was ja Brecht bewiesen hat, doch muß das meiste bei der Beweisführung unterschlagen werden: Brecht denkt unerbittlich, weil er an vieles unerbittlich nicht denkt. Endlich: Durch den Einfall, durch die Komödie wird das anonyme Publikum als Publikum erst möglich, eine Wirklichkeit, mit der zu rechnen, aber die auch zu berechnen ist. Der Einfall verwandelt die Menge der Theaterbesucher besonders leicht in eine Masse, die nun angegriffen, verführt, überlistet werden kann, sich Dinge anzuhören, die sie sich sonst nicht so leicht anhören würde. Die Komödie ist eine Mausefalle, in die das Publikum immer wieder gerät und immer noch geraten wird.

1 Der Blinde, Romulus, Übelohe, Akki: Figuren in Dürrenmatts Dramen
2 Doktrin: Lehrmeinung

R

Kapitel 23

Die mediale Umsetzung eines Dramas – Theater und Film

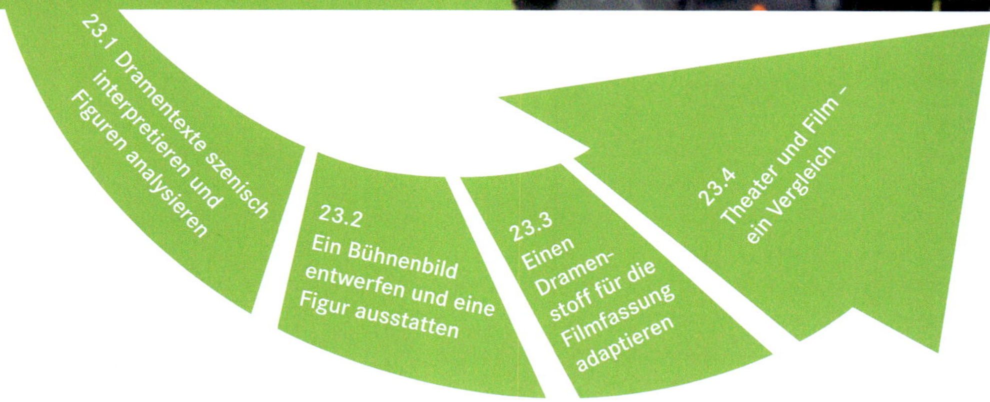

Ein Regisseur widmet sich der Aufgabe, ein literarisches Werk für eine Aufführung in Szene zu setzen, indem er Text in Handlung übersetzt. Diese Inszenierung ist immer auch eine Interpretation des Textes. Sie kann sich streng an der Textvorlage orientieren oder neue Kontexte schaffen. Die Wahl der Mittel, die dem Theaterregisseur dafür zur Verfügung stehen, sind vielfältig: die Auswahl der Schauspieler, Bühnengestaltung und Requisiten, Licht, Musik etc.

Ähnlich verhält es sich bei der Verfilmung eines Dramenstoffes. Allerdings stehen dem Filmregisseur andere, filmische Mittel für die Inszenierung zur Verfügung, die dem Theater verwehrt sind.

Sie werden in diesem Kapitel lernen, wie Dramentexte mithilfe szenischer Verfahren interpretiert werden. Zudem lernen Sie filmische Mittel einer Inszenierung kennen und verfassen ein Drehbuch zu einem Dramenauszug. Abschließend vergleichen Sie eine Theaterinszenierung mit einem Film, sodass Ihnen die spezifischen Möglichkeiten und Unterschiede im Umgang mit demselben Dramenstoff bewusst werden.

Was Sie bereits wissen

- ✔ Dramentechnische Mittel erfüllen eine bestimmte Funktion.
- ✔ Sie kennen verschiedene Dramenformen.
- ✔ Kameraeinstellungen und -perspektiven haben Einfluss auf die Wirkung der Inhalte.

Dramentexte szenisch interpretieren und Figuren analysieren

Die Inszenierung eines Dramas erfordert im Vorfeld eine Interpretation des Dramentextes. Erst danach kann die weitere Planung (Bühnenbild, Besetzung etc.) erfolgen.
Das Mädchen Emilia Galotti steht kurz vor der Hochzeit mit dem Grafen Appiani. Auf der Reise zu ihm wird sie von dem Prinzen von Guastalla, Hettore Gonzaga, entführt, der sich in sie verliebt hat und sie für sich beansprucht.

Gotthold Ephraim Lessing: Emilia Galotti, 2. Aufzug, 6. Auftritt

Emilia und Claudia Galotti.

EMILIA *(stürzet in einer ängstlichen Verwirrung herein).* Wohl mir! wohl mir! – Nun bin ich in Sicherheit. Oder ist er mir gar gefolgt? *(Indem sie den Schleier zurückwirft und ihre Mutter erblicket.)* Ist er, meine Mutter? ist er? Nein, dem Himmel sei Dank!

CLAUDIA Was ist dir, meine Tochter? Was ist dir?

EMILIA Nichts, nichts –

CLAUDIA Und blickest so wild um dich? Und zitterst an jedem Gliede?

EMILIA Was hab ich hören müssen? Und wo, wo hab ich es hören müssen?

CLAUDIA Ich habe dich in der Kirche geglaubt –

EMILIA Eben da! Was ist dem Laster Kirch' und Altar? – Ach, meine Mutter! *(Sich ihr in die Arme werfend.)*

CLAUDIA Rede, meine Tochter! – Mach meiner Furcht ein Ende. – Was kann dir da, an heiliger Stätte, so Schlimmes begegnet sein?

EMILIA Nie hätte meine Andacht inniger, brünstiger sein sollen als heute: nie ist sie weniger gewesen, was sie sein sollte.

CLAUDIA Wir sind Menschen, Emilia. Die Gabe zu beten ist nicht immer in unserer Gewalt. Dem Himmel ist beten wollen auch beten.

EMILIA Und sündigen wollen auch sündigen.

CLAUDIA Das hat meine Emilia nicht wollen!

EMILIA Nein, meine Mutter; so tief ließ mich die Gnade nicht sinken. – Aber dass fremdes Laster uns, wider unsern Willen, zu Mitschuldigen machen kann!

CLAUDIA Fasse dich! – Sammle deine Gedanken, so viel dir möglich. – Sag es mir mit eins, was dir geschehen.

EMILIA Eben hatt ich mich – weiter von dem Altare, als ich sonst pflege – denn ich kam zu spät –, auf meine Knie gelassen. Eben fing ich an, mein Herz zu erheben: als dicht hinter mir etwas seinen Platz nahm. So dicht hinter mir! – Ich konnte weder vor noch zur Seite rücken – so gern ich auch wollte; aus Furcht, dass eines andern Andacht mich in meiner stören möchte. – Andacht! Das war das Schlimmste, was ich besorgte. – Aber es währte nicht lange, so hört ich, ganz nah an meinem Ohre – nach einem tiefen Seufzer – nicht den Namen einer Heiligen – den Namen – zürnen Sie nicht, meine Mutter – den Namen Ihrer Tochter! – Meinen Namen! – O dass laute Donner mich verhindert hätten, mehr zu hören! – Es sprach von Schönheit, von Liebe – Es klagte, dass dieser Tag, welcher mein Glück mache – wenn er es anders mache – sein Unglück auf immer entscheide. – Es beschwor mich – hören musst ich dies alles. Aber ich blickte nicht um; ich wollte tun, als ob ich es nicht hörte. – Was konnt ich sonst? – Meinen guten Engel bitten, mich mit Taubheit zu schlagen; und wann auch, wenn auch auf immer! – Das bat ich; das war das Einzige, was ich beten konnte. – Endlich ward es Zeit, mich wieder zu erheben. Das heilige Amt ging zu Ende.

Ich zitterte, mich umzukehren. Ich zitterte, ihn zu erblicken, der sich den Frevel erlauben dürfen. Und da ich mich umwandte, da ich ihn erblickte –

CLAUDIA Wen, meine Tochter?

EMILIA Raten Sie, meine Mutter, raten Sie – Ich glaubte in die Erde zu sinken – Ihn selbst.

CLAUDIA Wen, ihn selbst?

EMILIA Den Prinzen.

CLAUDIA Den Prinzen! – O gesegnet sei die Ungeduld deines Vaters, der eben hier war und dich nicht erwarten wollte!

EMILIA Mein Vater hier? – und wollte mich nicht erwarten?

CLAUDIA Wenn du in deiner Verwirrung auch ihn das hättest hören lassen!

EMILIA Nun, meine Mutter? – Was hätt er an mir Strafbares finden können?

CLAUDIA Nichts; ebensowenig als an mir. Und doch, doch – Ha, du kennest deinen Vater nicht! In seinem Zorne hätt er den unschuldigen Gegenstand des Verbrechens mit dem Verbrecher verwechselt. In seiner Wut hätt ich ihm geschienen, das veranlasst zu haben, was ich weder verhindern noch vorhersehen können. – Aber weiter, meine Tochter, weiter! Als du den Prinzen erkanntest – Ich will hoffen, dass du deiner mächtig genug warest, ihm in einem Blicke alle die Verachtung zu bezeigen, die er verdienst.

EMILIA Das war ich nicht, meine Mutter! Nach dem Blicke, mit dem ich ihn erkannte, hatt ich nicht das Herz, einen zweiten auf ihn zu richten. Ich floh –

CLAUDIA Und der Prinz dir nach –

EMILIA Was ich nicht wusste, bis ich in der Halle mich bei der Hand ergriffen fühlte. Und von ihm! Aus Scham musst ich standhalten: mich von ihm loszuwinden würde die Vorbeigehenden zu aufmerksam auf uns gemacht haben. Das war die einzige Überlegung, deren ich fähig war – oder deren ich nun mich wieder erinnere. Er sprach; und ich hab ihm geantwortet. Aber was er sprach, was ich ihm geantwortet – fällt mir es noch bei, so ist es gut, so will ich es Ihnen sagen, meine Mutter. Jetzt weiß ich von dem allen nichts. Meine Sinne hatten mich verlassen. – Umsonst denk ich nach, wie ich von ihm weg und aus der Halle gekommen. Ich finde mich erst auf der Straße wieder, und höre ihn hinter mir herkommen, und höre ihn mit mir zugleich in das Haus treten, mit mir die Treppe hinaufsteigen –

Für eine Inszenierung ist zunächst die Frage zu klären, wie ein Text gesprochen werden sollte. Hier spielen Regieanweisungen eine zentrale Rolle, weil sie Aufschluss darüber geben, wie ein Text in Sprechhandlung und Spielhandlung umgesetzt werden soll.

Muster

Emilia (stürzet in einer ängstlichen Verwirrung herein). Wohl mir! wohl mir! (laut lesen, mit keuchender Stimme. –
Nun bin ich in Sicherheit. **Erleichtert, Pause**
Oder ist er mir gar gefolgt? **Ängstlich, schnell**
(Indem sie den Schleier zurückwirft und ihre Mutter erblicket.) Ist er, meine Mutter? **Ängstlich, aufgeregt, schnell**
Ist er? Nein, dem Himmel sei Dank! **Erleichtert, leiser werdend …**

1 *Bearbeiten Sie zuerst den Text wie im Muster: Wann müssen Sie Pausen machen, wann lauter, wann leiser, wann schneller, wann langsamer lesen? Was passt zur Figur in dieser Situation?*

2 *Lesen Sie den Text sinnbetont mit verteilten Rollen vor und bestimmen Sie einen Regisseur, der hilft, einen möglichst textgetreuen Vortrag zu gestalten.*

3 *Führen Sie eine Stellprobe für die Szene durch (➪ Arbeitstechnik Szenisches Interpretieren).*

4 *Wählen Sie einen Szenenausschnitt und gestalten Sie in Ihrer Gruppe ein Standbild (➪ Arbeitstechnik Szenisches Interpretieren). Ihre Mitschüler sollen erraten, was es darstellt.*

Arbeitstechnik – Szenisches Interpretieren

Für die Interpretation von Dramentexten können szenische Verfahren hilfreich sein. Sie eignen sich auch für die Untersuchung von Prosatexten. Hier eine Auswahl:

Szenenanspiel Sie lesen eine ausgewählte Szene mit verteilten Rollen. Argumentieren Sie mit dem Text, um die Interpretation der Rolle zu vertreten.

Stellprobe Die Stellprobe wird bei jeder Theaterinszenierung angewandt. Überlegen Sie, wie die Personen für die einzelnen Szenen angeordnet sein sollen. Legen Sie ihre Haltungen, Wege und die Abstände zueinander fest und erproben Sie sie auf der Bühne. Die Stellprobe folgt in der Regel der Leseprobe, bei der die Schauspieler zum ersten Mal gemeinsam den Text lesen und mit der Interpretation beginnen.

Standbild Sie „frieren" die Personen auf der Bühne ein. Hierbei achtet der Regisseur darauf, dass die Beziehung der Charaktere zueinander deutlich wird. Diese Arbeitstechnik ist für das Theater besonders wichtig, da Dialoge zumeist im Stand gesprochen werden.

Stimmenskulptur Im Drama werden Gefühle und Gedanken der Figuren nur mithilfe von Dialogen oder Monologen zum Ausdruck gebracht. Die Möglichkeit der Gedankenwiedergabe, wie man sie etwa von Romanen mithilfe der erlebten Rede kennt, besteht nicht. Mithilfe der Stimmenskulptur werden die Gedanken der Figuren ergänzt. Sie eignet sich, um ihre Handlungsabsichten und Hintergründe zu interpretieren. Gehen Sie am besten so vor: Ergänzen Sie in Vierergruppen auf einer Kopie des Dramentextes die Gedanken der Personen. Anschließend lesen zwei von Ihnen den Originaldramentext. Hinter jeder Person steht ein anderes Gruppenmitglied und an den passenden Stellen ergänzt sie zum gesprochenen Text die Gedanken.

Tipp

Fotografieren Sie die Standbilder, um sie anschließend verbessern und vergleichen zu können.

5. Aufzug, 7 Auftritt

Emilia, Odoardo.

EMILIA Wie? Sie hier, mein Vater? – Und nur Sie? – Und meine Mutter? nicht hier? – Und der Graf? nicht hier? – Und Sie so unruhig, mein Vater?

ODOARDO Und du so ruhig, meine Tochter? –

EMILIA Warum nicht, mein Vater? – Entweder ist nichts verloren: oder alles. Ruhig sein können und ruhig sein müssen: kömmt es nicht auf eines?

ODOARDO Aber, was meinest du, dass der Fall ist?

EMILIA Dass alles verloren ist – und dass wir wohl ruhig sein müssen, mein Vater.

Odoardo Und du wärest ruhig, weil du ruhig sein musst? – Wer bist du? Ein Mädchen?

und meine Tochter? So sollte der Mann und der Vater sich wohl vor dir schämen? – Aber lass doch hören. was nennest du, alles verloren? – Dass der Graf tot ist?

EMILIA Und warum er tot ist! Warum! Ha, so ist es wahr, mein Vater? So ist sie wahr, die ganze schreckliche Geschichte, die ich in dem nassen und wilden Auge meiner Mutter las? – Wo ist meine Mutter? Wo ist sie hin, mein Vater?

ODOARDO Voraus – wenn wir anders ihr nachkommen.

EMILIA Je eher, je besser. Denn wenn der Graf tot ist, wenn er darum tot ist – darum! was verweilen wir noch hier? Lassen Sie uns fliehen, mein Vater!

ODOARDO Fliehen? – Was hätt es dann für Not? – Du bist, du bleibst in den Händen deines Räubers.

EMILIA Ich bleibe in seinen Händen?

ODOARDO Und allein, ohne deine Mutter, ohne mich.

EMILIA Ich allein in seinen Händen? – Nimmermehr, mein Vater. – Oder Sie sind nicht mein Vater. – Ich allein in seinen Händen? – Gut, lassen Sie mich nur, lassen Sie mich nur. – Ich will doch sehn, wer mich hält – wer mich zwingt – wer der Mensch ist, der einen Menschen zwingen kann.

ODOARDO Ich meine, du bist ruhig, mein Kind.

EMILIA Das bin ich. Aber was nennen Sie ruhig sein? Die Hände in den Schoß legen? Leiden, was man nicht sollte? Dulden, was man nicht dürfte?

ODOARDO Ha! wenn du so denkest! – Lass dich umarmen, meine Tochter! – Ich hab es immer gesagt: Das Weib wollte die Natur zu ihrem Meisterstücke machen. Aber sie vergriff sich im Tone, sie nahm ihn zu fein. Sonst ist alles besser an euch als an uns. – Ha, wenn das deine Ruhe ist, so habe ich meine in ihr wiedergefunden! Lass dich umarmen, meine Tochter! – Denke nur: Unter dem Vorwande einer gerichtlichen Untersuchung – o des höllischen Gaukelspieles! – reißt er dich aus unsern Armen und bringt dich zur Grimaldi.

EMILIA Reißt mich? bringt mich? – Will mich reißen, will mich bringen: will! will! – Als ob wir, wir keinen Willen hätten, mein Vater!

ODOARDO Ich ward auch so wütend, dass ich schon nach diesem Dolche griff *(ihn herausziehend)*, um einem von beiden – beiden! – das Herz zu durchstoßen.

EMILIA Um des Himmels willen nicht, mein Vater! – Dieses Leben ist alles, was die Lasterhaften haben. – Mir, mein Vater, mir geben Sie diesen Dolch.

ODOARDO Kind, es ist keine Haarnadel.

EMILIA So werde die Haarnadel zum Dolche! – Gleichviel.

ODOARDO Was? Dahin wäre es gekommen? Nicht doch; nicht doch! Besinne dich. – Auch du hast nur ein Leben zu verlieren.

EMILIA Und nur eine Unschuld!

ODOARDO Die über alle Gewalt erhaben ist. –

EMILIA Aber nicht über alle Verführung. – Gewalt! Gewalt! wer kann der Gewalt nicht trotzen? Was Gewalt heißt, ist nichts: Verführung ist die wahre Gewalt. – Ich habe Blut, mein Vater, so jugendliches, so warmes Blut als eine. Auch meine Sinne sind Sinne. Ich stehe für nichts. Ich bin für nichts gut. Ich kenne das Haus der Grimaldi. Es ist das Haus der Freude. Eine Stunde da, unter den Augen meiner

Mutter – und es erhob sich so mancher Tumult in meiner Seele, den die strengsten Übungen der Religion kaum in Wochen besänftigen konnten! – Der Religion! Und welcher Religion? – Nichts Schlimmers zu vermeiden, sprangen Tausende in die Fluten und sind Heilige! – Geben Sie mir, mein Vater, geben Sie mir diesen Dolch.

ODOARDO Und wenn du ihn kenntest, diesen Dolch! –

EMILIA Wenn ich ihn auch nicht kenne! – Ein unbekannter Freund ist auch ein Freund. – Geben Sie mir ihn, mein Vater, geben Sie mir ihn.

ODOARDO Wenn ich dir ihn nun gebe – da! *(Gibt ihr ihn.)*

EMILIA Und da! *(Im Begriffe, sich damit zu durchstoßen, reißt der Vater ihr ihn wieder aus der Hand.)*

ODOARDO Sieh, wie rasch! – Nein, das ist nicht für deine Hand.

EMILIA Es ist wahr, mit einer Haarnadel soll ich – *(Sie fährt mit der Hand nach dem Haare, eine zu suchen, und bekommt die Rose zu fassen.)* Du noch hier? – Herunter mit dir! Du gehötest nicht in das Haar einer – wie mein Vater will, dass ich werden soll!

ODOARDO Oh, meine Tochter! –

EMILIA Oh, mein Vater, wenn ich Sie erriete! – Doch nein, das wollen Sie auch nicht. Warum zauderten Sie sonst? – *(In einem bittern Tone, während dass sie die Rose zerpflückt.)* Ehedem wohl gab es einen Vater, der seine Tochter von der Schande zu retten, ihr den ersten, den besten Stahl in das Herz senkte – ihr zum zweiten Male das Leben gab. Aber alle solche Taten sind von ehedem! Solcher Väter gibt es keinen mehr!

ODOARDO Doch, meine Tochter, doch! *(Indem er sie durchsticht.)* – Gott, was hab ich getan! *(Sie will sinken, und er fasst sie in seine Arme.)*

EMILIA Eine Rose gebrochen, ehe der Sturm sie entblättert. – Lassen Sie mich sie küssen, diese väterliche Hand.

5 ***Was geht in dieser Szene in Emilia vor? Erarbeiten Sie ihre Gedanken mithilfe einer Stimmenskulptur (➪ Arbeitstechnik, S. 390).***

6 ***Analysieren Sie die Beziehung Emilias zu ihrem Vater, indem Sie die Punkte 2 und 3 der Arbeitstechnik Dialoganalyse beachten.***

Arbeitstechnik **Dialoganalyse**

Eine genaue Analyse der Figuren und ihrer Beziehungen zueinander ist für die Interpretation eines Dramas unerlässlich.

In einem Drama wird dem Zuschauer die Handlung mittels Dialogen und Monologen präsentiert. Daher ist es hilfreich, diese zu analysieren, um ihre Bedeutung für den Handlungsablauf und die Beziehung der Personen zueinander zu klären. Folgendes Vorgehen ist dabei notwendig:

1. Klären des Kontextes, in dem die Szene steht.
2. Verstehen des Inhalts des Dialoges durch mehrmaliges Lesen.
3. Analyse des Dialoges: Wovon sprechen die beteiligten Personen? Verstehen sie sich? Welches Verhältnis haben die Beteiligten? Welches Ziel verfolgen sie? Gibt es Verständnisprobleme (warum?)? Ist ein Konflikt vorhanden?
4. Welche Bedeutung hat der Dialog für das gesamte Drama?

Ein Bühnenbild entwerfen und eine Figur ausstatten

Mithilfe des Bühnenbilds kann ein Drama modern oder konservativ inszeniert werden. Der Fantasie sind nur Grenzen durch die Variabilität der Bühne gesetzt. Für die Aufführung „Emilia Galotti" am Teatr Russkoj Drami im Jahr 2002 in Kiew war der Dramentext die Grundlage der Verständigung zwischen Regisseur, Bühnenbildner, Dramaturg und Lichtgestalter. Die gemeinsam entwickelten bildnerischen Fantasien wurden in den Proben mit den beteiligten Künstlern und den Schauspielern zusammengeführt. Und der Dramentext wurde der gewählten Sicht- und Erzählweise angepasst.

Emilia Galotti, Teatr Russkoj Drami 2002, unter der Regie von Elias Perrig, Bühne und Kostüme von Wolf Gutjahr

Alexander Nikitin in der Rolle des Hettore Gonzaga, Prinz von Guastalla

1 *Formulieren Sie spontan, welche Wirkung das Bühnenbild und das Kostüm der Figur auf Sie hat.*

2 *Wie würden Sie die Figur der Emilia in 2, 6 inszenieren (➪ S. 388 f.)? Begründen Sie Ihre Vorschläge für die Kleidung und Accessoires unter Berücksichtigung des Frauentyps. Beziehen Sie dabei Ihre Ergebnisse aus der Stimmenskulptur in Aufgabe 5, S. 392 mit ein.*

3 *Entwerfen Sie ein passendes Bühnenbild zu Ihrer Figur aus Aufgabe 2. Fertigen Sie eine Skizze dazu an.*

4 *Beschreiben Sie das Bühnenbild aus Perrigs Aufführung und nennen Sie mögliche Gründe für diese Art der Gestaltung. Beziehen Sie dabei Ihre Ergebnisse aus der Dialoganalyse (➪ Aufgabe 6, S. 392) mit ein.*

Basiswissen | Bühnengestaltung

Da das Bühnenbild von zentraler Bedeutung für die Inszenierung ist, ist eine exakte Analyse sehr aufschlussreich. Das Bühnenbild kann so gestaltet sein, dass es die Illusion der Spielhandlung unterstützt und verstärkt oder kann andererseits diese Illusion gezielt zerstören. Auch die Requisiten, derer sich der Spielleiter bedient, sollten hinsichtlich ihrer Funktion untersucht werden. Darüber hinaus kann die Beziehung zwischen den auf der Bühne agierenden Figuren und dem Bühnenbild analysiert werden: In welchem Verhältnis stehen die Räume, die das Bühnenbild abbildet, zu den Figuren und der Handlung? Gibt es mehrere Bühnenbilder für unterschiedliche Orte bzw. Räume? Die Bühnenbildanalyse hilft also, die Inszenierungsschwerpunkte des Theaterregisseurs besser nachvollziehen zu können.

Einen Dramenstoff für die Filmfassung adaptieren

Das publikumwirksamste Medium der Gegenwart ist der Film. Seine gestalterischen Möglichkeiten sind ungleich größer als die der Theaterinszenierung. Die Einheit von Zeit und Ort kann problemlos aufgehoben werden, moderne Tricktechnik ermöglicht dem Regisseur die Umsetzung beinahe jeder Idee.

Beispiel

Zu Beginn der Szene: Kameraeinstellung: Emilia, Nahaufnahme, Musik: unruhig, Licht, Emilia hell, dann: Schwenk auf Odoardo, er tritt ins Helle, Nahaufnahme Odoardos

Emilia, Odoardo.

EMILIA Wie? Sie hier, mein Vater? – Und nur Sie? – Und meine Mutter? nicht hier? – Und der Graf? nicht hier? (Rückschau auf die Ermordung des Grafen) – Und Sie so unruhig, mein Vater?

Kamera bleibt bei Odoardo, Emilia ist, während sie spricht, nicht zu sehen

Schwenk auf Emilia

ODOARDO Und du so ruhig, meine Tochter? – Totale beider

EMILIA Warum nicht, mein Vater? – Zoom auf Emilia Entweder ist nichts verloren: oder alles.

Over the Shoulder zu Odoardo Ruhig sein können und ruhig sein müssen: kömmt es nicht auf eines?

ODOARDO Aber, was meinest du, dass der Fall ist? Over the Shoulder und Zoom auf Emilia

Tipp

Over-Shoulder: zeigt die Sicht des Darstellers, indem die Kamera sozusagen über seine Schulter schaut.

1 *Analysieren Sie die Informationen zu Kameraeinstellungen und Musik, indem Sie begründen, weshalb der Regisseur zu diesen Mitteln der Verfilmung greift.*

2 *Überlegen Sie, mit welchen filmischen Mitteln der Tod Emilias (5, 7 ab „Aber nicht über alle Verführung. – Gewalt! Gewalt! ...“) szenisch gestaltet werden kann und schreiben Sie dazu ein kleines Drehbuch (➪ Basiswissen Kameraeinstellungen und -perspektiven, S. 147 f. und Kameraführung, Filmschnitt, Ton, S. 395).*

3 *Suchen Sie nach passender Musik, mit der dieser Szenenausschnitt unterlegt werden könnte.*

4 *Stellen Sie Ihre Ergebnisse vor und vergleichen Sie sie mit den Ergebnissen der anderen Gruppen.*

5 *Passen Sie Ihr Drehbuch aus Aufgabe 2 an die Gegenwartssprache an.*
Beispiel: *Wer kann der Gewalt nicht trotzen* – Wer kann der Gewalt nicht widerstehen

6 *Verfilmen Sie Ihre modernisierte Fassung (➪ Basiswissen Kameraeinstellungen und -perspektiven, S. 147 f. und Schnitt und Ton, S. 395).*

7 *Im Jahre 2005 verfilmte der Regisseur Henrik Pfeifer den Emilia-Stoff. Schauen Sie sich den Film an und rekonstruieren Sie für den 5. Aufzug, 7. Szene das Drehbuch, indem Sie zu jeder Einstellung die verwendeten filmischen Mittel notieren.*

8 *Vergleichen Sie Ihre verfilmte Szene mit der Szene in der Filmversion.*

9 *Vergleichen Sie die Textvorlage mit dem Film und untersuchen Sie, welche Schwerpunkte der Filmregisseur setzt.*

10 *Beurteilen Sie, ob die filmische Umsetzung des Dialogs gelungen ist.*

Basiswissen — Kameraführung, Ton, Filmschnitt

Im Film wirken Bild, Bewegung, Sprache und Musik zusammen und schaffen mit der Story, dem Drehort und den Schauspielern ein Gesamtgefüge, das unsere Sinne anspricht.

Kameraführung

Sie inszeniert den Raum und definiert die vom Betrachter einzunehmende Haltung zum Geschehen.

- Zuschauer als distanzierter Beobachter: Kamera steht still, nur die Objekte vor der Kamera bewegen sich
- Zuschauer unmittelbar am Geschehen beteiligt: Kamera bewegt sich (Kameraschwenk und/oder Kamerafahrt) und ahmt menschliche Bewegungen nach

Ton (Musik und Geräusche)

Man unterscheidet On-Ton und Off-Ton. Beim Off-Ton ist der Ursprung des Tons nicht im Bild sichtbar.

- Filmmusik erzeugt in uns - meist unbewusst - eine bestimmte Stimmung oder Gefühle. Figuren können mit musikalischen Leitmotiven untermalt werden, die ihre Charakterisierung unterstreichen.
- Die Verstärkung von Geräuschen kann die Illusion von Wirklichkeit steigern.

Filmschnitt

Die Segmentierung und Strukturierung der aufgenommenen Szenen vermittelt das Gefühl für Raum und Zeit. Die Übergänge zwischen den Einstellungen können mit Überblendung (weicher Schnitt) oder ohne Überblendung erfolgen. Wenn zwischen den aufeinanderfolgenden Bildern kein direkter Zusammenhang besteht, spricht man von einem harten Schnitt.

- Kontinuierlich verlaufende Handlung: inhaltlicher Bezug der aufeinanderfolgenden Szenen wahrt eine narrative Eindeutigkeit (**erzählende Montage**)
- Kausale Zusammengehörigkeit von Handlung: die einzelnen Einstellungen stehen in einem Kausalzusammenhang (**Kausalmontage**)
- Mehrere parallel verlaufende Handlungsabläufe, Zeitempfinden ist aufgehoben: Mindestens zwei parallel verlaufende Handlungsstränge werden abwechselnd zusammengeschnitten (**Parallelmontage**). Dies wird häufig zur Erzeugung von Spannung oder von Überraschungs-Effekten genutzt.
- Gegensätze in Raum und Zeit überwinden: Aus unterschiedlichen Kontexten wird eine gemeinsame Handlung oder Form übernommen (**Analogmontage**).
- Assoziationen erzeugen: Mit der Kombination von bestimmten verschiedenen Bildern werden im Zuschauer Vorstellungen erzeugt. Über diese Technik ist auch ein Spiel mit Vorurteilen und Erwartungshaltungen bis hin zu einer provozierten Selbstreflexion möglich (**Assoziationsmontage**).
- Stellungnahme des Betrachters evozieren: Widersprüchliche Bilder werden kombiniert und erzeugen einen Kontrast, der zum Nachdenken anregt (**Kontrastmontage**).

Theater und Film – ein Vergleich

Die Faszination des Theaters im Zeitalter von Film und Fernsehen

Weil sich das Theater von Film und Fernsehen unterscheidet, ist es nach wie vor faszinierend

von Zaneta Sobota

Das Theater wird heute von immer weniger Menschen besucht – das ist eine Tatsache. Der Grund dafür ist darin zu suchen, dass das Fernsehen und das Kino das Theater in seiner Funktion als „Vermittler“ von Erlebnissen und Sachverhalten zunehmend ersetzen. Durch die enormen technischen Fortschritte in den letzten Jahren gelingt es dem Film und dem Fernsehen, fast alles auszudrücken: jede Meinung, jedes Gefühl und jeden Eindruck. Vor allem aber gelingt es den neuen Medien immer mehr, die Illusion von Authentizität zu schaffen. Ein ganz neuer Kulturkontext verpflichtet dazu, sich die grundsätzlichsten und einfachsten Fragen hinsichtlich der Bedeutung und Funktion des Theaters [...] noch einmal zu stellen. Es gilt zu fragen, ob und warum das Theater in einer durch Fernsehen und Kino beherrschten Zeit den Menschen noch faszinieren kann, und es gilt nach den Besonderheiten des Theaters zu fragen, die es ja gewissermaßen „rechtfertigen“.

Was ist also das Theater? Was ist das Wesen des Theaters? Wodurch hebt sich das Theater von Film und Fernsehen ab? Warum begeistert es nach wie vor eine große Anzahl von Menschen? Diese Fragen müssen geklärt werden:

1. Das Theater ist zuerst einmal eine „live“-Vorstellung, eine Art „Schau“. Es gehört somit in eine Kategorie von Veranstaltungsformen, der man auch Musikkonzerte, das Kabarett, den Zirkus, natürlich aber auch Sportveranstaltungen oder Straßenhappenings zurechnet. Der Grundzug dieser Veranstaltungen ist ihre Unmittelbarkeit. Sie wird auf zweifache Weise realisiert: im Kommunikationsakt und auf der Ebene der Synchronie von Raum und Zeit. In der Praxis bedeutet das, dass bei jeder dieser Veranstaltungen (Vorstellungen) ein unmittelbarer Kontakt zwischen Absender und Empfänger besteht und eine Interaktion stattfindet. Ein solcher Kontakt ist erst dann möglich, wenn sich beide zur gleichen Zeit im gleichen Raum befinden. Die Simultaneität des Sende- und Empfangsprozesses ist untrennbar mit dem Theater verbunden. Im Kino und beim Fernsehen trennen Raum und Zeit den Absender vom Empfänger. [...]

2. Die Faszination für das Theater kann man aber allein mithilfe seiner Unmittelbarkeit nicht begründen. Dies wäre zu einfach. Was ganz sicher zu seiner Attraktivität beiträgt, ist, dass es auf die unterschiedlichsten Sinne wirkt. Das Theater besitzt wie jede Kunstform eine Vielzahl von Ausdrucksmitteln. Viele dieser Mittel, nehmen wir nur Stimmen, Gesten, Körperbewegungen, Musik, Mimik, Kostüme, Tanz, literarische Texte, Malerei, Pantomime, Toneffekte und Requisiten, finden sich auch in anderen Künsten. Der Theaterregisseur kann dazu aber Mitteilungsformen einsetzen, auf die beispielsweise der Filmemacher verzichten muss: Hier spielen lediglich zwei Sinne eine Rolle: der Seh- und Gehörsinn. Das Theater vermag im Gegensatz dazu auch den Geruchs- und Tastsinn anzusprechen. Durch den Bildschirm werden wir den Rauch einer angezündeten Zigarre einfach nicht riechen können, der Fußboden wird auf Grund des lauten Stampfens eines Schauspielers nicht zittern und eine Tänzerin wird uns mit ihrem langen Schal nicht berühren. Außerdem kann das Theater fast uneingeschränkt auf die Mitteilungsformen anderer Künste zurückgreifen: Ein Theaterregisseur kann beispielsweise Fragmente eines Films oder eines Fernsehprogramms in das Spiel einflechten, wenn das seinem Konzept entspricht. Bei einer Filmvorführung ist es nicht möglich, Elemente des lebhaften und unmittelbaren Theaters einzufügen. Ein wichtiges Ausdrucksmittel des Theaters ist auch der Zuschauerraum. Die Art und Weise wie der Zuschauerraum, die Bühne wie auch das Foyer oder das Büfett gestaltet werden, bringt oft zusätzliche Elemente zur Gesamtdeutung des dargestellten Theaterstücks. Gerade das Spiel an alternativen Orten wie beispielsweise in einem Keller mit

Abflussröhren und kalten, dunklen Wänden oder auf einem Hof eines alten Hauses kann im Zuschauer Empfindungen hervorrufen, wie es ein Film niemals vermag.

3. Jede Art „Schau" und somit jede Theateraufführung ist ein unwiederholbares Ereignis. Jede Aufführung lässt neue Emotionen und neue Reaktionen im Publikum entstehen. In jeder Aufführung spielt der Schauspieler (auch aufgrund seiner Tagesverfassung) seine Rolle etwas anders. Ein theatralisches Werk darf deshalb nie als fertiges Produkt verstanden werden. Es ist vielmehr etwas, was sich kontinuierlich weiterentwickelt. Man kann sagen, dass sich ein Theaterstück ständig in statu nascendi befindet und als unvollendetes Werk zu betrachten ist. Unser Vorwissen über ein Theaterstück ist deshalb nur Schein, weil wir eigentlich nie voraussehen können, welchen Hamlet der Schauspieler diesmal darstellen wird.

Der Film ist von der Absenderseite her gesehen vollendet. Der Sendeprozess wird im Moment der letzten Klappe auf dem Filmplan abgeschlossen. Auch wenn der Zuschauer denselben Film mehrmals sieht, so ist die Darstellung des Themas immer identisch. Natürlich kann sich aber die Interpretation eines Films verändern. Der Unterschied zum Theater besteht darin, dass sich die ganze schöpferische Aktivität auf den sich entwickelnden Empfangsprozess verlagert.

4. Ohne das Publikum gibt es kein Theater. Das Publikum gestaltet das Theaterstück mit. Es gibt Theaterstücke, in denen die Schauspieler bewusst Kontakt mit dem Publikum aufnehmen, es ins Spiel miteinbeziehen und so unerwartete Reaktionen provozieren. Oder: Oft dient nur ein kleines Fußbodenstück inmitten des Publikums als Bühne. In manchen Avantgarde- und experimentellen Theatern geht man sogar so weit, die Trennung zwischen Schauspielern und Publikum, überhaupt (besser: so weit als möglich) „aufzuheben". [...]

5. Der wichtigste Unterschied zwischen Film und Theater ist aber in der Differenz zwischen Theater- und Schauspielkunst und in der Differenz zwischen Kamera- und Zuschauerblick zu suchen: Der Filmschauspieler spielt seine Rolle vor der Kamera. Sein Spiel ist durch den unmittelbaren Kontakt mit dem Publikum und dessen Reaktionen nicht bedingt. Das Spiel vor der Filmkamera macht außerdem Wiederholungen von bestimmten Sequenzen möglich. Vor allem aber zeigt uns die Filmkamera niemals alles: Wenn das Gesicht des Schauspielers zum Beispiel in Nahaufnahme gezeigt wird, so wird man seine Handbewegungen oder seine Schritte nicht sehen können. Das Theater zeigt immer die ganze Szene (den ganzen Menschen), eine Filmkamera zeigt nur Fragmente.

6. Im Theater bedeuten alle Zeichen etwas: jedes Geräusch hinter der Bühne, jedes Lachen im Zuschauerraum, jeder Gesichtsausdruck des Schauspielers. Die Existenz von zusätzlichen Faktoren außerhalb der Bühne und die Offenheit der Erschaffung fiktionaler Realität bewirken, dass diese Realität umso „natürlicher" wird.

7. Im Theater hat der Zuseher das Gefühl von Wirklichkeit: Der Schauspieler ist real anwesend. Der Fußball im Theater rollt tatsächlich auf dem Fußboden, die Milch tropft tatsächlich in den Zuschauerraum und das Motorrad strömt tatsächlich Auspuffgase aus.

8. Im Theater hat das Wort nicht nur informative und kommunikative Funktion. Es wird hier in erster Linie seine ästhetische Funktion realisiert, ähnlich wie in einem literarischen Text. Die Rhetorik erscheint hier in ihrer ganzen Blüte. Der Schauspieler bringt die Schönheit der Sprache und die Fülle ihrer Bedeutungen hervor.

Weder das Fernsehen noch das Kino vermögen die technischen Grenzen zu überschreiten, die sie bedingen, und kommen somit nicht denselben Bedürfnissen der Zuschauer entgegen wie das Theater. [...] Denn gerade weil sich das Theater von Film und Fernsehen unterscheidet, ist es nach wie vor faszinierend.

(Aurora Magazin online, 05.07.2000)

1 *Stellen Sie die im Text genannten Unterschiede zwischen Film und Theater in einer Tabelle gegenüber.*

2 *Erörtern Sie die Aussage „Das Theater ist tot – es lebe der Film".*

3 *Besuchen Sie eine Inszenierung eines Dramas, das auch verfilmt wurde, z. B. „Woyzeck" von Georg Büchner. Sehen Sie anschließend den Film und verfassen Sie einen umfassenden Vergleich beider Versionen.*

Tipp

Aufgabe 3 eignet sich auch als Thema einer Facharbeit.

Fazit

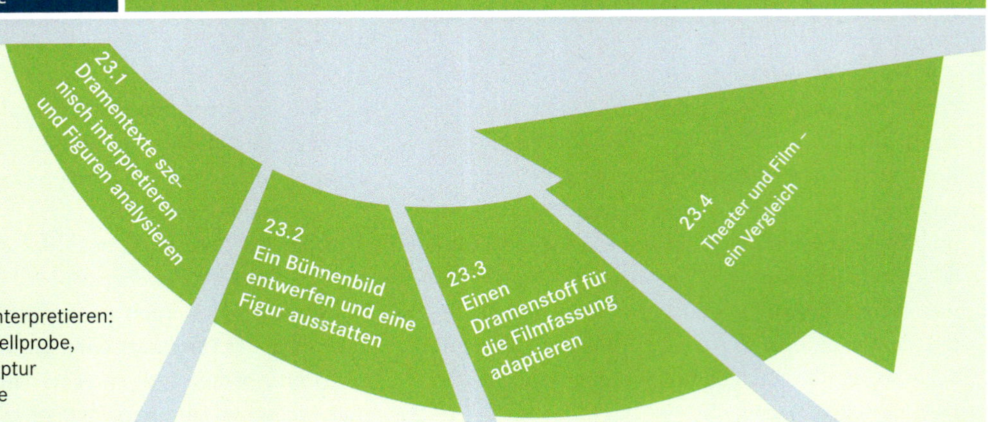

- szenisches Interpretieren: Standbild, Stellprobe, Stimmenskulptur
- Dialoganalyse

- Bühnenbild und Kostüme als Ausdruck der Interpretation

- filmische Mittel einsetzen: Schnitt, Ton, Kameraführung, Kameraeinstellungen und -perspektiven

Kapitel 24

Informationen, Material, Methoden

24.1 Arbeiten in Projekten

24.2 Weitere Methoden und Arbeitstechniken

24.3 Arbeitsanweisungen verstehen – Operatoren

In Projekten zu arbeiten ist eine Anforderung, die heute in vielen Berufen zum Alltag gehört. Unabhängig von Thema oder Fachrichtung brauchen Sie hierfür bestimmte Fähigkeiten und Fertigkeiten. In Ihrer schulischen Ausbildung erwerben Sie fächerübergreifend diese Schlüsselqualifikationen. Vermehrt arbeiten Sie in der Oberstufe zusammen mit Ihren Mitschülerinnen und Mitschülern in Projekten.

In diesem Kapitel lernen Sie das Vorgehen bei Projektarbeiten kennen und erhalten einen Überblick über weitere Arbeitstechniken im schulischen Alltag.

Arbeiten in Projekten

Ein Projekt strukturieren

Auch wenn Sie gerne sofort inhaltlich in Ihr Projekt einsteigen wollen, ist eine sorgfältige Planung und Kontrolle für den Erfolg Ihres Projekts unverzichtbar. In der Wirtschaft nennt man das Management. Das eigentliche Projektmanagement ist in der Regel Aufgabe des Projektleiters oder eines Leitungsteams. Die folgenden Arbeitschritte haben sich in Projekten bewährt:

I Das Projekt definieren

- Ein Thema finden
- Die Projektrahmenbedingungen formulieren
- Die Projektorganisation planen

II Das Projekt planen

- Aufgaben in Arbeitspakete bündeln
- Einen Projektstrukturplan aufstellen
- Einen Projektablaufplan erstellen
- Meilensteine definieren
- Zuständigkeiten regeln

III Das Projekt durchführen

- Projektcontrolling, z. B. durch Zwischenberichte der Teams
- Fortlaufende Projektdokumentation

IV Das Projekt abschließen

- Projektpräsentation
- Projektabschlussbericht
- Projektevaluation

Jedes Projektmanagement hat eine inhaltliche, eine personelle und eine zeitliche Dimension. Auf der **inhaltlichen** Ebene überlegen Sie, welche Teilaufgaben oder Arbeitsschritte nötig sind, um das gesetzte Ziel zu erreichen. Dazu eignen sich Kreativitätstechniken wie **Brainstorming**, **Brainwriting**, **Kartenabfrage** oder **Mindmapping**. Aufgaben, die zusammengehören, werden zu **Arbeitspaketen** gebündelt. Zu jedem Arbeitpaket, z. B. dem Arbeitspaket „Pressearbeit“, lassen sich konkrete Handlungsanweisungen oder Teilschritte formulieren, z. B. einen Presseverteiler erstellen, Kontakte zu örtlichen Presseorganen herstellen oder Pressetexte entwerfen.

1 *Strukturieren Sie Ihr Projekt inhaltlich.*

a) Sammeln Sie mit einer Kreativitätstechnik Ihrer Wahl, z. B. der Kartenabfrage, alle Ideen und Überlegungen, die den Mitgliedern Ihrer Projektgruppe einfallen.
Tipp: Wichtig ist, dass zunächst kein Vorschlag kommentiert oder bewertet wird.

b) Ordnen Sie die Ergebnisse hinsichtlich ihrer Bedeutung für das Thema.
Tipp: Dazu können Sie jedem Teilnehmer drei Klebepunkte geben, mit denen er seine Wahl trifft.

c) Ordnen und bündeln Sie alle Vorschläge zu Arbeitspaketen, die Sie durchnummerieren.

d) Stellen Sie fest, welche Arbeiten aufeinander aufbauen und welche Arbeiten zeitaufwändig sind.

e) Listen Sie auf, welche organisatorischen Voraussetzungen für einzelne Arbeitspakete notwendig sind und welche Materialien Sie benötigen.

Auf der **personellen** Ebene geht es um die Bildung von Teams, die unterschiedliche Anforderungen bewältigen und möglichst viele Aufgabenbereiche abdecken können. Jedes Team ist für ein oder mehrere Arbeitspakete verantwortlich, die Zuständigkeiten sollten in einem Protokoll festgehalten werden. Jedes Team ernennt einen Teamleiter und/oder -sprecher.

Ein Projekt strukturieren

2 *Bilden Sie Teams. Ordnen Sie den Teams die Arbeitspakete aus Aufgabe 1 zu.*

Auf der **zeitlichen** Ebene überlegen Sie, in welcher Reihenfolge die Arbeitsschritte erledigt werden sollen. Dafür erstellen Sie einen **Projektstrukturplan** nach folgendem Schema:

Muster

Projektstrukturplan		
I Vorbereitungs- und Sammelphase	II Planungsphase	III Durchführungsphase
Arbeitspaket 1: ...	**Arbeitspaket x: ...**	**Arbeitspaket y: ...**

Die konkrete Zeitplanung wird in einem **Projektablaufplan** festgehalten.

Muster

Projektablaufplan (Auszug)										
	Termin	22. KW	23. KW	24. KW	25. KW	26. KW	27. KW	28. KW	**Verantwortliches Team**	**erledigt**
Arbeitspaket	**Beginn**									
1 - Zeitungen anschreiben	02.06.								Hannes	

Als **Meilensteine** trägt man Termine ein, die für alle und den weiteren Ablauf wichtig sind.

Muster

Meilensteindiagramm

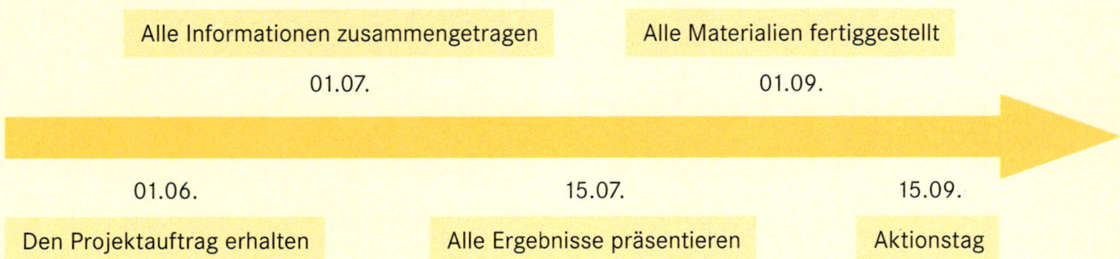

3 *Planen Sie den zeitlichen Ablauf Ihres Projekts.*

a) Erstellen Sie einen Projektstrukturplan.
b) Erstellen Sie am Computer einen vollständigen Ablaufplan für die Dauer des Projekts.
c) Übertragen Sie den Ablaufplan auf eine Wandzeitung.
d) Einigen Sie sich auf 3 bis 4 Meilensteine, die für den Erfolg Ihres Projekts wichtig sind.

Arbeiten im Team: Moderationstechnik

Projektarbeit bietet auf der einen Seite ein großes Maß an Freiheiten und Entscheidungsmöglichkeiten und fördert dadurch die Entwicklung von Selbstständigkeit und Teamfähigkeit, auf der anderen Seite können langwierige Entscheidungsprozesse und Unstimmigkeiten innerhalb einer Gruppe den Abschluss und Erfolg einer Arbeit gefährden. Auf den folgenden Seiten lernen Sie Arbeitsmethoden kennen, die Ideen und Vorschläge einer Gruppe zu ordnen und Entscheidungen zu treffen, die kriterienorientiert sind.

Arbeitstechnik **Moderationstechnik**

Diese Methode eignet sich, um Ideen oder Probleme zu sammeln, zu strukturieren oder zu visualisieren.

1. Eine Schülerin oder ein Schüler übernimmt die Rolle des Moderators:
   Als methodischer Helfer unterstützt der Moderator eine Gruppe dabei, selbstverantwortlich zu handeln: Er fragt nach, fasst Äußerungen einer Gruppe zusammen, bringt die Dinge auf den Punkt, ohne selbst die Vorschläge Einzelner zu bewerten oder seine eigene Meinung zu äußern. Ihm sollte ein Assistent zur Seite stehen, der das Schreiben oder Visualisieren übernimmt.
2. Ablauf:
   - Besorgen Sie Stellwände, die mit Packpapier bespannt sind, Karten in verschiedenen Größen und Formen, Filzstifte in verschiedenen Farben, Nadeln, Klebestifte und Klebepunkte.
   - Der Moderator schreibt zu Beginn eine Frage oder ein Thema in die Mitte der Stellwand.
   - Die Gruppe äußert der Reihe nach Ideen, Aspekte oder Meinungen, die der Assistent als Stichworte auf Karten notiert und an die Stellwand hängt.
   - Lesen Sie die Karten nach Abschluss der Ideensammlung vor und gruppieren Sie sie nach inhaltlicher Zusammengehörigkeit – das nennt man **clustern**. Hängen Sie Karten, die nicht zugeordnet werden können, an die Seite.
   - Suchen Sie für jede Gruppierung Oberbegriffe und schreiben Sie sie auf z. B. ovale Karten.
   - Ordnen Sie die einzelnen Gruppen dann weiter, z. B. nach ihrer Bedeutung für das Thema, nach zeitlichen Gesichtspunkten, nach arbeitstechnischen Gesichtspunkten (aufwändig/einfach, realistisch/utopisch, mehr/weniger personalintensiv).

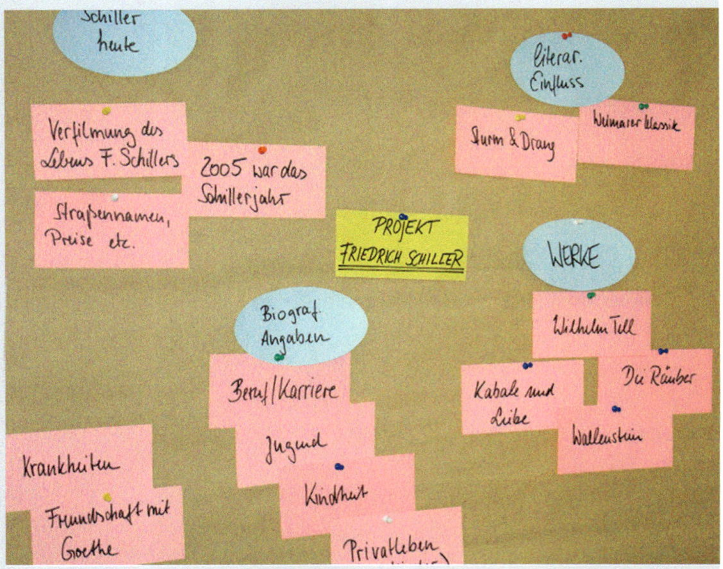

Das gewichtete PMI

Methoden der Entscheidungsfindung können Ihnen inhaltliche Entscheidungen nicht ersparen. Sie helfen Ihnen aber, diese transparent und damit nachvollziehbar zu machen. Das ist für die Evaluation Ihrer Arbeit am Ende des Projekts hilfreich, denn Sie können zurückverfolgen, warum Sie bestimmte Entscheidungen getroffen haben.

Wollen Sie nur eine einzelne Frage klären und eine klare Antwort erhalten, bietet sich die Methode des gewichteten PMI („Plus-Minus-Interesting") an.

Arbeitstechnik **PMI – Plus-Minus-Interesting**

- Sammeln Sie alleine, z. B. mithilfe der Brainstorming-Methode, oder in der Gruppe, z. B. durch Zuruf, möglichst viele negative und positive Aspekte einer anstehenden Entscheidung.
- Tragen Sie die gesammelten Aspekte in eine Tabelle ein (siehe Muster unten).
- Ordnen Sie die Aspekte, die weder eindeutig positiv noch negativ zu beurteilen sind, der Kategorie „Interessant" zu.
- Gewichten Sie die Aspekte, indem Sie jeden Aspekt nach seiner Wichtigkeit für das Gelingen des Projekts bewerten. Wählen Sie eine 6 für sehr wichtig und eine 1 für absolut unwichtig.
- Ziehen Sie die Punkte in jeder Kategorie zusammen und ermitteln Sie den Durchschnitt.
- Ziehen Sie den Durchschnittswert der Minuspunkte von dem der Pluspunkte ab. Wenn Sie ein Ergebnis größer Null erhalten, lautet die Antwort „ja", ist das Ergebnis kleiner Null, lautet die Antwort „nein". Ein Unentschieden ergibt sich bei dem Ergebnis Null.

Im Rahmen ihrer Projektarbeit überlegen einige Schülerinnen und Schüler, ob sie als Schlusspräsentation einen Film drehen sollen. Zur Entscheidungsfindung haben sie die folgende Tabelle nach der PMI-Methode angelegt:

Muster

Pluspunkte (+)	**Gew.**	**Minuspunkte (–)**	**Gew.**	**Interessant**
Lässt sich gut zeigen	4	Schüler haben das noch nie gemacht	6	
Bleibt lange erhalten	5	Produktion ist sehr aufwändig	5	
Herstellung macht Spaß	3	Viel Material nötig (Kameras etc.)	5	
Viele können mitmachen	4			
Durchschnitt	**4**	**Durchschnitt**	**5,33**	

1 *Untersuchen Sie die oben begonnene Tabelle und ergänzen Sie weitere Aspekte.*

2 *Überlegen Sie, welche Aspekte interessant sein könnten, aber weder eindeutig positiv noch negativ zu bewerten sind.*

3 *Beurteilen Sie, ob die Schülerinnen und Schüler den Film drehen sollten oder eher nicht.*

Die bewertete Entscheidungsmatrix

Für eine Vielzahl von Problemen oder Aufgaben gibt es alternative Lösungswege. Entsprechend schwer ist es, sich nach eindeutigen und nachvollziehbaren Kriterien für einen Weg zu entscheiden. Mit der Methode „bewertete Entscheidungsmatrix" können Sie unterschiedliche Lösungswege miteinander vergleichen sowie Vor- und Nachteile der einzelnen Möglichkeiten abwägen. Am Ende erhält man ein klares Votum für einen bestimmten Weg.

Arbeitstechnik **Bewertete Entscheidungsmatrix**

- Notieren Sie alle Lösungswege, die Ihnen zu Ihrem Problem oder Ihrer Aufgabe einfallen.
- Listen Sie dann alle Kriterien auf, die für Ihre Entscheidung von Bedeutung sein sollen. Beachten Sie dabei, dass die Kriterien positiv formuliert werden (also: je mehr davon, desto besser, z. B. *Spaßfaktor Publikum?*).
- Erstellen Sie anschließend eine Matrix (siehe Muster):
  - Teilen Sie die Zahl 100 durch die Anzahl der Kriterien. Das Ergebnis zeigt Ihnen, zu wie viel Prozent jedes Kriterium berücksichtigt wird, wenn alle Kriterien gleich gewichtet wären.
  - Vergleichen Sie anschließend die einzelnen Kriterien hinsichtlich ihrer Bedeutsamkeit und verändern Sie bei Bedarf die Prozentzahlen. Wichtig ist, dass die Summe immer 100 Prozent ergibt.
  - Verteilen Sie Noten: eine 6, wenn das Kriterium besonders erfüllt ist, eine 1, wenn es kaum erfüllt ist.
  - Sie erhalten eine gewichtete Note, wenn Sie die Note mit der Bewertung multiplizieren und durch 100 teilen.
  - Die Summen aller gewichteten Noten zeigen, welcher Lösungsweg bevorzugt werden sollte.

Einige Schülerinnen und Schüler haben zu der Frage „Wie soll das Ergebnis des Projekts präsentiert werden?" eine bewertete Entscheidungsmatrix angefertigt.

Muster

Lösungswege		**Film**		**Ausstellung**		**Broschüre**	
Kriterien	**Bewertung**	Note	Gewichtete Note	Note	Gewichtete Note	Note	Gewichtete Note
Zeitaufwand überschaubar?	25 %	1	0,25	5	1,25		
Öffentlichkeitswirksam?	20 %	6	1,20	3	0,60		
Kosten gering?	15 %	3	0,45	5	0,75		
Spaßfaktor Herstellung hoch?	20 %	5	1,00	3	0,60		
Spaßfaktor Publikum?	20 %	5	1,00	4	0,80		
Summe	**100 %**		**3,9**		**4,0**		

1 *Bewerten und gewichten Sie die Kriterien für den Lösungsweg „Broschüre".*

Projektergebnisse präsentieren

Projekte werden mit einer Präsentation abgeschlossen. Hier werden in der Regel Ergebnisse aus Untersuchungen oder Befragungen und vieles mehr präsentiert. Es eignet sich aber nicht jede Präsentationsform (➪ Basiswissen, Kapitel 2.3, S. 42) für jeden Inhalt. Es ist deshalb notwendig, mögliche Präsentationsformen auf ihre Eignung im Hinblick auf die zu erwartenden Ergebnisse hin zu überprüfen.

1 *Ergänzen Sie weitere Präsentationsmöglichkeiten.*

2 *Beurteilen Sie die Vor- und Nachteile der unterschiedlichen Präsentationsformen. Erstellen Sie dafür eine Kriterienliste (Thema, Umfang, technische Anforderungen, finanzielle Anforderungen), anhand derer Sie die Eignung verschiedener Präsentationsformen untersuchen.*

Muster

Kriterien / Präsentationsform	Thema	Umfang	Technische Anforderungen	Finanzielle Anforderungen
Referat	beliebig	bis mittlerer Umfang	gering	gering
Ausstellung	…	…	…	…

Weitere Methoden und Arbeitstechniken

Beschreiben
In vielen beruflichen wie auch privaten Situationen ist es nötig, bestimmte Vorgänge oder Gegebenheiten präzise und sachlogisch zu beschreiben. Die Beschreibung ist unabhängig von der eigenen Person (z. B. Stimmungslage, Interessen etc.) anzufertigen, d. h., möglichst objektiv zu gestalten. Sie soll genau die reale Gegebenheit wiedergeben.
Aufbau und Inhalt: Die Beschreibung erfasst zunächst die Rahmenbedingungen eines Vorgangs oder einer Gegebenheit. Sind etwa Arbeitsvorgänge zu beschreiben, so stellt man zunächst dar, wie der Arbeitsplatz beschaffen sein sollte oder welche Materialien benötigt werden. Möchte man beispielsweise das Verhalten von Personen in einer Gruppe beschreiben, hält man zunächst fest, wo und wann sich die Gruppe zusammenfindet und zu welchem Zweck.
Im weiteren Verlauf der Beschreibung werden die Beobachtungen möglichst genau und in der richtigen Reihenfolge wiedergegeben. Ein Dritter muss aufgrund der Beschreibung in der Lage sein, die Schritte des Vorgangs bzw. die Details einer Gegebenheit nachvollziehen zu können.
Den Abschluss einer Beschreibung bildet eine Darstellung der Wirkungszusammenhänge. Hier wird erfasst, welche Details eines Vorgangs oder einer Gegebenheit aufeinander einwirken bzw. in Zusammenhang miteinander stehen. Beschreibt man beispielsweise das Verhalten von Personen in Gruppen, so könnte an dieser Stelle auf den Zusammenhang zwischen dem Verhalten der einzelnen Person in der Gruppe (z. B. aufgrund von Desinteresse oder hoher Motivation) und dem Arbeitsergebnis eingegangen werden. Bei der Beschreibung von Organigrammen (= Schaubild zum Aufbau einer Organisation, in dem Abteilungen oder verantwortliche Personen aufgeführt sind sowie deren Aufgaben und die Kommunikationsbeziehungen untereinander) könnte man beispielsweise auf das Zusammenwirken der einzelnen Personen oder Abteilungen bei bestimmten Entscheidungsprozessen eingehen.
Sprache und Stil: Sprache und Stil der Beschreibung sind sachlich, nüchtern und nicht wertend. Umgangssprache gehört nicht in eine Beschreibung. Die Formulierungen sind im Präsens gehalten.

Blitzlicht ➪ Moderationstechniken

Brainstorming ➪ Moderationstechniken

Diagonales Lesen ➪ Lesetechniken

Dossier anlegen: Ein Dossier (franz.: Aktendeckel) ist eine Sammlung von Dokumenten zu einem Thema oder Vorgang. Dossiers finden in der Politik Verwendung, um aus Akten Sachthemen aufzubereiten und einem festgelegten Personenkreis zugänglich zu machen. Der Begriff spielt auch in der Publizistik eine Rolle. So veröffentlichen Tageszeitungen und Wochenzeitschriften – häufig in Zusammenhang mit ihrem Online-Auftritt – Dossiers zu aktuellen Themen. Diese beinhalten Artikel, Hintergrundberichte, Interviews, Fotos und vieles mehr. Im Unterricht bietet ein Dossier eine gute Möglichkeit, viele Facetten eines Themas aufzugreifen.
Wichtig ist, dass alle gesammelten Materialien bearbeitet und verarbeitet werden, sodass etwas Eigenes daraus entsteht. Entscheidend ist also nicht die Menge des Materials, sondern inwiefern aus dem Material ein neues Produkt entsteht.
Materialrecherche: Neben allen Arten von informativen Texten, wie z. B. Berichten/Hintergrundberichten, Interviews, Kommentaren, chronologischen Aufstellungen oder literarischen Texten, kommen bei der Materialrecherche auch Bildmaterial (Grafiken, Diagramme, Statistiken) sowie Audio- und Videosequenzen in Betracht.
Auswahl/Relevanz des Materials: Durch die Möglichkeiten des Internets kann man heute zu jedem beliebigen Thema unendlich viele Informationen finden. War vor einigen Jahren das Auffinden von Informationen der Schwerpunkt einer solchen Recherche, so besteht heute die eigentliche Leistung eher darin, aus der Informationsfülle nach Relevanz (z. B. für ein Thema) auszuwählen und zu überprüfen. Die folgenden Leitfragen helfen bei der Beurteilung von Internetquellen:
- Was ist wichtig?
- Was ist exemplarisch?
- Wie ist die Qualität der Quellen zu beurteilen? (➪ Arbeitstechnik, Kapitel 3.4, S. 57)

Blickwinkel/Facetten: In der Politik, wo unterschiedliche Interessengruppen eine Rolle spielen, ist ein

Dossier inhaltlich gelungen, wenn in ihm möglichst viele Blickwinkel auf ein Thema enthalten sind. Das Prinzip gilt aber auch im Deutschunterricht, wo in einem Dossier z. B. zum Thema „Schiller" unterschiedliche Sichtweisen auf den Dichter vereinigt sein sollten. Neben Texten des Dichters können hier auch Aussagen von Zeitgenossen und Bewertungen aus heutiger Sicht eine Rolle spielen.

Ergebnisprotokoll ➪ Protokolle erstellen

Exzerpieren: Wenn man einen Text auf eine bestimmte Fragestellung hin untersucht, kann man die relevanten Textstellen exzerpieren, d. h., man gibt den Text auszugsweise in kurzen Sätzen und/oder Stichpunkten wieder. Dabei kann es sich um wörtliche oder paraphrasierende (sinngemäße) Textauszüge handeln.
Ein Exzerpt hat den Vorteil, dass nur die Textpassagen notiert werden, die für das eigene Thema von Bedeutung sind. So kann man später auf wichtige Informationen zurückgreifen, ohne den Text nochmals zu lesen. Außerdem haftet ein „abgespeckter" und selbst verfasster Text besser im Gedächtnis.
Ein Exzerpt kann in Teilen in andere Texte übernommen werden, z. B. in eine Facharbeit.
Man kann zwei Methoden anwenden:

1. *Texte kürzen:* Textstellen, die für das eigene Thema nicht wichtig sind, werden weggelassen.
2. *Texte verdichten:* Ausführlich dargelegte Informationen werden so zusammengefasst, dass der Text übersichtlicher wird.

Vorgehen: Man unterteilt den zu bearbeitenden Text in Sinnabschnitte und formuliert die Kernaussage des jeweiligen Abschnitts. Definitionen, Schlüsselwörter und wichtige Thesen zitiert man wörtlich (Zitate müssen als solche kenntlich gemacht werden). Beispiele und ausführliche Argumentationen werden stichwortartig zusammengefasst.
Tipp: Man teilt den oberen Teil einer DIN-A5-Karteikarte in zwei Hälften. Auf der linken Seite werden alle Angaben zu Autor und Werk, auf der rechten Seite wird die dem Exzerpt zugrunde liegende Fragestellung notiert. Darunter wird das Exzerpt aufgeschrieben.

Fortlaufendes Lesen ➪ Lesetechniken

Fünf-Schritt-Lesemethode ➪ Lesetechniken

Intensives Lesen ➪ Lesetechniken

Interpretationsmethoden
Die verschiedenen Methoden ergänzen sich häufig sehr gut.

- **werkimmanent**
  Ausgangspunkt: der Text allein als autonomes Kunstwerk
  In der Regel werden zuerst Einzelaspekte auf inhaltlicher und formaler Ebene analysiert. Diese werden anschließend aufeinander bezogen, um zu einem tieferen Verstehen des Werks zu gelangen. Die werkimmanente Methode geht häufig den anderen Interpretationsmethoden voraus und bildet ihre Basis.
- **biografisch oder (individual)psychologisch**
  Ausgangspunkt: Autor, sein Leben, seine Lebensumstände, seine Persönlichkeitsstruktur
  Es wird analysiert, ob und in welcher Weise sich bestimmte Lebenserfahrungen des Verfassers auf die Themenwahl, die inhaltliche Schwerpunktlegung und die Darstellungsweise ausgewirkt haben. Dabei kann es um die individuelle Verarbeitung realgeschichtlicher Ereignisse gehen oder um private Erfahrungen, die auch mithilfe psychologischer Deutungsmuster untersucht werden können.
- **geistes- oder ideengeschichtlich**
  Ausgangspunkt: geistige, kulturelle und philosophische Strömungen während der Entstehungszeit des Textes
  Der Text wird im Kontext des Epochenzusammenhangs untersucht.
- **historisch-politisch oder historisch-soziologisch**
  Ausgangspunkt: der historisch-soziale Kontext während der Entstehungszeit des Textes
  Zur Deutung des Textes werden realgeschichtliche Ereignisse herangezogen (politisch und sozialgeschichtlich). Die Wechselwirkung des Einflusses der Zeit auf den Text und des Textes auf die Zeit wird untersucht. – Wie hat der Autor die gesellschaftliche Wirklichkeit im Text zum Ausdruck gebracht und wie greift sein Text in die Auseinandersetzung in der gesellschaftlichen Wirklichkeit ein?

- **rezeptionsgeschichtlich**
  Ausgangspunkt: Wirkungsgeschichte (Rezeptionsgeschichte) eines Textes
  Es wird untersucht, welche unterschiedlichen Bedeutungszuweisungen ein Text durch verschiedene Leser zu unterschiedlichen Zeiten erfahren hat.

Kartenabfrage ➪ Moderationstechniken

Lesetechniken: In Beruf und Alltag muss man oft den Inhalt umfangreicher und schwieriger Texte verstehen und wiedergeben können. Es gibt verschiedene Techniken, die das Lesen erleichtern, z. B.:

A **Fünf-Schritt-Lesemethode:**
Wenn man sich Informationen aus einem Text für eine Klassenarbeit oder Prüfung merken oder diese in ein Referat einbauen möchte, kann man die Informationen mithilfe der Fünf-Schritt-Lesemethode in eigene Worte fassen:

1. ***Überfliegen:*** Man überfliegt den Text zuerst grob und achtet dabei auf Titel, Untertitel, Hervorhebungen, Inhaltsverzeichnis, Autor oder Autorin. So erhält man einen Eindruck von Aufbau und Inhalt des Textes und findet heraus, welche Abschnitte für den eigenen Zweck relevant sind.
2. ***Fragen:*** Beim ersten Lesen entstandene Fragen werden formuliert. Dies können reine Verständnisfragen sein, sie können sich aber auch auf alle Unklarheiten des Textes beziehen. Gut geeignet sind die W-Fragen.
3. ***Lesen:*** Der Text wird gründlich gelesen und dabei wird versucht, auf die zuvor formulierten Fragen Antworten zu finden. Wichtige Textstellen können markiert, unbekannte Wörter in einem Wörterbuch nachgeschlagen werden (➪Wörterbuch benutzen). Schwierige Passagen sollten mehrmals gelesen werden.
4. ***Schreiben:*** Schlüsselbegriffe und die wichtigsten Gedanken des Textes werden notiert. Komplizierte Sätze, die wichtig für das Verständnis des Textes sind, können in eigene Worte gefasst werden (➪Exzerpieren).
5. ***Wiederholen:*** Der Inhalt des Textes wird anhand der Notizen wiedergegeben, Fehlendes wird ergänzt.

B **Vier Arten, einen Text zu lesen:**
Wenn man liest, hat man unterschiedliche Ziele, z. B. sucht man in einem Text nach Details oder man möchte sich einen Gesamtüberblick verschaffen. Je nach Leseabsicht kann man wählen zwischen folgenden Lesetechniken:

Lesetechnik	Vorgehen	Ziel
Punktuelles Lesen	Der Text wird nach speziellen Begriffen „durchsucht“, dabei orientiert man sich an Überschriften und liest nur relevante Abschnitte gründlich.	Es sollen Detailinformationen gefunden werden.
Diagonales Lesen	Der Text wird überflogen, dabei werden einzelne Passagen, hervorgehobene Textstellen und Überschriften gelesen, Sprünge beim Lesen sind sinnvoll.	Man möchte sich einen Überblick über einen Text verschaffen und eine Entscheidung über die weitere Beschäftigung mit dem Text treffen.
Fortlaufendes Lesen	Der Text wird gründlich gelesen, wichtige Stellen werden markiert, Notizen werden gemacht.	Man möchte sich umfassend informieren.
Intensives Lesen	Der Text wird gründlich gelesen, es wird sich auf die Lösung einer vorgegebenen Aufgabe konzentriert. Dazu werden Notizen gemacht, es wird markiert und unterstrichen.	Man möchte den gesamten Text vollständig erfassen und sich ein Urteil über Autor und Absicht bilden können.

Metaplantechnik: Die Metaplantechnik eignet sich besonders, wenn es darum geht, Ideen zu sammeln und zu strukturieren oder Gruppenprozesse zu visualisieren. Ein oder zwei Moderatoren leiten und begleiten den Arbeitsprozess und wenden ➪Moderationstechniken an.

Erforderliche Hilfsmittel:
- Stellwände mit Nadeln oder Heftzwecken, Packpapier/Tapeten zum Bespannen der Stellwände (➪Präsentationsmedien – Metaplanwand)
- Karten in unterschiedlichen Farben und Formen
- Filzschreiber in unterschiedlichen Stärken und Farben
- Klebepunkte zur Bewertung durch die Teilnehmer
- Fotoapparat, mit dem die gestalteten Stellwände abgelichtet werden, z. B. für ein Protokoll

Ablauf:
- Der Moderator schreibt ein Thema, ein Problem oder eine Frage auf eine mit Packpapier bespannte Stellwand.
- Die Teilnehmer notieren ihre Ideen stichwortartig auf vorbereitete Karten, pro Karte eine Idee. Es sollte groß und gut lesbar geschrieben werden.
- Die Karten werden eingesammelt, vorgelesen und unsortiert an die Stellwand gehängt.
- Anschließend werden die Karten geclustert, d. h. zu Gruppen zusammengefasst. Karten, die nicht zugeordnet werden können, kommen an die Seite.
- Bei Bedarf wird für jede Gruppe ein Oberbegriff auf andersfarbige Karten notiert.
- Der Moderator notiert die Punkte auf weitere Karten, die die Teilnehmer gerne ergänzen würden.
- Falls erforderlich bewerten die Teilnehmer die einzelnen Lösungen/Vorschläge mithilfe von Klebepunkten (➪Themengewichtung).

Moderationstechniken: Diese Techniken helfen, in einer Gruppe Probleme zu sammeln, zu strukturieren oder zu visualisieren. Eine Schülerin oder ein Schüler übernimmt die Rolle der Moderatorin/des Moderators, die/der die Arbeit einer Gruppe begleitet, strukturiert, organisiert und zusammenfasst. Zu den Aufgaben des Moderators gehören:
- die Organisation des Einstiegs in ein Thema oder ein Projekt,
- die Kontrolle der Einhaltung von Zeiten und Regeln,
- die Förderung der Bereitschaft der Teilnehmer zur Mitarbeit durch geeignete Anregungen,
- die Bewahrung des Überblicks über den Arbeitsfortschritt,
- das Zusammenfassen und Visualisieren der Ergebnisse durch geeignete Methoden.

Visualisierungstechniken: Auf Flipcharts können Aussagen der Teilnehmer festgehalten und Ergebnisse notiert werden. Nichts geht verloren. Auch Moderationswände bzw. Metaplanwände eignen sich. Auf ihnen arbeitet man mit unterschiedlichen Formen von Karten und mit Linien, die Zusammenhänge verdeutlichen (➪Präsentationsmedien).

Es gibt verschiedene Moderationstechniken, z. B.:

Blitzlicht: In einem Blitzlicht äußert sich jeder Teilnehmer zu seiner aktuellen Stimmungslage. Es gibt keine Diskussionen während des Blitzlichts. Die Moderatorin/der Moderator kann ein Blitzlicht nutzen, um z. B. latent vorhandenen Unmut, der die Arbeit beeinträchtigt, ins Bewusstsein aller zu rücken.

Brainstorming: Beim Brainstorming geht es darum, in kurzer Zeit möglichst viele Ideen/Lösungsvorschläge zu einem Thema zu sammeln.

Ablauf: Die Gruppe äußert nacheinander Ideen zu einem Stichwort, ohne dass diese bewertet werden. Die Äußerungen werden von zuvor ausgewählten Mitschülern an der Tafel, auf Folien etc. notiert. Erst nach Abschluss des Brainstormings wird die Sammlung strukturiert und bewertet.

Kartenabfrage: Diese Methode eignet sich, um zu Beginn einer Diskussion, Unterrichtsreihe oder Projektplanung Vorkenntnisse, Erwartungen oder Lösungsansätze von den Teilnehmern abzufragen.

Ablauf: Die Teilnehmer notieren ihre Ideen auf vorbereitete Karten. Es genügen Stichworte. Erste Strukturierungsmöglichkeiten ergeben sich durch unterschiedlich farbige Karten (doppelte Kartenabfrage).

Beispiel: *Bei der Planung des Tagesablaufs stehen rote Karten für die Frage: „Was sollten wir heute auf jeden Fall schaffen?“, gelbe Karten für Aussagen zu: „Das hat Zeit bis morgen.“*

Themengewichtung: Gibt es unterschiedliche Auffassungen zur Auswahl und Bewertung gesammelter Ideen, können die Teilnehmer mithilfe von Klebepunkten eine Gewichtung der Lösungen/Vorschläge vornehmen.

Portfolioarbeit: Als Portfolio bezeichnet man ursprünglich eine Brieftasche oder Dokumentenmappe. Heute wird der Begriff in der Börsenwelt verwendet, wo er eine Zusammenstellung von Wertpapieren bezeichnet. In der Kunst und in anderen kreativen Bereichen be-

inhaltet ein Portfolio die Auswahl besonderer Arbeiten und Leistungen eines Menschen (Arbeitsmappe).
An diese Verwendung des Begriffs knüpft auch der schulische Einsatz von Portfolios an. Im Deutschunterricht ist ein Portfolio eine Sammlung von Texten einer Schülerin oder eines Schülers, die über einen längeren Zeitraum entstanden ist, an Unterrichtsinhalte anknüpft und neben den Schreibprodukten auch eine Reflexion über deren Entstehung enthält.

Unterscheidung:
Grundsätzlich unterscheidet man zwischen einem Kursportfolio oder einem Portfolio im Einzelunterricht. Bei beiden werden anhand ausgewählter Arbeiten die Entwicklung und Ergebnisse eines Unterrichtsvorhabens dargestellt, reflektiert und bewertet. Dagegen ist das Portfolio als Bildungsmappe oder Bildungsdokumentation längerfristig angelegt und fachübergreifend.
Im Deutschunterricht kann man ein Portfolio beispielsweise anlegen, um ein erweitertes Textsortenspektrum einzuüben oder um die verschiedenen Stufen der Entstehung und Überarbeitung von selbstständig verfassten Texten zu dokumentieren. Auch ein Praktikumsportfolio oder ein Portfolio in Form einer Epochenmappe, Autoren- oder Werkporträtmappe sind möglich.

Vorbedingungen:
Portfolioarbeit braucht gemeinsam erarbeitete Vorgaben. Dabei müssen die Anforderungen für alle Beteiligten transparent sein. Dies gilt vor allem für Vorgaben bezüglich Umfang, Zeit und Bewertungsmaßstäben.

Reflexion:
Portfolioarbeit wird immer von den Schülerinnen und Schülern reflektiert. Dabei können folgende Fragestellungen im Vordergrund stehen:

- Warum habe ich diesen Leistungsnachweis für das Portfolio ausgewählt?
- Was ist an dieser Arbeit gelungen?
- Was zeigt er von mir und meiner Arbeit?
- Was habe ich anhand dieses Leistungsnachweises gelernt?

Präsentation eines Portfolios:
Portfolioarbeiten sollen wahrgenommen werden. Deshalb ist es sinnvoll, sich über mögliche Präsentationsformen und -gelegenheiten vor Beginn des Vorhabens Gedanken zu machen.

PowerPoint-Präsentationen: PowerPoint ist ein Computerprogramm, mit dem man eine auf Seiten (auch „Folien" genannt) basierende Präsentation erstellen kann. Die Gestaltungsmöglichkeiten reichen von der einfachen Textfolie über Folien mit Grafiken, Tabellen und Diagrammen bis hin zu Folien mit Multimediainhalten.
Bei der Gestaltung der PowerPoint-Folien ist Folgendes zu beachten:

- möglichst eigene, schlichte Vorlagen gestalten
- die Anzahl der Aussagen auf einer Folie sollte man auf einem Blick erfassen können (nicht mehr als sieben)
- ausreichenden Rand und Zeilenabstand lassen
- auf Textfolien sollten maximal zehn Zeilen, in der Zeile höchstens zehn Wörter stehen
- möglichst nicht mehr als zehn Folien verwenden
- eine gut lesbare Schriftart verwenden
- Schriftgröße nicht zu häufig wechseln und Hervorhebungen sparsam einsetzen
- Schriftgröße: für Bildunterschriften 20 Punkt, 24 für den Fließtext, 28 Punkt fett für Zwischenüberschriften und 32 Punkt fett für die Hauptüberschrift
- Farben bewusst zur Hervorhebung, Unterscheidung und Gliederung einsetzen
- Visualisierungen auf zentrale Aussagen beschränken

Man sollte bei der Gestaltung der Folien beachten, dass sie den Vortrag unterstützen, aber nicht ersetzen sollen. Die vollständige Präsentation wird dann auf einem mobilen Datenträger gespeichert und mithilfe eines Computers und eines Beamers vorgeführt.

Präsentationsmedien: Präsentieren kann man mit vielen Medien, u. a. mit:

1. Flipchart:
Vorteile: einfach zu handhaben und zu transportieren
Nachteile: Flipchartblock ist teuer/nicht geeignet für große Räume (auf hinteren Plätzen nicht zu sehen)
Tipps: dicken Filzer verwenden/Druckbuchstaben

2. Laptop mit Beamer:
Vorteile: transportierbar, Abspielen von DVDs und MP3-Musikformaten, eigene Aufnahmen können gezeigt werden, professionelle und schnelle Gestaltung

von Grafiken, Abbildungen, Bildern usw., Einsatz von Präsentationsprogrammen wie PowerPoint (➪PowerPoint-Präsentationen) oder Keynote möglich
Nachteile: gute Software- und Hardwarekenntnisse sind erforderlich, häufig gerät der Präsentierende in den Hintergrund, Reizüberflutung durch zu große Bilderflut, Medienmonotonie
Tipps: andere Medien einbauen, z. B. Flipchart, maximal 15 Minuten, ausreichende Redepausen einbauen, weitere Tipps ➪4. Overheadprojektor

3. **Metaplanwand** und Karten:
Vorteile: flexibler Einsatz der Metaplankarten (verschieben und neu anordnen), Übersicht wird gewährleistet durch unterschiedliche Formate/Formen/Farben der Karten, Clustern (Haufenbildung nach Sinnzusammenhängen) und die Bildung von Oberbegriffen, Teilnehmer füllen die Karten aus und werden dadurch aktiv beteiligt
Nachteile: Moderationsregeln (➪Moderationstechniken) müssen beherrscht werden, der Umgang mit Karten und Wand erfordert Routine
Tipps: nur ein Aspekt auf eine Karte/nur Stichworte, höchstens drei Zeilen pro Karte/Druckbuchstaben, gut formulierte Kartenfragen führen zum Ziel

4. **Overheadprojektor** und Folien:
Vorteile: transportierbar und verschiebbar, Folien können vorbereitet werden
Nachteile: weiße Projektionsfläche muss vorhanden sein, Sonnenlicht kann blenden, Schrift auf Folie ist zu klein oder zu dünn, zu viele Folien/zu schneller Folienwechsel, Folien häufig überladen
Tipps: nicht mit der Wand sprechen oder im Licht stehen, nicht hinter dem OHP verschanzen, bei längeren Pausen abschalten, Folien durchnummerieren, Zeigehilfen verwenden, Blickkontakt zum Publikum suchen

5. **Wandtafel:**
Vorteile: einfach zu handhaben/große Schreibfläche, durch Abwischen Veränderung jederzeit möglich
Nachteile: gleichzeitiges Sprechen und Schreiben schwierig, Gefahr, mit der Tafel zu sprechen, Tafelbilder können nicht gesichert werden
Tipps: auf gut lesbare Schrift und auf Raumaufteilung achten, kontrastreiche Kreidefarben benutzen

Protokolle erstellen: Viele Kommunikationssituationen erfordern eine Dokumentation, um alle Beteiligten gleichermaßen sachrichtig und umfassend zu informieren. Dazu werden in zahlreichen beruflichen und außerberuflichen Veranstaltungen Protokolle angefertigt, z. B. bei Parlamentsdebatten, bei Mitgliederversammlungen oder bei Besprechungen in Betrieben. Auch im schulischen Bereich kann die Anfertigung eines Protokolls zur Dokumentation der Ergebnisse von SV-Sitzungen, von Unterrichtsstunden oder des Verlaufs einer Schülerdiskussion sinnvoll sein.
Je nach Verwendungszweck unterscheidet man zwischen Verlaufsprotokoll und Ergebnisprotokoll.
Verlaufsprotokoll: In einem Verlaufsprotokoll wird der Verlauf eines Treffens chronologisch und vollständig protokolliert und objektiv dargestellt. Dabei werden die wesentlichen Schritte des Treffens festgehalten, es wird dargestellt, wie es zu den Ergebnissen gekommen ist, und die Kernaussagen der Argumente, Einwände, Anträge und Forderungen der Teilnehmerinnen und Teilnehmer werden wiedergegeben. Redebeiträge werden dabei in indirekter Rede wiedergegeben, oft verwendet man daneben die Form des Redeberichts (*„Frau Schmitz zeigte sich erfreut über ...“*). Anträge werden wörtlich formuliert.
Ergebnisprotokoll: Ergebnisprotokolle sind oft knapper als Verlaufsprotokolle und beschränken sich auf die Information über Ergebnisse und Beschlüsse eines Treffens. Der zeitliche Verlauf spielt dabei keine Rolle. Anträge, Abstimmungs- und Wahlergebnisse werden in gekürzter Form genannt. Wenn ein Beteiligter Aufgaben übernommen hat, wird dies vermerkt. Auf das Aufzeichnen einzelner Wortbeiträge wird verzichtet.
Sprache und Stil:
Sprache und Stil des Protokolls sind sachlich, nüchtern und nicht wertend. Umgangssprache gehört nicht in ein Protokoll. Protokolle werden im Präsens formuliert.
Aufbau:

- *Protokollkopf:* Im Kopf des Protokolls werden Angaben gemacht über die Art der Veranstaltung, den Anlass, den Ort, das Datum und die Zeit, die Teilnehmerinnen und Teilnehmer und ggf. über eine vorliegende Tagesordnung. Ebenfalls muss genannt sein, wer das Protokoll angefertigt hat.

- *Hauptteil:* Dann erfolgt die eigentliche Wiedergabe des Verlaufs bzw. der Ergebnisse einer Veranstaltung. Gab es zu dieser eine Einladung mit Tagesordnung, so kann die Gliederung dieser Tagesordnung gleichzeitig die des Protokolls sein.
- *Schluss:* Die/der Protokollführende gibt am Schluss Ort und Datum der Ausfertigung des Protokolls an und garantiert mit ihrer/seiner Unterschrift für die Richtigkeit.

Telefon-, Gesprächs- und Aktennotiz: Diese kurze Sonderform der Beschreibung bzw. des Protokolls ist besonders im Berufsleben von Bedeutung. Hier ist es im Alltag nötig, Mitteilungen, Vereinbarungen, Ergebnisse usw. schriftlich festzuhalten, damit man sie im Zweifelsfall genau nachweisen kann. Die Notiz beinhaltet neben Datum und Uhrzeit den Namen des Gesprächspartners und eine kurze Zusammenfassung des Gesprächsinhalts. Durch die Unterschrift wird die Richtigkeit der Angaben bestätigt. Die Notiz wird sorgfältig verwahrt und gilt als offizielles Dokument.

Punktuelles Lesen ➪ Lesetechniken

Themengewichtung ➪ Moderationstechniken

Umfrage: Die Umfrage ist eine Methode, Informationen über Menschen zu sammeln.

Zielgruppe bestimmen:
Bevor eine Umfrage zu einem Thema durchgeführt werden kann, muss zunächst der Personenkreis bestimmt werden, der befragt werden soll. Man kann entweder einen „repräsentativen" Personenkreis befragen oder nach dem Zufallsprinzip auswählen, wen man befragt.

1. ***Repräsentativumfrage:*** Hier wird eine überschaubare Anzahl von Personen befragt, die in ihrer Zusammensetzung (Alter, Berufsstand, Geschlecht, Interessen etc.) ein möglichst genaues Abbild der Zielgruppe darstellen. Die Ergebnisse der Befragung werden auf die Gesamtgruppe hochgerechnet.
2. ***Auswahl nach dem Zufallsprinzip:*** Eine Befragung nach dem Zufallsprinzip ist wesentlich einfacher durchzuführen, die Fehlerquote ist aber auch erheblich höher als bei einer Repräsentativumfrage.

Die Erhebungsmethode bestimmen:
Die geeignete Erhebungsmethode hängt von den eigenen organisatorischen und zeitlichen Möglichkeiten ab. Man kann:

- Fragebögen verteilen oder verschicken,
- eine Telefonumfrage starten,
- geeignete Personen in einem Interview befragen,
- einen Fragebogen ins Internet stellen.

Fragen formulieren:
Grundsätzlich sollten alle Fragen standardisiert, d. h. in der Reihenfolge und Wortwahl immer gleich sein. Es empfiehlt sich, Fragen möglichst eindeutig, präzise und leicht verständlich zu formulieren und mit einfachen Fragen („Eisbrecher") zu starten. Je nach Zielstellung kann zwischen offenen und geschlossenen Fragen gewählt werden.

1. ***Geschlossene Fragen:*** Bei geschlossenen Fragen muss der Befragte zwischen zwei Alternativantworten auswählen (*Ja/Nein, Richtig/Falsch* oder *A/B*). Es können auch mehrere Antworten zur Auswahl gestellt werden wie bei einer Multiple-Choice-Frage. Als Sonderform kann man die Skalenfrage verwenden, bei der die Umfrageteilnehmer durch Ankreuzen auf einer Skala eine These bewerten.
2. ***Offene Fragen:*** Bei offenen Fragen können die Teilnehmer die Antworten frei formulieren. Vermeiden sollte man Suggestivfragen (dabei werden dem Befragten die Antworten in den Mund gelegt, z. B. „*Sind Sie auch der Meinung, dass ...*").

Geschlossene Fragen lassen sich leichter auswerten als offene Fragen, da bei offenen Fragen ein Vergleich der Antworten oft schwierig ist.

Validität und Reliabilität einer Umfrage:
Die Ergebnisse einer Umfrage sollten dem Anspruch an Validität und Reliabilität genügen. Valide oder gültig sind die Ergebnisse dann, wenn die Fragen so präzise gestellt wurden, dass Fehldeutungen unmöglich sind. Reliabel oder zuverlässig sind Forschungsergebnisse dann, wenn die Meinungen der Befragten möglichst genau die Ansichten der Zielgruppe wiedergeben, d. h., wenn die Fehlerquote sehr gering ist.

Präsentation der Umfrage:
Für die Präsentation oder Visualisierung von Ergebnissen eignen sich vielfach Schaubilder und Diagramme.

Verlaufsprotokoll ➪ Protokolle erstellen

Vier Arten, einen Text zu lesen **⇨ Lesetechniken**

Wörterbuch benutzen: Beim Erstellen eines eigenen Textes oder beim Lesen eines fremden Textes können Fragen auftauchen, die sich mithilfe eines Wörterbuchs schnell klären lassen. Voraussetzung ist, dass man mit diesem Hilfsmittel umgehen und die verwendeten Zeichen entschlüsseln kann (⇨ Beispiel unten). Weitere Informationen zur Benutzung und zu den Abkürzungen finden sich auf den ersten Seiten eines Wörterbuchs.

Zitieren, Quellenverweise angeben: Aus anderen Werken übernommene Textstellen und Gedanken müssen kenntlich gemacht und mit einem kurzen Quellenverweis nachgewiesen werden. Ausführliche Angaben zur Quelle sind im Literaturverzeichnis (der sogenannten Bibliographie) aufgeführt. Ob Sie diesen Quellenverweis direkt in Klammern an das Zitat anschließen oder aber lieber in Fußnoten einfügen, bleibt Ihnen überlassen. Bedenken Sie, dass Fußnoten mit einem Großbuchstaben beginnen.
Folgende Angaben sind in einem Quellenverweis enthalten: Nachname des Autors, Jahr, Seitenzahl. Bei indirekten Zitaten stellt man ein „vgl." (vergleiche) voran. Beispiel: *Weber, 2005, S. 60*

Besonderheiten:

- Beziehen Sie sich auf Literatur, die von zwei oder mehr Autoren verfasst wurde, so geben Sie beim ersten Quellenverweis alle Nachnamen an. In den folgenden Quellenverweisen schreibt man den ersten Nachnamen und ergänzt „u.a." (und andere).
- Verwenden Sie mehrere Werke eines Autors aus dem gleichen Jahr, so ergänzt man nach dem Erscheinungsjahr ein a, b, c ... Beispiel: *2011a, 2011b, 2011c ...*
- Wenn Sie in Ihrem Text auf einer Seite mehr als einmal auf den gleichen Titel verweisen, können anstelle des Kurzbelegs die Hinweise „ebd." (ebenda) oder „a.a.O." (am angeführten Ort) verwendet werden. Dieser Quellenverweis bezieht sich immer auf die vorhergehende Quelle.
- Für längere Textstellen kann man auch mehrere Seiten angeben. Beispiel: *S. 15 f.* (wenn nur eine Seite folgt), *S. 15 ff.* (wenn sich das Zitat über mehrere Seiten erstreckt).
- Für Zitate aus dem Internet gelten dieselben Regeln wie für Zitate aus den Printmedien, es entfällt lediglich die Seitenangabe, dafür wird das Datum des Abrufs ergänzt. Beispiel: *Schulz von Thun, 6. Juni 2010.* Sollte der Verfasser bzw. Verantwortliche einer Website unbekannt sein, verwendet man statt des Namens ein Stichwort zur herausgebenden Organisation oder zum Thema der Seite.

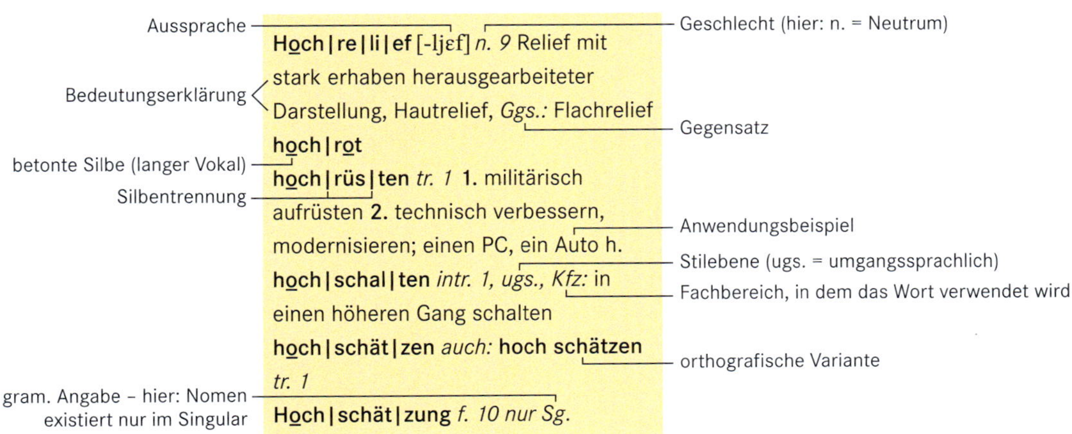

Arbeitsanweisungen verstehen – Operatoren

Arbeitsanweisungen sind wesentlicher Bestandteil jeder Aufgabenstellung, denn sie benennen die Handlungsschritte (in Form von Verben), die zur Lösung von Aufgaben notwendig sind.

Die Anforderungen einer Aufgabe, die durch die Formulierung der Arbeitsanweisung deutlich werden, verlangen von Ihnen unterschiedliche Fähigkeiten und Vorkenntnisse. Sie müssen sich bei jeder Aufgabenstellung fragen: Welche Fertigkeiten werden von mir gefordert? Welche Tätigkeiten auf welchem Anforderungsniveau werden von mir erwartet? Welche Vorkenntnisse brauche ich?

Wenn Sie z. B. einen Text mit Ihren eigenen Worten **wiedergeben** sollen, dann können Sie sich auf den Inhalt der Textvorlage beschränken. Sollen Sie einen Text **analysieren** oder **untersuchen**, dann betrachten Sie z. B. Aspekte von Inhalt, Aufbau und Sprache. Zu Ihren Ergebnissen formulieren Sie eigene Aussagen. Wenn von Ihnen eine **Textinterpretation** verlangt wird, dann benötigen Sie Vorkenntnisse, um zu begründeten Aussagen gelangen zu können. Sie müssen z. B. wissen, was Metaphern sind, wie man Figuren charakterisiert, welche Formmerkmale ein Gedicht haben kann.

Den unterschiedlich komplex zu erbringenden Leistungen entsprechend lassen sich die Arbeitsanweisungen verschiedenen **Anforderungsbereichen** zuordnen.

Die wichtigsten Arbeitsanweisungen, die Sie im Buch, in Lernstandskontrollen und in Prüfungsaufgaben finden können, sind in den folgenden tabellarischen Übersichten aufgelistet:

Anforderungsbereich I	Anforderungsbereich II	Anforderungsbereich III
Anforderungsbereich I, **z. B. beschreiben, wiedergeben**	**Anforderungsbereich II,** **z. B. analysieren, untersuchen** (das bedeutet: beschreiben, vergleichen, deuten)	**Anforderungsbereich III,** **z. B. interpretieren** (das bedeutet: beschreiben, begründen, bewerten, analysieren)

Anforderungsbereich I

Dieser Bereich umfasst das Wiedergeben, Beschreiben und Darstellen von Sachverhalten. Die von Ihnen erwarteten Tätigkeiten beziehen sich auf ein gegebenes Material (z. B. Text, Situation, Grafik) oder auf Sachverhalte in einem abgegrenzten Lernzusammenhang.

Verb	Anforderung (erwartete Tätigkeit)	Beispielaufgabe im Buch
nennen aufschreiben/ herausschreiben notieren	Sie tragen die wesentlichen Informationen (Kernaussagen) eines Textes oder eines Sachverhalts zusammen (Sie zählen sie auf), ohne dass Sie diese kommentieren.	S. 9, 4 S. 24, 3
beschreiben	Sie stellen vorgegebene Situationen, Texte, grafische Darstellungen, Personen, Vorgänge, Sachverhalte sachlich genau dar, ohne sie schon zu bewerten.	S. 167, 2 S. 230, 2
wiedergeben (meist gekoppelt mit) zusammen-fassen	Sie formulieren den Inhalt eines Textes mit eigenen Worten. Sie verknappen Inhalte, Aussagen, Zusammenhänge auf das Wesentliche und geben dies strukturiert in wenigen Sätzen wieder.	S. 9, 6 S. 42, 1
darstellen/ vorstellen	Sie formulieren Ergebnisse, z. B. einer Informationsrecherche, einer Befragung, einer Diskussion, einer Gruppenarbeit, zusammenfassend oder unter einer bestimmten Fragestellung.	S. 43, 2

Anforderungsbereich II

Dieser Bereich umfasst das selbstständige Anwenden und Übertragen von Kenntnissen und Fertigkeiten auf neue Materialien und Situationen. Von Ihnen werden Tätigkeiten wie das Auswählen, Bearbeiten, Ordnen, Vergleichen, Analysieren, Erklären von Sachverhalten und Zusammenhängen erwartet. Besonders kommt es darauf an, diese Kenntnisse und Fertigkeiten selbstständig auf neue Fragestellungen, unbekannte Texte oder Situationen zu übertragen.

Verb	Anforderung (erwartete Tätigkeit)	Beispielaufgabe im Buch
erschließen/ erarbeiten	Unter Berücksichtigung von vorgegebenen Gesichtspunkten erarbeiten Sie sich den Sinngehalt oder die Problemstellung eines Textes oder Textteils.	S. 13, 1 S. 23, 2
deuten	Sie entschlüsseln sprachliche Bilder (z. B. Metapher, Vergleich, Personifikation), Textteile, Texte in ihrer übertragenen Bedeutung und beschreiben diese.	S. 183, 3d S. 379, 4
charakterisieren	Sie erfassen die wesentlichen Merkmale, Eigenschaften, Erscheinungsformen von Personen, Sachverhalten, Vorgängen, Zuständen und beschreiben diese.	S. 116, 5 S. 210, 1

Verb	Anforderung (erwartete Tätigkeit)	Beispielaufgabe im Buch
auswerten	Sie führen die wichtigsten Ergebnisse aus einzelnen Berichten, Recherchen etc. zu einer Gesamtaussage zusammen.	S. 95, 3
erklären	Sie stellen Sachverhalte, Aussagen, Hintergründe, Einsichten auf der Grundlage von bereits vorhandenen Kenntnissen dar.	S. 75, 5 S. 77, 4
erläutern	Eine Erläuterung gleicht der Erklärung, Sie formulieren jedoch anschaulicher durch das Hinzufügen von Beispielen und zusätzlichen Informationen.	S. 77, 5 S. 200, 1
vergleichen	Sie stellen Texte, Textaussagen, Problemstellungen, sprachliche Mittel usw. nach vorgegebenen Gesichtspunkten gegenüber und beschreiben Unterschiede oder Übereinstimmungen.	S. 169, 1 S. 218, 8
ordnen/zuordnen	Sie fügen Formulierungen, Aussagen, Texte aufgrund übereinstimmender Merkmale und gegebenenfalls nach einer Rangfolge zusammen.	S. 80, 1a S. 164, 1
untersuchen/ analysieren	Sie erfassen den Inhalt und die Form von Texten oder anderen Materialien (z. B. Schaubild) nach vorgegebenen oder selbst gewählten Gesichtspunkten, z. B. Kernaussagen, Aufbau, sprachliche Besonderheiten, Figurenkonstellationen, Erzählperspektive, Reimschemata usw., beschreiben und deuten diese. Sie arbeiten den Wechselbezug von Inhalt und Form (besonders bei literarischen Texten) heraus.	S. 119, 4 S. 225, 2

Anforderungsbereich III

Dieser Bereich umfasst das Beurteilen und Bewerten sowie selbstständige Problemlösungen auf der Grundlage des angeeigneten Wissens. Von Ihnen wird erwartet, dass Sie sich selbstständig mit einem Thema, einer Problemstellung, einem literarischen Text auseinandersetzen, verschiedene Positionen diskutieren, bewerten, dazu begründet Stellung nehmen, selbstständig Lösungswege vorschlagen und Ihr Vorgehen sowie das anderer kritisch reflektieren.

Verb	Anforderung (erwartete Tätigkeit)	Beispielaufgabe im Buch
beurteilen	Sie formulieren selbstständig auf der Grundlage von vorhandenen Kenntnissen eine sachliche, vorurteilsfreie Position zu einem Sachverhalt, einer Aussage, einer Problemstellung, einem Text.	S. 117, 2 S. 132, 1
bewerten	Die Bewertung erfordert zunächst die Beurteilung von Sachverhalten, Problemstellungen usw. Diese Beurteilung ergänzen Sie allerdings durch Ihre persönliche Sichtweise auf der Grundlage Ihrer Wertmaßstäbe, die Sie dabei offenlegen.	S. 43, 3 S. 404, 1
begründen	Sie stellen einen Zusammenhang zwischen Ursachen und Folgen oder Wirkungen her. Sie untermauern eine Aussage, Meinung, Position, These durch Sach- und Fachkenntnisse, d. h. mit nachvollziehbaren Argumenten (z. B. mit Beispielen, Belegen).	S. 26, 3 S. 144, 6

sich auseinandersetzen mit	Sie befassen sich ausführlich mit einer Behauptung bzw. einer Problemstellung, bedenken unterschiedliche Aspekte des Problems, Ursachen, Folgen. Sie bauen auf dieser Grundlage eine schlüssige Argumentation auf.	S. 80, 1 S. 97, 1
erörtern	Sie betrachten oder diskutieren eine Aussage, These (Behauptung) oder eine Problemstellung von verschiedenen Seiten. Dabei wird durch eine Abfolge von *Für-und-wider-* bzw. *Sowohl-als-auch-Argumenten* die Stichhaltigkeit der Argumentation beurteilt, bewertet und zu einer eigenen Stellungnahme bzw. zu Lösungsvorschlägen geführt. Grundlage für das Erörtern sind Tätigkeiten wie: *sich auseinandersetzen, begründen, beurteilen, bewerten*.	S. 101, 1 S. 240, 2
Stellung nehmen	Sie beurteilen und bewerten eine Problemstellung oder Behauptung und positionieren sich dazu mit überzeugenden Argumenten. Anders als bei der Erörterung müssen Sie nicht auf alle gegnerischen Positionen eingehen, wenngleich das Entschärfen dieser Ihre eigene Position aber stärken kann.	S. 79, 3 S. 105, 3
interpretieren	Auf der Basis einer umfassenden Analyse und Bewertung eines Textes oder anderer Materialien deuten Sie Sinnzusammenhänge und erläutern die Gesamtaussage eines Textes in einer begründeten Stellungnahme. Je nach Aufgabenstellung können Sie sich dabei auf den Text beschränken oder Informationen zum Autor und/oder zum geschichtlichen Hintergrund einbeziehen. Grundlage für das Interpretieren sind bzw. können Tätigkeiten sein wie: *erschließen, untersuchen/analysieren, charakterisieren, vergleichen, bewerten, begründen*.	S. 118, 1 S. 154, 2
entwerfen	Sie legen auf der Grundlage einer Arbeitsvorgabe wesentliche Punkte und Arbeitsschritte fest, z. B. für das Schreiben eines Textes.	S. 47, 6 S. 256, 2
erstellen/ gestalten/ verfassen	Sie fertigen unter Beachtung von Vorgaben einen Text (z. B. Leserbrief, Dialog, Bewerbungsschreiben, Interpretation) oder eine Arbeitsvorlage an.	S. 51, 2 S. 92, 1

Textquellenverzeichnis

Achten, Willi: *Unter Geiern, S. 112–114.* Aus: Transfer. Erzählungen. Düsseldorf: Grupello Verlag 1997, S. 105–108.

Altenberg, Peter: *Wie wunderbar, S. 206 f.* Aus: Peter Altenberg. Wie ich es sehe. Berlin: 1914, S. 210–213.

Andersch, Alfred: *Der Vater eines Mörders* (Auszug), *S. 244.* Zürich: Diogenes 1980.

Ayata, Imran: *Kanak-Rave auf dem Balkon* (Auszug), *S. 226.* Aus: Hürriyet Love ExpresS. StoryS. Köln: Kiepenhauer & Witsch 2005.

Bachmann, Ingeborg: *Alle Tage, S. 217.* Aus: Ingeborg Bachmann. Sämtliche Gedichte. Taschenbuchausgabe. München: Piper 1978, S. 56.

Ball, Hugo: *Karawane, S. 204.* Aus: Dada (Zeitschrift). Hg. v. Tristan Tzara. Zürich: 1917.

Barbier, Hans D.: *Erst die Bildung macht uns wirklich reich, S. 70.* Aus: Frankfurter Allgemeine Zeitung, 04.01.2010.

Beckett, Samuel: *Warten auf Godot* (Auszug aus erstem Akt) , *S. 371 f.* Aus: Samuel Beckett. Warten auf Godot. Deutsch v. Elmar Tophoven. Frankfurt a. M.: Suhrkamp 1963.

Berg, Sibylle: *Hoppla, da steht einer im Weg, S. 85.* Aus: NZZ am Sonntag, 05.08.2007; *Nora Hat Hunger, S. 117.* Aus: Ein paar Leute suchen das Glück und lachen sich tot. Leipzig: Reclam 1997.

Berner, Winfried: *Wahrnehmung: Das unsichere Fundament unseres Handelns, S. 16.* Aus: http://www.umsetzungsberatung.de, Abruf 10.10.2011

Beyer, Marcel: *Schwitzwasser, S. 301.* Aus: Falsches Futter. Gedichte. Frankfurt a.M.: Suhrkamp 2005, S. 47.

Bichsel, Peter: *Die Löwen, S. 130.* Aus: Stockwerke. Hg. v. Heinz F. Schafroth. Stuttgart: Reclam 1998, Band 9719, S. 4 f.

Biermann, Kai: *Privatsphäre. Google: Widerstand ist zwecklos, S. 313 f.* Aus: ZEIT ONLINE. In: http://www.zeit.de/digital/internet/2010-09/google-schmidt-goggles, 08.09.2010.

Biermann, Wolf: *Ermutigung, S. 222.* Aus: Mit Marx- und Engelszungen. Hg. v. Thomas Rotschild. Berlin: Wagenbach 1976.

Bobrowski, Johannes: *Brief aus Amerika, S. 137 f.* Aus: Erzählungen, 1. Auflage. Leipzig: Reclam 1978, S. 31.

Böll, Heinrich: *Anekdote zur Senkung der Arbeitsmoral* (Auszug), *S. 120.* Aus: Aufsätze, Kritiken, Reden II. Köln: Deutscher Taschenbuch Verlag 1967, S. 182.

Bönisch, Julia: *Das geht gar nicht!, S. 241.* Aus: Süddeutsche Zeitung, 07.01.2008.

Borchert, Wolfgang: *Die Katze war im Schnee erfroren, S. 216.* Aus: Wolfgang Borchert. Das Gesamtwerk. Reinbek: Rowohlt 1991; *Das graurotgrüne Großstadtlied, S. 302.* Aus: Das Gesamtwerk. Reinbek: Rowohlt 2007, S. 21.

Brecht, Bertolt: *Ich habe dies, du hast das, S. 221.* Aus: Gesammelte Werke in 20 Bänden. Berlin: Edition Suhrkamp 1967; *Leben des Galilei* (Auszug aus dem ersten Bild), *S. 368 f.* Aus: Bertolt Brecht. Gesammelte Werke 3. Stücke 3. Werkausgabe. Frankfurt a. M.: Edition Suhrkamp 1967; *Leben des Galilei* (Auszug aus dem vierten Bild), *S. 376.* Aus: ebd., S. 1265–1266; *Leben des Galilei* (Auszug aus dem 6. Bild), *S. 378 f.* Aus: ebd. S. 1281–1283; *Leben des Galilei. Erste (dänische) Fassung (Schlussmonolog).* (Auszug aus dem 14. Bild), *S. 381.* Aus: Leben des Galilei. Edition Suhrkamp. 44. Aufl. Berlin: Suhrkamp 1990; *Leben des Galilei (Schlussmonolog). Dritte (Berliner) Fassung (1953–55).* Auszug aus dem 14. Bild, *S. 381 f.* Aus: Bertolt Brecht. Gesammelte Werke 3. Stücke 3. Werkausgabe. Frankfurt a. M.: Edition Suhrkamp 1967, S. 1340–1341; *Was ist mit dem epischen Theater gewonnen, S. 385.* Aus: Schriften zum Theater 3. 1933–1947. Frankfurt a. M.: Suhrkamp 1963.

Breitlauch, Linda: *Spiele zwischen Lifestyle und Suchtgefahr, S. 304 f.* Aus: http://www.pcwelt.de/ratgeber/Spiele-zwischen-Lifestyle-und-Suchtgefahr-Computerspiele-als-Kulturgut-496532.html: In: PC-Welt.de-Ratgeber, 29.08.2008.

Brummer, Arnd: *Krise heißt losziehen. Aber wohin? Gut, wenn die Berater mit den Beratenen unterwegs sind, S. 102.* Aus: chrismon.de, Das evangelische Online-Magazin. In: http://chrismon.evangelisch.de, April 2009.

Brussig, Thomas: *Helden wie wir* (Auszug, Romananfang), *S. 225.* Aus: Helden wie wir. Berlin: Verlag Volk und Welt 1996; *Helden wie wir* (Auszug, Romanende), *S. 225.* Aus: ebd., S. 322–323.

Bucher, Hans-Jürgen: *Powerpoint macht nicht dumm – aber auch nicht klug, S. 42.* Aus: http//trier.wissenschaftskommunikation.info, 07.12.2009.

Büchner, Georg: *Woyzeck* (Auszug), *S. 190 f.* Aus: Werke und Briefe. Nach der historisch-kritischen Ausgabe von Werner R. Lehmann. München/Wien: Carl Hanser 1980, S. 159 ff.

Burkart, Erika: *Phasen, S. 301.* Aus: Erika Burkart: Ortlose Nähe. Zürich: Ammann 2005.

Chevreuil, Linda: *Ist jeder Tattoo-Träger ein Rebell? S. 272.* Aus: gofeminin – Psychologie. In: http://www.gofeminin/mag/psych/d2082/c53431.html, Abruf 28.11.2011.

Chotjewitz, Peter O.: *Essay über den Tod und das Sterben, S. 266.* Aus: Was tun, wenn der Tod? In: Peter O. Chotjewitz: Kleiner Versuch über das Sterben. literaturblatt. Gedruckte Ausgabe, 2/2011, S. 12.

Döblin, Alfred: *Berlin Alexanderplatz* (Auszug), *S. 120.* Berlin: Rütten & Loening 1978, S. 9; *Die Ermordung einer Butterblume* (Auszug), *S. 208 f.* Aus: Alfred Döblin. Die Ermordung einer Butterblume und andere Erzählungen. Hg. v. Christina Althen. München: Deutscher Taschenbuch Verlag 2004.

Dorst, Tankred: *Die Schattenlinie* (Auszug), *S. 243.* Frankfurt a. M.: Suhrkamp 1994, S. 31 f.

Dürrenmatt, Friedrich: *Die Physiker* (Auszug aus erstem Akt), *S. 370.* Aus: Werkausgabe in 37 Bänden. Band 7. Zürich: Diogenes 1998; *Modell Scott, S. 373.* Aus: Friedrich Dürrenmatt. Die Wiedertäufer. Werke X. Zürich: Arche Verlag 1980, S. 127 f.; *Uns kommt nur noch die Komödie bei, S. 388.* Aus: Theaterprobleme. In: Theater – Schriften und Reden. Zürich: © Diogenes Verlag 1985.

Eichendorff, Joseph von: *Mondnacht, S. 180,* 284. Aus: Werke und Schriften. Band 1. Gedichte. Epen. Dramen. Hg. v. Gerhard Baumann. Stuttgart: Cotta 1953; *Sehnsucht* (1834), *S. 182.* Aus: Werke in fünf Bänden. Band 3. Frankfurt am Main: Deutscher Klassiker Verlag 1993; *Aus dem Leben eines Taugenichts, S. 183.* Aus: Aus dem Leben eines Taugenichts. Stuttgart: Reclams Universalbibliothek 2001, S. 5 f.

Eisenhart-Rothe von, Beate: *Miteinander zu reden ist noch der beste Schutz, S. 239.* Aus: DIE WELT, 28.05.2008.

Enzensberger, Hans Magnus: *Freizeit, S. 218.* Aus: Gedichte. 1950–1995. Frankfurt: Suhrkamp 1996, S. 43.

Fauss, Monica: *Altern, S. 266.* Aus: Was heißt schon alt? Unsere Gesellschaft altert – doch die Vorstellungen von der reifen Lebensphase wandeln sich nur langsam, Stuttgarter Zeitung – Wochenendbeilage, 11.06.2011.

Fiedler, Mark: *Kinderarmut in Deutschland – Tendenz steigt, S. 257.* Aus: politikblog. In: http://politik.germanblogs.de/archive/2009/03/10/kinderarmut-in-deutschland-tendenz-steigt.htm, 10.03.2009.

Textquellenverzeichnis

Fontane, Theodor: *Unsere lyrische und epische Poesie seit 1848* (Auszug), *S. 194.* Aus: Texte zur Theorie der Literaturkritik. Hg. v. Sascha Michel. Stuttgart: Reclams Universalbibliothek Nr. 18549, S. 127–140; *Irrungen und Wirrungen* (Auszug; 1888), *S. 194–196.* Aus: Theodor Fontane. Romane und Erzählungen in acht Bänden. Bd. 5. Berlin, Weimar: Aufbau Verlag 1973, S. 7–10.

Fritzsche, Nora: *„Ich bin ein Krisenkind", S. 78.* Aus: ZEITmagazin LEBEN, 05.07.2007.

Glasl, Friedrich: *Die neun Stufen der Konflikteskalation, S. 238.* Nach: Konfliktmanagement. Ein Handbuch für Führungskräfte und Berater. Bern/Stuttgart: Haupt Verlag 1990.

Goethe, Johann Wolfgang: *Die Leiden des jungen Werther* (Auszug), *S. 169.* Aus: Die Leiden des jungen Werther. Hamburger Leseheft 115. Husum/Nordsee: Hamburger Leseheft Verlag 2007, S. 99; *Iphigenie auf Tauris* (1787), *S. 174.* Aus: Sämtliche Werke. Briefe, Tagebücher und Gespräche. Band 5: Dramen 1776–1790. Hg. v. Dieter Borchmeyer unter Mitarbeit von Peter Huber. Frankfurt a. M.: Deutscher Klassiker Verlag 1988; *An den Mond, S. 285.* Aus: Goethes Werke. Hamburger Ausgabe in 14 Bänden. Band 1. Gedichte und Epen. Hg. v. Erich Trunz. München: C. H. Beck Verlag 1978, S. 280; *Wanderers Nachtlied, S. 292.* Aus: Goethes Werke. Hamburger Ausgabe. Band 1. Gedichte und Epen. Hg. v. Erich Trunz. München: C. H. Beck Verlag 1978, S. 278.

Grass, Günter: *Im Krebsgang, S. 229 f.* Aus: Im Krebsgang. Göttingen: Steidl Verlag 2002, S. 9; *Die Blechtrommel* (Auszug), *S. 248.* Aus: Die Blechtrommel. Hamburg/Zürich: Luchterhand Literaturverlag 1977, S. 6/9.

Grünbein, Durs: *XXX, S. 154.* Aus: Limbische Akte. Gedichte. Ausw. und Nachw.: Norbert Hummelt. Stuttgart: Reclam 2011.

Gryphius, Andreas: *Überschrift an dem Tempel der Sterblichkeit, S. 151.* Aus: Werke in einem Band. Weimar: Volksverlag, 1963; *Absurda Comica. Oder Herr Peter Squenz* (Auszug), *S.153.* Aus: Absurda Comica. Oder Herr Peter Squenz. Stuttgart: Reclam 1996; *Abend, S. 289.* Aus: Freuden- und Trauer-Spiele, auch Oden und Sonette. Breslau: Trescher 1663, S. 77.

Günderode, Karoline von: *Der Kuss im Traume, S. 181.* Aus: Karoline von Günderode. Der Schatten eines Traumes. Hg. v. Christa Wolf. Hamburg, Zürich: Luchterhand Literaturverlag, Copyright: Buchverlag der Morgen 1979, S. 274.

Hauptmann, Gerhart: *Bahnwärter Thiel* (Auszug), *S. 197 f.* Aus: Bahnwärter Thiel. Stuttgart: Universal-Bibliothek Nr. 6617, Reclam 1970, S. 12–16; *Der Biberpelz* (Auszug), *S. 199.* Aus: Ausgewählte Werke. Berlin: Aufbau 1962, S. 5 f.

Hegemann, Helene: *Axolotl Roadkill* (Romananfang), *S. 228.* Aus: Axolotl Roadkill. Berlin: Ullstein 2010, S. 9.

Heine, Heinrich: *Die schlesischen Weber, S. 193.* Aus: Historsich-kritische Gesamtausgabe der Werke. Hg. v. M. Windfuhr. Band 2. Hamburg: Hoffmann und Campe 1973, S. 14.

Herrmann-Neiße, Max: *Breslauer Winternacht, S. 296.* Aus: Lied der Einsamkeit. Hg. v. Friedrich Grieger. München: Deutscher Taschenbuch Verlag 1977, S. 388.

Herwegh, Georg: *Wer ist frei? S. 192.* Aus: Herweghs Werke in drei Teilen. Hg. v. Hermann Tardel, Berlin: Bong & Co. 1909, S. 25.

Hesse, Hermann: *Träumerei am Abend, S. 298.* Aus: Die Gedichte. Hg. v. Volker Michels. Frankfurt a. M.: Suhrkamp 1992.

Hesse, Jürgen; Schrader, Hans Christian: *Eisberbergmodell nach Sigmund Freud, S. 17.* Büro für Berufsstrategie Hesse/Schrader 2007. Aus: www.berufsstrategie.de, Abruf 05.02.2011.

Heym, Georg: *Nacht, S. 295.* Aus: Georg Heym. Das lyrische Werk. Sämtliche Gedichte 1910–1912. Hg. v. Karl Ludwig Schneider. München: Deutscher Taschenbuch Verlag 1977, S. 388.

Hirschhausen, Eckart von: *Tattoos – Das geht auf keine Kuhhaut, S. 271.* Aus: Dr. med. Eckart von Hirschhausen: Die Leber wächst mit ihren Aufgaben. Reinbek: Rowohlt Taschenbuch Verlag 2008, S. 116 f.

Hoffmann, E. T. A.: *Die Elixiere des Teufels* (Auszug), *S. 186.* Aus: Hoffmann. Die Elixiere des Teufels. Text und Kommentar. Hg. v. Hartmut Steinecke unter Mitarbeit von Gerhard Allroggen. Berlin: Suhrkamp/Insel/Deutscher Klassiker Verlag 2007.

Hoffmann, Sandra: *Den Himmel zu Füßen, S. 356 f.* Aus: Den Himmel zu Füßen. Roman. München: C. H. Beck 2004, S. 7–10.

Hoffmann von Hoffmannswaldau, Christian: *Vergänglichkeit der Schönheit.* (Erstdruck um 1695), *S. 150.* Aus: Gedichte. Auswahl v. Manfred Windfuhr. Stuttgart: Reclam Universal-Bibliothek, Band 8889, S. 95.

Hofmann, Niklas: *Morgendämmerung, S. 310 f.* Aus: sueddeutsche.de. In: http://www.sueddeutsche.de/kultur/netz-depeschen-morgendaemmerung-1.1013077, 18.10.2010; *Netz-Depeschen. Mobbing für Fortgeschrittene, S. 314 f.* Aus: sueddeutsche.de. In: http://www.sueddeutsche.de/kultur/netz-depeschen-mobbing-fuer-fortgeschrittene-1.18939, 06.04.2010.

Hofmannsthal, Hugo von: *Ein Brief* (Auszug), *S. 202 f.* Aus: Hugo von Hofmannsthal. Gesammelte Werke. Prosa II. Hg. V. Herbert Steiner. Frankfurt a. M.: S. Fischer 1976, S. 7–20.

Holz, Arno: *Die Kunst. Ihr Wesen und ihre Gesetze* (Auszug), *S. 199.* Aus: Arno Holz. Die Kunst. Ihr Wesen und ihre Gesetze. Berlin: 1891. In: http://www.zeno.org/nid/20005096537.

Huchel, Peter: *Unter der blanken Hacke des Mondes, S. 298.* Aus: Peter Huchel. Gesammelte Werke in zwei Bänden. Band 1. Die Gedichte. Hg. v. Axel Vieregg. Frankfurt a. M.: Suhrkamp 1984, S. 211.

Hürlimann, Thomas: *Flug durch Zürich, S. 115 f.* Aus: Die Satellitenstadt. Geschichten. Zürich: Ammann Verlag 1992, S. 156 f.

Jelinek, Elfriede: *Die Liebhaberinnen* (Auszug), *S. 231.* Aus: Die Liebhaberinnen. Reinbek: Rowohlt 1993, S. 5.

Jessen, Jens: *Gegen den Strom, S. 26.* Aus: DIE ZEIT Nr. 14, 31.03.2011; *Generationenwandel. Die traurigen Streber, S. 89 f.* Aus: DIE ZEIT, Nr. 36, 28.08.2008; *Die verkaufte Sprache, S. 323.* Aus: DIE ZEIT, 26.07.2007.

Junge, Ricarda: *Dünne Luft, S. 110.* Aus: Frankfurter Rundschau, 17.12.2009.

Kafka, Franz: *Kleine Fabel, S. 133,* Aus: Gesammelte Werke. Hg. v. Max Brod. Frankfurt a. M.: Fischer Taschenbuch Verlag 1983, S. 91; *Oxforder Octavheft 2* (Auszug), *S. 120.* Hg. v. Roland Reuss und Peter Staengle. Frankfurt a. M.: u. a. Stroemfeld 2006; *Die Brücke, S. 135 f.* Aus: Nachgelassene Schriften und Fragmente I, in der Fassung der Handschriften. Hg. v. Malcolm Pasley. Frankfurt a. M.: S. Fischer 1993, S. 304; *Der Prozess, S. 353 f.* Aus: Der Prozeß. Hg. v. Max Brod. Berlin: Verlag Die Schmiede 1925.

Kaspar, Almut F.: *Bei Anruf: Lächeln!, S. 9.* Aus: stern.de. In: http://www.stern.de/wissen/mensch/koerpersprache-bei-anruf-laecheln-609783.html, 11.02.2008.

Kästner, Erich: *Über das Verbrennen von Büchern, S. 326 f.* Aus: Erich Kästner. Werke. Band 6: Splitter und Balken. Publizistik. Hg. v. Hans Sarkowicz und Franz Josef Görtz in Zusammenarbeit mit Anja Johann. München/Wien: Carl Hanser Verlag 1998, S. 638 f.

Kehlmann, Daniel: *Ruhm* (Auszug), *S. 227.* Aus: Ruhm. Ein Roman in neun Geschichten. Reinbek: Rowohlt 2009, S. 16 f.

Textquellenverzeichnis

Kling, Thomas: *NATO NIKE SITE. NACHT. INNEN, S. 300.* Aus: Thomas Kling. Sondagen. Gedichte. Köln: DuMont 2001.

Knapp-Menzel, Magdalena: *Angst!* (Auszug), *S. 212.* Aus: http://www.dfw.at/2/angst.htm.

Kocks, Klaus: *His Master's Voice, S. 88.* Aus: Frankfurter Rundschau, 19.03.2009.

Koeppen, Wolfgang: *Tauben im Gras, S. 348 f.* Aus: Tauben im GraS. Berlin: Suhrkamp 1980, S. 9.

Köhler, Horst: *Für einen fruchtbaren Dialog von Wirtschaft und Politik* (Auszug), *S. 330.* Aus: Bundespräsidialamt. In: http://www.bundespraesident.de/SharedDocs/Reden/DE/Horst-Koehler/Reden/2008/06/20080623_Rede_Anlage.pdf?__blob=publicationFile&v=3, 23.06.2008; *Arbeit, Bildung, Integration* (Auszüge), *S. 330.* Aus: Bundespräsidialamt. In: http://www.der-ehrbare-kaufmann.de/fileadmin/Gemeinsame_Dateien/der-ehrbare-kaufmann.de/PDFs/Arbeit_-Bildung_-Integration-Berliner-Rede-2008-von-Bundespraesident-Horst-Koehler.pdf, 17.06.2008.

Kolmar, Gertrud: *Die Müde, S. 300.* Aus: Gertrud Chodziesner. Die Frau und die Tiere. Berlin: Jüdischer Buchverlag 1938, S. 34.

Kuckenburg, Martin: *Wer sprach das erste Wort? Die Entstehung von Sprache und Schrift* (Auszug), *S. 318.* Stuttgart: Theiss Verlag 2004.

Lau, Jörg; Staas, Christian: *Das Ende der Aufklärung? Rein ins Handgemenge!, S. 156.* Aus: ZEIT Geschichte Nr. 02, 11.05.2010.

Leisewitz, Johann Anton: *Der Besuch um Mitternacht* (Auszug), *S. 160.* Aus: Sturm und Drang. Band 2. München: Winkler 1971, S. 1592.

Lessing, Gotthold Ephraim: *Emilia Galotti* (Auszug), *S. 388 f., 390 f.* Aus: Lessings Werke in fünf Bänden. Band 1. Hg. v. den nationalen Forschungs- und Gedenkstätten der klassischen deutschen Literatur in Weimar. Berlin/Weimar: Aufbau Verlag 1978, S. 303 ff.; *Nathan der Weise* (Auszug), *S. 157–159.* ebd., Band 2, S. 55 f.

Leyen, Ursula von der: *Rede anlässlich der Eröffnungskonferenz für das „Europäische Jahr der Chancengleichheit für alle 2007", S. 338 f.* Aus: Bundesministerium für Familie, Senioren, Frauen und Jugend. In: http://www.bmfsfj.de/BMFSFJ/Presse/reden,did=93442.html, 30.01.2007.

Loerke, Oskar: *Blauer Abend in Berlin, S. 294.* Aus: Oskar Loerke: Die heimliche Stadt. Gedichte. Berlin: S. Fischer 1921.

Loriot: *Rede des Vampyrs, S. 342.* Aus: Der Vampir. Gesammelte Werke (CD). Deutsche Grammophon, 27.09.2011, CD 1; *Sollen Hunde fernsehen, S. 343.* Aus: Loriot. Gesammlete Prosa. Hg. v. Daniel Keel. Zürich: Diogenes 2006.

Luther, Martin: *Luthers Übersetzungsauffassung, Tischreden* (Auszug), *S. 319.* Aus: Martin Luther. Tischreden. Hg. v. Kurt Aland. Stuttgart: Universal-Bibliothek, Nr. 1222. Reclam 1986; *Sendbrief vom Dolmetschen* (Auszug), *S. 319.* Aus: Luther deutsch. Die Werke Martin Luthers in neuer Auswahl für die Gegenwart. Hg. v. Kurt Aland. Göttingen: Vandenhoek und Ruprecht 1991.

Maletzke, Kristof: *Tattoos – Kunst, die unter die Haut geht, S. 273 f.* Aus: YaaCool – Beauty. In: http://www.yaacool-beauty.de/index.php?article=249, Abruf 28.11.2011.

Mann, Thomas: *Doktor Faustus, S. 346.* Aus: Doktor Faustus. Die Entstehung des Doktor Faustus. Frankfurt a. M.: S. Fischer 2001, S. 9.

Martenstein, Harald: *„Bei der Lektüre der Bewerbung kam ich mir durchschnittlich, faul und überbezahlt vor", S. 76.* Aus: ZEITmagazin, 30.12.2009; *„Lebt in vollen Zügen. Feiert. Lasst es krachen. Ignoriert alle Vorsorge- und Anlage-Angebote!", S. 86.* Aus: ZEITmagazin, 21.10.2010.

Mercier, Pascal: *Der Klavierstimmer, S. 359 f.* Aus: Der Klavierstimmer. Roman. München: Knaus Verlag 1998, S. 11.

Meyer, Conrad Ferdinand: *Nachtgeräusche, S. 284.* Aus: Sämtliche Werke. Band 1. Hg. v. Hans Zeller und Alfred Zäch. Bern: Benteli 1963, S. 26.

Meyer, Stephenie: *Biss zum Morgengrauen* (2005; Auszug), *S. 188.* Aus: Biss zum Morgengrauen. Hamburg: Carlsen 2009.

Mörike, Eduard: *Um Mitternacht, S. 295.* Aus: Sämtliche Werke. Band 1. Hg. v. Hans Zeller und Alfred Zäch. Bern: Benteli 1963, S. 26.

Mühlisch, Sabine: *Fragen der KörperSprache. Antworten zur nonverbalen Kommunikation, S. 8.* Paderborn: Junfermann'sche Verlagsbuchhandlung, 2007.

Müller, Herta: *Die Atemschaukel* (Auszug), *S. 232.* Aus: Die Atemschaukel. München: Carl Hanser Verlag 2009, S. 158 f.

Nick, Dagmar: *Geh über Nacht, S. 300.* Aus: Dagmar Nick: Zeugnis und Zeichen. Gedichte. Aachen: Rimbaud 1990, S. 845.

Nolte, R.: *Stationen der Literatur, Essays von der Aufklärung bis heute* (Auszug), *S. 252.* Aus: Stationen der Literatur. Essays von der Aufklärung bis heute. Berlin: Cornelsen 1987, S. 36.

Obama, Barack: *Rede anlässlich der Friedensnobelpreis-Verleihung, S. 334–336.* Aus: http://www.welt.de/politik/ausland/article5490579/Seine-Rede-zum-Friedensnobelpreis-im-Wortlaut.html. Übersetzt von Daniel Böhmer, Wieland Freund, Karen Merkel und Clemens Wergin, 10.12.2009.

Offenbach, Susanne: *Hin und weg, S. 104 f.* Aus: Sonntag Aktuell, 16.09.2007.

Opitz, Martin: *Buch von der Deutschen Poeterey* (Auszug), *S. 152.* Aus: Buch von der Deutschen Poeterey. Tübingen: Max Niemeyer Verlag 1966, S. 1–57.

Orths, Markus: *Kruft und Schill* (Auszug), *S. 122.* Aus: Fluchtversuche. Frankfurt a. M.: Schöffling & Co. 2006.

Ott, Ursula: *Das muss jetzt mal gesagt werden, S. 88.* Aus: Sonntag Aktuell, 21.06.2009.

Patalong, Frank: *TV-Quoten, IP-TV und Qualität. Der dickste Haufen, S. 145 f.* Aus: http://www.spiegel.de/netzwelt/web/0,1518,511803,00html, 17.10.2010.

Pfeffel, Gottlob Konrad: *Der freie Mann – Ein Volkslied, S. 163.* Aus: Fabeln und poetische Erzählungen, Band 2, Leipzig: Cotta 1861.

Plättner, Anke (Diskussionsleiterin): *Nach dem Amoklauf – Wie gefährlich sind „Killerspiele"?, S. 29–31.* Aus: Videostream: PHOENIX Runde vom 17.03.2009, www.phoenix.de.

Rühmkorf, Peter: *Himmel abgespeckt, S. 302.* Aus: Peter Rühmkorf. Gedichte. Werke. Band 1. Hg. v. Bernd Rauschenbach. Reinbek: Rowohlt 2000, S. 95.

Sachs; Nelly: *Chor der Geretteten, S. 214.* Aus: Erinnerungen deutsch-jüdischer Frauen 1900–1090. Hg. v. Andreas Lixl-Purcell. Leipzig: Reclam 1992.

Sadigh, Parvin: *Killerspiele schaden doch, S. 308 f.* Aus: ZEIT ONLINE. In: http://www.zeit.de/online/2006/49/computerspiele-gewalt-psychologie, 18.04.2008.

Schädlich, Hans Joachim: *Ostwestberlin* (Auszug), *S. 122.* Reinbek: Rowohlt 1987, S. 72–74.

Schiller, Friedrich: *Kabale und Liebe* (Auszug), *S. 165.* Aus: Sämtliche Werke in zehn Bänden. Band 2. Berliner Ausgabe. Hg. v. Hans-Günther Thalheim u.a. Berlin/Weimar: Aufbau Verlag 1981; *Die Jungfrau von Orleans* (Auzug), *S. 362 f.* Aus: Friedrich Schiller. Die Jungfrau von Orleans. Hg. v. Wolfgang Freese und Ulrich Karthaus unter Mitarbeit von Renate Fischetti. Stuttgart: Reclam 1984; *Pegasus im Joche* (entst. 1795), *S. 170, 171.* Aus: Friedrich Schiller. Gedichte. Stuttgart/Tübingen: F. G. Cotta

Textquellenverzeichnis

Verlag 1852, S. 448–451; *Die Worte des Glaubens, S. 172.* Aus: Die Worte des Glaubens. Aus dem Wallenstein. Musen-Almanach für das Jahr 1798. Tübingen: F. G. Cotta Verlag 1798, S. 221–222; *Die Worte des Wahns, S. 172.* Aus: Friedrich Schiller. Gedichte. Stuttgart/Tübingen: F. G. Cotta Verlag 1852; *Wallensteins Tod, S. 175, 176.* Aus: Wallensteins Tod. Stuttgart: Universalbibliothek, Nr. 42, Reclam 1986, S. 75–78; *Die Schaubühne als moralische Anstalt, S. 385.* Aus: Was kann eine gute stehende Bühne eigentlich bewirken? In: Sämtliche Werke. Band 5. Hg. v. Gerhard Fricke und Herbert G. Göpfert. München: Carl Hanser Verlag 1960.

Schlegel, Friedrich: *116. Athenäums-Fragment* (Auszug), *S. 187.* Aus: Athenäum. Eine Zeitschrift von August Wilhelm Schlegel und Friedrich Schlegel, Berlin 1798–1800.

Schlink, Bernhard: *Der Vorleser* (Auszug), *S. 236, 354.* Aus: Der Vorleser. Zürich: Diogenes 1995, S. 36 f., S. 5–7.

Schneeberger, Ruth: *Bauer, willst du ewig suchen, S. 144.* Aus: Süddeutsche Zeitung, 27.10.2009.

Schnitzler, Arthur: *Leutnant Gustl* (Auszug), *S. 205.* Aus: Lieutenant Gustl. Text und Kommentar. Hg. und kommentiert v. Ursula Renner. Frankfurt a. M.: Suhrkamp Basis-Bibliothek (33) 2007.

Schuh, Hans: *Ja nicht abkatzen!, S. 19.* Aus: DIE ZEIT, 25.10.2007.

Schulz von Thun, Friedemann: *Die vier Seiten einer Nachricht* (gekürzt), *S. 12 f.* Aus: Miteinander reden. Band.1. Reinbek: Rowohlt Verlag 1981, S. 26–29.

Shakespeare, William: *Hamlet* (Auszug), *S. 168.* Aus: Hamlet. Übersetzt von August Wilhelm von Schlegel, Gütersloh: Sigbert Mohn Verlag (o. J.)

Sick, Bastian: *Der Dativ ist dem Genitiv sein Tod* (Auszug), *S. 94.* Aus: Zwiebelfisch. Wenn man könnte, wie man wöllte. In: SPIEGEL ONLINE Kultur, http://www.spiegel.de, 12.12.2007.

Sittig, Friedemann: *Wie uns Pisa klüger machte, S. 72.* Aus: WELT ONLINE, http://www.welt.de, 28.12.2009.

Sobota, Zaneta: *Die Faszination des Theaters im Zeitalter von Film und Fernsehen, S. 396 f.* Aus: Aurora. Magazin für Kultur, Wissen und Gesellschaft (ISSN: 1994-9545), http://www.aurora-magazin.at/medien_kultur/sobota_frm.htm, 05.07.2000.

Stamm, Peter: *Agnes, S. 350.* Aus: Agnes. München: btb Verlag 2001, S. 9 f.

Statistisches Bundesamt: *Armutsgefährdungsquote auf Basis des Bundesmedians 2007, S. 250.* Aus: http://www.destatis.de/jetspeed/portal/cms/Sites/destatis/Internet/DE/Grafiken/Publikationen/STATmagazin/Sozialleistungen/Armut Erziehung,templateId=renderLarge.psml, 15.09.2009.

Steinberger, Petra: *Nicht Fisch! Nicht Fleisch, S. 107 f.* Aus: Süddeutsche Zeitung 09, 10.01.2010.

Steinfest, Heinrich: *Essay zum Kindsein in unserer Gesellschaft, S. 266.* Aus: Ein Kinderspiel!, Stuttgarter Zeitung – Kultur, 18.02.2009.

Stramm, August: *Der Letzte* (Auszug), *S. 211.* Aus: Gedichte, Dramen, Prosa, Briefe. Hg. v. Jörg Drews. Stuttgart: Reclam 1997, S. 159–160.

Straub, Eberhard: *Das Wahre, Tiefe, Schöne ..., S. 178.* Aus: Deutschlandradio Kultur, In: http://www.dradio.de/dkultur/sendungen/politischesfeuilleton/1004637, 27.07.2009.

Stumberger, Rudolf: *Ferienjob: Hartz-IV-Kinder zahlen für ihre Eltern, S. 260 f.* Aus: stern.de. In: http://www.stern.de/wirtschaft/familie/ferienjob-hartz-iv-kinder-zahlen-fuer-ihre-eltern-631801.html, 21.07.2008.

Süskind, Patrick: *Das Parfum, S. 348.* Aus: Das Parfum. Zürich: Diogens 1994, S. 5 f.

Suter, Martin: *Eigenbild/Fremdbild, S. 11.* Aus: Das Bonus-Geheimnis und andere Geschichten aus der Business Class. Zürich: Diogenes 2009, S. 106–108; *Die Frau hinter Guntensberger, S. 136 f.* Aus: Früher war mehr Herz. Hinterhältige Liebesgeschichten. Zürich: Diogenes Verlag 2008, S. 274.

Tellkamp, Uwe: *Der Turm* (Auszug), *S. 224.* Aus: Der Turm. Frankfurt a. M.: Suhrkamp 2008, S. 325–327.

Tieck, Ludwig: *Der blonde Eckbert – Der Anfang, S. 184 f.* Aus: Der blonde Eckbert. Stuttgart: Reclam 1996.

Topor, Roland: *Miss-Wahl, S. 118.* Aus: Ruckzuck. Die schnellsten Geschichten der Welt. Hg. v. Daniel Kampa. Zürich: Diogenes Verlag 2009, S. 170 f.

Torberg, Friedrich: *Der Schüler Gerber* (Auszug), *S. 244 f.* München: Deutscher Taschenbuch Verlag 1980.

Träger, Jutta: *Ursachen familienbedingter Einkommensarmut, S. 262 f.* Aus: Bundeszentrale für politische Bildung. Aus Politik und Zeitgeschichte (APuZ 17/2009). In: http://www.bpb.de/publikationen/AT1SGN.html, 20.04.2009.

Trakl, Georg: *Romanze zur Nacht, S. 296.* Aus: Georg Trakl. Gedichte. Leipzig: Kurt Wolf Verlag 1913, S. 9.

Trojanowski, Sven: *Red isch Deutsch oda was?* (gekürzt), *S. 18.* Aus: FOCUS, 24.03.2008.

Vogt, Jochen: *Hermeneutische Differenz, S. 354.* Aus: Einladung zur Literaturwisssenschaft. Stuttgart: W. Fink (UTB) 2008.

Wallraff, Günter: *Unser täglich Brötchen, S. 200.* Aus: DIE ZEIT, Nr. 19, 01.05.2008.

Walter, Franz: *Wider die Allüre der Fachsprache, S. 22 f.* Aus: www.demokratie-goettingen.de/blog/wider-die-allure-der-fachsprache-2, 22.06.2010.

Watzlawick, Paul; Beavin, Janet H.; Jackson, Don D.: *Menschliche Kommunikation, S. 14.* Aus: Menschliche Kommunikation. Formen, Störungen, Paradoxien. Hg. v. Paul Watzlawick, Janet H. Beavin, Don D. Jackson. Bern/Stuttgart: Huber 1969.

Weier, Michael: *Generation Suff?, S. 109.* Aus: Stuttgarter Nachrichten, 20.04.2007.

Weiss; Peter: *Die Ermittlung (Auszug), S. 219 f.* Aus: Oratorium in 11 Gesängen. Reinbek: Rowohlt 1969.

Wickert, Ulrich: *Warum sind die Kritiker so milde?, S. 142.* Aus: http://www.faz.net, 24.11.2010.

Widmer, Urs: *Top Dogs* (Auszug), *S. 237.* Aus: Top Dogs. Frankfurt a. M.: Verlag der Autoren 1999.

Wieland, Christoph Martin: *Über die Rechte und Pflichten der Schriftsteller in Absicht ihrer Nachrichten, Bemerkungen und Urteile über Nationen, Regierungen und andere politische Gegenstände* (Auszug), *S, 161.* Aus: Wielands gesammelte Schriften. Abt.1. Band 15. Berlin: Weidmannsche Buchhandlung 1930, S. 66.

Wiese, Benno von: *Die deutsche Tragödie von Lessing bis Hebbel, S. 364.* Aus: Benno von Wiese. Die Deutsche Tragödie von Lessing bis Hebbel. Zwei Teile in einem Band. Hamburg: Hoffmann und Campe 1958.

Wir Sind Helden: *Die Nacht, S. 290.* Aus: Die Reklamation. (CD). Text: Judith Holofernes, Freudenhaus Musikverlag Patrik Majer, Wintrup Musikverlag Walter Holzbaur.

Wohmann, Gabriele: *Der Antrag, S. 124–126.* Aus: Sieg über die Dämmerung. Erzählungen. München: Piper 1960, S. 142–146.

Wolf, Christa: *Was bleibt* (Auszug), *S. 223.* Aus: Was bleibt. Roman. München: Luchterhand Literaturverlag 1990.

Zeh, Juli: *Supranationales Glänzen oder: Die schlechteste aller Staatsformen?* (Auszug), *S. 254 f.* Aus: Alles auf dem Rasen: kein Roman. Frankfurt a. M.: Schöffling & Co.

Textquellenverzeichnis

2006, S. 157; Spieltrieb, S. 351. Aus: Spieltrieb. Roman. Frankfurt a. M.: btb Verlag 2006, S. 7–9.

Zorn, Roland: *Wie ein bildender Künstler, S. 15.* Aus: Frankfurter Allgemeine Sonntagszeitung, 01.06.2008.

Unbekannte und ungenannte Verfasser

[...] Der Chef des Piercing- und Tattoo-Studios „Freie Manufaktur" [...], S. 273. Aus: Der „Bodmod"-Boom und das Phänomen „Flesh Tunnel" In: http://www.berlinonline.de/themen/gesundheit-und-beauty/beauty-und-wellness/beauty/971481-232-k%C3%B6rperschmuckbodmodistderneuetrend.html, ÄRZTE ZEITUNG.DE. Ärzte Zeitung online, 06.10.2009.

Amoklauf in Lörrach: Brauchen wir schärfere Waffengesetze?, S. 26. Aus: Pressemappe Stern TV Themen am 22.09.2010, http://www.presseportal.de/pm/6514/1685688/stern-tv-themen-am-22-9-2010, Abruf 30.09.2010.

Artikel „USK" (Auszug), *S. 307.* Aus: Unterhaltungssoftware Selbstkontrolle, Wikipedia. In: http://de.wikipedia.org/wiki/Unterhaltungssoftware_Selbstkontrolle, Abruf 28.11.2011.

Auch wir sind „Werther"- Opfer – Martin Andree über Medienwirkung und Mediengewalt, S. 177. Aus: Deutschlandradio Kultur, In: http://www.dradio.de/dlf/sendungen/buechermarkt/576963, 26.12.2006.

Auszug aus der Biografie Kafkas, S. 60, 61. Aus: http://www.franz-kafka.net, Abruf 15.08.2010.

Bei Anruf: Lächeln!, S. 9. Aus: http://www.stern.de/wissen/mensch/koerpersprache-bei-anruf-laecheln-609783.html, 11.02.2008

Bundesdatenschutzgesetz (Auszüge), *S. 312.* Aus: www.gesetze-im-internet.de/bundesrecht/bdsg_1990/gesamt.pdf, Abruf 10.11.2011.

Deutschland schaut fern, S. 143 Aus: ProSiebenSat1 Media AG. Quelle: AGF/GfK Fernsehforschung. Globus 3542.

Dialog im Chat, S. 20

Die beliebtesten Nachrichtensendungen bei den 14- bis 49-Jährigen vom 1.9.2008 bis zum 31.5.2009, S. 141. Nach: meedia.de/fileadmin/uploads/images/Blogs/Tabellen/TV-Saison_08-09_Nachrichten_1449.jpg, Abruf 20.06.2009.

Die neun Stufen der Konflikteskalation, S. 238. Aus: Friedrich Glasl. Konfliktmanagement. Ein Handbuch für Führungskräfte, Beraterinnen und Berater. Bern, Stuttgart: Haupt u. a. 1999.

Die Regeln des Debattierens, S. 36. Nach: www.jugend-debattiert.de

Epilepsie-Warnung, S. 306. Aus: Booklet des Computerspiels „World in Conflict", 21.09.2007.

Gestörte Kommunikation im Beruf, S. 249. Aus: Frankfurter Rundschau, 28.04.2007.

Jede Gesellschaft hat die Jugend, die sie verdient!, S. 98 f. Aus: Kommentar 139 von fluokautz. In: ZEIT ONLINE, http://www.zeit.de/2008/36/Jugend-ohne-Charakter? Abruf 02.09.2008.

Kleinster Mann der Welt ist erwachsen, S. 94. Aus: Frankfurter Allgemeine Zeitung, Nr. 239, 15.10.2009, S. 11.

Konfliktmanagement, S. 240. Aus: Focus, 03.08.2005.

Platz 1: Carlos Slim, 74 Mrd. Dollar, S. 26. Aus: Financial Times Deutschland, www.ftd.de, Abruf 10.03.2011.

Sozialleistung: Altersarmut in Deutschland wächst, S. 248, Aus: http://www.handelsblatt.com/politik/deutschland/altersarmut-in-deutschland-waechst/3045616.html, 31.10.2008.

Warum reden alle noch von DER Generation?, S. 99. Aus: Kommentar 118 von HD. In: ZEIT ONLINE, http://www.zeit.de/2008/36/Jugend-ohne-Charakter? 30.08.2008.

Was ist bloß los mit uns?, S. 98. Aus: Kommentar 138 von Minibergi. In: ZEIT ONLINE, http://www.zeit.de/2008/36/Jugend-ohne-Charakter? 02.09.2008.

Wirtschaft: Jeder Fünfte nicht ausbildungsreif, S. 33. Aus: Süddeutsche Zeitung, 08.04.2010.

Wut bei Hartz-IV-Empfängern, S. 251. Aus: Hartz IV: Wut gegen „Stasi-Methoden", sueddeutsche.de, 04.06.2009, http://www.sueddeutsche.de/wirtschaft/agentur-fuer-arbeit-hartz-iv-wut-gegen-stasi-methoden-1.466604, Abruf 01.12.2011.

Zur Beurteilung von Facharbeiten, S. 66. Aus: http://www.learn-line.nrw.de/angebote/selma/foyer/andereAutoren/facharbeiten/a5.htm, Abruf 05.08.2010

Bildquellenverzeichnis

Titelfoto: Veer RF; **S. 7:** Corbis/Oliver Rossi (WV); **S. 8** li.: shutterstock/prodakszyn; **S. 8** mitte: Corbis/Sie Productions (WV); **S. 8** re.: shutterstock/Slav Bukhai; **S. 10:** istockphoto/nullplus; **S. 14:** Corbis (WV); **S. 16:** Fotofinder/medicalpicture (WV); **S. 19:** Fotofinder/projectphotos/R. Eisele; **S. 22:** Fotofinder/Vario Images (WV); **S. 25:** Picture Alliance/Eventpress Mueller-Stauffenberg; **S. 29:** Phoenix; **S. 35:** Picture Alliance/Rainer Jensen (WV); **S. 38:** Picture Alliance/chromorange/Raider Peter; **S. 45:** Alamy/Johner Images; **S. 63:** Picture Alliance (WV); **S. 69:** Fotofinder/Stock4B; **S. 72:** Picture Alliance/Marcus Brandt; **S. 78:** Fotofinder/Classen; **S. 87:** shutterstock/lightpoet; **S. 89:** Fotofinder/allesalltag; **S. 91:** Fotofinder/Caro; **S. 98:** Picture Alliance/Oliver Berg; **S. 98:** Fotofinder/Widmann; **S. 99:** Alamy/Roy Childs; **S. 102:** Picture Alliance/Jens Kalaene; **S. 111:** Fotolia; **S. 115:** Picture Alliance/dpa/Soeren Stache; **S. 117:** Picture Alliance/beyond/V. Godnik; **S. 124:** Picture Alliance/Frank Rumpenhorst; **S. 130:** Picture Alliance/Imre Foeldi; **S. 139:** AKG images; **S. 140:** Picture Alliance/Globus; **S. 141** oben: ARD; **S. 141** unten: RTL; **S. 143:** Picture Alliance/Globus; **S. 145:** Cinetext/Allstar; **S. 147** li. oben: Picture Alliance/Marcelo Hernandez; **S. 147** re. oben: Picture Alliance/Photoshot; **S. 147** li. mitte: Picture Alliance/Photoshot; **S. 147** re. mitte: Picture Alliance/Marcelo Hernandez; **S. 147** li. unten: Picture Alliance/Photoshot; **S. 147** re. unten: Picture Alliance/Roberto Candia; **S. 148** li.: Picture Aliance/Marcelo Hernandez; **S. 148** mitte: Picture Alliance/Photoshot; **S. 148** re.: Picture Alliance/Geraldo Caso; **S. 149**, 1: AKG images; **S. 149**, 2: Getty Flickr; **S. 150:** AKGimages; **S. 154:** Picture Alliance/Oliver Berg; **S. 155**, 1: AKG images; **S. 155**, 2: shutterstock; **S. 157, 158, 159:** Picture Alliance/Barbara Gindl; **S. 162**, 1: Picture Alliance/dpa; **S. 162**, 2: Picture Alliance/AKG images; **S. 162**, 3: Picture Alliance/dpa; **S. 162**, 4: Picture Alliance/dpa; **S. 167:** AKG images; **S. 168:** Picture

Bildquellenverzeichnis

Alliance/R4176; **S. 169:** Picture Alliance/Claudia Esch-Kenkel; **S. 170:** Picture Alliance; **S.173**, 1: Picture Alliance/Toni Schneiders; **S. 173**, 2: Picture Alliance/AKG images; **S. 174:** Picture Alliance/Claudia Esch Kenkel; **S. 174:** Picture Alliance; **S. 175:** Picture Alliance; **S. 179**, 1: AKG images; **S. 179**, 2: Getty Images/Abrahm Nowitz; **S. 180:** bpk; **S. 181:** Wikipedia; **S. 182:** AKG images; **S. 189**, 1: AKG images; **S. 189**, 2: Picture Alliance/Keystone/Les Stone; **S. 190:** Ullstein Bild (WV); **S. 192:** AKG images; **S. 193:** AKG images; **S. 201**, 1: bpk; **S. 201**, 2: shutterstock; **S. 202:** Wikipedia; **S. 204:** AKG images; **S. 207:** bpk; **S. 210:** AKG images; **S. 211:** Wikipedia; **S. 213**, 1: Picture Alliance/dpa; **S. 213**, 2: Fotofinder/direktfoto/Ute Voigt; **S. 214:** Wikipedia; **S. 215:** AKG images; **S. 217:** Picture Alliance/dpa; **S. 218:** Picture Alliance/Manfred Rehm; **S. 219:** Ullstein Bild; **S. 220:** Picture Alliance/Claudia Esch Kenkel; **S. 221:** Picture Alliance/Horst Sturm; **S. 222:** Picture Alliance/Willi Bertram; **S. 227:** Rowohlt Verlag; **S. 229**, 1: Picture Alliance/Kay Nietfeld; **S. 229**, 2: Picture Alliance/Markus Scholz; **S. 231:** Picture Alliance/Schlager; **S. 237:** shutterstock; **S. 247:** Fotofinder/Blickwinkel/McPhoto; **S. 252:** Fotofinder/Bilder Box; **S. 253:** Picture Alliance/Jan Woitas; **S. 257:** Picture Alliance/Patrick Pleul; **S. 261:** Picture Alliance/G. Engelsmann; **S. 273:** Alamy/Interfoto; **S. 275:** shutterstock/Brian Jackson; **S. 278:** Picture Alliance/Globus; **S. 279**, 1, 2: Picture Alliance/Globus; **S. 280:** Picture Alliance/Globus; **S. 283:** shutterstock; **S. 284:** AKG images; **S. 285:** AKG images; **S. 290:** Picture Alliance/Andreas Lander; **S. 292:** Picture Alliance/Wildlife/M. Hildebrandt; **S. 298:** shutterstock/Nadiyas Sergey; **S. 303:** Picture Alliance/Anthony Devlin (WV); **S. 304:** Fotofinder/Bernhard Classen (WV); **S. 307:** Picture Alliance/Globus; **S. 308:** Picture Alliance/Bernd Thissen (WV); **S. 311:** Picture Alliance (WV); **S. 316** (4): shutterstock; **S. 317:** Picture Alliance (WV); **S. 318:** AKG images; **S. 319:** AKG images; **S. 321:** Fotofinder/Vario images (WV); **S. 322:** shutterstock; **S. 325:** Ullstein Bild/AP (WV); **S. 326:** Ullstein Bild/dpa (WV); **S. 327:** Picture Alliance (WV); **S. 334:** Picture Alliance; **S. 340:** Cornelsen Verlagsarchiv; **S. 342:** Picture Alliance/Uwe Zucchi; **S. 345:** Suhrkamp Verlag; Diogenes Verlag; **S. 347:** dtv Verlag; **S. 360:** btb Verlag; **S. 361:** Fotofinder/photothek; **S. 362**, 1, 2: Cinetext (WV); **S. 363**, 1: Cinetext/Henschel Theater Archiv (WV); **S. 363**, 2: Cinetext/Wallmüller (WV); **S. 365:** Picture Alliance; **S. 371:** Picture Alliance/Wolfgang Langenstrassen; **S. 373:** AKG images; **S. 374**, 1: Picture Alliance/Bianchetti Stefano; **S. 374**, 2: Picture Alliance/AKG images; **S. 374**, 3: Ullstein Bild; **S. 374**, 4: Picture Alliance/United Archives/TOP; **S. 375:** Ullstein Bild/Harry Croner; **S. 377:** Ullstein Bild/Abraham Pisarek; **S. 385** oben: Ullstein Bild; **S. 385** unten: Ullstein Bild; **S. 386:** Ullstein Bild; **S. 387:** Picture Alliance/Markus Scholz; **S. 391:** Ullstein Bild/Lieberenz; **S. 393:** Wolf Gutjahr; **S. 405:** Fotofinder/F1online

Textsortenverzeichnis

Textsortenverzeichnis

Textsortenverzeichnis

Textsortenverzeichnis

Textsortenverzeichnis

Sachwortverzeichnis

Sachwortverzeichnis

Sachwortverzeichnis

Sachwortverzeichnis

Herausgegeben von
Thomas Rahner und Christoph Scheele

Erarbeitet von
Ralf Dettinger, Lars Dietershagen, Gabriele Harff-König, Daniela Matkovic, Carolin Werner, Thomas Rahner, Petra Schappert, Christoph Scheele, Ortrud Scherer, Martina Schulz-Hamann in Zusammenarbeit mit der Verlagsredaktion

Die Grundlage für dieses Werk wurde earbeitet von Martina Biermann, Margarete Brand, Ralf Dettinger, Sigrun English, Kathrin Freilinger, Gabriele Harff-König, Elisabeth Hennemann, Dr. Manfred Hilke, Christian Hofrichter, Julia Kirchen, Marie-Luise Kraus, Pamela Kretschmer, Victoria Metzner, Petra Pascher, Carolin Werner, Thomas Rahner, Marianne Rock, Christoph Scheele, Holger Schmidt, Martina Schulz-Hamann, Jutta Weber und Helmut van Züren.

Illustration	Anke Schäfer (S. 47)
Bildrecherche	Gertha Maly
Gesamtgestaltung und technische Umsetzung	EYES-OPEN – Agentur für Text & Design, Berlin

www.cornelsen.de

1. Auflage, 3. Druck 2015

Alle Drucke dieser Auflage sind inhaltlich unverändert und können im Unterricht nebeneinander verwendet werden.

Druck: Firmengruppe APPL, aprinta Druck, Wemding

ISBN 978-3-06-450393-9

PEFC zertifiziert
Dieses Produkt stammt aus nachhaltig bewirtschafteten Wäldern und kontrollierten Quellen
PEFC
PEFC/04-32-0928
www.pefc.de